Michael Grömling – Karl Lichtblau – Alexander Weber

Industrie und Dienstleistungen im Zeitalter der Globalisierung

Michael Grömling – Karl Lichtblau – Alexander Weber

Industrie und Dienstleistungen im Zeitalter der Globalisierung

Deutscher Instituts-Verlag

Die Deutsche Bibliothek – CIP-Einheitsaufnahme

Grömling, Michael:
Industrie und Dienstleistungen im Zeitalter der Globalisierung /
Michael Grömling ; Karl Lichtblau ; Alexander Weber. – Köln : div,
Dt. Inst.-Verl., 1998
ISBN 3-602-14459-3

Gefördert von der informedia-Stiftung
Gemeinnützige Stiftung für Gesellschaftswissenschaften und Publizistik, Köln

im Rahmen des Projekts
„Wieviel Industrie braucht das Land? – oder:
Wovon wir künftig leben und wo wir Arbeit finden"

Postfach 51 06 70, 50942 Köln
Telefon: (02 21) 49 81-4 52
E-Mail: div@iwkoeln.de

Lektorat: Frauke Lill-Roemer
Druck: Bercker, Kevelaer

Inhalt

Vorwort

Wo können wir in Zukunft Arbeit finden und wohin geht die Reise im Strukturwandel? Diese beiden Fragen stehen im Brennpunkt der wirtschaftlichen Diskussionen, wenn es um die Diagnose der Gründe für Fehlentwicklungen und der Suche nach Antworten auf die Herausforderungen der Zeit geht.

Menschen haben im Strukturwandel schon immer etwas Bedrohliches gesehen. Die Vorstellungskraft reichte selten aus, um zu erkennen, daß das was heute wegbricht keine Leere hinterläßt, sondern von etwas Besserem verdrängt werden kann. Die damit einhergehenden Friktionen verlangen ohne Zweifel den Menschen ein hohes Maß an Anstrengung und Flexibilität ab und verlaufen selten ohne soziale Härten. Zu viele sind zu sehr auf das Althergebrachte spezialisiert, als daß sie in Neuem sofort die Chance zu erkennen vermögen.

Viele Entwicklungslinien kann man sich nicht vorstellen – sie sind „undenkbar". So hätten zeitkritische Beobachter jeden Seher als Scharlatan bezeichnet, der vor 100 Jahren vorausgesagt hätte, der Beschäftigunganteil der Landwirtschaft würde von fast 50 Prozent auf weit unter 5 Prozent fallen. Ist es heute denkbar, daß den Industriegesellschaften die Industrie ausgeht? Seit immerhin 25 Jahren gibt es einen Trend zur Deindustrialisierung, zumindest wenn die Bedeutung der Industrie an ihrem Beitrag zur Arbeitsplatzversorgung gemessen wird. Ist die damit spiegelbildlich verbundene Tertiarisierung der Wirtschaft ein Trend ohne Ende oder nur ein vorübergehendes Phänomen? Werden die Dienstleistungen vielleicht von Sektoren abgelöst, die es heute noch gar nicht gibt?

Das sind Kernfragen des Strukturwandels, denen sich die vorliegende Studie widmet – allerdings mit wesentlich bescheidenerem Anspruch. Obwohl der Blick in die Zukunft interessant ist, mahnt die Unmöglichkeit der Vorhersage von Strukturtrends, sich stärker mit dem zu befassen, was sich in der näheren Vergangenheit und Gegenwart abgespielt hat. Allerdings können gestützt auf die Analyse der bisherigen Entwicklung Politikempfehlungen gegeben werden. Notwendig dabei ist vor allem ein Blick auf andere Länder und Erfahrungen.

Strukturwandel ist nämlich wie ein Vexierbild – je nach Betrachtungsrichtung zeigt es eine unterschiedliche Wirklichkeit. Bedrohung und Chance liegen dicht nebeneinander; Gewinner und Verlierer sehen die Veränderungen mit anderen Augen. Trotz aller Vorbehalte und Unsicherheiten scheint sich doch ein klarer Trend abzuzeichnen: Die Industrieländer außerhalb Europas – allen voran die USA – scheinen den Herausforderungen des Strukturwandels besser zu begegnen als die oft erstarrt wirkenden großen europäischen Volkswirtschaften. Der Frage nach dem Warum muß nachgegangen werden, soll der Strukturwandel auch in Deutschland mehr als Chance denn als Bedrohung gesehen werden.

Die vorliegende Studie gibt einen Überblick über die wichtigsten Entwicklungslinien des Strukturwandels und richtet den Blick sowohl auf die deutsche als auch internationale Entwicklung. Herausgearbeitet werden mit der weltweiten Deindustrialisierung, der Globalisierung und der zunehmenden Wissensintensivierung der Wirtschaft die drei Megatrends im Strukturwandel.

Dabei darf die Blickrichtung nicht nur auf die Verschiebung zwischen dem sekundären und tertiären Sektor verengt werden. Dieser sektorale Strukturwandel ist sicher eine wichtige Dimension, scheint aber mehr und mehr von den Fragen des effizienten Zusammenwirkens zwischen Industrie und Dienstleistungen und strukturellen Änderungen auf der Angebotsseite der Wirtschaft (Produktivitäten, Technologie, Ausbildung, Lohnstruktur) zurückgedrängt zu werden.

Die vorliegende Studie gibt zunächst in Kapitel 1 einen kurzen Überblick über die wesentlichen Trends im weltweiten Strukturwandel. Danach folgt eine Analyse der Veränderungen in Westdeutschland. Zunächst wird der Wandel der Arbeitsteilung zwischen den Sektoren und danach die veränderte Arbeitsteilung innerhalb der Sektoren vor allem auf der Faktorebene (Arbeit, Kapital und Vorleistungen) betrachtet (Kapitel 2). Dem folgt ein internationaler Vergleich in Kapitel 3. Im Anschluß daran wird nach den Determinanten für diesen Strukturwandel gefragt, der offensichtlich weniger von der Nachfrageseite (Kapitel 4) als vielmehr vom technischen Fortschritt (Kapitel 5) und der Globalisierung (Kapitel 6) angetrieben wird. Kapitel 7 schließt mit Schlußfolgerungen, einigen Politikempfehlungen und Begründungen für die These, warum wir auch in Zukunft Industrie brauchen. Für den schnellen Leser sind abschnittsweise kurze Zusammenfassungen eingefügt, die die Kernaussagen auf einen Blick zeigen.

Die vorliegende Studie ist ein wesentlicher Baustein des von der informedia-Stiftung – Gemeinnützige Stiftung für Gesellschaftswissenschaften und Publizistik, Köln – geförderten Projektes ,,Wieviel Industrie braucht das Land? – oder: Wovon wir künftig leben und Arbeit finden sollen". Ohne diese großzügige Unterstützung der informedia-Stiftung wäre die Arbeit an dieser wichtigen Fragestellung im Institut der deutschen Wirtschaft Köln nicht möglich gewesen.

Die Verfasser bedanken sich außerdem bei Frau Christel Müller und allen beteiligten Sekretärinnen der Hauptabteilung II des Instituts der deutschen Wirtschaft Köln sowie Herrn Dipl.-Vw. Heinz Schmitt für ihre Mitarbeit.

1. Strukturwandel – Immanentes Kennzeichen einer Marktwirtschaft

1.1 Strukturwandel – Bedrohung oder Chance?

In einer durch Unsicherheit geprägten Welt scheint es zumindest eine feste Größe zu geben: Die Industrie verliert im Strukturwandel seit nunmehr über 25 Jahren ständig an Bedeutung. Würde man diesen Trend zur De-Industrialisierung in Deutschland in die Zukunft fortschreiben, hätte das Verarbeitende Gewerbe schon im Jahr 2010 nur noch einen Wertschöpfungsanteil von etwa 20 Prozent und damit gegenüber 1970 die Hälfte seiner Bedeutung eingebüßt (Abbildung 1-1). Noch dramatischer sähe diese Betrachtung aus, wenn nur die Entwicklung der neunziger Jahre in die Zukunft fortgeschrieben werden würde. Innerhalb von nur 14 Jahren würde dann der Industriesektor gemessen an seinem Beitrag zur nominalen Bruttowertschöpfung auf nur noch 10 Prozent herabsinken – eine kaum vorstellbare Entwicklung für einen der bedeutendsten Industriestandorte der Welt. Obwohl es keine phantasielosere Art der Prognose als die Fortschreibung eines Trends gibt, muß die Entwicklung der letzten Jahre trotz allem aufschrecken. Deshalb liegen die Fragen nahe: Geht der Industriegesellschaft die Industrie aus? Wie weit kann die De-Industrialisierung fortschreiten, und wo finden wir in Zukunft Arbeit, wenn die Industrie als Wachstumsträger offenbar an Kraft einbüßt?

Strukturwandel – also die Änderung des Beitrags einzelner Elemente (Branchen, Regionen, Berufsgruppen, Produktionsfaktoren, Technologien, Tätigkeiten) zu einer Gesamtgröße (Wertschöpfung, Beschäftigung) im Zeitablauf – ist kein Nullsummenspiel. Es wird nicht nur die Verteilung eines gegebenen Kuchens neu geregelt. Die Fähigkeit von Unternehmen, Arbeitnehmern, Gewerkschaften, Wissenschaftlern, der Politik, der Verwaltung und der gesamten Gesellschaft zum Strukturwandel bestimmt im hohen Maße auch die Größe des Kuchens – im ökonomischen Kontext also die Höhe des Bruttoinlandsproduktes oder die Anzahl der Arbeitsplätze.

Abbildung: 1-1

De-Industrialisierung – Trend ohne Ende?

Wertschöpfungsanteil des Verarbeitenden Gewerbes in Westdeutschland

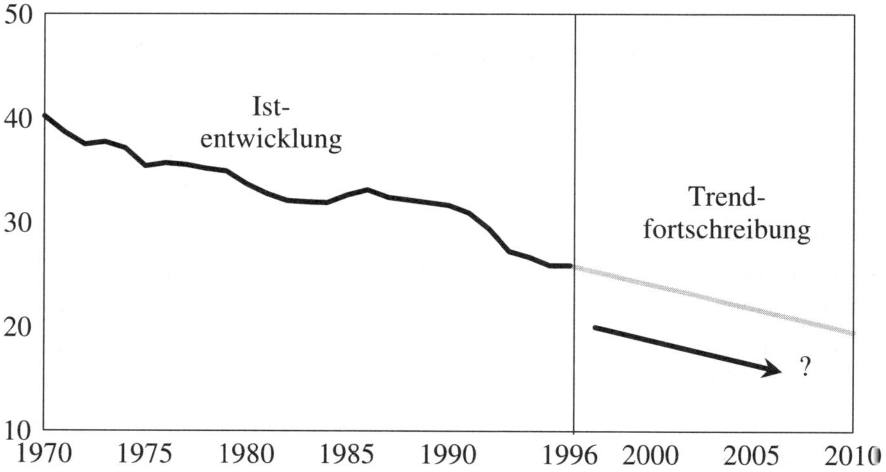

Anmerkung: Industrialisierungsgrad wird gemessen als Anteil des Verarbeitenden Gewerbes an der nominalen Wertschöpfung
Quelle: Statistisches Bundesamt (1997a), eigene Berechnungen

Ein permanenter Strukturwandel ist Kennzeichen jeder dynamischen Wirtschaft. Die Unternehmen in einer Marktwirtschaft stehen jeden Tag auf dem Prüfstand und müssen ihre Positionen gegen ihre Konkurrenten verteidigen. Eine Marktwirtschaft kennt – zumindest in ihrer idealtypischen Ausprägung – keine Besitzstandswahrung. Neue Ideen, Konzepte und Wettbewerber bedrohen ständig das Althergebrachte. Keine Definition des Strukturwandels ist so treffend wie Alois Schumpeters Bild von der „schöpferischen Zerstörung". Mit dem Strukturwandel ist eine ständige Reallokation der Produktionsfaktoren verbunden, die zu einer höheren Effizienz und einem höheren Sozialprodukt führen soll.

Strukturwandel aufzuhalten bedeutet deshalb immer, auf Wachstum und Wohlstand zu verzichten. Zwischen Wachstum und Strukturwandel besteht eine Interdependenz: Wachstum beeinflußt den Strukturwandel, welcher sich wiederum auf das Wachstum auswirkt. Die einzelnen Teilmärkte oder Teilaggregate einer Volkswirtschaft wachsen nie im Gleichschritt. Alte Technologien, Verfahren, Konzepte und Produkte werden von neuen abgelöst. Dabei gewinnen einzelne Branchen, Regionen, Produktionsfaktoren, Berufe oder Fähigkeiten zumindest relativ an Bedeutung, während andere verlieren. Unterschiedliche Einkommens- und Gewinnentwicklungen sind die natürliche Folge. Die Fähigkeit, Veränderungen einzuleiten oder auf diese schnell und effizient zu reagieren, wird immer mehr zur strategischen Schlüsselgröße im internationalen Wettbewerb.

Strukturwandel – auch eine fortschreitende De-Industrialisierung – muß deshalb nicht schrecken, wenn es gelingt, in den neuen Feldern mindestens genauso erfolgreich Fuß zu fassen wie in den bisherigen Bereichen. Die Reallokation von Ressourcen von der weniger produktiven Landwirtschaft in den produktiveren Industriesektor, der den Strukturwandel in Deutschland in den fünfziger und sechziger Jahren maßgeblich prägte, ist ein Beispiel für einen solchen positiven Wandel. Auch das Wirtschaftswunder in Südostasien kann in erheblichem Ausmaß durch Produktivitätsgewinne erklärt werden, die durch einen Strukturwandel vom Agrar- in den Industriesektor entstanden sind (Young, 1995).[1]

Ein Strukturwandel, der zum Verlust bisheriger Marktpositionen führt, ohne schnell zumindest vergleichbare Ersatzarbeitsplätze in anderen Bereichen schaffen zu können, wird natürlich als Gefahr und Bedrohung empfunden. Die Wachstumsschwäche der rohstoff- und energieintensiven Branchen in fast allen Industrieländern nach den Ölkrisen sowie der Druck auf die arbeitsintensiven Wirtschaftszweige durch stärker aufkommende Niedriglohnkonkurrenz der Entwicklungs- und Schwellenländer im Zuge der Globalisierung sind Beispiele dafür.

Strukturwandel ist also ambivalent. In Deutschland ist Strukturwandel eher negativ belegt. Eine der führenden Wirtschaftsnationen der Welt fürchtet um ihren Besitzstand und bewertet die sinkende Bedeutung der Industrie als Bedrohung für den Wohlstand.

Vom Strukturwandel zum erstenmal negativ betroffen wurde die Bundesrepublik Deutschland durch die erste Montankrise von 1966/67. Zwar haben diese Sektoren schon seit Ende der fünfziger Jahre kontinuierlich Jobs verloren. Zum öffentlichen Problem wurde dies jedoch erst, als Ersatzarbeitsplätze in anderen Industriebranchen nicht mehr ausreichend zur Verfügung standen, weil ausgelöst durch eine allgemeine Wachstumskrise die Industriebeschäftigung insgesamt sank. Strukturkrisen treten also immer verstärkt in Rezessionen zutage. Hier werden Schwächen offengelegt und Beteiligte zum Handeln gezwungen.

Ein weiterer Punkt kommt hinzu. Strukturkrisen treten nur selten flächendeckend auf, sondern betreffen in aller Regel nur bestimmte Teile der Wirtschaft. Im Montanbeispiel war es die regionale Konzentration dieser Branchen an Ruhr und Saar, die den Niedergang dieser Industrie zum öffentlichen Problem machte.

Die Abbildung 1-2 zeigt die beiden ersten Bedingungen für eine Strukturkrise – Beschäftigungsabbau in einer Branche bei gleichzeitiger Konjunkturkrise – am Beispiel der Montanindustrie. Als krisenhaft wurde die Entwicklung dort vor allem in den Jahren 1966/67 und 1981 bis 1983 empfunden – also genau in den Jahren, in denen die Beschäf-

Abbildung: 1-2

Strukturkrisen in der Montanindustrie Westdeutschlands

Index der Erwerbstätigen, 1960 = 100

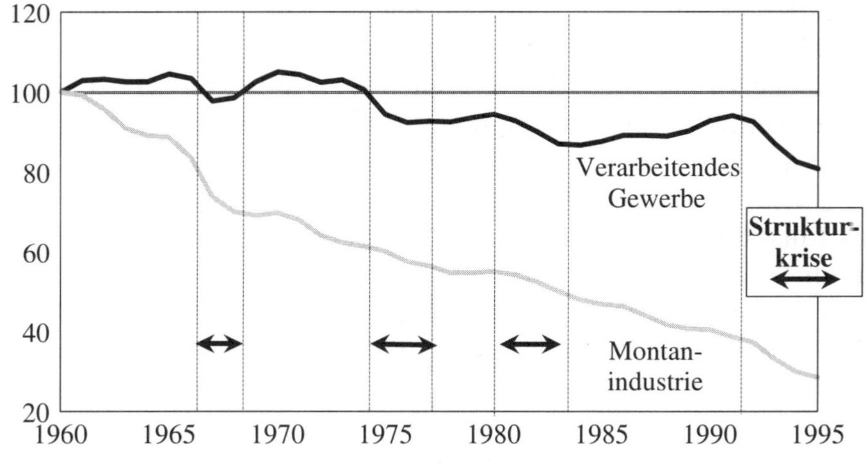

Quelle: Statistisches Bundesamt (1997a), eigene Berechnungen

tigung im Industriesektor einbrach und die Chance, einen Ersatzarbeitsplatz in einem ähnlichen Umfeld zu finden, gering war. Dieses Muster brach Mitte der achtziger Jahre ab. Die Montanindustrie profitierte nicht mehr von der konjunkturellen Erholung des Verarbeitenden Gewerbes zwischen 1986 und 1991. Dieser Industriezweig hat mittlerweile nicht mehr die strukturbestimmende Bedeutung wie in den vergangenen Jahren.

Auch die Transformationskrise bei der Einführung der Marktwirtschaft in den neuen Ländern kann als Strukturkrise interpretiert werden, weil es bisher nicht gelang, für die weggebrochenen Arbeitsplätze in entsprechendem Ausmaß neue zu schaffen. Die Zahl der Erwerbstätigen sank in Ostdeutschland von über 9 Millionen Anfang 1990 auf 6,3 Millionen (1996). Diese Entwicklung ging mit einer De-Industrialisierung einher, wie sie bisher in Ausmaß und Intensität in Deutschland unbekannt war. Von 1991 bis 1996 hat das Verarbeitende Gewerbe der neuen Länder über 1 Million Arbeitsplätze verloren. Der Wertschöpfungsanteil der Industrie liegt in den neuen Ländern nur noch bei etwa 15 Prozent und erreicht damit nicht einmal mehr zwei Drittel des westdeutschen Niveaus. Obwohl jedem klar sein mußte, daß die Industrie der alten DDR in der Verfassung von 1989 nicht wettbewerbsfähig war und deshalb die Schließung vieler Unternehmen ein Gebot ökonomischer Vernunft war, hat das Ausmaß der Umstrukturierungen doch erschreckt. Ein Teil davon ist natürlich auch auf hausgemachte Probleme zurückzuführen, die vor allem im Bereich der Lohn- und Sozialpolitik zu suchen sind. Die schnelle Anhebung der Einkommen auf Westniveau bei fehlender Wirtschaftskraft und vor allem das Vorauseilen der Löhne vor der Produktivitätsentwicklung hat die Strukturkrise zweifellos über das unabwendbare Niveau hinaus verschärft.[2]

Dennoch hat sich im öffentlichen Bewußtsein in den neuen Ländern der Eindruck eingegraben, daß der Strukturwandel die Menschen bedroht. Gerade in den neuen Ländern wird dabei übersehen, daß ohne diesen Wandel die Talfahrt der Wirtschaft des alten Systems nicht hätte gestoppt werden können und die Menschen keine Chance hätten, ein Wohlstandsniveau wie in den westlichen Ländern zu erreichen.

Nicht zufällig fällt in die Zeit der ersten Montankrisen die Formulierung der Strukturpolitik in der Bundesrepublik Deutschland. Die damals vor allem auf Karl Schiller zurückgehenden Grundsätze haben eigentlich bis heute für die Politik Leitbildcharakter. Die beiden entscheidenden Eckpunkte sind:

☐ Strukturpolitik muß sich grundsätzlich in den marktwirtschaftlichen Ordnungsrahmen einfügen. Der Staat kann deshalb nicht die Aufgabe haben, den Strukturwandel aufzuhalten, er soll ihn nur erleichtern und fördern.

☐ Eingegriffen werden kann aber, wenn ein sich selbst überlassener Strukturwandel zu unerwünschten volkswirtschaftlichen und sozialpolitischen Verwerfungen mit unzumutbaren sozialen Härten führt. Aktiv beschleunigen darf der Staat den Strukturwandel, wenn es zum Aufbau besonders zukunftsträchtiger Produktionszweige nötig ist.

Der erste Teil der Grundsätze unterstellt, daß Strukturpolitik in den ordnungspolitischen Rahmen einer Marktwirtschaft passen würde. Damit wird aber der Unterschied zwischen Strukturpolitik und Ordnungspolitik verwässert. Um deutlich die dahinter stehenden Grundkonzepte unterscheiden zu können, ist es zweckmäßig, als Strukturpolitik alle Maßnahmen zu bezeichnen, die aus sozial-, arbeitsmarkt-, regional- oder technologiepolitischen Gründen versuchen, Marktergebnisse zu beeinflussen. Sie greifen also auch in den Fällen in die Funktion der Märkte ein, in denen diese das Allokationsproblem optimal lösen würden. Ordnungspolitik hingegen setzt nur den Rahmen dafür, daß Märkte funktionieren können. Natürlich sind hier Staatseingriffe beim Vorliegen von Marktversagen (Externalitäten, Unteilbarkeiten, Informationsasymmetrien) begründet.

Das Problem der Strukturpolitik liegt darin, daß es eine Grauzone zwischen Eingriffen zur Korrektur von Marktunvollkommenheiten sowie der Optimierung der Rahmenbedingungen (Ordnungspolitik) und der Korrektur von Marktergebnissen (Strukturpolitik) gibt, die im Einzelfall die Bewertung von staatlichem Handeln schwermacht. In diesem Spannungsfeld zwischen Ordnungspolitik und dem Versuch der Beeinflussung von Marktprozessen bewegt sich Strukturpolitik in nahezu allen entwickelten Volkswirtschaften. In allen marktwirtschaftlichen Ländern gibt es in sehr verschiedener Ausgestaltung sowohl erhaltende als auch gestaltende Strukturpolitik, obwohl alle wissen, daß diese die Funktionsfähigkeit der Märkte letztlich untergräbt. Strukturpolitik hat in einer Marktwirtschaft enge Grenzen. Bestenfalls gelingt es, den Strukturwandel in einer Branche oder einer Region zu flankieren oder zu erleichtern. Strukturwandel schafft aber um so weniger Probleme, je flexibler und schneller sich alle Beteiligten aus eigener Kraft den veränderten Verhältnissen auf den Weltmärkten anpassen. Flexibilität ersetzt eine reparierende Strukturpolitik. Je funktionsfähiger die Produkt- und Faktormärkte – vor allem die Arbeitsmärkte – sind, je schneller sich die Preise an gegebene Knappheitsrelationen anpassen, um so eher können die Vorteile aus dem Strukurwandel genutzt werden.

Der beobachtete Strukurwandel, der in seinen wesentlichen Trends in den nachfolgenden Kapiteln analysiert wird, ist also nicht nur Folge von veränderten Angebots- und Nachfragebedingungen, sondern auch Ergebnis staatlicher Politik.

Es gibt eine Reihe guter Gründe, warum Strukturwandel ein ernstes gesellschafts- und wirtschaftspolitisches Problem sein kann:

Richtung und Tempo des Strukurwandels sind nicht prognostizierbar. Niemand weiß, was morgen gefordert ist. Dementsprechend schwierig ist die Zukunftsvorsorge sowohl in den Unternehmen bei der Bewältigung des Strukturwandels als auch für den Staat und die Gesellschaft beim Setzen der richtigen Rahmenbedingungen. In welchen Bereichen soll geforscht werden? Welche Qualifikationen werden benötigt? Welche Regionen entwickeln sich besonders dynamisch? Auf diese und ähnliche Fragen gibt es keine eindeutigen Antworten. Jedes Unternehmen muß im Markt selbst auf eigene Rechnung und eigenes Risiko die attraktiven Wachstumsinseln herausfinden. Staatliche Strukturpolitik kann ihm dabei nicht helfen. Zum einen fehlt es aufgrund des Prognoseproblems am Leitbild, zum anderen würden solche Versuche wichtige Anreizmechanismen außer Kraft setzen, die für eine funktionsfähige Marktwirtschaft unentbehrlich sind. Beim Auffinden zukunftsträchtiger Strukturen muß dem „Wettbewerb als Entdeckungsverfahren“ (Hayek, 1968) vertraut werden.

Selbst wenn die Richtung eines Wandels erkannt ist, kann die Kurskorrektur einer Volkswirtschaft – wohlgemerkt als Ergebnis vieler dezentraler Entscheidungen im Markt – schwerfallen. Die Ursache ist, daß viele Faktoren sehr stark spezialisiert sind und sich kaum anderweitig verwenden lassen. Damit sind Produktionsfaktoren gemeint, deren Rendite in jeder anderen als ihrer gegenwärtigen Verwendung null ist – mit anderen Worten, jede Reallokation entwertet sie. Gerade der Kapitalstock und das Qualifikationsprofil der Mitarbeiter hochindustrialisierter Volkswirtschaften weisen im hohen Grad diese Eigenschaften auf. Strukturwandel weg von dieser Tätigkeit bedeutet im Regelfall Teilentwertung dieses Sach- und Humankapitals, weil in anderen Sektoren andere Anforderungsprofile benötigt werden. Die Reallokation der Faktoren, die Requalifizierung der Mitarbeiter sowie die Anpassung der Rahmenbedingungen sind nicht kostenlos. Die heutigen Industriestaaten können nicht sicher sein, ob sie auch in einer stärker von Dienstleistungen geprägten Welt noch die führenden Nationen sind. Dies macht Strukturwandel auch zu einer Gefahr für den eigenen Besitzstand.

Bestimmte Trends im Strukturwandel können auch Warnzeichen für die nachlassende Wettbewerbsfähigkeit einer Volkswirtschaft sein. Gerade in Deutschland geht die De-Industrialisierung derzeit mit einer zu geringen Ausnutzung der vielfältigen Potentiale im Dienstleistungssektor einher. Steigende Arbeitslosigkeit und ein eher schleppendes Wachstum des Sozialprodukts und der gesamtwirtschaftlichen Produktivität sind Anzeichen dafür. Die De-Industrialisierung ist wenigstens zum Teil eine Folge nachlassender Wettbewerbsfähigkeit des Standortes Deutschland. Die Exporte der deutschen Wirtschaft wachsen seit Mitte der achtziger Jahre langsamer als die Gesamteinfuhren ihrer Zielmärkte. Die Konkurrenten vor allem aus Südostasien haben aufgeholt und ihre Positionen auf den Weltmärkten erheblich verbessert. Die fortschreitende De-Industrialisierung kann deshalb zu Recht als Bedrohung des Wohlstandes in Deutschland aufgefaßt werden.

1.2 Trends im Strukturwandel

Trotz der generellen Unbestimmtheit des Strukturwandels und der Unmöglichkeit, Richtung und Tempo hinreichend exakt zu prognostizieren, scheint es aber doch einige stabile Entwicklungsmuster zu geben. Diese Leuchtmarken erleichtern es, etwas Ordnung in das oft chaotisch erscheinende Bild des Auf und Ab von Marktpositionen zu bringen. Leider ist dies nur auf einer relativ hohen Abstraktionsebene möglich. Drei wesentliche, die Entwicklung der Weltwirtschaft bestimmende Trends sollen hier kurz hervorgehoben werden.

Tertiarisierung und weltweite De-Industrialisierung

Der Megatrend des Strukturwandels der entwickelten Volkswirtschaften in den letzten Jahren ist die Tertiarisierung und der spiegelbildlich damit verbundene Bedeutungsverlust der Industrie. Abzulesen ist dies in den Anteilsverschiebungen des Weltsozialproduktes in einer groben Drei-Sektoren-Unterteilung:

Primärer Sektor:	Land- und Forstwirtschaft
Sekundärer Sektor:	Bergbau, Bau, Versorgungswirtschaft, Verarbeitendes Gewerbe
Tertiärer Sektor:	Handel, Verkehr, Nachrichtenübermittlung, Banken, Versicherungen, Wohnungsvermietung, Dienstleistungsunternehmen, Staat, Sozialversicherungen, Organisationen ohne Erwerbscharakter sowie private Haushalte

Der Anteil der Dienstleistungen am Weltsozialprodukt hat sich innerhalb von nur 24 Jahren um gut 10 Prozentpunkte erhöht. 1970 lag der Wertschöpfungsanteil der Dienstleister bei 54 Prozent – 1994 waren es schon über 64 Prozent[3] (Tabelle 1-1). Diese Tertiarisierung der Weltwirtschaft hat vor allem in den achtziger Jahren stattgefunden. Ein Ende dieser Entwicklung ist nicht abzusehen.

Der Tertiarisierung steht spiegelbildlich ein Bedeutungsverlust der Landwirtschaft und des sekundären Sektors gegenüber. Der Agrarbereich trägt heute nur noch 4,5 Prozent zum Weltsozialprodukt bei – 1970 waren es noch über 8 Prozent. Das Produzierende Gewerbe büßte von 1970 bis 1994 fast 7 Prozentpunkte ein und erwirtschaftet heute nur noch eine Wertschöpfung, die etwa halb so groß ist wie die der Dienstleister.

Eine regionale Tiefergliederung zeigt, daß sich der Strukturwandel ungleichmäßig vollzogen hat. Das Profil des weltweiten Strukturwandels wird von der Entwicklung in den OECD-Ländern geprägt. Denn auf sie entfallen 85 Prozent des Weltsozialprodukts. Auf das Verarbeitende Gewerbe entfällt im Durchschnitt der OECD-Länder aber nur noch 21 Prozent des Bruttosozialprodukts, auf die Dienstleistungen dagegen über 67 Prozent (Tabelle 1-1). Damit sind die Industrieländer sowohl beim De-Industrialisierungsprozeß als auch bei der Tertiarisierung am fortgeschrittensten.

Tabelle: 1-1

Strukturwandel nach Regionen

Branchenanteile
an den Bruttosozialprodukten

	1970	1980	1994
	Agrarsektor		
OECD	4,7	3,9	2,7
Südostasiatische Schwellenländer	26,5	16,9	8,0
Erste Generation[1]	16,2	9,0	4,3
Zweite Generation[2]	34,1	23,7	15,0
Südamerika	12,4	10,1	10,2
Sonstige Entwicklungsländer	34,4	28,6	22,7
Gesamt	8,2	6,9	4,5
	Verarbeitendes Gewerbe		
OECD	28,1	25,1	21,0
Südostasiatische Schwellenländer	19,3	23,7	26,2
Erste Generation[1]	24,6	29,8	26,0
Zweite Generation[2]	15,5	18,4	26,7
Südamerika	26,4	27,8	22,3
Sonstige Entwicklungsländer	20,8	19,7	24,3
Gesamt	27,2	24,7	21,5
	Sonstige Industrie[3]		
OECD	10,7	12,1	9,0
Südostasiatische Schwellenländer	8,5	15,2	11,5
Erste Generation[1]	7,9	9,9	10,7
Zweite Generation[2]	8,9	19,9	12,9
Südamerika	11,9	14,5	13,6
Sonstige Entwicklungsländer	9,2	17,2	11,4
Gesamt	10,6	12,8	9,5
	Dienstleistungsgewerbe		
OECD	56,4	59,2	67,3
Südostasiatische Schwellenländer	45,7	44,1	54,1
Erste Generation[1]	51,3	51,3	59,0
Zweite Generation[2]	41,6	38,0	45,0
Südamerika	49,1	47,5	54,5
Sonstige Entwicklungsländer	35,6	34,6	41,7
Gesamt	54,0	55,8	64,6

[1] Singapur, Honkong, Taiwan, Südkorea
[2] Philippinen, Thailand, Indonesien, Malaysia
[3] Bergbau, Bau, Versorgung
Quellen: Grömling/Lichtblau/Weber, 1996; Ursprungsdaten World Bank (1996)

Der Anteilsverlust des Verarbeitenden Gewerbes im Beobachtungszeitraum 1970/94 summiert sich bei den Industrieländern auf 25 Prozent. In einigen Ländern wie Deutschland, Großbritannien, Kanada, Australien, Belgien und Norwegen war der De-Industrialisierungsprozeß noch ausgeprägter. Hier wurden Rückgänge von 33 Prozent und mehr gemessen. Die De-Industrialisierung verlief in den Industrieländern nahezu kontinuierlich. Die in der Abbildung 1-3 dokumentierten Länderbeispiele belegen dies.

Aufschlußreich ist der Verlauf des Strukturwandels in Südostasien. Diese Region hat sich in rasantem Tempo von einer Agrar- zu einer Industriegesellschaft gewandelt:

- ☐ 1970 trug hier der Agrarsektor noch über 26 Prozent zum Sozialprodukt bei, 1994 waren es nur mehr 8 Prozent.

- ☐ Gleichzeitig vergrößerte sich der Anteil des Verarbeitenden Gewerbes von 19 auf 26 Prozent.

Abbildung: 1-3

Stetige De-Industrialisierung weltweit

Anteil des Verarbeitenden Gewerbes an der nominalen Bruttowertschöpfung, 1970 = 100

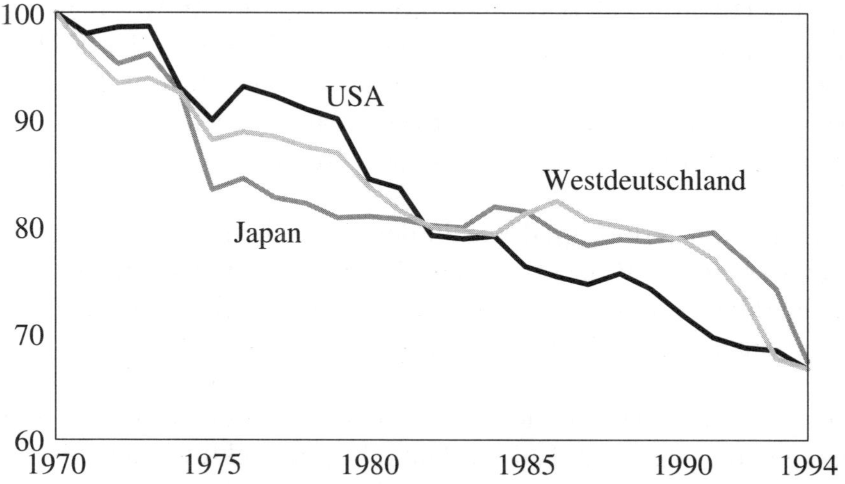

Quelle: OECD (1997a), eigene Berechnungen

Dieser Industrialisierungsprozeß hat maßgeblich zur Produktivitäts- und Einkommenssteigerung in dieser Region beigetragen (Young, 1995). Im Zuge dieses Entwicklungsprozesses hat das industrielle Gewicht dieser Region erheblich zugenommen. Deutlich wird dies, wenn man die Änderung der Anteile der Wertschöpfung dieses Sektors betrachtet. 1970 entfielen noch 88 Prozent der weltweiten Wertschöpfung des Verarbeitenden Gewerbes auf die OECD-Länder; 1994 waren es nur noch 82 Prozent. Im gleichen Zeitraum stieg der Anteil Südostasiens von rund 1 auf 7 Prozent an.

Eine Untergliederung Südostasiens in die Schwellenländer der ersten und die der zweiten Generation liefert zusätzliche Informationen über den Verlauf des Strukturwandels:

- In den fortgeschritteneren Schwellenländern fand der Industrialisierungsprozeß in den siebziger Jahren statt und war zu Beginn der achtziger Jahre abgeschlossen. Seitdem ist dort ein De-Industrialisierungs- und Tertiarisierungsprozeß zu beobachten. Hier ist also mit entsprechender zeitlicher Verzögerung das gleiche Muster des Strukturwandels wie in den OECD-Ländern zu erkennen.

- In den Schwellenländern der zweiten Generation ging in den siebziger Jahren der Anteil des Agrarsektors ebenfalls zurück. Nutznießer war aber nicht das Verarbeitende Gewerbe, sondern die Sonstige Industrie. Im Hintergrund steht eine infrastrukturelle Aufrüstung, die in den Schwellenländern der ersten Generation bereits in den sechziger Jahren abgeschlossen war. Damit wurde die Basis für die Industrialisierung geschaffen, die in den Schwellenländern der zweiten Generation erst im Zeitraum 1980/94 zu beobachten ist.

- Der Tertiarisierungsgrad war in den Schwellenländern der zweiten Generation mit 45 Prozent im Jahre 1994 deutlich niedriger als in den Schwellenländern der ersten Generation, die mit 59 Prozent den Tertiarisierunsgrad erreichten, den die Industrieländer 1980 hatten.

In jüngster Zeit sind eine Reihe der südostasiatischen Staaten in eine Krise geraten, die zum Teil zu deutlichen Korrekturen des bis dahin eindrucksvollen wirtschaftlichen Wachstums geführt hat. Für die Regierungen der betroffenen Länder kommt es nunmehr darauf an, die zum größten Teil strukturell bedingten Probleme durch wirtschaftliche

Reformen anzugehen. Die positiven Faktoren der südostasiatischen Volkswirtschaften – wie eine gut ausgebildete Bevölkerung – gelten jedoch nach wie vor, so daß mittel- und langfristig der hier dargestellte Strukturwandel durch die jüngsten Rückschläge nicht maßgeblich gestört werden sollte.

Ein ähnlicher Strukturwandel wie in Südkorea, Taiwan, Singapur und Hongkong findet in Südamerika statt. Auch dort ist der Höhepunkt der Industrialisierung anscheinend überschritten. Der Anteil des Verarbeitenden Gewerbes war 1994 um 5,5 Prozentpunkte niedriger als 1980.

Das Verlaufsprofil vor allem in Südostasien verdeutlicht, daß der Entwicklungsstand der einzelnen Volkswirtschaften erheblichen Einfluß auf die Art und die Dynamik des Strukturwandels hat. Das zeigt sich zum einen, wenn man die Höhe des Pro-Kopf-Sozialprodukts, als Indikator des Entwicklungsstandes, zu den unterschiedlichen Verläufen des Strukturwandels in Beziehung setzt:

- In Ländern mit sehr niedrigem (1994: unter 725 Dollar) oder niedrigem Pro-Kopf-Sozialprodukt (726 bis 2900 Dollar) ist der Anteil des Verarbeitenden Gewerbes an der Bruttowertschöpfung im Beobachtungszeitraum 1970/94 deutlich angestiegen.

- In Ländern mit höherem Pro-Kopf-Sozialprodukt (2901 bis 8955 Dollar) geht der Industrialisierungsanteil seit 1980, in Ländern mit sehr hohem Entwicklungsstand (über 8955 Dollar) bereits seit 1970 zurück.

Zum anderen bestätigen empirische Untersuchungen eine enge Korrelation zwischen der Höhe des Pro-Kopf-Einkommens und dem Tertiarisierungsgrad eines Landes (Clark, 1951; Gundlach, 1993; vgl. Kapitel 5.1). Denn Dienstleistungen werden mit steigendem Einkommen überproportional nachgefragt. Wegen der hohen Pro-Kopf-Einkommen in den OECD-Staaten ist es also nicht überraschend, daß dort die Dienstleistungsintensität höher und der Industrialisierungsgrad niedriger sind als in der übrigen Welt.

Weltweit kann also eine deutliche De-Industrialisierung festgestellt werden. Dies ist natürlich vor allem auf den Strukturwandel hin zu den Dienstleistern in den hochentwickelten Ländern zu erklären. Zum Teil steckt aber auch ein Verlagerungsphänomen dahinter, was der steigende Industrieanteil vor allem in Südostasien zeigt.

Vor einer Überinterpretation dieser Daten ist zu warnen. Aus der Sektoralstruktur läßt sich nicht zwingend auf die Wettbewerbsfähigkeit der Volkswirtschaften schließen. Entscheidend sind vielmehr die politischen und ökonomischen Rahmenbedingungen, die Ressourcenausstattung, Investitionen in Sach- und Humankapital und letztlich die Fähigkeit von Unternehmen, sich mit ihren Produkten auf den Märkten durchzusetzen. Vor dem voreiligen Trugschluß sei deshalb gewarnt, daß ein hoher Dienstleistungsanteil einen hohen Entwicklungsstand und hohe Zukunftsfähigkeit widerspiegelt. Dafür ist der tertiäre Sektor viel zu heterogen und beinhaltet auch den Staat und die Sozialversicherung, deren Wachstum heute eher als Bedrohung für den Wohlstand empfunden wird.

Globalisierung

Der zweite entscheidende Trend ist die Globalisierung der Weltwirtschaft.[4] Mehr als früher ist heute der Weltmarkt der relevante Markt für Unternehmen, wenn es um die Auswahl von Produktionsstandorten, Beschaffungsquellen, Absatzgebieten oder Standorten für Forschung und Entwicklung geht. Gleichzeitig damit verbunden ist das Heranwachsen neuer wettbewerbsfähiger Anbieter vor allem aus Südostasien. Die Welt ist näher zusammengerückt, was den Unternehmen neue, lukrativere Märkte eröffnet, aber gleichzeitig zusätzlichen Druck durch neue Konkurrenten schafft. Erst die Globalisierung der Wirtschaft in den letzten 10 bis 15 Jahren hat zu dem scharfen Wettbewerb geführt, der in Deutschland eine intensive Standortdebatte ausgelöst hat (Beyfuß et al., 1997).

Veranschaulichen läßt sich das Ausmaß der Globalisierung vor allem durch den Vergleich der weltweiten Entwicklung des Sozialprodukts, des Welthandels und der Direktinvestitionen. Die Abbildung 1-4 verdeutlicht, daß sich weltweit die außenwirtschaftlichen Indikatoren vor allem seit Mitte der achtziger Jahre wesentlich dynamischer entwickelt haben als das reale Bruttoinlandsprodukt aller Volkswirtschaften. Etwa zu dieser Zeit hat ein neuer Globalisierungsschub eingesetzt, dessen Ende noch nicht absehbar ist.

Zu sehen ist dies an der Entwicklung der Direktinvestitionen, die wesentlich stärker angestiegen sind als der Außenhandel und das Sozialprodukt. Vor allem seit 1985 kann geradezu von einer explosionsartigen Zunahme der Direktinvestitionen gesprochen werden.[5] Ein Teil dieser Investitionen sind auf das EU-Binnenmarktprogramm zurückzuführen. Jeder wollte seine Startposition durch Aufbau von Produktionskapazitäten im gemeinsamen Markt stärken. Die Entwicklung bleibt beeindruckend, auch wenn zu beachten ist, daß es nach Vollendung des Binnenmarktes zu einer leichten Beruhigung kam und die hohen Wachstumsraten aufgrund der niedrigen Ausgangswerte auch auf einen Basiseffekt zurückzuführen sind. Die starke Ausweitung der Direktinvestitionen ist Ausdruck dafür, daß Unternehmen heute auch bei der Suche nach Produktionsstandorten globaler und internationaler agieren.

Auch der Welthandel konnte seit Mitte der achtziger Jahre wieder an Fahrt gewinnen. Es öffnet sich seitdem eine Schere zwischen der Entwicklung der realen Exporte und dem realen Bruttoinlandsprodukt. Zurückzuführen ist diese Entwicklung im wesentlichen auf eine Intensivierung der Handelsbeziehungen zwischen den Industrieländern, zu-

Abbildung: 1-4

Globalisierung der Weltwirtschaft

Index der weltweiten Exporte, Direktinvestitionen
und des Bruttoinlandsprodukts, real 1970 = 100

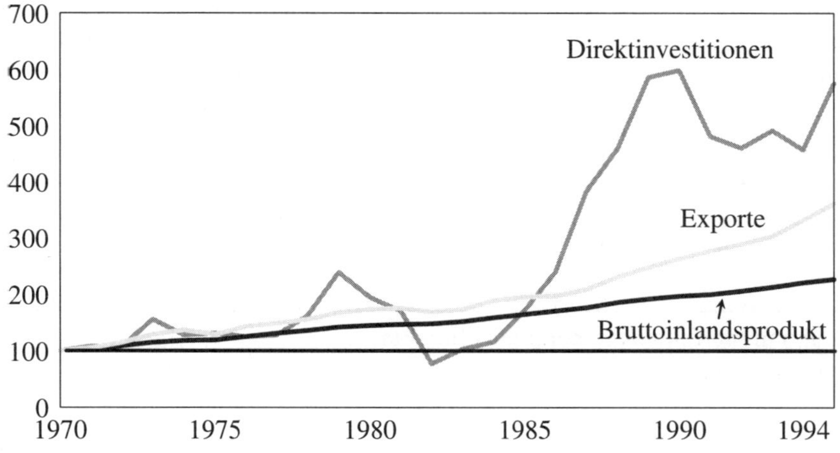

Quellen: IMF (1997a), OECD (1996a, 1997b, 1998), eigene Berechnungen

mal sich der Kreis dieser Länder in den letzten Jahren deutlich vergrößert hat. Ein wesentlicher Beleg für diese stärkere Verflechtung ist die steigende Importpenetration in allen OECD-Staaten. In jedem Land ist der Marktanteil der Ausländer an der Inlandsversorgung – definiert als Produktionswert plus Importe minus Exporte – gestiegen (Tabelle 1-2). Besonders groß ist die Zunahme in den High-Tech-Sektoren. Das Besondere an dieser Art von Wettbewerb ist, daß jeder Wettbewerber mit ähnlichen Produkten und ähnlichen Fähigkeiten auf ähnlichen Märkten agiert.

Tabelle: 1-2

Anteil der Importe an der Inlandsversorgung[1]

Verarbeitendes Gewerbe in Prozent

	1980	1994	Änderung in Prozentpunkten
Spanien	9,2	30,9	21,7
Griechenland	28,6	48,0	19,4
Kanada	30,7	49,5	18,8
Portugal	20,7	39,0	18,3
Belgien	61,1	78,9	17,8
Niederlande	53,3	69,5	16,2
Schweden	33,4	46,0	12,6
Vereinigtes Königreich	22,9	35,0	12,1
Österreich	31,5	41,7	10,2
Frankreich	21,3	30,8	9,5
Dänemark	43,7	52,8	9,1
Finnland	28,2	36,9	8,7
USA	8,9	17,2	8,3
Australien	21,5	29,0	7,5
Deutschland	19,6	26,8	7,2
Norwegen	38,7	44,2	5,5
Italien	20,0	25,0	5,0
Japan	5,5	6,7	1,2

[1] Produktionswert minus Exporte plus Importe

Quelle: OECD (1997c), eigene Berechnungen

Es werden also nicht in dem Ausmaß wie früher Rohstoffe und landwirtschaftliche Produkte gegen Industriewaren, sondern Industriewaren gegen Industriewaren getauscht. Der Welthandel hat sich von einem intersektoralen zu einem intrasektoralen Handel gewandelt. Statistisch bedeutet das, daß die Handelsbilanzen einzelner Sektoren stärker ausgeglichen sind als früher. Die Tabelle 1-3 zeigt die Zunahme dieses Intra-Handels anhand des Grubel-Lloyd-Index[6] für die Länder Deutschland, USA und Japan mit allen wichtigen Regionen der Welt sehr eindrucksvoll. Vor allem mit den Nicht-OECD-Ländern ist der Anteil des Handels, der innerhalb der gleichen Branche stattfindet, besonders stark gestiegen.

Tabelle: 1-3

Grubel-Lloyd-Index
des Intra-Handels für ausgewählte Länder
1964 bis 1991

	J	USA	OECD	Nicht-OECD	Osteuropa	Lateinamerika	Südkorea	Südostasien
Deutschland								
1964	22	38	52	12	21	8	2	12
1970	37	36	61	15	30	7	3	9
1980	36	44	68	22	28	12	11	23
1991	45	58	76	29	38	24	19	28
Japan								
1964		21	22	6	4	12	4	4
1970		28	29	7	9	2	11	10
1980		25	27	11	7	5	33	15
1991		36	35	24	6	5	36	29
USA								
1964			35	8	7	7	2	13
1970			43	16	11	13	12	21
1980			48	22	27	22	16	23
1991			53	36	25	37	31	30

Quelle: OECD (1994a)

Ausdruck der Globalisierung ist auch das starke Anwachsen internationaler Kapitalbewegungen. Die auf den internationalen Finanzmärkten emittierten Mittel sind in den letzten beiden Dekaden geradezu explodiert. Das Volumen stieg von 19,6 Milliarden US-Dollar (1972) auf 832 Milliarden US-Dollar im Jahr 1995 an. Das bedeutet eine Zunahme um den Faktor 42; der Welthandel stieg im gleichen Zeitraum lediglich um den Faktor 12, die Direktinvestitionen wuchsen etwa um das 18fache. Das Volumen der Finanztitel hat sich dabei allein von 1990 bis 1995 ungefähr verdoppelt (OECD 1996a, 14 ff.). Kapital ist zum internationalen Gut geworden und kann heute in Sekundenschnelle an nahezu jedem Ort der Welt zum Einsatz kommen. Portfoliokapital ist heute fast vollständig mobil. Eine Eigenschaft neoklassischer Marktmodelle, die auch aufgrund dieser extremen Formulierung immer als wirklichkeitsfremd kritisiert wurden, ist damit erfüllt. Die Finanzierung rentabler Projekte, das heißt Vorhaben mit einer angemessenen Rendite und Risikoprämie, stellt damit heute keine Wachstumsrestriktion mehr dar.

Natürlich kann noch eine Palette weiterer Indikatoren aufgeführt werden, die eine zunehmende Globalisierung der Weltwirtschaft anzeigen. Beispielsweise wuchsen seit 1980 weltweit die Umsätze von Auslandsgesellschaften stärker als die Inlandsgeschäfte. Auch ist eine Zunahme grenzüberschreitender technologischer Allianzen feststellbar (Härtel et al., 1996, 5).

Eng damit verbunden ist die Internationalisierung der Unternehmen. Der Welthandel wird heute zu drei Viertel von multinational operierenden Unternehmen getragen. Gut ein Drittel sind konzerninterne Transaktionen (Härtel et al., 1996, 4). Nicht zuletzt diese Unternehmen leisten einen enormen Technologietransfer und schaffen damit die Voraussetzung, daß Schwellen- und Entwicklungsländer aufholen können.

Zwei wesentliche Entwicklungen treiben den Trend zur Globalisierung an. Zum einen ist es der technische Fortschritt, vor allem im Bereich der Informations- und Kommunikationstechniken. Diese erst seit Mitte der siebziger Jahre weltweit verbreiteten und im hohen Tempo weiterentwickelten Technologien erleichtern immer stärker die Zerlegbarkeit von Produktionsprozessen. Die Kosten der Raumüberwindung vor allem für Informationsflüsse sind erheblich gefallen. Nach Angaben der Weltbank (zitiert nach Siebert, 1996, 1) sanken beispielsweise die Kosten für ein Drei-Minuten-Telefongespräch von New York nach London in Preisen von 1990 von 250 US-$ (1930), 50 US-$ (1950) auf 3,32 US-$ im Jahr 1990. Auch die Kosten der Informationsverarbeitung fielen von 1 US-$ pro Instruktion im Jahr 1975 um den Faktor 100 auf einen Cent im Jahr 1994.

Mit Hilfe der neuen Technologien können weltweit verflochtene Transaktionen zentral koordiniert werden. Es ist heute in viel stärkerem Ausmaß als früher möglich, die gesamte Wertschöpfungskette eines Unternehmens global zu optimieren und in den einzelnen Regionen das zu machen, was dort am effizientesten erledigt werden kann. Globalisierung ging also mit einer Dezentralisierung einher. Die neuen Organisations- und Kommunikationstechnologien erlauben eine fast zeitnahe Führung und Kontrolle dezentraler Einheiten. Dies ermöglicht eine stärkere Fragmentierung aller unternehmerischen Funktionen. Es kommt hinzu, daß diese Technologien Querschnittscharakter haben und in nahezu allen Bereichen der Wirtschaft neue Möglichkeiten eröffnen.

Diese „neue Teilbarkeit" hat den Standortwettbewerb entscheidend verschärft. Früher waren einzelne Teile einer Wertschöpfungskette vor Verlagerung geschützt, weil der gesamte Leistungserstellungsprozeß viel stärker als heute an einem Standort erfolgen mußte, obwohl bestimmte Teile anderswo hätten kostengünstiger hergestellt werden können. Die Wahl eines Produktionsstandorts war also mehr oder weniger eine „Alles-oder-Nichts-Entscheidung". Heute muß jedes kleinere Glied einer Wertschöpfungskette nachweisen, daß es am gegebenen Standort optimal erzeugt werden kann. Die einzelnen Standorte können viel leichter ihre spezifischen Vorteile zur Geltung bringen.

Der zweite Grund für die fortschreitende Globalisierung sind verbesserte politische Rahmenbedingungen für wirtschaftliche Entwicklung und Integration. Gerade die aufstrebenden Schwellenländer in Südostasien und mit Abstrichen auch in Südamerika haben sich wettbewerbsorientierte Wirtschaftsverfassungen gegeben und eine stärker marktwirtschaftlich ausgerichtete Wirtschaftspolitik betrieben, wenn auch viele Rahmenbedingungen und Institutionen nach wie vor verbesserungsfähig sind.[7] Die Entwicklungs- und Schwellenländer haben ihre Wirtschaftspolitik grundlegend geändert, sich stärker geöffnet und damit dem internationalen Wettbewerb gestellt. Seit 1986 sind 24 Entwicklungsländer dem GATT beigetreten; weitere Beitritte zur Welthandelsorganisation stehen bevor (Siebert, 1996, 1). Auch der Umbruch in den Planwirtschaften Mittel- und Osteuropas und die vorsichtige Öffnung Chinas sind in diesem Zusammenhang zu nennen. In fast allen Regionen wurden die wirtschaftlichen Rahmenbedingungen in den letzten Jahren durch Fortschritte bei der Privatisierung und Deregulierung verbessert. Relativ betrachtet haben die klassischen Industrieländer dadurch Standortvorteile eingebüßt. Auch die anderen Länder haben heute einen stärker marktwirtschaftlich orientierten Ordnungsrahmen, der sich als überlegen herausgestellt hat. Dies wird auf mittlere Sicht neue Marktchancen für alle Volkswirtschaften eröffnen. Natürlich wird es in Teilbereichen zu einem höheren Anpassungsdruck oder gar Strukturkrisen kommen, vor allem deshalb, weil die Globalisierung mit einer schockartigen Erhöhung des weltweiten Arbeitsangebots verbunden war.

Hinzu kam der Abbau von Handelshemmnissen durch die Integration großer Wirtschaftsräume. Die Schaffung des Europäischen Binnenmarktes oder der amerikanischen Freihandelszone sind Beispiele dafür. Die Länder in Mittel- und Osteuropa, China und Indien haben sich von relativ abgeschlossenen Wirtschaftsräumen in sehr kurzer Zeit in offenere Märkte gewandelt. In einem fast schon historischen Prozeß wurde dadurch mehr als die Hälfte der Weltbevölkerung zusätzlich in die weltwirtschaftliche Arbeitsteilung integriert.

Die These von den neuen Konkurrenten ist nicht ohne weiteres ersichtlich, wenn man allein die Entwicklung des Welthandelsanteils der Entwicklungs- und Schwellenländer in den letzten 30 Jahren betrachtet (Abbildung 1-5). Der Anteil muß trotz eines leichten Aufwärtstrends als relativ stabil bezeichnet werden. Ein stärkerer Anstieg war zwischen 1973 und 1985 aufgrund der hohen Ölexporte der OPEC-Staaten zu beobachten.[8] Bis 1990 lag der Exportanteil der Entwicklungs- und Schwellenländer etwa auf dem Niveau von 1965. Erst ab diesem Zeitpunkt konnten diese Länder deutlich Anteile gewinnen, ohne daß dies steigenden Ölrechnungen zugeschrieben werden müßte.

Die These von den neuen Wettbewerbern meint etwas anderes. Innerhalb der Entwicklungs- und Schwellenländer haben die Volkswirtschaften Asiens (vor allem Südostasiens) auf Kosten der OPEC-Staaten, Mittel- und Osteuropas und Afrikas Anteile gewonnen. In der jüngsten Vergangenheit konnten auch die lateinamerikanischen Länder zulegen. Die Abbildung 1-5 zeigt deutlich, wie stark seit 1975 die Region Asien an Bedeutung gewann.

Diese Verschiebung der Regionalstruktur war aber gleichzeitig mit einer Verschiebung der Güterstruktur verbunden. Die Volkswirtschaften Asiens haben sich mehr und mehr auf Industrieprodukte spezialisiert

Abbildung: 1-5

Neue Wettbewerber in Asien

Entwicklung der Anteile am Weltexport in Prozent, 1965 = 100

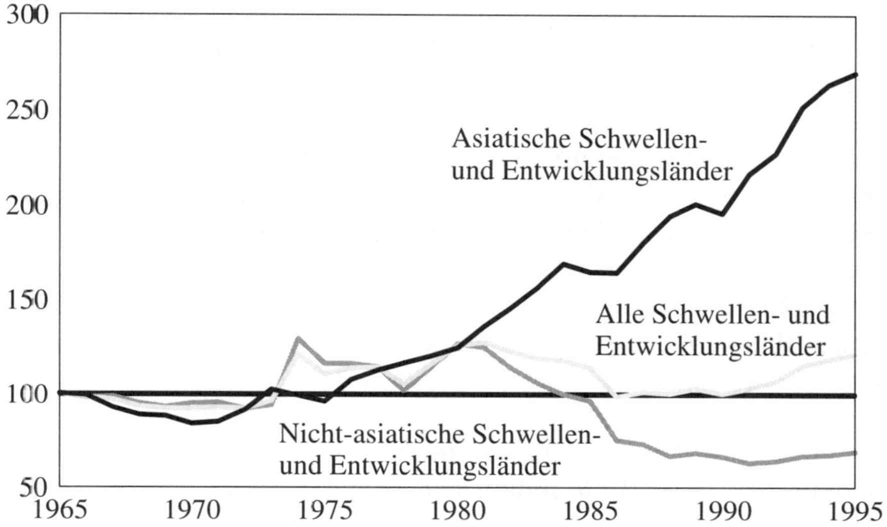

Quelle: IMF (1997a), eigene Berechnungen

und den etablierten Industrieländern auf ihren angestammten Märkten Konkurrenz gemacht. Das ist eigentlich die neue Dimension des globalen Wettbewerbs. So sind beispielsweise unter den führenden 20 Herstellern von Mikrochips immerhin zwei südkoreanische Unternehmen.

Anschaulich läßt sich die neue Konkurrenzsituation auf den Weltmärkten durch die geänderte Warenstruktur der Exporte der Entwicklungs- und Schwellenländer zeigen. 1970 entfielen nur 18,5 Prozent aller Exporte dieser Ländergruppe auf Waren des Verarbeitenden Gewerbes. 1994 waren es schon 64 Prozent (UNCTAD, 1997, 54). Südostasien hat die Annäherung der Handelsstruktur nach Warengruppen an die der Industrieländer fast geschafft. Der Anteil der Industriewaren an den Exporten stieg von 43,5 Prozent (1970) auf 78 Prozent (1994) und erreicht damit die Größenordnung der entwickelten Volkswirtschaften. Es zeigt sich, daß die aufstrebenden Länder sich immer besser in den Märkten positionieren, die eigentlich als Domäne der klassischen Industrieländer gelten.

Fazit: Die Globalisierungseffekte sind letztlich ambivalent (Beyfuß et al., 1997). Zweifellos werden neue Chancen durch die Erschließung neuer Märkte geschaffen. Auf der anderen Seite bedrohen neue Wettbewerber die Position des Wirtschaftsstandortes Deutschland und vor allem die Arbeitsplätze wenigqualifizierter Beschäftigter.

Die Wirkungen einer fortschreitenden Globalisierung und zunehmender Integration in einer Marktwirtschaft können am zutreffendsten durch das sogenannte Stolper-Samuelson-Theorem beschrieben werden. Gemäß diesem Theorem kommt es bei wachsender Integration zu einer Angleichung von Einkommen für vergleichbare Produktionsfaktoren. Zu einem vollständigen Faktorpreisausgleich muß dies nicht führen, solange die führenden Länder weiterhin aufgrund einer besseren Kapitalausstattung, fortgeschrittenerer Technologien oder günstigeren Rahmenbedingungen eine höhere Produktivität erwirtschaften.[9]

Aus dem Theorem folgt, daß sich die nachrückenden Schwellenländer in der gesamten Wertschöpfungskette auf die Tätigkeiten mit einfachen Qualifikationen spezialisieren, was in einem Marktmodell zu relativen Lohnsenkungen für Einfacharbeitsplätze in den führenden und reicheren Volkswirtschaften führen muß. Die Globalisierung führt also bei dieser Betrachtungsweise entweder zu Verlusten an Einfacharbeitsplätzen oder – bei einem funktionierenden Arbeitsmarkt – zu Lohneinbußen für diese Tätigkeiten mit der Folge einer stärkeren Streuung der Einkommen. Die zunehmende Ungleichheit der Einkommensverteilung ist mithin zu erwarten. Dieser Konflikt wird um so schärfer, je stärker es den nachrückenden Volkswirtschaften gelingt, ihre Arbeitskräfte zu qualifizieren, ohne die damit verbundenen Qualitäts- und Produktivitätssteigerungen durch entsprechende Einkommenserhöhungen vollständig zu kompensieren.

Information und Qualifikation

Der Strukturwandel spielt sich nicht nur – wahrscheinlich noch nicht einmal hauptsächlich – auf der Ebene der drei traditionellen Wirtschaftssektoren ab. Dieser Aspekt steht nur deshalb so oft im Vordergrund, weil das statistische Material hier besonders umfangreich zur Verfügung steht. Der Wandel zeigt sich aber auch in der Intensität der Nutzung spezifischer Tätigkeiten und Fähigkeiten.

Einer der wichtigsten Trends in diesem Bereich ist sicher die zunehmende Bedeutung der Information als Produktionsfaktor. Die Koordination wirtschaftlichen Handelns in einer immer komplexer werdenden Gesellschaft verlangt einen ständig größeren Einsatz bei der Informationserstellung, -verarbeitung und -verteilung.

Um die Bedeutung der Information als Produktionsfaktor zu messen, haben Porat (1977) und später vor allem Dostal (1984, 1995) versucht, das Drei-Sektoren-Modell um einen vierten Sektor – den Informationsbereich – zu erweitern. Führt ein Erwerbstätiger im Durchschnitt zu mehr als 75 Prozent Arbeiten aus, die mit der Informationserstellung, -verarbeitung und -verteilung zu tun haben, wird diese Tätigkeit dem Informationssektor zugerechnet. Diese Daten liefert seit den achtziger Jahren der Mikrozensus. Für frühere Zeiträume können entsprechende Informationen aus den Volkszählungen entnommen werden.

Die Abbildung 1-6 zeigt eindrucksvoll die massive Zunahme der Informationsberufe in Deutschland. Der Anteil der diesem Sektor zurechenbaren Erwerbstätigen steigt seit den dreißiger Jahren stetig an. Jeder zweite Erwerbstätige war 1995 im Informationssektor beschäftigt. Diese Tätigkeiten haben offensichtlich den Strukturwandel bisher getrieben und werden auch – laut der Prognose von Dostal – eine treibende Kraft bleiben.

Betrachtet man den Verlauf der Erwerbstätigenanteile des Dienstleistungssektors ohne die dort erstellten Informationsdienstleistungen, verliert dieser Sektor die Dynamik, die ihm in der traditionellen Drei-Sektoren-Hypothese zugerechnet wird. Bei der Analyse des Strukturwandels sollte also nicht nur auf die sektoralen Veränderungen, sondern auch auf die damit einhergehenden Veränderungen in den Tätigkeiten geachtet werden.[10]

Es bleibt abzuwarten, ob die Fortschritte in den Informationstechniken die beschriebene Entwicklung beschleunigen oder bremsen. Für das erste würde sprechen, daß ständig neue Möglichkeiten der Informationserstellung und -nutzung entstehen und ein Marktausweitungseffekt zu vermuten ist. Die technologische Entwicklung über Rationalisierungseffekte führt aber auch zu einer ständigen Verringerung der Kosten. Es sind weniger Arbeitskräfte erforderlich, um diese Informationstätigkeiten auszuüben.

Abbildung: 1-6

Informationssektor auf Wachstumskurs

Anteile der Erwerbstätigen nach Sektoren, in Prozent
Deutschland 1882 bis 2005

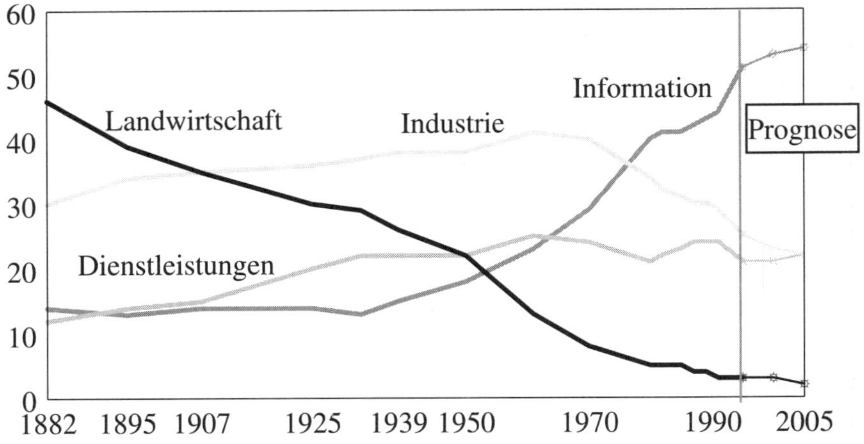

Quelle: Dostal (1995)

Im Strukturwandel werden somit immer wieder neue Fähigkeiten gefordert. In den entwickelten Volkswirtschaften scheint es auch hier einen stabilen Trend zu geben. Die Volkswirtschaften werden wissensintensiver, was mit einem zunehmenden Einsatz von qualifiziertem Humankapital einhergeht. Im Durchschnitt aller OECD-Länder ist in der Industrie der Anteil der höherqualifizierten Beschäftigten von 1971 bis 1991 von 41,6 auf 46,3 Prozent gestiegen; im gleichen Zeitraum ist der Anteil der weniger qualifizierten Arbeitsplätze von 58,3 auf 53,7 Prozent gefallen; hier wurden insgesamt Arbeitsplätze abgebaut.

Es zeigt sich deutlich, daß besserqualifizierte Mitarbeiter bessere Arbeitsmarktchancen haben. Die Tabelle 1-4 weist die Arbeitslosenquoten nach Qualifikationsniveau für die Mitgliedstaaten der EU aus. Mit wenigen Ausnahmen fällt die Arbeitslosenquote mit steigendem Bildungsstand. Für viele lassen sich deshalb die Anpassungsprobleme der entwickelten Industrieländer in einer globalisierten Umwelt nur durch weitere Investitionen in das Humankapital lösen. Dies bestätigt auch eine Analyse des Sachverständigenrates, der in seinem Jahresgutachten 1994/95 (SVR, 1994, Ziffer 439) auf den Zusammenhang zwischen Qualifikation und Beschäftigung hingewiesen hat. Danach hat in allen Wirtschaftsbereichen Westdeutschlands zwischen Mitte der siebziger und Ende der achtziger Jahre die Zahl der Beschäftigten ohne Berufsausbildung stark abgenommen, während für beruflich qualifizierte Arbeitnehmer zusätzliche Beschäftigungsverhältnisse geschaffen wurden.

Tabelle: 1-4

Arbeitslosenquote nach Bildungsstand[1] 1994

	Bildungsniveau		
	niedrig	mittel	hoch
Belgien	12,5	7,5	3,7
Dänemark	12,6	8,3	4,6
Deutschland	14,8	8,9	5,3
Griechenland	6,2	8,3	5,3
Spanien	22,4	20,0	15,1
Frankreich	14,8	9,7	6,6
Irland	21,0	9,1	5,3
Italien	9,3	7,4	6,1
Luxemburg	3,7	1,9	2,4
Niederlande	12,6	7,7	5,5
Portugal	6,1	6,4	2,4
Großbritannien	11,2	7,9	4,1
EU 12	**13,2**	**8,8**	**6,1**

[1] Berücksichtigt wurden Personen im Alter von 25 bis 59 Jahren
Quelle: Eurostat (1995)

Die dargelegten Fakten des Strukturwandels zeigen nur die wichtigsten Trends. Ein viel größerer Teil des Wandels spielt sich jenseits der statistisch meßbaren Entwicklung täglich in den Unternehmen ab. Ständig werden neue Produkte auf den Markt gebracht, Verfahren optimiert und neue Formen der Arbeitsteilung gefunden. Gerade in den letzten Jahren wurden unter den Stichwörtern „lean-management“, Dezentralisierung und „Konzentration auf das Kerngeschäft“ entscheidende Veränderungen in der gesamten Unternehmensverfassung, -organisation und -philosophie eingeleitet. Wo dieser Wandel wirklich hingeht, ist offen. Sicher scheint zu sein, daß er vom Trend zur Globalisierung und einem zunehmenden Standortwettbewerb getrieben wird. In den folgenden Kapiteln sollen die Trends, die der statistischen Aufbereitung zugänglich sind, näher beschrieben werden, also der Teil des Eisberges, der aus dem Wasser herausragt.

Kernaussagen auf einen Blick

Kapitel 1
Strukturwandel – immanentes Kennzeichen einer Marktwirtschaft

Struktur-wandel – Bedrohung oder Chance?	– Bei einer Fortschreibung des gegenwärtigen Trends würde die deutsche Industrie in der Zeit von 1970 bis 2010 die Hälfte ihres Wertschöpfungsanteils einbüßen. – Ständiger Strukturwandel ist Kennzeichen einer dynamischen Wirtschaft. Der Konkurrenzkampf zwingt zur „schöpferischen Zerstörung" und legt damit die Basis für Wohlstand. – Strukturwandel wird aber auch als Besitzstandsbedrohung und Auslöser von Krisen empfunden. – Strukturpolitik soll im marktwirtschaftlichen Rahmen den Strukturwandel erleichtern und fördern – nicht abbremsen.
Megatrend I: Weltweite De-Industrialisierung	– Der weltweite Strukturwandel weist ein stabiles Muster auf: Der Industrieanteil am Weltsozialprodukt ging auf 31 Prozent zurück. Der Dienstleistungsanteil stieg dagegen auf 64 Prozent stark an. – Die Industrieländer haben den Wandel zu den Dienstleistungen am stärksten vorangetrieben.
Megatrend II: Globalisierung	– Durch stärkere internationale Arbeitsteilung und Globalisierung der Produktionsstandorte wachsen die Märkte zusammen. – Einerseits eröffnen sich dadurch neue Märkte. – Andererseits nimmt der Wettbewerbsdruck durch neue Konkurrenten zu und führt zu Standortdebatten. – Die Globalisierung wird 1. durch technischen Fortschritt und 2. durch weltweit verbesserte politische und ökonomische Rahmenbedingungen angetrieben.
Megatrend III: Information und Qualifikation	– Im Strukturwandel erhalten Informationen als Produktionsfaktor eine zunehmende Bedeutung. Jeder zweite Erwerbstätige ist gegenwärtig mit der Erstellung und Verarbeitung von Informationen beschäftigt. – Zudem werden Volkswirtschaften immer wissensintensiver. Zunehmend sind qualifizierte Arbeitskräfte gefragt. Diese sind daher auch weniger von Arbeitslosigkeit bedroht.

2. Strukturwandel in Westdeutschland

Der Strukturwandel hat viele Dimensionen. Oft steht der inter-sektorale Wandel vom sekundären zum tertiären Sektor im Mittelpunkt der Diskussion. Daneben gibt es aber auch eine intra-sektorale Dimension, die den Blick auf die Änderung der ausgeübten Tätigkeiten, der Liefer- und Leistungsbeziehungen zwischen den einzelnen Wirtschaftsbereichen und auf die Änderung der eingesetzten Produktionsfaktoren richtet. Dieser intra-sektorale Wandel hat Querschnittscharakter, berührt alle Bereiche einer Volkswirtschaft und nimmt indirekt Einfluß auf den inter-sektoralen Wandel. Die Abbildung 2-1 verdeutlicht diese Zusammenhänge schematisch.

Im folgenden werden diese Dimensionen des Strukturwandels für Westdeutschland nachgezeichnet. Die Analyse beginnt in den meisten Fällen in den siebziger Jahren. Dabei soll gezeigt werden, daß

- ☐ die Dienstleistungssektoren an Bedeutung gewonnen haben

- ☐ ein immer größer werdender Anteil der Erwerbstätigen Dienstleistungstätigkeiten ausübt

- ☐ die Austauschbeziehungen zwischen den Sektoren intensiver geworden sind und

- ☐ ein stetiger Prozeß der Substitution von Arbeit durch Kapital und gleichzeitig von einfacher durch qualifizierte Arbeit zu beobachten ist.

Die Kapitel 2.1 bis 2.4 beschäftigen sich mit inter-sektoralem Wandel; die Abschnitte 2.5 bis 2.7 analysieren die drei Dimensionen des intra-sektoralen Wandels. In Kapitel 3 wird ein Großteil dieser Ergebnisse einem internationalen Vergleich unterzogen.

2.1 Tempo des Strukturwandels nimmt wieder zu

Fragen des Strukturwandels und der Strukturpolitik rücken vor allem in Krisenzeiten in den Blickpunkt der Öffentlichkeit. Zwar ist ein permanenter Strukturwandel ein Kennzeichen jeder Marktwirtschaft, doch vollzieht sich dieser Wandel im Zeitablauf nicht mit dem gleichen Tempo.

Nach sehr turbulenten Phasen in Westdeutschland Ende der sechziger und Mitte der siebziger Jahre hatte sich das Tempo des strukturellen Wandels im folgenden Jahrzehnt deutlich verlangsamt. Diese ruhige Zeit scheint vorbei zu sein. Seit Beginn der neunziger Jahre hat die Geschwindigkeit des wirtschaftlichen Strukturwandels wieder deutlich zugelegt.

Das Tempo des sektoralen Strukturwandels läßt sich am einfachsten messen, indem man die absolute Veränderung der Anteile der einzelnen Sektoren an der Bruttowertschöpfung oder den Erwerbstätigen gegenüber dem Vorjahr addiert und diese Werte über die Zeit beobachtet. Dabei entsprechen natürlich die Anteilsgewinne der überdurchschnittlich wachsenden Branchen den Verlusten der unterdurchschnittlich wachsenden oder schrumpfenden Sektoren. Je höher die Summe der absoluten Anteilsveränderungen ist, desto höher ist das Tempo des sektoralen Strukturwandels.

Abbildung: 2-1

Dimensionen des Strukturwandels

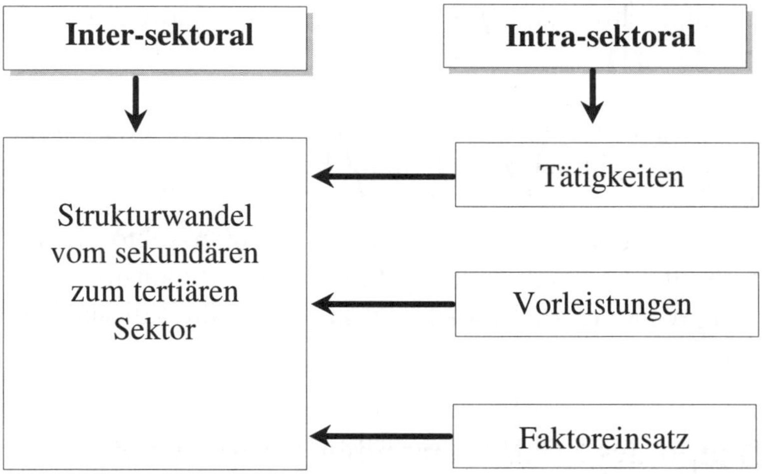

Die Abbildung 2-2 zeigt die Entwicklung des Tempomaßes für Westdeutschland für die Zeit von 1961 bis 1995. Abgetragen sind dort entlang der Zeitachse die Verschiebungen der Anteile an der nominalen Bruttowertschöpfung zwischen den 58 Branchen der Volkswirtschaftlichen Gesamtrechnung. Für 1995 beträgt dieser Wert 4 Prozentpunkte, das heißt, innerhalb eines Jahres haben die überdurchschnittlich gewachsenen auf Kosten der wachstumsschwachen Branchen 2 Prozentpunkte bei der Bruttowertschöpfung hinzugewonnen. Ein Vergleich zwischen 1960 und 1995 zeigt, daß zwischen diesen beiden Zeitpunkten 31 Prozentpunkte neu verteilt wurden – der Betrag aller Gewinne und Verluste wäre also 62.

Bei der Betrachtung des Verlaufs des Tempomaßes in Abbildung 2-2 fallen die drei Spitzen in den Jahren 1968, 1974 und 1993 und eine relativ flach verlaufende Phase zwischen 1976 und 1991 auf. Letztere

Abbildung: 2-2

Tempo des Strukturwandels legt wieder zu

Summe der Anteilsverschiebungen der BWS zwischen den Sektoren

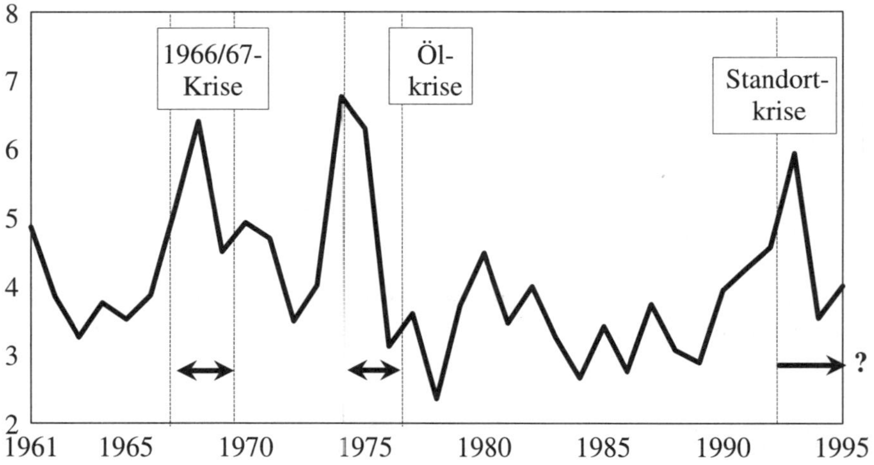

Anmerkung: Die ausgewiesenen Werte entsprechen der Summe der jährlichen Anteilsgewinne an der nominalen Bruttowertschöpfung der überdurchschnittlich wachsenden Branchen plus dem Betrag der entsprechenden Verluste der unterdurchschnittlich gewachsenen Branchen.
Quelle: Statistisches Bundesamt (1997a), eigene Berechnungen

wird lediglich von einem kleinen Gipfel am Anfang der achtziger Jahre unterbrochen. Das Tempo des Strukturwandels war in den Jahren 1967/68, 1974/75 und dann wieder ab 1993 besonders hoch. Das sind die Rezessions- und Strukturkrisenphasen Westdeutschlands. Strukturwandel passiert also besonders in Krisenzeiten. Die relativ geringen Anteilsverschiebungen zwischen 1982 und 1992 zeigen dies spiegelbildlich. Diese lange Aufschwungphase war mit nur wenig sektoralem Strukturwandel verbunden. Das scharfe Ansteigen des Tempos des Strukturwandels nach 1991 zeigt, daß sich der Standort Deutschland wieder in einer ernsthaften Krise befindet. Diese neuerlichen Turbulenzen gehen mit wachsenden Problemen auf dem Arbeitsmarkt und schwachem Wachstum einher. Dies erhärtet den Befund, daß sich die Wirtschaft Westdeutschlands derzeit nicht nur in einer Konjunktur-, sondern auch in einer Struktur- oder gar Standortkrise befindet.

2.2 Tertiarisierung – der Megatrend im sektoralen Strukturwandel

In einer einfachen sektoralen Betrachtung vollzieht sich der Strukturwandel in Deutschland seit über 100 Jahren nach einem einheitlichen Muster (Drei-Sektoren-Hypothese): Der Anteil der Dienstleister an den Erwerbstätigen steigt kontinuierlich, und die Landwirtschaft verliert mit gleicher Stetigkeit an Bedeutung. Die Industrie konnte bis in die siebziger Jahre im Strukturwandel gewinnen, verliert aber seitdem kontinuierlich an Bedeutung.

Drei-Sektoren-Hypothese bestätigt

Die Abbildung 2-3 zeigt den sektoralen Strukturwandel der deutschen Volkswirtschaft für den langen Zeitraum von 1882 – dem Zeitpunkt der ersten Volks- und Berufszählung – bis 1997.

Dramatisch an Bedeutung verloren hat die Landwirtschaft. Der Anteil der in diesem Sektor tätigen Erwerbspersonen fiel innerhalb von etwas mehr als 100 Jahren um den Faktor 10. Bereits zu Beginn des 20. Jahrhunderts waren mehr Menschen im Produzierenden Gewerbe beschäftigt als in der Landwirtschaft. In den zwanziger Jahren haben auch die Dienstleister in der Bedeutung als Arbeitgeber den Agrarbereich überholt. In Deutschland ist also seit Anfang des Beobachtungszeitraumes

Abbildung: 2-3

Strukturwandel in Deutschland

Anteile der Erwerbstätigen nach Sektoren, in Prozent,
1882 bis 1997

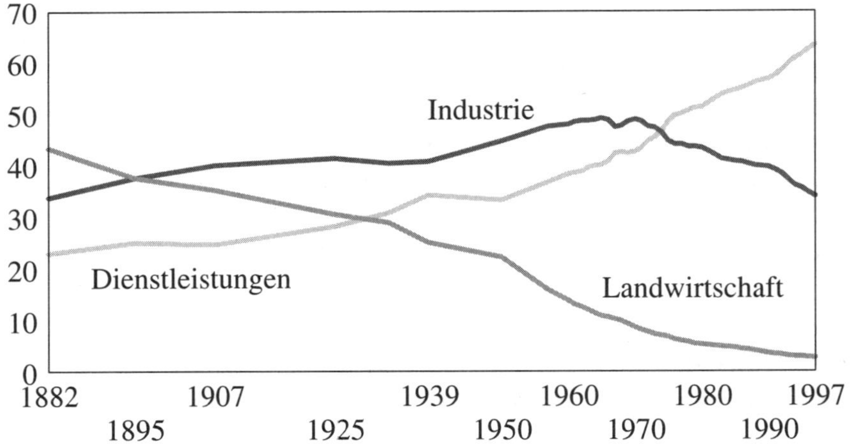

Quellen: Dostal (1995), Statistisches Bundesamt (1997a, 1998), eigene Berechnungen

die Agrargesellschaft auf dem Rückzug. Ein bedeutender Schub setzte nochmals in den fünfziger Jahren ein, wie die steil abwärts laufende Kurve in der Abbildung 2-3 zeigt.

Einen stetigen Bedeutungszuwachs fast über den gesamten Zeitraum von 1882 bis 1997 können nur die Dienstleistungsbranchen aufweisen. Der Anteil des tertiären Sektors stieg von einem Drittel (1882) auf über 63 Prozent (1997) an. Heute finden also fast zwei von drei Erwerbstätigen ihren Arbeitsplatz im privaten oder öffentlichen Dienstleistungssektor.

Differenzierter ist das Bild für den sekundären Sektor. Die Industrialisierung Deutschlands vollzog sich relativ stetig vom Beginn des Beobachtungszeitraumes bis in die siebziger Jahre. In dieser Zeit war fast jeder zweite Erwerbstätige in einem Industrieunternehmen beschäftigt. Schon die erste Rezession in der deutschen Nachkriegsgeschichte von

1966/67 ließ das Gewicht des sekundären Sektors als Arbeitgeber vorübergehend fallen. Das war nur der Vorbote dessen, was sich in den Jahren danach abspielte. Seit der ersten Ölkrise von 1973 ist eine rasante De-Industrialisierung der (west)deutschen Wirtschaft zu beobachten. Die scharf abfallende Kurve des Erwerbstätigenanteils des sekundären Sektors in Abbildung 2-3 zeigt diese Talfahrt deutlich. In nur 25 Jahren von 1970 bis heute hat die Industrie über 13 Prozentpunkte an Erwerbstätigenanteilen eingebüßt. Der Anteil liegt damit wieder in etwa auf dem Ausgangsniveau von 1882. In einem Vierteljahrhundert verlor der sekundäre Sektor also das Gewicht, das er fast über ein Jahrhundert hinweg im Zuge der Industrialisierung aufgebaut hatte.

Spätestens seit den fünfziger Jahren näherten sich die Beschäftigungsanteile des tertiären und sekundären Sektors einander stetig an. Seit Ende der sechziger Jahre übersteigt der Beschäftigungsanteil des tertiären Sektors den der Industrie. Deutschland hat sich endgültig von einem klassischen Industrieland in eine Dienstleistungsgesellschaft gewandelt.

Das gleiche Muster zeigt sich bei der Betrachtung der Veränderung der Anteile der nominalen Bruttowertschöpfung[11] der Sektoren. Verläßliche lange Zeitreihen liegen hier allerdings nicht vor, so daß als Analyseperiode nur die Zeit ab 1960 herangezogen wird. Auch in dieser Betrachtung ist der Agrarsektor auf dem Rückzug. Der Beitrag der Land- und Forstwirte zur gesamten Bruttowertschöpfung fiel von 5,8 Prozent (1960) auf nur noch etwa ein 1 Prozent (1997). Die Anteilsverschiebungen zwischen dem sekundären und tertiären Sektor sind hier noch deutlicher ausgeprägt als bei der Erwerbstätigkeit. Der Wertschöpfungsbeitrag der Industrie sank von 53,2 Prozent (1960) auf 33 Prozent (1997). Die Dienstleister bauten ihr Gewicht im gleichen Zeitraum von 40,9 Prozent auf 66 Prozent aus.

Auch real – also in Preisen von 1991 – gerechnet steckt in diesen Anteilsgewinnen ein enormes überdurchschnittliches Wachstum. Im tertiären Sektor ist die reale Bruttowertschöpfung von 471 Milliarden DM (1960) auf 1774 Milliarden DM (1997) gewachsen. Das bedeutet im Jahresdurchschnitt einen Zugewinn von 3,7 Prozent. Zwar expandierte auch der sekundäre Sektor und verdoppelte seine reale Wertschöpfung. Bezogen auf die 37 Jahre bedeutet das aber nur ein jährli-

Abbildung: 2-4

Entwicklung der Tertiarisierung in Westdeutschland anhand unterschiedlicher Kennziffern

Anteil des tertiären Sektors an der realen und nominalen Wertschöpfung, in Prozent

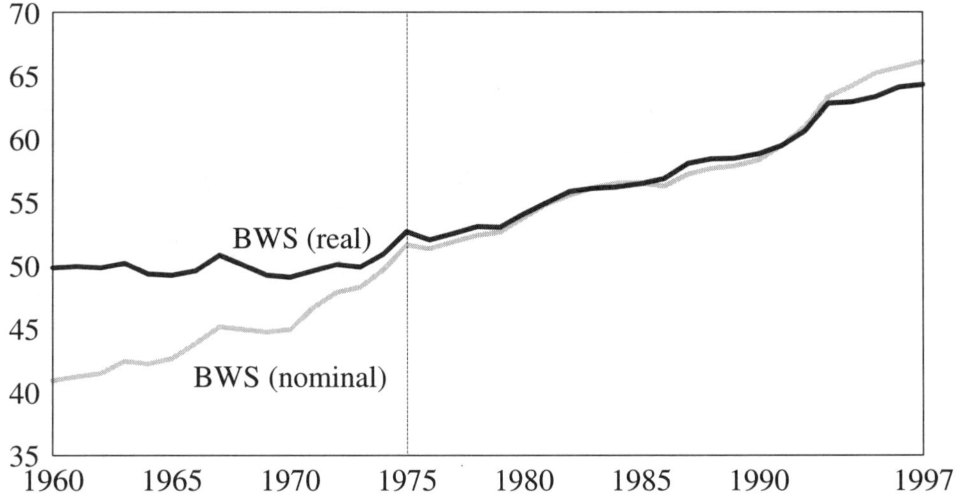

noch Abbildung: 2-4

Preisspielraum der Dienstleister wird kleiner

Differenz der Preisentwicklung zwischen dem tertiären und dem sekundären Sektor, in Prozentpunkten

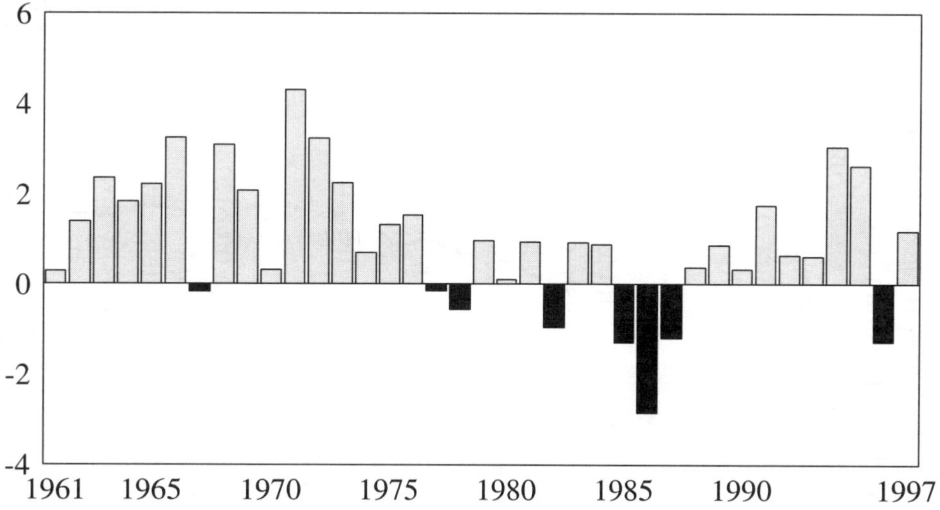

Anmerkung: Der Wachstumsfaktor der Preissteigerungsraten der beiden Sektoren wurde jeweils durch den Wachstumsfaktor der Preissteigerung der gesamtwirtschaftlichen Bruttowertschöpfung dividiert, um die Effekte unterschiedlicher Inflationsniveaus zu eliminieren. Positive Werte zeigen an, daß die Preise im tertiären Sektor stärker gewachsen sind als im sekundären Sektor.

Quelle: Statistisches Bundesamt (1997a), eigene Berechnungen

ches Wachstum von etwa 2 Prozent. Das Expansionstempo der Dienstleister war also um Faktor 1,85 schneller.

Ein Vergleich der Tertiarisierung der westdeutschen Wirtschaft anhand der realen und nominalen Anteile an der Bruttowertschöpfung liefert ein interessantes Ergebnis. Die Abbildung 2-4 zeigt, daß ab 1975 die Anteile des Dienstleistungssektors an der realen und nominalen Bruttowertschöpfung nahezu identisch ansteigen. Bis zu diesem Zeitpunkt blieb der Dienstleistungsanteil an der realen Wertschöpfung stabil bei etwa 50 Prozent; von einer zunehmenden Tertiarisierung konnte somit nicht gesprochen werden. Anders dagegen bei der nominalen Wertschöpfung: Hier stieg der Anteil des tertiären Sektors kontinuierlich von gut 40 Prozent (1960) auf gut 66 Prozent (1997) nahezu kontinuierlich an.

Diese Differenz zwischen dem realen und nominalen Anteil kann auf unterschiedliche Preissteigerungsraten der einzelnen Sektoren zurückgeführt werden. Der Preisanstieg bei den Dienstleistern war von 1960 bis etwa Anfang der siebziger Jahre steiler als der des sekundären Sektors. Dies verdeutlichen die hohen Ausschläge im zweiten Teil der Abbildung 2-4, die die Differenzen der sektoralen Preisentwicklungen abbildet. Um den Einfluß unterschiedlicher gesamtwirtschaftlicher Inflationsniveaus auszuschalten, wurden die sektoralen Preisänderungsraten um diesen Faktor korrigiert.

Die Dienstleister waren also bis in die siebziger Jahre relativ teurer als die Unternehmen im Produzierenden Gewerbe.[12] Diese Preisführerschaft des tertiären Sektors ging tendenziell zurück, was die Angleichung der beiden Wertschöpfungskurven im ersten Teil der Abbildung 2-4 zeigt. Es gibt zwei Hypothesen, die dies erklären könnten. Zum einen könnte sich mit entsprechendem Druck auf die Preise die Wettbewerbsintensität im Dienstleistungssektor erhöht haben. Zum anderen ist es aber auch denkbar, daß die Dienstleister ihre stärker gestiegenen Produktivitätszuwächse an ihre Kunden in sinkenden Preisen weitergegeben haben. Bis 1975 war das Produktivitätswachstum im tertiären Sektor noch geringer als im sekundären Sektor. Die dadurch höheren Lohnstückkosten erforderten höhere Preise im Dienstleistungssektor, um kostendeckend arbeiten zu können. (Diese Erklärungsansätze werden in Kapitel 5 ausführlich diskutiert.)

Rollenwechsel zwischen Verarbeitendem Gewerbe und Dienstleistungsunternehmen

Natürlich ist das Abstraktionsniveau mit der Drei-Sektoren-Betrachtung sehr hoch gewählt. Zu unterschiedlich sind die Teilaggregate, um zu wirklich vernünftigen Aussagen zu kommen. Deshalb wird der Strukturwandel im folgenden auf einer tiefer disaggregierten Ebene hauptsächlich mit Hilfe der Wertschöpfungs- und Erwerbstätigendaten der Volkswirtschaftlichen Gesamtrechnung analysiert. Dazu ist es zunächst notwendig, die dort verwendete Branchenklassifikation kurz vorzustellen (Tabelle 2-1).

Unterschieden wird zwischen dem Unternehmens- und Nicht-Unternehmenssektor. Der erste Bereich enthält die Land- und Forstwirtschaft, das Produzierende Gewerbe, den Handel und den Verkehr sowie die Dienstleistungsunternehmen. In der zweiten Gruppe sind der Staat, die Organisationen ohne Erwerbszweck sowie die privaten Haushalte zusammengefaßt.

Wichtig ist, daß der tertiäre Bereich sich aus dem privaten Dienstleistungssektor (Handel und Verkehr sowie Dienstleistungsunternehmen) sowie dem Nicht-Unternehmensbereich zusammensetzt. Das Produzierende Gewerbe ist identisch mit dem sekundären Sektor. Das Kernstück dort ist das Verarbeitende Gewerbe mit insgesamt 32 Branchen. Weiter gehören die Versorgungswirtschaft einschließlich Bergbau und das Baugewerbe dazu.

Besonderes Augenmerk muß den Dienstleistungsunternehmen gewidmet werden. Diese stellen den Bereich dar, der in den letzten drei Jahrzehnten am stärksten expandiert ist und der sich aus sehr unterschiedlichen Branchen zusammensetzt. Besonders gilt dies für die „Übrigen Dienstleistungen“, in denen von den Unternehmensberatern bis zu den Gebäudereinigern alle Sparten zusammengefaßt sind, die keinem anderen Sektor zugeordnet werden können. Gerade dieser Bereich wird in der nachfolgenden Analyse besondere Beachtung finden.

Der Strukturwandel soll aber zunächst auf einem mittleren Aggregationsniveau von sieben Sektoren (Landwirtschaft, Versorgungswirtschaft, Verarbeitendes Gewerbe, Baugewerbe, Handel und Verkehr, Dienstleistungsunternehmen und Nicht-Unternehmensbereich[13]) beschrieben werden.

Tabelle: 2-1

Klassifizierung der Sektoren nach der Volkswirtschaftlichen Gesamtrechnung

Land- und Forstwirtschaft		Primärer Sektor
Produzierendes Gewerbe		
Versorgungswirtschaft		
Elektrizität, Gas, Wärme, Wasser		
Bergbau		
Verarbeitendes Gewerbe		
Chemieindustrie		
Mineralölverarbeitung		
Kunststoffindustrie		
Gummiverarbeitung		
Steine und Erden		
Feinkeramik		
Glasindustrie		
Eisenschaffende Industrie		
Nicht-Eisen-Metallerzeugung und -Halbwerke		
Gießerei		
Stahlverformung		
Stahl-, Leichtmetall- und Schienenfahrzeugbau		
Maschinenbau		
Büromaschinen und Datenverarbeitung		Sekundärer Sektor
Straßenfahrzeugbau		
Schiffbau		
Luft- und Raumfahrzeugbau		
Elektrotechnik		
Feinmechanik, Optik und Uhren		
Eisen-, Blech-, Metallwaren		
Musikinstrumente und Spielwaren		
Holzbearbeitung		
Holzverarbeitung		
Papier- und Pappeerzeugung	Unternehmens-sektor	
Papier- und Pappeverarbeitung		
Druckerei und Vervielfältigung		
Ledergewerbe		
Textilgewerbe		
Bekleidungsgewerbe		
Ernährungsgewerbe		
Getränkeherstellung		
Tabakverarbeitung		
Baugewerbe		
Bauhauptgewerbe		
Ausbaugewerbe		

Handel und Verkehr		
Handel		
Großhandel und Handelsvermittlung		
Einzelhandel		
Verkehr und Nachrichtenübermittlung		
Eisenbahnen		
Schiffahrt, Wasserstraßen, Häfen		
Deutsche Bundespost		
Übriger Verkehr		
Dienstleistungsunternehmen		
Kreditinstitute und Versicherungen		Tertiärer Sektor
Kreditinstitute		
Versicherungen		
Wohnungsvermietung		
Sonstige Dienstleistungsunternehmen		
Gastgewerbe und Heime		
Bildung, Wissenschaft, Kultur und Verlage		
Gesundheits- und Veterinärwesen		
Übrige Dienstleistungsunternehmen		
Staat, private Haushalte und Organisationen o.E.	Nicht-Unternehmenssektor	
Staat (Gebietskörperschaften und Sozialversicherungen)		
Private Haushalte und Organisationen o.E.		

Der Strukturwandel soll aber zunächst auf einem mittleren Aggregationsniveau von sieben Sektoren (Landwirtschaft, Versorgungswirtschaft, Verarbeitendes Gewerbe, Baugewerbe, Handel und Verkehr, Dienstleistungsunternehmen und Nicht-Unternehmensbereich[13]) beschrieben werden.

Von den betrachteten Wirtschaftszweigen konnten allein die Dienstleistungsunternehmen über den gesamten Zeitraum von 1960 bis 1996 hinweg deutliche Anteilsgewinne bei der Bruttowertschöpfung verbuchen (Tabelle 2-2).

In nominaler Betrachtung stiegen die absoluten Anteilswerte von einem Ausgangswert von 13,6 Prozent nahezu gleichförmig auf 37,6 Prozent an. Zu den Dienstleistungsunternehmen zählen Kreditinstitute, Versicherungen, Unternehmen der Wohnungsvermietung und Sonstige Dienstleistungsunternehmen (Tabelle 2-1). 1991 hatten die Dienstleistungsunternehmen mit 31,7 Prozent erstmals einen höheren Wertschöpfungsanteil als das Verarbeitende Gewerbe (30,9 Prozent). Seitdem öffnet sich die Schere immer weiter.

Tabelle: 2-2

Sektoraler Strukturwandel in Westdeutschland

Anteile nach Wirtschaftsbereichen, in Prozent

	Erwerbstätigkeit				
	1960	1970	1980	1990	1996
Landwirtschaft	13,7	8,5	5,2	3,5	2,7
Versorgungswirtschaft	2,9	2,1	1,8	1,6	1,4
Verarbeitendes Gewerbe	36,9	38,1	33,7	31,4	26,7
Bauwirtschaft	8,2	8,7	7,9	6,7	6,6
Handel und Verkehr	18,3	17,9	18,7	18,7	19,1
Dienstleistungen	9,1	11,0	14,7	18,6	23,2
Nicht-Unternehmensbereich	11,0	13,6	18,0	19,5	20,3
Erwerbstätige in 1000[1]	26 063	26 560	26 980	28 479	28 166
	Nominale Bruttowertschöpfung				
	1960	1970	1980	1990	1996
Landwirtschaft	5,8	3,4	2,2	1,6	1,0
Versorgungswirtschaft	5,2	3,5	3,4	3,0	2,5
Verarbeitendes Gewerbe	40,3	40,2	33,6	31,7	25,9
Bauwirtschaft	7,7	8,0	7,1	5,4	5,0
Handel und Verkehr	18,5	16,0	15,4	14,8	14,6
Dienstleistungen	13,6	17,7	23,9	30,2	37,6
Nicht-Unternehmensbereich	8,8	11,2	14,4	13,3	13,4
Wertschöpfung in Mrd. DM[1]	302,2	645,9	1 415,9	2 342,3	3 003,2
	Reale Bruttowertschöpfung[2]				
	1960	1970	1980	1990	1996
Landwirtschaft	2,3	1,7	1,5	1,5	1,4
Versorgungswirtschaft	4,5	3,5	3,3	2,9	2,9
Verarbeitendes Gewerbe	33,7	37,2	33,9	31,3	26,9
Bauwirtschaft	9,7	8,6	7,2	5,6	4,7
Handel und Verkehr	13,5	13,8	14,1	14,6	15,1
Dienstleistungen	21,5	21,5	25,3	30,7	25,7
Nicht-Unternehmensbereich	14,7	13,7	14,6	13,5	13,3
Wertschöpfung in Mrd. DM[1]	946,6	1 466,6	1 934,3	2 438,3	2 689,9

[1] Gesamtwirtschaft

[2] in Preisen von 1991

Quelle: Statistisches Bundesamt (1997a), eigene Berechnungen

Zulegen konnte von 1960 bis Anfang der achtziger Jahre auch der Nicht-Unternehmensbereich. Der Anteil an der Bruttowertschöpfung stieg von 8,8 Prozent bis auf 14,7 Prozent (1981) an. Erst danach kam es zu einer leichten und allmählichen Verringerung des Gewichtes auf 13,4 Prozent (1996).

Im Gegensatz dazu büßte der Wirtschaftszweig Handel und Verkehr von 1960 bis 1980 gut 3 Prozentpunkte ein und sank auf 15,4 Prozent. Auch im Zeitraum danach war der Anteil leicht rückläufig. Unter kleinen Schwankungen näherte sich die Bauwirtschaft von einem Startwert von knapp 8 Prozent zu Beginn der sechziger Jahre ihrem heutigen Anteilswert von 5 Prozent an.

Einen schleichenden Bedeutungsverlust mußten die Branchen der Versorgungswirtschaft – ausgelöst durch einen nominal nur schwach wachsenden, real aber schrumpfenden Bergbau – hinnehmen. Der Bergbau erwirtschaftete 1995 nur noch 39 Prozent der realen Wertschöpfung des Jahres 1960.

Wie abhängig heute die deutsche Wirtschaft von den Dienstleistern ist, zeigt die Abbildung 2-5, in der die Beiträge zum Wachstum der nominalen Bruttowertschöpfung[14] des tertiären Sektors im Vergleich zu allen anderen Wirtschaftsbereichen abgetragen sind. Trugen in den sechziger Jahren noch beide Bereiche etwa gleichgewichtig zum Wachstum bei, hat sich dieses Bild seitdem entscheidend verändert.

Fiel die Verteilung der Wachstumsbeiträge in den achtziger Jahren bereits etwa zwei Drittel zu ein Drittel zugunsten der Dienstleister aus, hat sich das Bild in den neunziger Jahren noch weiter gewandelt. Fast ausschließlich – zu etwa 87 Prozent – kam das Wachstum aus dem Dienstleistungssektor.

Klarer Verlierer des Strukturwandels der letzten vier Jahrzehnte ist das Verarbeitende Gewerbe. Einem Startwert seines Anteils an der nominalen Bruttowertschöpfung von 40,3 Prozent im Jahr 1960 stand 1996 nur noch ein Anteil von 25,9 Prozent gegenüber. Das Verarbeitende Gewerbe hat in den letzten 25 Jahren etwa ein Drittel seines ehemaligen Gewichtes verloren. Deutlich wurde dies schon in der Abbildung 1-1 im letzten Kapitel, in der der Verlauf der Wertschöpfungsanteile dieses Kernbereiches der Industrie abgetragen ist.

Abbildung: 2-5

Wachstumsantrieb durch Dienstleister

Anteile am Wachstum der nominalen Bruttowertschöpfung nach Sektoren, in Prozent

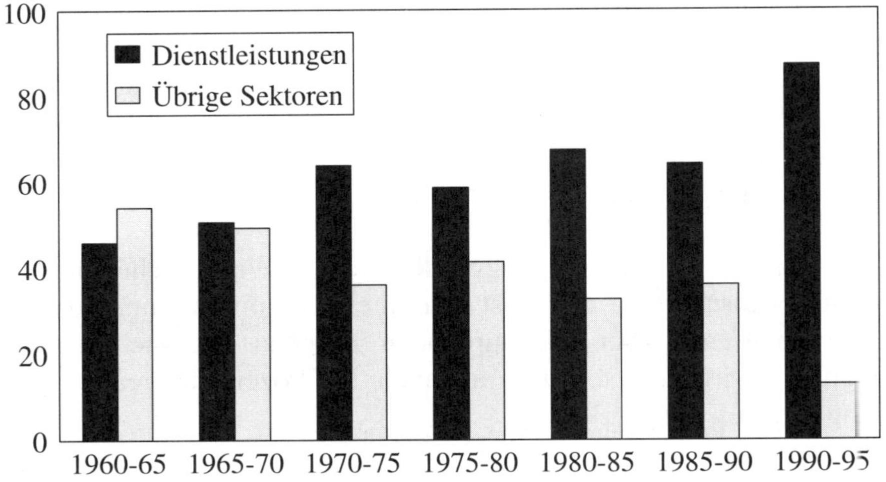

Quelle: Statistisches Bundesamt (1997a), eigene Berechnungen

Kein Beschäftigungsaufbau im privaten Sektor

Im westdeutschen Unternehmenssektor konnte über 35 Jahre keine Beschäftigung aufgebaut werden. Diesen besorgniserregenden Befund verdeutlicht die Abbildung 2-6, die den Index der Entwicklung der Erwerbstätigkeit seit 1960 zeigt. Die Zahl der Erwerbstätigen lag 1997 um rund 1 Million niedriger als 1960. Selbst das enorme Wachstum der Arbeitsplätze im privaten Dienstleistungssektor mit einer Zunahme von rund 68 Prozent von 1960 bis 1997 konnte die Verluste der Landwirtschaft und des Produzierenden Gewerbes (–37 Prozent) nicht ausgleichen. Insgesamt liegt die Zahl der Erwerbstätigen im Unternehmenssektor heute mit 22,2 Millionen um 4,5 Prozent unter dem Niveau von 1960. Allerdings ist festzuhalten, daß im Vergleich zum Tiefpunkt der Beschäftigung im privaten Sektor im Jahr 1983 mit 21,2 Millionen Arbeitsplätzen ein deutlicher Zuwachs auf 23,7 Millionen 1992 erzielt werden konnte. Für 1992 und 1993 konnte kurzzeitig das

Abbildung: 2-6

Kein Beschäftigungsaufbau im Unternehmenssektor

Index der Erwerbstätigen nach Sektoren, 1960 = 100

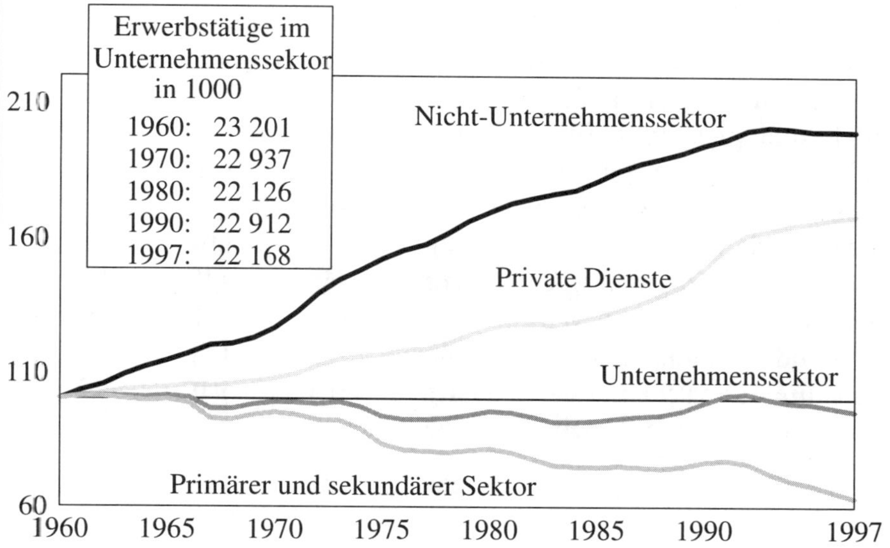

Quelle: Statistisches Bundesamt (1997a), eigene Berechnungen

Beschäftigungsniveau von 1960 wieder erreicht werden. Aber schon 1994 setzte ein abermaliger Einbruch ein.

Daß die Zahl der Erwerbstätigen heute um 7 Prozent über dem Ausgangsniveau von 1960 liegt,[15] ist zum erheblichen Teil auf einen Beschäftigungsaufbau im Nicht-Unternehmensbereich zurückzuführen. Dort hat sich die Beschäftigung von 1960 bis 1997 verdoppelt; sie ist also jedes Jahr um rund 2 Prozent gewachsen. Der relativ stetig ansteigende Kurvenverlauf in Abbildung 2-6 zeigt, daß diese zusätzliche Beschäftigung kontinuierlich über den gesamten Beobachtungszeitraum aufgebaut wurde. Bis Mitte der achtziger Jahre waren die Gebietskörperschaften die treibende Kraft. Dort stagniert aber die Beschäftigung seit 1987 bei rund 4 Millionen. In der letzten Dekade kam der Zuwachs vor allem durch die Sozialversicherungen und den Sektor Private Haushalte und Organisationen ohne Erwerbszweck. Die Zahl der Erwerbstätigen hat sich hier in nur 20 Jahren – von 1975 bis 1995 – verdoppelt.

Die schlechte Beschäftigungsbilanz im Unternehmenssektor ist vor allem Folge der seit Anfang der siebziger Jahre laufenden De-Industrialisierung der deutschen Wirtschaft. Diese De-Industrialisierung verlief nicht kontinuierlich über den gesamten Beobachtungszeitraum hinweg, sondern kam in Schüben vor allem in den Rezessionsphasen. Das Verarbeitende Gewerbe hat in jeder Rezession mehr Arbeitsplätze verloren, als im vorhergehenden oder (je nach Betrachtungsweise) im nachfolgenden Boom aufgebaut werden konnten. Die Abbildung 2-7 verdeutlicht dies. Immerhin konnte das Verarbeitende Gewerbe von 1960 bis 1966 rund 330 000 neue Jobs schaffen. In der ersten Nachkriegsrezession gingen dann 535 000 Arbeitsplätze verloren. Dieses Muster wiederholt sich bis in die Gegenwart. Einmal hat das Verarbeitende Gewerbe sogar im Aufschwung der Jahre 1975 bis 1979 aufgrund der umwälzenden Wirkungen der Ölkrise und der nicht adäquat reagierenden Lohnpolitik Arbeitsplätze abgebaut. Die gegenwärtige Wachstumsschwäche hat der Industrie bisher von 1991 bis 1995 schon knapp 1,3 Millionen Arbeitsplätze gekostet.

Abbildung: 2-7

De-Industrialisierung in der Rezession

Veränderung der Erwerbstätigkeit im Verarbeitenden Gewerbe im Konjunkturzyklus, in 1000

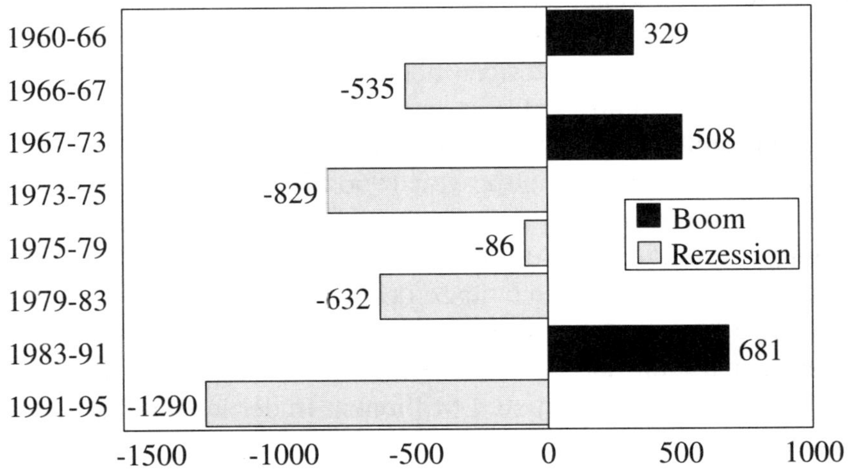

Quelle: Statistisches Bundesamt (1997a), eigene Berechnungen

Die De-Industrialisierung hat also hauptsächlich in den Rezessionsperioden stattgefunden: In den Jahren der ersten Ölkrise ist der Erwerbstätigkeitsanteil unter die 35-Prozent-Marke gerutscht. In der Rezession Anfang der achtziger Jahre wurde die Ein-Drittel-Marke nach unten durchbrochen. Nach der derzeitigen Krise wird aller Wahrscheinlichkeit nach die 25-Prozent-Schwelle unterschritten werden. In den Jahren 1991 bis 1995 hat das Verarbeitende Gewerbe fast fünf Prozentpunkte bei den Beschäftigungsanteilen verloren – das ist annähernd so viel wie in den vorhergehenden 20 Jahren zusammen.

Der private tertiäre Sektor konnte diese Tendenz zum Teil ausgleichen. Diese Unternehmen haben über alle Konjunkturzyklen hinweg Beschäftigung aufgebaut. Eine kleine Ausnahme bildet lediglich die Rezession 1966/67, in der auch dort 36 000 Stellen verlorengingen. Immerhin konnten die privaten Dienstleister die Hälfte der Arbeitsplätze gewinnen, die im Verarbeitenden Gewerbe während der Jahre 1991 bis 1995 abgebaut wurden. Der tertiäre Sektor hat damit durch seine Absorptionsfähigkeit für eine Glättung der Konjunkturzyklen – genauer der Beschäftigungsentwicklung – gesorgt.

Dienstleister holen Rückstand beim Produktivitätswachstum auf

Die Richtung des Strukturwandels ist unabhängig davon, ob die Wertschöpfung oder die Erwerbstätigkeit als Meßgröße verwendet wird. Das gilt jedoch nicht für die Intensität der Veränderung. Die Branchen im privaten Dienstleistungssektor – also der tertiäre Bereich im Unternehmenssektor – haben bei der Wertschöpfung stärker an Anteilen gewonnen als bei der Erwerbstätigkeit. Das läßt auch auf ein starkes Produktivitätswachstum schließen. Dem Dienstleistungssektor ist es offensichtlich gelungen, seine wirtschaftliche Position erheblich auszubauen, ohne dabei einen äquivalenten Beschäftigungsaufbau zu realisieren. Bereits an dieser Stelle muß deshalb die allgemein verbreitete These einer vergleichsweise unterdurchschnittlichen Arbeitsproduktivität des Dienstleistungssektors überprüft werden. Dazu kann aber die Relation zwischen der Entwicklung der nominalen Wertschöpfung und der Erwerbstätigkeit keine Auskunft geben.

Die Arbeitsproduktivität wird üblicherweise – theoretisch nicht vollkommen korrekt (vgl. Kap. 5.2) – als reale Bruttowertschöpfung je

Erwerbstätigen gerechnet. Die Abbildung 2-8 zeigt, daß das Niveau der Arbeitsproduktivität im privaten Dienstleistungssektor[16] um mehr als 50 Prozent über dem des Verarbeitenden Gewerbes liegt. Noch höher ist dieser Wert nur in der außerordentlich kapitalintensiven Versorgungswirtschaft.

Der private Dienstleistungsbereich hat aber auch beim Produktivitätswachstum gegenüber der Industrie aufgeholt und diese mittlerweile sogar überholt.[17] Etwa bis Mitte der siebziger Jahre öffnete sich ein Trichter zugunsten des Produzierenden Gewerbes. Das Produktivitätswachstum war dort höher als bei den Dienstleistern. Danach folgte ein Jahrzehnt einer relativ parallel verlaufenden Entwicklung. Seitdem hat sich die Rangfolge der Wachstumsraten der Arbeitsproduktivität umgekehrt. Die rechnerisch auf jeden Erwerbstätigen entfallende reale Bruttowertschöpfung ist bei den Dienstleistern schneller gewachsen als in der Industrie. Dabei hat sich allerdings das gesamte Produktivitätswachstum deutlich abgeflacht. Auch verlief die Produktivitätsentwicklung im Dienstleistungssektor wesentlich stetiger als im Produzie-

Abbildung: 2-8

Niveau der Arbeitsproduktivität im Unternehmenssektor 1996

Reale Bruttowertschöpfung je Erwerbstätigen, in 1000 DM

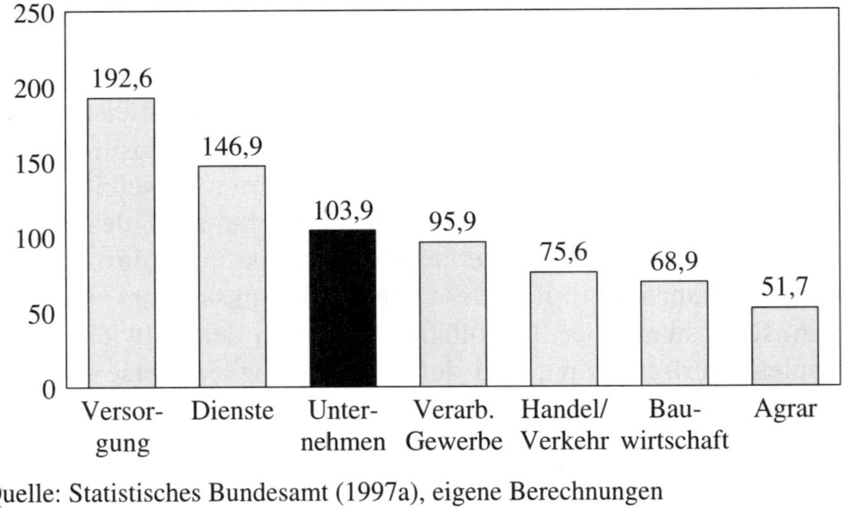

Quelle: Statistisches Bundesamt (1997a), eigene Berechnungen

renden Sektor, wo mehr Schwankungen in den jährlichen Wachstumsraten festzustellen sind.

Die Analyse des Strukturwandels wird immer aufschlußreicher, je tiefer die Disaggregationsebene gewählt wird. Deshalb wird in den folgenden beiden Abschnitten sowohl der sekundäre als auch der tertiäre Sektor einer genaueren Betrachtung unterzogen.

2.3 Sekundärer Sektor ohne einheitliche Entwicklung

Der sekundäre Sektor war insgesamt der deutlichste Verlierer im Strukturwandel der letzten vier Jahrzehnte. Ein genauer Blick zeigt aber, daß die in diesem Sektor zusammengefaßten Wirtschaftsbereiche dem Strukturwandel in durchaus unterschiedlichem Maße unterworfen waren. Diese zum Teil erheblichen Unterschiede zeigen sich sowohl bei der Entwicklung der Bruttowertschöpfung als auch bei der Erwerbstätigkeit.

Bei der realen Bruttowertschöpfung konnten alle Wirtschaftsbereiche – außer dem Bereich Leder – bis 1973 positive Zuwachsraten verzeichnen (Abbildung 2-9). Mit der ersten Ölkrise in den siebziger Jahren setzte im Produzierenden Gewerbe ein Wachstumsverfall ein, der allerdings nicht alle Branchen gleich stark erfaßte. Das Baugewerbe und der Versorgungsbereich wuchsen bereits in den sechziger Jahren mit einer geringeren Rate als die Gesamtwirtschaft. Während die Versorgungswirtschaft und das Verarbeitende Gewerbe in der Zeit nach 1973[18] bei der realen Wertschöpfung noch – wenn auch unterdurchschnittlich – zulegen konnten, so war der Output der Bauwirtschaft insgesamt bereits rückläufig.

Äußerst heterogen ist die Entwicklung im Verarbeitenden Gewerbe: Während einige Bereiche ihre reale Wertschöpfung seit 1973 mehr als verdoppeln konnten, müssen sich andere mit gut der Hälfte ihres 73er-Ausgangswertes abfinden. Zu den Gewinnern im sekundären Sektor zählen die Chemische Industrie (plus 72 Prozent), die Kunststoffindustrie (plus 128 Prozent), die NE-Metalle (plus 74 Prozent), die Elektroindustrie (plus 76 Prozent), der Straßenfahrzeugbau (plus 73 Prozent) sowie der Bereich Luft- und Raumfahrt (plus 50 Prozent). Den größten Zuwachs innerhalb des Verarbeitenden Gewerbes konnte

Abbildung: 2-9

Wachstumsprofil des sekundären Sektors

Jahresdurchschnittlicher Zuwachs der realen Bruttowertschöpfung, in Prozent

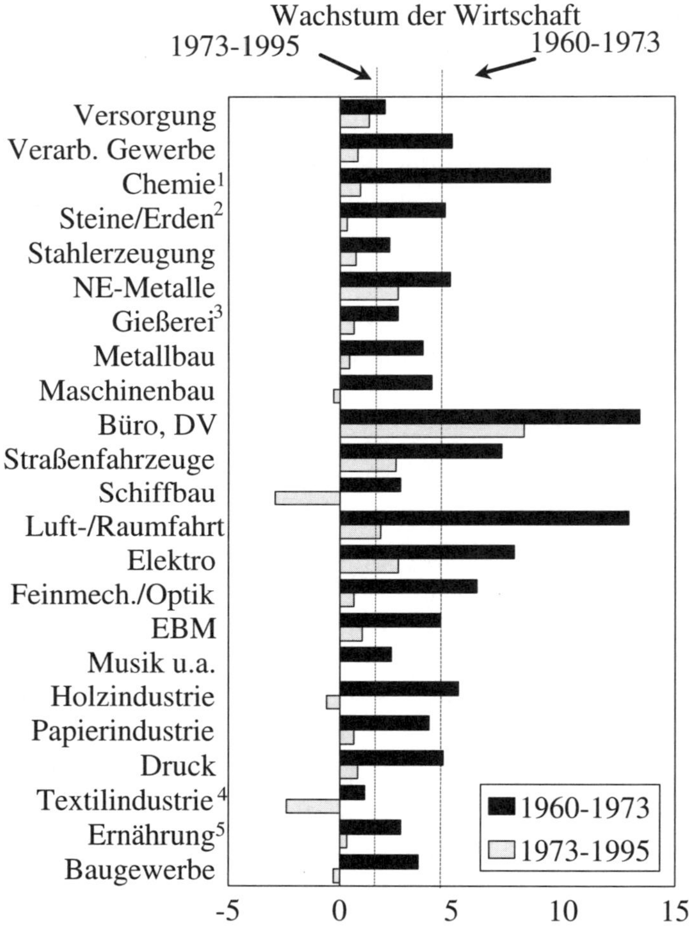

[1] einschl. Mineralöl, Kunststoff u. Gummi [2] einschl. Feinkeramik u. Glas
[3] einschl. Stahlverformung [4] einschl. Bekleidung u. Leder [5] einschl. Getränke und Tabak.

Quelle: Statistisches Bundesamt (1997a), eigene Berechnungen

der Bereich Büro- und Datenverarbeitungsmaschinen erzielen. Seine reale Bruttowertschöpfung stieg seit 1973 um 465 Prozent an. Dieser beachtliche Zuwachs darf aber nicht darüber hinwegtäuschen, daß dieser Kernbereich der informationstechnischen Industrie in anderen Ländern eine noch bessere Entwicklung hatte.

Auf der Schattenseite der strukturellen Veränderungen im Industriesektor stehen mit Abstand die Bereiche Leder, Schiffbau und die Mineralölwirtschaft. Die ersten beiden Bereiche erwirtschafteten 1995 etwa die Hälfte ihrer Wertschöpfung des Jahres 1973. Nicht ganz so schlecht war die Entwicklung im Maschinenbau, der 1995 noch 94 Prozent seiner Wertschöpfung des Jahres 1973 erreichte. Die Entwicklung in diesem Wirtschaftsbereich verlief seit 1973 in einem ständigen Auf und Ab, wobei die Ausgangsleistung nur im Jahr 1983 unterschritten wurde. Sehr stark betroffen war die Branche von der Strukturkrise am Anfang der neunziger Jahre. Die reale Wertschöpfung sank von 98 Milliarden DM (1990) auf nur noch 76 Milliarden DM im Jahr 1993. Langsam setzte danach eine Erholung dieser Branche ein. Die reale Wertschöpfung lag 1995 um 5,5 Prozent über dem Tiefpunkt von 1993.

Die Entwicklung der Erwerbstätigkeit im Produzierenden Gewerbe verlief – wie die Wertschöpfung – in den einzelnen Branchen ebenfalls unterschiedlich (Abbildung 2-10), wenn auch fast überall mit einem abwärtsgerichteten Trend. Insgesamt gingen in dieser Zeit über 20 Prozent der Arbeitsplätze verloren, während in der Gesamtwirtschaft immerhin noch ein Zuwachs von 5 Prozent zu verzeichnen war. Einen Beschäftigungsaufbau schafften lediglich die Luft- und Raumfahrt (+85 Prozent), die Kunststoffindustrie (+47 Prozent) und die Versorgungswirtschaft (+9 Prozent). Die Beschäftigung zumindest halten konnten der Straßenfahrzeugbau und die Feinmechanik/Optik.

Ansonsten weisen alle Wirtschaftsbereiche des Produzierenden Gewerbes durchweg eine rückläufige Beschäftigungsentwicklung auf. Im Bergbau gingen zwischen 1973 und 1995 über 120 000 Arbeitsplätze verloren. Im Baugewerbe waren es 405 000 Arbeitsplätze. Im Verarbeitenden Gewerbe sank die Erwerbstätigkeit nach neuesten Zahlen sogar um mehr als 2 Millionen auf nur noch rund 7,5 Millionen Personen im Jahr 1996 ab. Die stärksten Verluste entfielen hier auf den

Abbildung: 2-10

Wachstumsprofil des sekundären Sektors

Jahresdurchschnittlicher Zuwachs der Erwerbstätigkeit, in Prozent

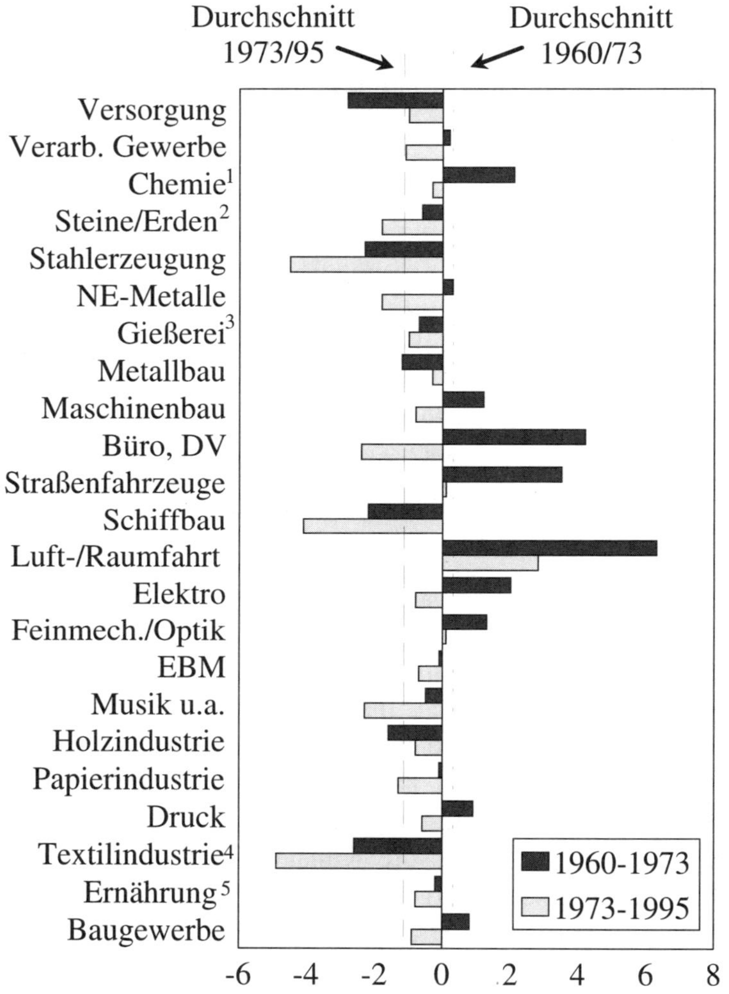

[1] einschl. Mineralöl, Kunststoff u. Gummi [2] einschl. Feinkeramik u. Glas [3] einschl. Stahlverformung [4] einschl. Bekleidung u. Leder [5] einschl. Getränke und Tabak.

Quelle: Statistisches Bundesamt (1997a), eigene Berechnungen

Bereich Leder/Textil/Bekleidung (Abbildung 2-11). Hier war im Jahr 1995 nur noch ein Drittel der Erwerbstätigen dieses Sektors im Jahre 1973 tätig. Auf nur knapp zwei Drittel des Niveaus von 1973 sank die Anzahl der Erwerbstätigen im Bereich der Stahlerzeugung, zu der die Eisenschaffende Industrie, NE-Metalle, Gießereien und die Stahlverformung zählen. Relativ besser verlief die Beschäftigungsentwicklung in der Chemie-, Kunststoff- und Gummiindustrie. Dieser Bereich konnte sich bis Mitte der achtziger Jahre von dem allgemeinen Trend etwas abkoppeln und Beschäftigung aufbauen. Die Struktur- und Standortkrise von 1992/1993 ging aber auch hier mit einem deutlichen Beschäftigungseinbruch einher. Die Entwicklung der Erwerbstätigkeit in der quantitativ bedeutendsten Gruppe der Metall- und Elektroindustrie (unter anderem Straßenfahrzeugbau, Elektrotechnik, Maschinenbau) zeigt seit etwa Mitte der achtziger Jahre das gleiche Bild wie die Chemie- und Kunstoffindustrie.

Innerhalb des Verarbeitenden Gewerbes konnten nur die Kunststoffindustrie, die Luft- und Raumfahrt, die Feinmechanik/Optik und der

Abbildung: 2-11

Kein einheitlicher Trend in der Industrie

Index der Erwerbstätigkeit, 1973 = 100

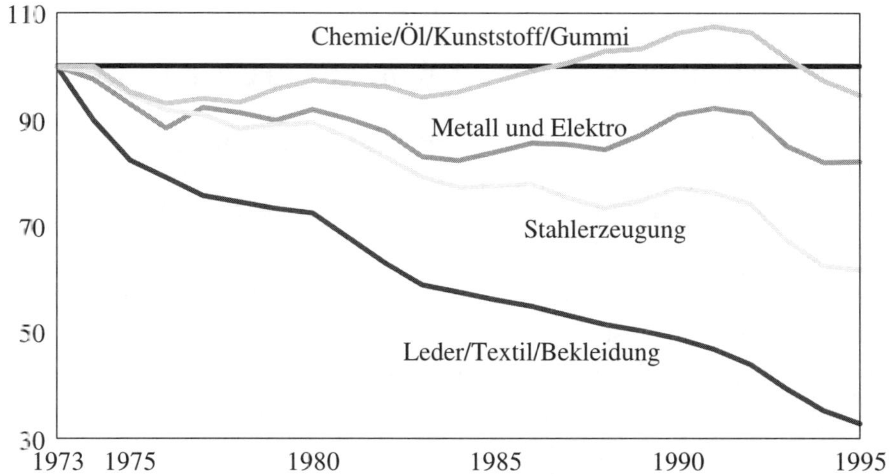

Quelle: Statistisches Bundesamt (1997a), eigene Berechnungen

Straßenfahrzeugbau sowohl bei der realen Wertschöpfung und der Erwerbstätigkeit zwischen 1973 und 1995 zulegen. Während einige Bereiche zumindest Zuwächse bei der realen Bruttowertschöpfung verzeichnen konnten, wie etwa die Chemieindustrie, Büro- und Datenverarbeitung, die Papier- und Druckindustrie, die Versorgungsunternehmen und die Elektroindustrie, mußten andere Einbußen bei der Erwerbstätigkeit und der Wertschöpfung hinnehmen. Dazu gehören unter anderem die Bereiche Mineralöl, Maschinenbau, Schiffbau, die Bauwirtschaft und vor allem die Leder-, Textil- und Bekleidungsindustrie.

Diese Gesamtschau sollte nochmals zeigen, daß sich im sekundären Sektor keine einheitliche Entwicklung erkennen läßt. Es gibt Bereiche, die sowohl bei der Wertschöpfung als auch bei der Erwerbstätigkeit absolut zulegen konnten. Anteilsmäßig konnte in den letzten Jahrzehnten aber kein Bereich im Produzierenden Gewerbe zulegen. Gemessen an der Entwicklung im tertiären Sektor sind die absoluten Erfolge im sekundären Sektor also eher bescheiden. In den folgenden Abschnitten wird herausgearbeitet, daß in dieser auf den ersten Blick wenig einheitlichen Entwicklung doch ein Muster zu erkennen ist. Einfacharbeitsintensive und Low-Tech-Bereiche weisen eine deutlich schlechtere Entwicklung auf als die Branchen des Verarbeitenden Gewerbes, die überdurchschnittlich intensiv qualifizierte Arbeit einsetzen und sehr forschungs- und entwicklungsintensiv sind.

2.4 Dienstleistungssektor – Boom auf breiter Basis

Das Wachstum der deutschen Wirtschaft wird immer stärker vom tertiären Sektor getragen. Unter dem Begriff Dienstleistungen werden aber sehr unterschiedliche Sektoren zusammengefaßt. Für eine Analyse der wirtschaftlichen Entwicklung ist es wichtig zu wissen, welche dieser Branchen die eigentlichen Gewinner des Strukturwandels sind.

Die Beantwortung dieser Frage fällt nicht leicht, weil für den Dienstleistungsbereich keine tief disaggregierten Daten vorliegen. Die Volkswirtschaftliche Gesamtrechnung ist immer noch sehr industrielastig und spaltet allein das Verarbeitende Gewerbe in 33 einzelne Branchen auf. Der Bereich der privaten Dienstleistungen ist hingegen nur in 12 Sektoren untergliedert. Besonders deutlich wird diese Lücke bei dem Sektor „Übrige Dienstleistungen“, der schon über 15 Prozent der gesamtwirtschaftlichen Wertschöpfung umfaßt und damit fast 60 Prozent des Gewichts des gesamten Verarbeitenden Gewerbes erreicht hat. In diesem Sektor sind alle Branchen erfaßt, die keiner anderen Größe zugeordnet werden können. Die Übrigen Dienstleistungen sind also statistisch gesehen eine Rest- und Sammelgruppe, der so unterschiedlichen Branchen wie Unternehmensberatung und Wäschereien zugeordnet sind.

Bevor die Veränderung der Struktur im tertiären Sektor sinnvoll beschrieben werden kann, sollte zur Erleichterung der Beurteilung einzelner Trends das quantitative Gewicht der einzelnen Teilbereiche bekannt sein. Die Tabelle 2-3 zeigt die Anteile der einzelnen Dienstleistungssektoren an den Erwerbstätigen und an der nominalen Bruttowertschöpfung des gesamten tertiären Sektors.

Tabelle: 2-3

Struktur des tertiären Sektors 1995

Anteile am tertiären Sektor

	Bruttowertschöpfung	Erwerbstätige
	Anteile in Prozent	
Handel	14,3	22,2
Eisenbahn	0,6	1,2
Schiffahrt	0,3	0,2
Post	3,7	2,7
Übriger Verkehr	4,0	4,8
Banken	6,0	4,1
Versicherungen	2,7	1,3
Wohnungsvermietung	13,6	–
Gastgewerbe, Heime	2,0	5,8
Bildung, Wissenschaft	3,0	2,9
Gesundheit	4,0	5,4
Übrige Dienstleistungen	24,9	16,8
Staat	16,5	24,0
Private Haushalte	4,4	8,6

Quelle: Statistisches Bundesamt (1997a), eigene Berechnungen

Fast 70 Prozent der Wertschöpfungsanteile des Dienstleistungssektors entfallen auf die vier Bereiche: Übrige Dienstleistungen, Staat, Handel und Wohnungsvermietung. Die Verteilung der Erwerbstätigenanteile ist ähnlich stark konzentriert. Rund zwei Drittel der Erwerbstätigen des Dienstleistungssektors arbeiten beim Staat, im Handel und in Unternehmen der Übrigen Dienstleistungen. Im Bereich der Wohnungsvermietung werden keine Erwerbstätigen ausgewiesen, weil Haus- und Wohnungseigentümer, deren Eigennutzung bei dieser Wertschöpfung berücksichtigt wird, in der VGR-Abgrenzung nicht zu den Erwerbstätigen gezählt werden.

Die hohen Unterschiede zwischen den Erwerbstätigen- und Wertschöpfungsanteilen einzelner Sektoren zeigen schon auf den ersten Blick, daß der tertiäre Sektor offensichtlich sehr heterogen ist und sich die Teilbereiche in ihrer Produktivität, in der Art der Produktion sowie in den Faktoreinsatzverhältnissen (vgl. Kapitel 5) stark unterscheiden.

Wachstumsprofile der Dienstleister

Strukturwandel ist das Ergebnis unterschiedlicher Wachstumsraten der Teilaggregate. Dies verdeutlicht das Wachstumsprofil der Abbildung 2-12. Offensichtlich war aber das Ausmaß des Wandels im Dienstleistungssektor in den letzten 35 Jahren relativ gering – zumindest geringer, als es das Bild für das Produzierende Gewerbe in Abbildung 2-9 zeigte.

Mit Ausnahme der Eisenbahnen waren alle Bereiche des Dienstleistungsbereichs auf Expansionskurs. Im ersten Beobachtungszeitraum von 1960 bis 1973 waren die jahresdurchschnittlichen Wachstumsraten sogar relativ gleich. Der Handel und der Verkehr hatten nur eine unwesentlich niedrigere Wachstumsrate als die Dienstleistungsunternehmen oder der Staat. Diese Wirtschaftsbereiche konnten in etwa im Gleichschritt mit der Gesamtwirtschaft expandieren.

Wesentlich stärker als der Durchschnitt konnten in dieser Phase lediglich die Banken und Versicherungen zulegen. Die Wachstumsrate von fast 9 Prozent im Jahresdurchschnitt 1960 bis 1973 war rund doppelt so hoch wie die der Gesamtwirtschaft oder die der anderen privaten Dienstleister. Die Kredit- und Versicherungswirtschaft erhöhte in dieser Zeit auch stärker als andere Branchen ihren Beschäftigungsstand (Abbildung 2-13).

Abbildung: 2-12

Wachstumsprofil des tertiären Sektors

Jahresdurchschnittlicher Zuwachs der realen Bruttowertschöpfung, in Prozent

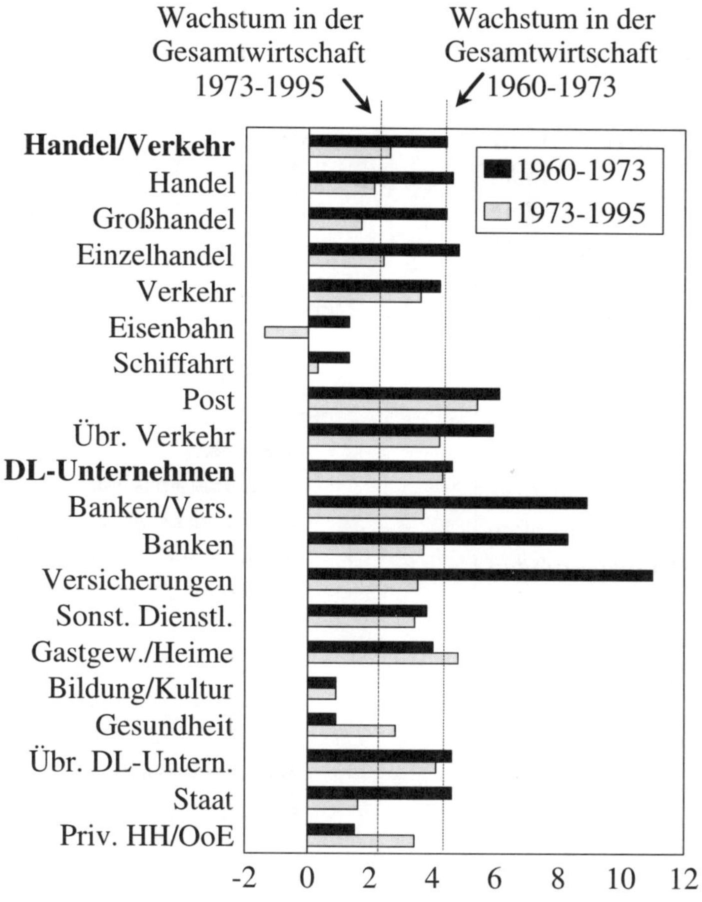

Quelle: Statistisches Bundesamt (1997a), eigene Berechnungen

In der zweiten Beobachtungsperiode von 1973 bis 1995 fand eine wesentlich stärkere Änderung der Strukturen statt. Die helleren Balken der Abbildungen 2-12 und 2-13 zeigen die Richtung an. Die Ausdifferenzierung geschah viel weniger als in der Industrie durch das Schrumpfen einzelner Sektoren; sie war eher das Ergebnis unterschiedlicher positiver Wachstumsraten.

Abbildung: 2-13

Wachstumsprofil des tertiären Sektors

Jahresdurchschnittlicher Zuwachs der Erwerbstätigkeit in Prozent

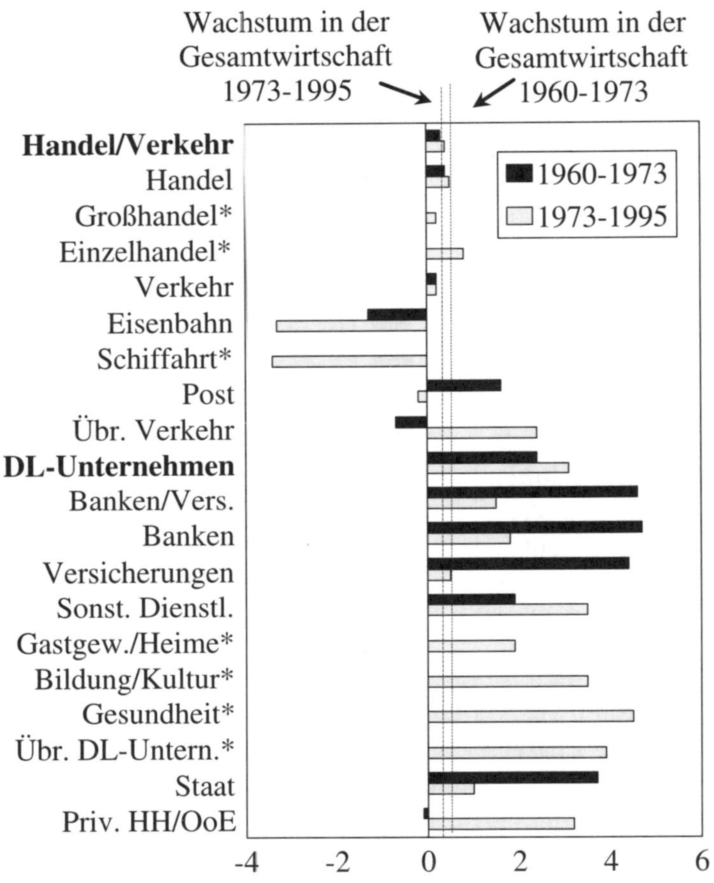

Anmerkung: Für die mit * gekennzeichneten Branchen liegen für 1960 bis 1973 keine vollständigen Datenreihen vor.

Quelle: Statistisches Bundesamt (1997a), eigene Berechnungen

Die Verlierer bei der Wertschöpfung waren vor allem der Verkehrsbereich, der Handel, der Staat und die Bereiche Gastgewerbe und Heime sowie Bildung und Wissenschaft. Sie konnten mit dem allgemeinen Wachstum des tertiären Sektors nicht mehr Schritt halten. Die Eisenbahn schrumpfte sogar real. Das Wachstumstempo diktierten immer stärker die Bereiche Übrige Dienstleistungen, die Post, der Übrige Verkehr, die Banken und das Gesundheitswesen. Alle diese Sektoren haben ihre reale Wertschöpfung in der Zeit von 1973 bis 1995 mehr als verdoppelt. Am stärksten aber legten die Übrigen Dienstleistungen zu; die dort zusammengefaßten Unternehmen haben ihre reale Wertschöpfung mehr als verdreifacht.

Etwas anders sieht das Bild bei der Entwicklung der Erwerbstätigkeit aus. Abgesetzt in der Wachstumshierarchie haben sich hier das Gesundheitswesen, die Übrigen Dienstleistungen und der Bereich Bildung, Wissenschaft und Kultur. Dort hat sich die Zahl der Arbeitsplätze von 1973 bis 1995 mehr als verdoppelt. Wesentlich schwächer – mit einem Zuwachs über die Gesamtperiode von nur 38 Prozent – fällt aber der Beschäftigungsaufbau in der Kredit- und Versicherungswirtschaft aus. Dem hohen Zuwachs an realer Wertschöpfung steht dort kein entsprechender Beschäftigungsaufbau gegenüber. Offensichtlich konnten hier Rationalisierungseffekte stärker genutzt und die Arbeitsproduktivität entsprechend erhöht werden. Das umgekehrte Bild zeigt sich im Bildungs- und Kultursektor sowie im Sektor Gastgewerbe/Heime. Einem eher schwachen Wachstum der Wertschöpfung steht eine starke Expansion der Erwerbstätigkeit gegenüber.

Es bleibt aber festzuhalten, daß der Beschäftigungsaufbau im privaten tertiären Sektor der letzten 20 Jahre vor allem im Bereich der Dienstleistungsunternehmen stattfand. Sie schufen von 1973 bis 1995 über 3,1 Millionen zusätzliche Arbeitsplätze. Davon entfielen 2,9 Millionen – also 92 Prozent – auf die Sonstigen Dienstleistungsunternehmen und der Rest auf die Banken und Versicherungen. Über die Hälfte – genau 58 Prozent – der neuen Jobs im Sektor „Sonstige Dienstleistungen" sind in Unternehmen des Bereiches „Übrige Dienstleistungen" entstanden.

Der Sektor „Übrige Dienstleistungen" – ein Sammelposten der Volkswirtschaflichen Gesamtrechnung – ist also in der Beschäftigungsdynamik der eigentliche Gewinner des Strukturwandels. Diesen Bereich gilt es im folgenden näher zu analysieren.

Wie schon dargelegt, kommt man an dieser Stelle mit den Daten der Volkswirtschaftlichen Gesamtrechnungen nicht weiter. Es müssen Hilfsgrößen herangezogen werden. Eine solche Möglichkeit bietet die

Statistik der sozialversicherungspflichtig Beschäftigten der Bundesanstalt für Arbeit, die im folgenden analysiert wird.

Funktionale Struktur des Dienstleistungssektors

Das Meldeverfahren zur sozialversicherungspflichtigen Beschäftigung gibt es erst seit 1973. Die in der hier erforderlichen Aufbereitung gewünschten Daten lagen erst ab Mitte der siebziger Jahre vor. Im folgenden wird daher der Zeitraum 1976 bis 1996 berücksichtigt.[19]

Die Statistik der sozialversicherungspflichtig Beschäftigten erlaubt eine funktionale Klassifikation der Dienstleistungen. (Noll, 1990, 19; eine ähnliche Abgrenzung findet sich u.a. auch bei Elfring, 1988, 102 ff. und bei Wennekers, 1992, 1.) Hierbei ist zunächst zwischen Dienstleistungen zu unterschieden, die eher für private Haushalte erbracht werden, und solchen, die eher als Inputs für Unternehmen dienen und daher als produktionsorientiert bezeichnet werden können. Zur Bestimmung der Rolle der einzelnen Dienstleistungsklassen im Strukturwandel werden diese zwei großen Gruppen weiter unterteilt.

Die unternehmensbezogenen Inputs werden in wirtschaftsbezogene und distributive Dienstleistungen unterschieden. Dies gilt insofern als nicht unumstritten, weil letztere auch eine Mittlerposition zwischen der Produktion und dem privaten Konsum einnehmen und sich insofern in ihrer Funktion von den direkt mit den betrieblichen Prozessen in Verbindung stehenden Diensten unterscheiden (Haß, 1995).

Die andere Obergruppe – die Dienstleistungen für die privaten Haushalte – wird nach der Zielgruppe in gesellschaftsbezogene und haushaltsbezogene Dienste (Dietz, 1988, 151; Klös/Rhein, 1995, 59) untergliedert. Gesellschaftsbezogene Dienstleistungen sind solche, die größere Bevölkerungsgruppen nachfragen und deren Produktion im öffentlichen Interesse steht (Gemeinwohlaspekt). Die haushaltsbezogenen Dienste dienen in erster Linie zur Befriedigung individueller Bedürfnisse (Dietz, 1988, 151). Die Grenze zwischen diesen beiden Bereichen ist allerdings fließend und die vorgenommene Abgrenzung eher pragmatischer Art. So werden beispielsweise die Theater den haushaltsbezogenen Dienstleistungen zugerechnet, obwohl die damit verbundene Pflege der Kultur auch im öffentlichen Interesse ist. Andererseits stehen Bäder in der Liste der gesellschaftsbezogenen Dienstleistungen, wenngleich ihre individuelle Nutzung auch eine haushaltsbezogene Dienstleistung darstellt.

Die Zahl der im Dienstleistungssektor sozialversicherungspflichtig Beschäftigten ist zwischen 1976 und 1996 um 3,82 Millionen gestiegen. Das bedeutet ein Plus von 41,8 Prozent oder ein jährliches Wachstum von 1,8 Prozent. Dieses Wachstum hat zugelegt von 1,3 Prozent im Zeitraum von 1976 bis 1986 auf 2,2 Prozent in der Zeit von 1986 bis 1996. Zum Vergleich: Im Produzierenden Gewerbe ist die Beschäftigung in den betrachteten 20 Jahren um über 13 Prozent gefallen.

Die größte Dynamik innerhalb der Dienstleistungsarbeitsplätze zeigen die wirtschaftsbezogenen Tätigkeiten (zum Beispiel Kredit- und Finanzierungsinstitute, Versicherungsgewerbe, Gebäudereinigung, Werbung, Rechts- und Unternehmensberatung und Arbeitnehmerüberlassung). Die Zahl der sozialversicherungspflichtigen Jobs hat sich hier von 1976 bis 1996 um 1 294 000 auf fast 2,7 Millionen Personen erhöht und damit nahezu verdoppelt. Die Abbildung 2-14 zeigt, daß dieser überdurch-

Abbildung: 2-14

Entwicklung der Dienstleistungen nach Funktionen

Sozialversicherungspflichtig Beschäftigte, 1976 = 100

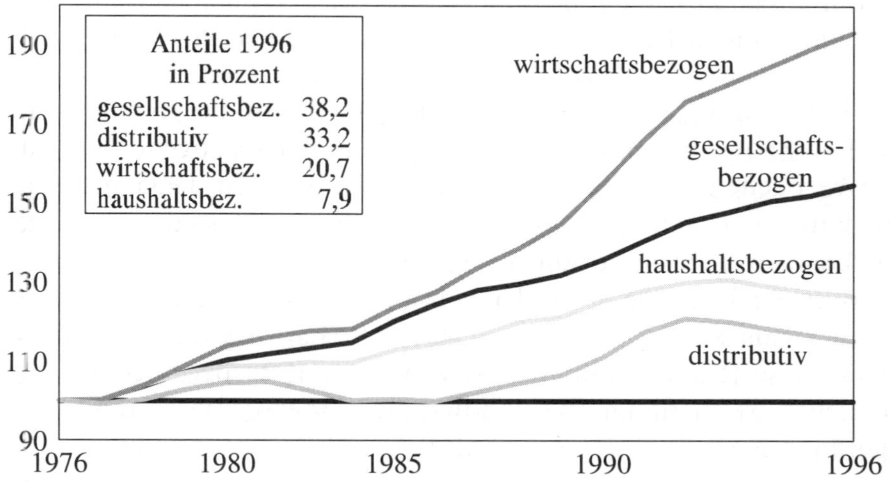

Quelle: IAB (1997), eigene Berechnungen

schnittliche Zuwachs Ende der achtziger Jahre einsetzte. Zur Einordnung der Bedeutung der einzelnen Dienstleistungsbereiche sind dort auch die entsprechenden Beschäftigungsanteile für 1996 abgetragen.

Unterdurchschnittlich haben sich die distributiven Dienste entwickelt. Bezogen auf die Gesamtzahl der Dienstleistungsarbeitnehmer ist dieser Sektor mit zuletzt gut 4,3 Millionen Menschen die zweitgrößte Gruppe. Hier geht es vorwiegend um die Verteilung von Waren und um die Beförderung von Personen und Gütern. Daher umfaßt diese Gruppe unter anderem die Beschäftigten des Groß- und Einzelhandels, der Deutschen Bundespost, der Deutschen (Bundes-)Bahn, der Luftfahrt sowie der Reisebüros, des Versandhandels und der Binnenschiffahrt. Im gesamten Betrachtungszeitraum konnten die distributiven Dienstleistungen lediglich 15,2 Prozent Beschäftigte hinzugewinnen. Dabei sind allerdings die starken Schwankungen zu beachten, unter denen sich die Beschäftigung entwickelt hat. So wurde ein Arbeitsplatzschub zu Beginn der neunziger Jahre seit 1993 wieder weitgehend zunichte gemacht.

Den zweitstärksten Beschäftigungserfolg konnte die Gruppe der gesellschaftsbezogenen Dienstleistungen verbuchen. Dazu zählen Tätigkeiten der verschiedenen Verwaltungsorgane ebenso wie Bildungsinstitutionen, Kliniken, Kirchen, Gerichte, Parteien, Berufsorganisationen, Gewerkschaften, Sporteinrichtungen, Bibliotheken, Verteidigung und das Bestattungswesen. Diese Dienstleister beschäftigten im Jahr 1996 immerhin rund 1,75 Millionen mehr Menschen als im Jahr 1976, was einem Zuwachs von über 54 Prozent entspricht. Mit 4,96 Millionen Menschen stellt dieser Bereich die größte Dienstleistungsgruppe dar. 38,2 Prozent aller im tertiären Sektor Beschäftigten sind hier tätig. Die Beschäftigungsentwicklung hat sich hier jedoch etwa ab Mitte der achtziger Jahre von der der wirtschaftsbezogenen Dienstleistungen abgekoppelt. Die eher staatsnahen gesellschaftsbezogenen Dienstleister konnten nicht in so hohem Tempo Beschäftigung aufbauen wie die Wirtschaftsdienste. Über den gesamten Zeitraum war der Zuwachs der in jenem Sektor neu eingerichteten Stellen mit 54 Prozent aber höher als im Durchschnitt aller Dienstleister (42 Prozent). In den letzten Jahren expandierten die gesellschaftsbezogenen Dienstleistungen allerdings nur noch mit durchschnittlichem Tempo.

Mit einer Gesamtzahl von rund 1 Million Beschäftigten im Jahr 1996 stellten die haushaltsbezogenen Dienstleistungen nur knapp 8 Prozent aller im Dienstleistungsbereich tätigen Personen. In diesen Bereich fallen Tätigkeiten wie etwa die des Gastgewerbes, des Friseurgewerbes, der Verlage, der Rundfunk- und Fernsehanstalten, der Angestellten in privaten Haushalten, der Kinos und der Theater. Mit 27 Prozent Beschäftigungsanstieg wuchs dieser Bereich seit 1976 nur moderat. Seit 1993 ist hier, wie auch bei den distributiven Dienstleistern, sogar ein Beschäftigungsrückgang festzustellen. Etwas dynamischer als der Durchschnitt verlief mit einem Zuwachs von 53 Prozent die Beschäftigungsentwicklung im Bereich Rundfunk- und Fernsehanstalten. Dieses Ergebnis liegt zwar etwas über dem Durchschnitt aller Dienstleistungen. Dies ist aber überraschend niedrig angesichts der allgemeinen Entwicklung, die diesem Sektor nachgesagt wird.

Zielt man allein auf die für Unternehmen bestimmten Dienstleistungen ab, dann läßt sich aus den Gruppen der distributiven, wirtschafts- und gesellschaftsbezogenen Dienstleistungen eine Teilmenge bestimmen. Ziel dieser Abgrenzung ist es, die Größenordnung unternehmensnaher Dienstleistungen noch besser abzuschätzen. Zu dieser Dienstleistungsgruppe gehören der Großhandel und die Güterbeförderung sowie die Rechts- und Unternehmensberatung, Werbung und Ausstellungen, Schreibbüros, die Arbeitnehmerüberlassung und schließlich die Berufsorganisationen und -vertretungen, die Gewerkschaften und Arbeitgeberverbände. Die Beschäftigung in dieser Gruppe nahm zwischen 1976 und 1996 um 60,5 Prozent zu. Damit blieb sie deutlich hinter der Wachstumsrate der wirtschaftsbezogenen Dienstleistungen zurück. Dies läßt sich im wesentlichen damit erklären, daß die in der Gruppe der unternehmensbezogenen Dienstleistungen integrierten Transportdienste zum Teil erhebliche Beschäftigungseinbußen hinnehmen mußten. So gingen in der Binnen- und Seeschiffahrt über 45 Prozent der 1976 bestandenen Arbeitsplätze verloren. Alles in allem arbeiteten in dem volkswirtschaftlich wichtiger werdenden Tätigkeitsfeld der unternehmensnahen Dienstleistungen im Jahr 1996 gut 3,4 Millionen Menschen. Dies entspricht 26,2 Prozent aller im tertiären Sektor Beschäftigten und 15,2 Prozent der sozialversicherungspflichtig Beschäftigten in Westdeutschland insgesamt.

Die hier verwendete Aggregierung der unternehmensnahen Dienstleistungen ist nicht ganz unproblematisch. Zum einen liefern einige einbezogene Bereiche, wie zum Beispiel die Rechtsberatung, auch Dienstleistungen an den privaten Sektor. Zum anderen aber muß ein Teil des Banken- und Versicherungsgewerbes sicherlich als unternehmensnah gesehen werden. Dieses Gewerbe läßt sich jedoch nicht korrekt aufteilen und statistisch erfassen. Die Schwierigkeiten beruhen vor allem darauf, daß in der geltenden Systematik der Wirtschaftszweige die Industrien nach dem Schwerpunktprinzip gegliedert werden und somit Dienstleistungen, die im sekundären Sektor erbracht werden, in den Statistiken häufig nicht erfaßt sind. Darüber hinaus gelten für Dienstleistungen generell geringere Berichtsanforderungen, und kleine Unternehmenseinheiten, in denen Dienstleistungen erbracht werden, werden oftmals nicht adäquat erfaßt. In Kapitel 2.6 wird deshalb versucht, diese Verflechtung näherungsweise mit der Input-Output-Rechnung zu erfassen.

Übrige Dienstleistungen überwiegend wirtschaftsnah

Durch entsprechende Zuordnungen lassen sich die 105 Dienstleistungsbranchen der Statistik der sozialversicherungspflichtig Beschäftigten gemäß der Klassifikation der Volkswirtschaftlichen Gesamtrechnung abbilden[20] (Tabelle 2-4). Auch hier zeigt sich die dynamische Entwicklung der Übrigen Dienstleistungen und des privaten Gesundheitswesens, die als die beiden am stärksten expandierenden Beschäftigungsfelder[21] identifiziert werden können. Der Zuwachs in diesen beiden Sektoren lag im Zeitraum von 1976 bis 1996 mit 117 Prozent bzw. 133 Prozent deutlich über dem Durchschnitt des tertiären Sektors. Mit 273 000 neuen Jobs steht das freiberufliche Gesundheitswesen an der Spitze aller 294 in der Statistik der sozialversicherungspflichtig Beschäftigten unterschiedenen Branchen.

Bei einer tiefergehenden Aufschlüsselung der Übrigen Dienstleistungen läßt sich feststellen, daß ihre expansive Entwicklung vor allem durch die wirtschaftsbezogenen Dienstleistungen getrieben wurde. Dieses Segment ist mit 160 Prozent wesentlich schneller gewachsen als die Übrigen Dienstleistungen zusammen. Offensichtlich haben gerade die in den wirtschaftsbezogenen Dienstleistungen enthaltenen unternehmensnahen Dienste – die zudem mit einem Zuwachs von 176 Prozent eine noch größere Dynamik aufweisen – überwiegend Vorleistungscharakter für die Unternehmen. Im Abschnitt 2.6 wird deshalb überprüft, ob es eine komplementäre Beziehung zwischen der Industrie und Dienstleistungen gibt – mit anderen Worten: Ist eine Auslagerung von Aufgaben aus dem Industrie- in den Dienstleistungssektor nachzuweisen?

Tabelle: 2-4

Übrige Dienstleister auf dem Vormarsch

Index der sozialversicherungspflichtig Beschäftigten (1976 = 100)

	1980	1985	1990	1996	Anteil 1996[1]
Handel	105	100	110	115	24,6
Verkehr	102	99	114	118	7,0
Nachrichten (Bundespost)	107	119	113	102	1,5
Banken	107	116	127	135	5,2
Versicherungen	103	102	117	124	2,1
Gastgewerbe/Heime	113	125	148	171	5,0
Bildung/Kultur	113	123	150	169	3,0
Privates Gesundheitswesen	119	140	170	233	5,7
Übrige Dienste	**118**	**128**	**166**	**217**	**15,7**
davon					
– wirtschaftsbezogen	123	136	189	260	13,3
– haushalts-/gesellschaftsbez.	105	108	112	114	2,4
Nicht-Unternehmenssektor	108	116	128	138	30,1

[1] Anteil der Branche an den sozialversicherungspflichtig Beschäftigten im tertiären Sektor

Quelle: IAB (1997), eigene Berechnungen

Die Abbildung 2-15 verdeutlicht nochmal die Zusammensetzung der Unternehmen, die in der Volkswirtschaftlichen Gesamtrechnung als Übrige Dienstleistungen bezeichnet werden. Sie sind zu 84 Prozent den wirtschafts- und zu 16 Prozent den haushalts- oder gesellschaftsbezogenen Dienstleistungen zuzurechnen. Wirtschaftsbezogene Dienstleistungen wiederum sind zu etwa zwei Dritteln den Übrigen Dienstleistungen und zu einem Drittel dem Sektor Banken und Versicherungen zuzuordnen. Die haushalts- und gesellschaftsbezogenen Dienste sind nur zu einem kleinen Teil (5 Prozent) Übrige Dienstleistungen.

Die Tabelle 2-5 zeigt alle Tätigkeitsbereiche der Statistik der sozialversicherungspflichtig Beschäftigten, die als „Übrige Dienstleistungen" klassifiziert werden. Die Reihenfolge ist geordnet nach der Höhe des relativen Arbeitsaufbaus von 1976 bis 1996. An der Spitze steht die Arbeitnehmerüberlassung. Die Zahl der Jobs hat sich dort mehr als verzehnfacht. Es gibt keinen anderen Dienstleistungsbereich, der prozentual so stark Arbeitsplätze aufgebaut hat. Die Straßenreinigung, die Bewachung, die Abfüll-Verpackung und die Unternehmensberatungen nehmen in dieser Rangliste ebenfalls Plätze unter den zehn wachstumsstärksten Bereichen ein. Diese Sektoren sind auch quantitativ bedeutsam, wie ihr Anteil an der Gesamtbeschäftigung des tertiären Sektors, die Zahl der geschaffenen Arbeitsplätze sowie die vorderen Plätze in der Rangliste der Bereiche mit dem größten Beschäftigungsaufbau zeigen. Hervorzuheben sind die Unternehmensberater. Dort wuchs die Zahl der sozialversicherungspflichtig Beschäftigten in den betrachteten 20 Jahren um über 245 000. Nur im Bereich der privaten Gesundheitsdienste wurden noch mehr neue Arbeitsplätze geschaffen.[22]

Es zeigt sich aber auch, daß selbst der expansive Bereich der Übrigen Dienstleistungen ein sehr differenziertes Bild ergibt. Zu diesem Bereich gehören auch Branchen, die sehr stark an Beschäftigung verloren haben. Zu nennen sind vor allem die Wäschereien und chemischen Reinigungen, wo über 19 000 Jobs von 1976 bis 1996 verlorengingen.

In der öffentlichen Diskussion über den tertiären Sektor nehmen die unternehmensnahen Dienstleistungen oftmals keine vorrangige Stellung ein. Hier geht es häufig mehr um die Bereiche Gesundheit, Bildung, Kultur und Tätigkeiten in der Verwaltung.

Abbildung: 2-15

Übrige Dienstleistungen – Was ist das?

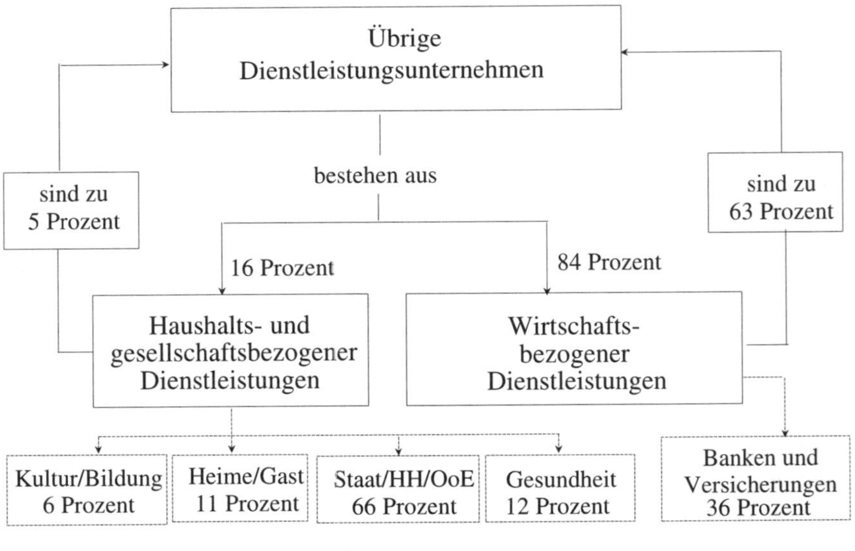

Quelle: IAB (1997), eigene Berechnungen

Zusammenfassend läßt sich aber festhalten: Ein genauerer Blick auf den Dienstleistungssektor bestätigt, daß nicht alle Teilbereiche in die gleiche Richtung marschieren. Es lassen sich Zweige identifizieren, die beachtliche Beschäftigungsgewinne erzielten – wie etwa die meisten wirtschaftsnahen Übrigen Dienstleistungen und das Gesundheitswesen. Es gibt aber Bereiche, die kaum zulegen konnten, oder die absolut sogar an Bedeutung verloren haben. Zur letzteren Gruppe zählen vor allem Tätigkeiten im Transportbereich.

Tabelle: 2-5

Ranking Übrige Dienstleistungen

Sozialversicherungspflichtig Beschäftigte 1976 bis 1996

	Wachstum in Prozent	Rang[1]	Beschäftigungsveränderung	Rang[1]	Anteil 1996 in Prozent[2]
Arbeitnehmerüberlassung	1 011,6	1	123 781	13	1,0
Straßenreinigung/Müll	319,7	3	42 570	30	0,4
Bewachung	227,7	6	54 640	25	0,6
Abfüll-Verpackungen	219,6	7	11 653	52	0,1
Unternehmensberatung	202,8	10	245 256	2	2,8
Werbung	173,1	14	48 965	29	0,6
Gebäudereinigung	158,1	16	121 614	15	1,5
Kosmetik/Fußpflege	148,1	20	3 307	74	0,0
Architekturbüros	136,6	25	219 679	3	2,9
Nachrichtenbüros	111,7	30	3 480	72	0,1
Vermögensverwaltung	111,5	31	120 042	16	1,8
Ausstellungswesen	107,9	34	4 254	69	0,1
Vermietung	100,1	36	19 912	44	0,3
Rechtsberatung	97,9	37	54 209	26	0,8
Schreibbüros	84,9	41	24 364	42	0,4
Fotogewerbe	47,6	60	7 019	59	0,2
Priv. Bestattungswesen	38,2	64	1 460	76	0,0
Schornsteinfeger	36,2	66	2 935	75	0,1
Berufsorganisationen	18,7	76	7 013	60	0,3
Leihhäuser	11,3	80	169	84	0,0
Gewerkschaften, AG-Verbände	3,4	84	489	82	0,1
Friseurgewerbe	–0,4	86	–474	89	1,0
Wäschereien/Reinigungen	–30,6	97	–19 223	98	0,3

[1] Rang des Sektors innerhalb der 105 Dienstleistungsbereiche

[2] Anteil der Bereiche an den Spozialversicherungspflichtig Beschäftigten im tertiären Sektor

Quelle: IAB (1997), eigene Berechnungen

Kapitel 2.1 bis 2.4
Inter-sektoraler Strukturwandel in Westdeutschland

Tempo und Richtung des Strukturwandels	– Strukturwandel ist ein permanentes Phänomen, das aber nicht jeweils im gleichen Tempo abläuft. Die Zunahme des Tempos des Strukturwandels in jüngster Zeit ist auch ein Hinweis auf die Struktur- und Standortkrise in Deutschland. – Für Westdeutschland wird die Drei-Sektoren-Hypothese bestätigt: Der Dienstleistungssektor gewinnt zu Lasten des Industriesektors an Wertschöpfungs- und Beschäftigungsanteilen hinzu. – Seit Mitte der siebziger Jahre sind die nominalen und realen Wertschöpfungsanteile des tertiären Sektors gleichermaßen gestiegen. Dies signalisiert, daß die Dienstleister ihre Preise aufgrund der stärkeren Wettbewerbsintensität nicht mehr stärker erhöhen können als die Industrie.
Beschäftigungs-Trends	– Die Dienstleister waren in den letzten Jahren der größte Wachstumsträger und haben zur Entlastung des Arbeitsmarkts beigetragen. – Diese Dynamik reichte nicht aus, um die Verluste der Industrie auszugleichen. Per saldo wurden neue Arbeitsplätze nicht im Unternehmens-, sondern im Staatssektor geschaffen. – Die De-Industrialisierung hat vor allem in Rezessionsphasen stattgefunden.
Gespaltene Sektor-entwicklung	– Im Industriesektor kann keine einheitliche Entwicklung festgestellt werden: Sowohl bei der Wertschöpfung als auch bei der Erwerbstätigkeit gibt es Gewinner und Verlierer. Allerdings konnte kein einziger Industriesektor in seinen Anteilen zulegen. – Beschäftigungsgewinne im privaten Dienstleistungssektor wurden überwiegend bei den meisten wirtschaftsnahen „Übrigen Dienstleistungen" und im Gesundheitswesen erzielt. Unterdurchschnittlich haben sich dagegen die distributiven Dienstleistungen entwickelt.

2.5 Tertiarisierung des Tätigkeitsprofils

Der bisher untersuchte inter-sektorale Strukturwandel muß durch eine intra-sektorale Betrachtung ergänzt werden, wie es bereits in der Abbildung 2-1 dargelegt wurde. Als erste dieser drei Dimensionen (Tätigkeiten – Vorleistungen – Faktoreinsatz) soll die Veränderung des Tätigkeitsprofils analysiert werden. Hier steht nicht die Frage im Vordergrund, in welchem Sektor jemand arbeitet, sondern welche Tätigkeit er ausführt. Gerade in der Industrie werden zu einem erheblichen Teil auch Dienstleistungstätigkeiten ausgeübt. Diese müssen berücksichtigt werden, wenn der Tertiarisierungsgrad einer Volkswirtschaft richtig gemessen werden soll.

Seit einiger Zeit wird die Frage diskutiert, ob in Deutschland eine Dienstleistungslücke besteht. Das ist zweifellos der Fall, wenn die Wertschöpfungsanteile, die Erwerbstätigenanteile des tertiären Bereiches oder die Arbeitsplätze im Dienstleistungssektor je Einwohner mit den entsprechenden Werten der USA verglichen werden. Ohne die Diskussion aus Kapitel 3 vorwegzunehmen, kann schon hier festgestellt werden, daß der Tertiarisierungsgrad in den USA höher als in Deutschland ist. Dann liegt die Schlußfolgerung natürlich nahe, daß die Arbeitsmarktprobleme in Deutschland nicht durch die starke De-Industrialisierung der letzten Jahre entstanden seien, sondern weil der Dienstleistungssektor zu schwach expandierte.

Angaben über das Tätigkeitsprofil der Erwerbstätigen können dem Mikrozensus entnommen werden, der vom Statistischen Bundesamt als jährliche Repräsentativstatistik der Bevölkerung und des Erwerbslebens erhoben wird. Im zweijährigen Abstand wird seit 1976 auch eine Befragung über die Berufe und die vorwiegend ausgeübten Tätigkeiten durchgeführt. Durch die Auswertung des Mikrozensus kann gezeigt werden, welchen Anteil die Dienstleistungsproduktion in den verschiedenen Sektoren und Wirtschaftsbereichen einnimmt.

Die hier interessierenden Datenreihen über die vorwiegend ausgeübte Tätigkeit der Erwerbstätigen liegen für Westdeutschland erst seit dem Jahre 1982 vor.[23] Das Statistische Bundesamt teilt die ausgeübten Tätigkeiten in zehn Kategorien ein, wobei bei der Erhebung jeweils nur die überwiegend zutreffende Tätigkeit jedes Erwerbstätigen erfaßt wird. Für die hier vorzunehmende Analyse erscheint es sinnvoll, diese zehn Kategorien in zwei Gruppen einzuteilen:

Produktionstätigkeiten:	Herstellen Maschinen einstellen und warten
Dienstleistungstätigkeiten:	Reparieren Handel treiben Büroarbeiten Planen/Forschen Leiten Allgemeine Dienstleistungen Sichern Ausbilden und Informieren

Zu den produzierenden Tätigkeiten zählen in einer weitergefaßten Abgrenzung das Herstellen sowie das Warten und Einstellen von Maschinen. Eine engere Definition (Cornelsen, 1993, 234) rechnet lediglich das Herstellen zu den Tätigkeiten der Produktion. Unter Herstellen versteht man wiederum: Anbauen, Züchten, Ver- und Bearbeiten, Kochen, Bauen und Ausbauen, Installieren und Montieren. Die restlichen Kategorien können unter dem Begriff Dienstleistungen zusammengefaßt werden.

Tertiarisierungsgrad bei 80 Prozent

Der Tertiarisierungsgrad der deutschen Wirtschaft muß heute auf über 83 Prozent geschätzt werden, wenn alle Tätigkeiten außer Herstellen als Dienstleistungen definiert werden (Abbildung 2-16). Er liegt damit um mehr als 20 Prozentpunkte über dem Tertiarisierungsgrad, der sich anhand der Erwerbstätigenanteile des Dienstleistungssektors errechnet. 1982 waren erst gut drei Viertel aller vorwiegend ausgeübten Tätigkeiten Dienstleistungen – der so gemessene Tertiarisierungsgrad der Wirtschaft hat sich also innerhalb von dreizehn Jahren um knapp 8 Prozentpunkte erhöht.

Werden die Produktionstätigkeiten etwas weiter abgegrenzt und die eng damit in Beziehung stehenden Arbeiten des Wartens und Einstel-

Abbildung: 2-16

Tertiarisierungsgrad der deutschen Wirtschaft

in Prozent

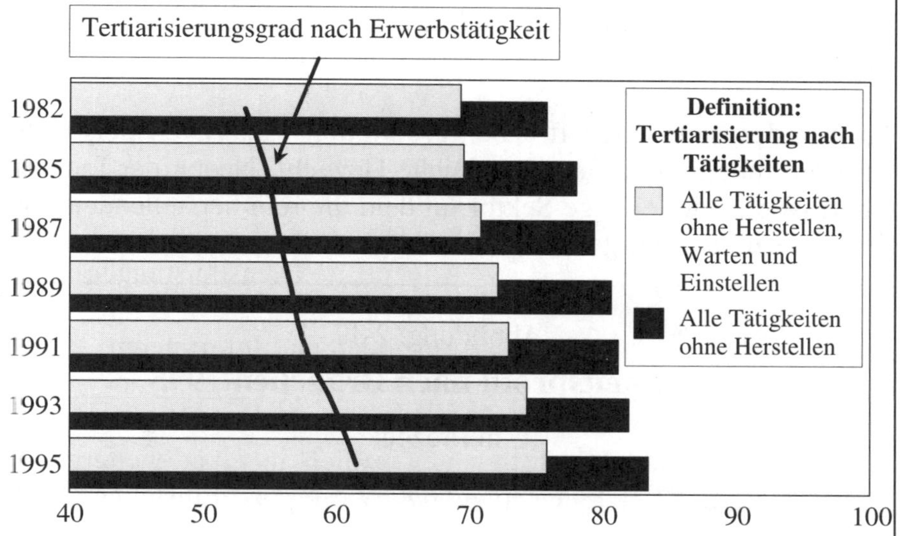

Quelle: Statistisches Bundesamt (1996), eigene Berechnungen

lens von Maschinen dazu gezählt, liegt der Tertiarisierungsgrad der Wirtschaft immer noch bei knapp 76 Prozent. Auch dieser Anteil hat sich gegenüber 1982 um 6,5 Prozentpunkte erhöht.

Nicht überraschend ist das sektoral differenzierte Bild des Tätigkeitsprofils. Der Anteil der Dienstleistungstätigkeiten liegt in den Sektoren des Produzierenden Gewerbes deutlich unter dem der Gesamtwirtschaft. Spiegelbildlich haben die Produktionstätigkeiten – also Herstellen, Maschinen einstellen und warten – in den Dienstleistungssektoren nur eine untergeordnete Bedeutung (Abbildung 2-17). Lediglich im Bereich Verkehr und Nachrichtentechnik wird ein Produktionsanteil von 10 Prozent erreicht. Die Tabelle 2-6 gibt einen Überblick über die Anteile der einzelnen Tätigkeitskategorien nach Sektoren für das Jahr 1995.

Hervorzuheben ist dabei, daß auch im Verarbeitenden Gewerbe schon knapp über die Hälfte der Tätigkeiten Dienstleistungen sind. Nur noch

28 Prozent sind reine Herstellungstätigkeiten. 15,3 Prozent der ausgeübten Arbeiten haben rein dispositiven Charakter (Planen, Forschen und Leiten). Vor allem Planung und Forschung haben im Verarbeitenden Gewerbe im Vergleich zu anderen Branchen ein überdurchschnittliches Gewicht. Das kann als erstes Indiz dafür gewertet werden, daß im industriellen Sektor eine Vielzahl von Dienstleistungen selbst erstellt werden.

Auch in der Bauwirtschaft haben Produktions- und Dienstleistungstätigkeiten mittlerweile fast das gleiche Gewicht. Neben der Landwirtschaft ist dies der einzige Sektor, in dem die rein herstellenden Tätigkeiten noch das Übergewicht haben.

Abbildung: 2-17

Tätigkeitsprofil nach Branchen 1995

in Prozent

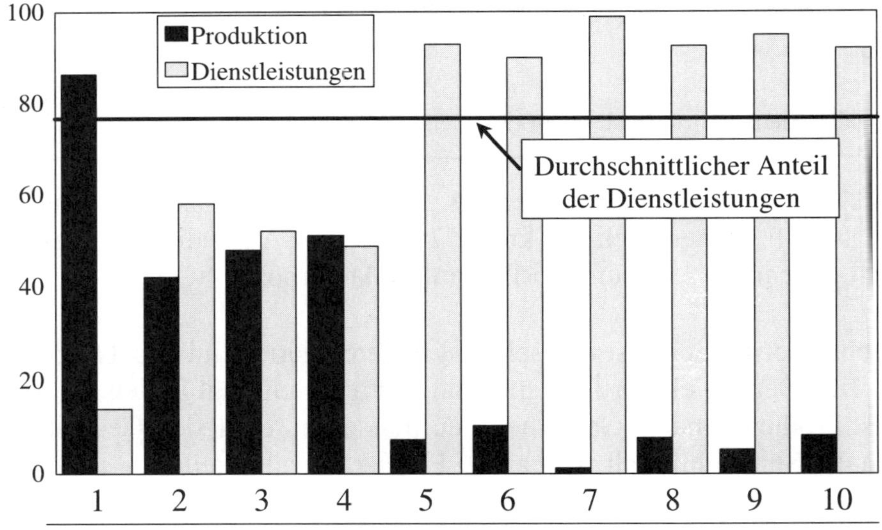

1	Agrar	6	Verkehr/Nachrichten
2	Versorgung	7	Banken/Versicherungen
3	Verarb. Gewerbe	8	Dienstleistungen
4	Bauwirtschaft	9	Staat
5	Handel	10	HH/OoE

Quelle: Statistisches Bundesamt (1996), eigene Berechnungen

Tabelle: 2-6

Tätigkeitsprofil nach Sektoren 1995

Vorwiegend ausgeübte Tätigkeit, in Prozent

	Produktionstätigkeiten			Dienstleistungstätigkeiten						
	Maschinen einstellen/ Warten	Herstellen	Gesamt	Reparieren	Handel betreiben	Büroarbeiten[1]	Planen/ Forschen	Leiten	Ausbilden/ Informieren	Gesamt
Agrarwirtschaft	1,2	85,0	86,2	1,0	2,9	5,8	0,8	1,5	1,8	13,8
Versorgungswirtschaft	20,4	21,6	42,0	11,9	2,3	26,6	7,3	8,1	1,8	58,0
Verarbeitendes Gewerbe	19,8	28,1	47,9	7,5	6,2	21,8	8,1	7,2	1,4	52,1
Baugewerbe	6,1	45,1	51,2	19,6	2,2	16,2	4,9	5,4	0,6	48,8
Handel	2,1	5,1	7,2	6,8	51,8	24,2	1,7	6,2	2,1	92,8
Verkehr/Nachrichten	7,0	3,4	10,3	5,2	5,5	64,9	3,0	8,8	2,3	89,7
Banken/Versicherungen	0,8	0,4	1,2	0,8	20,3	58,7	2,2	13,1	3,5	98,9
Sonstige Dienste	2,2	5,4	7,6	3,3	3,9	33,4	5,7	4,3	41,9	92,4
Haushalte/OoE	1,5	6,7	8,2	3,9	1,1	39,5	2,0	5,8	39,6	91,8
Staat	1,8	3,3	5,1	3,6	1,0	69,8	4,9	7,7	7,9	94,9
Insgesamt	7,6	16,6	24,3	6,2	11,2	33,0	5,1	6,3	13,9	75,7

[1] Einschließlich Allgemeine Dienstleistungen und Sichern

Quelle: Statistisches Bundesamt (1996), eigene Berechnungen

Wandel des Tätigkeitsprofils in der Industrie

Die Richtung der Veränderung des Tätigkeitsprofils läßt sich am einfachsten durch den Vergleich der Anteile zwischen dem Anfang (1982) und dem Ende des Beobachtungszeitraumes (1995) zeigen (Tabelle 2-7). An Bedeutung gewonnen haben vor allem die Tätigkeiten „Ausbilden und Informieren", „Leiten" sowie „Maschinen einstellen und warten". In diesen Tätigkeiten zeigt sich, daß die Anforderungen an das Humankapital steigen. Der Strukturwandel im Tätigkeitsprofil wird vor allem im Verarbeitenden Gewerbe deutlich. Dort fand eine Verlagerung von den herstellenden Tätigkeiten (–8,8 Prozentpunkte) zu dem Bereich „Maschinen einstellen und warten" (+6,9 Prozentpunkte) statt. Begleitet wird dies durch einen steigenden Anteil der Tätigkeiten Leiten, Planen und Forschen. Immer mehr werden Industriebeschäftigte zu Maschinenbedienern in immer komplexeren und technologisch anspruchsvolleren Anlagen. Die technischen und ingenieurwissenschaftlichen Anforderungen nehmen dabei zwangsläufig zu. Definiert man Produzieren im weiten Sinne und bezieht die Tätigkeiten „Maschinen einstellen und warten" mit ein, muß festgehalten werden, daß sich der Dienstleistungsanteil im Verarbeitenden Gewerbe im Betrachtungszeitraum nicht so massiv verändert hat. Er lag während des gesamten Zeitraumes um die 50 Prozent. Deshalb sollte nicht vorschnell auf eine zunehmende Tertiarisierung der Industrie geschlossen werden.

2.6 Änderung der sektoralen Arbeitsteilung

Die bisherigen Ausführungen könnten zu der voreiligen Schlußfolgerung verleiten, die zukünftigen Wachstumsaussichten der westdeutschen Wirtschaft und die damit verbundenen Chancen für neue Arbeitsplätze würden fast ausschließlich von den Dienstleistungssektoren getragen werden. Diese Diagnose würde aber die vielfältigen wechselseitigen Abhängigkeiten zwischen der Industrie und den Dienstleistern übersehen.

Zweifellos ist die Dienstleistungsintensität der gesamtwirtschaftlichen Wertschöpfung gestiegen. Diese Tertiarisierung erfolgte aber über alle Branchen hinweg. Die deutsche Wirtschaft liefert immer weniger nur reine Güter, sondern zunehmend integrierte Problemlösungskonzepte. Planung, Finanzierung, eine nach Kundenwünschen maßgeschneiderte

Tabelle: 2-7

Veränderung des Tätigkeitsprofils nach Sektoren 1995 gegenüber 1982

Veränderung der Anteile, in Prozentpunkten

	Produktionstätigkeiten			Dienstleistungstätigkeiten						
	Maschinen einstellen/ Warten	Herstellen	Gesamt	Reparieren	Handel betreiben	Büroarbeiten	Planen/ Forschen	Leiten	Ausbilden/ Informieren	Gesamt
Agrarwirtschaft	0,2	–9,1	–8,8	1,0	1,7	3,1	0,8	1,0	1,2	8,8
Versorgungswirtschaft	4,2	–10,0	–5,9	–3,2	0,8	4,1	0,6	3,0	0,4	5,9
Verarbeitendes Gewerbe	6,9	–8,8	–1,8	–2,9	0,3	–0,2	1,6	2,2	0,7	1,8
Baugewerbe	0,6	–8,6	–8,0	1,1	0,6	1,5	2,6	1,7	0,6	8,0
Handel	0,8	–0,2	0,7	1,3	–2,5	–2,2	0,6	1,0	1,0	–0,7
Verkehr/Nachrichten	–2,7	–0,5	–3,2	–2,8	1,7	0,2	0,7	2,3	1,1	3,2
Banken/Versicherungen	–0,2	0,4	0,2	0,2	2,7	–6,0	0,5	0,6	1,8	–0,2
Sonstige Dienste	0,7	0,2	0,9	1,5	0,4	2,7	–0,2	1,1	–0,8	–0,9
Haushalte/OoE	1,5	–0,6	0,9	1,4	0,1	–3,9	–0,9	1,0	1,4	–0,9
Staat	–0,4	–0,5	–0,9	–0,1	0,1	–3,5	0,3	2,4	1,7	–0,9
Insgesamt	1,1	–7,6	–6,5	–0,9	0,9	–0,1	0,7	1,6	4,3	6,5

[1] Einschließlich Allgemeine Dienstleistungen und Sichern

Quelle: Statistisches Bundesamt (1996), eigene Berechnungen

Produktion, Wartung, Service sowie eine intensive Kommunikation mit dem Markt und mit dem komplexen Umfeld haben heute einen höheren Stellenwert. Die Dienstleistungen rund um das Produkt sind ebenso wichtig geworden wie dessen technische und stoffliche Eigenschaften.

Diese Tendenz zur intra-sektoralen Tertiarisierung zeigte schon die im vorhergehenden Abschnitt vorgestellte Veränderung des Tätigkeitsprofils der Beschäftigten. Auch die Charakterisierung des Sektors „Übrige Dienstleistungen" als besonders wirtschafts- und unternehmensnah deutete diese enge Verflechtung zwischen Industrie und Dienstleistungen bereits an. Das volkswirtschaftliche Gewicht der Industrie sollte deshalb nicht nur an ihrem Wertschöpfungs- und Erwerbstätigenanteil gemessen werden. Auch die Bedeutung der Industrie als Absatzmarkt für Dienstleister muß berücksichtigt werden.

Die Frage „Industrie oder Dienstleistungen – was hat Zukunft?" wäre falsch gestellt, wenn sich eine zunehmende Komplexität und Interdependenz zwischen den Sektoren nachweisen ließe. Ein Instrument, um diese Wechselwirkungen aufzuzeigen, ist die Input-Output-Analyse.

Für die Bundesrepublik Deutschland erstellt das Statistische Bundesamt (1997b) im Rahmen seiner Volkswirtschaftlichen Gesamtrechnungen im Zweijahresrhythmus solche Input-Output-Tabellen. Für Westdeutschland liegen diese konsistent für die Jahre 1978 bis 1990[24] vor. Das reicht aber für eine zeitnahe Analyse nicht aus. Deshalb wird auf das an der Universität Osnabrück entwickelte INFORGE-Prognosemodell (Meyer/Ewerhart, 1995)[25] zurückgegriffen und die Entwicklung bis 1996 geschätzt (Lichtblau/Meyer/Ewerhart, 1996). Zur Veranschaulichung der Logik von Input-Output-Tabellen genügt es, die 58 Sektoren der Input-Output-Rechnung auf nur zwei zu reduzieren: das Verarbeitende Gewerbe (Sektor A) und den Rest der Volkswirtschaft (Sektor B). Die Tabelle 2-8 faßt die Ergebnisse für 1996 zusammen.

Die Input-Output-Tabellen enthalten eine Vorleistungs-, eine Güterverwendungs- und Primäraufwandsmatrix sowie einige definitorische Verknüpfungen:

□ Die Vorleistungsmatrix erfaßt in den Zeilen die Vorleistungslieferungen und in den Spalten die Vorleistungsbezüge der einzelnen Sek-

Tabelle: 2-8

Input-Output-Tabelle für Westdeutschland 1996

in Milliarden DM

	Vorleistungen			Güterverwendung	
	A	B	A+B	+N	= GV
I	Importe			Importe	
A	222,3	71,7	294,0	330,5	624,4
B	43,7	53,5	97,2	33,9	131,2
A+B	266,0	125,1	391,2	364,4	755,6
II	Inländische Produktion			Inländische Produktion	
A	617,9	**269,9**	887,8	1 314,0	2202,5
B	**512,3**	1 115,3	1 627,6	1 999,0	3 627,0
A+B	1 130,2	1 385,1	2 515,4	3 314,0	5 829,5
I + II	Importe und inländische Produktion			Importe u. inl. Produktion	
A	840,2	341,5	1 181,7	1 645,2	2 827,0
B	556,1	1 168,3	1 724,8	2 033,4	3 758,2
A+B	1 396,3	1 510,3	2 906,5	3 678,6	6 585,1

	Primäraufwand		
BWS	806,1	2 076,1	2 882,3
	Verknüpfungen		
BWS	806,1	2 076,1	2 882,3
+ VL	1 396,3	1 510,3	2 906,5
+ USt^{na}	0,0	40,6	40,6
= PW	2 202,4	3 627,0	5 829,4
+ E	624,6	131,2	755,7
= GA	2 827,0	3 758,2	6 585,1

A = Verarbeitendes Gewerbe, B = Rest der Volkswirtschaft, BWS = Bruttowertschöpfung, USt^{na} = Nichtabziehbare Umsatzsteuer, VL = Vorleistungen, PW = Produktionswert, E = Einfuhr gleichartiger Güter, N = Endverbrauch, GA = Güteraufkommen, GV = Güterverwendung

Quelle: INFORGE (1996)

toren. 1996 hat das Verarbeitende Gewerbe (Sektor A) für 840 Milliarden DM Vorleistungen an den eigenen Sektor und für 342 Milliarden DM an die übrige Wirtschaft (Sektor B) geliefert (Zeilenbetrachtung). Gleichzeitig kauft das Verarbeitende Gewerbe von der übrigen Wirtschaft Vorleistungen im Wert von 556 Milliarden DM (Spaltenbetrachtung).

Diese Vorleistungsmatrix setzt sich additiv zusammen aus importierten Vorleistungen und Vorleistungen aus inländischer Produktion.

□ Die Güterverwendungsmatrix erfaßt die Werte der Güter, die ein Sektor für Vorleistungen (Sektor A: 1182 Milliarden DM) und für die gesamtwirtschaftliche Endnachfrage, also für Verbrauch, Investitionen und Exporte (Sektor A: 1645 Milliarden DM), bereitstellt. Die Zeilensumme ergibt demnach den Beitrag der einzelnen Sektoren zur gesamten Güterverwendung (Sektor A: 2827 Milliarden DM). Davon werden 624 Milliarden DM importiert, 2203 Milliarden DM stammen aus der heimischen Produktion.

□ Die Primäraufwandsmatrix wurde zur Vereinfachung auf eine Zeile reduziert, nämlich auf die Bruttowertschöpfung der einzelnen Sektoren (Sektor A: 806 Milliarden DM; Sektor B: 2076 Milliarden DM). Denn die einzelnen Komponenten der Bruttowertschöpfung (Abschreibungen, Einkommen aus unselbständiger Arbeit und aus Unternehmertätigkeit und Vermögen zuzüglich des Saldos aus Produktionssteuern und Subventionen) interessieren in diesem Zusammenhang nicht weiter.

□ Die einzelnen Komponenten werden so verknüpft, daß die Zeilen- und Spaltensummen, also Güteraufkommen und Güterverwendung, identisch werden. So setzt sich der Produktionswert des Sektors A (2202,4 Milliarden DM) aus seiner Bruttowertschöpfung (806,1 Milliarden DM), den Vorleistungsbezügen (1396,3 Milliarden DM) und den nicht abziehbaren Umsatzsteuern (0 DM) zusammen. Die Addition von Produktionswert und Einfuhren (Sektor A: 625 Milliarden DM) ergibt das gesamte Güteraufkommen dieser Branche (2827 Milliarden DM). Die Einfuhren in der Verknüpfungstabelle entsprechen der letzten Spalte der Import-Güterverwendungsmatrix.

Industrie dominiert immer noch die Vorleistungsmärkte

Die Daten der Input-Ouput-Analyse zeigen für Westdeutschland, daß das Verarbeitende Gewerbe mit Abstand der größte Lieferant und Abnehmer von Vorleistungen ist. 1996 kauften die Unternehmen dieses Sektors 48 Prozent aller Vorleistungen ein und lieferten 41 Prozent aller Vorleistungen (Abbildung 2-18). Für eine differenziertere Analyse werden hier die 58 Sektoren der Input-Output-Rechnung zu zehn Sektoren zusammengefaßt.

Die Bedeutung des Verarbeitenden Gewerbes auf den Vorleistungsmärkten ist gegenüber 1980 gefallen. Zehn Jahre vorher hatte dieser Sektor noch 54 Prozent aller Vorleistungen abgenommen und fast die Hälfte geliefert. Das Spiegelbild dazu ist die Entwicklung im tertiären Sektor. Die Dienstleister haben ihren Anteil an den Vorleistungslieferungen von 34 Prozent (1980) auf 49 Prozent (1996) erhöht. Diese Tertiarisierung der Vorleistungsmärkte wird vor allem durch die Übrigen Dienstleister angetrieben. Sie konnten ihren Lieferanteil in der betrachteten Periode von 8,7 Prozent auf 18,1 Prozent erhöhen. Eine ähnliche Entwicklung gilt auch für die Absatzmärkte. 1996 haben die Übrigen Dienstleister 6,7 Prozent aller Vorleistungen aufgenommen; 1980 waren es erst 3,3 Prozent.

Trotz dieses Wandels ist die Industrie nach wie vor ein bedeutender Lieferant und Abnehmer von Vorleistungsgütern. Deutlicher wird die wichtige Position des Verarbeitenden Gewerbes, wenn man den Saldo zwischen Bezügen und Lieferungen der einzelnen Sektoren betrachtet. Als Netto-Lieferanten können die Branchen identifiziert werden, deren Lieferungen an andere Sektoren (Zeilensumme der Vorleistungsmatrix) größer sind als ihre gesamten Vorleistungsbezüge von anderen Sektoren (also die Spaltensumme der Vorleistungsmatrix). Die Abbildung 2-19 zeigt, daß vor allem die Dienstleistungs- und Versorgungsunternehmen typische Lieferanten von Vorleistungen sind. Mit einem Lieferüberschuß von 331 Milliarden DM standen 1996 die Übrigen Dienstleistungen[26] an der Spitze.

Die Bereiche mit den höchsten Abnahmeüberschüssen sind der Nicht-Unternehmenssektor und das Verarbeitende Gewerbe. Die Industrieunternehmen kauften 1996 für 215 Milliarden DM mehr Vorleistungen ein, als sie selbst an andere geliefert haben. Beim Staat, den privaten

Abbildung: 2-18

Veränderung der Vorleistungsstrukturen nach Sektoren gemäß einer Input-Output-Analyse

Bezüge von Vorleistungen 1980 bis 1996, in Prozent

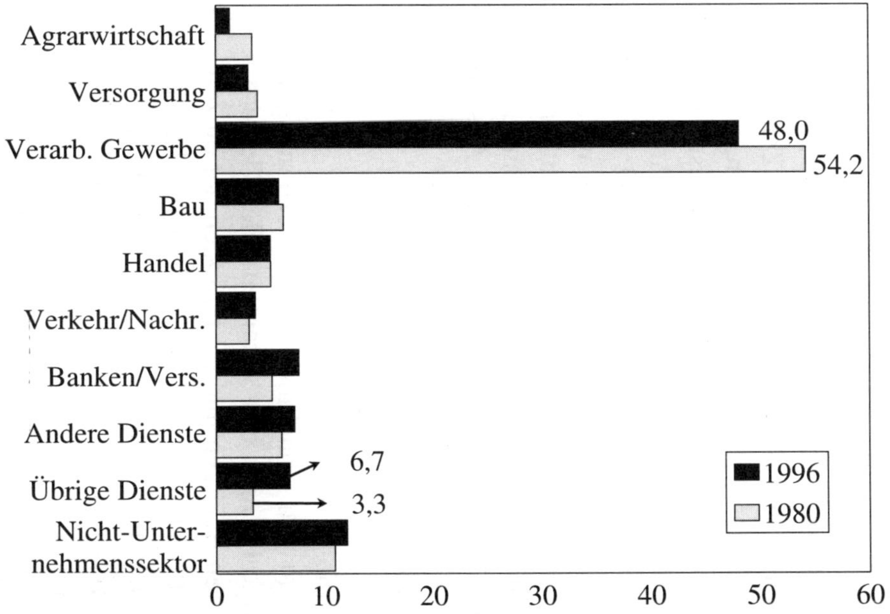

noch Abbildung: 2-18

Lieferungen von Vorleistungen 1980 bis 1996, in Prozent

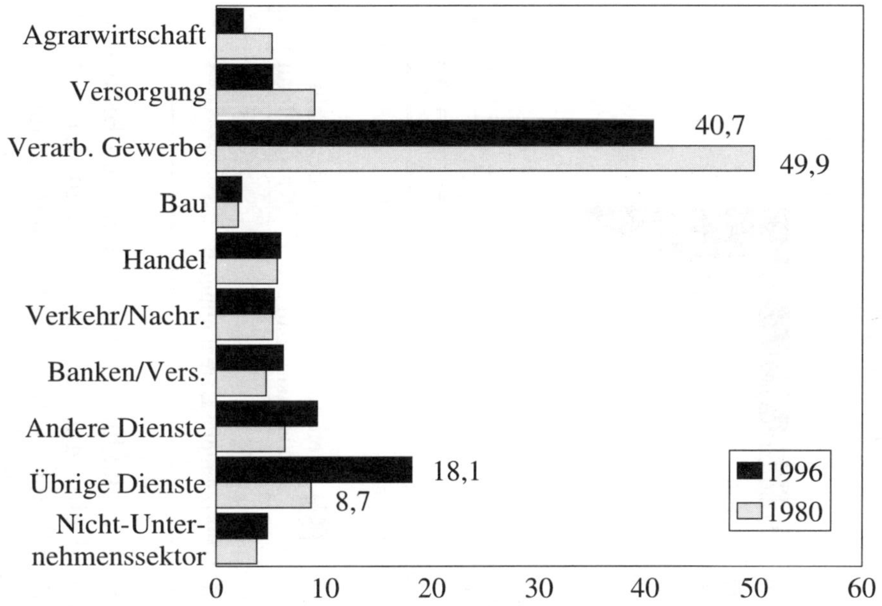

Andere Dienste: Branchen 51 bis 54 der Input-Output-Tabellen (Gebäude- und Wohnungsvermietung, Gastgewerbe/Heime, Wissenschaft/Kultur/Verlage, Gesundheits- und Veterinärwesen). Der Sektor Übrige Dienste (Branchengruppe 55 der Input-Output-Rechnung) ist identisch mit den Übrigen Dienstleistungen nach der Volkswirtschaftlichen Gesamtrechnung.

Quellen: Statistisches Bundesamt (1997b), INFORGE (1996), eigene Berechnungen

Haushalten und den Organisationen ohne Erwerbszweck betrug dieser Überschuß 212 Milliarden DM.

Abbildung: 2-19

Vorleistungsbezieher und -lieferanten

Saldo zwischen Bezügen und Lieferungen 1996
in Milliarden DM

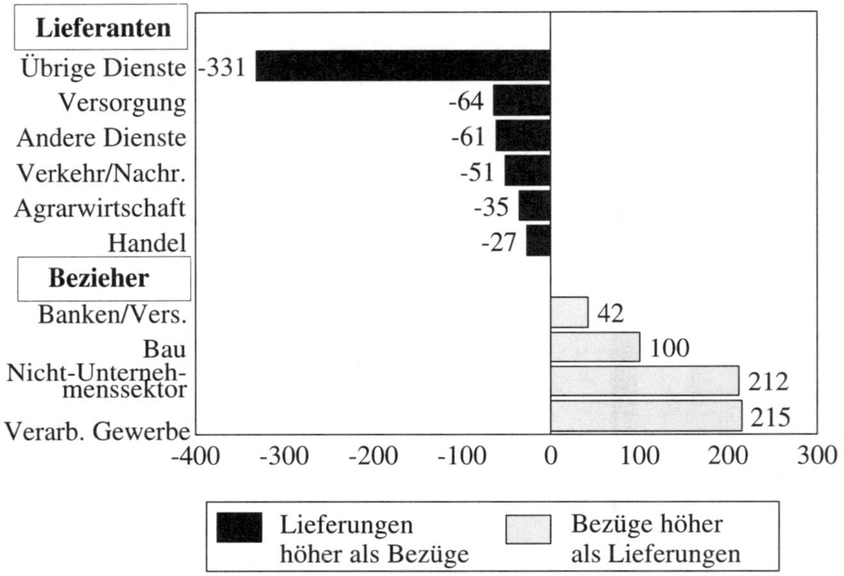

Quelle: INFORGE (1996), eigene Berechnungen

Bisher wurde die Entwicklung der verschiedenen Branchen im einzelnen betrachtet und ein zunehmendes Gewicht der tertiären Bereiche auch bei den Vorleistungen festgestellt. Diese Analyse muß aber um eine integrative Gesamtbetrachtung ergänzt werden, die mehr Gewicht auf die Art und die Veränderung der Verflechtungen zwischen den Sektoren legt. Es scheint eine zunehmende Arbeitsteilung und damit eine verstärkte wechselseitige Abhängigkeit zwischen den Teilbereichen entstanden zu sein. Vor allem muß hierbei die Rolle des Verarbeitenden Gewerbe näher analysiert werden.

Das Verarbeitende Gewerbe ist für viele Branchen ein wichtiger Absatzmarkt. Dies verdeutlicht ein Blick auf die Absatzstrukturen (Tabelle 2-9).

Tabelle: 2-9

Umsatzstruktur[1] der Branchen nach Zielsektoren

Anteile in Prozent

1996

	Agrar	Versorgung	Verarb. Gewerbe	Bau	Handel	Verkehr/ Nachrichten	Banken/ Versicherungen	Andere Dienste	Übrige Dienste	Nicht-Untern.-Sektor	Endnachfrage
Agrar	7,1	0,0	50,0	0,0	0,3	0,0	0,1	4,7	2,4	1,7	33,5
Versorgung	1,0	17,0	37,9	0,4	5,4	1,5	0,7	5,7	1,4	5,0	23,9
Verarbeitendes Gewerbe	0,5	0,7	29,7	3,4	0,7	0,8	0,3	2,2	1,2	2,2	58,2
Bau	0,2	1,4	2,9	1,7	0,3	0,6	0,2	8,1	0,7	3,3	80,5
Handel	0,7	0,5	23,5	2,9	2,9	0,8	0,3	1,5	1,4	4,2	61,5
Verkehr/Nachrichten	0,9	1,4	18,9	2,9	4,0	12,1	2,0	2,6	2,7	4,2	48,2
Banken/Versicherungen	0,3	0,6	2,5	0,8	1,0	1,6	54,9	4,0	1,9	1,1	31,4
Andere Dienste	0,2	0,4	5,3	0,3	6,1	2,4	1,2	3,6	5,2	12,1	63,1
Übrige Dienste	0,3	2,4	32,9	6,2	6,3	1,9	8,4	5,7	15,2	7,3	13,3
Nicht-Untern.-Sektor	0,1	0,2	1,6	0,2	0,2	0,2	0,1	2,1	0,4	12,7	82,2
Gesamt	0,5	1,3	21,2	2,5	2,2	1,6	3,4	3,2	3,0	5,3	55,9

[1] Der Umsatz wird zur Vereinfachung abgebildet durch das gesamte Güteraufkommen (Produktionswerte plus Einfuhren) der einzelnen Sektoren.

Quelle: INFORGE, eigene Berechnungen

Dort ist ausgewiesen, wieviel Prozent ein Sektor von seinem gesamten Güteraufkommen (also Produktionswert plus Einfuhren) als Vorleistungen an einzelne Branchen oder an den Endverbrauch (Konsum, Investitionen, Exporte) liefert.

Für die Bauwirtschaft, den Handel, die Anderen Dienstleistungen, den Nicht-Unternehmenssektor und auch das Verarbeitende Gewerbe sind die Endverwendungsmärkte wichtiger als die Vorleistungsmärkte. Der Agrarbereich, die Versorgungsunternehmen und auch die besonders expansiven Übrigen Dienstleistungen liefern dagegen an die Unternehmen des Verarbeitenden Gewerbes einen größeren Teil ihres Umsatzes als an die Endverwendungsmärkte. Die Tabelle 2-9 führt deutlich vor Augen, in welchem Ausmaß die Übrigen Dienstleistungen Vorleistungslieferanten sind. Nur gut 13 Prozent des gesamten Güteraufkommens dieses Sektors gingen 1996 in die Endnachfrage in Form von Konsum, Investitionen oder Exporten – hingegen sind 33 Prozent an das Verarbeitende Gewerbe geliefert worden. Ohne eine wettbewerbsfähige Industrie würden also gerade die Unternehmen des Sektors Übrige Dienstleistungen einen großen Teil ihrer Absatzmärkte verlieren.[27]

Industrie bleibt wichtige Drehscheibe der Wirtschaft

Der Anteil der Industrie an der Bruttowertschöpfung reicht nicht aus, um die gesamtwirtschaftliche Bedeutung dieses Sektors richtig zu erfassen. Berücksichtigt werden muß die exponierte Position des Verarbeitenden Gewerbes als Netto-Vorleistungskäufer. Dieser Kernsektor der Industrie hat eine Drehscheibenfunktion für die gesamte Wirtschaft, denn über die Netto-Vorleistungskäufe fließen Wertschöpfungskomponenten der anderen Sektoren in die Industrieprodukte ein. In Höhe dieses Vorleistungssaldos erwirtschaftet das Verarbeitende Gewerbe damit im Verbund mit anderen Sektoren Wertschöpfung.

Die Höhe dieser gemeinsam geschaffenen Wertschöpfung dieses „kombinierten Sektors“ läßt sich mit Hilfe der Input-Output-Rechnung quantifizieren. Hierzu muß der Vorleistungsüberschuß (Käufe minus Verkäufe) aus inländischer Produktion ermittelt werden. Die Tabelle 2-8 zeigt, daß das westdeutsche Verarbeitende Gewerbe aus inländischer Produktion 1996 für 270 Milliarden DM Vorleistungen an andere Sektoren verkauft und für 512 Milliarden DM Güter dort eingekauft hat. Der Vorleistungsbezugsüberschuß beträgt damit 242 Milliarden DM. Das entspricht 8,4 Prozent der gesamtwirtschaftlichen Bruttowertschöpfung.

Wichtig ist, daß hier auf die Vorleistungsverflechtungen aus inländischer Produktion abgestellt wird, denn dann kann der Vorleistungsüberschuß zwischen zwei Sektoren als gemeinsam erzeugte Bruttowertschöpfung interpretiert werden. Würde nämlich der Saldo aus der gesamten Vorleistungsmatrix (Importe plus inländische Produktion) berechnet, würden die Käufe und Verkäufe ausländischer Unternehmen mitgezählt werden, die nach dem Konzept der Volkswirtschaftlichen Gesamtrechnungen keine Wertschöpfung des Inlandes darstellen. Knapp formuliert entspricht also die Wertschöpfung plus dem Vorleistungsüberschuß aus inländischer Produktion den Lieferungen eines Sektors an die Endnachfrage aus heimischer Produktion.

Die Abbildung 2-20 verdeutlicht die sektorale Struktur dieses Beziehungsgeflechtes. Die eigene Bruttowertschöpfung des Verarbeitenden Gewerbes betrug im Jahr 1996 806 Milliarden DM. Hinzuzuzählen sind die Netto-Vorleistungsbezüge aus den Sektoren Agrarwirtschaft (26,4 Milliarden DM), Versorgung (42,2 Milliarden DM), Handel (85,4 Milliarden DM), Verkehr/Nachrichten (35 Milliarden DM) und vor allem Übrige Dienstleistungen (174 Milliarden DM). In Abzug gebracht werden die entsprechenden Netto-Lieferungen an andere Branchen (insgesamt 120,6 Milliarden DM). Daraus errechnet sich eine durch den Vorleistungsverbund erweiterte Bruttowertschöpfung des Verarbeitenden Gewerbes in Höhe von 1048,4 Milliarden DM. Diese Betrachtung verdeutlicht die überragende Stellung der Übrigen Dienstleistungen in diesem Beziehungsgeflecht. Die Übrigen Dienstleistungen sind der Sektor, der in den letzten 25 Jahren am stärksten gewachsen ist. Der gleichzeitige Anteilsverlust des Verarbeitenden Gewerbes deutet darauf hin, daß der gesamtwirtschaftliche Strukturwandel der letzten 20 Jahre zum Großteil eine Verschiebung von Wertschöpfungsanteilen vom Verarbeitenden Gewerbe zu den Übrigen Dienstleistungen war.

Die Abbildung 2-21 zeigt das gesamtwirtschaftliche Gewicht des Verarbeitenden Gewerbe ohne und unter Berücksichtigung des Vorleistungsverbundeffektes von 1978 bis 1996:

Abbildung: 2-20

Beziehungen zwischen Verarbeitendem Gewerbe und Vorleistern

Vorleistungssalden aus inländischer Produktion und Wertschöpfung, in Milliarden DM

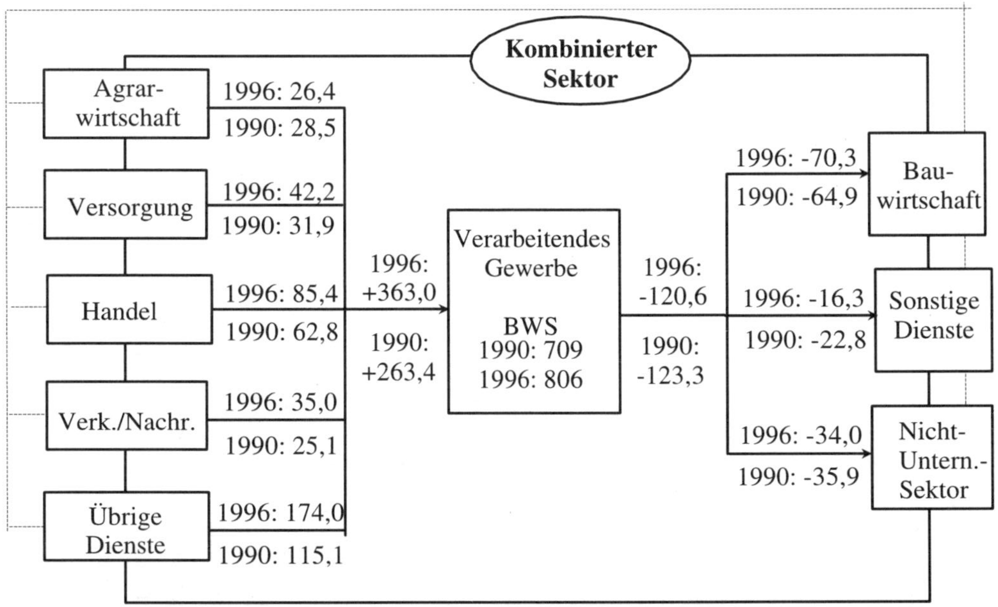

Quellen: Statistisches Bundesamt (1997b), INFORGE, eigene Berechnungen

□ Ohne den Vorleistungsverbund ergibt sich nach der INFORGE-Prognose für 1996 ein Anteil des Verarbeitenden Gewerbes an der Bruttowertschöpfung von 28 Prozent.

□ Einschließlich des Vorleistungsverbundes steigt der Anteil auf 36,4 Prozent an.

Die Differenz von 8,4 Prozentpunkten erwirtschaftet somit die Industrie im Zusammenspiel mit den anderen Wirtschaftssektoren. Der reine Wertschöpfungsanteil unterschätzt die volkswirtschaftliche Bedeutung der Industrie.

Noch wichtiger ist aber die Entwicklung der beiden Größen (Abbildung 2-21). Normalerweise wird der De-Industrialisierungsprozeß am Anteil der Industrie an der nominalen Bruttowertschöpfung im engeren Sinne gemessen. Bei dieser Betrachtungsweise zeigt sich der vertraute De-Industrialisierungstrend. Der Anteil des Verarbeitenden Gewerbes an der gesamtwirtschaftlichen Bruttowertschöpfung sinkt seit der ersten Ölkrise 1973 mit einer kleinen Erholungsphase zwischen 1984 und 1986. Der Wertschöpfungsanteil ging von 1978 – dem ersten Jahr, für das vergleichbare Input-Output-Tabellen zur Verfügung stehen – von 34,9 Prozent auf 31,6 Prozent im Jahr 1990 zurück. In den folgenden sechs Jahren war laut INFORGE-Schätzung ein weiterer Rückgang der Quote um 3,6 Prozentpunkte auf 28 Prozent zu erwarten.

Unter Berücksichtigung des Vorleistungsverbundes lag das Gewicht des Verarbeitenden Gewerbes dagegen noch im Jahre 1996 über dem Ausgangswert von 1978. Bis 1986 war sogar eine Zunahme dieses Anteils bis auf 38,4 Prozent zu verzeichnen. Danach setzte auch bei dieser Sichtweise ein De-Industrialisierungsprozeß ein, der aber wesentlich schwächer ausgeprägt war als bei Betrachtung des reinen Wertschöpfungsanteils des Verarbeitenden Gewerbes.

Der Vorleistungsverbund hat damit zweifellos zur Stabilisierung der Industrie in Westdeutschland beigetragen. So ist der Wertschöpfungsanteil des Verarbeitenden Gewerbes von 1990 bis 1996 um 11,4 Prozent gefallen, der um den Vorleistungsverbund erweiterte nur um 3,7 Prozent. Die sich öffnende Schere der beiden Kurven in Abbildung 2-21 zeigt zudem, daß die Bedeutung der Vorleistungsüber-

Abbildung: 2-21

Wertschöpfungsanteil des Verarbeitenden Gewerbes mit und ohne Vorleistungsverbund in Westdeutschland

in Prozent

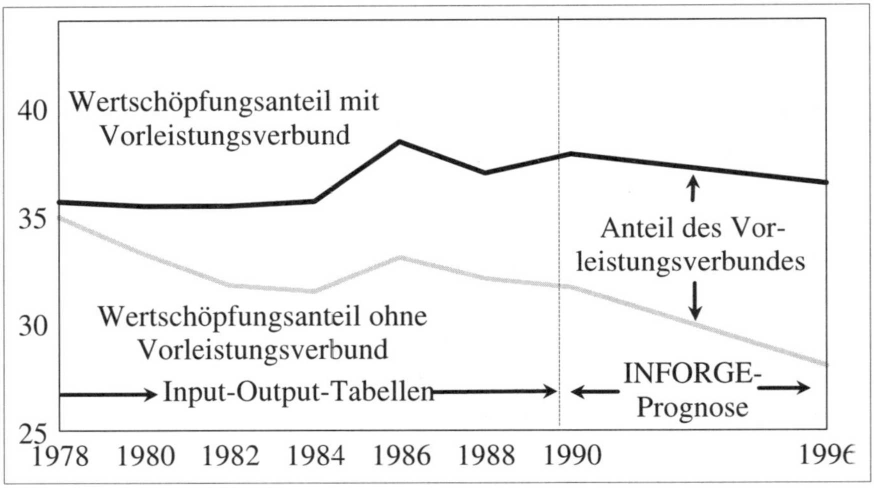

Quellen: Statistisches Bundesamt (1997b), INFORGE, eigene Berechnungen

schüsse an der Gesamtwertschöpfung des „kombinierten Sektors" ständig gewachsen ist. So stieg der Anteil der Vorleistungsüberschüsse an der gesamtwirtschaftlichen Bruttowertschöpfung von 0,7 Prozent im Jahr 1978 auf 8,4 Prozent 1996 nahezu kontinuierlich an. Das Gewicht der anderen Branchen – also der Vorleistungskomponente – an der gemeinsamen Wertschöpfung des kombinierten Sektors stieg von knapp 2 Prozent 1978 auf 23 Prozent 1996 an. Da sich der Vorleistungsüberschuß vor allem gegenüber den Dienstleistungssektoren (Abbildung 2-20) ergibt, ist das ein Beleg für die wachsende Verflechtung zwischen Industrie und Dienstleistungen. In die Produkte der Industrie fließen immer mehr tertiäre Vorleistungen ein.

An dieser Stelle muß aber einem Mißverständnis vorgebeugt werden. Die Rechnung soll nicht suggerieren, das Verarbeitende Gewerbe sei der „leading sector". Es wird keine Aussage über die Richtung der Abhängigkeiten getroffen. Hervorgehoben werden soll lediglich der „kombinierte Industrie-Dienstleistungscharakter" der letztlich produzierten Güter. Auch wird nicht behauptet, der Vorleistungsüberschuß der einzelnen Sektoren müsse auch dort als Wertschöpfung entstanden sein. Es ist durchaus möglich, daß es sich teilweise um durchlaufende Posten handelt und der Ort der Wertschöpfungsentstehung in anderen Sektoren liegt. Dies wurde in der Abbildung 2-20 durch die gestrichelten Linien angedeutet. Auch ist es möglich, jeden anderen Sektor in den Mittelpunkt einer solchen Betrachtung zu stellen und dann das Gewicht dieser Kombination zu errechnen.[28] Wichtig ist aber hier, daß der Anteil an der gesamtwirtschaftlichen Wertschöpfung, den das Verarbeitende Gewerbe veranlaßt, organisiert oder vermittelt hat, größer ist als der reine Wertschöpfungsanteil dieses Sektors.

Wie für das Verarbeitende Gewerbe kann die um den Vorleistungsverbund erweiterte Bruttowertschöpfung auch für die anderen 57 Sektoren der Input-Output-Tafeln ermittelt werden. Tabelle 2-10 zeigt die Resultate, wobei der Übersichtlichkeit wegen die 58 Sektoren auf zehn Bereiche komprimiert worden sind.

Ähnlich wie im Verarbeitenden Gewerbe ist auch bei der Bauwirtschaft der Anteil der erweiterten Bruttowertschöpfung größer als der der Bruttowertschöpfung im engeren Sinne. Bei den meisten privaten Dienstleistungssektoren (Ausnahme: Banken und Versicherungen) ist dagegen der Anteil der erweiterten Bruttowertschöpfung kleiner. Am größten ist die Differenz bei den Übrigen Dienstleistungen. Dies ist ein weiterer Beleg für die große Abhängigkeit dieses Sektors von den Vorleistungsmärkten.

Die Übrigen Dienstleistungen übernehmen also immer mehr die Rolle des Vorleistungslieferanten für die anderen Branchen, vor allem für das Verarbeitende Gewerbe. Dies ist aus Tabelle 2-11 ablesbar, die die Veränderung der Lieferstruktur der einzelnen Sektoren zwischen 1980 und 1996 zeigt. Der Anteil der Vorleistungslieferungen an dem Gesamtumsatz des Sektors stieg von 1980 bis 1996 um mehr als 10 Prozentpunkte an. Auch die Bedeutung der Industrieunternehmen als Kunden der Übrigen Dienstleister steigt. Der Umsatzanteil, der an Unternehmen des Verarbeitenden Gewerbes geliefert wurde, lag 1996 um 3 Prozentpunkte höher als 1980. Das ist um so bemerkenswerter, als das Verarbeitende Gewerbe insgesamt als Absatzmarkt um 4 Prozentpunkte eingebüßt hat.

Tabelle: 2-10

Anteile an der Bruttowertschöpfung ohne und mit Vorleistungsverbund-Effekten (VLV)

in Prozent

	Anteile an BWS	1996	1990	1980	1996 1980 = 100
Agrarwirtschaft	ohne mit VLV	1,0 0,2	1,6 0,5	2,2 0,5	45,5 50,8
Versorgung/Bergbau	ohne mit VLV	2,9 1,1	2,9 1,1	3,7 1,3	76,8 84,4
Verarbeitendes Gewerbe	ohne mit VLV	28,0 36,4	31,6 37,8	33,2 35,4	84,3 102,7
Bauwirtschaft	ohne mit VLV	6,1 9,0	5,7 8,8	7,4 11,4	83,4 79,5
Handel	ohne mit VLV	10,2 9,2	10,7 10,0	11,4 10,4	89,5 88,7
Verkehr/Nachrichten	ohne mit VLV	5,9 4,1	5,7 4,0	5,9 3,4	99,0 120,9
Banken/Versicherungen	ohne mit VLV	1,1 2,3	0,7 1,6	0,8 1,4	143,4 168,2
Sonstige Dienste	ohne mit VLV	17,5 15,2	15,8 13,4	12,6 12,1	139,4 126,2
Übrige Dienste	ohne mit VLV	13,6 2,2	11,5 2,0	8,3 2,5	163,9 84,8
Nicht-Unternehmenssektor	ohne mit VLV	13,7 20,3	13,8 20,8	14,6 21,7	94,1 93,4

Quellen: Statistisches Bundesamt (1997b), INFORGE, eigene Berechnungen

Dies ist ein neuerlicher Hinweis darauf, daß sich die wechselseitigen Abhängigkeiten dieser beiden Wirtschaftssektoren verstärkt haben. Dahinter stehen zwei unterschiedliche Trends:

☐ Zum einen ist das gesamte Güterbündel – wie bereits angedeutet – wesentlich dienstleistungsintensiver geworden, weil von der Industrie über das reine Produkt hinaus vermehrt Problemlösungen erwartet werden.

☐ Zum anderen steht dahinter das vermehrte Auslagern tertiärer Tätigkeiten hin zu den Übrigen Dienstleistern. Denn bei ihnen sind

Tabelle: 2-11

Veränderung der Lieferanteile an Zielbranchen 1996 zu 1980

in Prozentpunkten

	Agrar	Versorgung	Verarb. Gewerbe	Bau	Handel	Verkehr/ Nachrichten	Banken/ Versicherungen	Andere Dienste	Übrige Dienste	Nicht-Untern.-Sektor	Endnachfrage
Agrar	–1,3	0,0	–12,1	0,0	0,0	0,0	0,0	–0,7	1,3	0,0	12,8
Versorgung	0,0	–4,8	–11,3	3,1	3,1	0,4	0,4	3,2	0,8	2,2	5,9
Verarbeitendes Gewerbe	–0,8	–0,1	– 4,7	–0,5	–0,5	–0,4	0,0	–0,3	0,2	–0,8	8,0
Bau	–0,1	–0,1	1,6	–0,1	–0,2	0,1	0,1	2,3	0,1	0,1	– 4,0
Handel	–0,3	0,1	1,9	–0,4	–0,6	0,0	0,1	0,1	0,7	0,2	– 1,7
Verkehr/Nachrichten	–0,5	0,0	– 4,9	–1,1	–1,8	2,3	0,1	–0,4	0,9	–0,3	5,7
Banken/Versicherungen	–0,2	0,3	0,4	–0,2	–1,3	–0,2	–6,4	0,6	–0,2	–0,3	7,6
Andere Dienste	–0,2	0,2	0,6	0,0	–0,4	–0,5	0,3	1,1	2,7	–3,4	– 1,5
Übrige Dienste	–0,2	1,1	3,0	0,3	–3,1	–0,5	1,2	1,0	4,7	1,9	–10,4
Nicht-Untern.-Sektor	0,0	–0,1	– 0,1	0,0	–0,1	0,0	0,0	0,4	0,1	2,2	– 2,7
Gesamt	–0,6	–0,5	– 4,0	–0,3	–0,1	0,2	1,0	0,4	1,4	0,2	2,5

Quellen: Statistisches Bundesamt (1997b), INFORGE, eigene Berechnungen

Tätigkeiten angesiedelt, die relativ leicht ausgelagert werden können – beispielsweise rechtsberatende oder marktforschende Stäbe. So überrascht denn auch nicht, daß es sich bei den in Abbildung 2-15 aufgelisteten Sparten der Übrigen Dienstleister inzwischen zu über 80 Prozent um wirtschaftsnahe Tätigkeiten handelt.

Outsourcing über alle Branchen

Die bisherige Analyse der Veränderung der Vorleistungsverflechtungen legt den Schluß nahe, daß die Entwicklung mit einer Erhöhung der Vorleistungsintensität einhergegangen ist. Dieses Phänomen wird als Outsourcing bezeichnet. Das heißt, ein Unternehmen kauft heute Komponenten am Markt hinzu, die es früher selbst erzeugt hat. Gerade in der Industrie ist diese Entwicklung auch unter dem Schlagwort der „schlanken Produktion" einer der maßgeblichen Trends im innerbetrieblichen Strukturwandel.

Outsourcing kann verläßlich eigentlich nur auf der Unternehmensebene beobachtet werden. Die Bestimmungsgründe für einen verstärkten Bezug von Wertschöpfungsanteilen vom Markt sind zu vielfältig, um sie mit gesamtwirtschaftlichen Daten verläßlich abbilden zu können. Verfügbarkeit von Wissen, Kostenunterschiede, Fixkostenflexibilisierung, Qualitätsdifferenzen, Kapazitätsengpässe oder auch der Versuch, durch Zukauf von bestimmten Gütern und Dienstleistungen die eigenen Abteilungen durch „benchmarking"[29] unter stärkeren Wettbewerbsdruck zu setzen, können die Make-or-Buy-Entscheidung einer Unternehmung beeinflussen.

Trotzdem wird im folgenden kurz versucht, eine Tendenz zum Outsourcing anhand der Daten der Volkswirtschaftlichen Gesamtrechnung nachzuweisen. Dazu bietet sich die Vorleistungsquote an, das heißt das Verhältnis von Vorleistungen einer Branche zu ihrem Produktionswert. Von verstärktem Outsourcing kann dann gesprochen werden, wenn diese Vorleistungsquote steigt. Diese Quoten dürfen allerdings nicht in nominalen Größen, sondern müssen real – also in konstanten Preisen – gerechnet werden. Mengen- und Preiseffekte können nämlich gegenläufig wirken. Bei fallenden relativen Preisen für Vorleistungen[30] ist es möglich, daß der nominale Vorleistungsanteil konstant bleibt – also kein Outsourcing festzustellen wäre –, aber trotzdem real mehr Vorleistungen hinzugekauft werden. Diese Gegenläufigkeit von

Mengen- und Preiseffekten dürfte sogar weitgehend der Normalfall sein, denn Unternehmen kaufen vor allem verstärkt auf den externen Märkten ein, wenn diese Güter dort billiger angeboten werden.

Die Tabelle 2-12 zeigt die Veränderung der realen und nominalen Vorleistungsquoten nach Branchen und den sich daraus ergebenden Preiseffekt. Die Änderung der realen Vorleistungsquote kann als Mengeneffekt definiert werden. Mit Ausnahme des Agrarsektors und des Handels ist die reale Vorleistungsquote in allen Sektoren zwischen 1980 und 1995 gestiegen.

Besonders deutlich ist die Entwicklung im Kreditgewerbe, in der Wohnungsvermietung und in der Bauwirtschaft. Auch im Verarbeitenden Gewerbe ist Outsourcing feststellbar. Die reale Quote ist dort von 60,6 Prozent (1980) auf 64,6 Prozent (1995) angestiegen. Auch die Sonstigen Dienstleistungsunternehmen kaufen real mehr hinzu. 1980 waren es 36,3 Prozent ihres Produktionswertes und 1995 schon 39,1 Prozent.

Tabelle: 2-12

Tendenz zum Outsourcing feststellbar

Veränderung der nominalen und realen Vorleistungsquoten[1] nach Branchen

	Veränderungen 1980 gegenüber 1995 in Prozent		
	Nominale Vorleistungsquote	Reale Vorleistungsquote = Mengeneffekt	Preiseffekt[2]
Agrarwirtschaft[3]	+2,4	–15,5	+21,2
Versorgung	+4,3	+6,6	–2,4
Verarbeitendes Gewerbe	–0,3	+6,5	–6,4
Bauwirtschaft	+6,4	+14,0	–6,7
Handel	–2,1	–0,6	–1,5
Verkehr/Nachrichten	+4,8	+0,6	+4,1
Banken/Versicherungen	+3,9	+15,2	–9,9
Wohnungswirtschaft	–7,7	+22,8	–24,8
Sonstige Dienste	–0,2	+7,8	–7,4
Nicht-Unt.-Sektor[3]	+3,7	+2,7	+1,0

[1] Vorleistungen zu Produktionswert in Prozent

[2] Quotient der Wachstumsfaktoren der nominalen und realen Vorleistungsquoten in Prozent

[3] Für 1993 bis 1995 geschätzt.

Quelle: Statistisches Bundesamt (1997a), eigene Berechnungen

Diese Tendenz zu steigenden Vorleistungsquoten ist nicht so deutlich in der nominalen Rechnung zu sehen. Der Grund dafür ist, daß die Preise für Vorleistungen relativ zu denen der Produktion der einzelnen Branchen gesunken sind. Die Preise für die Produkte des Verarbeitenden Gewerbes stiegen von 1980 bis 1995 um 32,2 Prozent, die der Vorleistungen nur um 23,7 Prozent. Aus der Division dieser beiden Werte ergibt sich ein relativer Preisrückgang der Vorleistungen um 6,4 Prozent. Dieser Preiseffekt überkompensiert sogar den Mengeneffekt, so daß in der nominalen Rechnung eine Reduzierung der Vorleistungsquote zu beobachten war.

Bis auf die Sektoren Agrar, Verkehr/Nachrichten und den Staat konnten alle Branchen von relativ fallenden Preisen für Vorleistungen profitieren. Zum einen kann dies durch aufwertungsbedingt verbilligte Vorleistungslieferungen aus dem Ausland erklärt werden. Zum anderen ist dies aber auch ein Indiz dafür, daß die Outsourcing-Strategien erfolgreich waren: Güter konnten billiger eingekauft als selbst produziert werden. Hierin kommen nicht zuletzt die Effizienzvorteile einer verstärkten Arbeitsteilung zum Ausdruck. Auch scheinen die Daten auf mehr Wettbewerb mit entsprechendem Preisdruck auf den Vorleistungsmärkten hinzudeuten.

Das Phänomen des Outsourcing wurde bislang als intensivere intersektorale Arbeitsteilung beschrieben. Daneben kann sich aber auch die intra-sektorale Arbeitsteilung verstärken, indem im Zuge der Strategie des lean production beispielsweise ein Maschinenbauer Teile früher selbst erstellter Vorprodukte von anderen Maschinenbauunternehmen bezieht. Gerade für das Verarbeitende Gewerbe wird vermutet, daß diese intra-sektorale Arbeitsteilung bedeutsamer geworden ist. Die amtlichen Input-Output-Tabellen des Statistischen Bundesamtes deuten jedoch an, daß zumindest bis 1990 im Verarbeitenden Gewerbe diese intra-sektorale Arbeitsteilung nicht zugenommen hat. Denn dort ist der Anteil der intra-sektoralen Vorleistungen von 1980 bis 1990 um knapp 4 Prozentpunkte auf etwas unter 30 Prozent gesunken (Abbildung 2-22). Gestiegen ist dagegen der intra-sektorale Vorleistungsbezug bei den Dienstleistungsunternehmen. Aber auch hier ist wegen unzureichender Tiefergliederung nicht erkennbar, ob sich die Arbeitsteilung zwischen Unternehmen der gleichen Sparte (zum Beispiel zwischen Unternehmensberatern) oder zwischen einzelnen Dienstleistungssektoren verstärkt hat.

Etwas genauer können die 32 Branchen des Verarbeitenden Gewerbes analysiert werden. Als Grundtendenz des Strukturwandels ist festzuhalten, daß alle Bereiche den Vorleistungsbezug aus dem tertiären Sektor erhöht haben. 23 Branchen haben im Beobachtungszeitraum die Bezüge aus der eigenen Branche reduziert. Wiederum neun Bereiche davon haben gleichzeitig einen höheren Anteil von anderen Sektoren des Verarbeitenden Gewerbes bezogen. Dazu gehören viele Grundstoffbereiche, aber auch der Schiffsbau, die Textil- und Bekleidungsindustrie und die Ernährungsindustrie. In 14 Branchen gibt es eine generelle Verlagerung weg vom Vorleistungsbezug aus dem Verarbeitenden Gewerbe und der eigenen Branche. Dazu gehören vor allem die Investitionsgüterindustrien wie der Bereich Büromaschinen/ADV, der Maschinen- und der Straßenfahrzeugbau. Hier ist der kombinierte Industrie-Dienstleistungscharakter der Produktion am deutlichsten zu sehen. Der Maschinenbau beispielsweise bezog 1980 noch fast ein Drittel aller Vorleistungen von anderen Maschinenbau-

Abbildung: 2-22

Mehr Vorleistungsaustausch über Branchengrenzen

Anteil der Bezüge aus dem eigenen Sektor zu Gesamtbezügen in Prozent

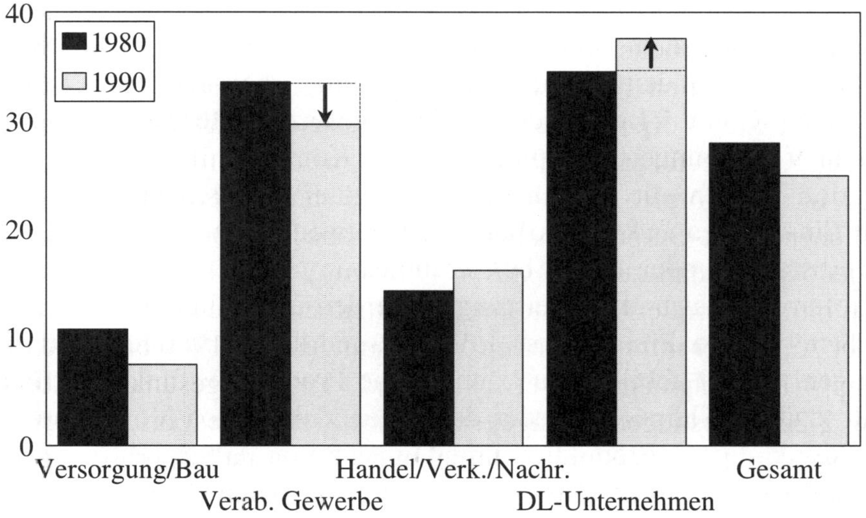

Quelle: Statistisches Bundesamt (1997b), eigene Berechnungen

ern; 1990 war es nur noch ein Viertel. Dafür sind die Lieferungen aus dem Dienstleistungssektor um mehr als 7 Prozentpunkte angewachsen.

Trotz des durchaus heterogenen Bildes kann insgesamt die These bestätigt werden, daß die Industrieunternehmen heute stärker über die eigenen Branchengrenzen hinweg zusammenarbeiten, als es noch früher der Fall war.

2.7 Änderung des Faktoreinsatzes

Die dritte Dimension des Strukturwandels, die sektorübergreifend stattfindet, ist die der Änderung des Faktoreinsatzes (Abbildung 2-1). Hier steht nicht der Output und seine Verteilung auf die einzelnen Sektoren im Vordergrund der Betrachtung, sondern die Frage, mit welchen Inputfaktoren dieser Output erwirtschaftet wird. Als Inputs sollen die Faktoren Arbeit, Kapital und Vorleistungen betrachtet werden. Dieser Vorgehensweise liegt die Annahme zugrunde, daß die einzelnen Sektoren einer Volkswirtschaft durch eine Produktionsfunktion des Typs

$$PW_i = f(A_i, K_i, VL_i)$$

gekennzeichnet seien, wobei PW_i den Produktionswert des Sektors i darstellt. A_i mißt den Einsatz der Menge an Arbeit im Sektor i. Die Variablen K_i und VL_i bezeichnen die eingesetzten Mengen an Kapital und an Vorleistungen. Entsprechend dem Konzept einer Produktionsfunktion werden alle Output- und Inputgüter als Mengen aufgefaßt. Der Einsatz des Faktors Arbeit wird entweder durch die Zahl der Erwerbstätigen oder das Arbeitsvolumen in Stunden gemessen. Die Faktoren Kapital und Vorleistungen werden ausschließlich in realen Größen (hier in Preisen von 1991) ausgedrückt, um auch hier ein Mengenkonzept abbilden zu können. Die Produktionsfunktion unterstellt, daß der Output entweder durch den Zukauf von Vorleistungen oder durch eigene Produktion unter Einsatz von Arbeit (Humankapital) und (Sach)Kapital (Boden, Gebäude, Maschinen, Umlaufvermögen) erzeugt werden kann. Die Bruttowertschöpfung eines Sektors kann vereinfacht als Produktionswert minus Vorleistungen berechnet werden. Diese wiederum muß identisch sein mit der Summe der in diesem Sektor erzielten Faktoreinkommen (Löhne, Abschreibungen, Zinsen, Mieten, Pachten, Steuern, Gewinne/Verluste).

In einer geschlossenen Volkswirtschaft wird die Bruttowertschöpfung (oder vereinfacht ausgedrückt die Nettoproduktion) natürlich nur durch Einsatz der Faktoren Arbeit und Kapital erzeugt. Die Vorleistungen des einen Sektors sind Wertschöpfung des anderen, sofern dieser selbst keine Vorleistungen bezieht. Deshalb gehen in volkswirtschaftliche Produktionsfunktionen üblicherweise nur die Faktoren Arbeit und Kapital ein. Die Zugrundelegung von um Vorleistungen erweiterte sektorale Produktionsfunktionen ist aber hier erforderlich, weil damit auch eine veränderte Arbeitsteilung zwischen den Sektoren auf der Inputseite berücksichtigt werden kann.

Der folgende Abschnitt will vor allem zwei Punkte hervorheben:

Zwischen 1970 und 1995 ist ein stetiger Substitutionsprozeß von Arbeit durch Kapital und Vorleistungen zu beobachten, dessen Tempo in der zweiten Hälfte des Beobachtungszeitraumes aber abgenommen hat.

Stärker hervorgetreten ist dafür die Substitution von Einfach- durch qualifizierte Arbeit (Humankapitalintensivierung).

Erhebliche Unterschiede in der Kapitalintensität zwischen den Sektoren

Zunächst wird aber der Wandel des Einsatzverhältnisses zwischen Arbeit und Kapital – den beiden klassischen Produktionsfaktoren – analysiert. Gemessen wird dieses Verhältnis durch die Kapitalintensität – also dem realen Bruttoanlagevermögen[31] je Erwerbstätigen beziehungsweise je geleisteter Erwerbstätigenstunde (Arbeitsvolumen).

Die Tabelle 2-13 informiert über die Größenordnung der 1995 eingesetzten Produktionsfaktoren Arbeit und Kapital nach Wirtschaftsbereichen. Hervorzuheben dabei ist die unterschiedliche Höhe des Kapitalstocks (Bruttoanlagevermögen in Preisen von 1991) nach dem Eigentümer- und Benutzerkonzept. Die Kapitalstockrechnung des Statistischen Bundesamtes orientiert sich am Eigentümerkonzept, das heißt, die Vermögen sind den Sektoren zugeordnet, die rechtlich deren Eigentümer sind. Beim Benutzerkonzept hingegen wird der Kapitalstock der Branche zugeordnet, die die Ressource ökonomisch verwertet und im Produktionsprozeß einsetzt (Gerstenberger, 1989). Insofern spiegelt das Benutzerkonzept die betriebliche Realität besser wider und wird daher auch den weiter unten folgenden Berechnungen der Kapitalintensität vorrangig zugrunde gelegt. Die dabei verwendeten Kapitalstockdaten nach dem Benutzerkonzept werden regelmäßig vom ifo Institut (ifo, 1996) errechnet.

Tabelle: 2-13

Einsatz der Produktionsfaktoren Arbeit und Kapital 1995 in Westdeutschland

	Reales Bruttoanlagevermögen			Arbeitsvolumen	
	Eigentümer-konzept	Benutzerkonzept			
	Mrd. DM	Mrd. DM	Sektorale Verteilung in Prozent	Mio. Stunden	Sektorale Verteilung in Prozent
Agrarwirtschaft	363	361	6,4	1 630	4,6
Versorgung	635	724	12,7	680	1,9
Verarbeitendes Gewerbe	1 580	1 770	31,2	11 920	33,3
Bau	103	127	2,2	3 150	8,8
Handel	540	787	13,9	6 050	16,9
Verkehr/Nachrichten	787	879	15,5	2 550	7,[illegible]
Banken/Versicherungen	273	286	5,0	1 470	4,[illegible]
Sonsige Dienstleistungen	1 456	746	13,1	8 320	23,3
Unternehmen ohne Wohnungsvermietung	5 738	5 679	100,0	35 770	100,0

Quellen: ifo (1996), Statistisches Bundesamt (1997a), IAB (1996), eigene Berechnungen

Kapitalstockrechnungen nach dem Eigentümer- und Nutzerkonzept unterscheiden sich in der Höhe, aber vor allem hinsichtlich der Sektoralstruktur. Das Bruttoanlagevermögen des Unternehmenssektors (ohne Wohnungsvermietung) betrug 1995 nach dem Benutzerkonzept 5,7 Billionen DM[32] und lag damit nur um 60 Milliarden DM unter dem Ansatz des vom Statistischen Bundesamt verwendeten Eigentümerkonzeptes. Dahinter stehen vor allem unterschiedlichen Zugangs- und Abgangsmodelle sowie Annahmen über den Abschreibungsverlauf.

Viel wichtiger als die Niveauunterschiede sind allerdings die Unterschiede in der Sektoralstruktur. Der Kapitalstock der Industriesektoren wird nach dem Eigentümerkonzept niedriger und für den Sektor

Sonstige Dienstleistungen entsprechend höher ausgewiesen, als es der tatsächlichen Nutzung entspricht. Ein Grund dafür sind vor allem Leasing-Verträge. Der Leasinggeber ist typischerweise ein Dienstleistungsunternehmen und der Leasingnehmer ein Industrieunternehmen. Ein weiterer Grund ist die Aufteilung in eine Produktionsgesellschaft und eine Dienstleistungsgesellschaft, die den größten Teil der Vermögen hält, in der Rechtsform einer GmbH &. Co KG. Die GmbH ist Eigentümer des Anlagevermögens, und die KG als Produktionsunternehmen mietet diese Anlagen von der GmbH. Solche Konstruktionen begrenzen nicht nur das Konkursrisiko der Produktionsgesellschaft, sondern sie führen auch zu Steuerersparnissen.

Abweichungen zwischen Eigentümer- und Nutzerkonzept gibt es deshalb vor allem bei den Sonstigen Dienstleistungsunternehmen. Dort ist der nach dem Eigentümerkonzept erfaßte Kapitalstock nur halb so groß wie der ökonomisch genutzte. Zu diesem Wirtschaftsbereich gehören die Übrigen Dienstleister, die vor allem ihrerseits die Leasingunternehmen und Vermögensverwaltungen enthalten. Nur rund ein Fünftel des nach dem Eigentümerkonzept erfaßten Kapitalstocks wird dort auch genutzt. Genau umgekehrt ist die Situation in der Industrie sowie in den Bereichen Verkehr und Handel. Sie sind die typischen Leasingnehmer oder Mieter von Anlagevermögen. Ihr genutzter Kapitalstock ist höher als der nach dem Eigentümerkonzept erfaßte. Ein Blick auf eine tiefer gegliederte Sektoralstruktur zeigt besonders deutliche Unterschiede in den Bereichen Schiffahrt, Einzelhandel und Ernährungsgewerbe.

Die Menge des Faktors Arbeit kann als Anzahl der Erwerbstätigen oder der Erwerbstätigenstunden gemessen werden. Die Arbeitsvolumina auf Stundenbasis werden regelmäßig vom IAB zur Verfügung gestellt. Heute wird nur noch ein Drittel der jährlichen Arbeitsstunden des Unternehmenssektors vom Verarbeitenden Gewerbe geleistet. 1970 war es noch fast die Hälfte. Umgekehrt ist die Entwicklung bei den Sonstigen Dienstleistern. Ihr Anteil an dem Arbeitsvolumen stieg von 12 Prozent (1970) auf 23 Prozent (1995) stark an. Die Jahresarbeitszeit je Erwerbstätigen schwankt zwischen den Wirtschaftsbereichen erheblich. Sie liegt zwischen 2035 Stunden in der Landwirtschaft und 1533 Stunden im Verarbeitenden Gewerbe, wo die Arbeitszeitverkürzung schon weiter als in anderen Bereichen vorangeschritten ist. Die Arbeitsvolumenrechnung ist aber mit großen Unsicherheitsfaktoren versehen, weil der Arbeitseinsatz der Selbständigen, der leitenden Angestellten und der sozialversicherungsfrei Beschäftigten nur sehr unvollkommen geschätzt werden kann. Deshalb sollten die Arbeitszeitangaben gerade im Dienstleistungssektor sehr vorsichtig interpretiert werden.

Die Kapitalintensität – definiert als reales Bruttoanlagevermögen nach dem Benutzerkonzept je Erwerbstätigen – schwankt erheblich zwischen den einzelnen Wirtschaftsbereichen (Tabelle 2-14). Dahinter stecken unterschiedliche Produktionstechnologien. Besonders kapitalintensiv produzieren die Versorgungswirtschaft und der Bergbau. Dort „kostete" im Jahr 1995 rechnerisch ein Arbeitsplatz 1,74 Millionen DM in Preisen von 1991. In der Bauwirtschaft hingegen ist die Kapitalausstattung je Erwerbstätigen mit rund 65 000 DM am niedrigsten. Im Mittelfeld liegt mit einer Kapitalintensität von knapp 228 000 DM das Verarbeitende Gewerbe. Sehr unterschiedlich ist die Situation im Dienstleistungssektor. Dort gibt es sowohl Branchen mit einer überdurchschnittlich hohen Kapitalintensität (Verkehr und Nachrichten sowie Banken und Versicherungen) als auch solche mit einer weit unterdurchschnittlichen Kapitalausstattung je Arbeitsplatz. Vor allem der besonders expansive Bereich Sonstige Dienstleistungen lag 1995 mit nur rund 138 000 DM auf dem vorletzten Platz der acht in der Tabelle 2-14 betrachteten Branchen. Dies wird in der Öffentlichkeit oft nicht wahrgenommen, weil die Kapitalintensität nach dem Eigentümerkonzept mit rund 269 000 DM höher ausgewiesen wird als etwa im Verarbeitenden Gewerbe.

Abnehmendes Wachstum der Kapitalintensität

Die Zeit nach der ersten Ölkrise war in allen Wirtschaftsbereichen geprägt durch stark wachsende Kapitalintensitäten. Der reale Kapitalstock je Erwerbstätigenstunde nahm im Unternehmenssektor (ohne Wohnungsvermietung) von 1970 bis 1985 um 5,1 Prozent zu. Dies kann als eine hohe Substitution von Arbeit durch Kapital einhergehend mit einer stark veränderten Produktionstechnologie interpretiert werden. Die Abbildung 2-23 verdeutlicht, daß diese Steigerung der Kapitalintensität ein branchenübergreifendes Phänomen war. Bis auf die Bauwirtschaft weisen alle erfaßten Wirtschaftsbereiche eine jahresdurchschnittliche Wachstumsrate der Kapitalintensität von mehr als 4 Prozent auf.

Tabelle: 2-14

Kapitalintensität westdeutscher Branchen im Jahr 1995

Kapitalstock in Preisen von 1991

Branche	Bruttoanlagevermögen je Erwerbstätigen	
	Benutzerkonzept in DM	Eigentümerkonzept in DM
Agrarwirtschaft	450 499	453 333
Versorgung	1 743 983	1 531 301
Verarbeitendes Gewerbe	227 861	203 395
Bau	64 518	52 375
Handel	202 021	138 744
Verkehr/Nachrichten	565 392	506 551
Banken/Versicherungen	302 500	288 099
Sonstige Dienstleistungen	137 925	269 190
Unternehmen ohne Wohnungsvermietung	250 386	252 189

Quellen: ifo (1996), Statistisches Bundesamt (1997a), IAB (1996), eigene Berechnungen

Dieses Bild hat sich in der Periode von 1985 bis 1995 verändert: Zwar geht die Substitution von Arbeit durch Kapital weiter, aber das Tempo verlangsamte sich entscheidend. Die Wachstumsrate der Kapitalintensität sank in diesem Zeitraum auf nur noch 2,9 Prozent. Auch diese Entwicklung zeigt sich in allen acht erfaßten Wirtschaftsbereichen. Deutlich tritt aber auch hervor, daß die Abnahme der Wachstumsrate in den Dienstleistungsbereichen stärker ausgeprägt war als im sekundären Sektor.

Auffällig ist die niedrige Wachstumsrate bei den Sonstigen Dienstleistern. Das hohe Tempo der Substitution von Arbeit durch Kapital in diesem Sektor bis Mitte der achtziger Jahre hat sich deutlich verringert. Die Wachstumsrate der Kapitalintensität nahm kontinuierlich von 5,5 Prozent im Fünfjahresintervall 1970/75 auf nur noch 1,8 Prozent (1990/95) ab. Offensichtlich haben die Sonstigen Dienstleister bis Mitte der achtziger Jahre ihren Kapitalstock überdurchschnittlich aufgebaut, den sie dann erfolgreich nutzten, um Wertschöpfungs- und Beschäftigungsanteile zu gewinnen. Die Sonstigen Dienstleister haben zunächst ihren Kapitalstock und dann – zeitverzögert – die Beschäftigung aufgebaut. Ein ähnlicher Befund zeigt sich auch bei Banken und Versicherungen.

Ein Blick auf tiefer disaggregierte Sektoraldaten ergibt ein differenzierteres Bild. In den Bereichen Büromaschinen, Schiffbau, Luft- und

Abbildung: 2-23

Wachstum der Kapitalintensität nimmt ab

Jahresdurchschnittliches Wachstum des realen Bruttoanlagevermögens je Erwerbstätigenstunde in Prozent

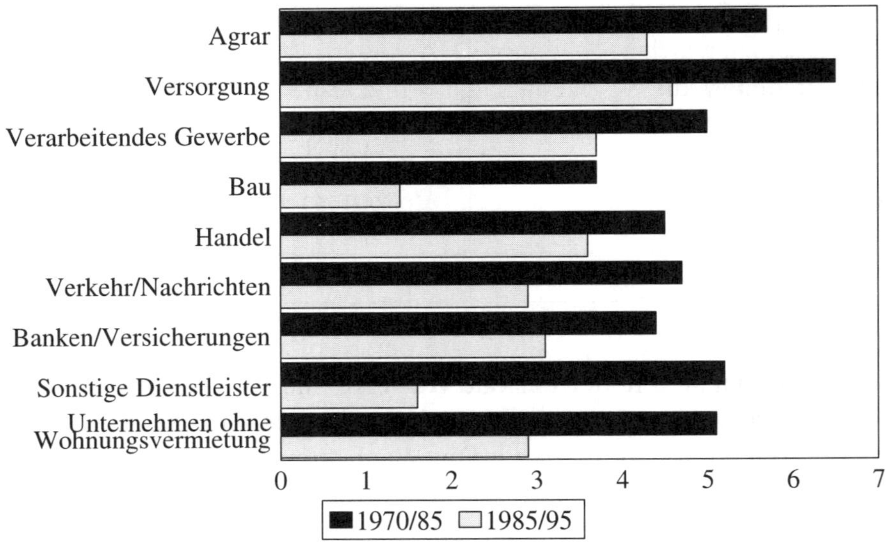

Quellen: ifo (1996), Statistisches Bundesamt (1997a), IAB (1996), eigene Berechnungen

Raumfahrt, Elektrotechnik, Musikinstrumente/Spielwaren, Zellstoffe, Bekleidung und bei der Eisenbahn geht der Prozeß der Substitution von Arbeit durch Kapital mit hohem Tempo weiter.

Natürlich ist das Wachstum der Kapitalintensität abhängig vom Auslastungsgrad des Produktionspotentials und damit von der Konjunktur. In allen Konjunkturzyklen seit 1967 zeigt sich, daß die Wachstumsrate der Kapitalintensität in der Rezession ab und in Aufschwungphasen zunimmt. Der Grund dafür liegt in der geringeren Anpassungsflexibilität des Faktors Arbeit. Die Erwerbstätigenstunden können aufgrund der bestehenden Verträge weniger schnell an die konjunkturelle Lage angepaßt werden als die Auslastung des Kapitalstocks. Außerdem ist nicht immer klar, ob bei konjunkturellen Schwankungen eine solche vollkommen synchrone Anpassung effizient ist. Dagegen gerechnet werden müssen die Kosten der Personalanpassungsmaßnahmen vor allem in Form von Dequalifizierung des Humankapitals bei „Hire-and-fire"-Strategien. Trotzdem bleibt die Frage, ob die in Abbildung 2-23 gewählten Intervalle von 1970 bis 1985 und 1985 bis 1995 den Trend richtig wiedergeben oder als konjunkturell beeinflußte Zufallsergebnisse zu interpretieren sind. Der letztere Einwand kann entkräftet werden, denn das Wachstum der Kapitalintensität hat sich in Westdeutschland von Aufschwungphase zu Aufschwungphase deutlich verringert. Dazu wurden die Jahre 1970, 1979, 1985 und 1991 identifiziert, in denen die Kapazitätsauslastung einen Höhepunkt erreichte und die als Jahre der Vollauslastung interpretiert werden sollen. Das Wachstum der Kapitalintensität fiel bei einer solchen Peak-zu-Peak-Betrachtung kontinuierlich von 5,9 Prozent (1970–1979), 3,8 Prozent (1979–1985) auf nur 2,1 Prozent (1985–1991).

Damit kann mit hoher Wahrscheinlichkeit darauf geschlossen werden, daß die abnehmende Wachstumsrate der Kapitalintensität ein struktureller Trend ist. Umgekehrt sollten die in den neunziger Jahren in allen Wirtschaftsbereichen wieder ansteigenden Wachstumsraten nicht vorschnell als Trendumkehr interpretiert werden.

Arbeit durch Kapital und Vorleistungen ersetzt

Die beobachtete Substitution von Arbeit durch Kapital beschreibt den Strukturwandel auf der Inputseite nicht vollständig. Einbezogen werden müssen die Vorleistungen. Die Abbildung 2-24 verdeutlicht, daß in der Gesamtwirtschaft (ohne Wohnungsvermietung und Agrarwirtschaft) der Einsatz von Kapital und Vorleistungen relativ gleichmäßig zunimmt; das Arbeitsvolumen aber seit 1970 mit einer Unterbrechung in der zweiten Hälfte der achtziger Jahre abnimmt. Insgesamt ist der Kapitalstock stärker gewachsen als der Einsatz von Vorleistungen. Allerdings gilt dies allein für die Entwicklung in der Periode von 1970 bis 1985. Seither ist das Wachstum dieser beiden Inputarten nahezu gleich stark.

Ein anderes Bild ergibt sich, wenn man das Verarbeitende Gewerbe und die Sonstigen Dienstleister – also die beiden Branchen, die Tempo und Richtung des sektoralen Strukturwandels maßgeblich bestimmen – betrachtet (Abbildung 2-25). Zunächst fällt natürlich der gegensätzliche Verlauf des Arbeitseinsatzes auf – die Dienstleister haben Beschäftigung aufgebaut, und das Verarbeitende Gewerbe hat seit

Abbildung: 2-24

Einsatz von Arbeit, Vorleistungen und Kapital

Unternehmensbereich ohne Agrar und Wohnungsvermietung
1970 = 100

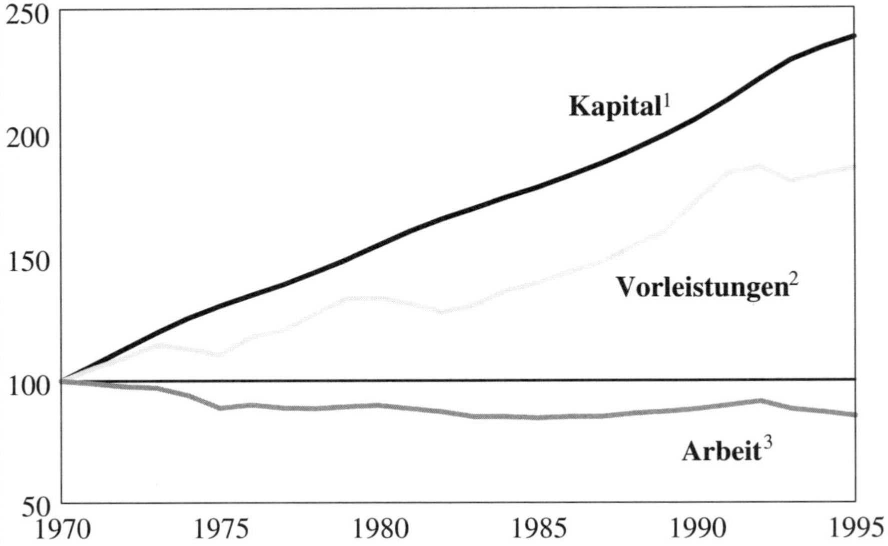

[1] Bruttoanlagevermögen in Preisen von 1991 (Benutzerkonzept)
[2] In Preisen von 1991
[3] Arbeitsvolumen in Erwerbstätigenstunden
Quellen: IAB (1996), Statistisches Bundesamt (1997a), ifo (1996), eigene Berechnungen

1970 das Arbeitsvolumen um rund 38 Prozent reduziert. Das reale Bruttoanlagevermögen und die realen Vorleistungen sind aber von 1970 bis 1995 in beiden Bereichen angestiegen, allerdings aufgrund des höheren Outputwachstums bei den Dienstleistern deutlich stärker. In beiden Bereichen legte der Kapitaleinsatz noch stärker zu als die Vorleistungen. Seit Mitte der achtziger Jahre allerdings wächst der Vorleistungseinsatz stärker als der Kapitalstock. Das ist stärker bei den Sonstigen Dienstleistern als im Verarbeitenden Gewerbe zu beobachten. Die realen Vorleistungen legten dort von 1985 bis 1995 um jährlich 7,2 Prozent zu, der Kapitalstock nur um 4,7 Prozent. Eine Änderung der Produktionstechnologie durch verstärkten Einsatz von Vorleistungen ist nicht zu übersehen. Im Verarbeitenden Gewerbe ist

Abbildung: 2-25

Sektoral unterschiedliche Entwicklung des Faktoreinsatzes

Verarbeitendes Gewerbe, 1970 = 100

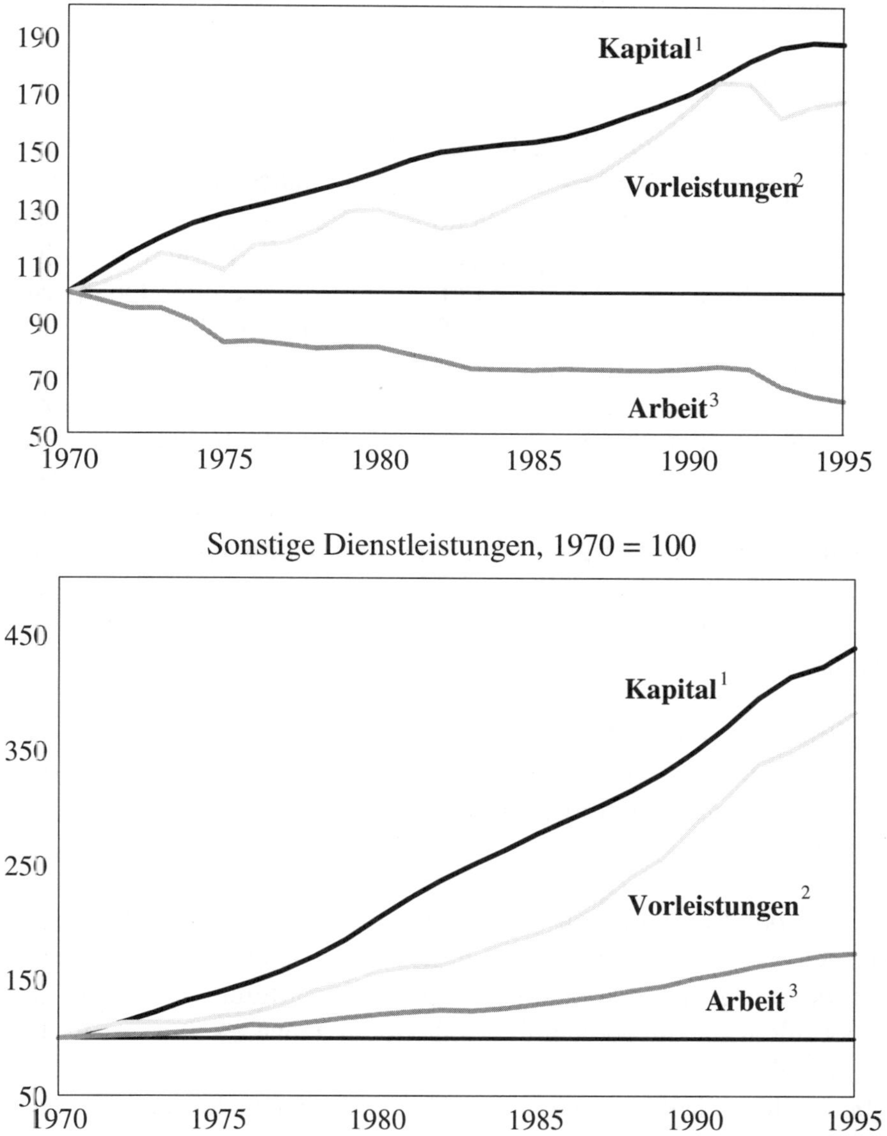

Fußnoten 1, 2 und 3 siehe Abbildung 2-24
Quellen: IAB (1996), Statistisches Bundesamt (1997a), ifo (1996), eigene Berechnungen

die Entwicklung des Vorleistungseinsatzes stärker konjunkturabhängig. Vorleistungskäufe können wesentlich schneller der jeweiligen Kapazitätsauslastung angepaßt werden, als das beim Bruttoanlagevermögen möglich ist. Diese erhöhte Anpassungsflexibilität dürfte einer der Gründe für die hinter den steigenden Vorleistungsbezügen stehenden Outsourcing-Strategien sein.

Steigende Bedeutung von Humankapital

Viel entscheidender als die geänderten Faktoreinsatzverhältnisse zwischen Kapital und Vorleistungen sind die qualifikatorischen Veränderungen des Arbeitseinsatzes. Schon der Verlauf der nach der Qualifikation differenzierten Arbeitslosenquoten in Kapitel 1 zeigte, daß offensichtlich die Arbeitsmarktchancen der weniger Qualifizierten wesentlich schlechter sind als die der höher Qualifizierten. Es ist eine klare Tendenz zum Einsatz von mehr Humankapital festzustellen. Deutlich wird dies beispielsweise an dem Anteil der sozialversicherungspflichtig Beschäftigten in Westdeutschland mit einem Hoch- oder Fachhochschulabschluß, der von 3,9 Prozent (1980) auf 7,2 Prozent (1996) stark gewachsen ist. Gleichzeitig ist der Anteil der Beschäftigten ohne eine abgeschlossene Berufsausbildung von einem Drittel (1980) auf heute nur noch ein Fünftel dramatisch gefallen. Die Abbildung 2-26 verdeutlicht diese Entwicklungen.[33]

Der Strukturwandel scheint heute und in absehbarer Zukunft stärker durch die Substitution von Einfacharbeit durch qualifizierte Arbeit als vom alten Muster der Substitution von Arbeit durch Kapital gekennzeichnet zu sein.

Die Zahl der Beschäftigten ohne abgeschlossene Berufsausbildung ist zwischen 1980 und 1996 um ein Drittel gefallen ist. Alle anderen Qualifikationsgruppen konnten hingegen Beschäftigung aufbauen. Dies gilt vor allem für die Akademiker mit einem Zuwachs von fast 95 Prozent (Tabelle 2-15). Dieser Prozeß des „upskilling“ ist in allen Branchen zu beobachten. Mit Ausnahme der Sonstigen Dienstleister hat sich in allen der dort betrachteten zehn Wirtschaftsbereiche die Zahl der Beschäftigten ohne Berufsabschluß erheblich verringert. Am stärksten gewachsen ist überall die Gruppe der Beschäftigten mit Hochschulabschluß. Eine tiefergegliederte Branchenanalyse zeigt, daß nur zwei der

Abbildung: 2-26

Steigende Bedeutung des Humankapitals

Sozialversicherungspflichtig Beschäftigte nach Ausbildungsgrad in Prozent

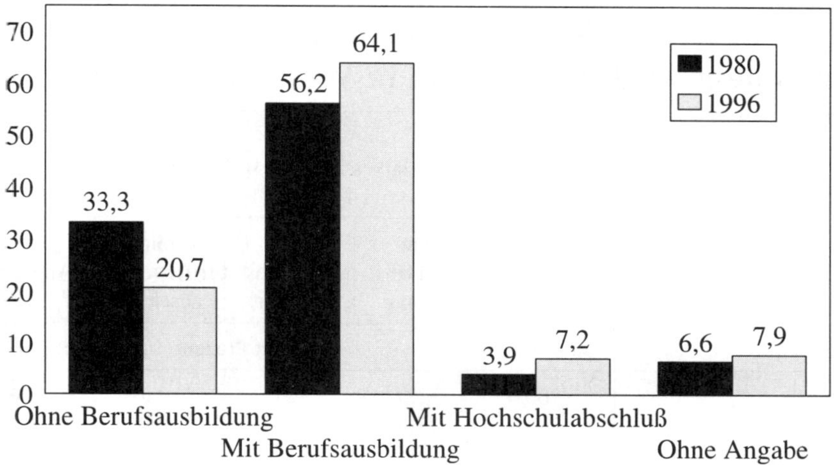

Quelle: Weißhuhn (1998), eigene Berechnungen

58 in der Volkswirtschaftlichen Gesamtwirtschaft unterschiedenen Sektoren (Gastgewerbe und Übrige Dienstleistungen) zwischen 1980 und 1996 Beschäftigung für Einfacharbeit aufgebaut haben.[34]

Die Veränderung der qualifikatorischen Beschäftigungsstruktur ist ein branchenübergreifendes Phänomen. Es findet vor allem auf intra-sektoraler Ebene statt und kann nicht durch den sektoralen Strukturwandel erklärt werden. Dies kann mit einer Komponentenzerlegung verdeutlicht werden. Dazu wurde die Gesamtveränderung der Beschäftigung der verschiedenen Ausbildungsgrade rechnerisch in einen Wachstums-, Struktur- und einen reinen Qualifikationseffekt zerlegt. Der Wachstumseffekt bezeichnet die Veränderung der Beschäftigung für alle Qualifikationstypen, wenn alle Sektoren mit der gleichen Rate gewachsen wären und sich die Sektoral- sowie die Qualifikationsstruktur 1996 gegenüber 1980 nicht verändert hätte. Der Sektoraleffekt zeigt die hypothetische Veränderung der qualifikatorischen Beschäftigungsstruktur auf, die sich ergeben hätte, wenn sich nur die Sektoralstruktur verändert hätte. Der reine Qualifikationseffekt läßt sich dann als Residualgröße berechnen und als der Anteil an der Gesamtveränderung interpretieren, der allein auf die Veränderung des Einsatzes der verschiedenen Typen von Arbeit innerhalb der Sektoren zurückzuführen ist.

Tabelle: 2-15

Sozialversicherungspflichtig Beschäftigte nach dem Ausbildungsgrad in Westdeutschland 1996

	Sozialvers. Beschäftigte	Sozialversicherungspflichtig Beschäftigte ...			
	Gesamt	ohne Berufsausbildung	mit Berufsausbildung	mit Hochschulabschluß	ohne Angaben
	in 1 000	in Prozent			
Agrar	200,0	32,5	52,6	2,2	12,6
Versorgung	375,6	17,9	71,8	8,9	1,4
Verarbeitendes Gewerbe	7 279,7	25,3	63,8	6,1	4,8
Bauwirtschaft	1 510,7	22,3	64,2	2,5	11,0
Handel	3 194,3	16,3	71,0	3,2	9,5
Verkehr/Nachrichten	1 112,1	18,9	67,5	1,9	11,7
Banken/Versicherungen	949,1	13,1	76,2	8,1	2,6
Sonsige Dienste	5 697,3	18,7	58,0	11,4	11,9
Staat[1]	2 024,6	19,9	64,3	11,5	4,4
Gesamt	22 343,2	20,7	64,1	7,2	7,9
	Veränderungen gegenüber 1980 in Prozent				
Agrar	–13,7	–43,7	11,6	59,4	32,6
Versorgung	–21,4	–52,1	–12,2	38,3	–14,8
Verarbeitendes Gewerbe	–15,7	–46,5	3,3	66,4	–19,6
Bauwirtschaft	–10,9	–32,5	–2,8	33,6	–2,7
Handel	9,7	–31,9	19,0	129,1	53,9
Verkehr/Nachrichten	11,4	–32,3	29,4	119,7	33,6
Banken/Versicherungen	24,5	–28,9	36,4	194,5	–21,0
Sonsige Dienste	61,0	2,0	76,5	112,0	114,1
Staat[1]	19,0	–19,0	31,2	104,5	–10,2
Gesamt	6,6	–33,7	21,8	94,7	29,0

1 Einschließlich Organisationen ohne Erwerbszweck und Private Haushalte

Quelle: Weißhuhn (1998), eigene Berechnungen

Die Tabelle 2-16 verdeutlicht, daß der sektorale Strukturwandel keinen großen Einfluß auf die Struktur des Faktoreinsatzes hat. Nur

Tabelle: 2-16

Komponentenzerlegung der Beschäftigungsentwicklung in Westdeutschland

1980 bis 1996

	Gesamt	Sozialversicherungspflichtig Beschäftigte ...			
		ohne Berufsausbildung	mit Berufsausbildung	mit Hochschulabschluß	ohne Angaben
	Wachstumsfaktoren				
Wachstumseffekt	1,07	1,07	1,07	1,07	1,07
Sektoraleffekt	1,00	0,97	0,99	1,08	1,07
Qualifikationseffekt	1,00	0,64	1,15	1,69	1,13
Gesamteffekt	1,07	0,66	1,22	1,95	1,29

Quelle: Weißhuhn (1998), eigene Berechnungen

drei Prozent des Beschäftigungsabbaues in der Gruppe „Beschäftigte ohne abgeschlossene Berufsausbildung" kann der Einflußgröße „Sektoralstruktur" zugerechnet werden. Dieser (leichte) negative Einfluß kommt deshalb zustande, weil gerade die Sektoren Anteile an der Gesamtbeschäftigung verloren haben (Verarbeitendes Gewerbe und Landwirtschaft), die einfachqualifizierte Arbeit 1980 im überdurchschnittlichen Ausmaß eingesetzt hatten. Der sektorale Strukturwandel hin zu den Dienstleistungen begünstigt die Absolventen von Universitäten und Fachhochschulen. Der Sektoraleffekt hat die Beschäftigung in diesem Sektor um 8 Prozent wachsen lassen. Über 90 Prozent des Rückganges der Beschäftigung von Einfacharbeit ist durch den reinen Qualifikationseffekt zu erklären.[35] Bei den Höherqualifizierten verstärken sich sogar Struktur- und Qualifikationseffekt. Als wichtiges Ergebnis kann festgehalten werden, daß der Trend zu einer erhöhten Humankapitalintensität sektorübergreifend stattfindet und nur wenig mit sektoralem Strukturwandel zu tun hat.

Trotzdem lassen sich natürlich die Bereiche mit einem relativ stärkeren oder schwächeren „upskilling" identifizieren. Im Bereich der Banken und Versicherungen vollzog sich ein Beschäftigungsabbau im Bereich der Einfacharbeit (ohne Berufsabschluß), der deutlich über der Rate lag, die aufgrund des reinen Qualifikationseffektes zu erwarten gewesen wäre. Völlig anders hingegen war die Entwicklung in der

Bauwirtschaft, wo sich Einfacharbeitsplätze in dieser relativen Betrachtung noch gut halten konnten. Etwa im Durchschnitt verlief hingegen der qualifikatorische Strukturwandel im Verarbeitenden Gewerbe und bei den Sonstigen Dienstleistungen.

Obwohl ein Trend zur Humankapitalintensivierung quer über alle Branchen feststellbar ist, gibt es doch sehr stark unterschiedliche Beschäftigungsverläufe, wenn man die Branchen nach ihrer Humankapitalintensität im Ausgangsjahr 1980 klassifiziert und diese einzelnen Gruppen betrachtet (Abbildung 2-27). Wird zwischen Branchen mit einer niedrigen, mittleren und hohen Humankapitalintensität[36] unterschieden, zeigt sich, daß die besonders qualifikationsintensiven Branchen zwischen 1980 und 1996 ihre Belegschaften um ein Fünftel aufstockten und die mit einer mittleren Qualifikationsintensität wenig-

Abbildung: 2-27

Humankapitalintensive Branchen auf Wachstumskurs

Index der Entwicklung der Erwerbstätigkeit, 1980 = 100

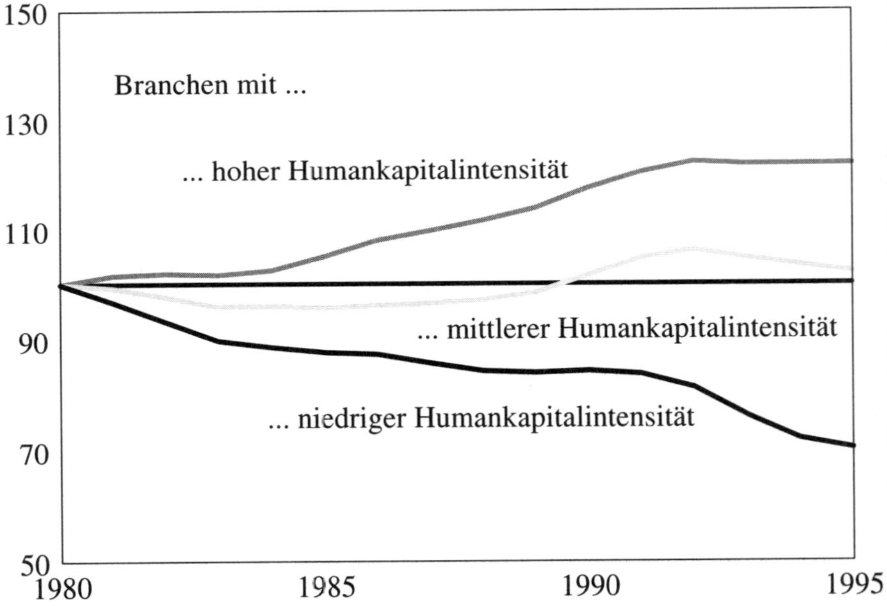

Quelle: Weißhuhn (1998), eigene Berechnungen

stens die Zahl der Job auf dem Niveau des Jahres 1980 stabilisieren konnten. Ganz anders verlief die Entwicklung in den einfacharbeitsintensiven Branchen. Sie verloren rund 30 Prozent ihrer Beschäftigung.

Offensichtlich gibt es gleichzeitig zwei Entwicklungslinien: Auf sektoraler Ebene verringern sich die Beschäftigungsmöglichkeiten von besonders einfacharbeitsintensiven Branchen. Sektorübergreifend wirkt ein Trend gegen Einfacharbeit. Neben der Frage nach den möglichen Ursachen, muß zunächst geklärt werden, ob dies ein rein deutsches Phänomen ist oder ähnliche Entwicklungen auch in den anderen Industrieländern zu beobachten sind. Damit befaßt sich auch das nachfolgende Kapitel 3.

Kapitel 2.5 bis 2.7
Intra-sektoraler Strukturwandel in Westdeutschland

Tertiarisierung des Tätigkeitsprofils	– Über 80 Prozent der Erwerbstätigen üben in Westdeutschland mittlerweile – in einer weiten Abgrenzung – Dienstleistungstätigkeiten aus. Über die Sektoren hinweg ergibt sich ein differenziertes Bild. Auch in der Industrie sind über die Hälfte der Tätigkeiten Dienstleistungen. – Wichtiger geworden sind Tätigkeiten, die mit höheren Anforderungen an das Humankapital verbunden sind.
Sektorale Vorleistungsverflechtung	– Industrie und Dienstleister sind in vielfältiger Weise wechselseitig über Vorleistungen verflochten. Gefragt sind zunehmend sektorübergreifende Problemlösungskonzepte. – Die Industrie dominiert als Lieferant und Abnehmer immer noch die Vorleistungsmärkte. – Die Industrie erwirtschaftet einen beachtlichen Teil ihrer Wertschöpfung in Zusammenarbeit mit anderen Sektoren. Betrachtet man diesen kombinierten Industrie-Dienstleistungssektor, dann ist die De-Industrialisierung weit weniger ausgeprägt. – Die inter- und intra-sektorale Arbeitsteilung – über Outsourcing – findet in allen Branchen statt.
Veränderte Faktoreinsatzstruktur	– Es gibt einen stetigen Substitutionsprozeß von Arbeit durch Kapital. Das Wachstum der Kapitalintensität – das Verhältnis von Kapital zu Arbeitseinsatz – hat aber im Zeitablauf abgenommen. – Das Kapital-Arbeit-Verhältnis unterscheidet sich zwischen den Sektoren erheblich: In der Versorgungswirtschaft ist die Kapitalintensität fast dreißigmal höher als in der Bauwirtschaft. – Die Änderung der Produktionstechnologien hat dazu geführt, daß der Fertigungsprozeß nicht nur kapital-, sondern auch vorleistungsintensiver wurde. – Es wird nicht nur Arbeit durch andere Produktionsfaktoren ersetzt, sondern auch beim Arbeitsinput ist selbst eine deutliche Tendenz zu mehr qualifizierter Arbeit zu erkennen.

3. Strukturwandel im internationalen Vergleich

3.1 Tempo des Strukturwandels uneinheitlich

Die im 2. Kapitel dieses Buches vorgenommene Analyse des westdeutschen Strukturwandels wird in diesem Kapitel in einen internationalen Kontext gestellt. Denn eine spätere Beurteilung der strukturellen westdeutschen Wirtschaftsentwicklung kann nur anhand dessen vorgenommen werden, was in anderen Ländern erreicht oder vielleicht auch versäumt worden ist. Untersucht wird vor allem, wie der sektorale Strukturwandel in verschiedenen Industrie- und Schwellenländern verlaufen ist und ob sich daraus ein Dienstleistungsrückstand für die Bundesrepublik ableiten läßt.

Zunächst wird die Geschwindigkeit betrachtet, mit der der Strukturwandel international verlaufen ist. Die angewandte Methodik entspricht derjenigen des Abschnitts 2.1. Die hier verwendeten Daten entstammen allerdings den volkswirtschaftlichen Gesamtrechnungen der OECD. Wiederum erhält man das in Abbildung 3-1 für die Länder Westdeutschland, USA und Japan ausgewiesene Maß für das Tempo des Strukturwandels, indem man die absoluten Veränderungen der nominalen Bruttowertschöpfungsanteile der einzelnen Wirtschaftszweige aufaddiert. Die sich ergebende, als Prozentanteil ausgedrückte Zahl spiegelt folglich die Summe der von den überdurchschnittlich gewachsenen Branchen hinzugewonnenen Wertschöpfungsanteile und der von den relativen Verlierern verlorenen Anteile wider. Steigt das Tempo des Strukturwandels, so gewinnen einige Wirtschaftszweige stärker und verlieren andere mehr Anteile als der Durchschnitt. Entsprechend steigt der Wert des Tempomaßes.

Die Abbildung 3-1 läßt erkennen, daß alle drei hier untersuchten Länder in starkem Maß von den durch die erste Ölkrise ausgelösten, plötzlichen Strukturveränderungen betroffen waren. Besonders bei Japan, dessen Wert des Tempomaßes sich zwischen 1974 und 1975 fast verdoppelte, zeigen sich die durch den Ölschock verursachten Umbrüche. In den USA und in Westdeutschland wurden – jeweils schon im

Jahre 1974 – deutlich geringere Ausschläge nach oben verzeichnet. Für die USA liegen allerdings für die Zeit vor 1977 keine Wertschöpfungsdaten der OECD vor. Das Tempomaß wurde daher für die Jahre 1971 bis 1976 anhand nationaler Statistiken berechnet, die jedoch nicht dieselbe tiefe Untergliederung der Wirtschaftszweige aufweisen wie die OECD-Statistik. Verschiebungen der Anteile einzelner Branchen zum Beispiel innerhalb des Verarbeitenden Gewerbes konnten so nicht erfaßt werden. Eine Unterschätzung des tatsächlichen Strukturwandeltempos ist somit wahrscheinlich.

Für den Zeitraum seit Mitte der siebziger Jahre, besonders jedoch für die achtziger Jahre, ist jedenfalls für alle drei Länder eine allmähliche Beruhigung des Strukturwandels festzustellen. Extreme Ausschläge wurden nicht verzeichnet, sieht man einmal vom Jahr 1980 ab, in dem die sektorale Wirtschaftsstruktur der USA von der zweiten Ölkrise in erheblichem Maß getroffen wurde.

Abbildung: 3-1

Strukturwandel weltweit verlangsamt

Sektorale Anteilsveränderungen in Prozentpunkten

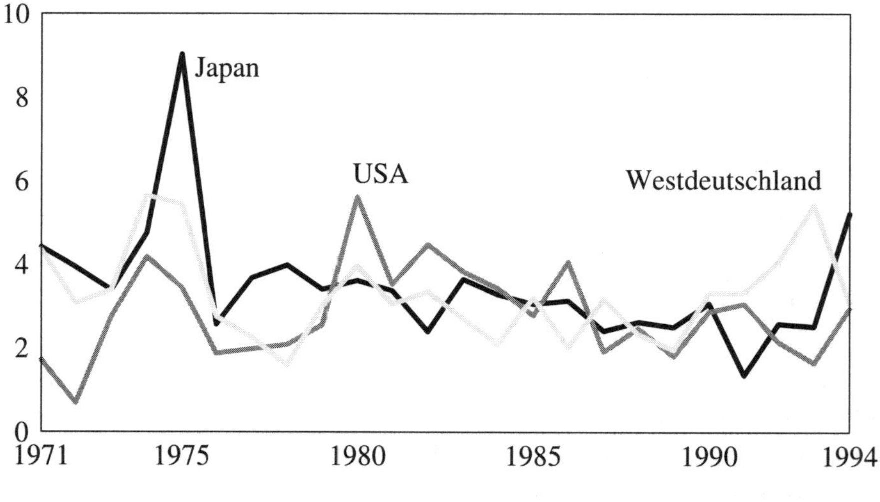

Quelle: OECD (1997a), eigene Berechnungen

Eine deutlich unterschiedliche Entwicklung der Tempomaße der drei Länder ist hingegen für die neunziger Jahre zu konstatieren. Während der Strukturwandel in den USA und Japan – zumindest bis 1993 – relativ ruhig verlief und für die USA im Jahre 1993 sogar ein besonders niedriger Wert des Tempomaßes registriert wurde, beschleunigte sich in Westdeutschland der Strukturwandel erheblich. Insofern bestätigen die OECD-Daten die Ergebnisse der VGR-Analyse des Abschnitts 2.1. Erst 1994 kam es in den alten Bundesländern wieder zu einer Beruhigung der strukturellen Verschiebungen, während das Tempomaß für die USA und besonders für Japan wieder einen höheren Wert anzeigte.

Der Vergleich des Tempos des Strukturwandels zeigt bereits, daß die amerikanische Wirtschaft sich offenbar in insgesamt ruhigerem Fahrwasser befindet als die deutsche und nicht so heftigen Strukturverschiebungen ausgesetzt ist. Die besseren Konjunktur- und Arbeitsmarktdaten der USA passen zu diesem Bild und erhärten die Vermutung, daß die Bundesrepublik sich in einer im internationalen Vergleich schweren Strukturkrise befindet.

Um zu genaueren Aussagen zu gelangen, sollen im folgenden Abschnitt die Wirtschaftsstrukturen verschiedener Länder eingehender verglichen werden.

3.2 Internationaler Strukturwandel – USA sind führende Dienstleistungsnation

Die Unterschiede und Gemeinsamkeiten zwischen den nationalen Mustern des Strukturwandels werden hier im wesentlichen anhand der jeweiligen Anteile des sekundären Sektors – also des Produzierenden Gewerbes – und des tertiären Sektors – des Dienstleistungsbereiches – an der nominalen Bruttowertschöpfung herausgearbeitet.

Für die Industrieländer werden Westdeutschland, die USA und Japan in den Vergleich einbezogen. Zusätzlich wird die Gruppe der Schwellenländer[37] betrachtet, um den Zusammenhang zwischen der sektoralen Wirtschaftsstruktur eines Landes und seinem wirtschaftlichen Entwicklungsstand noch einmal zu verdeutlichen und auf die fortschreitende Integration von Ländern in den Kreis entwickelter Volkswirtschaften hinzuweisen.[38]

Analyse der Anteilsverschiebungen

Die Veränderungen in der Wirtschaftsstruktur bestätigen auch im internationalen Rahmen die von Fourastié aufgestellte Drei-Sektoren-Hypothese. Der primäre Sektor – Land- und Forstwirtschaft, Fischerei und Jagd – spielt in den hochentwickelten Industriestaaten kaum noch eine Rolle. In Westdeutschland lag sein Anteil zuletzt nur noch bei rund 1 Prozent der nominalen Bruttowertschöpfung, aber auch in den USA und in Japan trug dieser Sektor in den letzten Jahren kaum mehr als 2 Prozent zur Wirtschaftsleistung bei. In den Schwellenländern lag der Anteil des primären Sektors im Jahre 1994 dagegen noch bei gut 10 Prozent. Allerdings ist die Tendenz auch in diesen Ländern rückläufig: Im Jahre 1970 hatte der Anteil immerhin noch fast 17 Prozent betragen.

Von größerer Bedeutung für die weltweite Wirtschaftsentwicklung waren jedoch die strukturellen Verschiebungen zwischen dem sekundären und dem tertiären Sektor. Betrachtet man die Veränderungen im einzelnen, so lassen sich die hier betrachteten Länder in zwei grobe Gruppen einteilen, die mehr oder weniger demselben Entwicklungsmuster gefolgt sind.

Zum einen sind dies die hoch entwickelten Industrienationen USA, Japan und Westdeutschland, in denen die Bedeutung des Produzierenden Gewerbes seit 1970 kontinuierlich abgenommen hat. Im Gegenzug stieg der Anteil des Dienstleistungssektors an der nominalen Bruttowertschöpfung im gleichen Zeitraum deutlich an. Aufgrund der rückläufigen Bedeutung des Agrarsektors war der in Prozentpunkten ausgedrückte Anstieg des Dienstleistungsanteils zum Teil beträchtlich höher als der Rückgang des sekundären Sektors.

Zum anderen weisen die Schwellenländer einen im Verlauf des Beobachtungszeitraumes 1970 bis 1994 zunächst ansteigenden, seit den achtziger Jahren allerdings ebenfalls fallenden Industrieanteil an der Wertschöpfung oder dem Bruttoinlandsprodukt auf. Bei den Dienstleistungen war der Anteil bis in die achtziger Jahre hinein leicht rückläufig, stieg aber seitdem deutlich an, so daß sich insgesamt ein Anteils-Plus ausmachen läßt. Unterteilt man die hier nach ihrem Pro-Kopf-Sozialprodukt abgegrenzten Schwellenländer nochmals in zwei Gruppen – Länder mit höherem und Länder mit niedrigerem Pro-Kopf-Einkommen – so zeigt sich, daß in der Gruppe der relativ ärmeren Länder die Industrie über den gesamten Betrachtungszeitraum hinweg an Bedeutung gewann (7 Prozentpunkte), die Dienstleistungen dagegen nur geringfügig expandierten (2 Prozentpunkte). Dagegen büßte die Industrie in den relativ reicheren Schwellenländern etwa einen halben Anteilspunkt ein, während die Dienstleister immerhin 5 Prozentpunkte hinzugewinnen konnten. Dies zeigt, daß sowohl im Vergleich der Schwellen- mit den Industrieländern als auch innerhalb der Gruppe der Schwellenländer der Strukturwandel bei den jeweils reicheren Ländern stets weiter fortgeschritten ist als bei den ärmeren Ländern. Aber der Gesamttrend hin zu den Dienstleistungen ist dennoch unverkennbar: Seit 1980 haben die Dienste auch in den relativ armen Schwellenländern ihren Anteil am Bruttoinlandsprodukt um über 5 Prozentpunkte gesteigert. Die Abbildung 3-2 zeigt noch einmal die Anteile sowie die Veränderungen seit 1970 in der Gesamtgruppe der Schwellenländer.

In den Industrieländern war der Verlauf des sektoralen Strukturwandels im Zeitablauf einheitlicher. Absolut betrachtet, unterscheiden sich die Länder jedoch im Gewicht, das der sekundäre und der tertiäre Sektor bei ihnen einnimmt. Trotz einer gewissen Konvergenz im Zeitablauf gilt dies für den gesamten Zeitraum von 1970 bis 1994. Die Extrempositionen werden dabei fast durchgängig von Westdeutschland und den USA gehalten. Westdeutschland wies im Jahre 1970 mit fast 52 Prozent den höchsten Anteil des Produzierenden Gewerbes aus, die USA mit 34,5 Prozent den niedrigsten. Diese Rangfolge hat sich erst in jüngster Zeit insofern verschoben, als nun Japan einen höheren Industrieanteil aufweist als Westdeutschland. Für den Dienstleistungssektor gilt das Umgekehrte. Hier waren die USA mit einem Wertschöpfungsanteil von über 62 Prozent im Jahre 1970 Vorreiter. Japan und Deutschland hinkten nicht nur zu diesem Zeitpunkt mit knapp 49 beziehungsweise 45 Prozent hinterher. Der USA-Wert von 1970 wurde von Japan noch nicht einmal bis 1994 erreicht und von Westdeutschland ebenfalls nur knapp übertroffen. Die Abbildung 3-3 zeigt die Sektoranteile in den drei Ländern für das Jahr 1994 und die Entwicklung des Anteils des tertiären Sektors im Zeitablauf. Die Darstellung zeigt, daß es Deutschland – besser als Japan – gerade in den letzten Jahren gelungen ist, den Rückstand zu den USA zu verkleinern.

Das Bild, das die USA als Land mit dem höchsten Dienstleistungs- und dem niedrigsten Industrieanteil ausweist und Deutschland wie

Abbildung: 3-2

Dienstleister auch in Schwellenländern expansiv

Anteile der Wirtschaftssektoren am nominalen Bruttoinlandsprodukt in den Schwellenländern 1994, in Prozent

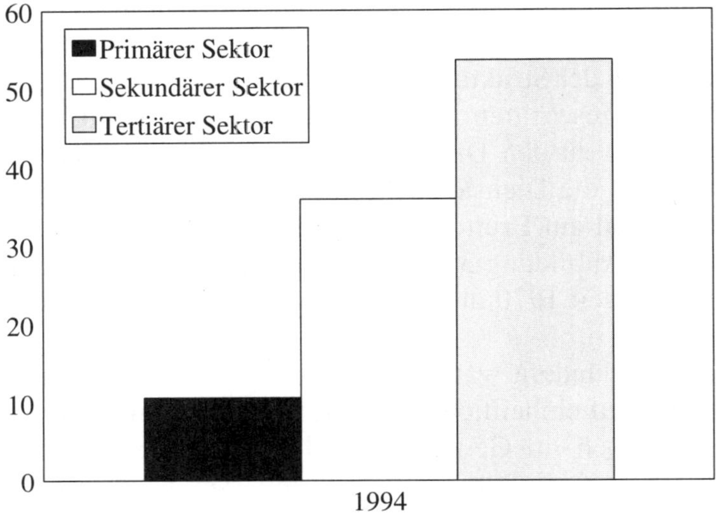

Veränderungen der Anteile 1994 gegenüber 1970 in Prozentpunkten

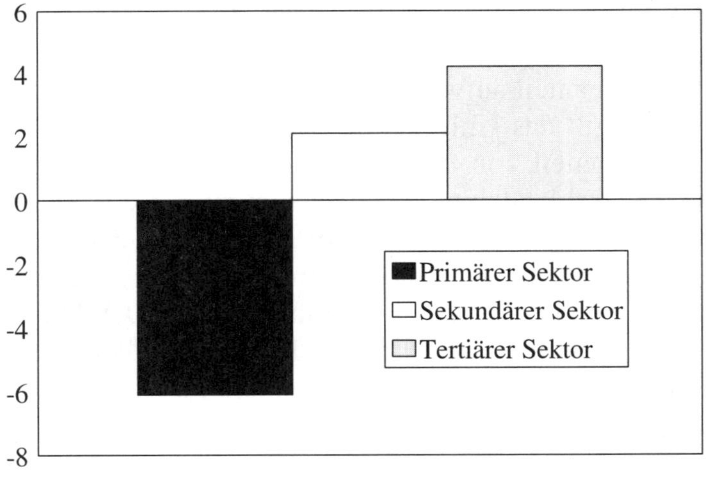

Quelle: World Bank (1996), eigene Berechnungen

Abbildung: 3-3

USA weisen größten Dienstleistungssektor auf

Anteile der Wirtschaftssektoren an der nominalen Bruttowertschöpfung 1994, in Prozent

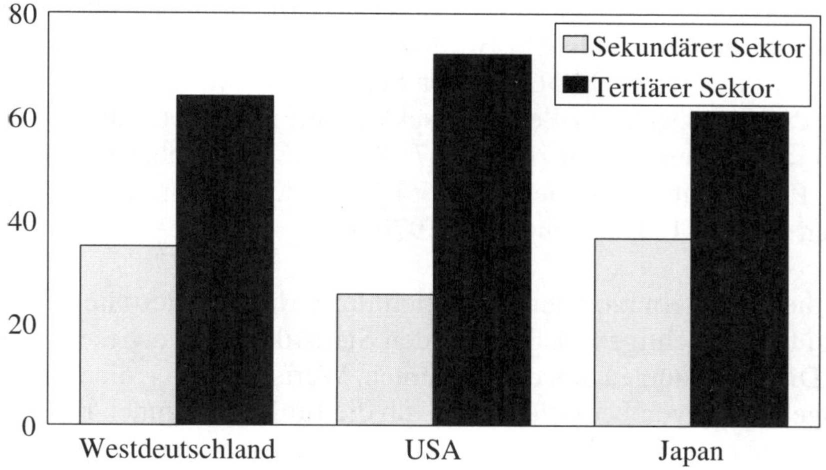

Dynamische Entwicklung des Dienstleistungssektors weltweit

Anteil des Dienstleistungssektors an der nominalen Bruttowertschöpfung, 1970 = 100

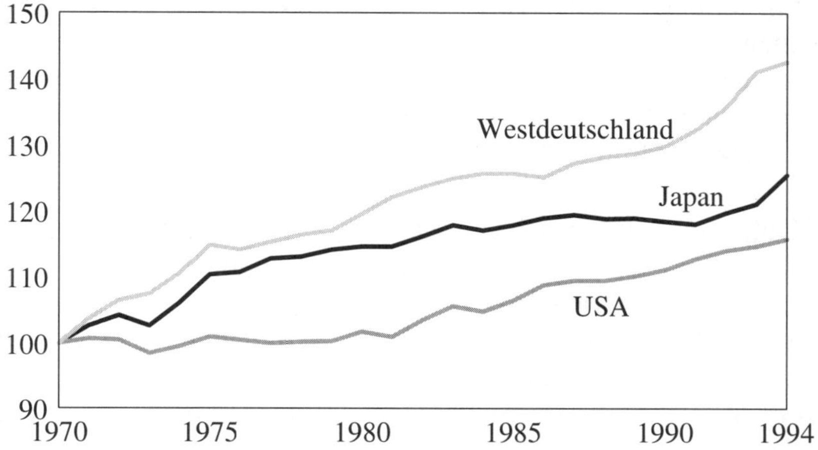

Quellen: OECD (1997a), US Department of Commerce (1997), eigene Berechnungen

Japan am anderen Ende der Skala zeigt, ändert sich auch dann nicht, wenn man weitere Industrienationen, etwa alle übrigen G-7 Länder miteinbezieht. Es zeigt sich, daß die USA auf der einen und Deutschland und Japan auf der anderen Seite einen Korridor bezüglich der Anteile der beiden Sektoren bilden, innerhalb dessen sich die anderen Länder verteilen. So lag zum Beispiel der Anteil des Produzierenden Gewerbes an der nominalen Bruttowertschöpfung 1994 in Frankreich bei 27,8 Prozent, in Großbritannien bei 29,7 Prozent und in Italien bei 31,7 Prozent. Der Dienstleistungssektor kam im selben Jahr in Frankreich auf einen Anteil von 69,7 Prozent, in Großbritannien auf 68,1 Prozent und in Italien auf 65,4 Prozent. Diese mittlere Position hatten die drei Länder schon seit 1970 inne.

Bei diesem internationalen Vergleich der Größe des tertiären Sektors ist zu berücksichtigen, daß der in den Statistiken ausgewiesene Anteil der Dienstleistungen an der gesamten Wertschöpfung eines Landes maßgeblich davon beeinflußt wird, ob die für Unternehmen relevanten Dienste über den Markt bezogen oder aber selbst erbracht werden. Nur im ersten Fall werden sie als Dienstleistungen erfaßt. Die Analyse in Kapitel 2.6 hatte bereits gezeigt, daß in Deutschland die Selbsterstellung von Dienstleistungen durch Industrieunternehmen eine durchaus bedeutende Rolle spielt. Für einen breiten internationalen Vergleich fehlen Daten, um die Gültigkeit dieser Aussage für die anderen Länder zu überprüfen. Festzuhalten aber bleibt, daß aufgrund der – je nach Ort ihrer Entstehung – unterschiedlichen Erfassung von unternehmensbezogenen Dienstleistungen die Wertschöpfungsanteile des tertiären Sektors nur in beschränktem Maße Auskunft über die tatsächliche Bedeutung von Dienstleistungen für die einzelnen Volkswirtschaften geben können (Härtel, 1989, 83 ff.).

Input-Output-Tabellen der USA (Lawson, 1997) erlauben aber immerhin einen Vergleich mit Deutschland und damit eine Analyse der Unterschiede der beiden Volkswirtschaften, die im Tertiarisierungsgrad das obere und untere Ende aller Industrieländer markieren. Die zentrale Frage dabei lautet, ob der im Vergleich zur USA niedrigere Dienstleistungsanteil in Deutschland tatsächlich auf eine unterschiedliche Sektoralstruktur oder nur auf eine andere sektorale Arbeitsteilung zurückgeht. Die festgestellten Unterschiede im Tertiarisierungsgrad sind dann nicht bedeutend, wenn die deutsche Wirtschaft lediglich verstärkt Dienstleistungen in den Industrieunternehmen selbst produzieren und die amerikanischen Firmen diese Leistungen stärker im tertiären Sektor zukaufen würden.

Leider enthält die neueste Input-Output-Tafel für die USA nur Daten bis zum Jahr 1992 (Lawson, 1997). Vergleicht man diese mit der westdeutschen Input-Output-Rechnung des Jahres 1990 (Statistisches Bundesamt, 1997b), läßt sich die These von der unterschiedlichen Fertigungstiefe des deutschen und amerikanischen Verarbeitenden Gewerbes nicht belegen. Die Tabelle 3-1 faßt die Befunde zusammen:

Tabelle: 3-1

Verflechtungen zwischen Verarbeitendem Gewerbe und Dienstleistungen auf Basis von Input-Output-Tabellen

deutsch-amerikanischer Vergleich, in Prozent

	USA	Westdeutschland	
	1992	1990	1996
Anteile des verarbeitenden Gewerbes			
Bruttowertschöpfung[1]	18,2	31,6	28,0
Produktionswert[1]	27,3	40,4	37,8
Vorleistungskäufe[2]			
gesamt	61,5	62,9	63,4
Dienstleistungen	16,7	16,1	19,0
Verarbeitendes Gewerbe	34,5	39,6	38,1
Vorleistungsverkäufe[3]			
gesamt	55,5	56,3	53,6
Dienstleistungen	12,1	10,3	9,5

[1] Sektorale und gesamtwirtschaftliche Bruttowertschöpfung in Abgrenzung der Input-Output-Systematik

[2] Vorleistungen zu Produktionswert

Quelle: Lawson (1997), INFORGE (1996), Statistisches Bundesamt (1997b), eigene Berechnungen

☐ Der in Deutschland höhere Wertschöpfungsanteil des Verarbeitenden Gewerbes – vor allem sein höhere Anteil am gesamtwirtschaftlichen Produktionswert – weist auf das bereits bekannte Ergebnis hin, daß die deutsche Wirtschaftsstruktur insgesamt industrielastiger ist als die der USA.

☐ Die Vorleistungsquoten des Verarbeitenden Gewerbes sind in beiden Ländern ungefähr gleich, was die Vermutung widerlegt, daß der hohe Industrieanteil in Deutschland mit niedrigeren Vorleistungsbezügen erklärt werden könnte.

☐ Besonders aufschlußreich ist aber, daß die Vorleistungsbezüge aus dem Dienstleistungssektor mit rund 16 Prozent in beiden Ländern das gleiche Gewicht hatten. Der Wertschöpfungsanteil in den USA kann also nicht deshalb kleiner als in Deutschland gewesen sein, weil die amerikanische Industrie mehr Dienstleistungen ausgelagert hätte.

☐ Die Dienstleistungsbranchen sind aber als Absatzmarkt für das Verarbeitende Gewerbe in den USA relativ wichtiger als in Deutschland. Rund 12 Prozent der amerikanischen Industrieproduktion gingen an Dienstleister; in Deutschland waren es nur 10 Prozent.

Die Daten für das Jahr 1996 zeigen, daß der Tertiarisierungsschub in Westdeutschland in den neunziger Jahren überwiegend auf den verstärkten Vorleistungsbezug des Verarbeitenden Gewerbes aus dem Dienstleistungssektor zurückzuführen ist. Die starke Ausweitung der Vorleistungsbezüge aus dem tertiären Sektor lassen es als eher unwahrscheinlich erscheinen, daß die heutigen Unterschiede im Tertiarierungsgrad auf ein höheres Outsourcing in den USA zurückzuführen sind.

In beiden Ländern kauft die Industrie mehr Vorleistungen bei anderen Sektoren (vor allem bei Dienstleistern) ein als sie Vorleistungen dorthin verkauft. Durch diesen Vorleistungsbezugsüberschuß ist also auch in den USA das Gewicht der Industrie an der gesamtwirtschaftlichen Wertschöpfung höher als bei isolierter Betrachtung. Dieser Beitrag kann für 1992 in den USA auf eine Größenordnung zwischen 2 und 3 Prozent geschätzt werden.[39] Er liegt damit deutlich niedriger als in Westdeutschland, wo er 1992 etwa 6 Prozent betrug (Kapitel 2-5). Das Verarbeitende Gewerbe hat damit in den USA eine wesentlich geringere Drehscheibenfunktion als in Deutschland.

Der Strukturwandel in den Industrieländern wurde nicht von allen Wirtschaftsbereichen innerhalb der großen Sektoren gleichermaßen getragen. Um dies zu zeigen, soll in der Tabelle 3-2 zunächst die von der OECD erstellte und hier – in leicht aggregierter Form – übernommene Klassifikation der Wirtschaftszweige vorgestellt werden. Die englischen Bezeichnungen der Wirtschaftszweige wurden ins Deutsche übersetzt ohne die Bezeichnungen dem Sprachgebrauch der amtlichen deutschen Statistik anzupassen. Damit soll verdeutlicht werden, daß die Klassifikation der Volkswirtschaftlichen Gesamtrechnung trotz vieler Übereinstimmungen der OECD nicht nur grober ist als die des Statistischen Bundesamtes, sondern daß sie auch an verschiedenen Stellen eine andere Zuordnung einzelner Branchen zu den jeweiligen Obergruppen vornimmt. Die Einteilung der Wirtschaftszweige zum primären, sekundären und tertiären Sektor sowie einige im nachfolgenden Text wiederkehrenden Untergruppenbezeichnungen wurden zusätzlich eingefügt, auch um Vergleiche mit den Ausführungen in Kapitel 2 zu erleichtern.

Wie die Tabelle 3-2 im Vergleich mit der Tabelle 2-1 zeigt, finden sich die wesentlichsten Unterschiede zwischen der deutschen und der OECD-Klassifikation im tertiären Sektor. Vor allem werden die Unternehmensdienste, auf die wir in Abschnitt 4 dieses Kapitels noch ausführlich zu sprechen kommen werden, in der deutschen VGR zum größten Teil zu den „Übrigen Dienstleistungsunternehmen“ zugeordnet, während sie bei der OECD als Teil des Wirtschaftszweiges „Immobilien und Unternehmensdienste“ ausgewiesen werden. Außerdem wird das Gastgewerbe, in der deutschen Statistik ein Unterbereich der „Sonstigen Dienstleistungsunternehmen“, von der OECD mit dem Handel zu einem Dienstleistungsbereich zusammengefaßt. Für den Vergleich der Daten des Statistischen Bundesamtes mit den OECD-Angaben über Westdeutschland wirkt sich allerdings erleichternd aus, daß die OECD häufig die Daten einzelner Wirtschaftszweige aus den nationalen Statistiken übernimmt oder nur zum Teil umgruppiert. So entspricht – nach Abzug der Werte für „Gastgewerbe, Heime“ – der Bereich „Sonstige Dienstleistungsunternehmen“ der deutschen VGR dem Bereich „Gemeinschafts-, soziale und persönliche Dienste“ der OECD. Diese Vorgehensweise der OECD offenbart jedoch gleichzeitig eine Schwäche ihrer Systematik: Ein direkter Vergleich zwischen den Angaben über die einzelnen Mitgliedsländer ist nicht immer möglich und häufig wegen fehlender Angaben in der tieferen Gliederung sogar höchst problematisch. In dieser Arbeit wurde versucht, die OECD-Daten mit nationalen Statistiken sinnvoll zu ergänzen, um zu einer konsistenten Interpretation zu gelangen. Trotzdem ist beim Vergleich der Länderdaten eine gewisse Vorsicht geboten.

Tabelle: 3-2

Klassifizierung der Wirtschaftszweige gemäß den Volkswirtschaftlichen Gesamtrechnungen der OECD

Agricultura, hunting, forestry and fishing	Landwirtschaft, Jagd, Forstwirtschaft und Fischerei	Primärer Sektor	
	Produzierendes Gewerbe		
	Versorgungswirtschaft		
Mining and quarrying	Bergbau und Tagebau		
Electricity, gas and water	Elektrizität, Gas und Wasser		
Manufacturing	Verarbeitendes Gewerbe		
Food, beverages and tobacco	Nahrung, Getränke und Tabak		
Textile, wearing apparel and leather industries	Textil-, Bekleidungs- und Lederindustrie		
Wood and wood products, including furniture	Holz- und Holzprodukte, einschließlich Möbel	Sekundärer Sektor	
Paper and paper products, printing and publishing	Papier- und Papierprodukte, Druck und Verlag		
Chemicals and chemical petroleum, coal, rubber and plastic products	Chemikalien und chemische Erdöl-, Kohle-, Gummi und Kunststoffprodukte		Unterneh-mens-bereich
Non-metallic mineral products except products of petroleum and coal	Nicht-metallische Mineralprodukte außer Erdöl- und Kohleprodukte		
Basic-metal industries	Grundmetallindustrie		
Fabricated metal products, machinery and equipment	Verarbeitete Metallprodukte Maschinenbau und Ausrüstungen		
Other manufacturing industries	Übriges Verarbeitendes Gewerbe		
Construction	Baugewerbe		
	Handel, Gastgewerbe und Verkehr		
Wholesale and retail trade, restaurants and hotels	Groß- und Einzelhandel, Restaurants und Hotels		
Wholesale and retail trade	Groß- und Einzelhandel		
Restaurants and hotels	Restaurants und Hotels		
Transport, storage and communication	Transport, Lagerung und Kommunikation		
Transport and storage	Transport und Lagerung		
Communication	Kommunikation		
	Dienstleistungsunternehmen		
Finance, insurance, real estate and business services	Finanzen, Versicherung, Immobilien und Unternehmensdienste	Tertiärer Sektor	
Financial institutions	Finanzinstitutionen		
Insurance	Versicherung		
Real estate and business services	Immobilien und Unternehmensdienste		
Real estate except dwellings	Immobilien außer Wohnungen		
Dwellings	Wohnungen		
Community, social and personal services	Gemeinschafts-, soziale und persönliche Dienste		
Sanitary and similar services	Entsorgungs-, Reinigungs- u. ähnl. Dienste		
Social and related community services	Soziale und verwandte Gemeinschaftsdienste		
Educational services	Bildungsdienste		
Medical, dental, other health and veterinary services	Medizinische, zahnmed., andere Gesundheits- und veterinär-med. Dienste		
Recreation and cultural services	Freizeit- und kulturelle Dienste		
Personal and household services	Persönliche und Haushaltsdienste		
	Staat, private Haushalte und private Organisationen ohne Erwerbszweck		Nicht-Unterneh-mens-bereich
Producers of Government services	Produzenten von staatlichen Diensten		
Other producers	Andere Produzenten[1]		

[1] Zu ,,Andere Produzenten“ gehören private Haushalte und private Organisationen ohne Erwerbszweck, die Dienstleistungen gegenüber anderen Haushalten erbringen.

Wie ein genauerer Blick auf die Bruttowertschöpfungsdaten der großen Industrieländer Westdeutschland, USA und Japan deutlich macht, hat sich der Strukturwandel seit 1970 vor allem auf die Wertschöpfungsanteile der Wirtschaftsbereiche „Verarbeitendes Gewerbe" und „Dienstleistungsunternehmen"[40] ausgewirkt. Das Verarbeitende Gewerbe war dabei in allen drei Ländern der größte Verlierer. Ein wesentlicher Grund hierfür war, daß dessen Branchen am stärksten dem internationalen Wettbewerb ausgesetzt sind und damit kaum Möglichkeiten hatten, die durch die beiden Ölpreisschocks verursachten Kostensteigerungen in höhere Produktpreise umzusetzen, ohne Absatzeinbußen gegenüber Ländern hinnehmen zu müssen, die von den Ölkrisen weniger betroffen waren (BMWi, 1989, 135). Die Dienstleistungsunternehmen einschließlich des Gastgewerbes konnten hingegen überall die meisten Prozentpunkte hinzugewinnen, während die Veränderungen in den eher binnenorientierten Bereichen sowohl des sekundären als auch des tertiären Sektors wesentlich geringer und zum Teil sogar dem allgemeinen Trend entgegengesetzt waren. Die Abbildung 3-4 zeigt, wie einige Wirtschaftsbereiche in den untersuchten Ländern zur Abbremsung des sektoralen Strukturwandels beigetragen haben.

Beim sekundären Sektor wies die westdeutsche Volkswirtschaft als einzige in allen drei größeren Bereichen denselben Trend auf. In den USA konnte lediglich der Versorgungsbereich einen minimalen Anteilszuwachs von 0,1 Prozentpunkten verzeichnen,[41] und in Japan wurde die relative Schrumpfung des Produzierenden Gewerbes durch die Zunahme des Anteils der Bauwirtschaft an der Bruttowertschöpfung um immerhin 2,4 Prozentpunkte konterkariert. Insgesamt war aber das Verarbeitende Gewerbe der Wirtschaftsbereich, der die eigentlichen Anteilsverluste auf sich nehmen mußte. Diese betrugen in den USA 7,9, in Japan 11,4 und in Westdeutschland sogar 13,5 Prozentpunkte.

Sowohl im sekundären als auch im tertiären Sektor wird in der Abbildung nochmals deutlich, daß Deutschland den größten Strukturverschiebungen ausgesetzt war und sich der Sektorstruktur der USA in gewissem Maße annähern konnte. Die Anteilsgewinne des tertiären Sektors gingen dabei in allen drei Ländern zum größten Teil auf das Konto der Dienstleistungsunternehmen.[42] In Deutschland legten diese um 18,2 Prozentpunkte zu. In den USA und Japan waren es 12,5 und 12 Prozentpunkte.[43] Zwar konnte auch der Nicht-Unternehmensbe-

Abbildung: 3-4

Versorgung und Bau bremsen Strukturwandel im sekundären Sektor

Veränderungen der Anteile an der nominalen Bruttowertschöpfung von 1970 bis 1994 in Prozentpunkten

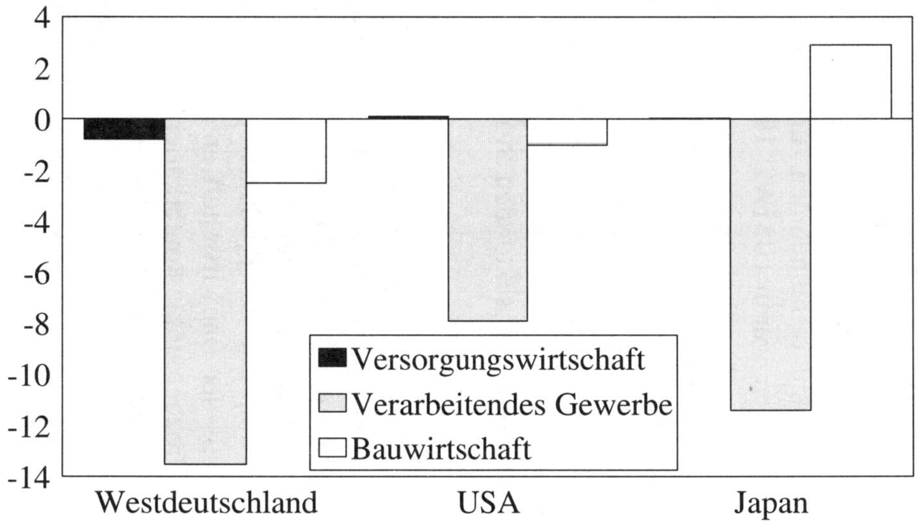

noch Abbildung: 3-4

Dienstleistungsunternehmen treiben Strukturwandel im tertiären Sektor an

Veränderungen an der nominalen Bruttowertschöpfung von 1970 bis 1994 in Prozentpunkten

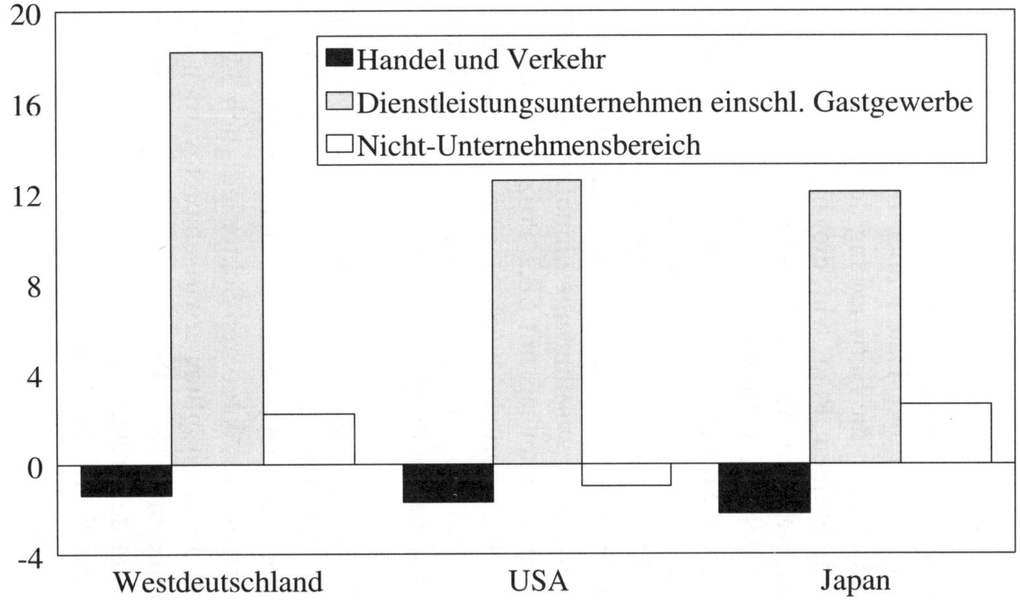

Quellen: OECD (1997a), US Department of Commerce (1997), eigene Berechnungen

reich (Staat, private Haushalte sowie private Organisationen ohne Erwerbszweck) in der Bundesrepublik und in Japan über den gesamten Zeitraum hinweg Anteilsgewinne erzielen, zu Beginn der neunziger Jahre war aber – wie zuvor bereits in den USA – insgesamt eine rückläufige Tendenz festzustellen. Der Bereich Handel und Verkehr hat sogar in allen drei Ländern seit 1970 zu einer, wenn auch nur leichten, Abschwächung des Dienstleistungswachstums beigetragen.

Für die drei Industrienationen läßt sich der Strukturwandel auch eindrucksvoll anhand der Daten über die Erwerbstätigkeit darstellen. Grundsätzlich folgt die Entwicklung der Erwerbstätigkeit in allen drei Ländern demselben Pfad wie die nominale Bruttowertschöpfung. Westdeutschland konnte von 1970 bis 1994 im Tertiarisierungsprozeß gegenüber den USA Boden gut machen und Japan überrunden. Im Jahre 1970 hatte der Anteil des Dienstleistungssektors an der gesamten Erwerbstätigkeit in Westdeutschland nur 42,6 Prozent betragen, gegenüber 44,5 Prozent in Japan und 62,8 Prozent in den USA. Im Jahre 1994 war der westdeutsche Rückstand auf die USA auf immerhin rund 13 Prozentpunkte zusammengeschmolzen (60,9 Prozent gegenüber 73,8 Prozent). Japan lag mit 58,2 Prozent nunmehr leicht hinter der Bundesrepublik zurück. Insofern sind die Parallelen zwischen den Entwicklungen von Wertschöpfung und Erwerbstätigkeit offensichtlich, wie auch Abbildung 3-5 erkennen läßt.

Vergleicht man jedoch für jedes Land die jeweiligen Anteile der verschiedenen Sektoren, fallen einige Besonderheiten ins Auge. Während zum Beispiel in Deutschland im Jahre 1994 mit 36,1 Prozent der Erwerbstätigen im sekundären Sektor lediglich 34,9 Prozent der nominalen Bruttowertschöpfung erwirtschaftet werden konnten, waren es in Japan immerhin 36,7 Prozent der Wertschöpfung, die mit nur 34,4 Prozent der erwerbstätigen Bevölkerung geleistet wurden. In den USA lag der Wertschöpfungsanteil sogar 3,5 Prozentpunkte über dem der Erwerbstätigkeit.

Bemerkenswert ist, daß sich die relative Position Westdeutschlands im Laufe der Jahre verschlechtert hat. Zu Beginn der siebziger Jahre hatte sich die Bundesrepublik zumindest noch mit den USA messen können. Im Dienstleistungssektor sahen die Verhältnisse allerdings grundlegend anders aus. Während in den USA im Jahre 1994 fast 74 Prozent der Erwerbstätigen zu rund 72 Prozent der Bruttowertschöpfung bei-

Abbildung: 3-5

Erwerbstätigkeit zunehmend auf Dienstleistungssektor konzentriert

Anteile der Sektoren an der Erwerbstätigkeit 1994, in Prozent

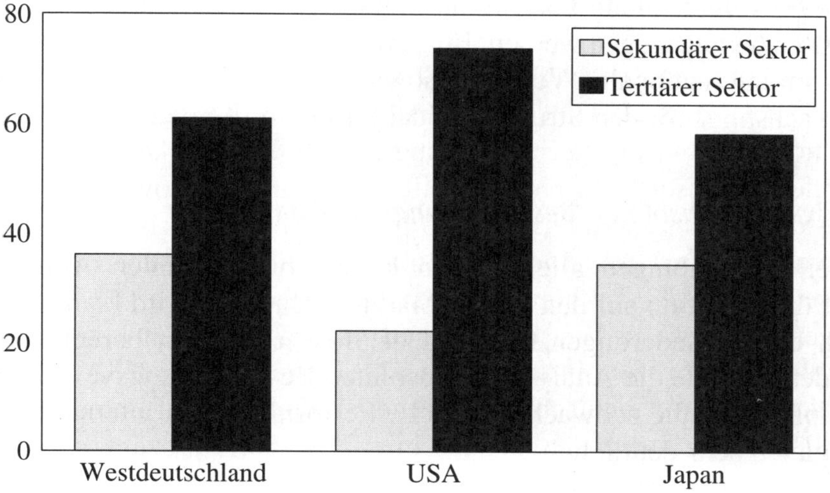

Anteil des Dienstleistungssektors an der Erwerbstätigkeit
1970 = 100

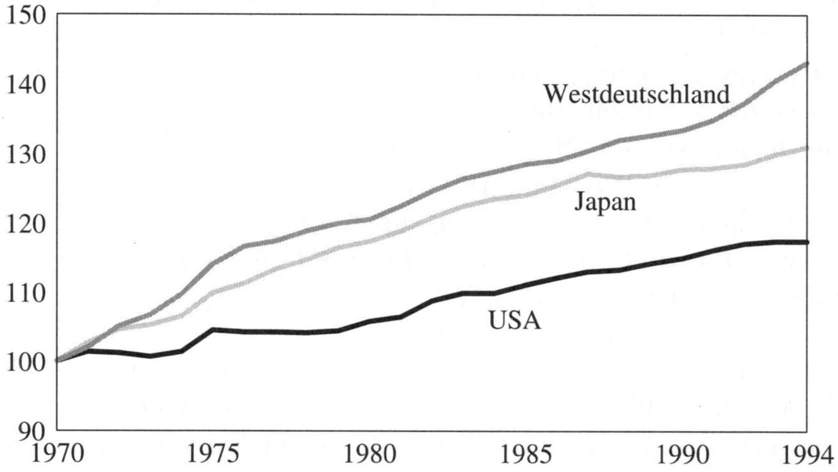

Quelle: OECD (1997a), eigene Berechnungen

trugen, wurde von knapp 61 Prozent der in Westdeutschland erwerbstätigen Personen immerhin über 64 Prozent der Wertschöpfung erwirtschaftet. Eine ähnliche Relation wurde auch von Japan erreicht.

Dieser Anteilsvergleich könnte bereits einen Hinweis auf Unterschiede in der Arbeitsproduktivität zwischen den drei Ländern liefern. Zur korrekten Berechnung von Produktivitätskennzahlen müssen aber reale Daten herangezogen werden. Eine Analyse der Produktivitätsentwicklung im internationalen Vergleich sowie der Bedeutung des Produktivitätswachstums für den Strukturwandel erfolgt im Kapitel 5.

Analyse des absoluten Beschäftigungswachstums

Anteilsbetrachtungen allein geben keinen hinreichenden Aufschluß über die Situation auf den Arbeitsmärkten. Das Bild wird klarer, wenn auch die Veränderungen der Zahl der Erwerbstätigen berücksichtigt werden. Gerade die Analyse der absoluten Beschäftigungsveränderungen offenbart die schwache deutsche Performance im internationalen Vergleich sehr deutlich.

Die USA schafften zwischen 1970 und 1996 einen Beschäftigungsaufbau von 58 Prozent. In Japan legte die Zahl der Jobs um 27 Prozent zu. Westdeutschland hinkt hier mit einem mageren Zuwachs von nur 4,4 Prozent weit hinterher (OECD, 1997d).[44] Ähnliche Relationen kennzeichnen die Entwicklung von 1980 bis 1996. Die USA schafften rund 27 Millionen neue Jobs (+27 Prozent); in Westdeutschland betrug der Zuwachs nur 1,1 Millionen Stellen (+4 Prozent). Diese Relationen sind typisch für die amerikanischen, europäischen und asiatischen/ozeanischen OECD-Länder. Die USA, Kanada und Mexiko schufen zwischen 1980 und 1996 ein Drittel mehr Jobs. In Japan, Australien und Neuseeland erhöhte sich die Zahl der Arbeitsplätze um ein Viertel. Europa bildet mit nur 7,4 Prozent mit weitem Abstand das Schlußlicht (OECD, 1997a).

Ein Blick auf die sektoralen Veränderungen legt einige der Ursachen offen. Westdeutschland war unter den analysierten Ländern das einzige Land, in dem die Erwerbstätigkeit im sekundären Sektor über den gesamten Zeitraum von 1970 bis 1994 hinweg (um 20,3 Prozent) zurückging. In den Jahren 1990 bis 1994 wurden zwar auch in den USA in diesem Sektor verstärkt Arbeitsplätze abgebaut (2,9 Prozent), aber immer noch deutlich weniger als in Westdeutschland, wo weitere 8,4 Prozent der zuvor noch bestehenden Stellen wegfielen.

Im tertiären Sektor dagegen wurde zwar überall ein Anstieg der Erwerbstätigenzahlen realisiert, in Westdeutschland blieb die Zunahme mit 54,5 Prozent von 1970 bis 1994 aber deutlich hinter den Zuwächsen Japans (60,2 Prozent) und vor allem der USA (79,3 Prozent) zurück. Dies zeigt, daß der im unteren Teil der Abbildung 3-5 abgebildete Aufholprozeß der bundesdeutschen Dienstleistungsbeschäftigung zum Teil auch darauf zurückzuführen ist, daß in der Industrie besonders viele Stellen abgebaut wurden und schon dadurch der Dienstleistungssektor einen höheren Anteil an der Erwerbstätigkeit erhielt. Es muß also beim internationalen Vergleich der Daten zwischen relativer, also anteilsbezogener, und absoluter Veränderung der Erwerbstätigkeit unterschieden werden.

Legt man die tiefere Gliederung der Wirtschaftszweige zugrunde, so wird deutlich, daß die niedrigeren Zuwachsraten der westdeutschen Erwerbstätigkeit im Vergleich zu den USA zum einen aus dem Bereich Handel und Verkehr resultieren.[45] Dort wurden zwischen 1970 und 1994 rund 11,7 Millionen zusätzlicher Arbeitsplätze geschaffen, was einer Zunahme von über 62 Prozent entspricht. In Westdeutschland bedeuteten rund 800 000 neu geschaffene Stellen dagegen nur einen Zugewinn von gut 16 Prozent. Zum anderen wies die Bundesrepublik bei den Arbeitsplätzen in Dienstleistungsunternehmen einschließlich des Gastgewerbes mit einem Plus von 111 Prozent einen geringeren Zuwachs als Japan (plus 113 Prozent) und die USA (plus 139 Prozent) auf. Allein zwischen 1990 und 1994 wurden dort fast 4 Millionen zusätzliche Erwerbstätige registriert. Die Steigerung ist um so bemerkenswerter, als der sektorale Strukturwandel in den USA schon zu Beginn des Beobachtungszeitraumes weit fortgeschritten war und eine derartige Dynamik im Dienstleistungssektor daher nicht als selbstverständlich anzusehen ist. Eine höhere Zuwachsrate als Japan und die USA konnte Westdeutschland allein im staatlichen Bereich, bei den privaten Haushalten und den privaten Organisationen ohne Erwerbszweck verbuchen. Seit Beginn der neunziger Jahre weist die Zahl der vom Staat beschäftigten Personen allerdings nach unten und diese Tendenz dürfte sich im Zuge der Konsolidierungsbemühungen der öffentlichen Haushalte fortsetzen, so daß von diesem Bereich keine positiven Signale für die Erwerbstätigkeit mehr ausgehen werden.[46] Die Abbildung 3-6 zeigt zusammenfassend die prozentuale Zunahme der Erwerbstätigkeit in den verschiedenen Bereichen des Dienstleistungssektors.

Der Rückstand Westdeutschlands gegenüber den USA, gerade in den wertschöpfungsintensiven Bereichen des tertiären Sektors, wird hier noch einmal deutlich. Er schlägt sich – wie bereits ersichtlich – auch in der gesamtwirtschaftlichen Entwicklung der Erwerbstätigkeit nieder. Die Tabelle 3-3 zeigt noch einmal für die einzelnen Wirtschaftsbereiche, daß im Vergleich zu den USA der Anteil des Verarbeitenden Gewerbes an der Erwerbstätigkeit in Westdeutschland nach wie vor sehr hoch ist. Hingegen steht die Bundesrepublik in bezug auf die Bedeutung der Dienstleistungsunternehmen für den Arbeitsmarkt den USA um einiges nach.

Abbildung: 3-6

Dienstleistungsunternehmen sorgen weltweit für mehr Beschäftigung

Prozentuale Veränderungen der Erwerbstätigkeit in den Teilbereichen des tertiären Sektors und in der Gesamtwirtschaft, 1970 bis 1994

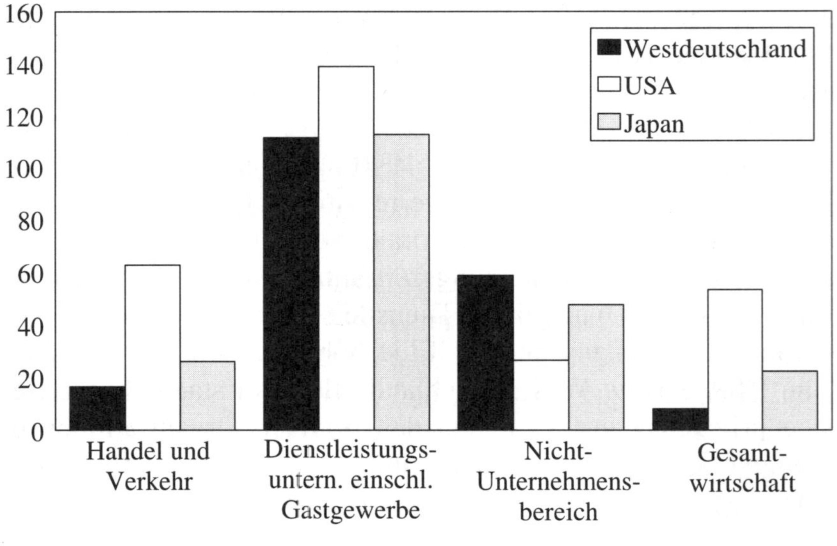

Quelle: OECD (1997a), eigene Berechnungen

Tabelle: 3-3

Die Anteile der großen Wirtschaftsbereiche an der Erwerbstätigkeit

in Prozent

	1970			1994		
	West-deutschland	USA	Japan	West-deutschland	USA	Japan
Agrarsektor	8,5	4,0	19,7	2,9	2,8	7,4
Versorgungswirtschaft	2,0	1,7	1,0	1,5	1,3	0,8
Verarbeitendes Gewerbe	38,1	24,5	26,7	27,7	15,4	23,2
Bauwirtschaft	8,7	5,3	8,1	6,9	5,4	10,4
Handel und Verkehr	17,9	23,9	21,5	19,3	25,5	22,2
Dienstleistungsunt. einschl. Gastgewerbe	11,0	21,9	15,8	21,6	34,2	27,4
Nicht-Unternehmens-bereich	13,6	16,9	7,2	20,0	14,0	8,7

Quelle: OECD (1997a), eigene Berechnungen

Analyse der Beschäftigungspotentiale

Die bisherigen Ausführungen weisen bereits eindrücklich auf einen doppelten Nachholbedarf hin: Die Bundesrepublik hat eine im internationalen Vergleich schwache Beschäftigungsentwicklung und besonders im Vergleich zu den USA immer noch einen geringeren Tertiarisierungsgrad. Es kommt noch etwas hinzu: Betrachtet man das Verhältnis der Erwerbstätigenzahlen zur Größe der Bevölkerung, dann wird deutlich, daß Westdeutschland im Vergleich zu den USA und vor allem zu Japan eine geringere Beschäftigungsdichte aufweist.

Die Abbildung 3-7 zeigt die Arbeitsplatzdichte in den USA, Japan und Deutschland für die Jahre 1970 und 1994. Die Analyse erlaubt einen Blick auf den besonders interessanten Sektor der privaten Dienstleistungen. Hier fällt zunächst auf, daß Japan die höchste Arbeitsplatzdichte dieser drei Länder hat. Zweitens wird das starke Aufholen der USA deutlich. Noch 1970 hatten die USA mit 382 Erwerbstätigen pro 1000 Einwohner eine deutlich geringere Dichteziffer als Deutschland (438). Seither ist die Entwicklung in den USA jedoch günstiger verlaufen als hierzulande. Der Arbeitsplatzabbau in der westdeutschen Industrie der letzten Jahre und der Beschäftigungsboom in den USA haben dazu geführt, daß sich die Relationen umgedreht haben. In Japan konnte die auf die Bevölkerung bezogene Erwerbstätigenzahl seit 1970 insgesamt noch leicht gesteigert werden, wobei einem relativen Rückgang der Arbeitsplatzzahlen in den siebziger Jahren seit Ende der achtziger Jahre wieder eine deutliche Zunahme gegenüberstand.

Wie die Abbildung 3-7 erkennen läßt, beruht die westdeutsche Erwerbstätigkeitslücke ausschließlich auf der Entwicklung in der privaten Wirtschaft. Pro 1000 Einwohner waren in den alten Bundesländern im Jahre 1994 rund 347 Personen in privaten Unternehmen beschäftigt. In den USA waren es dagegen 394 und in Japan sogar fast 487. Selbst aus dem früheren Vorsprung Westdeutschlands im Verarbeitenden Gewerbe, wo die relative Erwerbstätigenzahl im Jahre 1970 mit 167 noch deutlich höher als in Japan (140) lag, ist mittlerweile ein Rückstand geworden. Umgekehrt sieht es beim Staat aus. Hier war die Beschäftigungsdichte in Deutschland 1994 höher als in den USA und Japan.

Ein Blick auf die Kennziffern der privaten Dienstleistungsunternehmen offenbart die größte deutsche Schwäche. In den USA fanden 1994 in diesem Bereich 157 Personen je 1000 Einwohner einen Arbeitsplatz. In Japan lag diese Zahl mit 146 nur unwesentlich niedriger. In der Bundesrepublik verrichteten pro 1000 Einwohnern dagegen gerade 79 Personen eine Erwerbstätigkeit in den privaten Dienstleistungsunternehmen. Auch im Handel war die so gemessene westdeutsche Dienstleistungsdichte wesentlich geringer als in den anderen hier betrachteten Volkswirtschaften, und nur im Bereich Verkehr und Kommunikation lag die Zahl der Erwerbstätigen pro 1000 Einwohnern hier im Jahre 1994 etwas höher als in den USA. Die Tendenz weist jedoch in den USA nach oben, während in Westdeutschland die relative Erwerbstätigkeitszahl seit 1991 sinkt.

Die USA erweisen sich also auch in dieser Betrachtungsweise als das am stärksten dienstleistungsorientierte Land, während Westdeutschland deutlich hinterherhinkt. Es zeigt sich, daß in der Bundesrepublik allgemein nicht ausreichend Arbeitsplätze vorhanden sind und sich dieses Defizit gerade im stark wachsenden Dienstleistungssektor manifestiert.

Die Unterschiede zu den USA und zu Japan können auch in einer Potentialbetrachtung als Arbeitsplatzlücke interpretiert werden, die rein rechnerisch die Chancen für die Schaffung neuer Jobs aufzeigt,

Abbildung: 3-7

Wachsende Dienstleistungslücke in Westdeutschland

Erwerbstätige pro Tausend Einwohner 1970

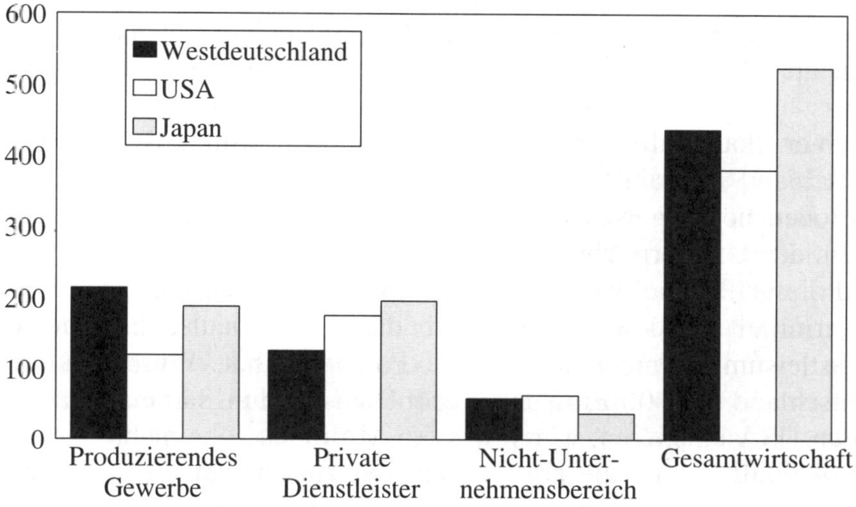

Erwerbstätige pro Tausend Einwohner 1994

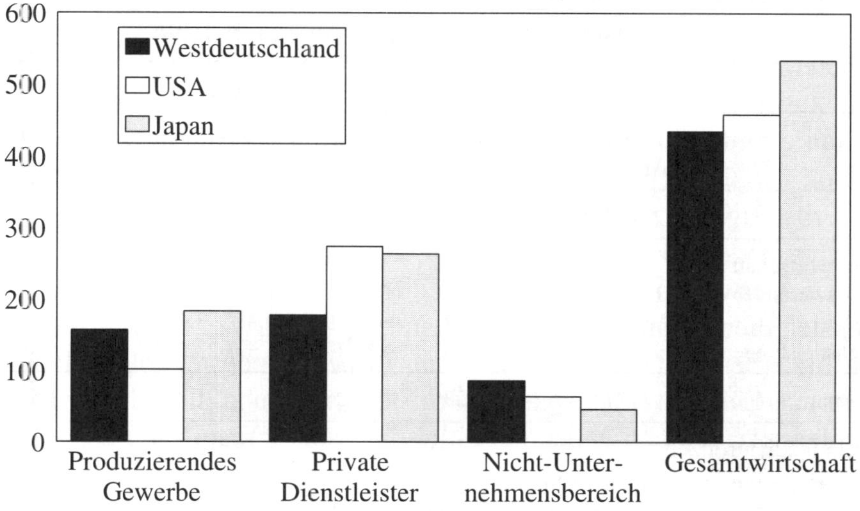

Quelle: OECD (1997a, 1997d), eigene Berechnungen

wenn es in Deutschland gelänge, eine gleich hohe Beschäftigungsdichte wie in den anderen beiden führenden Industrieländern zu erreichen. Um hierbei zu möglichst aktuellen Angaben zu kommen, wurde die Betrachtung auf die groben Wirtschaftssektoren beschränkt.[47] In den USA bestanden demnach 1996 rund 477 Arbeitsplätze pro 1000 Einwohner. In Japan lag diese Relation sogar bei 515. Westdeutschland blieb mit 424 Erwerbstätigen pro 1000 Einwohner weit hinter diesen Marken zurück.[48]

In einer Potentialrechnung bedeutet dieser Befund, daß in Westdeutschland im Jahr 1996 die Zahl der Arbeitsplätze um rund 3,5 Millionen höher gewesen wäre, wenn die gleiche Arbeitsplatzdichte wie in den USA erreicht worden wäre (Tabelle 3-4). Aufschlußreicher wird dieser Befund, wenn die Arbeitspotentiale unterteilt nach Sektoren ermittelt werden. Es zeigt sich dann, daß Deutschland bei den Dienstleistungen nicht ausgenutzte Potentiale hat. Würden auch in Deutschland je 1000 Einwohner 350 Dienstleistungsarbeitsplätze wie in den USA existieren, wären das 5,6 Millionen Jobs mehr.[49] In einer Nettokalkulation ist die höhere Zahl der Arbeitsplätze im deutschen Produzierenden Gewerbe gegenzurechnen. Hier hat Westdeutschland 2,2 Millionen Arbeitsplätze mehr als sich bei Zugrundelegung der amerikanischen Industriedichte ergeben würde.

Tabelle: 3-4

Ungenutztes Beschäftigungspotential in Deutschland

Ein deutsch-amerikanischer Vergleich 1996

	USA	Deutschland			
	Arbeitsplatzdichte[1]	Arbeitsplatzdichte[1]	Erwerbstätige	Erwerbstätige (potentiell)[2]	Arbeitsplatzpotential[3]
	je 1 000 Einwohner		Millionen		
Agrarwirtschaft	13	11	0,8	0,8	+0,1
Produzierendes Gewerbe	114	147	9,8	7,6	–2,2
Dienstleistungen	350	265	17,6	23,2	+5,6
Gesamt	477	423	28,2	31,7	+3,5

Rundungsdifferenzen

[1] Erwerbstätige je 1000 Einwohner

[2] Erwerbstätige in Westdeutschland bei gleicher Arbeitsplatzdichte wie in den USA

[3] Differenz zwischen tatsächlichen und potentiellen Erwerbstätigen

Quellen: OECD (1997d), Statistisches Bundesamt (1997a), eigene Berechnungen

Diese Potentialrechnung hat neben dem Aufzeigen der generellen Arbeitsplatzlücke in Deutschland eine zweite wichtige Dimension. Sie verdeutlicht, daß eine Tertiarisierung der Wirtschaft per Saldo mit Arbeitsplatzgewinnen verbunden sein kann. Die obige Kalkulation zeigt, daß eine Forcierung des Strukturwandels in Deutschland in Richtung auf noch mehr Dienstleistungen und damit eine noch stärkere Angleichung an die Strukturen der USA einen erheblichen Jobzuwachs brächte, wenn es gelänge, eine ähnliche Arbeitsplatzdichte wie in den USA zu erreichen.

Die Bedeutung der Erwerbsmöglichkeiten im tertiären Sektor fällt um so mehr ins Auge, als ein Vergleich zwischen Westdeutschland, den USA und Japan verdeutlicht, daß das Wirtschaftswachstum in der Bundesrepublik gerade in jüngster Zeit am stärksten vom tertiären Sektor abhängig war. Für diesen Vergleich wurden – analog zu der Vorgehensweise in Kapitel 2.2 – die Anteile der drei großen Sektoren am Wachstum der nominalen Bruttowertschöpfung für verschiedene Zeitabschnitte bestimmt. Das Ergebnis für den Dienstleistungssektor ist in der Abbildung 3-8 dargestellt.

Die Abbildung bestätigt zum einen die in Kapitel 2 für Westdeutschland gewonnene Erkenntnis, daß der tertiäre Sektor im Verlauf der letzten Jahre immer mehr zum dominierenden Wachstumsträger geworden ist. Dies gilt der Tendenz nach für alle hier betrachteten Länder. In der Zeit von 1970 und 1975 hatte der Dienstleistungssektor noch zwischen 59 und 64 Prozent zum Wirtschaftswachstum beigesteuert. In den neunziger Jahren lag sein Beitrag jedoch überall über 85 Prozent. Bemerkenswert ist dabei, daß für die Zeit von 1990 bis 1994 der Dienstleistungssektor in der Bundesrepublik und in Japan mit 91 Prozent fast für das gesamte Wachstum verantwortlich war. Damit erreichten Westdeutschland und Japan die höchsten der hier überhaupt errechneten Werte. In den Jahren zuvor waren es stets die USA, für die die Dienstleistungen als Wachstumsträger die größte Bedeutung hatten. Japan bis zum Jahr 1990 – mit Ausnahme der Jahre 1975 bis 1980 – meist an der dritten Position lag.

Die obige Betrachtung unterstreicht die Bedeutung des Dienstleistungssektors für den wirtschaftlichen Strukturwandel. Es wird aber in Zukunft entscheidend darauf ankommen, die Wachstumschancen, die der tertiäre Sektor bietet, in neue Arbeitsplätze umzusetzen. Der Län-

Abbildung: 3-8

Wirtschaftswachstum von Dienstleistern getragen

Anteil des tertiären Sektors am Wachstum der nominalen Bruttowertschöpfung in Prozent

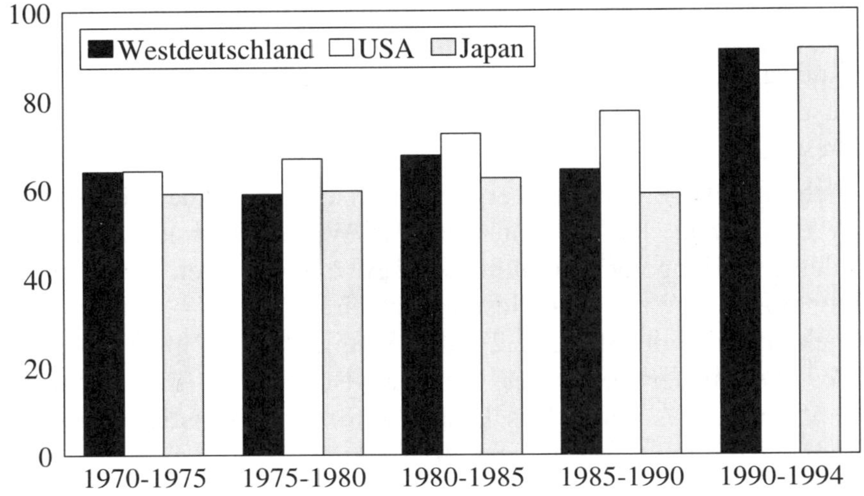

Quelle: OECD (1997a), eigene Berechnungen

dervergleich hat gezeigt, daß in den letzten Jahren vor allem in den USA die Zahl der Erwerbstätigen im Dienstleistungsbereich stark angewachsen ist, während der Anteil dieses Sektors an der Wertschöpfung in nicht ganz so hohem Ausmaß zunahm. In der Bundesrepublik war es dagegen umgekehrt. Die Unterschiede zwischen den USA und Deutschland zeigen sich – also auch in der Entwicklung der Arbeitsproduktivität (Eine ausführliche Diskussion der unterschiedlichen Produktivitätsperformance in den einzelnen Ländern und ihrer Ursachen erfolgt in Kapitel 5).

Dieser Abschnitt hat ebenfalls deutlich gemacht, daß die USA den Weg zur Dienstleistungsgesellschaft bereits konsequent beschritten haben, während in Deutschland der sekundäre Sektor bis heute eine wesentliche Rolle spielt. Aus diesem Grund wird das Verarbeitende Gewerbe als größter Teilbereich dieses Sektors im folgenden Abschnitt im internationalen Kontext näher betrachtet werden.

3.3 Verarbeitendes Gewerbe – Rückzug in Raten

3.3.1 Technologieorientierte Branchen gewinnen Wertschöpfungsanteile hinzu

Das Verarbeitende Gewerbe hat in allen bedeutenden Industrieländern im Verlauf der letzten Jahrzehnte kontinuierlich an Bedeutung für die Wirtschaftsleistung und die Erwerbstätigkeit verloren. In den Schwellenländern vor allem Südostasiens ist sein Anteil dagegen noch bis Ende der achtziger Jahre angestiegen, und erst in jüngster Zeit läßt sich ein Trend in Richtung auf einen Bedeutungsverlust dieses Wirtschaftsbereiches erkennen.[50] Soweit das Ergebnis der allgemeinen Betrachtung des letzten Abschnitts. Die Aussage über die rückläufige Bedeutung des Verarbeitenden Gewerbes – und damit eines Großteils der Industrie – sollte aber nicht zu dem Schluß verleiten, dieser Wirtschaftszweig sei, absolut betrachtet, geschrumpft. Insgesamt stieg der reale Produktionswert im Verarbeitenden Gewerbe in Westdeutschland zwischen 1970 und 1995 um über 55 Prozent. Die reale Bruttowertschöpfung dieses Wirtschaftsbereiches wuchs im selben Zeitraum immerhin um rund 34 Prozent. Mehrmals wurden dabei jährliche Wachstumsraten von über 5 Prozent erzielt. Ebenso finden sich allerdings Jahre, in denen die reale Wertschöpfung deutlich zurückging – am stärksten im Jahre 1993 mit einem Minus von fast 8 Prozent.

Die Betrachtung der Wachstumsraten des Verarbeitenden Gewerbes in Deutschland zeigte bereits, daß der relative Bedeutungsverlust nicht gleichmäßig erfolgte. Vergleicht man einmal die realen Wachstumsraten der Bruttowertschöpfung im Verarbeitenden Gewerbe mit den entsprechenden Werten für das Bruttoinlandsprodukt, so wird klar, daß das Verarbeitende Gewerbe in Zeiten wirtschaftlicher Stagnation oder Rezession überproportionale Einbrüche erleiden mußte, in Zeiten wirtschaftlicher Erholung diese Einbrüche aber nur selten durch überdurchschnittliche Wachstumsraten aufholen konnte. Konjunkturkrisen waren somit stets der Motor für den zum Rückzug der Industrie führenden Strukturwandel. Wie die Abbildung 3-9 zeigt, gilt diese Aussage allerdings im wesentlichen nur für Westdeutschland. Für die USA lassen sich ungefähr genauso viele Zeiträume ausmachen, in denen das reale Wertschöpfungswachstum des Verarbeitenden Gewerbes die Wachstumsrate des realen Bruttoinlandsproduktes deutlich übertraf, wie umgekehrt.[51] In Japan waren die Jahre mit überdurchschnittlichem realem Wachstum des Verarbeitenden Gewerbes seit 1970 sogar eindeutig in der Mehrzahl. Die Tatsache, daß auch in Japan – nominal betrachtet – der Anteil des Verarbeitenden Gewerbes an der gesamten Bruttowertschöpfung deutlich zurückging, ist entsprechend darauf zurückzuführen, daß dieser Sektor einem starken internationalen Wettbewerbsdruck ausgesetzt war (und ist) und sein reales Wachstum daher nur unter Inkaufnahme fallender Preise erzielen konnte (Green, 1985, 81 f.).

Die Abbildung 3-9 läßt auch erkennen, daß Japan im Vergleich der drei Länder die insgesamt höchsten Wachstumsraten im Verarbeitenden Gewerbe aufwies. Im einzelnen gilt dies, wie die Abbildung 3-10 für den Zeitraum von 1970 bis 1995 zeigt, vor allem für die technologieorientierten Branchen des Verarbeitenden Gewerbes. In diese wie auch in die folgenden Strukturvergleiche ist zusätzlich Frankreich als weiteres europäisches Land einbezogen. Damit wird es wenigstens ansatzweise möglich zu überprüfen, inwieweit die Entwicklung in der Bundesrepublik von nationalen Sondereinflüssen oder eher von den allgemeinen Tendenzen in Europa geprägt war.

Besonders deutlich war der japanische Wachstumsvorsprung im Maschinenbau sowie im Bereich „Übriges Verarbeitendes Gewerbe“, zu dem vor allem die Herstellung von Musikinstrumenten, Spielwaren und ähnlichen Gütern gehört. In ersterer Branche konnte Japan im Durchschnitt der 25 Beobachtungsjahre mit 9,1 Prozent sogar nahezu zweistellige Wachstumsraten erzielen, während sich Westdeutschland, Frankreich und die USA mit, respektive, rund 2 Prozent, 3,5 Prozent und 5,5 Prozent jährlich begnügen mußten. Auch das Übrige Verarbeitende Gewerbe wuchs in Japan mit durchschnittlich 5,4 Prozent pro Jahr deutlich stärker als in den USA (2,8 Prozent), in Frankreich (1,2 Prozent) oder in der Bundesrepublik, wo der durchschnittlicher Rückgang sogar 0,3 Prozent betrug. In den Bereichen Textil, Bekleidung und Leder, Holz und Möbel sowie in der Chemischen Industrie lag das Wachstum der japanischen realen Bruttowertschöpfung allerdings unter den amerikanischen Werten. Der Textilbereich war gleichzeitig die einzige Industriebranche, die in Japan – wie allerdings auch in Westdeutschland und Frankreich – real schrumpfte, wenngleich mit durchschnittlich 0,3 Prozent pro Jahr nur moderat. Frankreich hatte im Vergleich zu Japan immerhin in zwei Branchen (Nahrung, Getränke und Tabak sowie Holz und Möbel) einen, in der Nahrungs- und Ge-

Abbildung: 3-9

Schrumpfung des Verarbeitenden Gewerbes in Konjunkturkrisen

Vergleich des realen Wachstums von Verarbeitendem Gewerbe und Bruttoinlandsprodukt in Westdeutschland, in Prozent

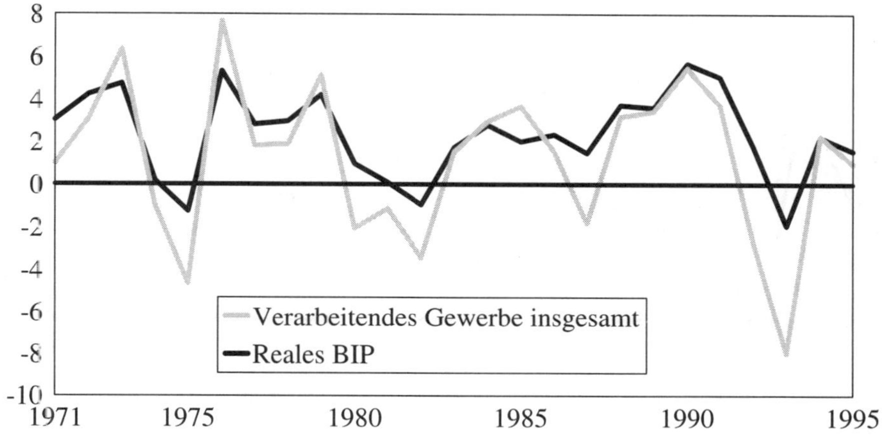

Vergleich des realen Wachstums von Verarbeitendem Gewerbe und Bruttoinlandsprodukt in den USA, in Prozent

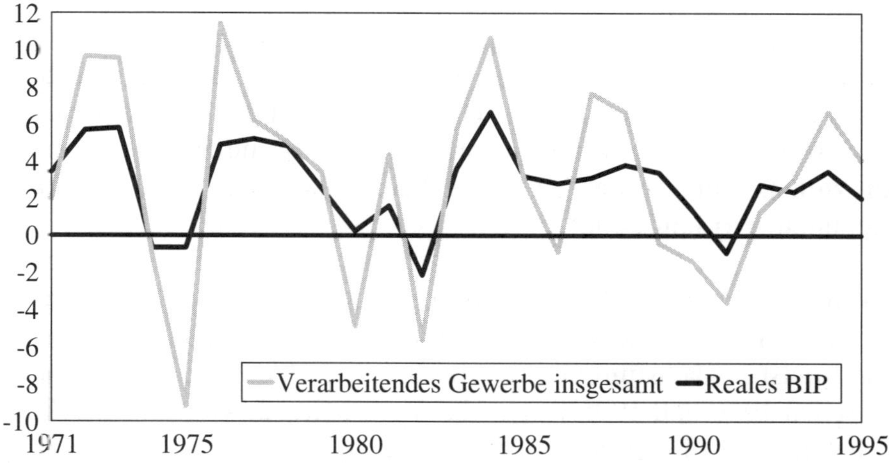

noch Abbildung: 3-9

Schrumpfung des Verarbeitenden Gewerbes in Konjunkturkrisen

Vergleich des realen Wachstums von Verarbeitendem Gewerbe und Buttoinlandsprodukt in Japan, in Prozent

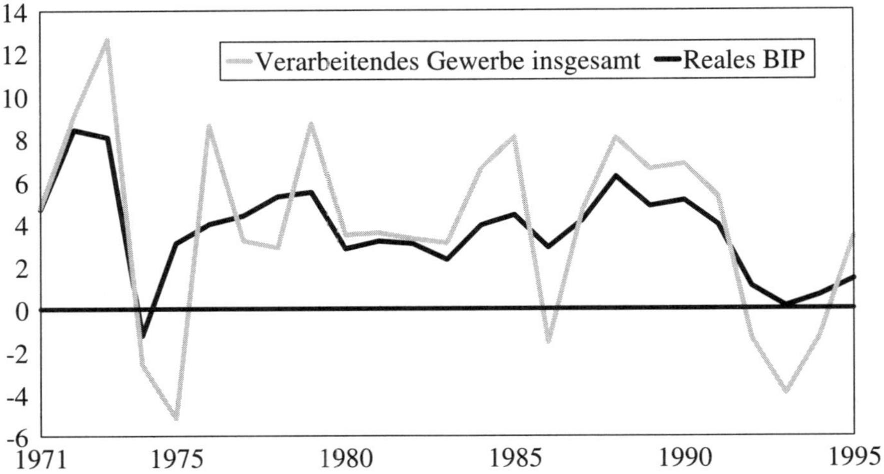

Quellen: OECD (1997a, 1997c), Statistisches Bundesamt (1997a), US Department of Commerce (1996, 1997), eigene Berechnungen

nußmittelindustrie allerdings nur geringen, Wachstumsvorsprung und stand unter anderem auf diesen Industriefeldern auch entsprechend besser da als Westdeutschland. Dagegen wies die Bundesrepublik in allen Branchen einen Wachstumsrückstand gegenüber Japan auf, der sich zum Beispiel in der Maschinenbauindustrie auf stattliche 7 Prozentpunkte pro Jahr belief.

Erweitert man das Feld der verglichenen Länder um Südkorea als Beispiel für die „Tigerstaaten“ Südostasiens, so ist selbst das japanische Industriewachstum von durchschnittlich 3,8 Prozent bescheiden: Zwischen 1970 und 1995 wuchs das Verarbeitende Gewerbe Südkoreas real um fast 13 Prozent jährlich. Einige Branchen wie der Fahrzeugbau oder der Maschinenbau steigerten ihre Wertschöpfung sogar um 20,9 oder 21,6 Prozent pro Jahr. Lediglich die Bereiche Holz und Möbel sowie die Textil- und die Ernährungsbranche mußten sich mit

Abbildung: 3-10

Japanische Industrie am stärksten gewachsen

Durchschnittliches jährliches Wachstum der realen Bruttowertschöpfung im Verarbeitenden Gewerbe, in Prozent 1970 bis 1995

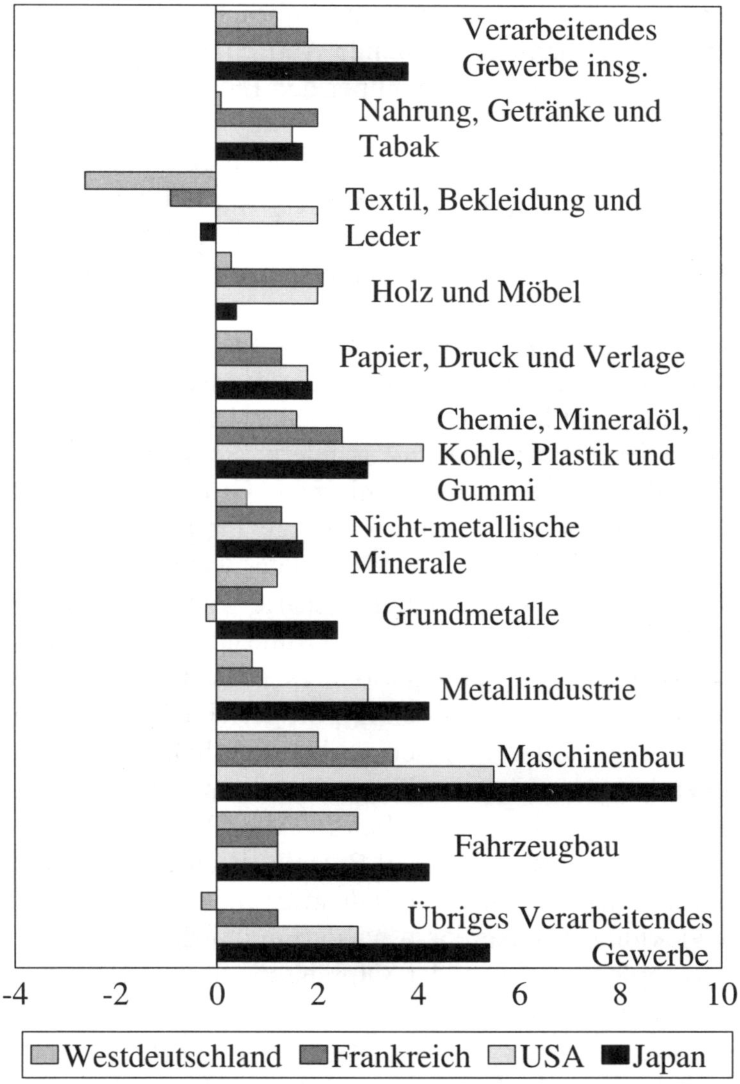

Quelle: OECD (1997c), eigene Berechnungen

Wachstumsraten von weniger als 10 Prozent begnügen. Dabei wuchs die südkoreanischen Wirtschaft in diesem Zeitraum real „nur" um rund 9,4 Prozent pro Jahr. Diese Ergebnisse bestätigen eindrucksvoll die in Abschnitt 2 konstatierte zeitliche Verzögerung, mit der die Schwellenländer Südostasiens dem weltweiten sektoralen Strukturwandel unterworfen waren. Offensichtlich waren zumindest in Südkorea nahezu alle Branchen des Verarbeitenden Gewerbes Träger des bis vor kurzem verzeichneten überdurchschnittlichen Wachstums dieses Sektors und damit auch entscheidende Antriebskräfte für den Aufholprozeß des Schwellenlandes gegenüber den Industrienationen.

Die sich aus dem Durchschnitt von 25 Jahren ergebenden Wachstumsraten des Verarbeitenden Gewerbes verbergen erhebliche Schwankungen, die im wesentlichen durch konjunkturelle Einflüsse erklärt werden können. So beinhaltet zum Beispiel die durchschnittliche Wachstumsrate des westdeutschen Fahrzeugbaus von 2,8 Prozent sowohl den Wertschöpfungszuwachs von knapp 22 Prozent im Jahre 1976 als auch den Einbruch des Jahres 1993, als die reale Wertschöpfung um 21 Prozent zurückging. Ähnliche, zum Teil noch extremere Ausschläge gab es auch in anderen Branchen und Ländern. So schrumpfte die reale Bruttowertschöpfung der amerikanischen Grundmetallindustrie im Jahre 1982 um mehr als 26 und im Folgejahr nochmals um knapp 16 Prozent, stieg jedoch im Jahre 1984 später wieder um rund 20 Prozent an. Die japanische Grundmetallindustrie wies in dieser Zeit einen ganz ähnlichen Wachstumsverlauf auf. Grundsätzlich galt für das japanische Verarbeitende Gewerbe besonders zwischen 1975 und 1990, daß die Wertschöpfung der auf den Export gerichteten Industriezweige wie der Fahrzeug- und der Maschinenbau deutlich stärker wuchs als die der eher binnenmarktorientierten Branchen. Ein Extrembeispiel bietet das Jahr 1980, als – verglichen mit dem Vorjahr – die Maschinenbauindustrie real um nahezu 30 Prozent wuchs, während die reale Wertschöpfung der Chemischen Industrie um 24 Prozent einbrach. Diese Entwicklung in Japan kann wiederum auf die binnenländischen Konjunkturprobleme infolge der Ölpreisschocks zurückgeführt werden (Ernst /Laumer, 1989, 115 ff.).

Um die Strukturen der Entwicklung innerhalb des Verarbeitenden Gewerbes näher nachzuzeichnen, bietet sich eine Betrachtung der Anteile der einzelnen Branchen an der nominalen Bruttowertschöpfung des gesamten Verarbeitenden Gewerbes an. Zum einen werden durch die Anteilsbetrachtung die Unterschiede im Wirtschaftswachstum zwischen den einzelnen Ländern aus der Analyse ausgeklammert. Zum anderen spiegelt die nominale Perspektive besser die tatsächliche, auch von der Preisentwicklung abhängige Bedeutung der einzelnen Branchen im Industriesektor wider.[52]

Die Tabelle 3-5 zeigt die Anteile der Obergruppen des Verarbeitenden Gewerbes[53] für das Jahr 1995 und die Veränderungen gegenüber 1970. Am Ende dieser Übersichtstabelle sind die Branchen nach ihrer Technologie-Intensität zusammengefaßt und die entsprechenden Werte für High-Tech, Medium-Tech und Low-Tech-Industrien ausgewiesen. Die Klassifikation entspricht der, die die OECD (1996b)[54] üblicherweise verwendet. Ebenfalls ausgewiesen sind in der Tabelle 3-5 die sektoralen Erwerbstätigenanteile. Auf eine nähere Analyse dieser Daten wird aber verzichtet, weil sich der Strukturwandel hinsichtlich dieser Dimension sehr ähnlich dem der Wertschöpfungsanteile vollzogen hat.

Richtet man zunächst den Blick auf die nominale Bruttowertschöpfung zwischen 1970 und 1995,[55] fällt auf, daß die verschiedenen Branchen des Verarbeitenden Gewerbes zwar im unterschiedlichen Ausmaß vom Strukturwandel betroffen sind. Allerdings waren die Anteilsverschiebungen zwischen den Branchen in der Mehrzahl der betrachteten Länder relativ moderat. Nur in Südkorea war die Intensität des Strukturwandels deutlich höher. So sind zwischen 1970 und 1995 dort etwa 35,5 Prozent der Wertschöpfungsanteile sektoral „umverteilt“ worden; in Deutschland waren es nur etwas mehr als 11 Prozent. Die Gewinner in Südkorea waren die High-Tech-Industrien, was deutlich den Strukturwandel dieser Volkswirtschaft von einem Entwicklungs- zu einem technologie-intensiven Industrieland anzeigt.

Betrachtet man die Tendenzen in den einzelnen Branchen näher, so zeigen sich durchaus beträchtliche Unterschiede zwischen den verschiedenen Ländern: Die einzige Branche, deren Anteil an der nominalen Bruttowertschöpfung durchgängig zurückging, war der Bereich Textil, Bekleidung und Leder. Den stärksten Anteilsverlust mußte dabei mit fast 14 Prozentpunkten die südkoreanische Textilindustrie (sowohl in der hier abgebildeten weiten Abgrenzung als auch die Textilindustrie im engeren Sinne) hinnehmen, wobei ihr Anteil mit knapp 20 Prozent im Jahre 1970 allerdings noch weit über dem der anderen Länder gelegen und im Jahre 1973 sogar fast 27 Prozent

Tabelle: 3-5

Unterschiedliche Beschäftigungsintensität im Verarbeitenden Gewerbe

Anteile der einzelnen Branchen an der nominalen Bruttowertschöpfung (BWS) und der Erwerbstätigkeit des Verarbeitenden Gewerbes insgesamt[1]

1995	Westdeutschland		Frankreich		USA		Japan		Südkorea	
	BWS	Erwerbstätigkeit	BWS	Erwerbstätigkeit	BWS	Erwerbstätigkeit	BWS	Erwerbstätigkeit	BWS	Erwerbstätigkeit
Nahrung, Getränke und Tabak	10,0	10,6	14,1	13,5	9,9	9,1	11,0	12,0	12,3	6,7
Textil, Bekleidung und Leder	2,6	4,6	5,2	8,4	4,4	9,2	3,6	11,6	6,4	18,0
Holz und Möbel	3,2	5,2	3,3	4,6	4,2	7,2	2,3	3,9	1,4	2,6
Papier, Druck und Verlage	4,4	5,4	8,2	8,1	11,6	11,9	8,1	8,0	4,8	4,8
Chemie, Mineralöl, Kohle, Plastik und Gummi	20,1	12,9	19,4	12,7	17,6	11,5	14,6	9,8	19,0	14,5
Nicht metallische Minerale	4,1	4,0	4,1	3,3	2,3	2,9	3,7	3,9	4,5	4,3
Grundmetalle	7,6	6,7	4,7	5,0	3,7	3,8	7,1	3,8	8,3	4,1
Metallindustrie	9,9	10,8	8,0	8,1	6,9	7,5	5,8	7,9	5,2	6,6
Maschinenbau	22,0	24,7	18,5	20,3	20,8	19,3	26,7	27,4	23,8	23,6
Fahrzeugbau	11,4	10,8	11,2	11,8	11,0	9,5	10,1	8,3	11,7	10,2
Übriges Verarbeitendes Gewerbe	0,6	0,8	1,7	2,3	1,9	2,3	5,0	1,9	1,3	2,7
High-Tech[2]	20,1	20,0	19,0	17,1	23,7	19,1	24,8	16,0	23,7	21,7
Medium-Tech[2]	28,5	29,0	28,6	17,2	31,0	28,2	28,4	25,8	24,7	26,5
Low-Tech[2]	51,4	51,0	52,2	65,5	45,2	52,7	46,4	58,2	51,6	51,8

noch Tabelle: 3-5

	Veränderungen 1970-1995 in Prozentpunkten									
	Westdeutschland		Frankreich		USA		Japan		Südkorea	
	BWS	Erwerbs-tätigkeit	BWS	Erwerbs-tätigkeit	BWS	Erwerbs-tätigkeit	BWS	Erwerbs-tätigkeit	BWS	Erwerbs-tätigkeit
Nahrung, Getränke und Tabak	–2,9	0,9	2,0	2,9	–2,4	–0,4	0,4	2,7	–17,0	–6,7
Textil, Bekleidung und Leder	–5,3	–7,8	–4,6	–8,0	–3,5	–4,2	–3,7	–4,6	–13,8	–13,4
Holz und Möbel	–0,1	0,5	–0,3	0,2	–0,1	1,1	–1,2	–2,9	–2,2	–2,6
Papier, Druck und Verlage	–0,1	0,2	1,9	1,8	2,5	2,7	2,3	1,3	–0,5	–0,9
Chemie, Mineralöl, Kohle, Plastik und Gummi	3,7	2,7	0,3	2,7	5,6	2,1	0,4	1,7	3,6	2,4
Nicht metallische Minerale	–0,9	–0,5	–0,2	–0,8	–0,9	–0,5	–0,5	–0,9	–0,4	–1,5
Grundmetalle	–2,0	–2,7	–4,3	–1,6	–3,7	–2,7	–4,2	–0,8	6,7	0,3
Metallindustrie	0,1	0,6	1,0	–0,2	–0,4	–0,6	–0,2	–0,3	2,3	2,5
Maschinenbau	1,7	1,9	1,3	2,6	1,8	0,6	5,1	4,0	16,6	15,8
Fahrzeugbau	4,4	4,0	2,4	0,2	–0,9	–0,1	–0,7	0,5	5,4	5,8
Übriges Verarbeitendes Gewerbe	–0,1	–0,2	0,1	0,3	0,2	0,0	1,9	–0,4	–1,6	–3,1
High–Tech[2]	6,4	3,5	5,4	5,8	9,2	4,6	8,9	6,2	16,1	14,6
Medium–Tech[2]	–2,5	4,1	1,0	–7,8	–0,1	1,4	–5,7	–2,9	7,4	6,1
Low–Tech[2]	–3,9	–7,7	–6,4	2,0	–9,0	–5,9	–3,6	–3,2	–23,6	–20,7

[1] Die Angaben für Südkorea (alle Bereiche) sowie die Bereiche Metallindustrie, Maschinenbau und Fahrzeugbau der übrigen Länder (mit Ausnahme der Wertschöpfungsanteile Frankreichs) beziehen sich auf das Jahr 1994.

[2] Die Klassifikation der Branchen nach ihrer Technologieintensität entspricht der Einteilung der OECD (1997c). Die Angaben beziehen sich auf 1994 oder auf den Zeitraum 1970 bis 1994.

Anmerkung: Die Summen der Branchenanteile sind kleiner als 100, da die heterogene Klasse der „sonst nicht erfaßten berufsbezogenen, wissenschaftlichen Meß- und Kontrollmaschinen und -ausrüstungen sowie der photographischen und optischen Güter“ hier nicht aufgeführt ist.

Quelle: OECD (1997c), eigene Berechnungen

betragen hatte. Im Jahre 1994 trug der gesamte Textilbereich in Südkorea dagegen nur noch gut 6 Prozent zur Wertschöpfung bei. Als weiterer deutlicher Verlierer ist die Grundmetallindustrie auszumachen. Die Anteilsverluste dieses Bereiches sind zum größten Teil der Eisen- und Stahlindustrie zuzurechnen, die in allen Ländern außer in Südkorea deutlich an Boden verlor. Im Jahre 1970 hatte diese Branche noch zwischen 5 Prozent (USA) und 9 Prozent (Japan) der nominalen Bruttowertschöpfung des Verarbeitenden Gewerbes beigetragen. 24 Jahre später betrug der Anteil nur noch zwischen 2,3 Prozent (USA) und 5,3 Prozent (Japan). Nur in Südkorea konnten Eisen und Stahl – und damit auch die Grundmetallindustrie insgesamt – in diesem Zeitraum ihr wirtschaftliches Gewicht deutlich erhöhen. Von wenig über 1 Prozent erhöhte sich der Anteil bis zum Beginn der achtziger Jahre auf rund 7 Prozent. Seitdem konnte die Eisen- und Stahlbranche zwar – unter Schwankungen – ihre Bedeutung behaupten. Die Jahre fetten Wachstums dieser Branche sind aber auch hier wohl vorüber.

Weitere Bereiche des Verarbeitenden Gewerbes, die überwiegend an Bedeutung einbüßten, waren Nahrung, Getränke und Tabak, Holz und Möbel sowie die Nichtmetallischen Minerale. Die Ernährungsbranche verlor vor allem in Südkorea mit 17 Prozentpunkten drastisch, wobei die realen Wachstumsraten dennoch deutlich über denen der anderen Länder lagen und die Anteilsverluste lediglich zu einer Angleichung des Stellenwertes dieser Branche an die anderen Industrieländer geführt hat: Den 12,3 Prozent, die die südkoreanische Ernährungs-, Getränke- und Tabakindustrie 1994 noch zur Wertschöpfung beitrug, standen Anteile von 10,4 Prozent (USA) bis 14,4 Prozent (Frankreich) gegenüber.

Im Bereich Holz und Möbel gab es keine wesentliche strukturelle Veränderungen. Auffällig ist, daß in fast allen Ländern die Möbelindustrie durchgehend eine etwas bessere Entwicklung nahm als die Holzbranche. Nicht so allerdings in den USA: Hier wurden die leichten Anteilsgewinne im wesentlichen von den Holzprodukten getragen. Insgesamt ist die Bedeutung dieser Branche jedoch überall in den verglichenen Industrieländern bescheiden. Selbst in den USA hielt sie 1994 nur einen Anteil an der nominalen Bruttowertschöpfung von 5 Prozent. In Südkorea lag der Anteil sogar nur bei wenig mehr als 1 Prozent.

Auch die Nichtmetallischen Minerale, zu denen vor allem die Glasindustrie sowie Ton- und Porzellanwaren gehören, stellen mit Wertschöpfungsanteilen von zuletzt 2,3 Prozent in den USA und 4,3 Prozent in Südkorea als höchstem Wert nur eine kleine Branche dar. Diese ist in der relativen Betrachtung seit 1970 sogar noch etwas geschrumpft. In Westdeutschland und Südkorea konnten lediglich zu Beginn der neunziger Jahre vorübergehend Anteile hinzugewonnen werden. Eine reale westdeutsche Wachstumsrate dieser Branche von minus 0,7 Prozent im Schnitt der Jahre 1990 bis 1995 zeigt allerdings, daß diese Branche lediglich weniger von den Rezessionstendenzen betroffen war als andere Teile des Verarbeitenden Gewerbes.

In der Metallindustrie, die 1994 zwischen 5,2 (Südkorea) und 9,9 Prozent (Westdeutschland) der Bruttowertschöpfung erwirtschaftete, läßt sich kein international überwiegender Trend ausmachen. Geringen Anteilsgewinnen in Frankreich und Südkorea standen leichte Verluste in Japan und den USA gegenüber. In Westdeutschland veränderte sich der Anteil gegenüber 1970 überhaupt nicht. In den meisten Ländern schwankten die Anteile allerdings durchaus deutlich mit dem Konjunkturverlauf, so daß während der weltweit soliden Konjunkturphase in der zweiten Hälfte der achtziger Jahre klare Anteilsgewinne erzielt wurden. Wiederum fallen die USA jedoch aus dem Rahmen: Hier ging der Anteil der Metallprodukte während der achtziger Jahre fast durchgehend zurück.

Zu den – länderübergreifend betrachteten – Gewinnern im Strukturwandel innerhalb des Verarbeitenden Gewerbes dürfen sich die Branchen Papier, Druck und Verlage, die Chemische Industrie im weiteren Sinne sowie der Maschinen- und der Fahrzeugbau als Teil des großen Bereiches der metallverarbeitenden Industrie sehen. Dennoch büßte jede dieser Branchen in mindestens einem Land – wenn auch meist geringfügig – Wertschöpfungsanteile ein. Die zeitliche und intra-industrielle Verteilung der relativen Gewinne und Verluste der 4 Branchen stellt sich bei genauerer Betrachtung als äußerst uneinheitlich dar.

Im Papier-, Druck- und Verlagsgewerbe verteilen sich die leichten Anteilsgewinne in den einzelnen Ländern unterschiedlich auf den Beobachtungszeitraum. So wurden sie zum Beispiel in den USA vornehmlich in den achtziger, in Frankreich dagegen besonders in den neunziger Jahren verzeichnet. In bezug auf die Untergruppen der

Branche macht ein genauerer Blick deutlich, daß in Frankreich, Japan und den USA das Druck- und Verlagsgewerbe der eigentliche Gewinner war und sein Wertschöpfungsanteil innerhalb der Branche mittlerweile zwischen rund 64 Prozent in den USA und Japan und 68 Prozent in Frankreich liegt. Dies dürfte in erster Linie auf die zunehmende wirtschaftliche Bedeutung des Informationsflusses zurückzuführen sein (Härtel u.a., 1989, 154). In Westdeutschland gewann dagegen die papierverarbeitende Industrie leicht Anteile hinzu, während der Druck- und Verlagsbereich auf dem Niveau der siebziger Jahre verblieb. Südkorea schließlich war das einzige der hier betrachteten Länder, in welchem die Papier-, Druck- und Verlagsbranche über den Gesamtzeitraum Anteile einbüßte, besonders in den siebziger Jahren. Mittlerweile liegt Südkorea nur noch leicht vor Westdeutschland, wo der Anteil im Jahre 1995 mit 4,4 Prozent den geringsten Wert aller verglichenen Länder aufwies. In den USA wurde dagegen zuletzt ein Anteilswert von 11,6 Prozent erreicht.

Im Bereich Chemie, Mineralöl, Kohle, Plastik und Gummi verdecken die länderübergreifenden Anteilsgewinne ebenfalls national unterschiedliche Entwicklungen. Immerhin hat diese Branche in allen Ländern ein recht hohes Gewicht: Nahezu 20 Prozent der nominalen Bruttowertschöpfung des Verarbeitenden Gewerbes werden hier erwirtschaftet. Aber auch hier gibt es eine Ausnahme: In Japan lag der Anteil bis zuletzt bei unter 15 Prozent. Auch in Frankreich ging der Anteil der Chemie in der ersten Hälfte der siebziger Jahre um rund 3 Prozentpunkte zurück, was vor allem auf die Probleme der französischen Ölraffinerien infolge der ersten Ölkrise zurückzuführen ist. Diese haben zudem im internationalen Vergleich ein überaus hohes Gewicht innerhalb der Branche. Für die USA ist vor allem der deutliche Anstieg der Arzneimittelbranche von 1,4 auf 3,4 Prozent zu vermerken. Allerdings hat sich auch in anderen Ländern die Bedeutung dieses Industriezweiges erhöht.

Auch der Fahrzeugbau hat vom Strukturwandel innerhalb des Verarbeitenden Gewerbes in den Jahren seit 1970 überwiegend profitiert und erwirtschaftet heute in den verglichenen Ländern rund 10 bis 12 Prozent der Bruttowertschöpfung des gesamten Wirtschaftszweiges.[56] Besonders deutlich fielen die Anteilsgewinne in Westdeutschland und Südkorea aus, wo zwischen 1970 und 1994 beachtliche 4,4 und 5,4 Prozentpunkte zugelegt werden konnten. In der Bundesrepublik trug besonders die Automobilindustrie mit ihren hohen Wertschöpfungszuwächsen Mitte der siebziger Jahre zum Erfolg dieser Branche bei. Mit über 85 Prozent hielt die Automobilindustrie bis zuletzt den Löwenanteil an der gesamten Wertschöpfung der Fahrzeugbaubranche. Ein ähnlich hoher Wert wird nur von der japanischen Autoindustrie erreicht. In den USA liegt der Wert dagegen – trotz aller Aufmerksamkeit, die die großen amerikanischen Automobilkonzerne immer wieder auf sich ziehen – nur bei gut 60 Prozent. Allerdings hat die Automobilindustrie tatsächlich wesentlich zu den leichten Verlusten, die der amerikanische Fahrzeugbau im Laufe des Beobachtungszeitraumes hinnehmen mußte, beigetragen, wobei sie besonders von den Rezessionen rund um die Jahre 1980 und 1990 betroffen wurde. Auch in Japan ging der Anteil des Fahrzeugbaus leicht zurück. Hier lag die Ursache aber vor allem in dem Niedergang, dem die japanische Schiffbau- und Werftenindustrie ab Mitte der siebziger Jahre unterworfen war. Hatte im Jahre 1974 der Anteil dieses Branchenzweiges noch bei 3,8 Prozent gelegen, so sackte er bis 1979 auf 1,2 Prozent ab. In der Folgezeit rutschte der Anteil sogar unter die 1-Prozent-Marke. Selbst die günstige Entwicklung des Automobilsektors, der mittlerweile einen Anteil von knapp 9 Prozent der Bruttowertschöpfung des Verarbeitenden Gewerbes erreicht hat, konnte die leichten Anteilsverluste des gesamten Fahrzeugbausektors nicht verhindern.

Der Maschinenbau schließlich ist in zwei der fünf hier herangezogenen Ländern (Japan und Südkorea) die Branche mit den größten Anteilsgewinnen. Außer in Frankreich stellt sie zudem – in der hier vorgenommenen Untergliederung – die größte Branche überhaupt dar, wobei ihr Anteil in Japan zuletzt sogar bei 26,7 Prozent und in den übrigen Ländern knapp über 20 Prozent lag. Nur in Frankreich ist ihr Anteil unwesentlich geringer als der der chemischen Industrie. Allerdings ist bei Aussagen über die Größe des Maschinenbaus zu berücksichtigen, daß dieser mehrere, recht heterogene Industriezweige umfaßt, die grob in elektrische und nicht-elektrische Maschinen und Anlagen eingeteilt werden können. In die erste Kategorie fallen vor allem die gesamte Kommunikationsgeräteindustrie sowie Radio- und Fernsehausrüstungen. Weiterhin gehören hierzu die gesamte Palette der elektrischen und elektronischen Industriemaschinen und -anlagen sowie der elektrische Haushaltsgerätebereich. Der Zweig der nicht-elektrischen Maschinen und Anlagen umfaßt im wesentlichen Büromaschinen und Computer ebenso wie Motoren und Turbinen, Landwirtschaftsmaschinen sowie Maschinen zur Metall- und Holzbearbeitung und andere Spezialmaschinen.

Den größten Sprung nach vorne konnte der Maschinenbau in Südkorea machen. Allerdings ging sein Anteilsgewinn von fast 17 Prozentpunkten von recht niedrigen Ausgangswerten aus. Am stärksten gewannen die elektrischen Maschinen und Anlagen mit 11,7 Prozentpunkten hinzu, wobei die Zuwächse vor allem in den frühen siebziger sowie den achtziger Jahren realisiert wurden. Das Wachstum wurde dabei nahezu ausschließlich vom Kommunikations-, Radio- und Fernsehbereich getragen.

Japan wies mit rund 5 Prozentpunkten die zweithöchsten Anteilsgewinne im Bereich des Maschinenbaus auf. Im Zeitablauf war der japanische Maschinenbau jedoch deutlichen Schwankungen unterworfen. Dies trifft vor allem auf den Bereich der elektrischen Maschinen und Anlagen zu. Hier waren beispielsweise zwischen 1972 und 1975 Anteilsverluste in Höhe von 2 Prozentpunkten zu verzeichnen. Zwischen 1981 und 1984 erhöhte sich der Anteil dieses Industriezweiges dagegen von 11,6 auf 14,9 Prozent und damit stärker als jeder andere Bereich des japanischen Verarbeitenden Gewerbes. Maßgeblich für die Schwankungen war ganz überwiegend der Bereich der Kommunikations-, Radio- und Fernsehtechnik. In den neunziger Jahren mußte der nicht-elektrische Maschinenbau schließlich einen Teil seiner zuvor hinzugewonnenen Wertschöpfungsanteile wieder abgeben.

In den USA, Westdeutschland und Frankreich mußten sich die Maschinenbauer mit nur moderaten Anteilsgewinnen von unter 2 Prozentpunkten bescheiden. Gemeinsam war dabei allen drei Ländern, daß der elektrische gegenüber dem nicht-elektrischen Bereich seine Position deutlich verbessern konnte. Insgesamt sähe der Anteilssaldo vor allem in Frankreich und der Bundesrepublik deutlich freundlicher aus, hätte der Maschinenbau nicht – ähnlich wie in Japan seit Beginn der neunziger Jahre einige Anteilsverluste hinnehmen können. Von dieser Tendenz ausgenommen war in jüngster Zeit die USA, wo elektrische Maschinen und Anlagen zwischen 1993 und 1995 um 1,6 Prozentpunkte zulegen konnten. Diese Pluspunkte gingen dabei im wesentlichen auf das Konto der Kommunikationstechnologien, deren Anteil mit zuletzt 7,1 Prozent nunmehr deutlich höher liegt als in den europäischen Ländern, an das südkoreanische Niveau von knapp 13 Prozent jedoch bei weitem nicht heranreicht.

Zusammenfassend bleibt für die Analyse der Anteile an der nominalen Bruttowertschöpfung festzuhalten, daß in allen betrachteten Industrieländern und auch in Südkorea die tendenziell mehr mit hochwertiger Technologie arbeitenden Sektoren wie der Maschinenbau oder die Chemische Industrie im Strukturwandel innerhalb des Verarbeitenden Gewerbes gewonnen haben, während auf einfachen Technologien beruhende, verbrauchsnahe oder auf die Vorleistungsproduktion ausgerichtete Branchen wie die Textil- oder die Grundmetallindustrie zu den relativen Verlierern zählen. Das zeigt auch die in Tabelle 3-5 ausgewiesene Entwicklung der nach der Technologie-Intensität zusammengefaßten Branchen. In allen fünf betrachteten Ländern[57] haben die High-Tech-Industrien meistens zu Lasten der Low-Tech-Industrien an Wertschöpfungsanteilen gewonnen.

Damit liefert die Analyse bereits einen wesentlichen Hinweis auf die bedeutende Rolle, die der technologische Fortschritt im Strukturwandel spielt. Dieser Aspekt wird in Abschnitt 5 dieses Kapitels noch eingehender behandelt.[58] Trotz dieser gemeinsamen Trends bleiben die Unterschiede in der Struktur des Verarbeitenden Gewerbes zwischen den einzelnen Ländern beträchtlich. Dies läßt sich anhand einer Kennzahl zeigen, die aus den Anteilen der einzelnen Zweige des Verarbeitenden Gewerbes an dessen gesamter nominaler Bruttowertschöpfung in jeweils zwei Ländern berechnet wird. In der tiefstmöglichen Gliederung werden die absoluten Anteilsdifferenzen der einzelnen Industriezweige zwischen den zwei Ländern aufsummiert. Je größer die hieraus resultierende Kennzahl, desto unterschiedlicher stellen sich die Industriestrukturen in den zwei verglichenen Ländern dar.

Exemplarisch zeigt die Abbildung 3-11 die strukturellen Unterschiede im Verarbeitenden Gewerbe zwischen Westdeutschland und, respektive Frankreich, den USA und Japan. Die Abbildung macht zum einen deutlich, daß die unterschiedliche Verflechtung (über den Außenhandel), die zwischen der Bundesrepublik und den anderen Volkswirtschaften besteht, keinen signifikanten Einfluß auf die Strukturunterschiede im Verarbeitenden Gewerbe zu haben scheint, sonst wäre kaum zu erklären, warum die strukturellen Differenzen zwischen den eng verbundenen Wirtschaften Westdeutschlands und Frankreichs nahezu dasselbe Ausmaß wie zwischen Westdeutschland und Japan erreichen.

Darüber hinaus zeigen die Werte auch, daß trotz der gleichartigen weltwirtschaftlichen Einflüsse, denen die betrachteten Länder ausgesetzt waren, und trotz der das Verarbeitende Gewerbe überall prägenden Globalisierungstendenzen in keinem Vergleich eine deutliche und dauerhafte Verringerung der Strukturunterschiede festgestellt werden kann. Im Gegenteil weist gerade der Strukturvergleich Deutschland – USA, aber auch der zwischen der Bundesrepublik und Japan, für die Jahre nach 1980 überwiegend steigende Differenzen aus. Ausschlaggebend hierfür könnte sein, daß im Zuge des weltweiten Wettbewerbs, in dem die verschiedenen Bereiche des Verarbeitenden Gewerbes zunehmend stehen, in den einzelnen Ländern eine Konzentration auf die Industriezweige erfolgt, in denen Wettbewerbsvorteile bestehen (BMWi, 1989, 144). Die dauerhafte Erhaltung anderer Industrien – auch durch staatliche Hilfen – erweist sich aufgrund des Wettbewerbs-

Abbildung: 3-11

Beständige Unterschiede in den internationalen Industriestrukturen[1]

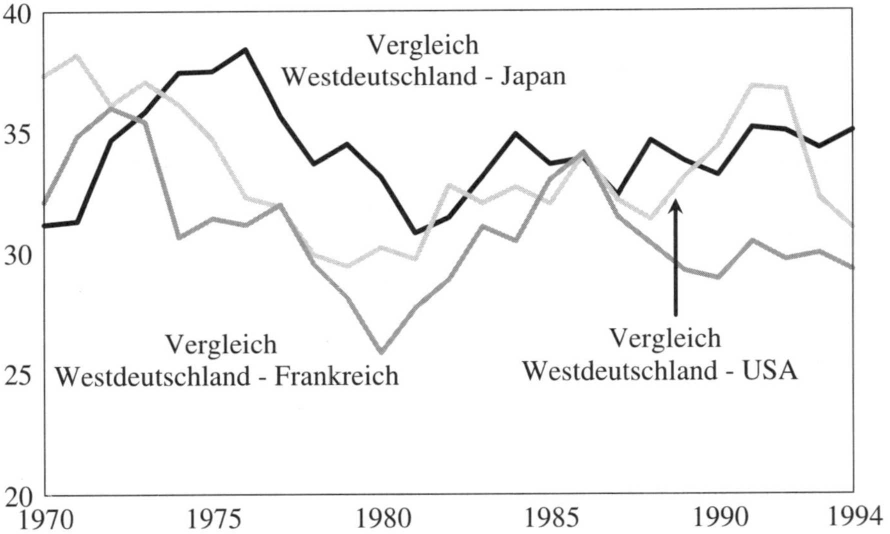

[1] Entwicklung der Summe der wertschöpfungsbezogenen Anteilsdifferenzen zwischen den einzelnen Branchen des Verarbeitenden Gewerbes in Prozentpunkten

Quelle: OECD (1997c), eigene Berechnungen

drucks mehr und mehr als nicht realisierbar. Insofern können die hier beobachteten Divergenzen auf den im Abschnitt 3.2 beschriebenen sektoralen Strukturwandel zurückgeführt werden. Denn dieser wird ja gerade durch die globalen Wettbewerbsprozesse getrieben und hat in den Industrieländern zur gesunkenen Bedeutung des Verarbeitenden Gewerbes geführt. In diesem – meist relativen, aber besonders bezogen auf die Erwerbstätigkeit auch absoluten – Schrumpfungsprozeß können nur diejenigen Unternehmen überleben, die Wettbewerbsvorteile besitzen und diese ausbauen können. Diese Vorteile konzentrieren sich nun offensichtlich in den verschiedenen Ländern auf unterschiedliche Branchen.

Die in diesem Abschnitt gemachten Aussagen behalten weitgehend ihre Gültigkeit, wenn man statt der Bruttowertschöpfung die nominalen Produktionswerte der einzelnen Branchen des Verarbeitenden Gewerbes und deren Anteile an der Gesamtproduktion dieses Sektors betrachtet. Die durch die Einbeziehung der Vorleistungen verursachten strukturellen Veränderungen können im wesentlichen vernachlässigt werden. Die bedeutsamsten Abweichungen finden sich im Fahrzeugbau. Während bei der Bruttowertschöpfung Westdeutschland immerhin Anteilsgewinne in Höhe von 4,4 Prozentpunkten verbuchen konnte, die USA und Japan jedoch 0,9 und 0,7 Prozentpunkte einbüßten, hat der Fahrzeugbau bezogen auf die nominale Produktion überall Anteilsgewinne verzeichnet. In den USA beliefen sie sich auf 2,7, in Japan auf 3,1 und in Westdeutschland sogar auf 4,9 Prozentpunkte. Die Ursache für diese Abweichungen dürfte darin zu finden sein, daß die Automobilbranche im Laufe der Zeit ihre Produktionstiefe mehr und mehr verringert hat und somit der Anteil der Vorleistungen an ihrer Produktion gestiegen ist. Dies hat sich entsprechend in geringeren Wertschöpfungsdaten und in entsprechend niedrigeren Anteilen an der Wertschöpfung des gesamten Verarbeitenden Gewerbes niedergeschlagen.

3.3.2 Deutschland und Frankreich von Arbeitsplatzabbau besonders betroffen

Die Untersuchungen in Abschnitt 3.2 haben bereits gezeigt, wie unterschiedlich sich der sektorale Strukturwandel auf die Erwerbstätigkeit im sekundären Sektor verschiedener Industrieländer ausgewirkt hat. Dies gilt in gleichem Maße für das Verarbeitende Gewerbe und seine Teilbereiche.

Die überwiegend positiven realen Wachstumsraten der meisten Branchen des Verarbeitenden Gewerbes im Beobachtungszeitraum 1970 bis 1995 (Abbildung 3-10) gingen mit einem zum Teil recht starken Beschäftigungsabbau einher (Abbildung 3-12). Das läßt insgesamt auf eine Steigerung der Arbeitsproduktivität schließen. Eine eingehende Analyse der Produktivitätsentwicklung wird in Kapitel 5 vorgenommen.

Der Beschäftigungsabbau betraf vor allem Westdeutschland und Frankreich, wo im Jahresdurchschnitt jeweils 1,2 Prozent der im Jahre 1970 bestandenen Arbeitsplätze wegfielen. Diese Raten erscheinen zunächst nicht als besonders dramatisch. In absoluten Zahlen summieren sich die Arbeitsplatzverluste jedoch auf über 2,5 Millionen in Westdeutschland, wo 1995 noch gut 7,5 Millionen Menschen im Verarbeitenden Gewerbe tätig waren, und auf über 1,4 Millionen in Frankreich. Hier lag die Zahl der Erwerbstätigen im Verarbeitenden Gewerbe 1995 sogar nur noch bei knapp 4,1 Millionen Menschen – und dies trotz einer gegenüber Westdeutschland nur wenig niedrigeren Bevölkerungszahl.

In den USA sank die Erwerbstätigkeit im Verarbeitenden Gewerbe dagegen nur um rund eine halbe Million. Aufgrund der – allerdings nur absolut gesehen – immer noch hohen Zahl von 18,7 Millionen Erwerbstätigen im Verarbeitenden Gewerbe drückte sich dieser Arbeitsplatzabbau nur in einer negativen Wachstumsrate von 0,1 Prozent pro Jahr aus.

In Japan nahm die Zahl der Erwerbstätigen in der Industrie dagegen immerhin um knapp 600 000 auf rund 15,1 Millionen zu. Dieser Zuwachs in Höhe von durchschnittlich 0,2 Prozent pro Jahr, wurde im wesentlichen in den achtziger Jahren erzielt. Seit 1992 ist auch Japan dem allgemeinen Trend gefolgt und wurde die Beschäftigung im Verarbeitenden Gewerbe bis 1994 um rund 1 Million Stellen – rund 6 Prozent – reduziert.

Eine Ausnahme von dieser Scherenbewegung einer wachsenden realen Wertschöpfung und sinkender Beschäftigung findet man in Südkorea. Im Gegensatz zu den fortgeschrittenen Industrieländern ist in Südkorea im Laufe des Beobachtungszeitraumes nämlich die Zahl der Erwerbstätigen im Verarbeitenden Gewerbe jährlich um 5,4 Prozent gestiegen. Insgesamt wurden fast 2,1 Millionen zusätzlicher Arbeitsplätze in diesem Sektor geschaffen, was gegenüber der Ausgangszahl von 827 000 Erwerbstätiger im Jahre 1970 fast einer Vervierfachung entspricht. Allerdings ist auch in Südkorea seit 1988 dieser Expansionsprozeß zum Stillstand gekommen.

Abbildung: 3-12

Überwiegend fallende Beschäftigungstendenz

Durchschnittliche jährliche Veränderung der Erwerbstätigkeit im Verarbeitenden Gewerbe, in Prozent, 1970 bis 1995

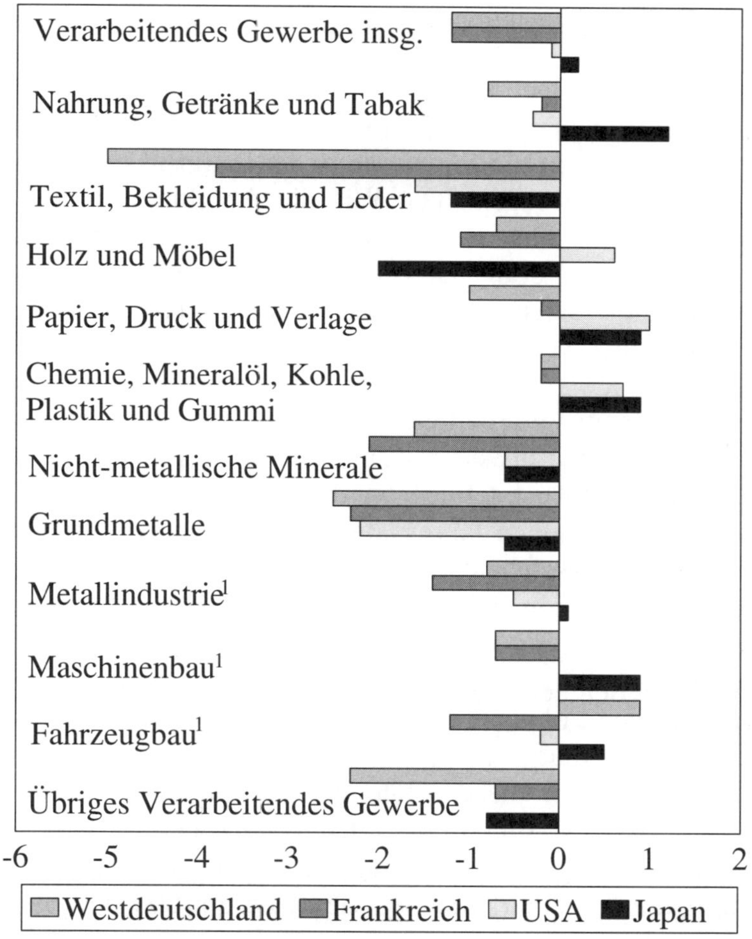

[1] 1970 bis 1994

Quelle: OECD (1997c), eigene Berechnungen

Mit Ausnahme Japans ist den hier analysierten Ländern gemein, daß im Verlauf des Beobachtungszeitraumes tendenziell weniger Arbeitsplätze im Verarbeitenden Gewerbe neu geschaffen oder mehr Arbeitsplätze abgebaut wurden. In den USA, Frankreich und Westdeutschland hat sich der Arbeitsplatzabbau vor allem in den Jahren nach 1990 beschleunigt. In Frankreich fielen allein zwischen 1990 und 1993 über 10 Prozent der Arbeitsplätze im Verarbeitenden Gewerbe weg. In Deutschland waren es über 6 Prozent und in den USA immerhin rund 5 Prozent. Allerdings: In den Vereinigten Staaten konnte der negative Beschäftigungstrend in den Jahren 1994 und 1995 dank der guten Konjunkturlage umgekehrt werden, während in Frankreich, vor allem aber auch in Westdeutschland weitere Erwerbstätigkeitsverhältnisse verloren gingen.

Ansonsten lassen sich für die Jahre zwischen 1970 und 1990 kaum gemeinsame Trends für die Entwicklung der Erwerbstätigkeit im Verarbeitenden Gewerbe ausmachen. Wie die Abbildung 3-13 verdeutlicht, finden sich in allen vier betrachteten Industrieländern sowohl Phasen mit zunehmender als auch solche mit abnehmender Erwerbstätigkeit, wobei die Wachstumsphasen jeweils in unterschiedlichen Zeiträumen verzeichnet wurden.

Die Unterschiede im Verarbeitenden Gewerbe zwischen den einzelnen Ländern sind zu kraß, als daß sie nur auf die zeitlich verschobenen Konjunkturzyklen zurückgeführt werden könnten. Gleichwohl zeigt ein Blick auf die einzelnen Jahresdaten, daß die Erwerbstätigkeit stark von den Konjunkturschwankungen beeinflußt wurde. Dies gilt vor allem für die USA, wo zum Beispiel allein im Jahre 1975, als das reale Bruttoinlandsprodukt um 0,7 Prozent gegenüber dem Vorjahr sank, die Erwerbstätigkeit in der Industrie von 19,8 auf rund 18 Millionen zurückging. In den Folgejahren stieg sie wieder stetig bis auf über 20 Millionen an, sackte aber 1982 wiederum um rund 1,5 Millionen auf 18,6 Millionen ab. In diesem Jahr schrumpfte das Inlandsprodukt sogar um 2,2 Prozent. Auch in Westdeutschland machte sich die erste Ölkrise mit ihren negativen Konjunktureffekten in einem Abbau der Erwerbstätigkeit im Verarbeitenden Gewerbe um 600 000 Stellen allein im Jahre 1975 bemerkbar. Auf der anderen Seite profitierte die Industrie stark vom Wiedervereinigungsboom, der zwischen 1989 und 1991 nochmals einen Arbeitsplatzaufbau in Höhe von 400 000 ermöglichte. Weniger von den kurzfristigen Konjunkturschwankungen be-

Abbildung: 3-13

Beschäftigungsabbau in den neunziger Jahren verstärkt

Durchschnittliche jährliche Veränderung der Erwerbstätigkeit im gesamten Verarbeitenden Gewerbe, in Prozent

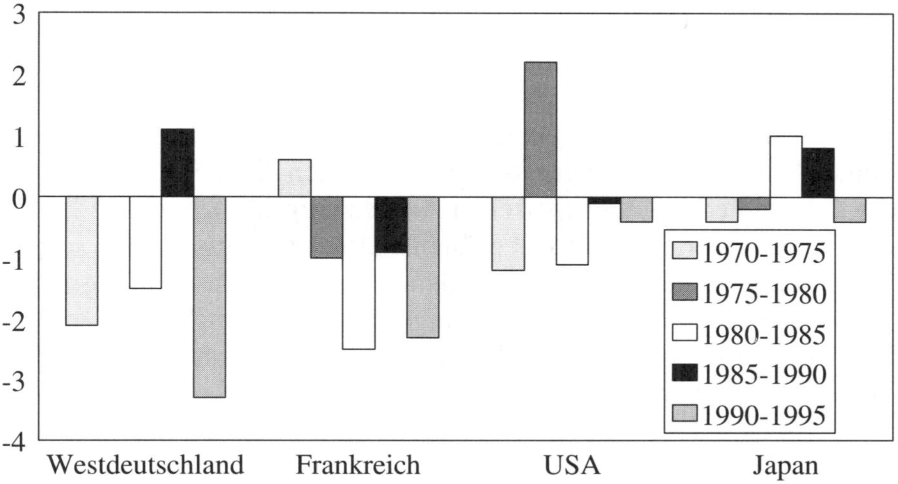

Quelle: OECD (1997c), eigene Berechnungen

einflußt zeigte sich – zumindest nach 1975 – die Erwerbstätigkeit in Frankreich und Japan. In Frankreich verlief der Beschäftigungsabbau so kontinuierlich wie nirgendwo sonst. Nur zwischen 1988 und 1990 gab es einen Nettozuwachs der Erwerbstätigkeit um rund 50 000 Stellen.

3.4 Dienstleistungen – Westdeutschland im Aufholprozeß

Die Dienstleistungen spielen eine zentrale Rolle im internationalen Strukturwandel. Der tertiäre Sektor hat in den vergangenen Jahrzehnten sein Gewicht in den – traditionell so genannten – Industriestaaten kontinuierlich vergrößert und ist mittlerweile in allen Volkswirtschaften der OECD der bedeutendste Wirtschaftsbereich. Dies gilt sowohl in bezug auf die Wertschöpfung als auch auf die Erwerbstätigkeit. Nicht zuletzt aufgrund des in unterschiedlichem Maße vorhandenen Datenmaterials sollen diese beiden Größen im folgenden getrennt voneinander untersucht werden.

Wertschöpfung: Überraschende Strukturunterschiede zwischen Deutschland und den USA

Kennzeichnend für den Dienstleistungssektor ist unter anderem seine große Heterogenität und die damit verbundene Abgrenzungsproblematik. Die Ausführungen für die Bundesrepublik Deutschland in Kapitel 2 haben bereits die enge Verflechtung zwischen dem Produzierenden Gewerbe und den Dienstleistungen deutlich gemacht, die eine sachgerechte Abgrenzung der beiden Sektoren erschwert. Innerhalb des Dienstleistungssektors wird versucht, das Zuordnungsproblem durch die Bildung der umfangreichen Restgruppe „Übrige Dienstleistungen" zu umgehen. International schlägt sich diese Schwierigkeit in sehr unterschiedlichen statistischen Abgrenzungskonzepten nieder, die bei einem länderübergreifenden Dienstleistungsvergleich um so problematischer sind, je tiefer man den tertiären Sektor aufzugliedern versucht. Aber auch die Abgrenzung zwischen dem Produzierenden Gewerbe und dem Dienstleistungssektor wird international nicht ganz einheitlich gehandhabt.

Relativ einfach ist ein internationaler Vergleich der Dienstleistungsbranchen anhand ihrer Anteile am Bruttoinlandsprodukt des jeweiligen Landes entsprechend nur, sofern man es bei einer recht groben Untergliederung des Servicesektors bewenden läßt. In Abbildung 3-14 wird auf die Systematik der Volkswirtschaftlichen Gesamtrechnungen der OECD zurückgegriffen (siehe Tabelle 3-2). Damit lassen sich immerhin bereits einige Trends der Wertschöpfungsanteile des Dienstleistungssektors herausfiltern.[59]

Die Daten untermauern die Ergebnisse des Abschnitts 3.2.[60] Die USA sind im internationalen Vergleich der drei größten Volkswirtschaften (gemessen an ihrem Bruttoinlandsprodukt) die bedeutendste Dienstleistungsnation. Der tertiäre Sektor erwirtschaftet mittlerweile fast drei Viertel des US-amerikanischen Bruttoinlandsproduktes, verglichen mit Werten unter 65 Prozent in Japan und der Bundesrepublik (West). Der Aufholprozeß besonders Westdeutschlands ist allerdings unübersehbar, denn seit 1970 hat sich der Abstand beim Dienstleistungsanteil zwischen der Bundesrepublik und den USA – in Prozentpunkten ausgedrückt – mehr als halbiert (von über 17 Prozentpunkten im Jahre 1970 auf zuletzt rund 8 Prozentpunkte). Nach wie vor steht der private deutsche Dienstleistungssektor jedoch hinter dem amerikanischen zu-

Abbildung: 3-14

Private Dienstleister bauen Vorsprung aus

Anteile am jeweiligen nominalen Bruttoinlandsprodukt 1970
in Prozent

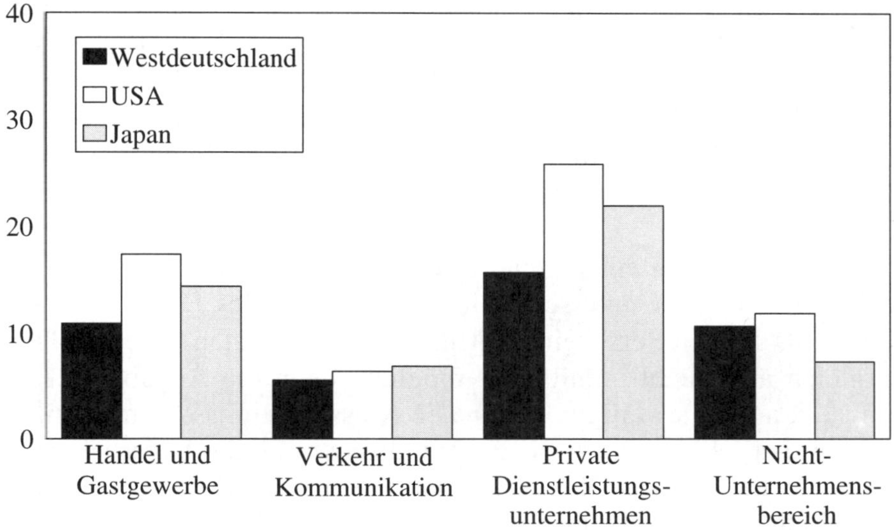

Anteile am jeweiligen nominalen Bruttoinlandsprodukt 1993
in Prozent

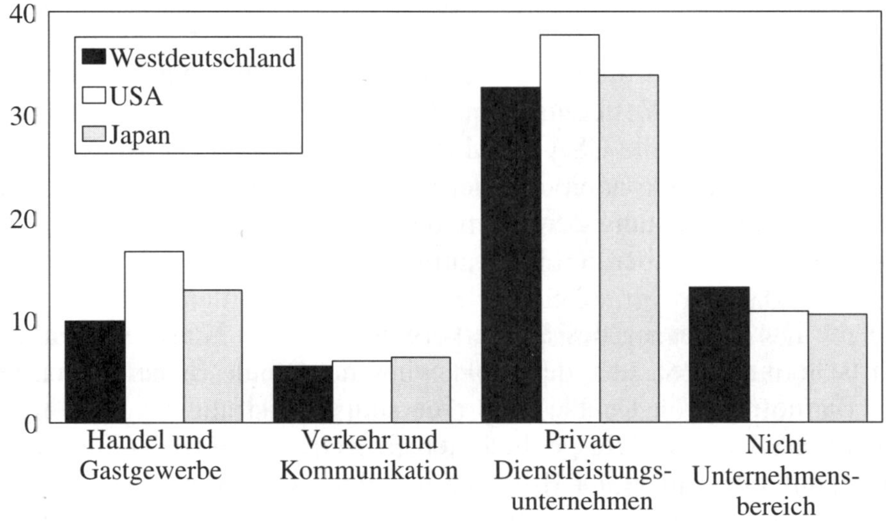

Quelle: OECD (1997a), eigene Berechnungen

rück. Nur der Anteil des Staates, der privaten Haushalte sowie der Organisationen ohne Erwerbszweck ist mittlerweile größer als in den USA. Diese Gewichtsverteilung ist nicht zuletzt deshalb bedenklich, weil gerade die privaten Dienstleistungsunternehmen als der Bereich gilt, in dem die wirtschaftlichen Wachstumschancen auch der kommenden Jahre liegt. In der Tat haben die privaten Dienstleister für einen großen Teil der Anteilsgewinne gesorgt, die der tertiäre Sektor insgesamt in bezug auf das Bruttoinlandsprodukt seit 1970 verbuchen konnte. In allen drei Ländern konnten die privaten Serviceunternehmen deutlich über 10 Prozentpunkte hinzugewinnen. In den USA liegt ihr Anteil inzwischen bei stolzen 38 Prozent.

Diese Zahlen lassen einen genaueren Blick auf die länderübergreifende Entwicklung der unterschiedlichen Branchen des Dienstleistungssektors als lohnend erscheinen. Mit den OECD-Daten ist ein solcher Vergleich aber nicht unmittelbar möglich, denn die Angaben lehnen sich stark an die jeweiligen nationalen Klassifikationsschemata an. So sind bei den OECD-Daten für die Bundesrepublik die Unternehmensdienste in der großen Obergruppe der Gemeinschafts-, sozialen und persönlichen Dienstleistungen enthalten. Diese Obergruppe entspricht zwar den Sonstigen Dienstleistungen der deutschen VGR, aber die in der nationalen Statistik verzeichnete Untergruppe der Übrigen Dienstleistungen, deren wesentlicher Bestandteil die Unternehmensdienste sind, ist in der OECD-Klassifikation nicht vorhanden. Einen „gemeinsamen Nenner“ für mehrere Länder zu finden erweist sich somit als schwierig. An dieser Stelle soll sich daher der Vergleich auf die beiden Länder USA und Westdeutschland beschränken. Dies erscheint insofern vertretbar, als die USA als Musterland in punkto Dienstleistungsgesellschaft gelten können und hier vor allem die Frage interessiert, in welchen Dienstleistungsbereichen die Bundesrepublik ein Entwicklungsdefizit gegenüber den USA aufweist.

Für die Durchführung des Ländervergleichs ist die Klassifikation der Wirtschaftszweige nach der Volkswirtschaftlichen Gesamtrechnung der Bundesrepublik Deutschland eine sinnvolle Grundlage. Denn die für die USA relativ fein gegliederten Branchen der OECD-Dienstleistungsstatistik können mit Hilfe der amerikanischen Wirtschaftszweigsystematik, dem Standard Industrial Classification Manual von 1987, den deutschen VGR-Wirtschaftszweigen zugeordnet werden. Dieses Vorgehen hat den Vorzug, daß die daraus für die USA gewonnenen

Daten mit den für die Bundesrepublik bereits gewonnenen Erkenntnissen vergleichbar sind. Dennoch ist auch die hier gewählte Lösung nicht frei von Problemen, wie weiter unten noch erläutert wird. Zunächst aber sollen hier die Ergebnisse des Wertschöpfungsvergleichs der amerikanischen und westdeutschen Dienstleistungssektoren präsentiert werden (Abbildung 3-15).

Für das Jahr 1970 weisen die Daten für beide Länder den Handel und das Gastgewerbe als den größten Dienstleistungsbereich aus. Die Differenz zwischen dem westdeutschen (10,9 Prozent) und dem amerikanischen Wertschöpfungsanteil (17,4 Prozent) ist allerdings beträchtlich. Ebenfalls beiden Ländern gemeinsam ist der Staat als zweitwichtigster Dienstleistungsproduzent, wobei die USA im Anteilswert ebenso die Nase vorn haben wie bei der Wohnungsvermietung.[61] Weiterhin manifestiert sich der amerikanische Vorsprung bei den Anbietern von Bildungs-, wissenschaftlichen, kulturellen und Gesundheitsdiensten. Letztere hatten in den USA 1970 sogar einen mehr als doppelt so hohen Anteil inne wie in der Bundesrepublik (3,1 gegenüber 1,5 Prozent). Im Vergleich dazu erscheint der Rückstand Westdeutschlands bei den überwiegend unternehmensorientierten Übrigen Dienstleistungen als vernachlässigbar. Stellt man hier die Werte von 1993 gegenüber, so ist aus dem geringen Rückstand mittlerweile sogar ein deutlicher Vorsprung von immerhin 4,8 Prozentpunkten für die Bundesrepublik geworden, womit die Übrigen Dienstleistungen in der hier vorgenommenen Abgrenzung sogar zum größten Dienstleistungsbereich avancierten. Dies überrascht insofern, als die USA gemeinhin als führend in wichtigen unternehmensbezogenen Dienstleistungsbranchen wie zum Beispiel Wirtschaftsprüfung, Unternehmensberatung oder Werbung angesehen werden. Dagegen hat sich zwischen 1970 und 1993 der Rückstand Westdeutschlands im Handel und Gastgewerbe sowie bei den Bildungs- und anderen sogenannten Sonstigen Dienstleistungen kaum verringert oder sogar noch vergrößert. Beim Anteil der staatlichen Dienste an der nominalen Bruttowertschöpfung hat die Bundesrepublik allerdings mit den USA in etwa gleichgezogen, wobei in beiden Ländern der relative Stellenwert des Staates gesunken ist: Auf der „Hitliste“ der Dienstleistungszweige ist der Staat diesseits wie jenseits des Atlantiks inzwischen auf den dritten Platz zurückgefallen.

Der Staat war auch einer der wenigen Bereiche, die – gemessen an der gesamtwirtschaftlichen Bruttowertschöpfung – Anteilsverluste hin-

Abbildung: 3-15

„Übrige Dienstleistungen“ stark im Kommen

Anteile am nominalen Bruttoinlandsprodukt 1970, in Prozent

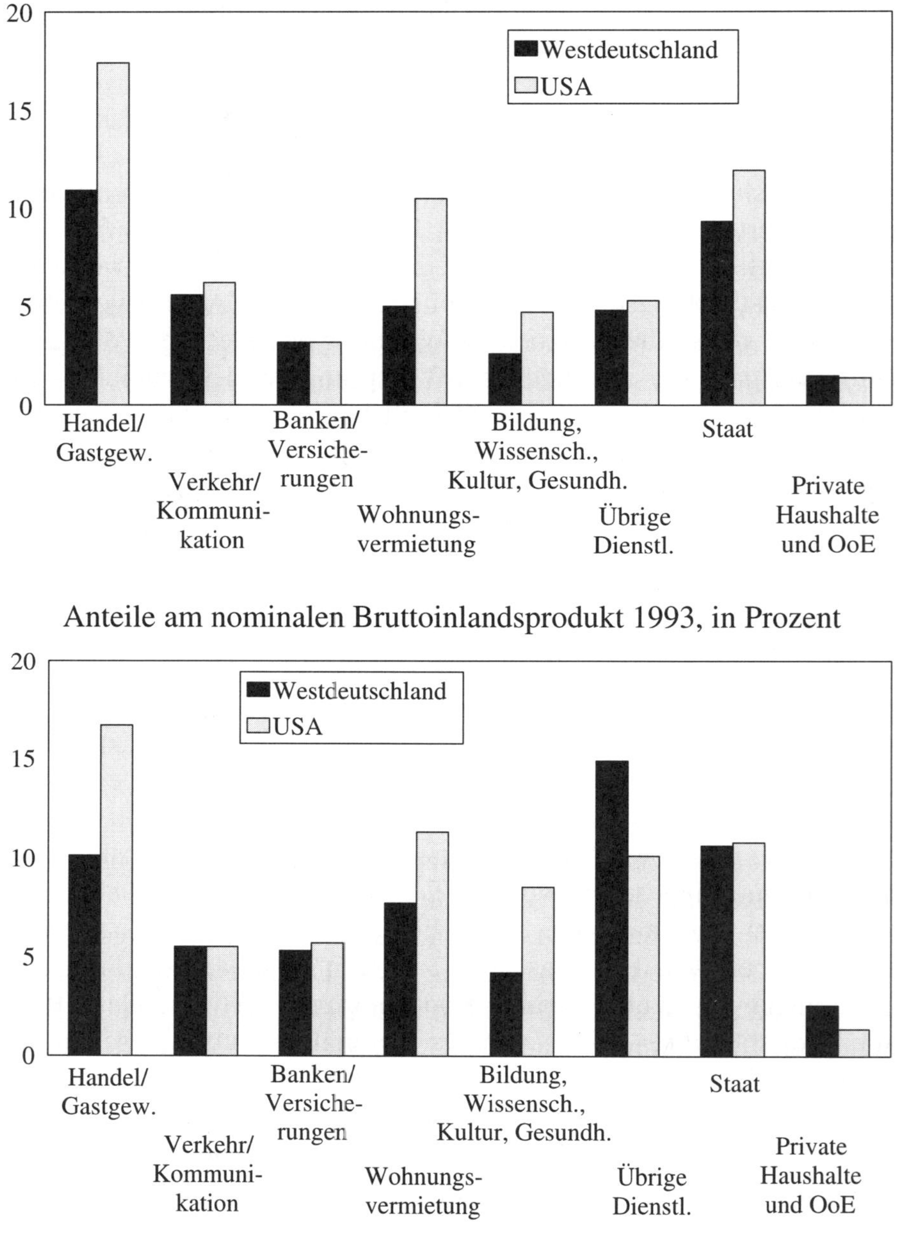

Quellen: Statistisches Bundesamt (1997a), OECD (1996c), eigene Berechnungen

nehmen mußten. Die Abbildung 3-16 verdeutlicht die ansonsten doch recht klaren Anteilszuwächse, die die anderen Dienstleistungszweige verbuchen konnten.

Die Abbildung bestätigt auch den Aufholprozeß, den die Bundesrepublik zwischen den Jahren 1970 und 1993 gegenüber den USA durchlaufen hat und der sich auf die Bereiche Übrige Dienstleistungen, Wohnungsvermietung sowie den Nicht-Unternehmenssektor konzentriert. Wie bereits aus Abbildung 3-15 erkennbar, haben die westdeutschen Übrigen Dienstleistungsunternehmen die Hauptlast des Aufholprozesses getragen. Sie konnten über 5 Anteilsprozentpunkte mehr hinzugewinnen als ihre amerikanischen Pendants. Diese Ausnahmestellung manifestiert sich auch darin, daß die Übrigen Dienstleistungen der einzige der hier untersuchten Dienstleistungsbereiche war, in dem die durchschnittliche jährliche Wachstumsrate der nominalen Bruttowertschöpfung der Bundesrepublik zwischen 1970 und 1993 mit 11,8 Prozent über der amerikanischen Rate (11,4 Prozent) lag. Die Ausschaltung des Preiseinflusses macht den Wachstumsvorsprung sogar noch deutlicher: In realer Betrachtung wuchsen die Übrigen Dienstleistungen in den USA seit 1977 (eine einheitliche Preisbasis ist erst ab diesem Jahr verfügbar) um 4,8 Prozent pro Jahr, in Westdeutschland dagegen um stolze 6,8 Prozent.

Auffällig ist, daß sich die Anteilsgewinne vieler privater Dienstleistungsunternehmen in beiden Ländern seit Beginn der achtziger Jahre deutlich beschleunigt haben.[62] Dies gilt zunächst wiederum für die Übrigen Dienstleistungen, aber auch für die Wohnungsvermietung. In den USA konnten zudem die Bildungs-, Wissenschafts-, Kultur- und Gesundheitsdienste sowie Banken und Versicherungen ihre Position seit 1980 deutlich ausbauen. Sofern die bisher allgemein gegenüber den USA verzögerte Entwicklung des Dienstleistungssektors in Deutschland sich auch weiterhin fortsetzt und auch für einzelne Branchen zutrifft, könnten sich in den letztgenannten Bereichen Wachstumspotentiale für die Bundesrepublik eröffnen. Die Tendenz beim Staat scheint jedenfalls für die Verzögerungsthese zu sprechen: Bereits in den siebziger Jahren schrumpfte der Wertschöpfungsanteil des amerikanischen Staatssektors um gut einen Prozentpunkt, um dann auf dem gesunkenen Niveau zu verharren. Einen entsprechenden Rückgang des staatlichen Gewichts im Bruttoinlandsprodukt verzeichnete die Bundesrepublik erst mit einer großen Verzögerung von rund

Abbildung: 3-16

Westdeutschland holt in einigen Branchen auf

Veränderungen der Anteile am nominalen Bruttoinlandsprodukt
Westdeutschland, in Prozent

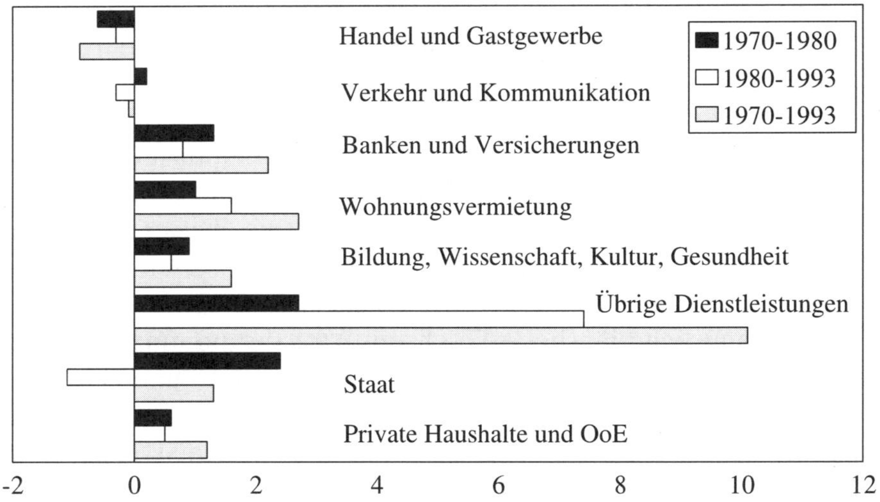

Veränderungen der Anteile am nominalen Bruttoinlandsprodukt
USA, in Prozent

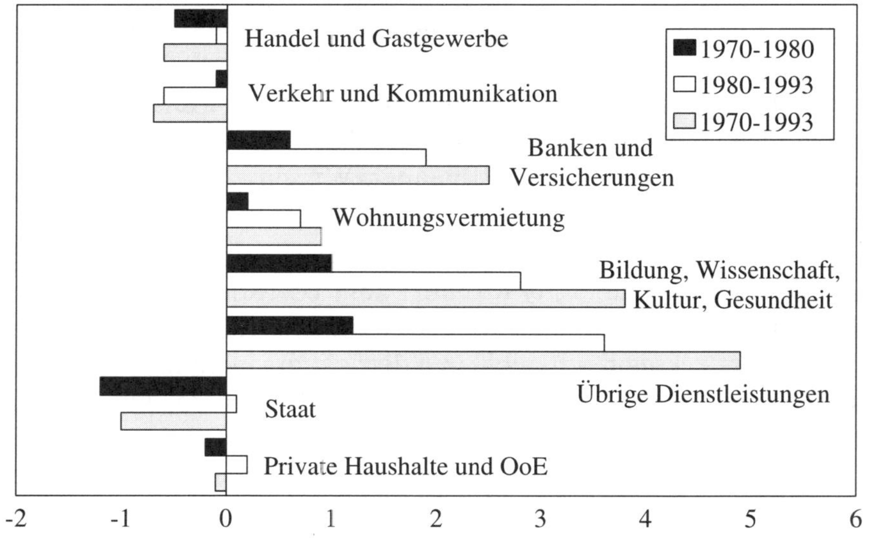

Quellen: Statistisches Bundesamt (1997a), OECD (1996c)

10 Jahren, wobei sich hier die Anteilseinbußen allerdings auch in jüngster Zeit noch fortgesetzt haben.

Der im Vergleich zu den USA um einige Jahre verzögerte Prozeß des Strukturwandels in der Bundesrepublik, aber wohl auch grundsätzliche Unterschiede in der Wirtschafts- und Gesellschaftsstruktur zwischen den beiden Ländern können also für die divergierenden Gewichte der einzelnen Wirtschaftszweige innerhalb des Dienstleistungssektors verantwortlich gemacht werden. Die unterschiedliche Dienstleistungsstruktur wird noch deutlicher sichtbar, wenn man die Wertschöpfung der Dienstleistungsbereiche nur auf die des gesamten tertiären Sektors bezieht und so den Einfluß des Anteils des Sektors an der Gesamtwirtschaft ausschaltet.

Die Abbildung 3-17 hebt besonders die – wie bereits erläutert – überraschend starke Stellung der Übrigen Dienstleistungen in der Bundesrepublik im Vergleich zu den USA hervor. Eine ähnliche Differenz, allerdings mit umgekehrtem Vorzeichen, ergibt sich für den Handels- und Gastgewerbebereich. Hier könnte unter anderem die vielzitierte Kundenorientierung der amerikanischen Dienstleister dazu beigetragen haben, daß sich dieser Wirtschaftszweig besser entwickeln konnte als in der Bundesrepublik. Ebenfalls plausibel erscheint das größere Gewicht des Bildungs-, Wissenschafts-, Kultur- und Gesundheitsbereiches. Denn die USA setzen bei der Erziehung und Gesundheitsvorsorge sowie bei kulturellen Aktivitäten stärker als Deutschland auf private Initiative. Daß der Staatsanteil am Dienstleistungssektor in der Bundesrepublik dennoch nur geringfügig über dem amerikanischen Wert liegt, konnte daher nicht unbedingt erwartet werden.

Aus dem bisher Gesagten ergibt sich zum einen, daß der Dienstleistungssektor in Westdeutschland trotz eines deutlichen und anhaltenden Aufholprozesses noch nicht die Bedeutung aufweist, die dieser Sektor in den USA erreicht hat. Gerade im Bereich der überwiegend unternehmensbezogenen Übrigen Dienstleistungen allerdings weisen die bisherigen Ausführungen nicht auf ein Defizit der Bundesrepublik im Vergleich mit den USA hin. Es sei hier vorweggenommen, daß eine nähere Analyse anhand von Erwerbstätigkeitsdaten im weiteren Verlauf dieses Abschnittes zu einem deutlich anderen Ergebnis kommen wird.

Abbildung: 3-17

Gewichte im Dienstleistungssektor unterschiedlich verteilt

Anteile an der nominalen Bruttowertschöpfung des tertiären Sektors 1993 in Westdeutschland, in Prozent

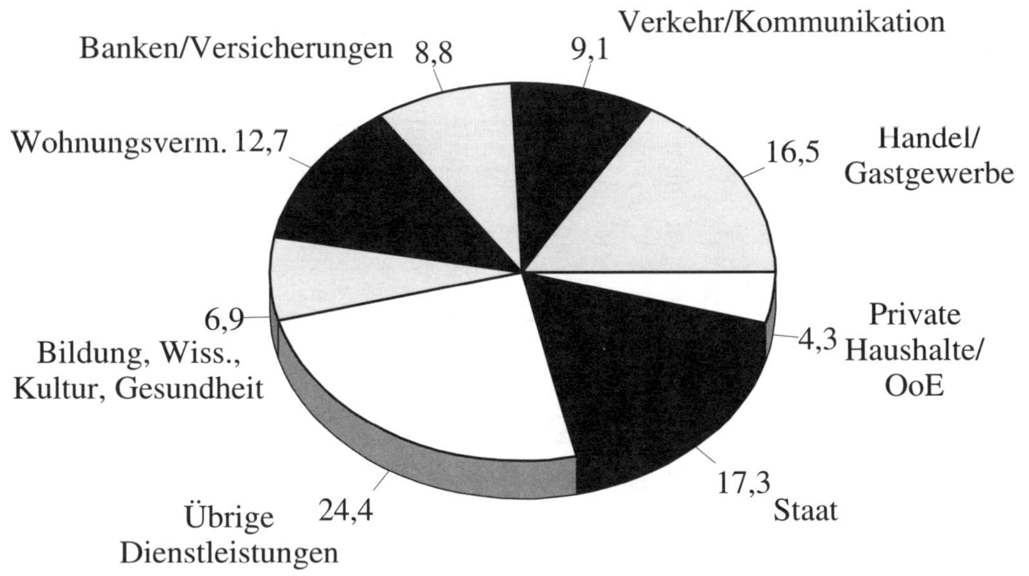

noch Abbildung: 3-17

Gewichte im Dienstleistungssektor unterschiedlich verteilt

Anteile an der nominalen Bruttowertschöpfung des tertiären Sektors 1993 in den USA, in Prozent

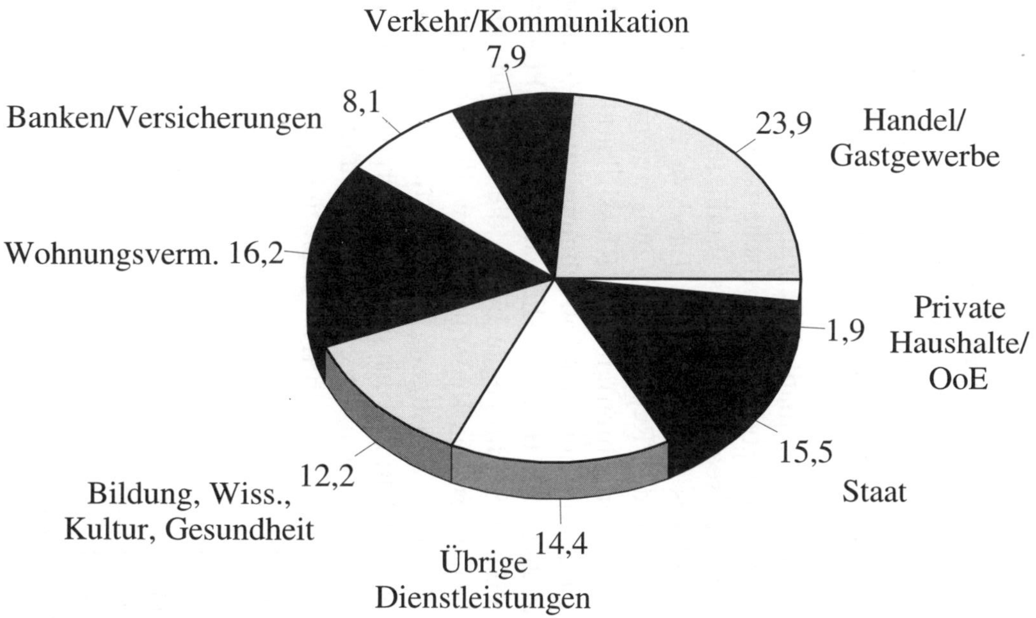

Quellen: Statistisches Bundesamt (1997a), OECD (1996c), eigene Berechnungen

An dieser Stelle ist jedoch bereits darauf hinzuweisen, daß die obigen Ergebnisse allein aus systematischen Gründen mit Vorsicht zu betrachten sind. Zwar konnte durch die Angleichung der US-Daten aus der OECD-Dienstleistungsstatistik an die bundesdeutschen Daten gemäß der Systematik der Wirtschaftszweige die Vergleichbarkeit der Zahlen deutlich verbessert werden. Dennoch verbleibt eine Reihe von Unterschieden zwischen der deutschen und der amerikanischen Klassifikationssystematik, die aufgrund der Datenlage nicht vollständig beseitigt werden können. Auch wenn dies die bisherigen grundsätzlichen Aussagen nicht unbedingt beeinträchtigen muß, sollten die Zahlen doch mit besonderer Vorsicht interpretiert werden.

Die Vergleichsproblematik beschränkt sich dabei keineswegs nur auf die tiefgegliederte Ebene der Wirtschaftszweige. Bereits ein Vergleich der Anteile des sekundären (des Produzierenden Gewerbes) und des tertiären Sektors in den beiden Ländern führt zu Ungenauigkeiten. Zum einen werden Reparaturen (zum Beispiel von Kraftfahrzeugen, Fahrrädern oder Uhren) in der Klassifikation der bundesdeutschen Volkswirtschaftlichen Gesamtrechnung zum Verarbeitenden Gewerbe – und zwar zur Branche, die das jeweilige Produkt herstellt – gezählt. In den USA hingegen bilden die zum Fahrzeugbereich gehörigen und die sonstigen Reparaturen jeweils einen eigenen Wirtschaftszweig, die den Sonstigen Dienstleistungen zugeordnet wird. Die OECD-Klassifikation weist die Reparaturen erfreulicherweise getrennt aus, so daß sie in den hier zuletzt aufgeführten Werten für die Sonstigen beziehungsweise Übrigen Dienstleistungen nicht enthalten sind. Ein größeres Problem stellen andere Bereiche des Handwerks dar, besonders sofern diese mit dem Handel der hergestellten Produkte verbunden sind. Zur Illustration sei hier das Beispiel des Bäckerhandwerks angeführt. In der Bundesrepublik werden Bäckereien dem Produzierenden Gewerbe zugeordnet, sofern sie den überwiegenden Teil der Herstellung der Backwaren selbst übernehmen. Hier kommt es also auf die Tätigkeit an. In den USA ist dagegen die Stellung in der Wertschöpfungskette entscheidend. Das heißt, der Bäcker wird dem Einzelhandel zugerechnet, wenn er seine selbst hergestellten Erzeugnisse direkt an den Endverbraucher verkauft. Daß diese Definitionen, die in entsprechender Form auch für andere Handwerksbetriebe gelten, nicht immer eine eindeutige Einteilung der Betriebe erlauben, leuchtet ein. Damit entsteht jedoch zwischen dem Produzierenden und dem Dienstleistungsgewerbe eine Grauzone, in der unangreifbare Aussagen über das tatsächliche Gewicht der verschiedenen Sektoren nicht mehr möglich sind. Ein vorsichtiger Schluß für die hier durchgeführten Untersuchungen könnte allerdings lauten, daß die amerikanische Statistik den Einzelhandelssektor etwas weiter faßt als die bundesdeutsche. Dies würde das im Vergleich zu Westdeutschland so viel größere Gewicht des Handels in den USA zumindest teilweise relativieren und damit auch den generellen Dienstleistungsvorsprung der USA etwas abschwächen. Genaue quantitative Aussagen erlauben die Daten jedoch nicht.

Neben dieser, den Dienstleistungssektor als Ganzes betreffenden Problematik, bereitet der Vergleich der einzelnen Dienstleistungszweige weitere Schwierigkeiten:

- Im Bereich der Bildungs-, Wissenschafts-, Kultur- und Gesundheitsdienste sind in der Bundesrepublik auch die Verlage enthalten, die in der amerikanischen (und der OECD-)Systematik dem Papier- und Druckgewerbe als Teil des Verarbeitenden Gewerbes zugeordnet sind, jedoch nicht getrennt ausgewiesen werden. Damit ist eine Hinzurechnung zum Dienstleistungssektor der USA nicht möglich. Eigentlich wäre das Gewicht dieses Dienstleistungszweiges also noch größer als die verfügbaren Daten besagen. Das oben ausgewiesene Defizit der Bundesrepublik in diesem Bereich erweist sich dementsprechend sogar noch als unterschätzt.

- Auch der Vergleich des Wertschöpfungsanteils der Staatssektoren wirft Probleme auf. Zunächst einmal lassen die amerikanischen Daten nicht die in der Bundesrepublik vorgenommene weitere Unterscheidung in Gebietskörperschaften und Sozialversicherungen zu. Dies kommt daher, daß in den USA die Klassifikation der Wirtschaftszweige nach funktionalen und nicht nach institutionellen Gesichtspunkten wie in der Bundesrepublik erfolgt. So werden zum Beispiel Schulen, auch wenn sie unter staatlicher Leitung stehen, dem Bereich Bildungsdienstleistungen zugeordnet. Nur übergeordnete Verwaltungsaufgaben, wie zum Beispiel die Schulaufsicht oder die Koordination von Weiterbildungsprogrammen werden im staatlichen Sektor erfaßt. Diese Einteilung mag angesichts der größeren Bedeutung privater Bildungseinrichtungen in den USA gerechtfertigt sein, führt aber dazu, daß der Staat, legt man die Maßstäbe der deutschen Statistik an, tendenziell zu klein ausgewiesen wird. Die obige Aussage eines nahezu gleich großen Anteils des Staates an der Entstehung des Bruttoinlandsprodukts in beiden Ländern, kann insofern in Frage gestellt werden.

□ Der Bereich, in dem die klassifikatorischen Unterschiede am stärksten zu Buche schlagen, ist aber wohl der der Übrigen Dienstleistungen. Erstens können Teile der hierzu gehörenden „mit dem Kreditgewerbe verbundenen Tätigkeiten" (wie die Finanzierungsvermittlung) für die USA mit den verfügbaren Daten nicht aus dem Bereich der Banken und Versicherungen herausgefiltert und umgruppiert werden. Zweitens sind hygienische Dienstleistungen wie Abfallbeseitigung und ähnliche Branchen in der amerikanischen Statistik in den Versorgungsunternehmen enthalten. Auch Teile des Bereiches Vermietung können für die USA nicht aus anderen Dienstleistungszweigen ausgegliedert und entsprechend der deutschen Klassifikation umgruppiert werden. Weiterhin gehören zu den Übrigen Diensten auch Teile des Wohnungs- und Immobilienbereiches, die jedoch wiederum in der US-Statistik nicht einzeln enthalten sind. Schließlich fehlen bei den für die USA ausgewiesenen Übrigen Dienstleistungen die Arbeitgeberverbände, Gewerkschaften und weitere wirtschaftsnahe Organisationen. Eine Herauslösung aus den Organisationen ohne Erwerbszweck ist hier ebenfalls nicht möglich. Diese statistischen Unzulänglichkeiten führen sämtlich dazu, daß der Bereich der Übrigen Dienstleistungen für die USA zu niedrig ausgewiesen wird, wenn auch über das Ausmaß der Differenz keine eindeutige Aussage gemacht werden kann. Auf der anderen Seite werden die Anteile anderer Servicebereiche wie Banken und Versicherungen oder die Wohnungsvermietung in ihrer – gemessen an der deutschen Systematik – tatsächlichen Bedeutung tendenziell überschätzt. Betrachtet man nunmehr noch einmal die Abbildung 3-15, so werden die dort dargestellten großen Anteilsunterschiede zwischen Westdeutschland und den USA in einigen Bereichen durch die Berücksichtigung der Fehlerquellen tendenziell verringert. Besonders der sonst kaum erklärliche Rückstand der USA bei den Übrigen Dienstleistungen erscheint in diesem Licht nachvollziehbar.

Grundsätzlich machen die vorstehenden Bemerkungen jedoch eines deutlich: Die statistische Erfassung des Dienstleistungssektors ist nach wie vor unbefriedigend, (vgl. zum Beispiel Hermann, 1987; Reim, 1988 sowie Köhler/Kopsch, 1997, 755). Führt dies bei rein nationalen Betrachtungen bereits zu gewissen Schwierigkeiten, so sind Aussagen im Zusammenhang mit einem internationalen Vergleich des tertiären Sektors noch um einiges problematischer, da hier zusätzlich Unterschiede und Ungenauigkeiten in der Klassifikation der Wirtschaftszweige zu Buche schlagen. Die in den offiziellen Statistiken enthaltenen und zwangsläufig auch hier als Arbeitsgrundlage verwendeten Daten über die nominale Bruttowertschöpfung der Dienstleistungssektoren sind insofern mit Vorsicht zu interpretieren.

Erwerbstätigkeit: Gesundheits- und Unternehmensdienste boomen

Die Entwicklung und Struktur der Erwerbstätigkeit ist eine weitere wichtige Größe im Dienstleistungsvergleich Westdeutschlands mit den USA. Um die Erwerbstätigkeits- mit den Wertschöpfungsdaten vergleichen zu können, bietet sich als statistische Grundlage wiederum die Volkswirtschaftliche Gesamtrechnung an, in der auch die Erwerbstätigen entsprechend der offiziellen Systematik der Wirtschaftszweige klassifiziert werden. Mit dem Vorteil der Vergleichbarkeit der Daten werden jedoch zugleich die beschriebenen statistischen Probleme übernommen, so daß bereits an dieser Stelle vor einer Überinterpretation der Zahlen gewarnt werden muß. Die Datenanalyse wird jedoch dadurch noch komplizierter, daß der Begriff der Erwerbstätigkeit nicht eindeutig definiert ist. In der bundesdeutschen VGR werden zu den im Inland Erwerbstätigen sowohl alle abhängig Beschäftigten als auch die Selbständigen sowie unbezahlte mithelfende Familienangehörige gerechnet. In der amerikanischen Statistik existieren je nach der Behörde, welche die Daten erhebt, unterschiedliche Erwerbstätigkeitskonzepte, von denen jedoch keines der umfassenden deutschen Abgrenzung exakt entspricht. Zudem liegen nicht für alle Konzepte für einen Ländervergleich hinreichend tief gegliederte Daten vor. Unter diesem Gesichtspunkt erscheint das Konzept des US Department of Commerce am besten für unsere Zwecke geeignet. Es unterscheidet sich von der VGR-Abgrenzung im wesentlichen nur darin, daß mithelfende Familienangehörige in den US-Daten nicht berücksichtigt werden. Die dadurch entstehende Differenz zu den westdeutschen Zahlen kann jedoch als vernachlässigbar angesehen werden, da der Anteil der mithelfenden Familienangehörigen an der Gesamtzahl der Erwerbstätigen im Dienstleistungsbereich der Bundesrepublik kaum 2 Prozent beträgt. Selbst im Gastgewerbe, das den höchsten Anteil aller Dienstleistungsbranchen aufweist, werden gerade einmal 3 Prozent erreicht.[63]

Die grobe Erwerbstätigkeitsstruktur und ihre Entwicklung in den drei großen Industrienationen Japan, USA und Westdeutschland wurde bereits anhand der Tabelle 3-3 aufgezeigt. Die dort verzeichnete hohe Zunahme des Anteils der Dienstleistungsunternehmen an der gesamten Erwerbstätigkeit in allen drei Ländern wurden auch durch das in Abbildung 3-6 dargestellte Wachstum der Erwerbstätigkeit in diesem Dienstleistungszweig von durchweg über 100 Prozent untermauert. Ebenso deutlich wurde aus den Ausführungen des Abschnitts 3.2 aber auch, daß die Bundesrepublik bei der Zahl der Stellen in diesem großen expandierenden Bereich des tertiären Sektors ein Defizit gegenüber den USA aufweist. Wo dieses Defizit genau liegt, soll im folgenden herausgefiltert werden.

Anhand der Abbildung 3-18, in der die privaten Dienstleistungsunternehmen in drei Untergruppen aufgefächert worden sind, lassen sich bereits einige Schlüsse ziehen:

Sowohl im Jahre 1970 als auch im Jahre 1995 hinkte Westdeutschland den USA in nahezu allen Teilbereichen der privaten Dienstleistungsunternehmen beim Erwerbstätigkeitsanteil hinterher. Zwar konnte die Bundesrepublik den Rückstand im relativ kleinen Bereich der Banken und Versicherungen in einen geringfügigen Vorsprung umwandeln, fiel aber bei den überwiegend gesellschaftsbezogenen Dienstleistungen (Bildung, Wissenschaft, Kultur, Gesundheit) sowie den besonders stark expandierenden Übrigen Dienstleistungen im Zeitablauf noch etwas stärker hinter die USA zurück. Dabei ist zu berücksichtigen, daß zu den Erwerbstätigen des Bereiches Übrige Dienstleistungen auch die des gesamten Immobilienbereiches (einschließlich der Wohnungsvermietung) gezählt werden. Dennoch dürfte die Erhöhung seines Erwerbstätigkeitsanteils wesentlich von den unternehmensbezogenen Diensten herrühren. Auch die absoluten Erwerbstätigkeitszahlen und ihr Wachstum machen deutlich, wie stark die USA vom Boom der privaten Dienstleistungsunternehmen profitiert haben: Während die gesamte Erwerbstätigkeit im amerikanischen tertiären Sektor zwischen 1970 und 1995 um über 80 Prozent zunahm und damit fast 46 Millionen zusätzliche Beschäftigungsverhältnisse geschaffen wurden, lag die Wachstumsrate der Dienstleistungsunternehmen – nach VGR-Maßstäben gegliedert – bei knapp 170 Prozent, wobei die Übrigen Dienstleister sogar 197 und das private Gesundheitswesen den höchsten Wert mit 214 Prozent erreichten. Westdeutschland konnte hier nur begrenzt mithalten: Zwar erreichte die Wachstumsrate der Erwerbstätigkeit im privaten Gesundheitssektor mit 224 Prozent einen noch höheren Wert als in den USA, der Anstieg ging jedoch von einem niedrigen Anfangsniveau aus. Bei den Übrigen Dienstleistungen reicht auch die Expansionsrate der Bundesrepublik nicht an die amerikanische heran: Mit 153 Prozent konnte die Erwerbstätigkeit in diesem Bereich nicht in genügendem Maße ausgedehnt werden, um sich dem amerikanischen Anteil zu nähern. Auch wenn man den im Vergleich zu Westdeutschland etwa viermal so großen Arbeitsmarkt der USA in Betracht zieht, können knapp 1,8 Millionen zusätzliche Erwerbstätige in Westdeutschland seit 1970 gegenüber 11,9 Millionen in den USA nicht überzeugen.

Neben den boomenden Übrigen Dienstleistungen gibt es jedoch noch einen weiteren Bereich, in dem es die USA weitaus besser als die Bundesrepublik verstanden haben, für mehr Beschäftigung zu sorgen: der Handel und das Gastgewerbe. Zwar konnte dieser Bereich in beiden Ländern seinen Erwerbstätigkeitsanteil im Zeitablauf nur noch leicht erhöhen, jedoch wuchs er in den USA immer noch um 76 Prozent, was einen Zuwachs von fast 13,8 Millionen neuen Stellen bedeutete. Im Teilsektor Einzelhandel und Gastgewerbe lag die Wachstumsrate sogar bei 81 Prozent. Der Vergleichswert für Westdeutschland beträgt dagegen nur 31 Prozent, für den gesamten Handels- und Gastgewerbebereich liegt er sogar nur bei 22 Prozent. Dies ist gleichbedeutend mit einem Plus von knapp 900 000 Erwerbstätigen – gemessen am amerikanischen Erfolg wiederum ein bescheidener Wert.

Im Verkehrssektor konnte die Bundesrepublik ihren Erwerbstätigkeitsanteil seit 1970 halten. Der Vorsprung, den sie dabei gegenüber den USA ausbauen konnte, beruht allerdings neben einem deutlichen Stellengewinn im Übrigen Verkehr (Lagerwesen, Speditionsgewerbe und Verkehrsvermittlung) auch auf einem bis Anfang der neunziger Jahre fortgesetzten Stellenaufbau im Postbereich, dem in den USA ein Stellenabbau gegenüberstand. Die Erwerbstätigkeit in diesem, in der Bundesrepublik bis vor kurzem staatlich dominierten Sektor, war lange Zeit vor den Konsequenzen marktwirtschaftlicher Prozesse abgeschirmt. Seit 1991 hat die Zahl der Erwerbstätigen hier allerdings bereits um über 60 000 abgenommen. Es ist zu vermuten, daß über kurz oder lang, unter anderem zum Abbau von Ineffizienzen, weitere Stellen in diesem Sektor gestrichen werden müssen. Mit dem bereits in

Abbildung: 3-18

Westdeutschland mit Defiziten bei Dienstleistungsarbeitsplätzen

Anteile an der gesamten Erwerbstätigkeit 1970, in Prozent

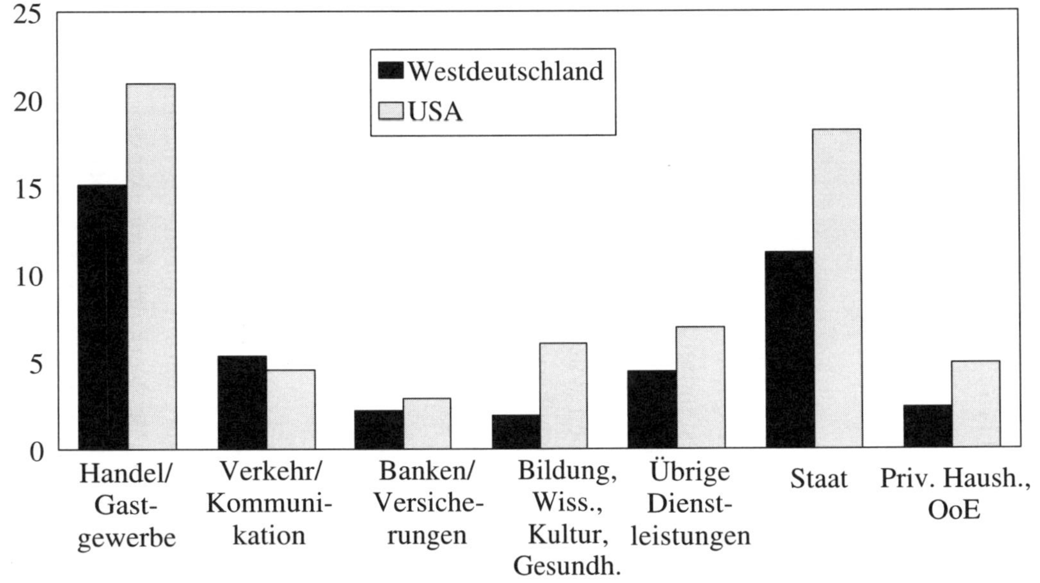

noch Abbildung: 3-18

Westdeutschland mit Defiziten bei Dienstleistungsarbeitsplätzen

Anteile an der gesamten Erwerbstätigkeit 1995, in Prozent

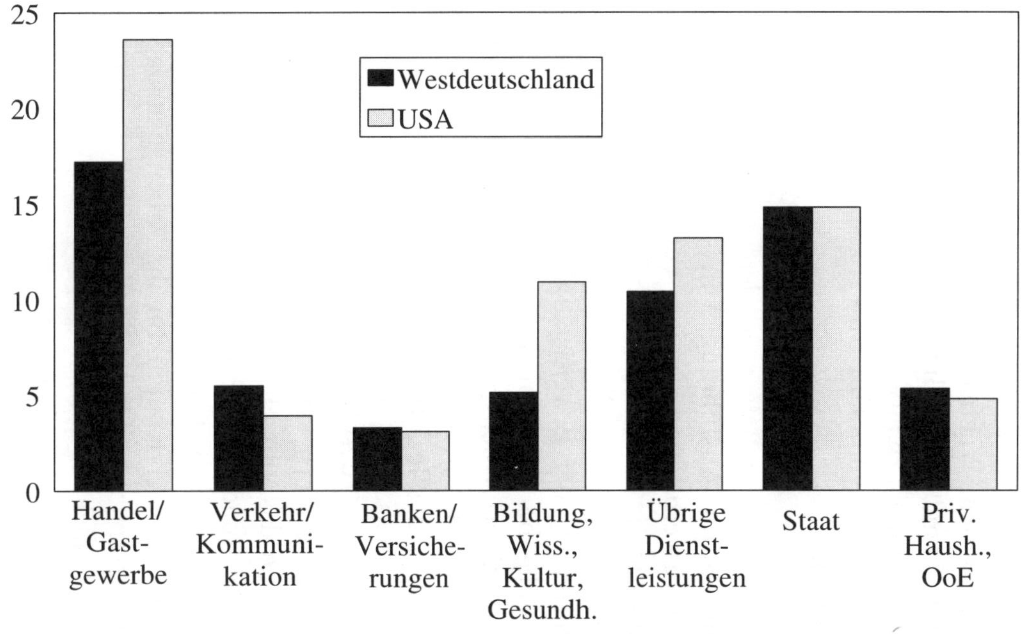

Quellen: Statistisches Bundesamt (1997a), US Department of Commerce (1992, 1997), eigene Berechnungen

den achtziger Jahren eingeleiteten Stellenabbau scheinen die USA auch hier konsequenter gehandelt zu haben.

Ähnliches gilt auch für den staatlichen Bereich als Ganzes, für den die Bundesrepublik den zweifelhaften Ruhm für sich in Anspruch nehmen darf, in jüngster Zeit bezüglich des Anteils der hier tätigen Personen an der gesamten Erwerbstätigkeit mit den USA gleichgezogen zu haben. Mit einem Wachstum von 41 Prozent ist der staatliche Sektor Westdeutschlands wesentlich stärker als in den USA (26 Prozent) expandiert. Am meisten aufgebläht wurde der Beschäftigungsapparat der Sozialversicherungen: Um 67 Prozent wuchs hier die Zahl der Erwerbstätigen.

Die bisherigen Ergebnisse werden weiter untermauert, wenn – anknüpfend an die Ausführungen in Abschnitt 2 dieses Kapitels – die Zahl der Erwerbstätigen in den verschiedenen Dienstleistungsbereichen auf die Bevölkerungsgröße bezogen werden.[64] Denn in der so ermittelten Arbeitsplatzdichte schlägt sich neben der strukturellen Zusammensetzung der Erwerbstätigkeit auch der grundsätzliche Erfolg eines Landes bei den Bemühungen nieder, für möglichst viele seiner Bewohner einen Arbeitsplatz zur Verfügung zu stellen. Daß die USA hier offensichtlich besser abgeschnitten haben als die Bundesrepublik, wird aus der Tabelle 3-6 deutlich.[65]

Bereits im Jahre 1970 konnten die USA eine weitaus größere Anzahl an Dienstleistern pro Tausend Einwohner vorweisen als die Bundesrepublik – und das, obwohl zu diesem Zeitpunkt die gesamte Erwerbsquote in der Bundesrepublik noch um einiges höher lag als jenseits des Atlantiks. Seitdem haben es die USA immer wieder verstanden, in Phasen florierender Konjunktur ihr Arbeitsplatzangebot auszuweiten. Der Bundesrepublik gelang dies innerhalb des tertiären Sektors zwar ebenfalls, jedoch reichte das zusätzliche Angebot nicht aus, um den Rückstand gegenüber den Vereinigten Staaten aufzuholen. Lediglich im in der Bundesrepublik noch stark staatlich geprägten Verkehrsbereich konnte der bereits 1970 verzeichnete Vorsprung gegenüber den USA gehalten werden, was jedoch – siehe oben – nicht unbedingt als positiv gewertet werden kann.

Gerade bei den unternehmensbezogenen Übrigen Dienstleistungen einschließlich der Immobilienbranche sowie den Bereichen Bildung,

Wissenschaft, Kultur und Gesundheit klafft jedoch eine – zumindest absolut gesehen – wachsende Lücke zwischen der Arbeitsplatzdichte hierzulande und der in den USA. Im letztgenannten Bereich kann die Bundesrepublik pro Tausend Köpfen der Bevölkerung gerade mal ein gutes Drittel der Erwerbstätigenzahlen der Vereinigten Staaten vorweisen. Bei den Bildungs- und sonstigen gesellschaftsbezogenen Diensten sind es knapp 50 Prozent, bei den Übrigen Dienstleistern immerhin rund zwei Drittel, wobei aber nochmals auf die mangelhafte statistische Erfassung dieses Dienstleistungsbereiches gerade in den USA verwiesen werden muß. Könnte dieser Mangel behoben werden, so wäre wahrscheinlich festzustellen, daß in den USA zuletzt mehr Personen in unternehmensbezogenen Dienstleistungsbetrieben waren als beim Staat – ein Verhältnis wie es in Deutschland noch nicht einmal annähernd erreicht ist.

Tabelle: 3-6

Amerikanische Bevölkerung besser mit Dienstleistern versorgt

Erwerbstätige je 1000 Einwohner

	1970		1995	
	Westdeutschland	USA	Westdeutschland	USA
Handel/Gastgewerbe	66	89	74	122
Verkehr	23	19	24	20
Banken/Versicherungen	10	12	14	16
Bildung/Wissenschaft/Kultur	3	10	8	19
Gesundheit	5	16	14	38
Übrige Dienstleistungen	19	29	45	68
Staat	49	77	64	76
Private Haushalte/ Org. o. Erwerbszweck	11	21	23	25
Tertiärer Sektor insg.	187	273	265	383

Quellen: Statistisches Bundesamt (1997a), OECD (1997d), U.S. Department of Commerce (1992, 1997), eigene Berechnungen

Aus den obigen Daten läßt sich ein klares Fazit ziehen: Die Bundesrepublik Deutschland weist bei der Schaffung von Dienstleistungsarbeitsplätzen eine deutliche Schwäche im Vergleich zum Vorreiter USA auf. Dies gilt grundsätzlich für den gesamten privaten Teilbereich des tertiären Sektors, vor allem aber für die gesellschafts- und unternehmensbezogenen Dienste, die in den vergangenen zweieinhalb Jahrzehnten die größten Wachstumsraten für sich verbuchen konnten. Die Erwerbstätigkeitsstruktur Westdeutschlands war dagegen bis zuletzt zugunsten des staatlichen Sektors sowie der durch staatliche Regulierungen geprägten Wirtschaftszweige verzerrt – ein Bild, das pessimistisch stimmt. Dies gilt um so mehr, als – um es noch einmal zu betonen – die für die beiden Vergleichsländer unterschiedliche Klassifikation der Wirtschaftszweige besonders die Größe der Übrigen Dienstleistungen in den USA unterschätzt. Die tatsächliche Dienstleistungslücke der Bundesrepublik im Vergleich zu den USA ist also in bestimmten Bereichen eher noch größer als es die vorliegenden Daten zu belegen vermögen.

Auch wenn man von den unterschiedlichen Anteilen des gesamten Dienstleistungssektors an der Erwerbstätigkeit abstrahiert und nur die intra-sektorale Struktur betrachtet, ändert sich das Bild kaum (Abbildung 3-19).

Während der staatliche Sektor in Westdeutschland ein knappes Viertel der Dienstleistungsarbeitsplätze zur Verfügung stellt, sind es in den USA nur ein Fünftel – und dies bei fast identischen Anteilen an der nominalen Bruttowertschöpfung. Dagegen nehmen die Übrigen Dienstleistungen, der Handel und das Gastgewerbe sowie vor allem der Bereich Bildung, Wissenschaft, Kultur und Gesundheit in den Vereinigten Staaten einen breiteren Raum bezüglich der Erwerbstätigkeit ein als in der Bundesrepublik. Dies deutet darauf hin, daß der Dienstleistungsvorsprung der USA nicht nur aus den Bereichen mit niedrig bezahlten und eine geringe Qualifikation erfordernden Arbeitsplätzen wie dem Gastgewerbe herrührt, sondern auch und gerade in den Branchen neue Stellen geschaffen wurden, die aufgrund ihrer fachlichen Anforderungen auch eine überdurchschnittliche Entlohnung bieten (beispielsweise im Bereich der Unternehmensdienste).

Die bisherigen Aussagen sollen im folgenden durch die Erläuterung einer alternativen Möglichkeit, die Dienstleistungsbereiche der USA und Westdeutschlands im Detail zu vergleichen, ergänzt werden. Es ist aber bereits im voraus zu vermerken, daß sich auch dieses Vorgehen nicht als frei von Mängeln erweisen wird.

In Kapitel 2 konnte der westdeutsche Dienstleistungssektor anhand der Statistik der sozialversicherungspflichtig Beschäftigten in kleine Brancheneinheiten aufgeteilt und so vor allem die Bedeutung der Übrigen Dienstleistungen verdeutlicht werden. Entsprechend wird hier der Versuch unternommen, anhand ähnlicher Daten für die USA den Dienstleistungssektor der beiden Länder tiefer als bisher möglich zu gliedern. Ein Problem besteht jedoch darin, daß eine so starke Auffächerung der Dienstleistungszweige, wie sie die Daten der Bundesanstalt für Arbeit erlauben, aus den für die USA verfügbaren Daten der Arbeitsmarktstatistik nicht entnehmbar ist. Damit verbunden ist, daß auch diese Statistik nicht in befriedigender Weise mit der Systematik der sozialversicherungspflichtig Beschäftigten in Einklang gebracht werden kann.[66] Zudem existiert in den USA keine „620 DM-Grenze", so daß nicht zwischen sozialversicherungspflichtig und nicht-sozialversicherungspflichtig Beschäftigten unterschieden werden kann. Vor allem in den Branchen, in denen die geringfügige Beschäftigung traditionell eine große Rolle spielt (wie zum Beispiel im Gastgewerbe) erfassen die bundesdeutschen im Gegensatz zu den amerikanischen Daten die tatsächlichen Beschäftigtenzahlen nur unvollständig. Damit ist auch hier ein den gesamten Dienstleistungssektor umfassender und statistisch „sauberer" Vergleich nicht möglich.

Trotzdem soll hier ein Bereich betrachtet werden, für den der vorstehende Einwand zumindest nicht in so großem Ausmaß gilt. Für die wirtschaftsnahen Branchen der Übrigen Dienstleistungen (zum Beispiel Rechts- und Unternehmensberatung, Vermögensverwaltung und Werbung) kann davon ausgegangen werden, daß aufgrund der qualifikatorischen Anforderungen der hier ausgeübten Tätigkeiten der Anteil geringfügig Beschäftigter relativ klein ist. Zugleich sind diese Branchen jedoch von besonderem Interesse, denn hier sind in der Bundesrepublik in den letzten Jahren besonders viele neue Stellen geschaffen worden (vgl. Kapitel 2, Abschnitt 4). Erfreulicherweise erlaubt die US-Statistik auch eine relativ eindeutige und sogar recht zeitnahe Zuordnung der Branchen dieses Bereiches zu den entsprechenden deutschen Kategorien – allerdings nur für die Jahre 1990 und 1995. Insgesamt ergibt sich daraus folgendes Bild (Tabelle 3-7):

Auch aus den hier verwendeten Daten ergibt sich ein Rückstand der bundesdeutschen Dienstleistungsbeschäftigung. Immerhin hat sich aber die Differenz zwischen dem deutschen und dem amerikanischen Anteil der wirtschaftsnahen Dienste an der Gesamtbeschäftigung seit 1990 um 0,6 Prozentpunkte verringert. Seit 1990 erhöhte sich die Zahl

Abbildung: 3-19

Handel und Gastgewerbe bieten die meisten Erwerbsmöglichkeiten

Anteile an der Erwerbstätigkeit im tertiären Sektor 1995 in Westdeutschland, in Prozent

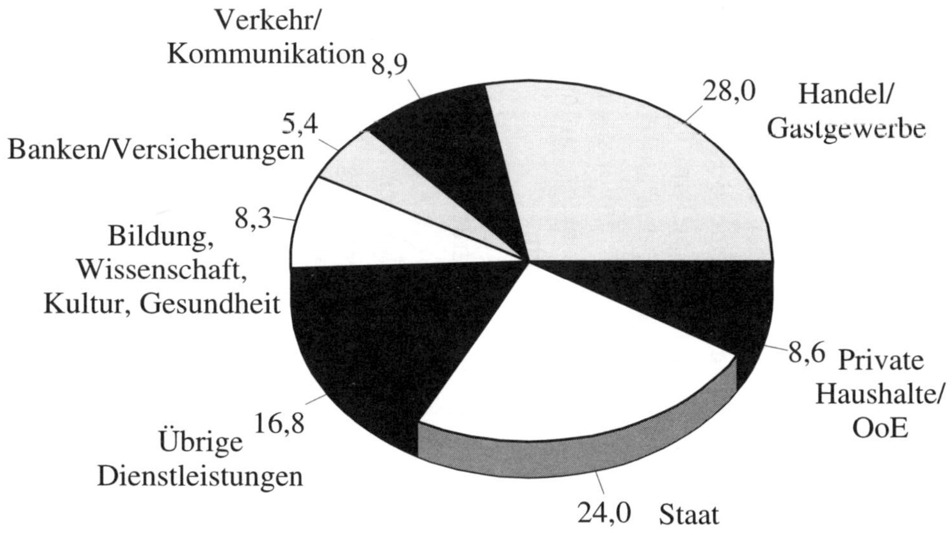

noch Abbildung: 3-19

Handel und Gastgewerbe bieten die meisten Erwerbsmöglichkeiten

Anteile an der Erwerbstätigkeit im tertiären Sektor 1995 in den USA, in Prozent

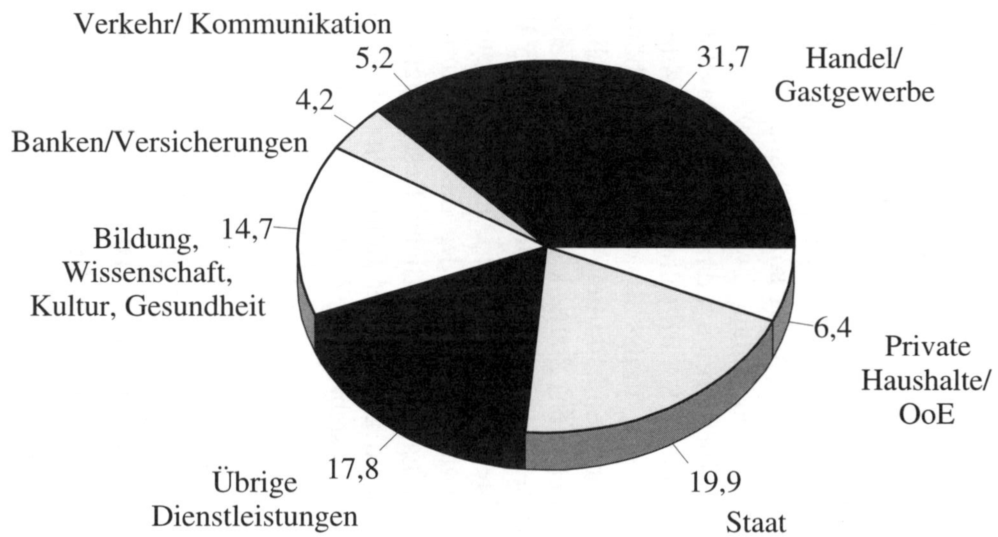

Quellen: Statistisches Bundesamt (1997a), US Department of Commerce (1997), eigene Berechnungen

der westdeutschen Beschäftigten in diesen Branchen um 410 000 oder 33 Prozent. In den USA lag diese Wachstumsrate zwar nur bei 22 Prozent, dies bedeutete aber dennoch einen Beschäftigungsanstieg um fast 2 Millionen Personen, also fast 5 mal so viel wie in der Bundesrepublik. Dies ist auch unter Berücksichtigung der Größenverhältnisse der gesamten Erwerbsbevölkerung eine beeindruckende Zahl. Denn den 31,9 Millionen Erwerbspersonen in Westdeutschland standen 1995 „lediglich" 132,3 Millionen in den USA gegenüber. Hier beträgt das Verhältnis also nur rund 1 zu 4. Der deutliche Anstieg des Anteilswerts in der Bundesrepublik beruht entsprechend nicht nur auf der gewachsenen Zahl der wirtschaftsnahen Dienstleister, sondern auch auf der eher schlechten Beschäftigungsperformance der anderen Sektoren. Denn die Gesamtzahl der sozialversicherungspflichtig Beschäftigten stieg in Westdeutschland zwischen 1990 und 1995 um gerade einmal 1 Prozent. Im Vergleich dazu ist das Beschäftigungswachstum von 7 Prozent in den USA im selben Zeitraum selbst dann noch konkurrenzlos hoch, wenn für das abweichende Beschäftigtenkonzept eine gewisse Fehlermarge einkalkuliert wird. Aber auch nach der (sektoral nur grob untergliederten) Statistik der zivilen Erwerbsbevölkerung hat die Zahl der Beschäftigungsverhältnisse um gut 5 Prozent zugenommen.[67] Deshalb bleibt festzuhalten: Die Bundesrepublik hat es zwar in den letzten Jahren durchaus verstanden, das Wachstum der unternehmensnahen Dienstleistungen in zusätzliche Beschäftigung umzusetzen, ein deutlicher Rückstand zu den hier führenden Vereinigten Staaten bleibt aber nach wie vor bestehen. Die Zahl der in den expandierenden Dienstleistungsbranchen neu geschaffenen Stellen reicht zudem nicht aus, um der Gesamtbeschäftigung den gewünschten Schub zu geben.

Tabelle: 3-7

Beschäftigungsvorsprung der amerikanischen wirtschaftsnahen Dienstleister

Anteil der wirtschaftsnahen Übrigen Dienstleistungen an der Gesamtzahl der Beschäftigten

	Westdeutschland	USA
1990	5,5	8,0
1995	7,2	9,1

Quellen: IAB (1997), U.S. Department of Commerce (1996a), eigene Berechnungen

Das Gesamtfazit des Dienstleistungsvergleiches zwischen Westdeutschland und den USA kann also wie folgt gezogen werden: Die verfügbaren Daten weisen sowohl bezüglich der nominalen Bruttowertschöpfung als auch der Erwerbstätigkeit und der Beschäftigung auf den deutlichen Rückstand hin, den die Bundesrepublik gegenüber den Vereinigten Staaten im Strukturwandel hin zur Dienstleistungsgesellschaft aufweist. In einzelnen Fällen – besonders bei der Wertschöpfung der Übrigen Dienstleistungen – legen die Daten zwar von dieser Grundaussage abweichende Schlüsse nahe. Wie deutlich gemacht wurde, ist bei der Interpretation der verfügbaren Statistiken aufgrund einer international uneinheitlichen Abgrenzung der Wirtschaftszweige, lückenhaften Daten und ähnlichen Problemen jedoch Vorsicht geboten. Dies gilt um so mehr, je tiefer der tertiäre Sektor zu untergliedern versucht wird. Die Differenzen zwischen den deutschen und den amerikanischen Arbeitsplatzdichteziffern sind allerdings so groß, daß trotz der statistischen Unschärfen eine deutliche und sogar wachsende Dienstleistungslücke für Deutschland diagnostiziert werden kann. Grundsätzlich werden die aufgezeigten statistischen Probleme eines internationalen Dienstleistungsvergleichs aufgrund der Heterogenität des Dienstleistungssektors und der Verflechtung mit anderen Sektoren (siehe Kapitel 2) aber wohl noch auf absehbare Zeit in Kauf genommen werden müssen.

Kernaussagen auf einen Blick

Kapitel 3.1 bis 3.4
Inter-sektoraler Strukturwandel im internationalen Vergleich

Gleiche Richtung, aber Differenzen	– Der Strukturwandel in den Industrieländern ist seit den achtziger Jahren ruhiger verlaufen als zuvor. – Deutschland hat seinen Rückstand beim Anteil des tertiären Sektors an der Bruttowertschöpfung gegenüber den USA verkleinert und Japan überholt. Der Anteil des Verarbeitenden Gewerbes ging dafür relativ stark zurück. – Der im Vergleich zu den USA geringere Tertiarisierungsgrad Deutschlands beruht nicht auf einem geringeren Outsourcing. – Bei der Erwerbstätigkeit war die Entwicklung der sektoralen Anteile ähnlich. Deutschland hat dabei jedoch insgesamt weniger Arbeitsplätze geschaffen als die USA oder Japan.
Technologiebranchen im Vorteil	– Ungeachtet der anteilsmäßigen Tertiarisierung weist das Verarbeitende Gewerbe in den Industrieländern insgesamt positive reale Wachstumsraten auf. – In allen betrachteten Ländern haben die Technologiebranchen an Gewicht gewonnen, trotzdem bleiben die Industriestrukturen recht unterschiedlich. – Die Industrie hat seit 1970 in fast allen Ländern Arbeitsplätze abgebaut, am geringsten in den Technologiebranchen. Der stärkste Abbau wurde in den neunziger Jahren verzeichnet.
Deutsches Dienstleistungsdefizit	– Ein deutsch-amerikanischer Vergleich weist in der Wertschöpfung trotz statistischer Probleme auf eine starke Stellung der USA in den meisten Dienstleistungsbereichen hin. – Die Anteile der einzelnen Dienstleistungsbranchen an der Erwerbstätigkeit sind in Deutschland fast durchgängig niedriger als in den USA. – Auch bezogen auf die Bevölkerung ist die Zahl der Erwerbstätigen in fast allen Bereichen in Deutschland wesentlich geringer als in den USA; dies gilt auch für die wirtschaftsnahen Dienste. Gegenüber den USA besteht also eine deutliche Dienstleistungslücke.

3.5 Die technologische und qualifikatorische Dimension des Strukturwandels

3.5.1 Dienstleister profitieren von industrieller Forschung

Neben dem im ersten Kapitel behandelten regionalen Aspekt des Strukturwandels und dem danach eingehend untersuchten sektoralen Aspekt spielt in der internationalen Entwicklung der Volkswirtschaften auch die Technologie- und Qualifikationsdimension des Strukturwandels eine Rolle. Damit ist gemeint, daß sich der wirtschaftliche Strukturwandel auch in der wachsenden Bedeutung der Produktion und Verbreitung von forschungs- und technologie-intensiven Gütern niederschlägt. Dies wiederum steht in engem Zusammenhang mit der Tatsache, daß sich auch das Qualifikationsprofil der Arbeitsplätze in der Industrie und im Dienstleistungssektor in Richtung auf höhere Ausbildungsanforderungen verändert hat. Diese Trends werden im folgenden nachgezeichnet.[68]

Zunächst hat sich weltweit die gewachsene Bedeutung des technologischen Fortschritts in steigenden Ausgaben für Forschung und Entwicklung (FuE) niedergeschlagen. Allerdings sind durchaus regionale Unterschiede zu verzeichnen (Abbildung 3-20):

Im Verhältnis zur Gesamtheit der OECD-Länder haben die Staaten der Europäischen Union einen relativ geringen Teil ihres Bruttoinlandsproduktes für die Forschung aufgewendet. Auch die umfangreichen, koordinatorischen Aktivitäten der Europäischen Kommission auf dem Gebiet der Forschungs- und Technologiepolitik haben daran offenbar wenig ändern können.[69] Die entsprechenden Ausgaben der USA und Kanadas lagen dagegen im gesamten Zeitraum seit Anfang der siebziger Jahre immer leicht über dem OECD-Durchschnitt. Besonders eindrucksvoll ist die dynamische Entwicklung des BIP-Anteils der Forschungsausgaben in Japan. Allerdings ist hierzu zu bemerken, daß trotz der von der OECD vorgenommenen Angleichung der nationalen Forschungsdaten die Zahlen für Japan als tendenziell über-, die für Nordamerika dagegen als geringfügig unterschätzt gelten müssen.[70]

Aus den eigenen Forschungsanstrengungen eines Landes kann nicht auf die Technologie-Intensität der Wirtschaft eines Landes oder einer

Abbildung: 3-20

Japan treibt die Forschung voran

Anteile der FuE-Ausgaben in der Triade am Bruttoinlandsprodukt in Prozent

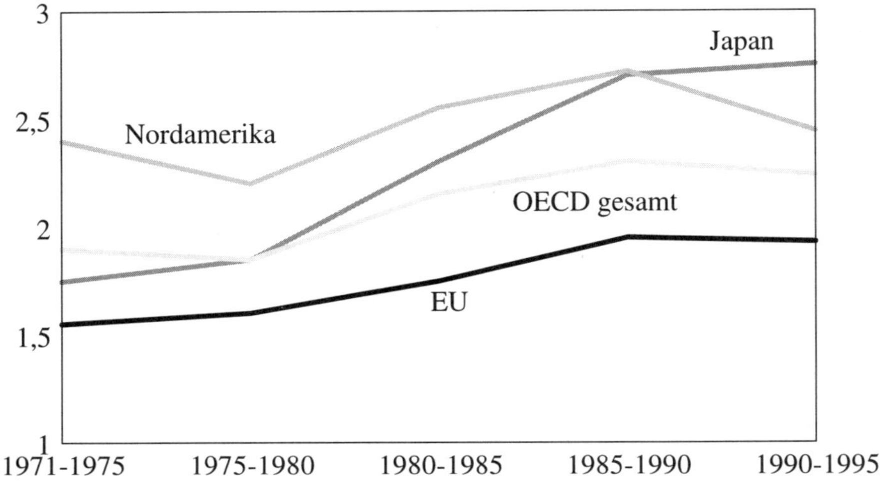

Quelle: OECD (1997e), eigene Berechnungen

Region geschlossen werden. Denn nicht nur durch eigene Forschungs- und Entwicklungsaufwendungen wird technologisches Wissen hervorgebracht. Auch der Erwerb von Lizenzen, die Nachahmung technologischer Innovationen, der Zufluß ausländischer Direktinvestitionen oder der Kauf von Technologiegütern führt zur Verbreitung des entsprechenden Know-hows. (Audretsch, 1996, 107 f.) Außerdem erfordert der Einsatz käuflich erworbener, innovativer Anlagen und Maschinen die aktive Anpassung und Neuausrichtung des betroffenen Produktionsprozesses, eine entsprechende Schulung der Mitarbeiter, etc. All dies kann wiederum als Innovation angesehen werden.

Diese Form von Innovation ist allerdings nur schwer meßbar. Es ist aber möglich, die auf Technologiegüter entfallenden Forschungsausgaben zu quantifizieren und damit die Forschungs- und Technologieintensität dieser Güter zu bestimmen. Damit läßt sich auch die Technologie-Intensität einer Branche und letztlich auch die eines Landes ermitteln, das diese Güter kauft. Auch ohne selbst geforscht zu haben, kann ein Land also über technologisches Wissen verfügen und auf dessen Basis wiederum technologieorientiert produzieren.[71]

Die in erworbenen Investitions- und ähnlichen Gütern enthaltene Technologie muß also berücksichtigt werden, will man den Grad der Technologieintensität einzelner Branchen und Länder richtig beurteilen. Daß der Erwerb von technologischem Wissen durch Güterkauf durchaus eine gewichtige Rolle spielt, wird aus Tabelle 3-8 ersichtlich.

Tabelle: 3-8

Niedrigtechnologie-Industrien profitieren von Forschungsleistungen anderer Branchen

Technologieintensität (Anteil der direkten/gesamten FuE-Ausgaben am Produktionswert) im Verarbeitenden Gewerbe, Durchschnitt 1990–1993

	Direkte FuE-Intensitäten			Gesamte FuE-Intensitäten (Ausgabenanteil für FuE und für den Kauf FuE-intensiver Güter)		
	Hochtechnologieindustrien	Mitteltechnologieindustrien	Niedrigtechnologieindustrien	Hochtechnologieindustrien	Mitteltechnologieindustrien	Niedrigtechnologieindustrien
	Prozent			Prozent Direkte FuE-Intensität = 100		
USA	9,6	2,8	0,5	116	129	220
Japan	5,8	2,6	0,8	128	146	188
Deutschland	6,6	2,8	0,4	117	139	250
Frankreich	8,6	2,7	0,4	121	133	225
Großbritannien	7,0	1,9	0,3	129	142	233
Italien	4,6	1,4	0,1	126	150	400
Kanada	8,1	0,5	0,3	126	280	167

Quelle: OECD (1996b, 38)

Die verschiedenen Industriebranchen wurden hier (und dies gilt auch für die folgenden Ausführungen), der Systematik der OECD folgend, nach ihren direkten FuE-Intensitäten in Hoch-, Mittel- und Niedrigtechnologieindustrien eingeteilt. Zu den Hochtechnologiebranchen gehören somit unter anderem die Luftfahrtindustrie, die Bereiche der Kommunikations- und Informationstechnologie und die pharmazeutische Industrie. Im Bereich der Mitteltechnologie finden sich zum Beispiel die chemische Industrie, die Gummi- und Kunststoffindustrie sowie der Fahrzeugbau. Wichtige Branchen mit geringer FuE-Intensität sind vor allem die Nahrungs-, Getränke- und Tabakindustrie, die Textilindustrie, die Holz- und die Papierindustrie sowie Eisen und Stahl. Aufgrund der Definition dieser Kategorien ist klar, daß die Hochtechnologieindustrien jedes Landes den jeweils höchsten FuE-Intensitätswert aufweisen müssen.

Durch die Einbeziehung der gekauften Forschungsergebnisse verändert sich vor allem das FuE-Intensitätsverhältnis zwischen den Hoch- und den Niedrigtechnologie-Industrien. Letztere profitieren relativ am stärksten von den Forschungsanstrengungen der technologie-intensiveren Branchen des Verarbeitenden Gewerbes, denn der Anstieg der Forschungsintensität durch den Zukauf von Technologie ist in allen betrachteten Ländern – mit Ausnahme von Kanada – in den Niedrig-Technologie-Bereichen am höchsten. In Italien vervierfacht sich dort die FuE-Intensität in diesem Bereich. Grundsätzlich erhöhen die interindustriellen Technologieströme aber die FuE-Intensitäten in allen drei Technologiekategorien.[72] Dabei bestehen jedoch deutliche Unterschiede zwischen den einzelnen Ländern. In den Hochtechnologiebranchen übertrifft die FuE-Intensität der Vereinigten Staaten die Italiens um fast das Doppelte. Die Deutschen, die in der Hochtechnologieindustrie nur an fünfter Stelle der G7-Länder liegen, nehmen im Bereich der Mitteltechnologie einen Spitzenplatz ein, dicht gefolgt von Japan, das seinerseits die FuE-Intensitätsrangliste im Niedrigtechnologiebereich anführt.

Insgesamt weist die in erworbenen Gütern gebundene Technologie – am ehesten quantifizierbar durch die zur Produktion dieser Güter getätigten FuE-Ausgaben – also eine nicht zu unterschätzende Bedeutung im internationalen Wissenstransfer auf. Einen großen Anteil hieran haben Investitionsgüter (Maschinen und Anlagen) (Abbildung 3-21). Diese beinhalten in den meisten der G7-Länder zwischen 30 und 40 Prozent des gesamten erworbenen Technologiepotentials des privaten Unternehmenssektors. Der „Rest" entfällt auf Zwischenprodukte unterschiedlichster Art. Obwohl der Investitionsgüteranteil auch konjunkturellen Schwankungen unterliegen dürfte, so fällt doch auf, daß er über den gesamten Zeitraum seit Anfang der siebziger Jahre in den USA, Japan, der Bundesrepublik, Frankreich und Italien eher konstant geblieben oder sogar leicht gestiegen ist, während er in Großbritannien und Kanada tendenziell rückläufig war.

Nach diesem Bild steht die Bedeutung der Investitionsgüter für den Technologietransfer der der Zwischenprodukte zwar um einiges zurück. Dabei ist aber zu berücksichtigen, daß es sich hier nur um eine Kapitalflußrechnung handelt, also nur die im Betrachtungsjahr jeweils neu erworbenen Investitionsgüter erfaßt werden. Würde der zu einem bestimmten Zeitpunkt tatsächlich in der Produktion eingesetzte Kapitalstock mit in Betracht gezogen, so dürfte sich der Anteil von Maschinen und Anlagen an der Verbreitung von in Gütern gebundener Forschung und Technologie noch um einiges erhöhen.

Im folgenden soll nun aber geklärt werden, in welchen Wirtschaftsbereichen und in welchem Umfang die Forschungs- und Entwicklungsausgaben getätigt werden, die die Herstellung und internationale Ver-

Abbildung: 3-21

Maschinen und Anlagen sind bedeutende Technologieträger

Anteile der in Investitionsgütern gebundenen FuE an der gesamten erworbenen Technologie, in Prozent

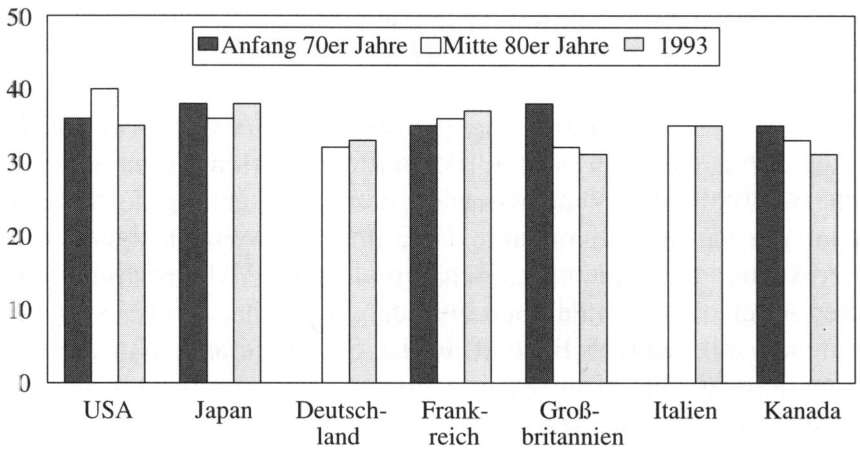

Quelle: OECD (1996b, 43)

breitung von technologie-intensiven Gütern erst ermöglichen. Nach den bisherigen Erkenntnissen ist nicht verwunderlich, daß der Löwenanteil der FuE-Aktivitäten im Verarbeitenden Gewerbe vorgenommen wird, wobei allein der Anteil der Hochtechnologiebranchen an den gesamten unternehmerischen FuE-Ausgaben in den G7-Ländern im Jahre 1993 zwischen 40 und 50 Prozent lag. Der Anteil der Niedrigtechnologie überschritt im selben Jahr nur in Japan die 10-Prozent-Marke. Im Bereich der Mitteltechnologie streuen die Anteile allerdings erheblich: Während sie in Kanada nur rund 10 Prozent zu den gesamten privaten FuE-Aufwendungen beisteuerten, bestritten die Mitteltechnologiebranchen in der Bundesrepublik zuletzt über 40 Prozent dieser Summe.

Betrachtet man die Branchen im einzelnen, so zeigt sich international gesehen eine Vorherrschaft relativ weniger Branchen, zu denen vor allem die Kommunikations- und Halbleiterindustrie, die Luft- und Raumfahrtindustrie, die pharmazeutische sowie die Automobilindustrie gehören. Diese Auflistung bestätigt das große Gewicht der hochtechnologischen Industrien.

Trotz der Dominanz des Verarbeitenden Gewerbes auf dem Terrain von Forschung und Entwicklung ist eines unverkennbar: Die Dienstleistungsunternehmen haben seit Beginn der siebziger Jahre kräftig zugelegt. Jedoch sind auch hier die Unterschiede zwischen den einzelnen Volkswirtschaften groß. In der Bundesrepublik ist der Anteil der FuE-Ausgaben, der nicht auf das Verarbeitende Gewerbe – und damit ganz überwiegend auf den privaten Dienstleistungssektor – entfällt, in den letzten Jahren noch leicht geschrumpft und lag zuletzt bei weniger als 5 Prozent. Ganz anders dagegen in den USA oder Kanada. Dort wurden 1993 schon 26 oder 40 Prozent der FuE-Ausgaben von Branchen außerhalb des Verarbeitenden Gewerbes getätigt – nach rund 5 oder gut 15 Prozent im Jahre 1973 und mit weiter steigender Tendenz. Auch in den anderen großen europäischen Volkswirtschaften lag dieser Anteil zum Teil deutlich über dem deutschen, wobei sich Großbritannien mit rund 25 Prozent an der Spitze befand. Nur Japan bewegte sich bis zuletzt in dieser Hinsicht in etwa auf dem deutschen Niveau. Für diese beiden Länder ist also ein deutlicher Rückstand gegenüber den anderen traditionellen Industrieländern bei der Umorientierung der Forschung in Richtung auf den Dienstleistungssektor auszumachen.

Fragt man nun danach, wem die Forschungsergebnisse in Form von technologisch hochwertigen Investitionsgütern und Zwischenprodukten zugute kommen, so erhält man für die G7-Länder eine recht klare Antwort (Tabelle 3-9):

Tabelle: 3-9

Dienstleister sind Hauptnutzer von Technologiegütern

Anteile der verschiedenen Sektoren an der gesamten durch Güterkauf erworbenen Technologie 1993, in Prozent

	USA	Japan	Deutschland	Frankreich	Großbritannien	Italien	Kanada
Agrarsektor	4	2	4	6	3	4	4
Verarbeitendes Gewerbe:							
Hochtechnologie	13	14	9	17	19	12	18
Mitteltechnologie	13	18	30	19	13	19	25
Niedrigtechnologie	14	13	15	14	11	15	10
Dienstleistungen	56	53	42	44	54	50	43

Quelle: OECD (1996b, 34)

Zur Berechnung der in der Tabelle 3-9 angegebenen Anteile wurde der Wert der in auf den Märkten gehandelten, technologie-intensiven Zwischenprodukten und Investitionsgütern gebundenen Forschungs- und Entwicklungsleistungen ermittelt. Aus den von den einzelnen Sektoren getätigten Käufen dieser Technologiegüter konnte dann der sektorale Anteil an der Nutzung des gesamten Forschungswertes oder der gebundenen Technologie ermittelt werden.

Die Zahlen machen deutlich, daß der Dienstleistungssektor der mit Abstand bedeutendste Nutzer der privatwirtschaftlichen Forschungsergebnisse ist. Die zuvor ermittelten Daten über die Anteile an der Technologieproduktion werden somit in gewisser Weise relativiert: Trotz der relativ niedrigen FuE-Ausgaben wird in den Dienstleistungsbranchen keineswegs die Bedeutung innovativer Technologien vernachlässigt. Die Anteile an der Technologienutzung gehen dabei auch über das hinaus, was angesichts des Anteils des Dienstleistungssektors an der gesamtwirtschaftlichen Produktion zu erwarten gewesen wäre. Dies gilt vor allem für den Bereich der Kommunikationsdienste.

Ungeachtet dieser allen G7-Ländern gemeinsamen Gegebenheiten, lassen sich auch deutliche Unterschiede zwischen den Staaten ausmachen: Zum einen weichen die Anteile der einzelnen Sektoren an der Technologienutzung stark voneinander ab. Der 42-prozentige Anteil der deutschen Dienstleister liegt immerhin um ein Viertel unter dem amerikanischen Wert.

Im Verarbeitenden Gewerbe nimmt dagegen der Mitteltechnologiebereich einen mehr als doppelt so breiten Raum ein wie jenseits des Atlantiks aber auch wie in Großbritannien. Hier stimmen also die Kräfteverhältnisse in der Technologienutzung mit denen in der Forschungsintensität eher überein.

Dies gilt auch für den Bereich der Spitzentechnologie, wo Deutschland nicht nur relativ wenig forschungsorientiert produziert, sondern auch die auf dem Markt verfügbaren Technologiegüter nur in geringem Maße nutzt – ganz im Gegensatz zu seinen europäischen Nachbarn.[73]

Auf Branchenebene liegt eine wesentlich breitere Streuung der Verteilung der Technologienutzung als bei den Forschungsausgaben vor. Wie nicht anders zu erwarten, liegen jedoch vor allem einige Dienstleistungsbranchen an der Spitze der Technologieverwender, vor allem das Transport- und Lagerwesen, der Bereich der Immobilien und Unternehmensdienste sowie die sozialen und persönlichen Dienstleistungen. Bei letzteren stehen die im Gesundheitswesen erworbenen medizinischen Geräte im Vordergrund. Weiterhin wird die am Markt verfügbare Technologie auch intensiv im Baugewerbe sowie in einigen, besonders auf innovative Produktion ausgerichteten Branchen des Verarbeitenden Gewerbes genutzt. Hier sind der Fahrzeugbau, die Luft- und Raumfahrtindustrie sowie die chemische Industrie zu nennen.

Für Deutschland und Frankreich weist die Nutzerliste eine Besonderheit auf: Hier stehen die staatlichen Dienstleister an der Spitze aller technologienutzenden Branchen. Dabei ist zu berücksichtigen, daß dieser Bereich nicht in allen Ländern – so in den USA, Großbritannien und Italien – separat ermittelt werden konnte. Dennoch ist die „Staatslastigkeit" der Technologienutzung in der Bundesrepublik und Frankreich auffällig.

3.5.2 Technologischer Fortschritt begünstigt qualifizierte Erwerbstätige

In Abschnitt 3.2 wurde bereits auf die international zu beobachtende sektorale Verschiebung der Erwerbstätigkeit – von der Industrie hin zum Dienstleistungssektor hingewiesen. Der – auch absolute – Rückgang der Erwerbstätigkeit im Verarbeitenden Gewerbe stellt sich allerdings differenzierter dar, wenn dieser Sektor in die verschiedenen Technologiebereiche aufgeteilt wird. Auf der Grundlage der Daten von 19 OECD-Ländern zeigt sich dann, daß die Zahl der Erwerbstätigen im Verarbeitenden Gewerbe zwischen 1970 und 1994 insgesamt zwar um gut 10 Prozent abgenommen hat, sich dieses Gesamtergebnis aber aus einem Minus von rund 20 im Niedrigtechnologiebereich, einer Abnahme von rund 3 Prozent in den Mitteltechnologiebranchen und einer Zunahme der Erwerbstätigkeit von immerhin fast 8 Prozent in den technologie-intensivsten Branchen zusammensetzt. Zwar ist in allen Industriebereichen seit Beginn der neunziger Jahre die Zahl der Erwerbstätigen rückläufig, jedoch widerlegen die vorstehenden Ergebnisse die These, daß das Verarbeitende Gewerbe durchweg als Verlierer des Strukturwandels der letzten Jahrzehnte gelten muß.[74]

In jedem Fall weisen diese Beobachtungen auf einen Einfluß technologischer Entwicklungen auf die Erwerbstätigkeit hin. Dieser wird allerdings von vielfältigen Faktoren getragen, so daß nicht von einem eindimensionalen Ursache-Wirkungszusammenhang gesprochen werden kann. Es bestehen vielmehr komplexe Beziehungen und Interdependenzen zwischen diesen beiden Größen. (OECD, 1994a und 1996d.) Dabei ist zwischen direkten und indirekten Einflüssen zu unterscheiden. Dem direkten, arbeitssparenden Effekt neuer Technologien stehen nämlich mehrere indirekte, gegenläufige Einflüsse gegenüber. Zunächst einmal sind technologische Innovationen eines Unternehmens mit Investitionen, beispielsweise in Maschinen und Ausrüstungen verbunden, die sich in den Zuliefererindustrien nachfrage- und damit arbeitssteigernd auswirken. Des weiteren können technologische Innovationen – entweder durch Verringerung der Produktionskosten oder die Hervorbringung neuer Produkte – bewirken, daß sich die Wettbewerbsposition des Unternehmen verbessert. Dies wirkt sich tendenziell positiv auf die Beschäftigung des betreffenden Unternehmens aus und damit auch auf die gesamtwirtschaftliche Lohnsumme und Güternachfrage. Damit sind wiederum positive gesamtwirtschaftliche Beschäftigungseffekte verbunden.

Dies alles deutet darauf hin, daß die kurzfristigen negativen Wirkungen neuer Technologien auf die Entwicklung der Erwerbstätigkeit durch längerfristige, indirekte Einflüsse kompensiert werden können. Eine Isolierung der einzelnen Wirkungsfaktoren ist allerdings, zumal auf makroökonomischer Ebene und in einer für einen internationalen Vergleich geeigneten Weise, schwierig.[75] Immerhin läßt sich ein Zusammenhang zwischen der Technologieintensität einzelner Wirtschaftszweige und deren Erwerbstätigkeitsentwicklung empirisch überprüfen. Für die verschiedenen Technologieklassen des Verarbeitenden Gewerbes der G7-Länder ist das Ergebnis in Abbildung 3-22 zu sehen.

Für die Zeitspanne zwischen 1973 und 1993 ist ein klarer, positiver Zusammenhang zwischen der relativen Höhe der FuE-Ausgaben und dem relativen Wachstum der Erwerbstätigenzahlen festzustellen, auch wenn dieser von Besonderheiten der einzelnen Länder stark beeinflußt wird. Die deutlichste Abweichung vom Trend weist wiederum die Bundesrepublik auf, da hier die Spezialisierung auf Industriebranchen mittlerer Forschungsintensität zu einer überdurchschnittlich guten Beschäftigungsperformance geführt hat. Auch in Italien hat der Mitteltechnologiesektor in der Erwerbstätigkeit etwas besser als die Hochtechnologiebranchen abgeschnitten. Sonst aber ist der beschäftigungsfördernde Einfluß intensiver Forschungsbemühungen unverkennbar.

Auch im Dienstleistungssektor sprechen die Daten für ein Überwiegen der positiven Effekte einer technologieorientierten Produktion auf die Erwerbstätigkeit. In Abbildung 3-23 wurde das jährliche Erwerbstätigkeitswachstum im privaten Dienstleistungssektor zum Anteil der Informationstechnologien (IT) an den gesamten Investitionsausgaben in Beziehung gesetzt. Dieses Vorgehen ist berechtigt, weil die Informations- und Kommunikationsindustrie zu den bedeutendsten Technologielieferanten gehört und für nahezu alle Wirtschaftsbereiche von hoher und wachsender Bedeutung ist.

Auch wenn die in der Abbildung 3-23 eingezeichnete Trendgerade sich nur auf relativ wenige Beobachtungspunkte stützt, ist die positive Korrelation zwischen dem IT-Investitionsanteil und der durchschnitt-

Abbildung: 3-22

Forschung sorgt für mehr Arbeitsplätze in der Industrie

FuE-Intensität und Erwerbstätigkeitswachstum im Verarbeitenden Gewerbe der G7-Länder, 1973 bis 1993

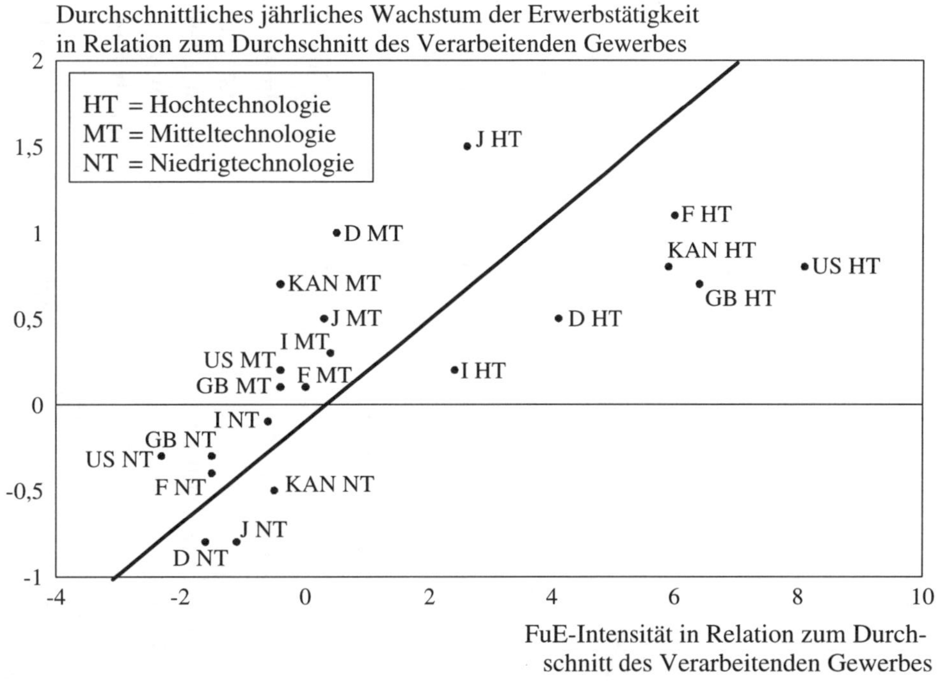

Quelle: OECD (1996b, 83)

Abbildung: 3-23

Investitionen in Informationstechnologie und Wachstum der Erwerbstätigkeit gehen Hand in Hand

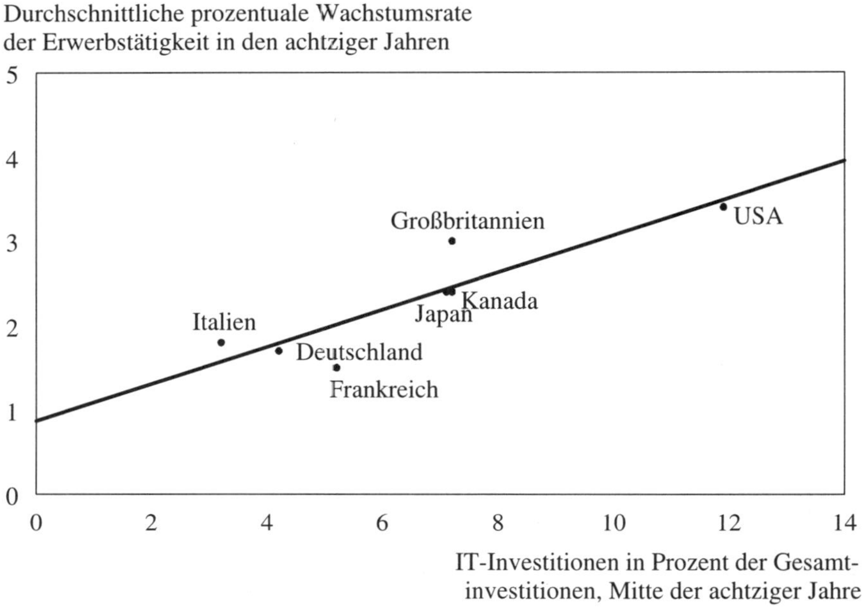

Quelle: OECD (1996b, 84)

lichen Wachstumsrate der Erwerbstätigkeit bei den privaten Dienstleistern doch ausgesprochen eindeutig. Wiederum ist jedoch festzustellen, daß die einzelnen Länder den vorteilhaften Zusammenhang offensichtlich in unterschiedlichem Maße ausnutzen konnten – wobei natürlich alle anderen, die Erwerbstätigkeit beeinflussenden Faktoren sich auch in der Abbildung niederschlagen. Immerhin ist aber das besonders große Gewicht der IT-Investitionen in den USA und das dort gleichzeitig höchste Arbeitsplatzwachstum bemerkenswert. Die Bundesrepublik, aber auch Italien und Frankreich haben in dieser Hinsicht eindeutig schlechter abgeschnitten.

Es stellt sich die Frage, inwieweit auch die Struktur der Erwerbstätigkeit von der wachsenden Bedeutung von Forschung und Technologie beeinflußt wird. Naheliegend ist, daß das steigende Gewicht stark auf technologische Innovationen ausgerichteter Branchen des sekundären und des tertiären Sektors auch einen steigenden Bedarf an hochqualifizierten Arbeitskräften mit sich bringt. Denn eine hohe Produktqualität kann dauerhaft nur mit gut ausgebildeten Arbeitnehmern gesichert werden. Auch dürfte ein hoher Ausbildungsstand der Erwerbstätigen eines Unternehmens der Umsetzung von Forschungsergebnissen und letztlich von Innovationen förderlich sein. Insofern besteht zwischen der Qualifikation des Erwerbskräftepotentials und Forschungs- und Entwicklungsaktivitäten eine wechselseitige Beziehung.

Wiederum ist der empirische Nachweis einer kausalen Beziehung zwischen diesen Größen entsprechend schwierig. Die Tabelle 3-10 läßt aber – als einen ersten Schritt – immerhin erkennen, daß in der Tat die eine hochwertige Ausbildung verlangenden Berufsgruppen in den achtziger Jahren am stärksten expandieren.

Tabelle: 3-10

Mehr Arbeitsplätze in hochqualifizierten Berufen

Durchschnittliches jährliches Wachstum der Erwerbstätigkeit, in Prozent

	USA 1979–90	Japan 1979–90	Deutschland[1] 1980–91	Frankreich 1982–91	Großbritannien 1984–91	Kanada 1979–90
Technische und sonstige Fachberufe	3,0	4,5	2,8	2,2	3,7	2,9
Verwaltungs- und Managementberufe	3,8	0,8	2,0	2,8	2,3	6,7
Büroberufe	1,3	2,3	1,4	0,3	1,7	1,5
Verkaufsberufe	2,6	1,7	1,4	0,9	1,5	1,0
Dienstleistungsberufe	1,8	0,7	1,1	1,0	0,9	2,0
Transport- und Produktionsberufe	0	0,7	–0,4	–0,9	–0,6	0,2
Landwirtschaftliche Berufe	–0,6	–2,7	–2,8	–3,4	–1,0	–1,1
Alle Berufe	1,6	1,2	0,9	0,3	1,3	1,7

[1] Daten für 1991 beziehen sich auf Gesamtdeutschland, sonst auf Westdeutschland.
Quelle: OECD (1996b, 178)

Die Daten ergeben für die sechs untersuchten Länder ein recht homogenes Bild, auch wenn sich die unterschiedliche Entwicklung der gesamten Erwerbstätigkeit in den einzelnen Ländern auch in den Einzelwerten niederschlägt. Demnach sind die Berufe, die eine hohe fachliche Qualifikation voraussetzen oder solche mit Leitungs- und Führungskompetenzen in fast allen Ländern die Beschäftigungsgewinner, wobei erstere vor allem in Japan und Großbritannien Zuwächse verzeichneten, letztere dagegen in Kanada einen wahren Boom erlebten, aber auch in den USA deutlich mehr Arbeitsplätze boten. Auch die einfacheren Berufe des kaufmännischen oder des Dienstleistungsbereichs sind im Verlauf der achtziger Jahre gewachsen, gleichwohl mit einem langsameren Tempo. Eine Stagnation hinnehmen oder sogar Einbußen erleiden mußten dagegen die überwiegend niedrig qualifizierten Berufe im Transportwesen und in der Produktion sowie die Berufe in der Landwirtschaft.

Noch klarer läßt sich die qualifikationsbezogene Entwicklung der Erwerbstätigkeit darstellen, wenn die Berufe in zwei Klassen – hochqualifiziert und gering qualifiziert – unterteilt werden. Dabei können, grob gesprochen, die ersten beiden Berufsgruppen aus der Tabelle 3-10 als hochqualifiziert, der Rest als gering qualifiziert eingestuft werden, wenngleich diese Abgrenzung nicht frei von jeglicher Willkür ist, da nur hochqualifizierte Angestellten- (white collar occupations), nicht aber Arbeiterberufe (blue collar workers), in die erste Klasse eingeordnet werden. Für sechs der wichtigsten OECD-Länder bestätigt diese Einteilung dennoch die besseren Chancen, die Berufe mit hohen qualifikatorischen Anforderungen in den letzten Jahren geboten haben (Abbildung 3-24).

Das Wachstum der Erwerbstätigkeit unterscheidet sich zwischen den einzelnen Ländern vor allem in den Berufsgruppen, die relativ geringe Qualifikationen verlangen. Während dort in Frankreich die Zahl der Arbeitsplätze bis zum Beginn der neunziger Jahre jährlich um über ein halbes Prozent abnahm und in Deutschland ebenfalls ein leichter Rückgang zu verzeichnen war, konnten in diesen Berufsgruppen in den USA, Japan und Kanada deutlich mehr Erwerbstätige beschäftigt werden. Grob gerechnet tat sich damit für gering qualifizierte Arbeitnehmer zwischen den USA und Frankreich eine Beschäftigungslücke von rund 20 Prozent am Ende des Beobachtungszeitraumes auf. Bei den hochqualifizierten Berufen waren die Abstände weniger eklatant.[76] Die gegenüber den niedrig qualifizierten Berufen deutlich höheren Erwerbstätigkeitszuwächse zeigen jedoch, daß eine hohe berufliche Qualifikation in den letzten Jahren für die Arbeitsmarktchancen von großer Bedeutung gewesen ist.

Abbildung: 3-24

Höhere Qualifikation bietet bessere Arbeitsmarktchancen

Durchschnittliche jährliche Wachstumsrate der Erwerbstätigkeit in Prozent

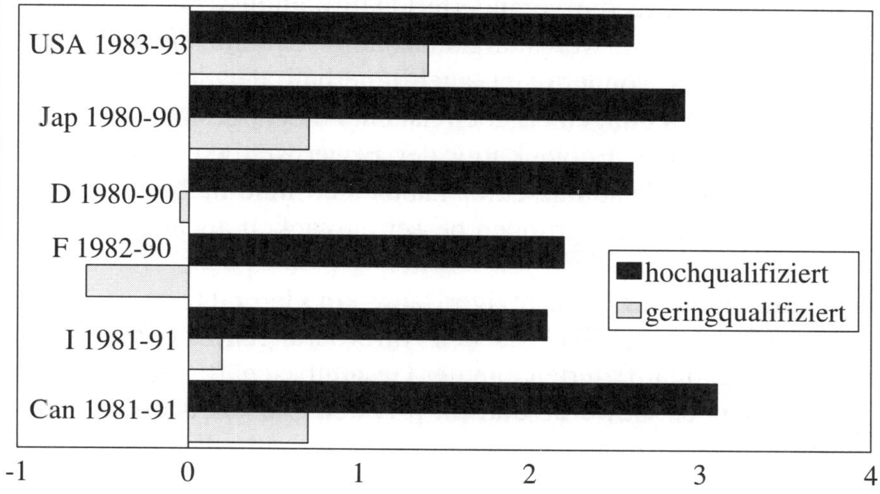

Quelle: OECD (1996b, 90)

Dieser von der OECD (1996b) für mehrere Länder festgestellte Prozeß des „upskilling" deckt sich im wesentlichen mit den Ergebnissen des Kapitels 2-7, in dem der qualikatorische Strukturwandel für Westdeutschland nachgezeichnet wurde. Die von der OECD für die achtziger Jahre festgestellten Effekte haben sich in Deutschland danach deutlich verstärkt. Rechnet man die Beschäftigten ohne abgeschlossene Berufsausbildung zu den Geringqualifizierten, ist die Zahl der Arbeitsplätze für diese Gruppe von 1980 bis 1991 pro Jahr um 1,5 Prozent gefallen; die Jobs der Beschäftigten mit einem Berufs- oder einem Hochschulabschluß war hingegen um 2,1 Prozent gestiegen. In den neunziger Jahren (1991 bis 1996) sank die Zahl der Arbeitsplätze der Geringqualifizierten im Jahresdurchschnitt um 4,5 Prozent, während die der besser Qualifizierten nahezu stagnierte. Nur die Hochschulabsolventen konnten mit einem Zuwachs von 3,2 Prozent in den neunziger Jahren noch zulegen.

Fragt man nach den Ursachen für die Veränderung des Qualifikationsprofils der Erwerbstätigkeit, so sind – nach den bisherigen Erkenntnissen – unter anderem die Verbreitung neuer Technologien sowie Änderungen in der Zusammensetzung der Endnachfrage zu nennen. Diese Faktoren haben den sektoralen Strukturwandel angetrieben (siehe hierzu auch die folgenden Kapitel) und somit auch das Anforderungsprofil der bisherigen und neu entstandenen Arbeitsplätze beeinflußt. Es läßt sich aber zeigen, daß die veränderte Qualifikationsstruktur nicht nur auf die veränderten Erwerbstätigkeitsanteile der einzelnen Sektoren zurückzuführen ist, sondern sich auch innerhalb der Sektoren qualifikatorische Verschiebungen ergeben haben. Anders gesagt: Ungeachtet der unterschiedlichen Entwicklung der Erwerbstätigkeit in der Industrie und im Dienstleistungssektor haben sich innerhalb der Sektoren bestimmte Qualifikationsgruppen besser entwickelt als andere.

In der Industrie ist für die achtziger Jahre ein klarer Trend zu Arbeitsplätzen mit hohen qualifikatorischen Anforderungen zu erkennen. Der Anteil der Hochqualifizierten[77] an der Gesamtbeschäftigung ist sowohl im Verarbeitenden Gewerbe und im privaten Dienstleistungssektor in allen betrachteten Ländern gestiegen (Tabelle 3-11). Ein Blick auf die absoluten Veränderungen zeigt, daß die die hochqualifizierten Angestelltentätigkeiten gewonnen haben, während besonders die wenig qualifizierten Arbeiterstellen – mit Ausnahme Japans – sogar absolut abgebaut wurden. Gliedert man die Branchen des Verarbeitenden Gewerbes nach ihrer Technologie-Intensität, dann zeigt sich, daß – wie nicht anders zu erwarten – das Erwerbstätigkeitswachstum bei den hoch qualifizierten Angestellten vor allem im Hochtechnologiebereich zu verzeichnen war. Demgegenüber verteilt sich der Stellenverlust für gering qualifizierte Arbeiter auf die Hoch-, Mittel- und Niedrigtechnologiebranchen relativ gleichmäßig.

Im privatwirtschaftlichen Dienstleistungssektor insgesamt entfielen die hohen Stellenzuwächse dagegen gleichermaßen auf die hoch wie auf die gering qualifizierten Angestellten, wobei in Frankreich und Kanada wiederum eine höhere Qualifikation zu besseren Chancen auf dem Arbeitsmarkt führte.[78] Zwischen den einzelnen Bereichen des Dienstleistungssektors bestehen dabei allerdings deutliche Unterschiede. Gerade in dem in allen betrachteten Ländern am stärksten gewachsenen Teilsektor Banken, Versicherungen, Immobilien und Unternehmensdienstleistungen nahm die Gruppe der hochqualifizierten Angestellten-Arbeitsplätze am kräftigsten zu. Die einzige Ausnahme hier bilden die USA, wo die niedrig qualifizierten Angestellten den stärksten Zuwachs verbuchten. Auch zum Wachstum der Erwerbstätigkeit bei den gesellschaftlich orientierten, sozialen und persönlichen Dienstleistungen trugen die Arbeitsplätze mit hohen qualifikatorischen Voraussetzungen immerhin in etwa zu gleichen Teilen bei wie die gering qualifizierten Angestellten-Stellen. Insgesamt ist der Trend zu einer höheren Qualifikationsstruktur der Erwerbstätigen auch im Dienstleistungssektor unverkennbar.

Tabelle: 3-11

Veränderung der sektoralen Humankapitalintensität verschiedener Länder

in Prozent

	Jährliches Wachstum des Anteils von Hochqualifizierten an der Beschäftigung			davon: intra-industriell		
	Gesamt	Verarb. Gewerbe	Private Dienstl.	Gesamt	Verarb. Gewerbe	Private Dienstl.
Frankreich (1982–1990)	0,62	0,66	0,45	58,5	92,4	82,0
USA (1983–1993)	0,22	0,19	0,25	78,3	91,9	86,3
Italien (1981–1991)	0,34	0,37	0,06	38,7	96,2	31,2
Japan (1980–1990)	0,36	0,21	0,27	73,6	88,7	84,9
Neuseeland (1976–1990)	0,96	0,38	1,06	80,1	95,4	85,2

Quelle: OECD (1996b, 96)

Ist dieser Trend nun für alle Sektoren als allgemeingültig anzusehen oder doch eher auf die im Rahmen des sektoralen Strukturwandels vollzogene Verlagerung der Erwerbstätigkeit in Richtung auf die Branchen, die aufgrund ihres Tätigkeitsschwerpunktes relativ viel hochqualifizierte Arbeitskräfte benötigen, zurückzuführen? Mit Hilfe von ökonometrischen Analysen läßt sich zeigen, daß die intra-sektoralen qualifikatorischen Verschiebungen in der Tat den größten Teil des Trends erklären (Tabelle 3-11). Für die USA können rund 78 Prozent der Veränderungen des Anteils hoch qualifizierter Angestellter und Arbeiter an der gesamten Erwerbstätigkeit den Bewegungen innerhalb der einzelnen Sektoren zugeordnet werden. In Japan sind es immerhin 74 Prozent und in Neuseeland sogar fast 80 Prozent. In Europa liegen die Werte zum Teil allerdings deutlich niedriger (58 Prozent in Frankreich, 39 Prozent in Italien). Deutschland wurde in diese Analyse nicht einbezogen. Deutlich höher ist in allen Ländern diese intra-sektorale Komponente im Verarbeitenden Gewerbe. Die Ausführungen in Kapitel 2-7 zeigten aber, daß auch hier der Trend hin zum Einsatz Höherqualizierter relativ gleichmäßig über alle Branchen zu beobachten war. Das upskilling konnte nicht durch sektoralen Strukturwandel erklärt werden, sondern muß als ein branchenübergreifendes Phänomen aufgefaßt werden.

Insgesamt überwiegt in allen Ländern diese intra-sektorale Komponente. Der sektorale Strukturwandel scheidet damit als Hauptgrund für die qualifikatorischen Veränderungen aus. Natürlich kann mit dieser ökonometrischen Analyse auch nicht belegt werden, daß technologische oder andere Faktoren verantwortlich für die gezeigten Entwicklungen sind.

Es gibt aber Indizien dafür. Wir stellen eine Erhöhung der Humankapitalintensität quer über alle Branchen fest. Gleichzeitig kann ein positiver Zusammenhang zwischen dem Einsatz moderner Technologien (vor allem der Informationstechnologien) und hochqualifizierten Arbeitskräften festgestellt werden. Es ist also zu vermuten, daß steigende Technologie- und Humankapitalintensität zwei Seiten derselben Medaille sind.

Es gibt aber noch andere Argumente, die diese These stützen: So erscheint die Annahme plausibel, daß sich hochqualifizierte Arbeitskräfte leichter auf den technologischen Wandel einstellen. Auch sind mit modernen Technologien ausgerüstete Maschinen und Anlagen mehr und mehr in der Lage, einfache und vor allem repetitive Tätigkeiten zu übernehmen, die früher von relativ gering qualifizierten Arbeitskräften ausgeführt wurden. Allerdings können neue Technologien auch die qualifikatorischen Anforderungen für bestimmte Tätigkeiten reduzieren oder üblicherweise als hochqualifiziert bezeichnete Arbeitsplätze überflüssig machen. Zum Beispiel ist intelligente Informations-Software mittlerweile in der Lage, eine Vielzahl von Tätigkeiten des mittleren Managements zu übernehmen. Diese gegenläufigen Tendenzen erschweren den Nachweis einer positiven kausalen Beziehung zwischen technologischem Fortschritt und der allgemeinen Erhöhung des Qualifikationsniveaus. Dies gilt schon auf der einzelwirtschaftlichen, noch mehr aber auf der makroökonomischen Ebene.

Hier wirken noch eine Reihe von anderen Faktoren auf das Anforderungsprofil des Arbeitsmarktes ein, von denen der internationale Handel sowie Veränderungen des institutionellen Rahmens besonders hervorzuheben sind.[79] Im Zusammenhang mit dem letztgenannten Faktor ist auch die staatliche Bildungspolitik zu nennen, die bewußt auf die Verbindung zwischen technologischem Fortschritt und Humankapital Einfluß nimmt, wobei hier nicht geklärt werden kann, inwieweit sie nur auf die Wirkungen neuer Technologien auf das Arbeitsmarktprofil reagiert oder die Kausalbeziehung aktiv zu gestalten vermag.[80]

All diese Einflüsse sowie die mit einem internationalen Vergleich auf makroökonomischer Ebene verbundenen Datenprobleme machen die empirische Überprüfung des Zusammenhangs von technologischem Fortschritt und Qualifikation der Erwerbstätigen schwierig. Eine ökonometrische Analyse der OECD (1996b, 98 f.) belegt aber zumindest für 22 Branchen des Verarbeitenden Gewerbes in den USA, Japan, Frankreich, Italien und Deutschland einen deutlich positiven Zusammenhang zwischen der Forschungs- und Entwicklungsintensität zu Beginn der achtziger Jahre und der im Durchschnitt der achtziger Jahre verzeichneten jährlichen Veränderung des Anteils hoch qualifizierter Beschäftigter, jeweils in Relation zum Durchschnitt des Verarbeitenden Gewerbes. Auch andere Meßgrößen des technologischen Fortschritts wie die Veränderung der relativen FuE-Intensitäten oder das Wachstum der Patentzahlen wirken in diese Richtung, allerdings in deutlich schwächerem Maße.

Weitere Analysen derselben Branchen und Länder für die achtziger Jahre machen zudem deutlich, daß in den Hochtechnologiesektoren des Verarbeitenden Gewerbes vor allem die eigenen Forschungsanstrengungen positiv mit der Zunahme der hoch qualifizierten Beschäftigten korreliert sind, während in den Niedrigtechnologiesektoren vor allem der Import technologie-intensiver Zwischenprodukte einen qualifikationstreibenden Einfluß ausübt. Die Wege, auf denen Technologie sich auf die Qualifikationsstruktur der Erwerbstätigen auswirkt, können also durchaus unterschiedlich sein. Der statistische Befund eines positiven Zusammenhangs zwischen den beiden Größen wird davon jedoch nicht berührt. Die Ergebnisse zeigen lediglich noch einmal, daß der Technologiebegriff weit gefaßt werden muß, will man den Einfluß von Forschung und technologischem Fortschritt auf die wirtschaftlichen Entwicklungen richtig einschätzen.

Als Fazit dieses Abschnitts kann somit festgehalten werden, daß die großen, entwickelten Volkswirtschaften alle, wenn auch in etwas unterschiedlicher Weise, auch einem qualifikatorischen Strukturwandel unterworfen sind, der wesentlich durch technologische Entwicklungen beeinflußt wird. Der Einfluß weiterer Größen auf diesen und die anderen Aspekte des Strukturwandels bleibt zu klären. Dies wird in den nachfolgenden Kapiteln versucht. Zuvor wird jedoch im letzten Abschnitt dieses Kapitels die Entwicklung der Arbeitnehmereinkommen als weiteres Merkmal des Strukturwandels dargestellt.

3.6 Strukturwandel bei den Einkommen – Tendenz zu stärkerer Streuung

Als letzte der im internationalen Kontext zu betrachtenden Dimensionen des Strukturwandels soll hier die Einkommensdimension kurz erörtert werden. Die in diesem Zusammenhang beobachteten Trends sind zwar – wie leicht einzusehen ist – nicht autonom, sondern werden von vielen Dimensionen des Strukturwandels beeinflußt. An dieser Stelle seien nur die sektoralen und berufsbezogenen Verschiebungen der Erwerbstätigkeit oder der zuvor erörterte technologische Fortschritt als Beispiele angeführt. Die international teilweise unterschiedlichen Entwicklungen der Lohn- und Einkommensstruktur kann durch diese Faktoren aber dennoch nicht in einfacher Weise erklärt werden, da die Wirkungszusammenhänge komplex sind. Daher erscheint es lohnend, zunächst einige Daten und Fakten zu präsentieren.

Grundsätzlich ist anzumerken, daß die in den verschiedenen statistischen Analysen zu findenden Angaben über Lohn- oder Einkommenssteigerungen und -streuung stark davon abhängen, welche Datenbasis zugrundegelegt wurde. Die Ergebnisse weichen voneinander ab, je nachdem ob Stunden-, Monats- oder Jahreslöhne verwendet, nur Arbeiter im Produzierenden Gewerbe oder aber Erwerbstätige aller Sektoren herangezogen werden. Einfluß hat auch die Auswahl der betrachteten Zeiträume und die Frage, ob sie so gewählt sind, daß langfristige Tendenzen erkennbar und nicht von konjunkturellen Einflüssen überdeckt werden. Zusätzlich fallen bei einem internationalen Vergleich die unterschiedlichen Erhebungsmethoden für die Lohn- und Einkommensdaten nicht unerheblich ins Gewicht. Dennoch können einige allgemeine Aussagen getroffen werden.

Bezüglich der Einkommensentwicklung zeigt sich eine klare Divergenz zwischen den USA und den anderen großen Volkswirtschaften (Tabelle 3-12). Zwischen 1970 und 1995 wuchsen die realen – das heißt hier: mit dem Verbraucherpreisindex bereinigten – Verdienste der Erwerbstätigen einschließlich der Lohnzusatzleistungen in den USA um 3 Prozent, in der Bundesrepublik um 56, in Großbritannien 53 und in Frankreich um 66 Prozent. In Japan betrug der Zuwachs sogar fast drei Viertel. Die amerikanischen Arbeitnehmer mußten sogar in den siebziger und neunziger Jahren Realeinkommeneinbußen hinnehmen, während es in den europäischen Ländern noch positive – wenn auch abnehmende – Steigerungsraten gab. Ein ähnlicher Befund ergibt sich, wenn man die Reallöhne je Stunde betrachtet (Tabelle 3-12).[81]

Tabelle: 3-12

Europa mit höheren Realeinkommenszuwächsen

Jahresdurchschnittliche Wachstumsrate, in Prozent

	1970/80	1980/90	1990/95[1]
	Realeinkommen aus unselbständiger Arbeit je Arbeitnehmer in der Gesamtwirtschaft[2]		
Deutschland	3,1	1,0	0,7
USA	–0,1	0,6	–0,3
Japan	3,7	1,7	0,3
Frankreich	3,7	1,0	0,9
Großbritannien	2,0	1,9	0,7
	Reallöhne je Stunde im Verarbeitenden Gewerbe[2]		
Deutschland	4,8	2,0	1,5
USA	1,1	–0,5	–0,2
Japan	4,1	1,9	2,3
Frankreich	5,2	1,7	1,1
Großbritannien	3,5	1,9	1,2

[1] Verarbeitendes Gewerbe 1990/96

[2] Deflationiert mit dem Konsumentenpreisindex

Quellen: BLS (1997), SVR (1997), eigene Berechnungen

Damit blieb der schon in den sechziger Jahren einsetzende Trend der Angleichung der europäischen und japanischen Löhne an das amerikanische Niveau – unter Berücksichtigung von Kaufkraftparitäten – weiter ungebrochen. Setzt man das amerikanische Niveau gleich 100, erreichte Deutschland 1970 davon 60 Prozent und Japan nur 45 Prozent. Im Jahr 1997 hat Deutschland die Lücke bis auf nur noch 13 Prozentpunkte und Japan bis auf 17 Prozentpunkte geschlossen. Diese Konvergenz ist mit mehr oder minder ähnlichem Ausmaß in allen OECD-Ländern zu beobachten.

Neben einer uneinheitlichen Entwicklung des Lohnniveaus insgesamt ist an dieser Stelle aber vor allem auf den Strukturwandel innerhalb des Lohngefüges hinzuweisen. Dieser manifestiert sich in der gewachsenen Lohnstreuung in den verschiedenen OECD-Ländern, vor allem in den achtziger Jahren. Auch bezüglich dieses Kriteriums nehmen die USA eine deutlich von den meisten europäischen Ländern abweichende Position ein, wie die Tabelle 3-13 zeigt.

Die Werte in der Tabelle 3-13 zeigen, daß in den achtziger Jahren in einer Reihe von Ländern die Streuung der Löhne und Gehälter deutlich zugenommen hat, wobei fast überall das Auseinanderdriften in der oberen Einkommenshälfte der Beschäftigten stärker ausfiel als in der unteren. Besonders ausgeprägt war diese Entwicklung in den USA, in Großbritannien und in Kanada. In der Bundesrepublik und besonders in Italien tendierten die mittleren und die unteren Einkommensgruppen dagegen aufeinander zu.[82] Für Italien fällt dabei auf, daß diese Tendenz ausschließlich auf die Lohnentwicklung bei den weiblichen Arbeitnehmern zurückzuführen ist.

In den neunziger Jahren ist die Zunahme der Lohnstreuung in der Mehrzahl der Länder zum Stillstand gekommen oder hat sich in ihr Gegenteil verkehrt. Lediglich in den USA und Großbritannien, wo die Verdienste der Beschäftigten bereits zuvor überdurchschnittlich stark gestreut hatten, setzte sich die Tendenz der achtziger Jahre fort – in Großbritannien allerdings unter deutlicher Abschwächung.

Die Entwicklung in Italien fällt hier insofern aus dem Rahmen, als dort zu Beginn der neunziger Jahre mit der Abschaffung der Lohnbindung an die Inflation und einer Flexibilisierung der Tarifverhandlungen bedeutende institutionelle Reformen stattgefunden haben, die sich nachhaltig auf das Lohngefüge ausgewirkt haben.

Tabelle: 3-13

Lohnstreuung nimmt jenseits des Atlantiks am stärksten zu

Verhältnis der Löhne und Gehälter zwischen dem neunten und fünften oder dem fünften und ersten Einkommenszehntel in den G7-Ländern[1]

		1979	1989	1995
USA[2]	D9/D5 D5/D1	1,73 1,84	1,97 2,05	2,04 2,13
Japan	D9/D5 D5/D1	1,76 1,71	1,86 1,70	1,85 1,63
Westdeutschland[3]	D9/D5 D5/D1	1,63 1,65	1,64 1,50	1,61 1,44
Frankreich[4]	D9/D5 D5/D1	1,94 1,67	1,99 1,65	1,99 1,65
Großbritannien	D9/D5 D5/D1	1,65 1,69	1,83 1,79	1,87 1,81
Italien[5]	D9/D5 D5/D1	1,50 1,96	1,44 1,50	1,60 1,75
Kanada[6]	D9/D5 D5/D1	1,79 2,24	1,85 2,38	1,84 2,28

[1] Zur Ermittlung der Einkommenszehntel werden die Beschäftigten nach der Höhe ihrer Einkommen (Löhne und Gehälter) geordnet, so daß die 10 Prozent der Beschäftigten mit den niedrigen Einkommen die Gruppe D1 bilden, die nächsten 10 Prozent die Gruppe D2 usw. Der Tabelle sind die Einkommen jeweils am oberen Rand jedes Einkommenszehntels zugrunde gelegt.

[2] Nur männliche Beschäftigte. Die Streuung der Lönhe für weibliche Beschäftigte liegt tendenziell etwas niedriger, weist aber denselben Trend auf.

[3] Werte für 1983, 1989 und 1993

[4] Werte in letzter Spalte für 1994

[5] Werte in letzter Spalte für 1993

[6] Werte für 1981, 1990 und 1994

Quelle: OECD (1996 f., 61 f.)

Trotz unterschiedlicher Beobachtungsjahre und nicht überall völlig vergleichbarer Datensätze, die die Interpretierbarkeit der obigen Daten in gewisser Weise einschränken, kristallisieren sich doch zwei Gruppen von Ländern klar heraus: Zum einen sind dies die „angelsächsischen" Länder (USA, Kanada, Großbritannien), deren Lohnstreuung, auf hohem Niveau, über den gesamten Zeitraum hinweg betrachtet, weiter angestiegen ist. Auf der anderen Seite finden sich die kontinentaleuropäischen Länder sowie Japan, für die eine konstante oder sogar konvergierende Verdienstentwicklung festzustellen ist. Die USA nehmen innerhalb der ersten Gruppe eine herausragende Stellung ein: Nirgendwo sonst unter den beobachteten OECD-Ländern wuchs die Lohnstreuung so stark und so konstant wie dort. Außerdem waren die USA das einzige Land, in dem sich die Einkommensschere nach unten stärker öffnete als nach oben.[83]

Betrachtet man die Lohnsteigerungsraten für die Obergrenzen des ersten und des neunten Einkommenszehntels (D1 und D9) getrennt, so lassen sich die Niveau- und Streuungseffekte der Lohnentwicklung gemeinsam verdeutlichen: Allein für den Zeitraum 1983 bis 1988 sind die realen Löhne und Gehälter der amerikanischen Arbeitnehmer in der unteren Einkommenszone um gut 2 Prozent gesunken, während sie am anderen Ende der Einkommensverteilung um knapp 5 Prozent stiegen. In der Bundesrepublik Deutschland hat dagegen – wie die obigen Ausführungen erwarten lassen – im selben Zeitraum die Lohnstreuung abgenommen, wobei sich das Lohnniveau deutlich erhöhte: Steigerungsraten von 28 Prozent bei den Reallöhnen der D1-Kategorie und von 19 Prozent in der Klasse D9 sprechen eine deutliche Sprache. Damit lag in jüngster Zeit der Reallohn eines deutschen Arbeitnehmers im untersten Zehntel der Einkommensverteilung mehr als doppelt so hoch wie der seines amerikanischen Kollegen (OECD, 1993, 163 ff. sowie Nickell/Bell, 1996, 305).

Die starke Streuung zwischen den mittleren und unteren Einkommensgruppen vor allem in den USA und Kanada wird auch durch die in diesen Ländern besonders hohen Anteile der Beschäftigten veranschaulicht, deren Verdienste weniger als zwei Drittel des mittleren (Median-)Verdienstes betragen (Abbildung 3-25).

Auch wenn für die Abbildung 3-25 ebenso wie für Tabelle 3-13 gilt, daß die Beschäftigten in den einzelnen Ländern unterschiedlich definiert sind, so ist der im Vergleich zu Deutschland, Frankreich oder Italien deutlich höhere Anteil relativ gering verdienender Beschäftigter in den USA und Kanada doch offensichtlich. Allerdings kann aus diesen Ergebnissen keine Aussage über eine Verbreitung von Armut im internationalen Vergleich abgeleitet werden, denn die abgebilde-

Abbildung: 3-25

Niedriglohnjobs in Übersee besonders verbreitet

Anteil der Vollzeitbeschäftigten mit einem Verdienst von weniger als zwei Drittel des Medians, in Prozent

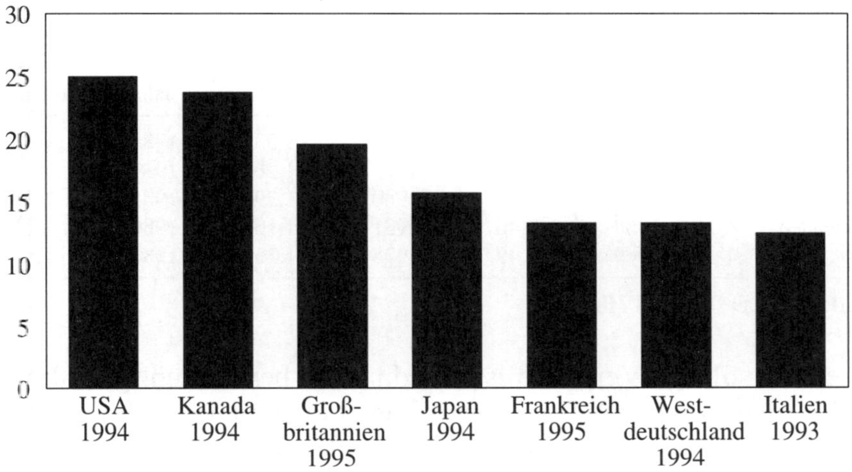

Quelle: OECD (1996f, 70)

te Prozentzahl bezieht sich auf den Medianverdienst des jeweiligen Landes. Dieser ist nun aber in den USA im Vergleich zu anderen Ländern relativ hoch, so daß auch die 25 Prozent der US-Amerikaner, die nur zwei Drittel oder weniger dieses Medianverdienstes beziehen, nicht automatisch als arm zu bezeichnen sind. Die Zahlen machen aber nochmals deutlich, daß die Streuung von Löhnen und Gehältern in Amerika besonders stark nach unten ausgreift. Dies gibt Anlaß dazu, diese Ungleichverteilung nach einzelnen Aspekten weiter zu untersuchen (vgl. OECD, 1996 f., 69).

Ein wesentlicher Aspekt in diesem Zusammenhang ist die Ausbildung. Denn die Art der Ausbildung spielt bei der Höhe der Entlohnung eines Arbeitnehmers eine wesentliche Rolle (vgl. Grömling, 1996, 97 ff.). Von daher erscheint es sinnvoll zu untersuchen, inwieweit sich die Divergenz der Löhne und Gehälter für unterschiedliche Qualifikationsgrade im Zeitablauf ähnlich entwickelt hat wie die Verdienststreuung insgesamt. Für diesen Aspekt lassen sich wiederum Daten der

OECD heranziehen, so daß ein internationaler Vergleich möglich ist (Tabelle 3-14).[84]

Tabelle: 3-14

„Lohnprämie" für höhere Qualifikation schwankt

Verhältnis der Löhne und Gehälter zwischen akademisch und nicht-akademisch ausgebildeten männlichen Beschäftigten

	Jahr	Verhältnis	Jahr	Verhältnis	Jahr	Verhältnis
Großbritannien	1974	1,64	1980	1,53	1988	1,65
Japan	1970	1,33	1979	1,26	1987	1,25
Kanada	1970	1,65	1980	1,39	1985	1,42
Schweden	1968	1,40	1981	1,16	1986	1,19
USA	1969	1,49	1978	1,36	1987	1,51

Quelle: OECD (1993, 171)

Bei einem solchen Vergleich ist allerdings zu berücksichtigen, daß die für die einzelnen Länder herangezogenen Gruppen nicht überall gleich definiert sind, was zumindest auch durch die unterschiedlichen Ausbildungssysteme erklärt werden kann. Beispielsweise ergeben sich die Verhältniszahlen für die USA aus den Verdiensten von College- gegenüber High-school-Absolventen, während für Großbritannien die Verdienste von Personen mit Universitätsabschluß mit denen von Personen ohne jegliche Ausbildung verglichen werden. Zudem sind die Universitäts- und auch andere Abschlüsse verschiedener Länder im Ausbildungsniveau nicht unbedingt miteinander vergleichbar. Daher lassen sich letztlich nur die in den einzelnen Ländern zu beobachtenden Tendenzen sinnvoll einander gegenüberstellen. Dabei fällt auf, daß im Verlauf der siebziger Jahre die für die jeweils höhere Qualifikation gezahlten Lohn- und Gehaltsaufschläge überall deutlich gesunken sind, der Rückgang in Kanada und Schweden war besonders stark. Im Verlauf der achtziger Jahre kehrte sich dieser Trend größtenteils wieder um, wobei eine Parallele zu den dargestellten Tendenzen bei der allgemeinen Lohnstreuung deutlich wird: In den USA und Großbritannien war die Trendumkehr nicht nur am deutlichsten, es waren dies auch die einzigen beiden Länder, in denen die am Ende der sechziger und zu Beginn der siebziger Jahre verzeichnete Verhältniszahl im Verlauf der achtziger Jahre übertroffen wurden. Auch wenn die Daten nicht in die neunziger Jahre hineinreichen, so ist doch der in diesen Ländern verzeichnete Trend zu einer höheren Lohnstreuung auch unter dem Gesichtspunkt der Ausbildung klar zu erkennen. Hier läßt sich also von einem strukturellen Wandel der Entlohnung von Arbeit sprechen.[85] Für die Bundesrepublik Deutschland zeigt eine Untersuchung von Steiner und Wagner (1996), daß sich hierzulande ein solcher struktureller Wandel nicht in diesem Maße ausmachen läßt. Zumindest in den achtziger Jahren haben sich die Lohnverhältnisse zwischen Akademikern, Arbeitnehmern mit Berufsausbildung und nicht-ausgebildeten Arbeitnehmern nicht wesentlich verändert, wenngleich sich im Jahre 1990 bei Berufseinsteigern eine höhere Ausbildung nicht mehr so stark in höheren Löhnen niederschlug wie noch 1984.[86]

Ohne auf mögliche Erklärungen für die aufgezeigten Trends bereits hier einzugehen, sei darauf hingewiesen, daß die Hypothese, die Entwicklung der Ausbildungsprämie lasse sich durch die relative Entwicklung des Angebots an akademisch ausgebildeten Personen erklären, zumindest nicht für alle der hier aufgeführten Länder zutrifft (OECD, 1993, 171 ff.). Für das Beispiel der USA läßt sich jedenfalls zeigen, daß dort die relative Verbesserung der Entlohnung hochqualifizierter Arbeitnehmer sich bis zuletzt fortgesetzt hat, obwohl ihr Anteil an der gesamten Erwerbsbevölkerung kontinuierlich angestiegen ist. Hatte der Anteil der Personen, die mindestens einen College-Abschluß aufweisen können, 1973 noch knapp 15 Prozent der amerikanischen Erwerbsbevölkerung betragen, stieg dieser Anteil bis 1989 auf fast 24 Prozent. Bis zum Jahre 1993 war ihr Anteil um rund einen weiteren Prozentpunkt gestiegen.[87] Im selben Gesamtzeitraum (1973 bis 1993) fiel zwar der durchschnittliche reale Stundenlohn der College-Absolventen um 7,5 Prozent und der der College-Absolventen mit einer zusätzlichen Ausbildung von mindestens zwei Jahren Dauer um 4,7 Prozent. Dieser Rückgang war aber weitaus schwächer als die Lohneinbußen, die geringer qualifizierte Arbeitnehmer hinnehmen mußten: Während die realen Stundenlöhne der Personen, die zumindest zeitweise das College besucht hatten, um 11,6 Prozent fielen, mußten die High-school-Absolventen Einbußen von 14,7 und die High-school-Abbrecher sogar von 22,5 Prozent hinnehmen.[88] Berechnet man analog zum Vorgehen in Tabelle 3-13 das Verhältnis der Löhne zwischen den über das College hinaus qualifizierten Personen und den High-school-Abbrechern, so ist dieses zwischen 1973 und 1993 von 2,06 auf 2,53 angewachsen, also weitaus stärker, als es die allgemein betrachtete Lohnstreuung vermuten ließ. Die obigen Zahlen zeigen aber auch, daß zumindest in den USA auch die beste akademische Ausbildung keine Garantie mehr für dauerhafte reale Lohnsteigerungen ist.

Neben dem Kriterium der Ausbildung spielen auch die – mit der Ausbildung zu einem großen Teil zusammenhängenden – beruflichen Fähigkeiten für die Entlohnung eine große Rolle. Es wird deshalb untersucht, inwieweit sich auch in der Lohnstreuung Unterschiede zwischen den verschiedenen beruflichen Positionen der Arbeitnehmer feststellen lassen. Dabei dienen wiederum die Daten der USA als anschaulichstes Beispiel. Die Unterteilung der Arbeitnehmer in Berufsgruppen entspricht dabei im wesentlichen der bereits in Abschnitt 3-5 vorgenommenen Gliederung. Die Tabelle 3-15 zeigt für die USA, daß die männlichen beruflichen Spezialisten und Verantwortungsträger eine deutlich vorteilhaftere Lohn- und Gehaltsentwicklung verzeichnen konnten als Arbeitnehmer in anderen Beschäftigungsverhältnissen.

Tabelle: 3-15

Nur Top-Positionen bleiben von Lohn- und Gehaltseinbußen verschont

Jahresdurchschnittliche Veränderung der realen Bruttostundenlöhne männlicher Arbeitnehmer in den USA nach Berufsgruppen, in Prozent

	1979–1989	1989–1993	1979–1993
Management- und führende Verwaltungsberufe	0,7	–1,2	0,1
Technische und sonstige Fachberufe	0,4	–0,5	0,1
Verkaufsberufe	–0,6	–1,0	–0,8
Büro- und einfache Verwaltungsberufe	–0,9	0,0	–0,6
Dienstleistungsberufe	–1,0	–0,5	–0,8
Handwerksberufe	–0,8	–1,2	–0,9
Produktions- und Transportberufe	–1,0	–1,5	–1,2
Hilfsarbeiter	–1,6	–2,1	–1,8

Quelle: Mishel/Bernstein (1996, 37), eigene Berechnungen

Von den hier betrachteten acht Berufsgruppen konnten nur zwei ihre reale Entlohnung innerhalb des gesamten Untersuchungszeitraum verbessern, sonst wurden substantielle Lohn- und Gehaltseinbußen verzeichnet, die umso stärker ausfielen, je geringer die für die jeweiligen

Berufe erforderlichen Fähigkeiten waren. Die Entwicklung verlief allerdings nicht über den gesamten Zeitraum hinweg gleichmäßig: Während in den achtziger Jahren die Lohnzuwächse mit der beruflichen Qualifikation deutlich zunahmen (oder die Lohneinbußen abnahmen), ist dieser (nicht zwangsweise kausale) Zusammenhang für die Jahre nach 1989 weniger ausgeprägt, wenn auch die Stundenlöhne in den zwei letztgenannten Berufsgruppen immer noch am stärksten sanken. Für all diese Entwicklungen dürfte unter anderem der sektorale Strukturwandel mit der Verlagerung der Erwerbstätigkeit vom Produzierenden Gewerbe zum Dienstleistungssektor ausschlaggebend gewesen sein. Denn insgesamt sind die Löhne in den vier erstgenannten Berufsgruppen, die sich dem Angestelltenbereich („white-collar workers") zuordnen lassen, mit 3,3 Prozent weit weniger stark gesunken als in den klassischen Arbeiterberufen. Diese finden sich in den drei letztgenannten Gruppen, für die insgesamt ein Rückgang der Stundenlöhne um 14,6 Prozent festgestellt werden kann.

Sofern die Angestelltenberufe wirklich stärker im tertiären Sektor verankert sind und die Arbeiterberufe eher dem sekundären Sektor zuzuordnen sind, dürfte die zu Lasten des letzteren Sektors erfolgte Expansion des Dienstleistungssektors durch die verstärkte Nachfrage nach entsprechenden Arbeitskräften in Richtung auf höhere relative Löhne gewirkt haben, während die Löhne für Arbeiter auf dem flexiblen amerikanischen Arbeitsmarkt infolge der gesunkenen Bedeutung der Industrie stark nachgaben. Daß es sowohl bei den Angestellten- als auch bei den Arbeiterberufen zudem zu einer deutlichen Verstärkung der tätigkeitsbezogenen Lohndifferenzierung kam, kann auch auf den parallel zum sektoralen Strukturwandel verzeichneten steigenden Bedarf an Arbeitskräften mit höheren Qualifikationen – und damit generell höheren Verdiensten – zurückgeführt werden.[89] Dies zusammen dürfte einen guten Teil der großen Divergenz zwischen der Lohnentwicklung bei den Angestellten in hochqualifizierten Positionen und den einfachen Arbeiterberufen erklären.

Vor allem das Argument des sektoralen Strukturwandels trifft im übrigen wohl auch für die Entwicklung in der Bundesrepublik Deutschland zu, die zum Vergleich mit den USA nunmehr kurz skizziert werden soll. Tabelle 3-16 macht die Unterschiede und Gemeinsamkeiten zu den amerikanischen Lohndaten deutlich.

Tabelle: 3-16

Arbeiterlöhne steigen im Gleichlauf

Jahresdurchschnittliche Veränderung der realen Bruttoverdienste männlicher Arbeitnehmer der Bundesrepublik Deutschland, in Prozent

	1973–1983	1983–1996	1973–1996
Arbeiter			
Facharbeiter	0,7	1,2	1,0
angelernte Arbeiter	0,8	1,1	1,0
Hilfsarbeiter	0,8	1,2	1,0
Kaufmännische Angestellte			
Leitende Angestellte	1,7	1,5	1,6
Fachlich qualifizierte Angestellte	1,1	1,3	1,2
Einfache Angestellte mit Ausbildung	1,0	1,3	1,2
Einfache Angestellte ohne Ausbildung	0,5	1,4	1,0

Anmerkung: Erfaßt wurden männliche Arbeiter im Produzierenden Gewerbe und männliche Angestelle im Produzierenden Gewerbe, Handel, Reparaturgewerbe, Kredit- und Versicherungsgewerbe. Veränderungsraten berechnet aus Bruttowochen- (Arbeiter) und Bruttomonatsverdiensten (Angestellte), bereinigt mit dem Lebenhaltungsindex für Arbeitnehmerhaushalte mit mittleren Einkommen auf der Basis von 1991.

Quelle: Statistisches Bundesamt (1997c, 1997d), eigene Berechnungen

Wie die Tabelle 3-16 zeigt, ist die bundesdeutsche Entwicklung in den Angestellten- und in den Arbeiterberufen unterschiedlich verlaufen: Während im ersteren Bereich analog zu den USA eine deutliche Verdienstspreizung über die verschiedenen Leistungsgruppen hinweg festzustellen ist (dies gilt im übrigen noch stärker für die hier nicht dargestellten Angestellten im technischen Bereich), so sind bei den Arbeitern solche fähigkeitsbezogenen Unterschiede kaum festzustellen. Vergleicht man die Arbeiter- mit den Angestelltenberufsgruppen insgesamt, so zeigt sich, daß in der Bundesrepublik ebenso wie in den USA die Angestellten eine stärkere Erhöhung ihrer Verdienste erzielen konnten. Selbst einfache, unausgebildete Angestellte verbuchten zwischen 1973 und 1996 Gehaltserhöhungen, die ungefähr dem Durchschnitt der Lohnerhöhungen der Arbeiter entsprachen. Alle anderen Angestelltengruppen profitierten von deutlich stärker gestiegenen Verdiensten. Ansonsten lassen die bundesdeutschen ähnlich wie die amerikanischen Daten einen Rückgang der Lohnzuwächse (oder stärkere Lohnsenkungen) und eine Abschwächung des Trends zu qualifikationsspezifischer Lohndifferenzierung in den neunziger Jahren erkennen. Seit 1993 mußten die einfachen, ausgebildeten Angestellten sogar reale Verdiensteinbußen hinnehmen, die jedoch mit dem drastischen Rückgang der Löhne in den USA nicht im entferntesten vergleichbar waren.

Für die weiblichen Arbeitnehmer lassen sich sowohl in den USA als auch in der Bundesrepublik Deutschland ähnliche Trends ausmachen wie für ihre männlichen Kollegen. Unterschiede bestehen zum einen darin, daß die Lohn- und Gehaltssteigerungen bei den Frauen höher ausfielen als bei den Männern, wobei diese Entwicklung in den USA besonders deutlich ist. Hier konnten die weiblichen Angestellten im Jahre 1993 immerhin um gut 12 Prozent höhere Stundenlöhne erhalten als noch 14 Jahre zuvor. Und bei den Arbeiterberufen hielten sich die realen Lohnsenkungen mit 6,2 Prozent im gleichen Zeitraum in wesentlich engerem Rahmen als bei den männlichen Arbeitern. In der Bundesrepublik erhöhten sich die Verdienste der Arbeitnehmerinnen zwischen 1973 und 1996 durchschnittlich um knapp einen halben Prozentpunkt pro Jahr stärker als die der Männer. Ausnahmen waren jedoch die Facharbeiterinnen sowie die weiblichen einfachen Angestellten ohne Ausbildung, die jährlich um fast 1 Prozentpunkt höhere Verdienststeigerungen erzielten als ihre männlichen Pendants. Somit stellt sich auch die Entwicklung der Lohnstreuung für die weiblichen Arbeitnehmer in der Bundesrepublik etwas anders dar: Bei den Arbeiterinnen ist immerhin eine geringe Erhöhung der Lohnspreizung festzustellen, die sich auch nach 1993 fortgesetzt hat. Bei den weiblichen Angestellten dagegen fiel diese Erhöhung deutlich schwächer aus, so daß sich für beide Geschlechter zusammen genommen die zwischen Arbeiter- und Angestelltenberufen zu beobachtenden Unterschiede bezüglich der Entwicklung der Lohnstreuung doch relativ gering ausfallen.

Dies gilt allerdings nicht für die USA, wo im Angestelltenbereich vor allem die Lohnunterschiede zwischen weiblichem Verkaufspersonal (Lohnanstieg um 0,9 Prozent zwischen 1979 und 1993) und den Frauen in leitenden Management- und Verwaltungspositionen (18,3 Prozent) doch deutlich zunahmen. Für die Arbeiterberufe liegen keine Einzeldaten vor, jedoch bildet der vorliegende Wert von einer Lohnsenkung von 10,3 Prozent für Arbeiterinnen im Produktionsbereich zwischen 1979 und 1993 einen herben Kontrast zu der zuvor dargestellten Lohnentwicklung bei den weiblichen Angestellten. Die Einbeziehung der Frauen in die Analyse ändert also nichts an dem Befund einer stark wachsenden tätigkeitsbezogenen Lohnstreuung in den Vereinigten Staaten.

Fragt man nach plausiblen Erklärungen für die deutsch-amerikanischen Unterschiede und Gemeinsamkeiten, so ist zunächst (wie oben bereits angemerkt) auf den sektoralen Strukturwandel hinzuweisen, der in der Bundesrepublik ähnlich wie in den USA in Richtung auf eine relative Erhöhung der Verdienste in den Berufsgruppen gewirkt haben dürfte, die im Dienstleistungssektor stark verbreitet sind. Da in der deutschen Statistik von vorneherein nur die Arbeiter im Produzierenden Gewerbe erfaßt sind, kann sich dieser Effekt in den oben aufgeführten Zahlen für die Arbeiterberufe nicht auswirken. Gleichzeitig darf der aus den deutschen Daten für die Angestellten hervorgehende Trend zu stärkerer Lohnstreuung zwischen den Berufsgruppen nicht überinterpretiert werden. Denn durch die Bruttobetrachtung wird die Wirkung der steuerlichen Progression nicht in die Daten einbezogen. In einer Nettobetrachtung (für die keine Werte verfügbar waren) wäre die Divergenz zwischen den höheren und den niedrigeren Lohngruppen wesentlich kleiner. Insofern besteht zwischen den aufgezeigten Tendenzen und der zu Beginn dieses Abschnitts dargestellten Konstanz der generellen Lohnstreuung in der Bundesrepublik kein so großer Widerspruch wie es auf den ersten Blick scheinen mag. Zudem ist in verschiedenen Studien festgestellt worden, daß sowohl in den USA als auch in der Bundesrepublik eine steigende Lohndispersion nicht vornehmlich zwischen, sondern innerhalb der Qualifikationsgruppen besteht, wobei der Anteil der qualifikationsneutralen Lohndispersion für die USA mit einem Wert von rund zwei Drittel auch quantifiziert worden ist. Für Westdeutschland kann der Trend zu höherer Lohnstreuung am ehesten durch die unterschiedliche Entwicklung einzelner Wirtschaftsbranchen (also durch den sektoralen Strukturwandel) erklärt werden.[90]

Ein weiterer Aspekt, der ebenfalls mit der Bedeutung der beruflichen Fähigkeiten für die Lohn- und Gehaltshöhe und -entwicklung zusammenhängt, ist die Berufserfahrung. Ohne hier auf Einzelheiten einzugehen, sei angemerkt, daß in den USA das Verhältnis der durchschnittlichen Stundenlöhne für (männliche weiße) Arbeitnehmer mit einer Berufserfahrung von 26 bis 35 Jahren gegenüber Berufsanfängern, die nur über 1 bis 5 Jahre Erfahrung verfügen, seit den siebziger Jahren deutlich angestiegen ist. Dabei fällt auf, daß diese „Berufserfahrungsprämie“ bei den Arbeitnehmern mit High-school-Abschluß deutlicher ausfällt als den College-Absolventen. Interessant an diesem Trend ist, daß die den High-school-Absolventen mit längerer Berufserfahrung zugute kommenden Lohnaufschläge genau zu dem Zeitpunkt zu steigen begannen, als auch die „Ausbildungsprämie", also die höhere Vergütung für eine College-Ausbildung gegenüber einem High-school-Abschluß, drastisch anstieg, nämlich zu Beginn der achtziger Jahre.[91] Der Zusammenhang zwischen der Entlohnung der Arbeit und der Ausbildung sowie der Berufserfahrung (als weiteres Qualifikationsmerkmal) ist demnach in den USA in den achtziger Jahren deutlich stärker zu Tage getreten als zuvor. Nach der zuvor dargestellten Entwicklung der Löhne in absoluten Werten ist aber auch klar, daß das Auseinanderdriften der Löhne von berufserfahrenen High-school-Absolventen und den Berufsanfängern mit entsprechender Qualifikation eher durch – real – gesunkene Einstiegslöhne als durch tatsächlich gezahlte höhere Lohnaufschläge zustande gekommen sein dürfte. Für die Entwicklung der berufserfahrungsbezogenen Lohndifferenzierung in den neunziger Jahren liegen zwar keine nach Qualifikation aufgegliederten Daten vor. Grundsätzlich haben sich jedoch die Erfahrungsprämien in letzter Zeit wohl wieder deutlich erhöht, womit die Entwicklung mit dem – wie zu Beginn des Abschnitts dargestellt – allgemein fortgesetzten Trend zu stärkerer Lohndifferenzierung in den USA wieder in Einklang zu stehen scheint.[92]

Die für die Bundesrepublik zu diesem Aspekt der Einkommensentwicklung vorliegende Daten belegen, daß die Löhne hier mit zunehmender Berufserfahrung weniger stark zunehmen als in den USA. Zumindest für den Zeitraum nach 1984 läßt sich für Deutschland immerhin dieselbe Tendenz zu leicht sinkenden Berufserfahrungsprämien ausmachen wie in den USA. Dabei ist jedoch – im Gegensatz zu den USA – das Lohnverhältnis zwischen Arbeitnehmern mit langjähriger Berufserfahrung und Berufseinsteigern um so höher, je höher die berufliche Qualifikation ist (vgl. Steiner/Wagner, 1996, 21 ff.). Hier dürfte sich wiederum bemerkbar machen, daß die Einstiegslöhne in den USA gerade für geringer qualifizierte Arbeitskräfte relativ niedrig sind und die Entlohnung erst mit beruflicher Bewährung ansteigt.

Die bisherige Untersuchung der verschiedenen Aspekte der Lohnstreuung ist noch um die zeitliche Dimension zu ergänzen. Dabei geht es um die Frage, in welchem Maße die individuellen Arbeitseinkommen im Zeitablauf variieren. Das ist wichtig, weil eine hohe oder steigende Lohndispersion mit einer wachsenden Zahl von Niedriglohnempfängern für den einzelnen Arbeitnehmer dann weniger bedeutsam ist, wenn er relativ leicht von einer niedrigen in eine höhere Einkommensgruppe wechseln kann. In diesem Fall wäre die insgesamt steigende Lohnstreuung nicht automatisch mit einer gleichermaßen steigenden Ungleichheit des Lebensarbeitseinkommens verbunden.

Grundsätzlich läßt sich die Mobilität der Arbeitnehmereinkommen auf zwei verschiedene Arten messen:

- Zum einen kann gefragt werden, ob und in welchem Ausmaße die Arbeitnehmer zwischen relativen Einkommensgruppen wechseln. Konkret bedeutet dies, daß zum Beispiel für zwei Beobachtungsjahre die Arbeitnehmer nach der Höhe ihres Einkommens geordnet werden und dann beispielsweise Quintile gebildet werden, also Klassen, in die jeweils 20 Prozent der Arbeitnehmer fallen. Wechseln relativ viele Arbeitnehmer zwischen den Beobachtungszeitpunkten das Einkommensquintil, liegt eine relativ hohe Einkommensmobilität vor (Konzept I).

- Zum anderen können auch Einkommensklassen gebildet werden, die sich auf das Medianeinkommen beziehen, also auf das mittlere der der Höhe nach geordneten Einkommen. Ein Beispiel für eine solche Klasse sind Einkommen, die zwischen 65 bis 90 Prozent des Medianeinkommens liegen. Wiederum ist eine zwischen zwei Zeitpunkten zu beobachtende hohe Fluktuation zwischen diesen Einkommensklassen ein Ausdruck für eine hohe Mobilität der Arbeitnehmereinkommen (Konzept II).

Der wesentliche Unterschied zwischen den beiden Maßgrößen ist, daß das erste Konzept eine rein relative Betrachtungsweise ist. Sie weist auch dann einen hohen Mobilitätswert auf, wenn die absoluten Einkommensveränderungen, die zu den Quintilswechseln geführt haben, nur gering waren. Dies kann dann der Fall sein, wenn die Einkommensverteilung in dem entsprechenden Land relativ komprimiert ist. In einem anderen Land mit einer ungleicheren Einkommensverteilung wäre folglich eine wesentlich stärkere Einkommensänderung erforderlich, um zwischen zwei Einkommensquintilen zu wechseln. Dieses relative Mobilitätsmaß läßt also die absolute Einkommensstreuung jedes Landes außer acht. Im Gegensatz dazu spiegelt das medianbezogene Mobilitätsmaß die absoluten Einkommensveränderungen wider und ist von daher auch für einen direkten internationalen Vergleich unproblematisch, läßt aber die relative Einkommensverteilung außer acht. Von daher erscheint es sinnvoll, beide Meßarten in die Betrachtung einzubeziehen, um ein umfassendes Bild über die Einkommensmobilität der Arbeitnehmer zu erhalten. Die Tabelle 3-17 zeigt für die verschiedene Länder anhand beider Konzepte das Ausmaß der Einkommensmobilität auf.[93]

Im großen und ganzen weisen die Daten auf eine in den verschiedenen Ländern ähnlich hohe Einkommensmobilität vollzeitbeschäftigter Arbeitnehmer hin. Allerdings ist die innerhalb des betrachteten Fünf-Jahres-Zeitraums verzeichnete absolute Veränderung der Arbeitnehmereinkommen (untere Tabellenhälfte) in den USA mit Abstand am größten. Dies zeigt sich zum einen an der Durchschnittszahl der Klassen, die jeder Arbeitnehmer durchlief, zum anderen auch an der Tatsache, daß mit 52,3 Prozent die Mehrheit der Arbeitnehmer zumindest in die nächsthöhere oder -niedrigere Einkommensklasse wechselte. Einen ähnlich hohen Wert verzeichnete nur Großbritannien, während in allen anderen Ländern der Anteil der in bezug auf das Einkommen auf- oder absteigenden Beschäftigten deutlich unter 50 oder sogar unter 40 Prozent (Frankreich und Schweden) blieb. Westdeutschland lag in dieser Hinsicht in etwa im Mittelfeld.

Ein etwas anderes Bild ergibt sich bei der Betrachtung der Verschiebungen zwischen den Einkommensquintilen (obere Tabellenhälfte). Im Vergleich zu den medianbezogenen Einkommensveränderungen wird hier die Mobilität für die meisten Länder um einiges größer ausgewiesen, für die USA ist sie jedoch kleiner. Dies kann im wesentlichen damit erklärt werden, daß (wie zu Beginn dieses Abschnitts dargestellt) die US-amerikanische Lohn- und Einkommensstreuung im internationalen Vergleich hoch ist und somit auch eine absolut gesehen relativ hohe Einkommensveränderung eines einzelnen Arbeitnehmers nicht so schnell zu einer Reklassifizierung in ein anschließendes Einkommensquintil führt wie dies in Ländern mit einer nur geringen Lohn- und Einkommensdispersion ist. Letzteres trifft vor allem auf die skandinavischen Länder zu, so daß deren relative Einkommensveränderungen wesentlich höher liegen als die absoluten. Westdeutschland steht bezüglich der relativen Mobilität der Arbeitnehmereinkommen nur an zweitletzter Stelle und weist zusammen mit Frankreich sogar den höchsten Anteil der Beschäftigten aus, die innerhalb von fünf Jahren maximal in das benachbarte Einkommensquintil wechselten.

Tabelle: 3-17

Amerikanische Arbeitnehmer auf der Einkommensleiter besonders beweglich

Einkommensmobilität vollzeitbeschäftigter männlicher Arbeitnehmer (1986–1991)

Konzept I	Übergänge zwischen den Einkommensquintilen in Prozent: Durchschnitt (absolut) und Verteilung der Arbeitnehmer auf die Anzahl der durchlaufenen Klassen			
	Durchschnittl. Quintils-veränderung[1]	Kein Quintilswechsel	Sprung um 1 Quintil	Sprung um 2 oder mehr Quintile
Dänemark	0,764	47,6	35,6	16,8
Frankreich	0,587	56,8	32,0	11,2
Großbritannien	0,716	48,1	36,8	15,1
Italien	0,679	50,6	35,3	14,1
Schweden	0,676	52,7	33,8	13,5
USA	0,732	48,8	35,5	15,7
Deutschland	0,621	53,0	35,7	11,2
Konzept II	Übergänge zwischen den medianbezogenen Einkommensklassen:[2] Durchschnitt (absolut) und Verteilung der Arbeitnehmer auf die Anzahl der durchlaufenen Klassen			
	Durchschnittl. Klassen-veränderung	Kein Klassenwechsel	Sprung um 1 Klasse	Sprung um 2 oder mehr Klassen
Dänemark	0,555	55,2	36,1	8,8
Frankreich	0,506	60,5	31,2	8,3
Großbritannien	0,697	48,2	37,6	14,2
Italien	0,524	55,6	37,6	6,9
Schweden	0,468	61,6	32,1	6,3
USA	0,784	47,8	35,0	17,3
Deutschland	0,541	55,3	37,6	7,1

[1] Die Werte geben an, wieviel Einkommensquintile ein Arbeitnehmer im angegebenen Fünfjahreszeitraum durchschnittlich übersprungen hat. Ein Wert von 0,5 bedeutet dann, daß sich die Einkommenposition des Arbeitnehmers am Ende des Betrachtungszeitraums um ein halbes Quintil, also gegenüber 10 Prozent aller Arbeitnehmer, verschoben hat.

[2] Um einen Vergleich mit den Quintilen zu ermöglichen, wurden 5 Einkommensklassen relativ zum Median gebildet: weniger als 65 Prozent, 65 bis 95 Prozent, 95 bis 125 Prozent, 125 bis 155 Prozent und mehr als 155 Prozent des Medianeinkommens.

Quelle: OECD (1996 f., 81)

Eine weitere Kennzahl für die Einkommensmobilität der Arbeitnehmer ist der Korrelationskoeffizient für die Relation zwischen den individuellen Arbeitseinkommen der beiden betrachteten Jahre. Sein Wert liegt trotz einer Streuung zwischen 0,65 für Dänemark und 0,79 für die Bundesrepublik für die meisten der betrachteten Länder bei rund 0,7, was bedeutet, daß – in Übereinstimmung mit früheren Studien – rund zwei Drittel der in einem Jahr beobachteten Einkommensungleichheit auch nach fünf Jahren weiter besteht und nicht durch die Einkommensveränderungen der einzelnen Arbeitnehmer wettgemacht wird.[94] Aufgrund des kurzen Beobachtungszeitraumes kann daraus natürlich nicht unmittelbar auf die (Entwicklung der) Streuung der Lebenseinkommen geschlossen werden. Die für die OECD-Länder vorliegenden Daten lassen lediglich erkennen, daß eine schrittweise Ausweitung des Betrachtungszeitraumes von einem Jahr auf fünf Jahre die Einkommensmobilität deutlich erhöht.[95] Wenn allerdings eine steigende Einkommensmobilität auf einen flexibleren Arbeitsmarkt zurückgeführt werden kann und die den Arbeitsmarkt beeinflussenden Faktoren gleichzeitig eine steigende Lohnstreuung bewirken, dann wird diese – aufgrund der höheren Einkommensmobilität – tendenziell zu einem weniger starken Anstieg der Ungleichheit der Lebenszeiteinkommen führen.[96] Ein längerer Beobachtungszeitraum würde vermutlich sogar generell eine wesentlich geringere Ungleichheit der lebenslangen Einkommen belegen als es die zeitpunktbezogene Einkommensstreuung nahelegt (Grömling, 1996, 133 ff.).

Bislang liegen Befragungsdaten für einen langen Zeitraum und mehrere Länder, die sich auch für einen internationalen Vergleich eignen, aber noch nicht vor, was nicht zuletzt am damit verbundenen Aufwand liegen dürfte. Immerhin ist aber für die USA festgestellt worden, daß die Mobilität der Arbeitnehmerverdienste sowohl für Ein- als auch für Fünf-Jahres-Zeiträume im Verlauf der siebziger und achtziger Jahre nicht größer geworden ist und damit die steigende Lohnstreuung nicht durch eine höhere Durchlässigkeit der Grenzen zwischen den Einkommensklassen kompensiert wurde. (Council of Economic Advisers, 1997, 183 ff.) Daraus ergibt sich immerhin ein Hinweis darauf, daß die in den obigen OECD-Ländern zwischen 1986 und 1991 beobachtete Diskrepanz zwischen der allgemeinen Einkommensungleichheit und der individuellen Einkommensmobilität ein relativ permanentes Phänomen zu sein scheint.

Auch eine neuere Studie der OECD (OECD, 1997 f., 27 ff.) bestätigt dieses Phänomen. In ihr wird versucht, die durch die Entwicklung der individuellen Einkommen bewirkte Reduzierung der allgemeinen Lohnstreuung direkt anhand mehrerer Maßgrößen abzubilden. Unabhängig von der Methodik ergibt sich für die zuvor betrachteten Länder (außer Schweden) innerhalb des Zeitraumes von 1986 bis 1991 eine Verringerung der Einkommensungleichheit von meist rund 10, jedoch nie über 30 Prozent. Auffällig ist jedoch, daß bei Verwendung eines Indexes, welcher die Bewegungen an den Rändern der Einkommensverteilung relativ stark gewichtet, die USA in punkto Reduzierung der Lohnungleichheit relativ schlecht abschneiden, während die Bundesrepublik hier relativ hohe Werte erreicht. Mit anderen Worten: Die insgesamt hohe Lohnmobilität in den USA ist insofern zu relativieren, als gerade die Ungleichheit in den untersten und obersten Einkommensquintilen über einen längeren Zeitraum hinweg relativ konstant zu sein scheint. Dies deutet darauf hin, daß allgemeine Mobilitätsbetrachtungen nicht ausreichen, um die tatsächliche Ungleichverteilung der Löhne adäquat zu erfassen.

Die allgemeine Betrachtung der Einkommensveränderungen der Arbeitnehmer wird im folgenden – jedoch ohne den Anspruch, die Problematik auflösen zu können – noch durch einige Anmerkungen zu speziellen Aspekten dieser Thematik ergänzt. Zunächst ist hier auf die Unterschiede zwischen voll- und teilzeitbeschäftigten Arbeitnehmern hinzuweisen. Bezieht man letztere in die Betrachtung ein, so ergeben sich allgemein etwas höhere Werte für die Einkommensmobilität. Dies ist insofern plausibel, als Teilzeitbeschäftigung zumindest bislang vom einzelnen Arbeitnehmer oft nur vorübergehend ausgeübt wurde. Der Übergang von der Teilzeit- zur Vollzeitbeschäftigung führt dann entsprechend zu größeren Verdienstsprüngen. Ohne die Daten hier im einzelnen anzuführen, sei darauf hingewiesen, daß sich die stärkere absolute Veränderung der Arbeitnehmerverdienste nicht in gleichem Maße in höheren Übergangsraten zwischen den Einkommensquintilen niederschlägt, da durch die Einbeziehung der niedrigen Teilzeitverdienste auch die Quintile eine größere Verdienstspanne abdecken.

Insgesamt wird die Struktur der Einkommensmobilität innerhalb der einzelnen Länder nicht wesentlich verändert, so daß hier von einer eingehenderen Betrachtung abgesehen werden kann.

Zwischen den Arbeitseinkommen der männlichen und weiblichen Arbeitnehmer bestehen ebenfalls Mobilitätsunterschiede, ohne daß sich bei der Betrachtung der einzelnen Länder ein einheitliches Muster herausschält. Insgesamt erscheint die Mobilität bei den Verdiensten der Frauen jedoch etwas höher zu sein. Eindeutigere Bilder ergeben sich, wenn die Einkommensmobilität nach Alter und Ausbildung oder beruflicher Position der Arbeitnehmer differenziert wird. Vor allem Arbeitnehmer unter 25 Jahren weisen eine wesentlich höhere Mobilität als ihre älteren Kollegen auf. Bei ihnen ist der Anteil derjenigen Personen besonders hoch, die nach fünf Jahren ein höheres Einkommensquintil erreicht haben. Dieser beträgt zwischen 38,8 Prozent (Schweden) und 61,7 Prozent (Großbritannien), während nur zwischen 9,5 Prozent (Westdeutschland) und 18,2 Prozent (Italien) der Arbeitnehmer zwischen 50 und 64 Jahren eine solche Aufwärtsbewegung bei ihren Einkommen verzeichnen konnten.

Bezüglich der Ausbildung oder der beruflichen Position (hier wurden nur 35- bis 49-jährige Arbeitnehmer betrachtet) zeigt sich trotz der für die einzelnen Länder leicht unterschiedlichen Kriterien, daß eine höhere Ausbildung oder eine höhere berufliche Stellung eine geringere Einkommensvolatilität mit sich bringen. Am krassesten zeigt sich dieser Unterschied in Italien: Während von den italienischen Arbeitern im Jahre 1991 nur 41 Prozent noch im selben Einkommensquintil zu finden waren wie 1986, lag dieser Wert für Manager bei über 80 Prozent. In Dänemark, Frankreich und Deutschland waren die Unterschiede mit 11 bis 13 Prozentpunkten dagegen deutlich geringer, die übrigen Länder lagen zwischen diesen Extremwerten. Auffällig ist auch, daß das Verhältnis zwischen Arbeitnehmern, die ein höheres Einkommensquintil erreichten und denen, die auf der Einkommensleiter abstiegen, in den meisten Ländern für gering qualifizierte Arbeitnehmer ungünstiger ausfiel als für die höher qualifizierten. Ausnahmen waren hier Frankreich und die Bundesrepublik, wo kein allzu großer Unterschied zwischen den Qualifikationsstufen und den beruflichen Positionen auszumachen war. Nirgendwo war die Diskrepanz allerdings so groß wie in den USA: Während unter den Arbeitnehmern ohne höheren Schulabschluß zwischen 1986 und 1991 knapp 19 Prozent auf der Einkommensleiter um mindestens ein Quintil nach oben stiegen, aber über 40 Prozent um mindestens ein Quintil abrutschten, konnten bei den akademisch ausgebildeten Arbeitnehmern fast 36 Prozent ihre Verdienste relativ zu der Gesamtheit der Arbeitnehmer substantiell erhöhen und nur rund 7 Prozent fanden sich in einem niedrigeren Einkommensquintil wieder.

In der Gesamtschau läßt sich zwischen der Einkommensmobilität und der zuvor erläuterten Lohn- und damit zumeist auch Einkommensstreuung eine positive Beziehung herstellen: Länder mit höherer Ungleichheit der Verdienste weisen auch eine höhere Einkommensfluktuation auf, wobei die USA als Paradebeispiel dienen können. Da aber die Unterschiede zwischen den Ländern bezüglich der Einkommensstreuung größer sind als bezüglich der Mobilität, dürfte die unterschiedliche Streuung der Verdienste zu einem Betrachtungszeitpunkt auch auf eine entsprechende Ungleichverteilung der Lebensarbeitseinkommen hindeuten, wenngleich diese Vermutung durch längerfristige Untersuchungen noch zu bestätigen wäre.

Als letzter interessierender Aspekt von Interesse soll hier die Mobilität der Einkommen von gering entlohnten Arbeitnehmern betrachtet werden. Diese ist von besonderem Interesse, da für diese Arbeitnehmer die Möglichkeit, auf der Einkommensleiter nach oben zu steigen, für die Sicherung eines gewissen Lebensstandards von besonderer Bedeutung ist. Wie in der Abbildung 3-25 sollen auch im folgenden die gering verdienenden Beschäftigten als vollzeitbeschäftigte Arbeitnehmer definiert werden, die weniger als 65 Prozent des Medianverdienstes aller Arbeitnehmer des jeweiligen Landes beziehen. Die vorliegenden Daten machen zunächst einmal deutlich, daß es innerhalb der untersuchten OECD-Länder zum Teil erhebliche Unterschiede bezüglich des Anteils der geringverdienenden Vollzeitbeschäftigten gibt, die nach fünf Jahren keine volle Stelle mehr haben oder die fünf Jahre zuvor noch keine volle Stelle hatten. Für einige Länder sind die entsprechenden Prozentsätze jedoch sehr hoch. So hatten in Schweden im Jahre 1991 knapp 32 Prozent der im Jahre 1986 als vollbeschäftigte Geringverdiener eingestuften Arbeitnehmer keine volle Stelle mehr, in den USA waren es dagegen gut 39 Prozent und in der Bundesrepublik sogar etwas über 40 Prozent. Umgekehrt waren von den in Schweden 1991 erfaßten Arbeitnehmern mit geringem Vollzeiteinkommen fast 63 Prozent fünf Jahre zuvor noch ohne eine volle Stelle gewesen. In Dänemark betrug dieser Prozentsatz knapp 53 Prozent, in Westdeutschland immerhin noch über 45 Prozent und in den USA lediglich 35 Prozent. Die geringsten Bewegungen, sowohl in als auch aus der Vollzeitbeschäftigung wiesen Italien und Großbritannien auf. Auch wenn diese Tendenzen nicht für alle Länder eingehender analysiert werden können, so zeigt sich doch, daß die Mehrzahl der Arbeitnehmer, die aus der Vollzeitbeschäftigung ausschieden, die Erwerbstätigkeit vollständig aufgab und daß dieser Anteil für Geringverdiener wesentlich höher war als für Arbeitnehmer mit mittleren Einkommen. (OECD, 1996f, 91.)

Betrachtet man einmal nur die Arbeitnehmer, die im Jahre 1986 als geringverdienende Beschäftigte einzustufen waren und die auch im Jahre 1991 noch eine volle Arbeitsstelle hatten, so lassen sich die Unterschiede bezüglich der Verdienstmobilität zwischen den einzelnen Ländern deutlich machen. Allerdings muß das Niveau der Niedriglohnbeschäftigung bei der Interpretation berücksichtigt werden. Wie schon in Abbildung 3-25 gezeigt, weichen die Anteile der Geringverdiener an allen Arbeitnehmern international stark voneinander ab. Im hier zugrunde gelegten Basisjahr 1986 waren zum Beispiel nur 5 Prozent der schwedischen und 6,5 Prozent der dänischen Arbeitnehmer als geringverdienend zu charakterisieren, während der Anteil in Italien (10 Prozent), Frankreich (11 Prozent), Großbritannien (18 Prozent) und in der Bundesrepublik (19 Prozent) um einiges höher war. Die Spitzenposition hielten jedoch unangefochten die USA mit einem Anteil von 27,5 Prozent. Auch unter Berücksichtigung dieser Zahlen weist die Abbildung 3-26 doch auf die divergierenden Aufstiegschancen der Geringverdiener hin.

Der Anteil der Geringverdiener des Jahres 1986, die sich auch fünf Jahre später noch in der untersten Verdienstklasse befanden, variiert stark zwischen den einzelnen Ländern. Dänemark und Schweden schneiden hier am besten ab, während in den USA fast 56 Prozent auf dem niedrigen Verdienstniveau blieben. In allen anderen Ländern konnte zumindest eine relative Mehrheit nach fünf Jahren in den Bereich zwischen 65 und 95 Prozent des Medianeinkommens aufsteigen. In den skandinavischen Ländern war schließlich der Anteil der vormals geringverdienenden Arbeitnehmer, die sich 1991 im Bereich des Medianeinkommens oder sogar darüber etablieren konnten am größten. Damit zeigt sich, daß die Mobilität der Arbeitnehmerverdienste im unteren Bereich gerade in den Ländern hoch ist, in denen die Niedriglohnbeschäftigung die geringsten Werte aufweist.[97] Umgekehrt deuten die Daten für die USA auf das Problem hin, daß hier nicht nur die Einkommensungleichheit besonders hoch ist und dies mit einem hohen Anteil geringverdienender Arbeitnehmer einhergeht, sondern diese Arbeitnehmer auch anscheinend größere Schwierigkeiten haben als in anderen Ländern, ihre Arbeitseinkommen (zumindest innerhalb relativ kurzer Zeit) substantiell zu erhöhen.[98] Daraus läßt sich die vorsichtige Schlußfolgerung ziehen, daß von der oben festgestellten, auch für die Lebensarbeitseinkommen geltenden Ungleichverteilung die Geringverdiener relativ stark betroffen sind.

Abbildung: 3-26

Skandinavien bietet die besten Aufstiegschancen

Klassifikation der Niedriglohnempfänger des Jahres 1986 nach der Höhe ihres Verdienstes (in Prozent des Medianeinkommens) im Jahre 1991, in Prozent

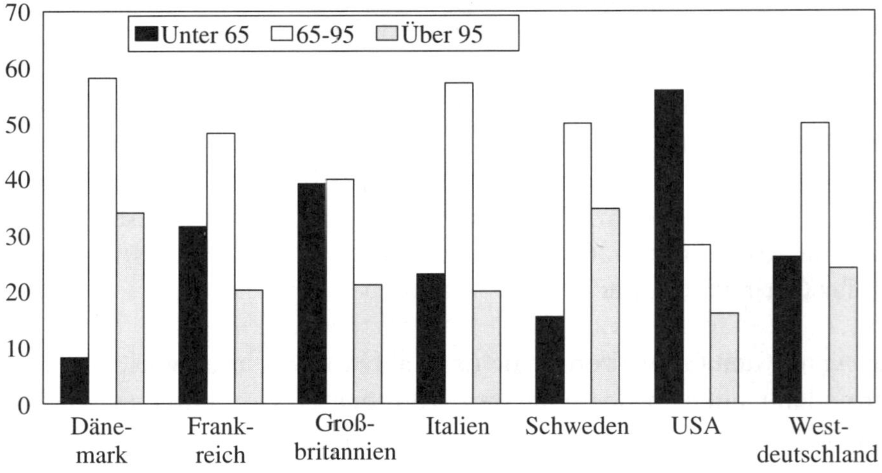

Quelle: OECD (1996f, 94 f.), eigene Berechnungen

Die bisherige Analyse der Einkommensmobilität im unteren Bereich der Lohnskala bezog sich allerdings nur auf zwei Zeitpunkte, 1986 und 1991 und ließ daher unberücksichtigt, ob die Arbeitnehmer in der Zwischenzeit durchgehend erwerbstätig oder aber über einen längeren Zeitraum aus dem Arbeitsleben ausgeschieden waren. Betrachtet man einmal nur die im Jahre 1986 gering entlohnten Arbeitnehmer, die über den gesamten Zeitraum bis 1991 eine Stelle hatten, so reduziert sich der Anteil der Niedriglohnempfänger im Jahre 1991 gegenüber der Abbildung 3-26 in allen Ländern erheblich:[99] In Dänemark sank er nahezu auf Null, in Italien, der Bundesrepublik und Frankreich betrug er zwischen 10 und 20 Prozent und in Großbritannien sowie den USA war der Anteil deutlich geringer als 40 Prozent. Wie ersichtlich ist, bleiben die deutlichen Unterschiede zwischen den einzelnen Ländern allerdings auch bei Beschränkung der Betrachtung auf die durchgehend beschäftigten Arbeitnehmer bestehen. Dies gilt jedoch nicht, wenn statt der medianbezogenen Klassifizierung die quintilsbezogene gewählt wird. Die zwischen 1986 und 1991 beobachtete Einkommensmobilität der Arbeitnehmer, die 1986 zu den 20 Prozent am geringsten entlohnten gehörten, war in allen betrachteten Ländern relativ ähnlich.[100] Der Anteil der Arbeitnehmer, die sich nach 1986 auch noch 1991 im untersten Einkommensquintil befanden, streute relativ eng um die 30 Prozent. Dies zeigt eine relativ hohe Wahrscheinlichkeit für einen Arbeitnehmer an, im Laufe der Erwerbstätigkeit die Niedriglohngruppe verlassen zu können – unabhängig vom Herkunftsland und den damit verbundenen Unterschieden im Arbeitsmarktregime. Auf der anderen Seite verblieben die im Jahre 1986 – gemäß der Quintilsbetrachtung – gering entlohnten Arbeitnehmer im Zeitraum bis 1991 insgesamt für durchschnittlich drei bis vier Jahre im Niedriglohnbereich, wobei die Unterschiede zwischen den einzelnen Ländern wiederum nur gering waren.[101] Dieser scheinbare Widerspruch löst sich auf, wenn man berücksichtigt, daß zum einen für viele Arbeitnehmer der Aufstieg in eine höhere Einkommenskategorie nicht von Dauer war. Zum anderen war zu jedem betrachteten Zeitpunkt unter den niedrig entlohnten Arbeitnehmern die Gruppe derjenigen groß, die relativ lange in diesem Lohnsegment blieben und somit schon rein rechnerisch die durchschnittliche Dauer der Niedrigentlohnung nach oben drückten. Damit ist aber auch klar, daß trotz einer insgesamt vermeintlich hohen Einkommensmobilität in einem Land möglicherweise eine Vielzahl von Arbeitnehmern längerfristig im Niedriglohnsektor verbleiben. Auch ein relativ deregulierter Arbeitsmarkt wie etwa in den USA scheint dieses Problem nicht beseitigen zu können.

Eine befriedigende Analyse der Gründe dafür, warum – im nationalen wie im internationalen Kontext – viele Niedriglohnempfänger in der unteren Verdienstklasse verbleiben oder sogar ganz aus dem Erwerbsleben ausscheiden während andere durchaus deutliche Lohnsteigerungen zu erzielen vermögen, steht in der wissenschaftlichen Literatur ebenso noch aus wie die längerfristige Beobachtung der Beziehung zwischen zeitpunktbezogener Lohnstreuung und der Ungleichverteilung der Lebensarbeitseinkommen. Die hier vorgenommene Analyse deutet jedoch darauf hin, daß diese Beziehung recht eng ist.

Damit ist die Analyse der Lohn- und Einkommensentwicklung als letzter zu beschreibender Aspekt des weltweit beobachteten Strukturwandels abgeschlossen. Weitere für das Niveau, die Struktur, die Streuung sowie die Mobilität von Löhnen und Gehältern wichtige Einflußgrößen blieben unberücksichtigt. Die bedeutendsten unter ihnen, allen voran der technologische Fortschritt sowie der internationale Handel, werden in den folgenden Kapiteln aufgegriffen, in denen es um die allgemeine Erklärung des Strukturwandels geht. Dabei werden Fragen zu beantworten sein wie: Welche Rolle spielt die Nachfrage im sektoralen Strukturwandel? Wie kann der Strukturwandel von der Produktionsseite her erklärt werden? Worin besteht schließlich der Zusammenhang zwischen Strukturwandel und Außenhandel? Die damit zusammenhängenden Aspekte werden im folgenden behandelt.

Kernaussagen auf einen Blick

Kapitel 3.5 und 3.6
Technologie und Löhne im internationalen Strukturwandel

Technologie und Qualifikation	– Europa investiert im Vergleich zu Japan und den USA relativ wenig in Forschung und Entwicklung (FuE). – Die Technologie-Intensität einer Volkswirtschaft wird aber nicht nur durch eigene FuE, sondern auch durch Zukäufe bestimmt. Besonders Investitionsgüter sind wichtige Technologieträger. – FuE wird vor allem im Verarbeitenden Gewerbe betrieben, wobei Hochtechnologiebranchen führen. Dienstleister sind dagegen Hauptnutzer von Technologiegütern. In Deutschland spielt der tertiäre Sektor bei der Technologienutzung eine geringere Rolle. – Es gibt einen sektorübergreifenden positiven Zusammenhang zwischen den Investitionen in FuE und der Entwicklung der Erwerbstätigkeit. Davon profitieren vor allem die Berufe mit höherer Qualifikation.
Lohnstruktur im Wandel	– Die europäischen Löhne sind in den achtziger Jahren stark gestiegen und liegen nun teilweise über dem Niveau der USA. – Die USA und Großbritannien weisen im Vergleich zum übrigen Europa eine höhere und tendenziell steigende Lohnstreuung auf. – In den USA besteht auch eine deutliche Lohnstreuung zwischen hoch- und geringqualifizierten Beschäftigten. Diese Streuung ist in Deutschland weniger groß und nur bei den Angestellten von Bedeutung. – Die Lohnentwicklung läßt sich auf den sektoralen Strukturwandel und auf den gestiegenen Bedarf an höherqualifizierten Arbeitskräften zurückführen.
Einkommens-mobilität	– Ein Vergleich der Einkommensmobilität fällt je nach Berechnungsmethode unterschiedlich aus. Grundsätzlich ist jedoch in Ländern mit größerer Lohnstreuung auch die Mobilität höher. – Die Einkommensungleichheit bleibt trotz der beobachteten Mobilität im Zeitablauf weitgehend bestehen. Ein Rückschluß auf die Streuung der Lebenseinkommen ist hiermit nicht möglich.

4. Strukturwandel als Phänomen der Nachfrageseite

In den ersten Kapiteln dieses Buches wurde bereits mehrfach die Drei-Sektoren-Hypothese als Ansatz zur Beschreibung des sektoralen Strukturwandels angesprochen. In diesem von Clark (1951) und Fourastié (1949)[102] entwickelten Konzept wird der Übergang von der primären zur sekundären und schließlich zur tertiären Produktion und Beschäftigung durch verschiedene Größen erklärt. Ein zentraler Punkt ist hierbei der Einfluß, den sich wandelnde Präferenzen und Nachfragestrukturen der privaten Haushalte und Unternehmen auf die sektorale Zusammensetzung der Wirtschaft haben.

Die generelle Argumentation zur Erklärung dieses Einflusses lautet dabei wie folgt:[103] Mit steigendem Pro-Kopf-Einkommen ändert sich im allgemeinen die Ausgabenstruktur in einer Volkswirtschaft. Eine wichtige Annahme der Nachfragehypothese ist, daß die Einkommenselastizität der Nachfrage nach Dienstleistungen höher ist als die nach Industrieprodukten. Dies bedeutet, daß von jeder zusätzlichen DM Einkommen ein größerer Teil für Dienstleistungen ausgegeben wird als für Industriegüter. Die Nachfrage nach Dienstleistungen nimmt dabei nicht nur bei den Endverbrauchern, sondern auch bei den Güterproduzenten überproportional zu, da die Bedeutung von Diensten als Vorleistungen größer wird. Die Begründung der Annahme einer überproportional steigenden Dienstleistungsnachfrage beruht im wesentlichen darauf, daß mit steigendem Einkommen der Bedarf an primären (Agrarprodukten) und sekundären Gütern (Industrieerzeugnissen) zunehmend gesättigt würde, während für Dienstleistungen praktisch keine Sättigungsgrenzen existierten. Trifft diese Annahme zu, so werden die Preise von Dienstleistungen im Vergleich zu anderen Gütergruppen im Lauf der wirtschaftlichen Entwicklung stärker steigen. Mit dieser relativen Verteuerung von Dienstleistungen wird es für die entsprechenden Anbieter lohnend, mehr Produktionsfaktoren – aufgrund der hohen Personalintensität vieler Dienstleistungen vor allem Arbeitskräfte – in der Dienstleistungsproduktion einzusetzen. Als Ergebnis steigt der Anteil der Dienstleistungen an der Erwerbstätigkeit, an der gesamtwirtschaftlichen Produktion und damit auch an der nominalen und der realen Wertschöpfung.

Diese Erklärung des Strukturwandels ist verschiedentlich kritisiert worden. Überträgt man die obigen Aussagen auf die internationale Ebene, dann müßte in Ländern mit hohem Pro-Kopf-Einkommen entsprechend der (reale) Dienstleistungsanteil an Produktion und Beschäftigung höher sein als in Ländern, in denen das Pro-Kopf-Einkommen niedrig ist. Nun wird aber in der Literatur behauptet (Wieczorek, 1995, 218 f.), daß die zu solchen internationalen Vergleichen häufig herangezogenen Statistiken des Bruttoinlandsproduktes (BIP) eigentlich ungeeignet seien, da sie den realen Dienstleistungsanteil in den Industrieländern mit ihren hohen Löhnen überzeichnen würden. In einer international vergleichenden Studie von Summers (1985, 31 ff.) sind die Ausgabenanteile für verschiedene Dienstleistungskategorien am Bruttoinlandsprodukt daher dem jeweiligen Pro-Kopf-Einkommen in realer Betrachtung unter Verwendung von Kaufkraftparitäten gegenübergestellt worden. Der Vergleich verschiedener Länder zu einem bestimmten Zeitpunkt weist dann keine signifikante Beziehung zwischen den beiden genannten Größen aus. Beispielsweise entsprach der Dienstleistungsanteil der USA im Jahre 1975 in etwa dem Indiens, obwohl Indiens Pro-Kopf-Einkommen zum selben Zeitpunkt nur gut 6 Prozent des amerikanischen Niveaus erreichte. Umgekehrt lagen Großbritannien und Japan in etwa auf dem selben realen Einkommensniveau. Japan wies jedoch unter den 34 betrachteten Ländern den niedrigsten Dienstleistungsausgabenanteil auf, Großbritannien dagegen den höchsten. All dies scheint die These, daß die Expansion des Dienstleistungssektors ein von der Nachfrage vorangetriebenes und mit dem jeweiligen Entwicklungsstadium verbundenes Phänomen sei, zu widerlegen. Diese Eindeutigkeit wird aber schon dadurch relativiert, daß bei der vorgenommenen Analyse die wichtige Kategorie intermediärer, also in die Vorleistungsnachfrage der Unternehmen eingehender Dienstleistungen nicht berücksichtigt wurde. Dadurch dürfte der den Dienstleistungen zuzurechnende Anteil an Output und Beschäftigung unterschätzt worden sein. (Wieczorek, 1995, 219.) Außerdem macht die Studie von Summers bei der Betrachtung der einzelnen Länder über einen längeren Zeitraum für die Beziehung zwischen realem Pro-Kopf-Einkommen und dem realen Ausgabenanteil der Dienstleistungen am Bruttoinlandsprodukt keine eindeutigen Aussagen (Summers, 1985, 44 ff.), so daß die Möglichkeit, daß die obigen Ergebnisse von länderspezifischen Gegebenheiten jenseits der Nachfrage beeinflußt worden sind, nicht ausgeschlossen werden kann.

Ein weiteres Problem, das sich aus der Nachfragehypothese ergibt, ist deren Annahme, daß die Nachfrage nach Dienstleistungen keiner Sättigungsgrenze unterliege. Das in diesem Zusammenhang angeführte Gegenargument behauptet, bei der Prognose der Dienstleistungsentwicklung „von einem Elitekonsum auf einen zukünftigen Massenkonsum geschlossen und damit ein Struktureffekt mit einem Niveaueffekt verwechselt". (Heinze, 1987, 8.) Damit ist gemeint, daß – vor allem bei arbeitsintensiven, haushaltsorientierten Dienstleistungen – die Nachfrage mehr auf Einkommensunterschieden als auf dem gesamtwirtschaftlichen Einkommensniveau beruhe. Denn die Nachfrage nach Dienstleistungen werde ja nur dann mit steigendem Pro-Kopf-Einkommen der Nachfrager ausgedehnt, wenn deren Preise (und damit die Entlohnung der entsprechenden Dienstleister) nicht in gleichem Umfang zunehmen. Also sei bei gegebener Einkommensverteilung und bei mit dem Pro-Kopf-Einkommen steigenden Löhnen eine Ausdehnung der Nachfrage nach derartigen Diensten nicht ad infinitum möglich. Statt dessen sei zu erwarten, daß die Haushalte angesichts der steigenden Dienstleistungslöhne auf Gütersubstitute auswichen und sich statt der Dienstleistungsgesellschaft eine „do-it-yourself-economy" entwickele.

Hierzu ist allerdings bemerkt worden, daß auch dieser Trend zur Selbstversorgung mit Dienstleistungsgütern die Beschäftigung im Dienstleistungsbereich begünstige. Beispiele hierfür können in der zunehmenden Nachfrage nach Reparaturdienstleistungen für Haushaltsgeräte (die frühere persönliche Dienstleistungen übernommen haben) oder nach Versicherungsleistungen für wertvolle Gebrauchsgüter wie das Auto (welches die Transportdienstleistungen des öffentlichen Sektors ersetzt) gesehen werden. (Fels/Schmidt, 1981, 212.)

Diese grundsätzlichen Überlegungen deuten bereits darauf hin, daß die empirische Überprüfung der Nachfragehypothese des Strukturwandels zahlreiche Schwierigkeiten aufwirft. Immerhin hat die globale Betrachtung des Strukturwandels im ersten Kapitel einen Hinweis auf die Gültigkeit des Zusammenhangs zwischen Pro-Kopf-Einkommen und Dienstleistungsanteil an der Wertschöpfung liefern können. Sofern man auch im Zeitablauf von einem steigenden Pro-Kopf-Einkommen in den verschiedenen, im Kapitel 3 untersuchten Industrieländern ausgeht, können auch die dort erzielten Ergebnisse bezüglich der Entwicklung der Erwerbstätigkeits- und Wertschöpfungsanteile des

Dienstleistungssektors im Sinne der Nachfragehypothese interpretiert werden. Wie oben ausgeführt, reichen derartige Analysen jedoch für eine genaue Ermittlung der Bestimmungsgründe des Strukturwandels nicht aus. Im folgenden wird eine Überprüfung der Nachfragehypothese versucht, die sich allerdings nur auf Westdeutschland bezieht, da hierfür das umfangreichste und detaillierteste Datenmaterial zur Verfügung steht.

Es wurde bereits darauf hingewiesen, daß die Nachfragehypothese sowohl von einer steigenden Dienstleistungsnachfrage der Endverbraucher als auch von einem zunehmenden Einsatz von tertiären Vorleistungen durch Produktionsunternehmen ausgeht. Aufgrund der Datenlage ist es allerdings nicht möglich, diese Vorleistungsnachfrage nach Dienstleistungen direkt zu einer Einkommensgröße in Beziehung zu setzen, so daß für diesen Bereich eine direkte Überprüfung der Einkommenshypothese nicht möglich ist.

Somit muß sich eine solche Überprüfung auf den Bereich der Endnachfrage beschränken. Diese beinhaltet sowohl den privaten wie auch den Staatsverbrauch, den Export (also die Auslandsnachfrage nach inländischen Gütern) sowie die Investitionsnachfrage.[104] Um die tatsächliche Bedeutung der Endnachfrage für den Strukturwandel zu ermessen, bietet es sich an, zusätzlich die Entwicklung der unternehmerischen Wertschöpfung in den verschiedenen Wirtschaftssektoren nachzuzeichnen. Sollte die Nachfrage als dominanter Bestimmungsfaktor des Strukturwandels überhaupt in Frage kommen, dann müßten sich die Anteile der Dienstleistungen an der Endnachfrage und an der nominalen Bruttowertschöpfung größtenteils parallel entwickelt haben.[105]

Die Überprüfung dieser These erfordert zunächst einmal vergleichbare Daten für die beiden Bereiche. Daten über die Endnachfrage nach Gütern der verschiedenen Wirtschaftssektoren lassen sich aus Input-Output-Tabellen gewinnen. Die Bruttowertschöpfung der entsprechenden Sektoren können der Entstehungsrechnung des Bruttoinlandsproduktes entnommen werden. Die Klassifikationen können durch geringfügige Korrekturen direkt miteinander vergleichbar gemacht werden. Die Input-Output-Daten liegen zwar nur für jedes zweite Jahr vor, was jedoch die hier beabsichtigte längerfristige Betrachtung nicht wesentlich beeinträchtigt. Problematischer ist, daß für die tiefe Gliederung der Wirtschaftszweige für Westdeutschland Input-Output-Daten nur bis 1990 vorliegen. Für eine grobe Gliederung der Wirtschaft in zehn Bereiche konnten immerhin noch Daten für 1996 ermittelt werden (INFORGE, 1996).

Auch wenn gewisse Defizite bezüglich der Daten vorliegen, so sprechen die damit ermittelten Ergebnisse doch eine deutliche Sprache:

Betrachtet man in Tabelle 4-1 den Dienstleistungssektor insgesamt, so zeigt sich, daß nicht nur sein Anteil an der Wertschöpfung der Unternehmen in den letzten 18 Jahren größer war als sein Anteil an der Endnachfrage, er hat auch deutlich stärker zugenommen. Verantwortlich für den Anteilsanstieg von über 10 Prozent waren größtenteils die Übrigen Dienstleistungen. Dies ist insofern wenig erstaunlich, als die Analyse in Kapitel 2-4 ja gezeigt hatte, daß dieser Wirtschaftsbereich vor allem Dienstleistungen enthält, die überwiegend oder sogar ausschließlich von Unternehmen als Vorleistungen eingesetzt werden (Arbeitnehmerüberlassung, Unternehmensberatung, Werbung, etc.). Entsprechend gering und im Lauf der Zeit noch leicht zurückgegangen ist der Anteil der Übrigen Dienstleistungen an der Endnachfrage. Bei den weiteren Dienstleistungsbereichen sind die Werte für die Endnachfrage und die Bruttowertschöpfung dagegen relativ ähnlich. Einen merklichen Anstieg sowohl bei der Nachfrage als auch bei der Wertschöpfung verzeichneten die Anteile der Anderen Dienstleistungen, die die Sonstigen Dienstleistungen (Gastgewerbe, Gesundheit, Bildung, Wissenschaft, Kultur) ohne die Übrigen Dienstleistungen sowie zusätzlich die Wohnungsvermietung umfassen. Ansonsten waren die Anteilsgewinne der Dienstleistungsbereiche eher gering oder es mußten sogar Anteile abgegeben werden.

Um den unterschiedlich starken Trend hin zu den Dienstleistungen unabhängig von ihrer absoluten Bedeutung noch deutlicher herauszuarbeiten, empfiehlt sich eine andere Darstellung, die auf die Anteilsveränderungen abstellt.[106] Die hierbei gewählte Vorgehensweise ähnelt dem Verfahren zur Ermittlung des Tempos des Strukturwandels wie es in den Abschnitten 2-1 und 3-1 verwendet wurde. Auch bei den so ermittelten Werten handelt es sich also um ein Tempomaß, das die Stärke des Strukturwandels – der einem Trend hin zu den Dienstleistungen gleichkommt – in Anteilsprozentpunkten ausdrückt. Der Vergleich dieser Werte für die Endnachfrage und die Wertschöpfung der Unternehmen ist in Abbildung 4-1 dargestellt.

Tabelle: 4-1

Beim Trend zu Dienstleistungen dominiert die Wertschöpfung

Anteile der verschiedenen Dienstleistungsbereiche an der Endnachfrage sowie an der nominalen Bruttowertschöpfung

	Endnachfrage		Bruttowertschöpfung	
	1978	1996	1978	1996
Handel	9,3	8,2	9,7	8,9
Verkehr und Nachrichten	3,5	4,2	6,0	5,7
Banken und Versicherungen	1,3	2,5	4,6	5,7
Andere Dienstleistungen	10,9	13,8	11,1	14,6
Übrige Dienstleistungen	2,6	2,4	6,9	16,5
Staat, Private Haushalte und Organisationen ohne Erwerbszweck	19,7	19,1	14,1	13,4
Dienstleistungen insgesamt	47,3	50,2	52,3	64,7

Quelle: Statistisches Bundesamt (1997a, 1997b), INFORGE (1996), eigene Berechnungen

Die Abbildung 4-1 veranschaulicht zum einen, daß die Anteilsverschiebungen zwischen den Wirtschaftsbereichen bezüglich der Bruttowertschöpfung in den letzten Jahren zugenommen haben – in Übereinstimmung mit dem Ergebnis aus Kapitel 2.1. Bei der Endnachfrage ist ein solcher Trend dagegen nicht zu erkennen. Bedeutsamer ist jedoch, daß in allen untersuchten Zwei-Jahres-Zeiträumen und folglich auch im gesamten Zeitraum 1978 bis 1996 die sektoralen Verschiebungen bei der Endnachfrage geringer ausfielen als im Wertschöpfungsprozeß der Unternehmen. Für den Gesamtzeitraum beläuft sich der Wert des Tempomaßes des Strukturwandels auf nur 3,8 Prozentpunkte für den Bereich der Endnachfrage gegenüber 13,7 Prozentpunkten für die Bruttowertschöpfung. Eine Berechnung des Tempomaßes für die tiefere Gliederung der Wirtschaftszweige kommt – zumindest bis 1990, dem letzten Jahr, für das auf dieser Ebene Input-Output-Daten für Westdeutschland vorliegen – zu grundsätzlich ähnlichen Werten, so daß eine Verzerrung durch die Beschränkung der Analyse auf Obergruppen ausgeschlossen werden kann.

Abbildung: 4-1

Produktion ändert sich schneller als die Nachfrage

Vergleich der gesamten Anteilsveränderungen von 10 Wirtschaftsbereichen bezüglich der Endnachfrage und der Bruttowertschöpfung

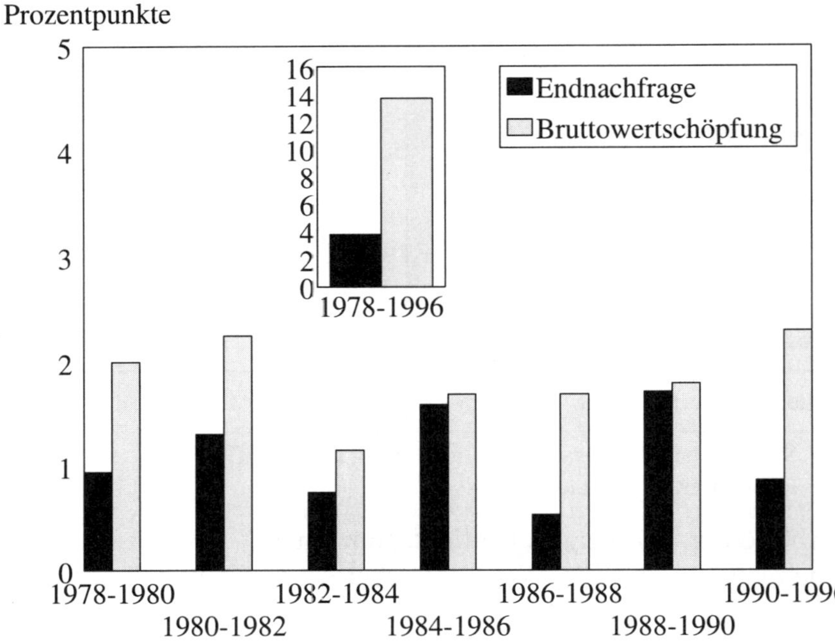

Die Zahlen entsprechen der Wurzel aus der Summe der quadrierten Anteilsveränderungen der einzelnen Wirtschaftsbereiche gegenüber dem jeweils vorigen Berichtsjahr. Wert 1990 bis 1996 auf 2-Jahres-Zeitraum umgerechnet. Daten: Input-Output-Tabellen (Endnachfrage), nominale Bruttowertschöpfung (Produktion).

Quellen: Statistisches Bundesamt (1997a, 1997b), INFORGE (1996), eigene Berechnungen

Diese Ergebnisse zeigen deutlich, daß die Endnachfrage zumindest nicht als die stärkste treibende Kraft im Strukturwandel angesehen werden kann. Vielmehr scheint es der in den Unternehmen stattfindende Wertschöpfungsprozeß zu sein, der für die steigende Bedeutung von Dienstleistungen – nicht zuletzt in ihrer Funktion als Vorleistungsgüter – sorgt. Das somit verzeichnete Dienstleistungswachstum entspringt nun aber letztlich dem Güterproduktionsprozeß und ist unabhängig von der Nachfrage.[107] Damit wird es erforderlich, die Bedeutung der Produktionsseite für den Strukturwandel näher zu untersuchen, wenn man dessen Determinanten möglichst vollständig erfassen will. Dies ist Inhalt des Kapitels 5. Allerdings steht auch diese Einschätzung unter dem Vorbehalt, daß indirekten Nachfrageeffekte nicht herausgefiltert werden können. Es ist – zumindest in gewissem Umfang – davon auszugehen, daß ein Teil der Nachfrage nach Dienstleistungen dadurch befriedigt wird, daß diese Dienste in den Industriewaren stecken und für die so entstehenden kombinierten „Dienste-Industrie-Produkte" maßgeblich sind.

Zuvor soll aber noch geklärt werden, inwieweit wenigstens für den privaten Verbrauch die Nachfragehypothese im eigentlichen Sinne als gültig angesehen werden kann. Die für die statistische Überprüfung relevante Frage lautet: Haben mit steigendem Einkommen der privaten Haushalte ihre Ausgaben für Dienstleistungen überproportional zugenommen, ist also – mathematisch gesprochen – die Ausgabenelastizität in bezug auf das Einkommen für den Dienstleistungsbereich größer als 1?[108]

Zur Beantwortung dieser Frage wurden Daten aus den laufenden Wirtschaftsrechnungen des Statistischen Bundesamtes für die Jahre 1981 bis 1995 herangezogen. Untersucht wurde die Abhängigkeit der Dienstleistungsausgaben (Ausgaben für Mieten, Reparaturen und Sonstige Dienstleistungen) von der Höhe des durchschnittlichen Monatseinkommens für zwei verschiedene Haushaltstypen: Typ 2 (Arbeiter- oder Angestellten-Haushalt mit mittlerem Einkommen) und Typ 3 (Angestellten- oder Beamten-Haushalt mit höherem Einkommen). Diese zwei Typen bieten sich für eine derartige Untersuchung an, weil sie außer der beruflichen Stellung des Hauptverdieners und der damit verbundenen Einkommensdifferenz keine systematischen Unterschiede aufweisen: Es handelt sich bei beiden Typen um Vier-Personen-Haushalte mit zwei Kindern (davon mindestens eines jünger als 15 Jahre). Für beide Haushaltstypen gilt zudem die Regelung, daß ein Allein- oder Hauptverdiener vorhanden sein muß, der Ehepartner aber in gewissem Umfang mitverdienen darf.

Stellt man nun die monatlichen Einkommen der beiden Haushaltstypen für jedes der 15 Beobachtungsjahre dem entsprechenden Dienstleistungsanteil an den gesamten Ausgaben für den privaten Verbrauch gegenüber, so ergibt sich folgendes Bild (Abbildung 4-2):

In der Abbildung 4-2 wurden die Einkommen der beiden Haushaltstypen der Höhe nach geordnet. Damit bleibt aber die zeitliche Perspektive weitgehend erhalten, da bis auf eine Ausnahme – das durchschnittliche Einkommen eines Haushalts vom Typ 3 war im Jahre 1994 geringfügig niedriger als im Jahre 1993 – für beide Haushaltstypen das Einkommen mit jedem Jahr angestiegen ist. Eine Abbildung der Dienstleistungsanteile an den Haushaltsausgaben im Zeitablauf würde mithin zu einem ähnlichen Trend führen, wie er sich hier zeigt. Die gewählte Darstellungsart hat jedoch den Vorteil, zwei Ergebnisse der Analyse zu verdeutlichen:

Abbildung: 4-2

Bedeutung der Dienstleistungen steigt mit dem Einkommen

Anteil der Dienstleistungen an den gesamten Haushaltsausgaben in Abhängigkeit vom Einkommen und vom Haushaltstyp, in Prozent

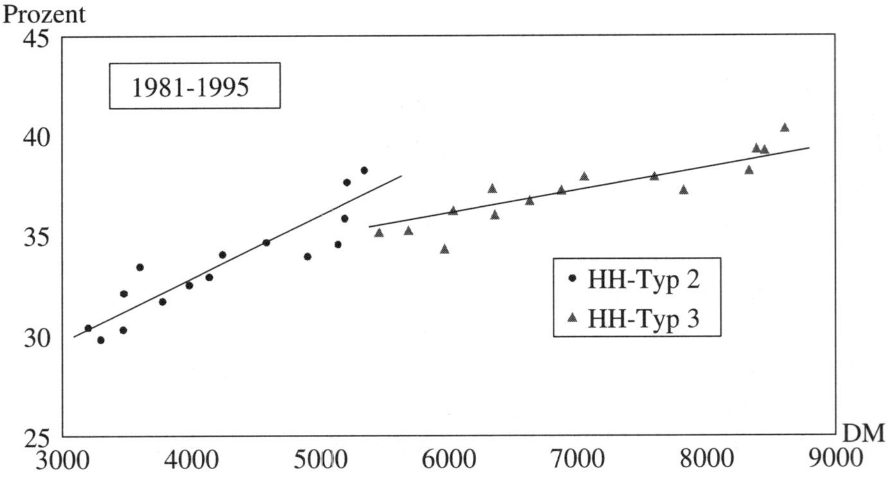

Quelle: Statistisches Bundesamt (1997e), eigene Berechnungen

Erstens bestätigt das Bild grundsätzlich die Nachfragehypothese für den Bereich der privaten Haushalte. Für beide Haushaltstypen ist mit den Einkommen im Zeitablauf auch der Anteil gestiegen, den die Dienstleistungen an den gesamten Ausgaben dieser Haushalte für den privaten Verbrauch ausmachen. Dienstleistungen wurden also mit steigendem Einkommen überdurchschnittlich stark nachgefragt. Dieser Trend konnte im übrigen auch durch eine Regressionsanalyse bestätigt werden. Dazu wurde – für beide Haushaltstypen getrennt – der Einfluß der Einkommen (als unabhängige Variable) auf die Höhe der Dienstleistungsausgaben (als abhängige Variable) untersucht. Es erwies sich dabei als sinnvoll, die Werte beider Variablen zu logarithmieren. Dies erlaubt es nämlich, den sich aus der Regression ergebenden Koeffizienten der Einkommensvariable direkt als Einkommenselastizität zu interpretieren. Entsprechend bedeuten die Ergebniswerte für den Einkommenskoeffizienten von 1,24 (Haushaltstyp 2) oder 1,14 (Haushaltstyp 3), daß im Trend mit einer Erhöhung des Einkommens um 1 Prozent die Dienstleistungsausgaben um 1,24 oder 1,14 Prozent – also überproportional – zunehmen. Diese Werte sind bei dem hier vorliegenden Datensatz statistisch hochsignifikant; die Wahrscheinlichkeit, daß der hier nachgewiesene Trend in Wirklichkeit gar nicht vorhanden sei, kann entsprechend als gering eingestuft werden.

Zweitens zeigt die Abbildung aber auch, daß sich die Nachfrage nach Dienstleistungen und deren Anteil an den Haushaltsausgaben im Zeitablauf auf ein höheres Niveau verlagert. Der Anteil, der bei einem Einkommen von knapp 5500 DM pro Monat von einem Haushalt vom Typ 3 im Jahre 1981 für Dienstleistungen ausgegeben wurde, ist um rund 3 Prozentpunkte niedriger als der Anteil, den ein Haushalt vom Typ 2 mit entsprechendem Einkommen im Jahre 1995 für Dienstleistungen ausgab. Allerdings ist es mit den vorliegenden Daten nicht zweifelsfrei möglich, diesen zeitlichen Effekt von Unterschieden in der Nachfragestruktur zwischen den beiden Haushaltstypen zu trennen. Ein solcher struktureller Faktor könnte zum Beispiel in einer zwischen den beiden Haushaltstypen divergierenden Neigung zum „Selbermachen“, also etwa der eigenen Durchführung von Reparaturen im Haushalt, bestehen. In der empirischen Literatur finden sich nun aber lediglich Hinweise darauf, daß diese Neigung in Arbeiterhaushalten stärker ausgeprägt sei als in Angestellten- oder Beamtenhaushalten. Für jene wäre entsprechend der Ausgabenanteil der Dienstleistungen geringer (Fels/Schmidt, 1981, 211). Da Arbeiterhaushalte einen Teil des Haushaltstyps 2 bilden, müßten dann aber – bei gleichem Einkommen – dessen Dienstleistungsausgaben niedriger sein als die des Haushaltstyps 3. Dies ist jedoch gerade nicht der Fall, so daß dieser strukturelle Faktor als Erklärungsgrund für die unterschiedlichen Ausgabenniveaus offensichtlich ausscheidet. Abgesehen von der beruflichen Stellung des Hauptverdieners weisen die beiden Haushaltstypen aber – wie bereits angeführt – keine systematischen Strukturunterschiede auf, so daß die im Zeitablauf sich ändernden Verbrauchsgewohnheiten wohl als Hauptgrund für die Niveauverschiebung der Dienstleistungsausgaben gelten können.

Die hier ermittelten Ergebnisse auf der Basis nominaler Daten bestätigen also die Nachfragehypothese. Die Studie von Summers weist aber trotz ihrer Schwächen auf die Notwendigkeit hin, den Zusammenhang zwischen Einkommen und Dienstleistungsnachfrage auch auf realer Ebene zu beleuchten. Dies soll im folgenden geschehen. Dazu wurden die Einkommensdaten der beiden Haushaltstypen für die Jahre 1981 bis 1995 mit dem jeweiligen Preisindex der Lebenshaltung deflationiert, wobei als Preisbasis das Jahr 1991 verwendet wurde. Für die Bereinigung der Dienstleistungsausgaben des gleichen Zeitraumes wurde ein entsprechender Index der Dienstleistungspreise konstruiert. Die Abbildung 4-3 zeigt analog zur vorherigen Abbildung die Beziehung zwischen dem realen Ausgabenanteil der Dienstleistungen und dem realen Haushaltseinkommen.

Zwei Erkenntnisse lassen sich unmittelbar aus der Darstellung gewinnen: Zum einen besteht für die jeweiligen Haushaltsgruppen bei realer Betrachtung keine eindeutige Beziehung zwischen Dienstleistungsausgabenanteil und Einkommen mehr. Zwar kann – wie eingezeichnet – für Haushalte von Arbeitern und Angestellten mit mittlerem Einkommen ein gewisser positiver Trend ausgemacht werden und der Dienstleistungsanteil bei den besser verdienenden Beamten- und Angestelltenhaushalten mit steigendem Einkommen scheint eher abzunehmen. Einer statistischen Überprüfung halten diese Trends jedoch nicht stand.[109]

Zum anderen ist jedoch ersichtlich, daß der Dienstleistungsanteil an den Ausgaben der Haushalte vom Typ 3 insgesamt deutlich höher ist als der der Haushalte vom Typ 2. In der hier vorgenommenen realen Betrachtung scheint sich insofern eine – auf der Basis nominaler Grö-

Abbildung: 4-3

Haushaltsstruktur für reale Dienstleistungsausgaben entscheidend

Dienstleistungsanteil an den gesamten realen Haushaltsausgaben in Abhängigkeit vom Realeinkommen und vom Haushaltstyp, in Prozent

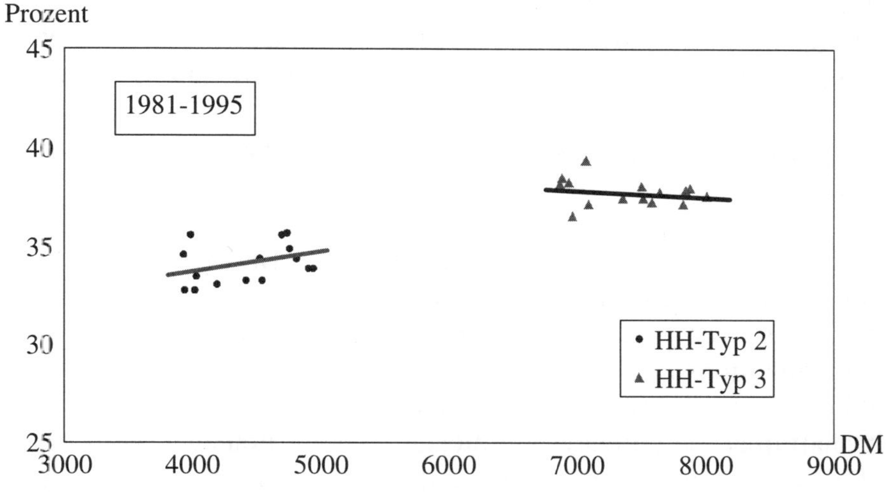

Quelle: Statistisches Bundesamt (1997e), eigene Berechnungen

ßen nicht zum Vorschein gekommene – unterschiedliche Nachfragestruktur der beiden Haushaltstypen abzuzeichnen.

Der Unterschied zwischen den nominalen und den realen Daten zeigt sich auch in der für letztere ebenfalls vorgenommenen Regressionsanalyse. Wiederum wurde die Beziehung zwischen den logarithmierten Dienstleistungsausgaben und den logarithmierten Einkommensdaten ermittelt, um den sich ergebenden Koeffizienten als Einkommenselastizität interpretieren zu können. Die Ergebnisse sind eindeutig: Für beide Haushaltstypen ist die Einkommenselastizität der Dienstleistungsausgaben deutlich – und statistisch signifikant – kleiner als eins. Mit steigendem Realeinkommen nehmen also die nachgefragten Dienstleistungsmengen nur unterproportional zu.[110]

Was bedeutet nun dieses Ergebnis? Es zeigt zunächst, daß die Preise für Dienstleistungen stärker gestiegen sind als die Preise für die übrigen Ausgabenkomponenten der Haushalte. Sofern die Preiserhöhungen bei regulierten Dienstleistungsgütern stattgefunden haben, für die es keine Substitute gibt (zum Beispiel Wohnungsmieten, Erziehung), zeigt das Ergebnis, daß die tatsächliche Nachfrage nach diesen Dienstleistungen real nicht wirklich gestiegen ist und somit die Nachfragehypothese in ihrem eigentlichen Sinn nicht bestätigt werden kann. Da jedoch diese überproportionalen Preissteigerungen auch durch die gestiegene Nachfrage zustande gekommen sein dürften – und die Anbieter einfach die sich durch die gestiegene Nachfrage eröffneten Preiserhöhungsspielräume ausgenutzt haben –, können die zuletzt abgeleiteten Ergebnisse nicht so ohne weiteres als Beweis für die Ungültigkeit der Nachfragehypothese bei allen Dienstleistungsarten herangezogen werden.

Weitere empirische Studien zeigen, daß in der Tat gerade in staatlich dominierten Dienstleistungsbereichen die Nachfrage auf Preiserhöhungen nur wenig reagiert, während zum Beispiel im Bereich der Kommunikationsdienste die Preiselastizität wesentlich höher ist. Die für die verschiedenen Dienstleistungen unterschiedliche Zahlungsbereitschaft oder die fehlende Möglichkeit der Verbraucher, auf steigende Preise mit einem Ausweichen auf Konkurrenzprodukte zu reagieren, wirkt sich also auf die Entwicklung der Dienstleistungsausgaben deutlich aus, so daß die nominale Einkommenselastizität der Dienstleistungsausgaben die tatsächliche Nachfrage zum Teil überzeichnet. Die empirischen Ergebnisse zeigen aber auch, daß selbst bei realer Betrachtung zwar die Dienstleistungen als Ganzes einkommensunelastisch sein können, die Ausgaben für die meisten Dienstleistungsarten – wie eben beispielsweise in den boomenden Bereichen Kommunikations- und Gesundheitsdienste – dennoch überproportional mit dem Einkommen steigen.[111]

Für die hier zur Verfügung stehenden Daten kann also die Nachfragehypothese nominal als eindeutig bestätigt angesehen werden, während bei Betrachtung der tatsächlichen Nachfragemengen das Ergebnis weniger eindeutig ist. Hinzu kommt noch, daß bei Heranziehung weiterer Datensätze, in denen sozio-demographische Merkmale wie die Haushaltsgröße, die Frauenerwerbstätigkeit oder das Alter der Erwerbstätigen getrennt untersucht werden, die Ergebnisse wiederum modifiziert werden. Gundlach (1993) kommt in einer umfangreichen Analyse sowohl bei einer Querschnitts- als auch bei einer Zeitreihenbetrachtung zu dem Ergebnis einer Einkommenselastizität der Dienstleistungsausgaben von weniger als eins, wobei er aber die Einflüsse der oben genannten Merkmale für dieses Ergebnis nicht im einzelnen quantifizieren kann. In der internationalen Querschnittstudie von Falvey und Gemmell (1996) wird der Einfluß einer Reihe von Faktoren wie Altersstruktur, Verstädterungsgrad oder Einkommensverteilung dagegen auch quantifiziert. Die Beziehung zwischen diesen Größen und der Nachfrage nach bestimmten Dienstleistungen entsprechen weitgehend plausiblen Überlegungen (so steigt die Nachfrage nach Gesundheitsdiensten mit dem Anteil junger und vor allem alter Menschen an der Gesamtbevölkerung). Entscheidender aber ist, daß die Einbeziehung dieser zusätzlichen Faktoren in die Analyse die Einkommenselastizität einzelner Dienstleistungsarten durchaus beeinflußt: Die Nachfrage nach Wohnraum und Gesundheitsdiensten stellt sich nun (noch) wesentlich einkommenselastischer dar, während die Nachfrage nach Transport- und Kommunikationsdiensten als einkommensunelastisch ausgewiesen wird. Insgesamt ergibt sich jedoch eine leichte Erhöhung des Elastizitätswertes. Diese reicht immerhin aus, um die Dienstleistungsnachfrage(-ausgaben) einkommenselastisch werden zu lassen. Dies zeigt, daß die Spezifizierung des jeweiligen Modells für die Ergebnisse von entscheidender Bedeutung sein kann.

Die Tabelle 4-2, in der die Ergebnisse der zuvor zitierten und weiterer Studien zusammengefaßt dargestellt sind, macht noch einmal deutlich, wie unterschiedlich die in verschiedenen ökonomischen Untersuchungen ermittelte Einkommenselastizität der Dienstleistungsnachfrage ist und wie unsicher eine eindeutige Aussage über diese Größe daher letztlich bleiben muß.

Die obigen Ausführungen sind lediglich als weiterer Hinweis darauf zu verstehen, wie problembehaftet die Überprüfung der Nachfragehypothese des Strukturwandels ist. Für den Bereich der privaten Nachfrage hat unsere Analyse nur eine teilweise Bestätigung der Hypothese ergeben, aber immerhin einige entscheidende Einflußfaktoren auf die Dienstleistungsnachfrage aufgezeigt. Wichtiger erscheint jedoch, daß die Nachfragehypothese zur Erklärung des sektoralen Strukturwandels nicht ausreicht und die eigentlichen Antriebskräfte hierfür eher auf der Angebotsseite zu finden sind.[112]

Tabelle: 4-2

Einkommenselastizität der Diensteleistungsnachfrage je nach Untersuchungsansatz unterschiedlich

Autor(en)	Untersuchungsregion	Einkommenselastizität
Kravis et al. (1983)	34 Länder	1,0–1,1
Summers (1985)	34 Länder	0,8–1,5[1]
Blundell (1988)	Vereinigtes Königreich	1,2–1,7
Hammes et al. (1989)	Vereinigte Staaten, Frankreich, Kanada	1,1–1,4
Gundlach (1993)	Westdeutschalnd	0,3–0,6[2]
G. Hansen (1993)	Westdeutschland	1,3–2,0
Oberheitmann/Wenke (1994)	Westdeutschland	0,3–2,3[3]
Falvey/Gemmell (1996)	60 Länder	1,0–1,6[1]
H.-J. Hansen (1996)	Westdeutschland	1,5–4,0

[1] Ergebnisse für einzelne Gütergruppen; Einkommenselastizität für Dienstleistungen insgesamt von 1,0

[2] Statistisch signifikante Ergebnisse nur für Haushalte von Angestellten und Beamten mit höheren Einkommen

[3] Ergebnisse für einzelne Gütergruppen; Einkommenselastizität für Dienstleistungen insgesamt von 0,8

Quelle: Klodt et al. (1997, 38)

Kapitel 4
Strukturwandel als Nachfragephänomen

Nachfrage-hypothese unzu-reichend . . .	– Die Nachfragehypothese zur Erklärung der Tertiarisierung besagt, daß mit steigendem Einkommen die Nachfrage nach Dienstleistungen überproportional zunimmt. – Eine erste Überprüfung zeigt, daß die Endnachfrage den Strukturwandel nicht in so starkem Maße wie der in den Unternehmen stattfindende Wertschöpfungsprozeß – die Angebotsseite – in Richtung Dienstleistungen antreibt. – Die Nachfrage reicht also als Erklärungsgrund für den Strukturwandel nicht aus.
. . . aber für privaten Verbrauch bestätigt	– Für den Verbrauch der privaten Haushalte kann jedoch die Nachfragehypothese auf der Basis nominaler Daten als bestätigt gelten. Zusätzlich steigt der Ausgabenanteil für Dienstleistungen auch bei einem – für unterschiedliche Haushaltstypen – konstanten Einkommen im Zeitablauf an. Der zeitliche Einfluß kann dabei nicht von den Unterschieden in der Nachfragestruktur der verschiedenen Haushaltstypen getrennt werden. – Auf der Grundlage realer Daten ist die empirische Evidenz für die Nachfragehypothese weniger eindeutig. Sie wird dann nur für bestimmte Dienstleistungsarten bestätigt. Dabei spielen aber auch die Besonderheiten der einzelnen Dienstleistungsmärkte eine Rolle. – Die Ergebnisse werden durch die Berücksichtigung von soziodemographischen Merkmalen weiter modifiziert.

5. Strukturwandel als Phänomen der Angebotsseite

In fast allen Ländern hat die Industrie Anteile an der nominalen Bruttowertschöpfung und gleichzeitig als Arbeitgeber an Bedeutung verloren. Diese De-Industrialisierung und die damit spiegelbildlich verbundene Tertiarisierung der Wirtschaft scheint ein Trend ohne absehbares Ende zu sein. Dabei beschränkt sich dies nicht auf die sektorale Wirtschaftsstruktur, sondern betrifft auch das Tätigkeitsprofil. Immer mehr Menschen üben heute auch in der Industrie Dienstleistungstätigkeiten aus.

Das vorhergehende Kapitel zeigte, daß dieser strukturelle Wandel nicht in erster Linie durch Nachfrageeffekte erklärt werden kann. Um die zu beobachtende De-Industrialisierung zu deuten, müssen also Erklärungen auf der Angebotsseite und damit in veränderten Produktionsprozessen, verändertem Faktoreinsatz und veränderter sektoraler Arbeitsteilung gesucht werden. Die bisherige Analyse gab dazu drei empirische Hinweise:

□ Der Strukturwandel vollzieht sich nicht so sehr auf der Ebene der privaten Nachfrage, sondern bei der Nachfrage der Unternehmen – also bei den Vorleistungen. Dies kann mit dem Stichwort der Tertiarisierung der Produktion beschrieben werden. Immer öfter entscheiden sich Unternehmen auch für Fremdbezug anstatt für Eigenfertigung. Die Industriewaren enthalten heute mehr Wertschöpfungsanteile anderer Branchen – hauptsächlich Dienstleistungen – als früher. Dies ist die wichtigste Erklärung für die steigenden Anteile der Dienstleistungen an der nominalen Wertschöpfung (Kapitel 2.6 und 4). Diese Tertiarisierung der Produktion hat den Dienstleistern natürlich neue Märkte mit den entsprechenden Anreizen für Innovationen und ständige Produktverbesserungen geschaffen. Es ist zu vermuten, daß dies auch in den Wachstumsraten der Produktivität abzulesen ist. Dies wird im weiteren Verlauf dieses Kapitels zu überprüfen sein.

□ Ein Befund aus Kapitel 2.7 lautet: Der reale Kapitalstock des westdeutschen Unternehmenssektors (ohne Wohnungsvermietung und Landwirtschaft) ist von 1970 bis 1995 um 138 Prozent gewachsen.

Absolut rückläufig ist hingegen mit fast minus 15 Prozent das Arbeitsvolumen. Die logische Folge davon ist eine zunehmende Kapitalintensität. Allerdings fällt das Tempo der Substitution von Arbeit durch Kapital heute niedriger aus als früher. Ähnliche Entwicklungen sind auch in den anderen OECD-Ländern zu beobachten.

□ Nicht nur zwischen Arbeit und Kapital, sondern auch zwischen den verschiedenen Formen von Arbeit scheint ein stetiger Substitutionsprozeß in Gang zu sein. Der Anteil von hochqualifizierten Arbeitskräften an der Beschäftigung nimmt deutlich zu, wie die Ausführungen in den Kapiteln 2-7 und 3-5 zeigten. Immer schwieriger finden Arbeitnehmer mit geringer Qualifikation den Zugang zu den Arbeitsmärkten.

Diese drei empirischen Befunde sind ein deutlicher Hinweis, die Ursachen für den Strukturwandel auf der Angebotsseite der Wirtschaft zu suchen. Dabei darf die Nachfrageseite natürlich nicht völlig ausgeblendet werden, denn letztlich sind es drei Faktoren, die den Strukturwandel auf der Sektorebene und beim Faktoreinsatz bestimmen:

□ Die Produktionsmöglichkeiten einer Volkswirtschaft und damit ganz entscheidend die Fähigkeit, diese Mengen an potentiell herstellbaren Gütern durch technischen Fortschritt zu erweitern und/oder durch einen veränderten Faktoreinsatz die Produktion effizienter zu machen

□ Kosten und Preise für Produktionsfaktoren und Güter und

□ schließlich Einkommen und Präferenzen, die entscheidend für das Nachfrageverhalten sind.

Mittelpunkt dieses Abschnitts sind die beiden ersten Aspekte, zwischen denen allerdings sehr starke wechselseitige Abhängigkeiten bestehen.

Die Produktionsmöglichkeiten einer Volkswirtschaft können sehr allgemein durch eine Produktionsfunktion beschrieben werden:

$$X = f(K, S, U).$$

Der Output X – die Menge an Gütern – wird mit Hilfe der Produktionsfaktoren Kapital (K) und Arbeit erstellt. Für unsere Analyse ist es zweckmäßig, den Faktor Arbeit noch mal zu unterscheiden in qualifizierte Arbeit (S) und Einfacharbeit (U).[113] Der maximale Output – die Produktionsmöglichkeiten einer Volkswirtschaft – ist zunächst begrenzt durch die Menge der verfügbaren Inputfaktoren und die gegebene Technologie. Eine größere Menge an Produktionsfaktoren erlaubt einen höheren Output. Diese Dimension des Wachstums interessiert in diesem Kapitel aber nicht. Für die Analyse des Strukturwandels ist der Einfluß der Technologie viel wichtiger. Mit Technologie wird die Art der Verknüpfung der Produktionsfaktoren zur Gütererstellung verstanden. Technischer Fortschritt meint die Fähigkeit, mit gegebenen Produktionsfaktoren mehr oder verbesserte Produkte herzustellen oder diese Produkte mit weniger Produktionsfaktoren oder einem effizienteren Produktionsfaktormix zu erstellen. Zur maßgeblichen Determinante des Strukturwandels wird Technologie vor allem dann, wenn die Effekte des technischen Fortschritts in verschiedenen Branchen oder bei den verschiedenen Einsatzfaktoren in unterschiedlich starkem Maß auftreten.

Sehr eng hängen technischer Fortschritt und Produktivitätswachstum zusammen. Deshalb sollen diese Konzepte zunächst eingeführt und erklärt werden. Sinnvoll interpretierbar sind Produktivitätskennziffern aber nur, wenn ihr Einfluß auf den Strukturwandel gleichzeitig im Zusammenhang mit der Entwicklung von Preisen für Güter und Produktionsfaktoren diskutiert wird (Abschnitt 5.1). Nach diesen konzeptionellen Ausführungen folgt ein kurzer Überblick zu dem empirischen Befund der Produktivitätsentwicklung (Abschnitt 5.2). Anschließend werden drei Dimensionen des Einflusses von technischem Fortschritt auf den Strukturwandel diskutiert. Es wird gezeigt, daß

- ein neutraler technischer Fortschritt zusätzliche Spielräume für Einkommen und/oder Arbeitsplätze schafft (Abschnitt 5.3)

- ein unterschiedliches Produktivitätswachstum in den einzelnen Branchen einen wichtigen Beitrag zur Erklärung des sektoralen Strukturwandels liefert (Abschnitt 5.4)

- unterschiedliche Raten des technischen Fortschritts auf der Faktorebene auch darüber entscheiden, im welchem Mix die Produktionsfaktoren eingesetzt werden (Abschnitt 5.5).

5.1 Technischer Fortschritt, Produktivität und Preise

Produktivität ist ein technisches Effizienzmaß und gibt das Verhältnis zwischen Outputmengen und den zu ihrer Produktion eingesetzten Produktionsfaktoren (Inputmengen) an. Zu unterscheiden sind die partiellen und totalen Faktorproduktivitäten. Bei den partiellen Faktorproduktivitäten wird die gesamte Produktion auf einen bestimmten Produktionsfaktor (Arbeit oder Kapital) bezogen. Als Ergebnis erhält man dann die Arbeits- oder die Kapitalproduktivität. Dagegen wird bei der totalen Faktorproduktivität das Ergebnis des Produktionsprozesses auf den gesamten Faktoreinsatz bezogen. Beim Einsatz von zwei Produktionsfaktoren (Arbeit und Kapital) kann die totale Faktorproduktivität (TFP) – zunächst einmal ungeachtet der Probleme der Addierbarkeit der beiden Inputs zu einer einheitlichen Größe – ausgedrückt werden als:

$$TFP = Output/(Arbeit+Kapital)$$

Eine Produktivitätssteigerung tritt immer dann ein, wenn zwischen zwei Zeitpunkten der Output stärker ansteigt als der Input. Drückt man die Veränderung der Input- und Outputmengen als Wachstumsfaktor über die Zeit als Δ aus, dann gilt also:

$$\Delta TFP = \Delta Output/(\Delta Arbeit+\Delta Kapital)$$

Ähnlich sind die partiellen Faktorproduktivitäten definiert. So bezeichnet beispielsweise die Steigerung der Arbeitsproduktivität (AP) die Veränderung des Verhältnisses zwischen dem Output einer Volkswirtschaft oder einer Branche zu der dort eingesetzten Menge an Arbeit:

$$\Delta AP = \Delta Output/\Delta Arbeit$$

Nach dem ökonomischen Prinzip wächst die Produktivität also, wenn ein bestimmter Output mit weniger Input oder mit einem gegebenen Input ein höherer Output erzeugt wird. Die Hauptantriebskraft für langfristige Produktivitätssteigerungen sind Prozeß- oder Produktinnovationen. Bei Produktinnovationen werden in der Regel höherwertige oder neue Güter mit gegebenen Inputs produziert. Bei Verfahrensinnovationen wird die Ergiebigkeit der Produktionsfaktoren im Produktionsprozeß erhöht. Damit verbessert sich das Verhältnis von eingesetzten Inputs zum Produktionsergebnis und die Faktorproduktivität steigt.

Es ist üblich, das Wachstum der totalen Faktorproduktivität als technischen Fortschritt zu interpretieren und letzteren durch diese Produktivitätswachstumsrate zu messen. Dies wird vor dem Hintergrund der obigen Definition klar, denn die totale Faktorproduktivität ist eine Residualgröße und bezeichnet das Outputwachstum, das nicht durch Inputwachstum erklärt werden kann. Zumindest im Rahmen der neoklassischen Wachstumstheorie (Solow, 1956) wird diese Residualgröße dem technischen Fortschritt zugerechnet.

Produktivitäten lassen sich für verschiedene Branchen und verschiedene Produktionsfaktoren messen. Als technischer Fortschritt können diese (Teil)produktivitäten nur aufgefaßt werden, wenn sie als totale Faktorproduktivitäten definiert sind. Problematisch ist die Verwendung partieller Produktivitäten. Sie dürfen nicht ohne weiteres als technischer Fortschritt interpretiert werden. Es liegt kein technischer Fortschritt vor, wenn lediglich zwei Produktionsfaktoren – etwa Arbeit und Kapital – im Verhältnis 1 zu 1 ausgetauscht werden. Dieser reine Tausch wird als Substitution bezeichnet.

Ein Zahlenbeispiel soll den Unterschied verdeutlichen: Bisher wurden zur Produktion einer Outputeinheit jeweils vier Einheiten von beiden Faktoren eingesetzt; nachher beispielsweise fünf Einheiten Kapital und drei Einheiten Arbeit. Natürlich verändern sich dadurch die partiellen Produktivitäten. Bei konstanter totaler Faktorproduktivität steigt die Arbeitsproduktivität um ein Drittel und die Kapitalproduktivität fällt um ein Fünftel. Zu einem Anstieg der totalen Faktorproduktivität würde es beispielsweise dann kommen, wenn bei einem Kapitaleinsatz von fünf Einheiten am Ende nur noch zwei Einheiten Arbeiten benötigt würden. Dann ist der Anstieg der Arbeitsproduktivität stärker als der Rückgang der Kapitalproduktivität.

Produktivitäten, Märkte und Preise

Substitution und technischer Fortschritt können alleine oder zusammen auftreten. Das jeweilige Ausmaß und die Anpassungsreaktionen und vor allem das Produktivitätswachstum hängen eng von den Verhältnissen auf den Güter- und Faktormärkten und vor allem von den jeweiligen Preisänderungen ab. Die Abbildung 5-1 verdeutlicht diese Zusammenhänge.

Voraussetzungen für Wachstum auf den Gütermärkten sind bei gegebenem Faktorbestand im Regelfall Produkt- oder Marktinnovationen. Dazu gehören neben echten Neuentwicklungen oder der Verbesserung der Qualität bestehender Produkte auch ganz unspektakuläre Änderungen der Absatzstrategie, der Werbung, des Designs, des Kundendienstes oder der Marktbearbeitung. Entscheidend sind neue Ideen, mit denen Wettbewerbsvorsprünge gegenüber der Konkurrenz erreicht werden können, um einen höheren Absatz zu erzielen.

Daneben kommt es zu technischem Fortschritt auf der Inputseite. Das sind Prozeßinnovationen, die es im Rahmen von Rationalisierungsstrategien erlauben, die Ergiebigkeit der Produktionsfaktoren zu erhöhen. Mit weniger Einsatz an Arbeitskräften oder Kapital läßt sich dann die gleiche Gütermenge produzieren. Die Folgen für die Faktormärkte: Bei konstantem Output geht die Nachfrage nach Arbeit und/oder Kapital zurück. Häufig gehen ressourcensparende Rationalisierungen mit einer Substitution auf der Faktorebene einher. Zumeist wird Arbeit durch Kapital ersetzt, da in der Regel die Ersparnis beim Arbeitseinsatz höher ist als der zusätzliche Aufwand beim Einsatz von Kapital.

Produkt- und Prozeßinnovationen sind im hohen Maße wechselseitig voneinander abhängig. Ein Outputwachstum über Produktinnovationen auf den Gütermärkten schafft erst eine erhöhte Nachfrage nach den Produktionsfaktoren Arbeit und/oder Kapital. Nur erfolgreiche Produkte schaffen Arbeitsplätze. Aber das gilt auch umgekehrt: Nur leistungsfähige Köpfe in einem leistungsfähigen Umfeld schaffen die Innovationen für erfolgreiche Produkte. Dabei ist ein sparsamer Umgang mit Ressourcen – also das Streben nach Effizienzgewinnen – notwendig, um an Märkten erfolgreich zu sein. In einer Wettbewerbswirtschaft nutzen die besten Innovationen und Produkte wenig, wenn sie zu teuer sind. Das Geschäft macht dann die Konkurrenz. Produktivitätswachstum ist deshalb in der Praxis nur durch erfolgreiche Innovationen auf der Output- und Inputebene möglich.

Eine Untersuchung des ifo-Institutes zeigte für Unternehmen des westdeutschen Verarbeitenden Gewerbes, daß Prozeßinnovationen nicht zu

Abbildung: 5-1

Zusammenhang zwischen Produktivität, Märkten und Preisen

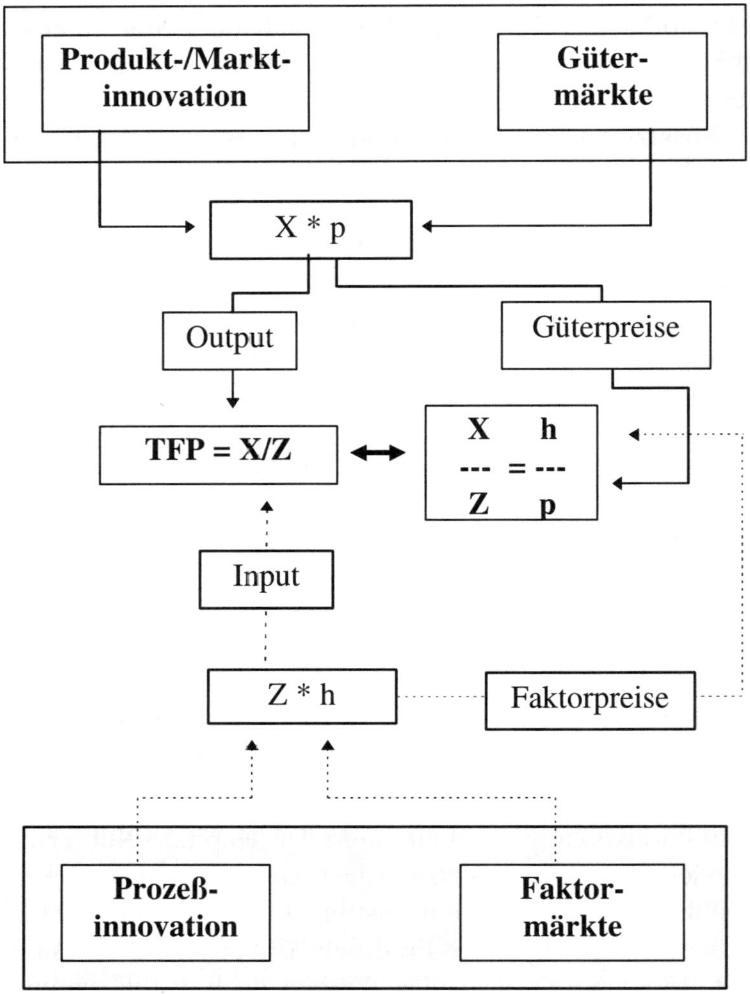

Legende:
X = Output
Z = Input
p = Outputpreise
h = Faktorpreise
TFP = totale Faktorproduktivität

einem Beschäftigungsrückgang in den einzelnen Unternehmen führen müssen. Das besagt aber noch nichts über die Beschäftigungsentwicklung im gesamten Sektor oder in der Volkswirtschaft. Prozessoraler technischer Fortschritt muß letztlich in einem Unternehmen keine negativen Beschäftigungseffekte haben, denn der arbeitssparende technische Fortschritt ist nur ein Teilaspekt von Prozeßinnovationen (Rottmann/Ruschinski, 1997).

Jedes Unternehmen und im übertragenen Sinn auch jede Volkswirtschaft unterliegt einer Budgetrestriktion. Zumindest in einer längerfristigen Betrachtung können die Ausgaben für die Inputs (h*Z) den Umsatz (p*X) nicht übersteigen, wobei Z für die eingesetzten Produktionsfaktoren und X für den Output stehen. Die Faktorpreise werden mit h und die Güterpreise mit p bezeichnet. Deshalb gibt es in einem kompetitiven Marktsystem[114] eine fundamentale Beziehung zwischen totaler Faktorproduktivität und Faktorpreisen:

$$X/Z = h/p.$$

Produktivitäten und vor allem deren Veränderungsraten müssen immer in einem festen Verhältnis zu den realen Kostenstrukturen stehen. Aus dieser einfachen Beziehung können mehrere Schlußfolgerungen abgeleitet werden, abhängig davon, von welcher Seite der Anstoß für technischen Fortschritt kommt:

Erhöhung der realen Faktoreinkommen: Steigt der Output etwa durch Produktinnovationen stärker als der Input – also wächst die totale Faktorproduktivität – können die realen Faktoreinkommen (Löhne, Zinsen, Gewinne) mit der gleichen Rate steigen. Diese Realeinkommenserhöhungen müssen nicht durch die Erhöhung der Faktoreinkommen (h) zustande kommen, sondern können auch Folge von Preissenkungen (p) sein. Am einfachsten lassen sich diese Implikationen am Beispiel eines neutralen technischen Fortschritts zeigen, der alle Sektoren und Faktoren einer Volkswirtschaft gleichermaßen begünstigt (Kapitel 5.3).

Anpassungen an veränderte Güter- und Faktorpreise: Die Kausalität kann auch umgekehrt sein. Es ist möglich, daß durch intensiven Wettbewerb die Preise der Güter fallen. Die Unternehmen können sich dieser neuen Situation auf zwei Arten anpassen: durch Absenkung der

Faktoreinkommen oder durch technischen Fortschritt in Form von Rationalisierungen oder Produktinnovationen zur Erschließung neuer Märkte. Der Anstoß für den technischen Fortschritt kommt hier durch den Preis- und Kostendruck. Es gibt in dieser Situation zunächst nichts zu verteilen. Die Anpassung der Faktoreinkommen und/oder der technische Fortschritt müssen zur Sicherung der preislichen Wettbewerbsfähigkeit genutzt werden. Schon hier wird klar, daß Flexibilität der Einkommen und technischer Fortschritt in Form von Rationalisierungen in gewissen Grenzen Substitute sind.

Die Notwendigkeit für technischen Fortschritt kann auch durch nicht marktgerechte Preisentwicklungen auf den Faktormärkten ausgelöst werden. Im Vordergrund der Debatte stehen hier Lohnerhöhungen, die über den Produktivitätsanstieg hinausgehen. Unternehmen werden darauf mit Substitution von Arbeit durch Kapital meistens in Verbindung mit technischem Fortschritt – also echten Rationalisierungen – antworten. Häufig wird dies als Produktivitätspeitsche bezeichnet. Über Rationalisierungen werden die Produktivitätsrelationen den neuen Faktorpreisverhältnissen angepaßt. Die obige Gleichung (X/Z = h/p) ist ex post wieder erfüllt, wenn auch oft zum Preis einer erhöhten Arbeitslosigkeit.

Die Produktivitätszuwächse sind dann nicht mehr faktorneutral – treffen also nicht alle Produktionsfaktoren im gleichen Ausmaß –, sondern sind faktorverzerrend. Empirisch besonders interessant ist der arbeitssparende technische Fortschritt, der es erlaubt, jede Einheit Output bei gegebenem Kapitaleinsatz mit weniger Arbeit zu produzieren.

Immer wichtiger und auch bedrohlicher scheint aber der einfach-arbeitsparende technische Fortschritt zu werden. Er ermöglicht es, jede Einheit Output bei gegebenem Kapitalstock und gegebenem Einsatz von qualifizierter Arbeit mit weniger Einfacharbeit zu erstellen. Diese Aspekt wird vor allem in Kapitel 5.5 vertiefend diskutiert.

Produktivitätsgetriebener sektoraler Strukturwandel: Die obige Gleichung muß nicht nur für die Volkswirtschaft insgesamt, sondern für jeden Sektor erfüllt sein. Unterschiedliche Produktivitätsentwicklungen in den einzelnen Branchen – also ein sektorverzerrender technischer Fortschritt – kann Strukturwandel auslösen. Auch hier muß sorgfältig zwischen den Mengen- und den Preiseffekten und der Richtung der Kausalität unterschieden werden. Eine eingehende Analyse findet sich in Kapitel 5.4 sowie – mit Blick auf die Faktorebene – in Kapitel 5.5. Zur besseren Einordnung des Zusammenspiels zwischen Preisen und dem neutralen, sektor- oder faktorverzerrendem technischen Fortschritt ist ein kurzer Überblick über die wichtigsten Trends des Produktivitätswachstums nützlich.

5.2 Produktivität – Was sagt die Empirie?

Viel schwieriger als die theoretische Definition der Produktivität ist ihre empirische Messung.[115] Neben dem allgemeinen Problem der Datenverfügbarkeit (Produktionswerte, Vorleistungen, Arbeitsstunden, Kapitalstock) sind vor allem drei grundlegende Schwierigkeiten hervorzuheben:

- ☐ Auf der Outputseite müssen die verschiedenen Güter zu einer einheitlich addierbaren Einheit zusammengefaßt werden. Als Basis dafür dienen nominale Umsatz- oder Wertschöpfungszahlen. Da die Produktivität aber ein Mengenkonzept ist, müssen diese Kennziffern um ihre Preiskomponenten – das heißt um unterschiedliche Preisentwicklungen – bereinigt werden. Das geschieht, indem alle nominalen Werte in Preisen eines einheitlichen Basisjahres ausgedrückt werden. Die Berechnung der dafür erforderlichen Preisindizes ist das schwierigste Problem der Produktivitätsmessung. Die Güter bleiben nämlich im Zeitablauf nicht identisch. Ihre Eigenschaften ändern sich durch Qualitätsverbesserungen sowie Produktneu- und weiterentwicklung ständig. Das statistische Problem besteht darin, beispielsweise die Preise eines Autos oder eines Computers zu berechnen, wie sie vor zehn Jahren gewesen wären, wenn sie schon damals die Produkteigenschaften von heute gehabt hätten. Hier wird – ohne dieses Problem zu vertiefen – auf die Preisindizes des Statistischen Bundesamtes und der OECD zurückgegriffen.

- ☐ Zur Berechnung einer (totalen) Faktorproduktivität müßte eigentlich die zugrundeliegende Produktionsfunktion des Unternehmens, der Branche oder der betrachteten Volkswirtschaften bekannt sein. Nur dann könnte getrennt ermittelt werden, welcher Anteil des Outputwachstums auf eine Erhöhung des Inputs und welcher auf technischen Fortschritt zurückzuführen ist. Eine Produktionsfunktion ist aber ein theoretisches Konzept, das die Produktionsprozesse in der Praxis nur unvollkommen abbildet.

☐ Die Messung von Produktivitäten und ihre Interpretation ist nur dann aussagefähig, wenn von Vollbeschäftigung ausgegangen wird. Andernfalls geht auch die Entlassungsproduktivität in die Zahlen mit ein. Diese Bedingung ist in der Regel bei der Produktivitätsmessung in der Praxis nicht erfüllt.

Die partiellen Faktorproduktivitäten lassen sich ermitteln, in dem ein Output – meistens gemessen als reale Bruttowertschöpfung – zu den entsprechenden Inputmengen in Beziehung gesetzt wird.

In der Praxis steht vor allem die Arbeitsproduktivität im Vordergrund. Hier wird die Entwicklung der realen Bruttowertschöpfung eines Sektors oder einer Volkswirtschaft zur Veränderung der Anzahl der Erwerbstätigen in Beziehung gesetzt. Da kein Aggregationsproblem verschiedener nicht-addierbarer Inputfaktoren besteht, kann die Produktivität auch absolut als reale Wertschöpfung je Erwerbstätigen ausgedrückt werden. Oftmals wird anstatt der Erwerbstätigenzahl die Summe der geleisteten Arbeitsstunden herangezogen, das sogenannte Arbeitsvolumen. Dieses Maß ist genauer, weil Änderungen der Arbeitszeit – wie etwa die Verkürzung der wöchentlichen Arbeitszeit oder die Verlängerung des Urlaubs berücksichtigt werden.

Die Kapitalproduktivität wird entsprechend als Quotient von realer Wertschöpfung zu realem – also in Preisen eines einheitlichen Basisjahres bewertetem – Kapitalstock berechnet.

Bei der totalen Faktorproduktivität soll der Einsatz aller Produktionsfaktoren berücksichtigt werden. Der Outputindex wird hier mit einem Inputindex ins Verhältnis gesetzt, der alle Produktionsfaktoren berücksichtigen soll.[116]

ΔTFP-Index = ΔOutputindex/ΔInputindex

Es ist klar, daß mit Hilfe der Indizes keine absoluten Werte für die TFP angegeben werden können, sondern nur deren Veränderung im Zeitablauf. Die Veränderung der totalen Faktorproduktivität wird normalerweise als gewichtetes Mittel der Änderung der Arbeits- und der

Kapitalproduktivität berechnet. Die Arbeitsproduktivität geht dabei mit der Lohnquote als Gewicht ein, während das Gewicht der Kapitalproduktivität vereinfacht als 1 minus Lohnquote geschätzt wird.

Die Tabelle 5-1 zeigt die Entwicklung der totalen Faktor-, der Arbeits- und Kapitalproduktivitäten im Unternehmenssektor ausgewählter OECD-Länder.

Tabelle: 5-1

International abnehmende Produktivität im Unternehmenssektor

Jahresdurchschnittliche Veränderung der Produktivität, in Prozent

	Totale Faktorproduktivität[1]			Arbeitsproduktivität[2]			Kapitalproduktivität[3]		
	1960–1973	1973–1979	1979–1996	1960–1973	1973–1979	1979–1996	1960–1973	1973–1979	1979–1996
USA	2,5	0,1	0,5	2,6	0,3	0,8	2,3	–0,3	–0,2
JAP	5,7	1,1	1,1	8,4	2,8	2,2	–2,3	–3,6	–2,1
D	2,6	1,8	0,6	4,5	3,1	1,1	–1,4	–1,0	–0,5
F	3,7	1,6	1,3	5,3	2,9	2,2	0,6	–1,0	–0,6
I	4,5	2,0	1,1	6,4	2,8	2,0	0,5	0,3	–0,6
GB	2,6	0,6	1,5	3,9	1,5	1,9	–0,3	–1,5	–0,6
CAN	2,0	0,6	–0,2	2,9	1,5	1,0	0,2	–1,0	–2,4
OECD	3,3	0,9	0,9	4,6	1,8	1,6	0,3	–1,4	–0,8

[1] Mit der Lohnquote oder (1-Lohnquote) gewichtetes Mittel der Arbeits- und Kapitalproduktivität

[2] Reale Bruttowertschöpfung je Erwerbstätigen

[3] Reale Bruttowertschöpfung zu realem Bruttoanlagevermögen

Quelle: OECD (1997h)

Auffallend sind zwei Entwicklungen:

☐ Das Produktivitätswachstum geht in fast allen OECD-Ländern zurück. Die hohen Zuwächse der sechziger Jahre werden heute in keinem Land mehr erreicht. Dies verwundert angesichts der durch die Mikroelektronik ausgelösten technologischen Revolution. Eigentlich müßte der Einsatz dieser Technik zu erheblich steigenden Produktivitäten führen. Man spricht deshalb schon von einem Produktivitäts-Paradoxon.

□ Die Arbeitsproduktivitäten sind in allen Ländern deutlich stärker gewachsen als die Kapitalproduktivitäten, die sich vielfach sogar negativ entwickelt haben. Das ist nichts anderes als die rechnerische Wirkung einer verstärkten Substitution von Arbeit durch Kapital.

Interessant ist eine Analyse der sektoralen Unterschiede der Produktivitätsentwicklung. Hierzu soll zunächst ein Blick auf Westdeutschland und die Entwicklung der Arbeitsproduktivität genügen. Über den Betrachtungszeitraum 1960 bis 1996 hinweg kann ein anhaltender Anstieg der Arbeitsproduktivitäten in allen westdeutschen Wirtschaftssektoren festgestellt werden (vgl. Tabelle 5-2). Die Zuwächse nehmen allerdings im Zeitablauf ab. Wichtig für die weitere Analyse ist aber die Entwicklung der Wachstumsraten der Arbeitsproduktivität im sekundären und tertiären Sektor. In den sechziger und siebziger Jahren legte das Produzierende Gewerbe bei der Arbeitsproduktivität stärker zu als der private Dienstleistungssektor.[117] Diese Rangfolge kehrte sich in den achtziger Jahren bis Anfang der neunziger Jahre um. In dieser Periode war das Wachstum der Arbeitsproduktivität im tertiären Sektor (ohne Staat, private Haushalte und private Organisationen ohne Erwerbszweck) höher als im sekundären Sektor. Diese Phase endete allerdings 1994. Vor allem das Verarbeitende Gewerbe hat von 1993 bis 1996 mit 5,2 Prozent einen viel höheren Zuwachs als der tertiäre Sektor (2,5 Prozent) und die Dienstleistungsunternehmen mit nur 1,8 Prozent. Die Ursache dafür sind Rationalisierungen und Personalabbau in der Industrie während der Strukturkrise 1992 bis 1994 und ein deutlich schwächeres reales Wachstum im Dienstleistungssektor. Es bleibt abzuwarten, ob dies schon eine Trendumkehr des Wachstumsmusters der sektoralen Arbeitsproduktivitäten bedeutet oder ob die Dienstleistungen wieder nachziehen werden.

Zumindest der Befund bis zu den Änderungen 1993/94 ist im internationalen Vergleich überraschend. Mit Ausnahme Dänemarks legte die Arbeitsproduktivität seit den achtziger Jahren in allen anderen OECD-Ländern im sekundären Sektor (und auch im Verarbeitenden Gewerbe) schneller zu als im Dienstleistungsbereich (OECD, 1996b). Bei aller gebotenen Vorsicht angesichts der nicht exakt vergleichbaren internationalen Daten und des etwas anderen Trends am aktuellen Rand besteht Grund zur Annahme, daß die deutsche Wirtschaft beim sektoralen Entwicklungsmuster der Arbeitsproduktivität offensichtlich eine Sonderrolle einnimmt. Dies veranschaulicht die Abbildung 5-2, welche die Produktivitätsdifferenzen zwischen dem Verarbeitenden Gewerbe und dem Dienstleistungssektor der OECD-Länder ausweist.

Tabelle: 5-2

Sektorale Arbeitsproduktivität in Westdeutschland 1970 bis 1996

Jahresdurchschnittliche Wachstumsraten der realen Wertschöpfung je Erwerbstätigenstunde in Prozent

	Primärer Sektor	Sekundärer Sektor	Tertiärer Sektor[1]
1970–1080	7,1	3,8	3,5
1980–1990	6,1	2,3	3,1
1990–1996	5,5[2]	2,3	2,3
1970–1996	6,5[2]	2,9	3,0

[1] Ohne Staat und private Haushalte

[2] Jeweils nur bis 1993

Quelle: Statistisches Bundesamt (1997a), IAB (1996), eigene Berechnungen

Bevor Schlußfolgerungen auf der Basis des außergewöhnlichen sektoralen Entwicklungsmusters der Arbeitsproduktivitäten in Deutschland gezogen werden können, ist es notwendig, diesen Befund zu erhärten. Dafür wurden die totalen Faktorproduktivitäten für einzelne Sektoren und Zeiträume ermittelt. Die Berechnungen[118] hierzu bestätigen die obigen Ergebnisse (Tabelle 5-3):

Insgesamt fiel die Zuwachsrate der Produktivität auf der Ebene der Gesamtwirtschaft, auch das sektorale Muster änderte seine Vorzeichen. Die Dienstleister verzeichnen mittlerweile höhere Produktivitätszuwächse als das Verarbeitende Gewerbe. Die sich in den siebziger Jahren ständig zugunsten der Industrie öffnende Produktivitätsschere konnten die Dienstleister in den folgenden 15 Jahren nahezu vollständig schließen.

Die Dynamik in den Sektoren Verkehr/Nachrichten sowie bei den Sonstigen Dienstleistungen ist sogar so stark, daß sie sich in den achtziger Jahren vom allgemeinen Trend des „productivity slowdown“ absetzen konnten.

Abbildung: 5-2

Sektorale Unterschiede im Wachstum der Arbeitsproduktivität[1] in der OECD

Differenz des Wachstums im Verarbeitenden Gewerbe zum Dienstleistungssektor, jahresdurchschnittliche Veränderung 1980 bis 1994[2] in Prozent

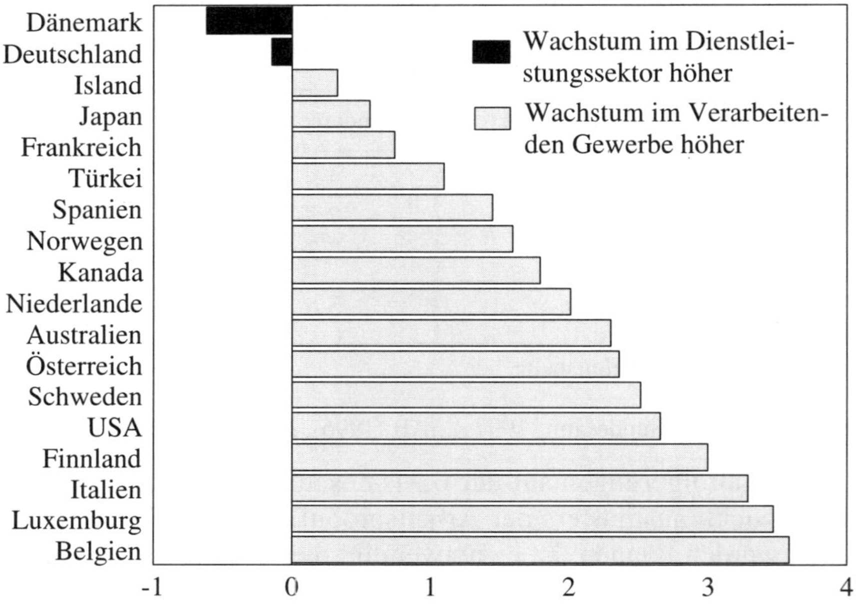

[1] Reale Bruttowertschöpfung je Erwerbstätigen

[2] USA, Frankreich (1980 bis 1993); Island (1980 bis 1992); Norwegen, Belgien, Luxemburg (1980 bis 1990); Spanien (1986 bis 1992)

Quelle: OECD (1997a), eigene Berechnungen

Damit bleiben drei wichtige Ergebnisse festzuhalten:

□ Das Produktivitätswachstum hat sich in allen OECD-Ländern verlangsamt.

□ Überall wächst bei zunehmender totaler Faktorproduktivität die Arbeits- stärker als die Kapitalproduktivität. Das läßt auf einen arbeitssparenden technischen Fortschritt also eine Substitution von Arbeit durch Kapital schließen.

□ In Deutschland ist das Produktivitätswachstum im tertiären Sektor deutlicher ausgeprägt als in der Industrie. Die Eindeutigkeit des Befundes erlaubt, von einem deutschen Sonderweg zu sprechen.

Tabelle: 5-3

Totale Faktorproduktivität westdeutscher Sektoren

Durchschnittliche jährliche Veränderung in Prozent

	Totale Faktorproduktivität[1]	
	1970–1980	1980–1995
Versorgung[2]	0,3	–0,1
Verarbeitendes Gewerbe	0,9	0,5
Bauwirtschaft	1,0	0,1
Handel	0,3	0,2
Verkehr	1,3	1,3
Banken, Versicherungen	1,5	0,7
Sonstige Dienstleistungen	0,6	0,8
Alle Wirtschaftsbereiche[3]	0,7	0,5
Nachrichtlich: Alle Dienstleistungen	0,6	0,6

[1] Berechnungsmethode siehe Grömling/Lichtblau (1997)
[2] Energie, Wasserversorgung, Bergbau
[3] Alle Wirtschaftsbereiche: ohne Staat, Agrarwirtschaft und Wohnungsvermietung.
Quellen: Statistisches Bundesamt (1997a), ifo (1996), Deutsche Bundesbank (1997a), eigene Berechnungen

Auf der Basis dieser theoretischen und empirischen Faktoren können jetzt die unterschiedlichen Wirkungen der drei vorne angesprochenen Arten des technischen Fortschrittes – der neutrale, der sektorverzerrende und der faktorverzerrende – diskutiert werden.

5.3 Technischer Fortschritt schafft Spielräume

Das Streben nach technischem Fortschritt ist kein Selbstzweck, sondern eine wichtige Quelle des Wohlstands einer Volkswirtschaft. Die damit verbundenen Produktivitätsgewinne können in sehr unterschiedlicher Art Verwendung finden. Sie stecken den Rahmen für Realeinkommenserhöhungen ab, tragen zur Sicherung der preislichen Wettbewerbsfähigkeit bei und beeinflussen Wirtschaftswachstum und Beschäftigungsentwicklung.

Von der Art, wie diese Produktivitätsgewinne verwendet werden, hängt auch das Wachstum des Sozialprodukts und der Beschäftigung der gesamten Volkswirtschaft ab. Hier scheinen Deutschland und die USA fundamental andere Wege eingeschlagen zu haben. Die alternativen Verwendungsmöglichkeiten von Produktivitätsgewinnen für Einkommen oder Beschäftigung können mit Hilfe von Abbildung 5-3 veranschaulicht werden. An der Abszisse ist mit L der gesamte Faktorinput Arbeit abgetragen. Der obere Teil der Graphik zeigt die Produktionsfunktion (X=f(L,K°)). Sie gibt an, wieviel Einheiten Arbeit zur Erstellung verschiedener Mengen des Gutes X notwendig sind. Aus Vereinfachungsgründen soll mit Arbeit nur ein (variabler) Inputfaktor existieren. Der Kapitalstock sei konstant. Ein sektorneutraler und arbeitssparender technischer Fortschritt verlagert die Produktionsfunktion nach oben: Jede Einheit Output kann jetzt mit weniger Arbeit oder mit jeder Einheit Arbeit kann mehr Output erzeugt werden. Der Kapital-Input und die technischen Bedingungen sind dann auf einer gegebenen Kurve konstant. Veränderungen des Kapitalstocks würden ähnlich wie technischer Fortschritt die Produktionsfunktion nach oben verschieben. Bei einer Verlagerung der Produktionsfunktion verschiebt sich auch die im unteren Teil der Abbildung dargestellte Arbeitsnachfragekurve,[119] die den Zusammenhang zwischen der Beschäftigung L und der Grenzproduktivität (dX/dL) angibt. Technischer Fortschritt erhöht für jede Einheit L deren Grenzproduktivität. Für die Verteilung der Produktivitätsgewinne stehen drei Wege offen:

1. Maximale Beschäftigungsausdehnung

Der technische Fortschritt wirkt hier markterweiternd. Die Produktivitätsgewinne werden zur Erhöhung des Outputs von X_A nach X_C und der Beschäftigung von L_A nach L_C und verwendet. Hier wird die Effizienzverbesserung infolge technischen Fortschritts nicht in höheren Reallöhnen weitergegeben. Statt dessen wird die höhere Ergiebigkeit des Faktors Arbeit vollständig zur Output- und Beschäftigungserhöhung eingesetzt. Die Arbeitsmenge wird bei konstantem Reallohn solange ausgedehnt bis die ursprüngliche Grenzproduktivität der Arbeit – die Produktivität der zuletzt eingesetzten Arbeitseinheit – erreicht ist.[120]

Abbildung: 5-3

Technischer Fortschritt, Arbeitsnachfrage und Produktivität

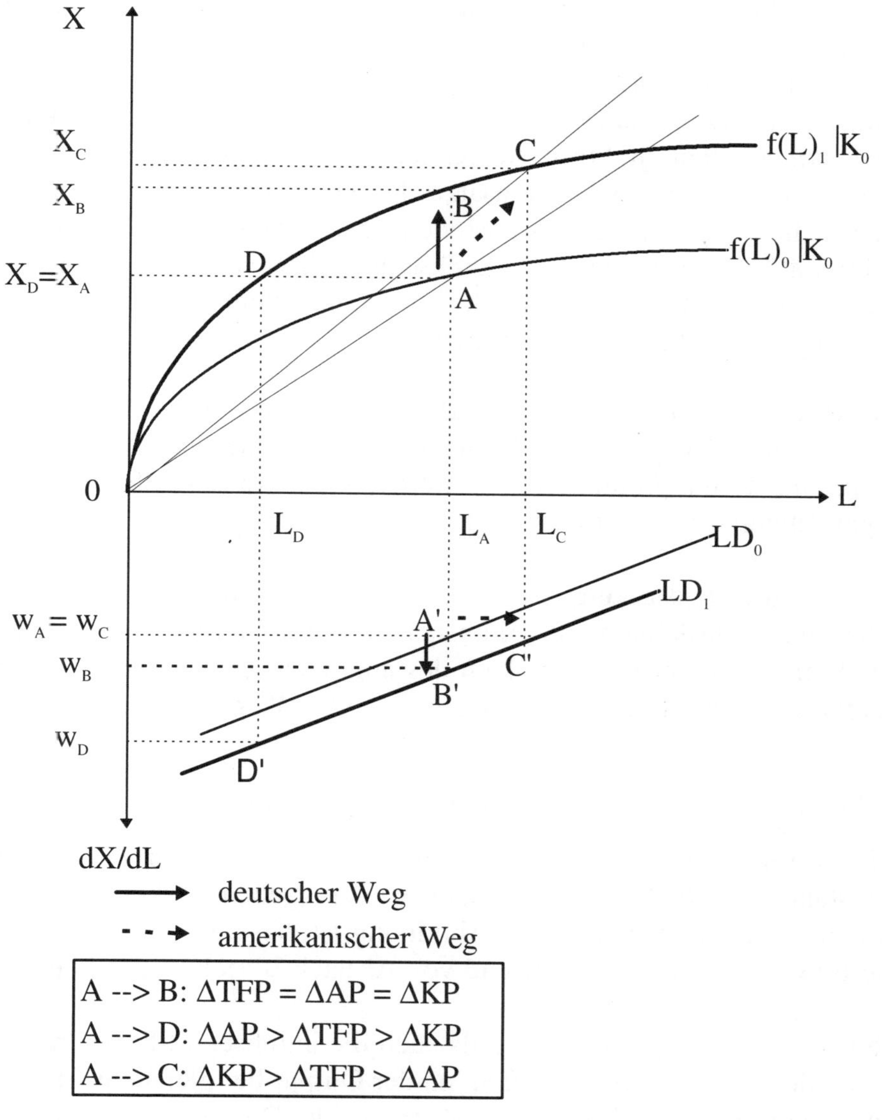

Das kann im unteren Teil der Graphik durch die Bewegung von A' nach C' verdeutlicht werden.

Die Grenzarbeitskosten (dX/dL) und damit in kompetitiven Arbeitsmärkten auch die Reallöhne bleiben auf dem bisherigen Niveau. Das verdeutlicht nochmals den schon in Abbildung 5-1 betonten engen Zusammenhang zwischen Produktivitätswachstum und Preisstrukturen. Denn die Kausalität läßt sich hier auch umdrehen. Eine Beschäftigungsausdehnung von A nach C ist nur möglich, weil die Produktivitätsgewinne nicht in Form steigender Löhne ausgeschüttet werden. Diese Erhöhung des Arbeitseinsatzes bei konstanter Grenzproduktivität ist allerdings mit einer steigenden durchschnittlichen Arbeitsproduktivität – also steigenden Durchschnittseinkommen – verbunden. Im obigen Teil der Graphik ist dies durch den steileren Fahrstrahl 0C im Vergleich zu 0A gekennzeichnet.

Die Bewegung von A nach C bedeutet, daß ein höherer Output mit gegebenen Kapitalstock und einem erhöhten Arbeitseinsatz erzielt wird. Die Kapitalproduktivität – $\Delta(X/K)$ – wächst deshalb und steigt sogar schneller als die totale Faktorproduktiviät.

Wie anschließend gezeigt wird, ist dieses Modell der maximalen Beschäftigungsausdehnung bei konstanten (Grenz)Reallöhnen weitgehend mit den empirischen Fakten des amerikanischen Arbeitsmarktes vereinbar. Es wird deshalb als *amerikanischer Weg* bezeichnet.

2. Erhöhung der Reallöhne bei konstanter Beschäftigung

Hier werden Effizienzgewinne infolge des technischen Fortschritts vollständig in Reallohnsteigerungen weitergegeben. Dabei bleibt der Arbeitseinsatz konstant. In der Abbildung ist diese Möglichkeit durch die Bewegung von A nach B und von A' nach B' gekennzeichnet.

Sowohl die Grenzproduktivität als auch die durchschnittliche Produktivität des Faktors Arbeit steigen, da der Output bei gleichem Arbeitsinput zunimmt. Allerdings ist die Zunahme der Durchschnittsproduktivität in diesem Fall größer als im obigen amerikanischen Weg. Ein entsprechender Fahrstrahl 0B würde steiler verlaufen als der Fahrstrahl 0C. Konstante Beschäftigung bei steigenden Reallöhnen ist eine Situation, die eher für den deutschen Arbeitsmarkt typisch ist. Diese Alternative soll deshalb als der *deutsche Weg* bezeichnet werden. Schon der Vergleich der theoretischen Konzepte des amerikanischen und deutschen Weges zeigt, daß in beiden Systemen technischer Fortschritt offensichtlich zu steigenden Durchschnittseinkommen führt. Unterschiedlich ist nur die Anzahl der Köpfe, auf die diese Gewinne verteilt werden.

In dem hier betrachteten Fall einer Reallohnsteigerung bei konstanter Beschäftigung wachsen Arbeits-, Kapital- und totale Faktorproduktivität mit der gleichen Rate; und nur in diesem Fall löst eine Lohnleitlinie, die Lohnzuwächse an der Steigerung der Arbeitsproduktivität ausrichtet, keine Anreize für Beschäftigungsabbau aus.

3. Maximierung der Reallöhne bei konstantem Output und rückläufiger Beschäftigung

Hier wird der gesamte Produktivitätsgewinn bei konstantem Output zur Erhöhung der Reallöhne genutzt. Dieser Output kann dann natürlich mit weniger Einsatz des Faktors Arbeit erzeugt werden. Dieser Fall ist in der Abbildung 5-3 durch eine Bewegung von A nach D oder von A' nach D' gekennzeichnet. Dies wird vor allem im Rahmen der Zwei-Sektoren-Betrachtung im nächsten Abschnitt relevant, wenn eine Branche zumindest relativ einer Absatzbeschränkung unterworfen ist. Dann wächst die Arbeitsproduktivität stärker als die totale Faktor- und die Kapitalproduktivität. Dahinter steckt aber nichts anderes als Entlassungsproduktivität.

Wirtschaftspolitisch interessant sind die beiden ersten Fälle, die als amerikanischer und deutscher Weg bezeichnet wurden. Es läßt sich anhand einfacher empirischer Kennziffern (Tabelle 5-4) zeigen, daß diese beiden großen Volkswirtschaften ihre Produktivitätsgewinne sehr unterschiedlich genutzt haben (McGuckin/Stiroh/van Ark, 1997). Beide Länder hatten zwischen 1980 und 1994 mit +21 Prozent (Deutschland) und +12 Prozent (USA) ein unterschiedliches Wachstum der totalen Faktorproduktivität.

Die Produktionsfunktion hat sich also – ungeachtet von Niveauunterschieden – in Deutschland etwas stärker als in den USA nach oben verschoben. Dieser zusätzliche Spielraum in beiden Ländern wurde aber unterschiedlich genutzt:

Tabelle: 5-4

Wertschöpfung, Faktoreinsatz, Kosten und Produktivitäten

deutsch-amerikansicher Vergleich

Jahresdurchschnittliche Veränderung 1980 bis 1994

	USA	Deutschland
Reale BWS	2,8	2,2
Erwerbstätigkeit	1,7	0,2
Arbeitsvolumen	1,6	–0,2
Reale Arbeitskosten[1]	0,8	1,4
Arbeitsproduktivität[2]	1,2	2,3
Kapitalproduktivität[3]	0,2	–0,4
Totale Faktorproduktivität[4]	0,8	1,4
Kapitalintensität[5]	1,0	2,8

BWS: Bruttowertschöpfung

[1] Arbeitskosten (einschl. Unternehmerlohn) je Erwerbstätigenstunde bereinigt mit dem BWS-Deflator

[2] Reale BWS je Erwerbstätigenstunde

[3] Reale BWS bezogen auf den realen Kapitalstock (Bruttokapitalstock der privaten Unternehmen mit Wohnungsvermietung)

[4] Gewichtetes Mittel der Arbeits- und Kapitalproduktivitäten; als Gewichte dienten die Lohnquote bzw. (1-Lohnquote)

[5] Realer Kapitalstock/Arbeitsvolumen (Erwerbstätigenstunden)

Quellen: Statistisches Bundesamt (1997a), IAB (1996), OECD (1997a, 1997g), U.S. Department of Commerce (1996a), eigene Berechnungen

☐ In den USA stiegen die Zahl der Erwerbstätigen und vor allem das Arbeitsvolumen wesentlich stärker an. Gleichzeitig wuchs die reale Wertschöpfung in den USA dynamischer.

☐ Die realen Arbeitskosten wuchsen in Deutschland mit 21 Prozent wesentlich kräftiger als in den USA mit 12 Prozent.

☐ Lohnend ist auch ein Blick auf die partiellen Faktorproduktivitäten und die Kapitalintensität. Bei einem weniger stark divergierenden Wachstum der totalen Faktorproduktivität bedeutet ein höheres Wachstum der Arbeitsproduktivität und eine geringere Zunahme der Kapitalproduktivität in Deutschland nichts anderes als eine stärkere

Substitution von Arbeit durch Kapital. Das Wachstum in Deutschland war kapitalintensiver – oder umgekehrt weniger beschäftigungsintensiv – als in den USA.

□ Eine Zerlegung des Wachstums in eine TFP- und eine Inputkomponente zeigt, daß in den USA die Inputkomponente mit 70 Prozent gegenüber nur 37 Prozent in Deutschland deutlich höher ist.[121] Das Wachstum in den USA war wesentlich stärker durch einen höheren Faktoreinsatz gekennzeichnet (Bewegung von A nach C in Abbildung 5-3), während in Deutschland die spezifischen Effekte des technischen Fortschritts wichtiger waren.

Natürlich ist vor einem Trugschluß zu warnen. Es ist nicht so, daß die Produktivitätsgewinne wie „Manna vom Himmel" fallen und die Beteiligten sich nur noch über die Verteilung einigen müssen. Es bestehen wechselseitige Abhängigkeiten zwischen Wachstum und Verteilung. Die in der Abbildung 5-3 eingezeichnete Verschiebung der Produktionsfunktion nach oben verdeutlicht nur einen hypothetisch verfügbaren alternativen Raum, wenn technischer Fortschritt technologisch machbar ist. Die Produktivitätsgewinne sind nicht einfach vorhanden. Sie müssen erst erwirtschaftet werden. Wieviel technischer Fortschritt möglich ist und wie die potentiellen Produktivitätsgewinne verteilt werden, hängt von den ökonomischen Anreizen, den Standortbedingungen und dem gesamten Rahmenwerk ab (OECD 1996b, 53). Dazu gehören neben funktionierenden Arbeitsmärkten die ganze Breite der Standortfaktoren – angefangen bei Steuern, der materiellen und institutionellen Infrastruktur, Bildungs- und Forschungseinrichtungen, Umweltauflagen, effiziente Administrationen bis hin zu Regulierungen. So kann eine Volkswirtschaft von den technologischen Möglichkeiten der Telekommunikation nur dann profitieren, wenn die Märkte dereguliert sind und Wettbewerb zugelassen ist. In vielen modernen Dienstleistungsmärkten, wie im Telekommunikations-, im Verkehrs- oder Finanzbereich sind amerikanische Anbieter auch deshalb so stark, weil dort rechtzeitig die notwendigen Rahmenbedingungen geschaffen wurden.

Technischer Fortschritt und das damit verbundene Produktivitätswachstum eröffnen also recht unterschiedliche Verwendungsmöglichkeiten. Neue Technologien müssen demnach nicht nur als eine Bedrohung gesehen werden.

Kernaussagen auf einen Blick

Kapitel 5.1 bis 5.3
Strukturwandel als Phänomen der Angebotsseite I

Strukturwandel stärker von der Angebotsseite bestimmt	– Die wesentlichen Impulse für den Strukturwandel kommen von der Angebotsseite. Die technischen Möglichkeiten erlauben eine andere Form der Produktion – der Wettbewerbsdruck erzwingt flexiblere Kostenstrukturen durch Auslagerung von Fertigungsprozessen – die Wünsche der Konsumenten verlangen eine stärkere Verzahnung von Dienstleistungen in Industrieprodukte. Das erklärt die Tendenzen – zum Outsourcing – zur Kostensenkung durch Kapitalintensivierung – zur Technisierung und Humankapitalintensivierung.
Produktivität als Schlüsselgröße	– Die entscheidenden Triebfedern für den Strukturwandel auf der Angebotsseite sind der technische Fortschritt und das Produktivitätswachstum, das in Deutschland einen höheren Beitrag zum BIP-Wachstum leistet als in den USA. Aber vor allem eine Entwicklung ist auffallend: In allen Ländern der OECD geht trotz der Revolution in der Mikroelektronik das Produktivitätswachstum zurück (Produktivitäts-Paradoxon).
Technischer Fortschritt eröffnet Spielraum . . .	. . . entweder zur Schaffung von Arbeitsplätzen oder zur Erhöhung der Reallöhne bei konstanter oder gar rückläufiger Beschäftigung. Die USA und Deutschland haben den Spielraum unterschiedlich genutzt: – Die Strategie der USA ist auf gesamtwirtschaftlicher Ebene durch Output- und Beschäftigungswachstum, relativ geringe Lohnerhöhungen und eine nur unterdurchschnittliche Substitution von Arbeit durch Kapital gekennzeichnet. – Deutschland hingegen setzte auf Reallohnzuwächse und eine starke (auch lohngetriebene) Substitution von Arbeit durch Kapital. Der im Vergleich zu den USA höhere Produktivitätsfortschritt ging mit einem Rückgang des Arbeitsvolumens einher.

5.4 Produktivität und sektoraler Strukturwandel

Technischer Fortschritt und der damit verbundene Produktivitätszuwachs ist von Land zu Land und von Sektor zu Sektor verschieden. Diese Wirkungen des sektorverzerrenden technischen Fortschritts haben Einfluß auf den Strukturwandel und können einen erheblichen Beitrag zur Erklärung der Veränderungen auf der Angebotsseite der Wirtschaft leisten. Der empirische Befund in Kapitel 5-2 zeigte, daß Deutschland bei der sektoralen Produktivitätsentwicklung offensichtlich eine Sonderrolle einnimmt. Es stellt sich aber generell die Frage, ob Sektoren mit hohem Produktivitätswachstum im Strukturwandel gewinnen oder verlieren? Diese Frage läßt sich nicht leicht beantworten, weil mehrere gegenläufige Effekte auf die Faktor- und Gütermärkte einwirken.

Gegenläufige Effekte

Um diese Effekte zu zeigen, wird im folgenden aus Vereinfachungsgründen die Volkswirtschaft in nur zwei Sektoren unterteilt: die Industrie (M – manufacturing) und Dienstleistungen (S – services). Beide sollen sich nur in der Rate des technischen Fortschritts – also in der Höhe ihres Wachstums der totalen Faktorproduktivität – unterscheiden. Dabei soll zunächst lediglich der Strukturwandel auf der realen Güterebene – gemessen als Veränderung der Sektoranteile an der realen Bruttowertschöpfung oder den Nachfragemengen – untersucht und dabei unterstellt werden, daß die Fortschrittsrate im M-Sektor höher ist als im S-Sektor.[122]

1. Mengen- oder TF-Effekt

Technischer Fortschritt (TF) begünstigt zunächst den Sektor, in dem er stattfindet. Das läßt sich leicht mit Hilfe des Konzeptes einer Transformationskurve (Abbildung 5-4) zeigen. Die Kurve TT in der Abbildung zeigt alle effizienten Produktionsmöglichkeiten, die einer Volkswirtschaft offenstehen, um mit einem gegebenen Faktorbestand Güter des M- oder S-Sektors herzustellen. Der Tangentialpunkt mit der Preisgeraden p°, die den relativen Preis zwischen Dienstleistungs- und Industriewaren angibt, zeigt in einer geschlossenen Volkswirtschaft, wie das gesamte reale Sozialprodukt und die Nachfrage auf die beiden Industrien aufgeteilt ist (Punkt A in Abbildung 5-4). Technischer

Fortschritt verschiebt die Transformationskurve nach außen und verdeutlicht, daß von beiden Gütern mehr produziert werden kann.[123] Liegen die neuen Gleichgewichtspunkte entlang der gestrichelten Linie, findet kein Strukturwandel statt – die Aufteilung des realen Sozialprodukts auf den M- und S-Sektor bleibt konstant. Da das Produktivitätswachstum in der M-Industrie höher als im S-Sektor sein soll, verschiebt sich die Transformationskurve stärker in Richtung M (Bewegung von TT nach T'T'). Bei unverändertem Preisverhältnis p° wäre es jetzt technisch möglich, relativ mehr Industrie- als Dienstleistungsgüter zu produzieren. Das wirkt in Richtung eines Strukturwandels zugunsten der M-Industrie (Bewegung von Punkt A nach B).

Abbildung: 5-4

Einzeleffekte des technischen Fortschritts

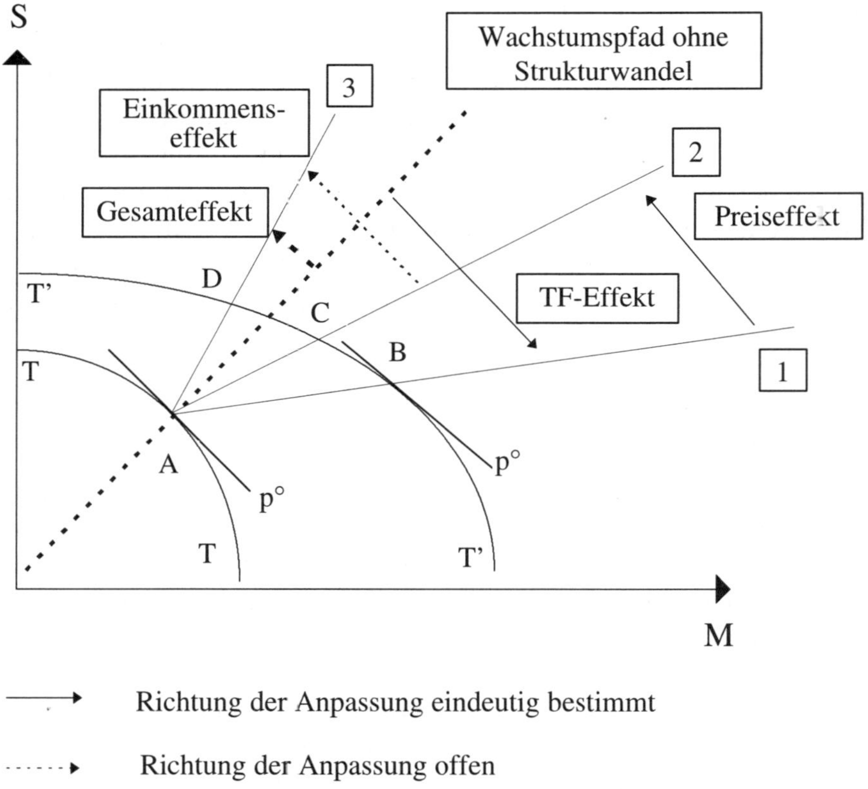

Graphisch zeigt sich dies durch den Schnittpunkt der Expansionslinie A1 mit der neuen Transformationskurve T'T', der unterhalb der gestrichelten Linie liegt.

2. Preiseffekt

Der Punkt B kann kein Gleichgewicht sein, denn die zusätzlichen Mengen des Industriegutes können bei normal verlaufenden Nachfragefunktionen nur bei niedrigeren Preisen als vorher verkauft werden. Die Industriegüter müssen also relativ billiger werden, wenn die zusätzliche Menge auch Käufer finden soll. Dieser Druck, die Produktivitätsgewinne in sinkenden Preisen im Markt weitergeben zu müssen, steigt natürlich mit der Wettbewerbsintensität. Diese kann immer noch im Industriesektor als höher eingestuft werden, weil Industriewaren leichter international handelbar sind. Dieser Preiseffekt reduziert gleichzeitig angebotsseitig die Attraktivität dieses Sektors und erhöht – in relativer Betrachtung – die des Dienstleistungssektors. Die veränderten Angebotsbedingungen bewirken einen Strukturwandel in Richtung Dienstleister. Dieser Preiseffekt ist in der Abbildung durch eine Bewegung von B nach C gekennzeichnet. Dort befindet sich der Tangentialpunkt der neuen Preisgeraden mit der Transformationskurve. Dieser Preiseffekt – Drehung des Anpassungspfades A1 auf A2 – reduziert den Mengeneffekt des technischen Fortschritts. Über die relative Stärke der beiden Effekte läßt sich a priori keine Aussage machen. Sie hängt von der Preiselastizität der Nachfrage und dem Ausmaß ab, in dem durch den relativen Preiseffekt angebotsseitig die Attraktivität des Dienstleistungssektors gestiegen ist.

3. Einkommenseffekte

Schließlich muß noch ein Einkommenseffekt beachtet werden, denn – wie schon ausgeführt – erhöhen technischer Fortschritt und Produktivitätswachstum die Realeinkommen. Dies führt im Normalfall zu erhöhter Nachfrage nach beiden Gütern. Wird die Nachfrage bei steigenden Einkommen aber aufgrund der Präferenzen der Konsumenten systematisch in Richtung eines bestimmten Gutes verlagert, hat auch dies Einfluß auf den Strukturwandel. In der überwiegenden Mehrzahl kommen empirische Untersuchungen zu dem Ergebnis, daß Dienstleistungen einkommenssuperiore Güter sind (siehe hierzu Kapitel 4.). Sie werden also mit steigendem Einkommen überproportional nachgefragt. Dies würde bedeuten, daß der Einkommenseffekt des technischen Fortschritts einen Strukturwandel in Richtung zu mehr Dienstleistungen auslöst.[124] In der Abbildung 5-4 wird dies durch eine Bewegung von C nach D – also einer weiteren Drehung des Anpassungspfades von A2 nach A3 – kenntlich gemacht. Diese neue Lösung liegt hier oberhalb der gestrichelten Linie. Im Gesamteffekt kommt es also zu einem Strukturwandel hin zu den Dienstleistern. Der Einkommenseffekt dominiert hier also den Mengen- und den Preiseffekt. Der Punkt D zeigt einen Fall, in dem ein überdurchschnittliches Produktivitätswachstum in einem Sektor zu einem Rückgang seines realen Wertschöpfungsanteils geführt hat. Hier hat also der Nachfrageeffekt die Effekte auf der Angebotsseite überkompensiert.

Insgesamt bleibt aber festzuhalten, daß es zunächst völlig unbestimmt ist, welcher dieser drei Effekte dominiert. Noch schwieriger sind allgemeingültige Aussagen über den Strukturwandel der nominalen Wertschöpfung oder der Nachfrage. Hier haben Preiseffekte nicht nur eine indirekte Wirkung auf die Mengen, sondern beeinflussen über die Preiskomponente auch das Produkt aus Menge und Preis.

Sinnvolle Aussagen können erst gemacht werden, wenn die Allgemeingültigkeit eingeschränkt und bestimmte Annahmen über die Stärke und Richtung der einzelnen Effekte getroffen werden. In den folgenden beiden Abschnitten werden zwei Fälle unterschieden: die Situation im Durchschnitt aller Industrieländer und die offensichtliche Sondersituation in Deutschland. Das Unterscheidungskriterium ist das festgestellte unterschiedliche Muster im sektoralen Produktivitätswachstum.

Industrieländer: Höhere Produktivitätsdynamik in der Industrie

Der Strukturwandel kann für den Durchschnitt aller Industrieländer etwa seit Anfang der achtziger Jahre durch folgende empirische Fakten (IMF, 1997b) beschrieben werden:

☐ Höheres Produktivitätswachstum in der Industrie im Vergleich zu den Dienstleistungen.

☐ Konstante reale Anteile des Industrie- und damit spiegelbildlich des Dienstesektors an der realen Wertschöpfung.

□ Abnehmender Anteil der Industrie bei der nominalen Wertschöpfung und der Beschäftigung, wobei der Rückgang der Beschäftigung noch ausgeprägter ist.

Die Abbildung 5-5 zeigt dieses Muster des Strukturwandels der Industrieländer stellvertretend am Beispiel der G7-Länder im Überblick. Bei dieser Darstellung kommt es nur auf die Trends, nicht aber auf die durchaus beachtlichen jährlichen Schwankungen an.

Das Ergebnis eines konstanten Anteils des Verarbeitenden Gewerbes und damit spiegelbildlich des Dienstleistungssektors an der realen Wertschöpfung ist vor dem Hintergrund der weitverbreiteten Tertiarisierungs-These überraschend. Auf realwirtschaftlicher Ebene betrachtet hat in den letzten 25 Jahren keine De-Industrialisierung stattgefunden. Natürlich ist diese Konstanz der realen Wertschöpfungsanteile

Abbildung: 5-5

Industrieanteil an der realen Wertschöpfung konstant

Anteile des Verarbeitenden Gewerbes an der nominalen und realen Bruttowertschöpfung und der Erwerbstätigkeit im Durchschnitt der G7-Länder, 1970 = 100

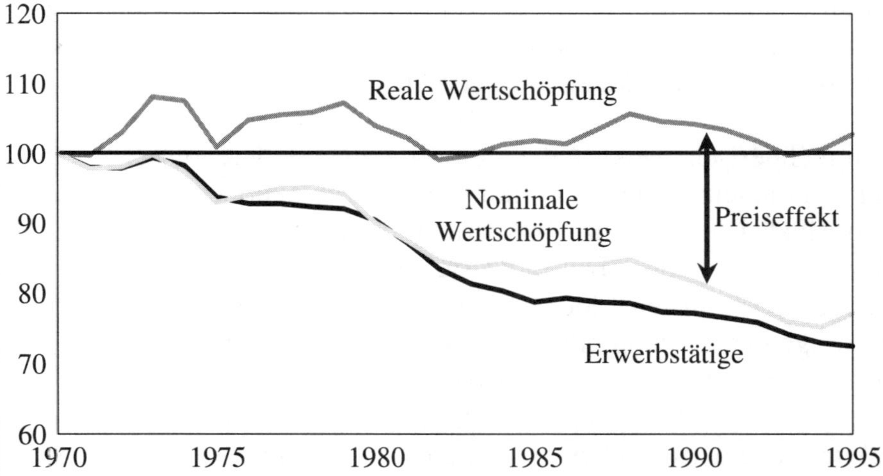

Quelle: OECD (1998, 1997a, 1997c, 1997d), eigene Berechnungen

des Verarbeitenden Gewerbes zunächst nur ein Durchschnittswert unterschiedlicher Entwicklungen in den einzelnen Ländern.[125]

Argumentiert man aber trotzdem auf Basis der Durchschnittswerte aller Industrieländer (IMF, 1997b), bedeuten konstante Anteile der Industrie an der realen Wertschöpfung, daß diese Branchen einer starken Absatzbeschränkung unterworfen sein müssen. Es gelingt der Industrie offensichtlich nicht, die in den Produktivitätsgewinnen zum Ausdruck kommenden Steigerungsmöglichkeiten des Potentialoutputs auch in überdurchschnittlich steigende Absatzmengen umzusetzen. Die gegen sie laufenden Preiseffekte auf der Angebots- und vor allem die Einkommenseffekte auf der Nachfrageseite sind offensichtlich gerade so stark, um die Produktivitätseffekte genau auszugleichen.

Wenn wirklich eine Absatzbeschränkung der Art besteht, daß der reale Wertschöpfungsanteil trotz höherem technischem Fortschritt gerade konstant bleibt, dann ist die zweite empirische Beobachtung der fallenden nominalen Anteile zwangsläufig. Wie schon ausgeführt, muß bei höherem Produktivitätswachstum und normalen Nachfragebedingungen der relative Preis für Industriewaren fallen. Wenn aber die relative Menge konstant bleibt und die relativen Preise fallen, muß die Wertkomponente aus Menge mal Preis fallen. Genau das wird üblicherweise unter De-Industrialisierung verstanden. Ein Teil der Produktivitätsgewinne des Industriesektors wird also offensichtlich in sinkenden Preisen an die Abnehmer weitergegeben. Das entspricht exakt dem Preisbildungsverhalten, das auf Wettbewerbs-Märkten zu erwarten ist.

Rein rechnerisch steckt in der sich öffnenden Schere zwischen realem und nominalem Anteil der Industrie an der Wertschöpfung nur ein Preiseffekt. Die Preise für Industrieprodukte sind relativ zu denen der Dienstleister gefallen. Die Industrie sorgt über relativ fallende – oder weniger stark ansteigende – Preise in allen OECD-Ländern indirekt für steigende Realeinkommen. Dieser positive Beitrag der Industrie wird gerne in den voreiligen Debatten um De-Industrialisierung übersehen. Die Preisrückgänge bei vielen Produkten der Unterhaltungselektronik, elektronischen Bauteilen oder Computern sind gute Beispiel dafür. Oftmals werden qualitativ erheblich verbesserte Produkte zu nur unterproportional gestiegenen Preisen verkauft. Diese Realeinkommenserhöhungen sind beachtlich. Wären in Deutschland zwischen

1991 und 1997 die Preise überall so gering angestiegen wie in der Industrie, dann hätten die deutschen Verbraucher pro Jahr rund 20 Milliarden DM Realeinkommen mehr gehabt.

Ebenfalls zwingend folgt für den Fall eines konstanten realen Wertschöpfungsanteils des Industriesektors bei relativ höherem Produktivitätswachstum, daß der Beschäftigungsanteil zumindest dann fallen muß, wenn sich die Zahl der Erwerbspersonen in der Gesamtwirtschaft nicht erhöht, der Kapitalstock der einzelnen Sektoren konstant bleibt und Vollbeschäftigung herrschen soll. Akzeptieren wir zunächst die Einschränkungen des letzten Halbsatzes, ist auch diese Überlegung einfach:

Technischer Fortschritt bedeutet, daß der Industriesektor eine größere Gütermenge mit dem gleichen Input an Arbeitskräften produzieren kann. Soll aber die Bedingung konstanter realer Wertschöpfungsanteile erfüllt bleiben, müßte auch der Dienste-Sektor seine Produktion um das gleiche Ausmaß erhöhen. Das können diese Unternehmen nicht, weil sie annahmegemäß keinen oder zumindest einen geringeren Produktivitätsfortschritt haben. Sie könnten ihre Produktion nur ausdehnen, wenn sie – bei konstanter Gesamtbeschäftigtenzahl – Arbeitskräfte aus dem Industrie-Sektor abziehen oder ihren Kapitalstock erhöhen.

Genau diese Faktorwanderung vom Industrie- in den Dienste-Sektor hat in den Industrieländern eingesetzt. Dieser Strukturwandel vollzieht sich nicht nur durch Stellenwechsel der Beschäftigten, sondern auch durch veränderte Sektoralstrukturen bei den Abgängen in die Nicht-Erwerbstätigkeit und den Zugängen auf den Arbeitsmarkt. Aus Vereinfachungsgründen wurde hier unterstellt, daß die Gesamtbeschäftigtenzahl konstant bleibt. Mit der sinkenden Beschäftigung muß im Industriesektor aber auch der Output unter jenes maximal mögliche Niveau fallen, das ohne die Beschränkung des Absatzmarktes (konstante Güteranteile) möglich gewesen wäre. Die durch technischen Fortschritt im Industrie-Sektor ausgelösten Faktorwanderungen kommen dann zum Stillstand, wenn beide Sektoren so mit dem Faktor Arbeit ausgestattet sind, daß auf einem höheren Niveau jeder Sektor einen unveränderten Anteil an der realen Wertschöpfung produziert.[126] Außerdem sollte Vollbeschäftigung herrschen, sonst würde – neben den sozialen Belastungen durch Arbeitslosigkeit – Potential-Output verschenkt werden. Die neue Lösung ist der alten vor technischem Fortschritt eindeutig vorzuziehen, denn jetzt steht der Volkswirtschaft von beiden Gütern mehr zur Verfügung.

Das etwas paradox klingende Ergebnis dieser Analyse ist also, daß ein hoher Produktivitätsfortschritt in der Industrie die Möglichkeit zur Erzielung eines höheren Outputs in anderen Sektoren verbessert.

Trotz dieser Chancen, die der Strukturwandel eröffnet, wird es immer noch als Bedrohung aufgefaßt, daß ein konstanter Anteil von Industriewaren mit einem immer kleiner werdenden Anteil an Arbeitskräften erwirtschaftet werden kann. Gerade der Einzug der Maschinen in die Fabriken und das Ausnutzen von Rationalisierungsreserven zählen zu den bedrohlichsten Visionen unserer Zeit: Das Ende der industriellen Arbeit und die menschenleere Fabrik. Der Einsatz von immer effizienter werdenden Maschinen, Anlagen oder Verfahren ermögliche es den Unternehmen, Industriegüter mit immer weniger Arbeitskräften zu produzieren. Schon Fourastié (1949) und später Kaldor (1966) erschreckten mit der Behauptung, daß die daraus erwachsende Tertiarisierung der Wirtschaft aufgrund des niedrigeren Produktivitätswachstums dieser Branchen zu langfristig fallenden gesamtwirtschaftlichen Produktivitätsfortschritten führen müsse. Damit wären natürlich auch die Einkommens-Zuwächse begrenzt und würden immer kleiner werden. Dies war zu kurz gedacht, wie der Internationale Währungsfonds im letzten Jahresbericht hervorhob (IMF, 1997b, Rowthorn/Ramaswamy 1997). Ein Strukturwandel mit konstant bleibenden Anteilen der Industrie an der realen Wertschöpfung und sinkenden Beschäftigungsanteilen ist keine Bedrohung, sondern Quelle für neuen Wohlstand. Der technische Fortschritt im Industriesektor erlaubt die gleiche Menge an Güter mit weniger Arbeitskräften zu produzieren. Diese hohen Produktivitätsgewinne können genutzt werden, um in anderen Sektoren zusätzlich Güter herzustellen und die Versorgung zu verbessern.

Das läßt sich leicht durch einen Blick in die Vergangenheit belegen. Noch Mitte des letzten Jahrhunderts waren mehr als die Hälfte der Erwerbstätigen in der Landwirtschaft allein mit der Produktion von Nahrungsmitteln beschäftigt. Zu einem breiten Wohlstand kam es erst, als es möglich war, mit viel weniger Arbeitskräften mehr und sogar qualitativ bessere Nahrungsmittel herzustellen. Die durch den technischen Fortschritt frei gewordenen Arbeitskräfte konnten in andere Branchen abwandern und ermöglichten dort die Produktion anderer zusätzlicher Waren und Dienstleistungen. Das Sozialprodukt konnte so insgesamt steigen. Diese positive Seite des Produktivitätswachstums scheint heute zumindest in der öffentlichen Wahrnehmung in den Hintergrund zu treten. Freiwerdende Ressourcen eröffnen in einer funktionierenden Marktordnung im Zuge des Strukturwandels immer zugleich auch Chancen für mehr Wachstum und Beschäftigung. Die gegenwärtigen Probleme der hohen Arbeitslosigkeit verschließen den Blick auf diese Dimension des technischen Fortschritts.

Allerdings ist dieser Strukturwandel ohne Änderungen auf den Arbeitsmärkten und den Produktionsbedingungen im tertiären Sektor nicht zu erreichen.

Im Dienstleistungssektor können – im Vergleich zur Situation vor dem technischen Fortschritt – bei normal verlaufender Arbeitsnachfrage und konstantem Kapitalstock nur mehr Jobs geschaffen werden, wenn die (Grenz)Arbeitskosten fallen. Da gleichzeitig durch den technischen Fortschritt diese Kosten im Industrie-Sektor gestiegen sind, also die dort verbleibenden Beschäftigten ein höheres Grenzprodukt erwirtschaften, bedeutet das zwangsläufig eine stärkere Spreizung der sektoralen realen Arbeitskosten.[127] Damit ist der reale Produzentenlohn und nicht der reale Konsumentenlohn gemeint. Hintergrund: Der Produzentenlohn mißt die realen Arbeitskosten, die sich ergeben, wenn die nominalen Arbeitskosten einer Branche mit dem Preisindex seiner Produkte deflationiert werden. Beim Konsumentenlohn hingegen werden die Nominallöhne mit dem Preisindex der Güter deflationiert, die ein repräsentativer privater Haushalt nachfragt. Es ist klar, daß sich die Produzentenlöhne im Industriesektor schon deshalb relativ zu denen des Dienste-Sektors erhöhen, weil sich deren Preise ungünstig entwikkeln (siehe Kapitel 2.2.). In dem vorliegenden einfachen Modell mit einem homogenen Faktor Arbeit soll das gesamte notwendige Ausmaß der Spreizung der sektoralen Arbeitskostenstruktur über den Preiseffekt erfolgen. Die Nominallöhne sind gleich, unabhängig davon, ob die Beschäftigten im Industrie- oder Dienstleistungssektor Arbeit finden. Wenn man unterstellt, daß alle das gleiche Güterbündel kaufen und deshalb die Nominallöhne mit demselben Preisindex deflationiert werden können, sind auch die Reallöhne gleich.

Natürlich sieht die Realität anders aus, denn der Faktor Arbeit ist nicht homogen. Es gibt sehr unterschiedliche Arten von Arbeit mit entsprechend verschiedenen Grenzproduktivitäten. Technischer Fortschritt kann die Spreizung der Löhne für Arbeit unterschiedlicher Qualifikation ändern (Kapitel 5.5). Auch können Mobilitätsbarrieren oder bestimmte Spezialisierungen einen Arbeitsplatzwechsel zwischen den Sektoren erschweren und unterschiedliche Löhne in den Sektoren begründen. Durch Strukturwandel können bestimmte Fähigkeiten entwertet werden. Ein Stellenwechsel in einen anderen Sektor kann dann mit Lohneinbußen verbunden sein, weil die sektorspezifische Fähigkeit des Arbeitnehmers am neuen Arbeitsplatz nicht mehr verwertbar ist. Grenzproduktivitätsorientierte Löhne werden in der Praxis auch deshalb nicht gezahlt, weil individuelle Qualifikationsunterschiede nicht hinreichend genau beobachtbar sind. Sektorale Lohndifferenzierungen können auch dann eintreten, wenn Marktmacht besteht und die Löhne auf einem bestimmten Niveau fixiert werden können. Haben beispielsweise Gewerkschaften im Industriesektor die Macht, Löhne oberhalb der bisherigen Grenzkosten festzusetzen, entstehen Anreize zu technischem Fortschritt, der die Substitution dieser „teurer gewordenen Arbeit“ durch Kapital erleichtert. Zwar werden sich die Lohn-Produktivitätsrelationen der neuen Situation anpassen. Das wird aber im Regelfall mit Arbeitslosigkeit oder zumindest mit sektoral unterschiedlichen Nominallöhnen einhergehen, wenn die freigesetzten Arbeitskräfte im Dienstleistungssektor Beschäftigung finden sollen.

Diese Argumente führen in der Praxis dazu, daß sektorale Lohnunterschiede auch für vergleichbare Tätigkeiten bestehen. Es ist also nicht zwingend notwendig, die Differenzierung der realen Arbeitskosten nur über die Preise zu erreichen.[128]

Die – im Rahmen des einfachen Modells – angesprochene notwendige Spreizung der realen Arbeitskosten zwischen Sektoren kann erfolgen, wenn im Dienstleistungssektor neue beschäftigungsintensive Wachstumsfelder erschlossen werden, die eine geringere Grenzproduktivität als die bisherigen Jobs dieses Sektors erwirtschaften. Es ist klar, daß die rechnerische Durchschnittsproduktivität nach Schaffung dieser Jobs niedriger sein muß als vorher. Das kann sogar selbst dann eintreten, wenn die Produktivität der bisher im Dienste-Sektor Beschäftigten stärker steigt als die Zunahme der Produktivität der im Industrie-Sektor verbleibenden Beschäftigten.[129]

Natürlich müssen diese Einfachjobs auch von den Arbeitsplatz-Suchenden besetzt werden. Die Anreize dafür sind in den verschiedenen Ländern sehr unterschiedlich.

Ein gutes Beispiel für einen solchen Strukturwandel scheinen die USA zu sein. Dort ist im Gegensatz zu Deutschland nicht nur die Arbeitsproduktivität, sondern auch die totale Faktorproduktivität im Dienste-Sektor wesentlich langsamer gewachsen als im Verarbeitenden Gewerbe (Tabelle 5-5).[130] Im Durchschnitt der Jahre 1980 bis 1994 nahm die totale Faktorproduktivität dort nur mit einer jährlichen Rate von 0,5 Prozent zu. Dagegen verzeichnete die Industrie immerhin ein Wachstum von jährlich 2,2 Prozent. Gleichzeitig blieb auch die Kapitalintensität im Dienste-Sektor nahezu konstant, während sie im Verarbeitenden Gewerbe um 3 Prozent im Jahresdurchschnitt wuchs. Folglich war das Wachstum im Dienstleistungssektor viel beschäftigungsintensiver. Auch die notwendige sektorale Differenzierung der realen Arbeitskosten hat stattgefunden. Die Produzentenlöhne im Dienstleistungssektor sind in den USA zwischen 1980 bis 1993 mit 0,6 Prozent Wachstum pro Jahr nur schwach angestiegen – im Verarbeitenden Gewerbe stiegen sie um 2,2 Prozent.

Die in der Tabelle 5-5 vorgestellten Unterschiede zwischen den USA und Deutschland beruhen nicht so sehr auf unterschiedlichen Entwicklungen im Industrie-Sektor, sondern vielmehr auf einer fundamental anderen Entwicklung bei den Dienstleistern.[131] Den USA ist es offenbar gelungen, neue Beschäftigungsfelder im Bereich der Einfacharbeit zu erschließen, woraus sich der schwache Anstieg der Arbeits- und totalen Faktorproduktivitäten schließen läßt. In den USA sind mehr als in Deutschland Anreize wohl vorhanden, auch Einfachjobs mit niedriger Entlohnung zu übernehmen. In beiden Ländern werden über Sozialsysteme und Tarifpolitik direkt oder indirekt Mindestlohnstandards definiert, unterhalb derer es sich aus Arbeitnehmer-Sicht nicht lohnt, eine Beschäftigung aufzunehmen. Gerade hier scheint es entscheidende Unterschiede zwischen Deutschland und den USA zu geben. Klös (1997a) hat ermittelt, daß in den USA etwa 27 Prozent aller Beschäftigten unter dem in Kaufkraftparitäten gemessenen deutschen industriellen Mindestlohn arbeiten.

Es muß vor einem möglichen Trugschluß gewarnt werden. Diese Feststellung bedeutet nicht, daß der Beschäftigungsboom bei den Dienstleistungen der USA nur Einfachjobs gebracht hätte. Ein Blick auf die Empirie zeigt, daß dies nicht stimmt (Klös/Kroker, 1996, 42). Das obige Argument stellt lediglich auf die Durchschnittsproduktivitäten ab. Das ist mit einer deutlichen Zunahme an hochproduktiven und wertschöpfungsintensiven Arbeitsplätzen im Dienste-Sektor vereinbar.

So konnten beispielsweise die Branchen Nachrichtentechnik und Kommunikation zwischen 1982 und 1993 höhere Zuwächse in der Arbeitsproduktivität aufweisen als das Verarbeitende Gewerbe.

Tabelle: 5-5

Kennzahlen zum sektoralen Strukturwandel

Ein deutsch-amerikanischer Vergleich

Jahresdurchschnittliche Veränderung 1980–1994

	USA[6]		Deutschland	
	Verarb. Gewerbe	Private Dienstleister	Verarb. Gewerbe	Private Dienstleister
Reale BWS	2,3	3,1	0,7	3,8
Erwerbstätigkeit	–0,8	2,6	–1,0	1,9
Arbeitsvolumen	–0,6	2,4	–1,6	1,3
Reale Arbeitskosten[1]	2,2	0,6	2,4	1,3
Arbeitsproduktivität[2]	3,0	0,7	2,4	2,5
Kapitalproduktivität[3]	0,0	0,1	–0,6	0,8
Totale Faktor-produktivität[4]	2,2	0,5	1,7	1,7
Kapitalintensität[5]	3,0	0,5	3,0	1,7

BWS: Bruttowertschöpfung

1 Arbeitskosten (einschl. Unternehmerlohn) je Erwerbstätigenstunde bereinigt mit dem BWS-Deflator

2 Reale BWS je Erwerbstätigenstunde

3 Reale BWS bezogen auf den realen Kapitalstock (Bruttokapitalstock der privaten Unternehmen mit Wohnungsvermietung)

4 Gewichtetes Mittel der Arbeits- und Kapitalproduktivitäten; als Gewichte dienten die Lohnquote bzw. (1-Lohnquote)

5 Realer Kapitalstock/Arbeitsvolumen (Erwerbstätigenstunden)

6 1980 bis 1993

Quellen: Statistisches Bundesamt (1997a), IAB (1996), OECD (1997a, 1997g), U.S. Department of Commerce (1996a), eigene Berechnungen

Deutschland: Höhere Produktivitätsdynamik bei den Dienstleistern

Wichtige Facetten des Strukturwandels verlaufen in Deutschland anders als in nahezu allen anderen Industrieländern. Das Produktivitätswachstum ist seit den achtziger Jahren im Dienstleistungssektor höher als in der Industrie und der Anteil des Verarbeitenden Gewerbes an der realen Wertschöpfung fällt, wenn auch nicht in dem Ausmaß wie die Anteile an der nominalen Wertschöpfung und der Erwerbstätigkeit (Kapitel 2.2). Für sich betrachtet ist dies eigentlich nicht verwunderlich. Vor allem drei Gründe sprechen für ein höheres Produktivitätswachstum des Dienstleistungssektors:

Erstens: Der Dienstleistungssektor stellt heute andere Produkte her. Das höhere Produktivitätswachstum des Dienstleistungssektors ist eine Folge der Tertiarisierung der industriellen Produktion. Viele vormals im Industriesektor selbst produzierten Dienstleistungen wurden auch im Zuge der Outsourcing-Strategien in den tertiären Sektor ausgelagert. Es sind nach Baumol (1967, siehe auch Wieczorek, 1995) weniger die personengebunden Dienste (stagnant personal services), die heute im Dienstleistungssektor expandieren, als vielmehr die „impersonal services". Hierzu zählen vor allem die Bereiche Telekommunikation und Datenverarbeitung. Gerade die durch Standardisierung und teilweise auch durch Massenproduktion bedingte Anwendbarkeit von technischen Neuerungen bei diesen Dienstleistungen ermöglichte das im Vergleich zum Industriesektor hohe Produktivitätswachstum. Dagegen erlauben eine Reihe von personen- und zeitgebundenen Diensten keine Produktivitätsfortschritte.

Zweitens: Die vergleichsweise hohen Produktivitätsfortschritte des Dienstleistungssektors können auf die stärkere Nutzung von Innovationen aus anderen Sektoren zurückgeführt werden. Bei neuen Technologien ist es nicht nur wichtig, wo sie entstehen, sondern auch, wo sie zum Einsatz kommen.[132] Untersuchungen der OECD ergaben, daß die Dienstleistungsunternehmen die hauptsächlichen Anwender von technologischen Neuerungen sind (vgl. OECD, 1996b, 30 ff. und Kapitel 3.5). Die Innovationen entstehen allerdings immer noch überwiegend im industriellen Sektor. Vor allem die Technologien, die von Industrieunternehmen im Bereich der Informations- und Kommunikationstechnologie entwickelt werden, stehen auf der Einkaufsliste der Dienstleister ganz oben. Zu den Hauptabnehmern der IK-Technologien gehören die Nachrichten- und Kommunikationsdienstleister sowie Banken und Versicherungen. Im internationalen Vergleich halten sich die deutschen Dienstleister aber bei der Nachfrage nach technologischen Neuerungen noch zurück. Anders als in Japan und den USA wird hier noch die Hälfte der Produkt- und Prozeßinnovationen von der Industrie selbst angewandt.

Drittens: Die leichtere Handelbarkeit von Dienstleistungen erhöht den Wettbewerbsdruck und erzwingt deshalb ein höheres Produktivitätswachstum im tertiären Sektor. Die neuen Informations- und Kommunikationstechniken ermöglichen es, daß eine Vielzahl von Dienstleistungen heute international gehandelt werden kann. Damit sind auch die Dienstleistungsunternehmen heute stärker der internationalen Konkurrenz ausgesetzt. Ungebundene (disembodied) Dienstleistungen (Bhagwati, 1984) erfordern nicht mehr die zeitliche und räumliche Nähe von Produktion und Konsum, wie dies etwa beim Haareschneiden der Fall ist. Beratungs-, EDV-, Forschungs- und Entwicklungsdienstleistungen können heute problemlos durch moderne IK-Techniken weltweit erbracht und nachgefragt werden. Dazu kommt, daß sich viele Industrieprodukte auf den Auslandsmärkten heute nur noch mit produktbegleitenden Dienstleistungen verkaufen lassen. Auch das erhöht die Handelbarkeit und damit den Wettbewerb bei bestimmten Dienstleistungsprodukten. Gleichzeitig bietet der Bereich der nicht an Zeit und Raum gebundenen Dienstleistungen gute Möglichkeiten zur Anwendung des technischen Fortschritts. Solche Produktivitätssteigerungen mußten schließlich bei den handelbaren Dienstleistungen gesucht werden, da nunmehr auch hier der internationale Wettbewerb zu mehr Effizienz zwingt.

Diese Erklärungsversuche können aber nicht überzeugend darlegen, warum ausgerechnet die deutschen Dienstleister ein höheres Produktivitätswachstum haben sollten als andere Industrieländer. Sie gelten grundsätzlich für alle Länder. Für den deutschen „Sonderweg“ muß es offensichtlich andere Erklärungen geben.

Der sinkende Anteil des Verarbeitenden Gewerbes an der realen Wertschöpfung in Deutschland ist mit Blick auf andere Länder nicht überraschend. Er kann als Ausdruck des deutschen Aufholprozesses bei der Tertiarisierung interpretiert werden (vgl. Kapitel 3.2). Die Richtung des Strukturwandels ist aber auch vor dem Hintergrund der schneller wachsenden Produktivitäten im tertiären Sektor nicht verwunderlich. Das zeigt ein kurzer Rückgriff auf die vorgestellten Einzeleffekte des technischen Fortschritts. Um die spezifische deutsche Konstellation diskutieren zu können, müssen nur die Achsenbeschriftungen von Abbildung 5-4 ausgetauscht werden. Auf der Abszisse muß der Dienstleistungssektor und auf der Ordinate der Industriesektor abgetragen werden:

In Deutschland bewirken dann sowohl der direkte Effekt des technischen Fortschrittes als auch der Einkommenseffekt auf der realen Ebene einen Strukturwandel in Richtung steigende Dienstleistungsanteile. Der den Einkommenseffekt zeigende Anpassungspfad A3 verschiebt sich nicht nach oben, sondern nach unten und geht in die gleiche Richtung wie der TF-Effekt.

Der gegenläufige Preiseffekt – Dienstleistungsgüter müßten eigentlich aufgrund des höheren Produktivitätswachstum relativ billiger werden – ist nicht besonders stark ausgeprägt und bildet kein Gegengewicht. Das zeigte bereits die Abbildung 2-4. Die Preise der privaten Dienstleister haben sich von 1980 bis 1997 besser entwickelt als die des sekundären Sektors, obwohl das Produktivitätswachstum höher war. Die Dienstleister waren offensichtlich nicht gezwungen, Produktivitätsgewinne in den Preisen an die Kunden weiterzugeben.

In dieser Konstellation ist eine Zunahme der Anteile des tertiären Sektors an der realen Wertschöpfung nicht verwunderlich. Auch die fallenden Beschäftigungsanteile der Industrie finden hier zum Teil ihre Erklärung. Diese Verschiebung der Sektoralstruktur wäre unproblematisch, wenn sie nicht mit einer ständig steigenden Arbeitslosigkeit einhergehen würde. Es wurde bereits festgestellt, daß die Industrie in jeder Konjunkturkrise seit 1967 mehr Arbeitsplätze abgebaut hat als im folgenden Boom wieder geschaffen werden konnten (vgl. Kapitel 2.2). Bis in die neunziger Jahre konnten diese Nettoarbeitsplatzverluste noch relativ gut durch eine steigende Beschäftigung im Dienste-Sektor aufgefangen werden. Diese Absorptionsfähigkeit haben die Dienstleister heute offensichtlich verloren.

Die Frage ist, ob diese Entwicklung trotz oder wegen des höheren Produktivitätswachstums des Dienste-Sektors so eingetreten ist?

Die Antwort muß in zwei Teilen ausfallen, die allerdings unterschiedliche Seiten der gleichen Medaille sind.

Auf der *einen Seite der Medaille* ist das hohe Produktivitätswachstum im Dienstleistungssektor ein Vorteil, denn es schafft Spielraum für Arbeitsplätze, die im Industriesektor verlorengehen. Der Strukturwandel hätte ohne diesen produktiven Dienstleistungssektor noch größere Schwierigkeiten gebracht.

Das läßt sich leicht erklären, wenn man zunächst hypothetisch unterstellt, es gäbe keinen technischen Fortschritt und im Industriesektor würden aufgrund der Nachfragesituation der Anteil an der realen Wertschöpfung und damit auch die Beschäftigung fallen. Die freiwerdenden Arbeitskräfte könnten im Dienstleistungssektor nur dann eine Beschäftigung finden, wenn es zu einer Senkung der realen Arbeitskosten – also der Produzentenreallöhne – kommen würde. Da festgestellt wurde, daß die Preisentwicklung der beiden Sektoren nicht sehr unterschiedlich ist, wäre diese notwendige Differenzierung der sektoralen Arbeitskosten zugunsten der Dienstleistungsproduzenten nur durch eine Nominallohn-Differenzierung zu erreichen. Die Löhne im tertiären Sektor müßten relativ fallen, um die zusätzlichen Arbeitskräfte beschäftigen zu können. Lassen der Arbeitsmarkt und das Sozialsystem eine solche sektorale Lohndifferenzierung nicht zu, ist Arbeitslosigkeit die zwingende Folge. Genau das ist typisch für den deutschen Arbeitsmarkt. Die Tarifpolitik reagiert nicht hinreichend auf eine entsprechende Änderung der sektoralen Arbeitsnachfrage. Klodt/Maurer/Schimmelpfennig (1997) zeigen in einer Regressionsanalyse, daß sich in Westdeutschland zwischen 1970 und 1993 die Durchschnittseinkommen im Produzierenden Gewerbe relativ zu dem Dienstleistungssektor im Trend sogar erhöht haben, obwohl arbeitsmarktpolitisch genau die umgekehrte Entwicklung wünschenswert gewesen wäre.

Technischer Fortschritt im Dienstleistungsbereich kann dieses Problem entschärfen, denn dadurch wird zusätzlicher Spielraum für Output- und Beschäftigungswachstum geschaffen (vgl. Grömling/Lichtblau, 1997, 60 ff.). Diese Beschäftigungsgewinne sind um so eher zu erwarten je marktschaffender der technische Fortschritt ist, je weniger die Produktivitätsgewinne für Lohnerhöhungen verwendet werden, je höher die intersektorale Mobilität der Beschäftigten und je weniger

Anreize für eine Substitution von Arbeit durch Kapital bestehen. Es kommt also auf die Art des technischen Fortschritts an, das heißt, ob er eher markterweiternder oder ressourcensparender Art ist. Nur technischer Fortschritt in Form marktschaffender Innovationen erleichtert den Strukturwandel und reduziert die Notwendigkeit, ihn über Lohndifferenzierung zu organisieren.

Hier scheint es große Unterschiede zwischen Industrie und Dienstleistern zu geben. Sehr verkürzt bestehen diese darin, daß die Dienstleister eher durch ein arbeits- oder inputschaffendes und die Industrie eher durch ein arbeits(input)sparendes Wachstum gekennzeichnet sind. Dies läßt sich durch das sogenannte „growth accounting" – also durch eine schon in Kapitel 5-3 eingeführte Komponentenzerlegung zeigen. Darin wird das Outputwachstum der Branchen in eine Input- und eine Produktivitätskomponente zerlegt.

Die Tabelle 5-6 zeigt die Ergebnisse: Der Output des Verarbeitenden Gewerbes ist zu 62 Prozent durch Inputwachstum und zu 38 Prozent durch Produktivitätsgewinne zu erklären. Anders bei den Dienstleistungsunternehmen. Mehr als 80 Prozent des Wachstums gehen dort auf das Konto eines verstärkten Inputeinsatzes. Die Fortschritts-Komponente hat hier mit knapp 20 Prozent eine deutlich geringere Bedeutung. Jede zusätzliche Einheit Outputwachstum benötigte im Verarbeitenden Gewerbe nur zusätzliche Ressourcen in Höhe von 62 Prozent – bei den Sonstigen Dienstleistern aber 86 Prozent. Die Dienstleister brauchten für ihr Wachstum also relativ mehr Ressourcen. Stellt man zunächst die Frage der Substitution auf der Faktorebene zurück (Abschnitt 5.5), heißt das nichts anderes als eine höhere spezifische Nachfrage nach Arbeitskräften. Das Produktivitätswachstum im Dienstleistungssektor war deshalb stärker durch Produkt- und Marktinnovationen und das in der Industrie stärker durch Rationalisierungen bestimmt.

Augenfällig wurde dieser Unterschied[133] auch schon in der Tabelle 5-5. Zwischen 1980 und 1994 ist die reale Wertschöpfung im privaten Dienstleistungssektor um durchschnittlich 3,8 Prozent pro Jahr gestiegen. Damit ging eine Erhöhung des Arbeitsvolumens von jährlich 1,3 Prozent einher. Das Verarbeitende Gewerbe hingegen schaffte nur ein durchschnittliches Wachstum von 0,7 Prozent; der Arbeitseinsatz ging um 1,6 Prozent pro Jahr zurück.

Tabelle: 5-6

Komponenten-Zerlegung des Wachstums der realen Bruttowertschöpfung westdeutscher Sektoren

1970 bis 1995, in Prozent

	Inputanteil[1]	TFP-Anteil[2]
Versorgung	97	3
Verarbeitendes Gewerbe	62	38
Bau	53	47
Handel	91	9
Verkehr	64	36
Banken, Versicherungen	82	18
Sonstige Dienstleistungen	86	14
Alle Dienstleistungen	81	19
Alle Wirtschaftsbereiche	77	23

[1] Berechnet als Logarithmus des Input-Wachstumsfaktors dividiert durch den Logarithmus des Output-Wachstumsfaktors mal 100

[2] Ergibt sich als 100 minus Inputanteil

Quellen: Statistisches Bundesamt (1997a), IAB (1996), Deutsche Bundesbank (1996b), eigene Berechnungen

Damit ist es klar, daß dieser marktschaffende technische Fortschritt im Dienstleistungssektor den Strukturwandel – das heißt vor allem die Aufnahme der im Industriesektor freigesetzten Arbeitskräfte – erleichtert haben müßte.

Natürlich wurde bisher ein idealtypisches Bild des sektoralen Strukturwandels gezeichnet. In der Realität gibt es eine Reihe von Mobilitätsbarrieren, die eine Wanderung der Arbeitskräfte von der Industrie in den Dienstleistungssektor erschweren. Ein Problem besteht besonders dann, wenn die Lohnniveaus der beiden Sektoren sich derart unterscheiden, daß eine Wanderung vom Hochlohnsektor Industrie in den niedriger entlohnten Dienste-Sektor erfolgen müßte. Dies scheint gerade für Deutschland typisch zu sein. Aber auch dann entschärft technischer Fortschritt im tertiären Sektor dieses Problem, weil diese Unterschiede leichter ausgeglichen werden können. Offen ist, ob das Ausmaß des technischen Fortschrittes ausreicht, um alle im Industrie-Sektor freigesetzten Arbeitskräfte auch aufnehmen zu können. Reicht es zur Vollbeschäftigung nicht aus, ist eine sektorale Lohndifferenzierung notwendig. Zu einer solchen Lohndifferenzierung ist es in Deutschland im sekundären Sektor jedoch nicht im ausreichenden Maße gekommen (Klodt/Maurer/Schimmelpfennig 1997, 199).

Auch muß man sich von der Vorstellung lösen, der Strukturwandel käme durch einen Stellenwechsel vom sekundären in den tertiären Sektor zustande. Auswertungen des sozio-ökonomischen Panels durch das Institut für Weltwirtschaft Kiel zeigen, daß die Mobilität zwischen den Sektoren nicht besonders hoch ist. Der sekundäre Sektor hat zwischen 1984 und 1995 im Jahresdurchschnitt 100 000 Arbeitsplätze verloren, aber nur 46 000 sind netto (also nach Abzug der Zuwanderungen) in den tertiären Sektor gewandert. Nur 46 Prozent der im Industriesektor verlorengegangenen Stellen konnten also durch Wechsel in den Dienste-Sektor ersetzt werden (Klodt/Maurer/Schimmelpfennig, 1997, 192).

Im überdurchschnittlichen Ausmaß wurden die Beschäftigten des Industriesektors arbeitslos. Dabei ist überraschend, daß die Anteile des sekundären und tertiären Sektors bei den Berufsanfängern, die direkt aus dem ersten Bildungssystem kommen, in etwa ihrem Anteil bei der Erwerbstätigkeit entsprechen. Der sich abzeichnende Strukturwandel wird hier also nicht antizipiert. Im überdurchschnittlichen Maß erfolgt ein Zustrom an Beschäftigten im Dienstleistungssektor aus den Bereichen der Nicht-Erwerbstätigkeit und des zweiten Bildungssystems. Vielfach liegt das Problem darin, daß die Qualifikation nicht stimmt. Deshalb sind Unterstützungen durch Qualifizierungspolitik oder Anreize für berufliche und räumliche Mobilität notwendig.

Kommen wir zur *zweiten Seite der Medaille*. Das hohe Produktivitätswachstum der deutschen Dienstleister kann teilweise auch durch die spezifische Art des Aufholprozesses bei der Tertiarisierung erklärt werden. Es sind vor allem die Bereiche mit einer vergleichsweise hohen Produktivität gewachsen. Besonders expansiv waren hier die „Übrigen Dienstleistungen", die zu über 80 Prozent als wirtschaftsbezogen oder unternehmensnah klassifiziert werden können (Kapitel 2.4.). Gerade diese Bereiche haben eine überdurchschnittlich hohe Arbeitsproduktivität. Das wachsende Gewicht dieses Sektors hat allein durch diesen Struktureffekt zu dem überdurchschnittlich hohen Produktivitätswachstum des Dienstleistungssektors beigetragen.

Man sollte aber auch den Blick auf jene Bereiche lenken, die gerade nicht entstanden sind. Die hohen Produktivitätsgewinne der Dienstleistungen in Deutschland könnten auch Ausdruck nicht ausgenutzter Beschäftigungspotentiale sein. Vielleicht ist der Produktivitätsanstieg deshalb so hoch, weil bestimmte Segmente der Dienstleistungsmärkte im Bereich der Einfacharbeit nicht besetzt oder geschaffen wurden. Es ist klar, daß allein durch einen Struktureffekt das Produktivitätswachstum statistisch niedriger ausfällt, wenn Bereiche mit einer Produktivität hinzukommen, die kleiner als der bisherige Durchschnitt sind.

Es zeigen sich zwei empirische Hinweise, daß die beobachtete Produktivitätsentwicklung im Dienste-Sektor im Vergleich zu anderen Ländern (für Unterschiede zwischen den USA und Deutschland siehe Tabelle 5-5) deshalb so hoch ist, weil der Arbeitsmarkt nach unten abgeschnitten ist und ein ganzes Segment der Einfacharbeit fehlt.

Das erste Indiz ist die Dienstleistungslücke (siehe hierzu auch Kapitel 3.2) in Deutschland, die wiederum im Vergleich zu den USA vor allem in den Sektoren Handel und Gastgewerbe sowie bei den gemeinschafts- und personenbezogen sozialen Dienstleistungen besteht. Diese Dienste-Lücke wird durch einen Vergleich der sektoralen Beschäftigungsdichte – also der Zahl der Erwerbstätigen je 1000 Einwohner – verschiedener Länder berechnet. Unterstellt man, daß die USA im Strukturwandel der deutschen Wirtschaft mit Blick auf die Tertiarisierung immer noch voraus sind und die deutsche Wirtschaft mehr oder minder dem amerikanischen Weg folgen wird, kann diese Kennziffer als grobe Annäherung an das Beschäftigungspotential im Dienstleistungssektor verwendet werden. Ein Vergleich der sektoralen Beschäftigungsdichten zeigt aber auch das Potential auf, das zusätzlich im Bereich der Einfacharbeit geschaffen werden kann, wenn die entsprechenden arbeitsmarkt-, tarif- und sozialpolitischen Rahmenbedingungen stimmen. Klös (1997a) ermittelte, daß rund ein Drittel der in den USA im Bereich der sozialen Dienstleistungen Beschäftigten zum Kreis der Geringqualifizierten gerechnet werden kann.

Legt man diese Quote auch für Deutschland zugrunde, errechnet sich ein zusätzliches Beschäftigungspotential von 850 000 Arbeitsplätzen.

Der zweite empirische Hinweis betrifft die Nicht-Besetzung potentieller Arbeitsmärkte durch zu hohe implizit gesetzte Mindestlöhne. Auch hier ist wieder ein Vergleich mit den USA hilfreich. Es wurde schon erwähnt, daß in den USA etwa 25 Prozent aller Beschäftigten zu Löhnen arbeiten, die unter dem (in Kaufkraftparitäten umgerechneten) deutschen industriellen Mindestlöhnen liegen. Klös (1997a) ermittelte auf dieser Basis, daß in Deutschland je nach Berechnungsart zwischen 4,7 und 9,5 Millionen Arbeitsplätze mehr entstehen könnten, wenn auch hier ein genau so hoher Anteil der Beschäftigten wie in den USA unterhalb des derzeitigen Mindestlohnniveaus arbeiten würde. Die deutsche Statistik würde dann zwar ein geringeres Produktivitätswachstum im Dienstleistungssektor ausweisen, aber eine bessere Beschäftigungs-Performance haben.

Diese zweite Seite der Medaille verlangt eine völlig andere Interpretation und führt zu anderen Konsequenzen. Während die positive Interpretation des Phänomens des hohen Produktivitätswachstums noch Hoffnung macht, weil sich die deutsche Wirtschaft offensichtlich auf besonders produktive Wachstumfelder konzentriert hat, lenkt die zweite Interpretation den Blick auf das gesamte Dilemma der Arbeits-, Tarif- und Sozialpolitik. Anscheinend lassen die Rahmenbedingungen die Entstehung von Einfacharbeitsplätzen im notwendigen Ausmaß nicht zu.[134] Dort werden nur neue Arbeitsplätze entstehen können, wenn eine höhere qualifikatorische Lohndifferenzierung und bessere Anreize für den Übergang von Nichtarbeit zu Arbeit durchgesetzt werden können. Dann wird zwar die Statistik eine geringere Zunahme im Produktivitätswachstum der Dienstleistungssektoren ausweisen. Dahinter verbirgt sich aber eine Zunahme an Wohlfahrt, weil mehr Arbeitnehmer – wenn auch in unterdurchschnittlichem Ausmaß – zum Sozialprodukt beitragen.

Fazit: Für das in Deutschland im Vergleich zu den anderen Industrieländern höhere Produktivitätswachstum der Dienstleister gibt es im wesentlichen zwei Erklärungen. Zum einen drückt sich darin der spezifische Aufholprozeß Deutschlands in der Tertiarisierung aus, der vor allem produktivitätsstarke Dienstleistungsbereiche begünstigt hat. Zum anderen ist die deutsche Dienstleistungsproduktivität schon rein rechnerisch so hoch gewesen, weil der Arbeitsmarkt nicht genügend Dienstleistungsarbeitsplätze geschaffen hat.

5.5 Strukturwandel auf der Faktorebene

Die deutsche Wirtschaft wird immer vorleistungsintensiver, substituiert fortgesetzt Arbeit durch Kapital und einfachqualifizierte durch hochqualifizierte Arbeit. Hat dies auch etwas mit technischem Fortschritt und nicht-neutralem Produktivitätswachstum zu tun?

Arbeit oder Kapital?

Das zu beobachtende Wachstum der Kapitalintensität der deutschen Wirtschaft und der damit einhergehende Rückgang des Arbeitseinsatzes je Einheit Wertschöpfung kann zwei Ursachen haben: steigende Lohn-Zins-Relationen und arbeitssparender technischer Fortschritt. Die beiden Effekte sollen im Rahmen eines einfachen Modells gezeigt werden. Da hier auf die Wirkungen eines faktorverzerrenden – arbeitssparenden – technischen Fortschritts abgestellt wird, genügt es, die Volkswirtschaft als Ganzes (Ein-Sektoren-Modell) zu betrachten, in der der Output mit nur zwei Produktionsfaktoren (Arbeit und Kapital) erzeugt wird.

Technischer Fortschritt hat nur dann keinen Einfluß auf die Wahl des Arbeit-Kapital-Einsatzverhältnisses, wenn er neutral ist, also von beiden Faktoren je Einheit Output im gleichen Ausmaß weniger eingesetzt werden muß. Ist der technische Fortschritt aber arbeitssparend, kann jede Einheit Output mit relativ weniger Arbeitseinsatz produziert werden. Die zwingende Folge ist eine zunehmende Kapitalintensität. Als Reaktion darauf müßte in Wettbewerbsmärkten die Lohn-Zins-Relation fallen, das heißt, die Arbeitskosten müßten abnehmen oder zumindest weniger stark steigen als die Kapitalkosten. Arbeit ist durch diese Art von technischem Fortschritt jetzt weniger knapp geworden und müßte deshalb relativ billiger werden. Damit ist nicht unbedingt eine Absenkung des Lohnniveaus verbunden, denn auch der Faktor Arbeit kann von dem durch technischen Fortschritt erweiterten Verteilungsspielraum profitieren.

Die Empirie zeigt aber ein völlig anderes Bild, als theoretisch vermutet werden könnte. Wir beobachten mit steigender Kapitalintensität keine fallende, sondern eine steigende Lohn-Zins-Relation (Abbildung 5-6). Regressionsanalysen zeigen, daß zwischen beiden Variablen keine zufällige zeitliche Abhängigkeit besteht, sondern mit hoher Wahrscheinlichkeit ein kausaler Zusammenhang (für ähnliche Ergebnisse siehe Siebert/Heise, 1995, 361 ff.).

Dieser Zusammenhang ist vermutlich wie folgt: Zu starke Lohnerhöhungen führten zu einer steigenden Lohn-Zins-Relation, auf die die Unternehmen mit einer Erhöhung der Kapitalintensität reagiert haben. Mit dem Ersetzen von Arbeit durch Kapital wurde der Einsatz des Faktors Arbeit soweit reduziert, daß er jene Grenzproduktivität erreichte, die zu der jeweiligen Lohn-Zins-Relation paßte. Dies kann

Abbildung: 5-6

Kapitalintensität[1] und Faktorpreis-Relation[2] im westdeutschen Unternehmenssektor[3]

1970 bis 1995, 1970 = 100

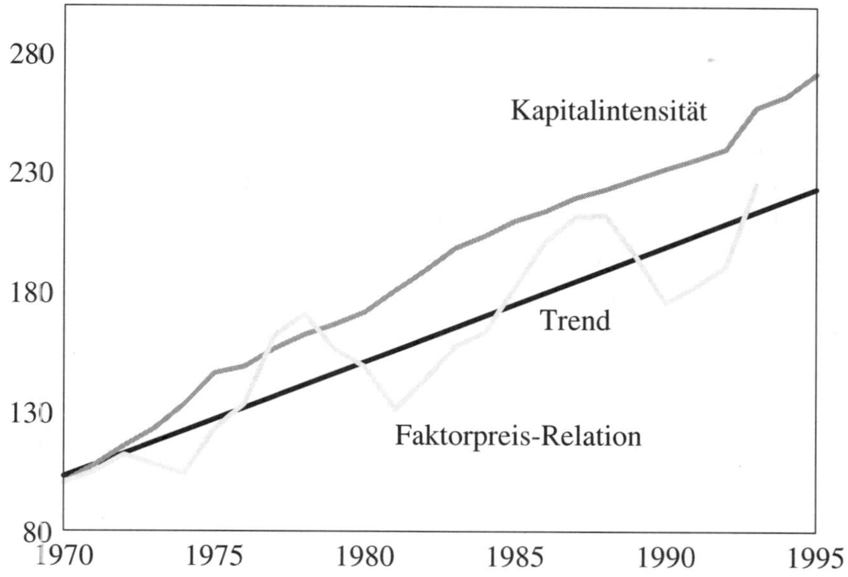

[1] Bruttoanlagevermögen zu Arbeitsvolumen
[2] Reale Arbeitskosten (einschließlich Unternehmerlohn) zu Kapitalnutzungskosten (Abschreibungen und Zinsen auf den Kapitalstock nach dem Benutzerkonzept zu Wiederbeschaffungspreisen)
[3] Unternehmen ohne Landwirtschaft und Wohnungsvermietung
Quellen: ifo (1996), IAB (1996), Statistisches Bundesamt (1997a), Deutsche Bundesbank (1996b), eigene Berechnungen

theoretisch durch eine reine Substitution – also ohne technischen Fortschritt – geschehen. In der Praxis sind solche Anpassungen immer mit arbeitssparenden Innovationen verbunden, die zu einer Erhöhung der totalen Faktorproduktivität führen. Dies wirkt sich wie eine Produktivitätspeitsche aus. Rational wäre ein solches Verhalten dann, wenn der Faktor Arbeit knapp wäre. In Zeiten von Unterbeschäftigung verschärft es das Arbeitsmarktproblem nur.

Zu einer solchen lohngetriebenen Substitution von Arbeit durch Kapital kann es selbst dann kommen, wenn die Löhne nur in Höhe des Wachstums der Arbeitsproduktivität erhöht werden. Denn der zur Verfügung stehende beschäftigungsneutrale Verteilungsspielraum wird durch den Anstieg der totalen Faktorproduktivität definiert. Gehen die Lohnsteigerungen über diese Grenze hinaus, schaffen sie neue Anreize zur Fortsetzung des Substitutionsprozesses.

Es stellt sich nun die Wahl zwischen zwei Alternativen: Sie sollen als das amerikanische und europäische Modell bezeichnet werden.[135] Für die europäischen Länder ist eher eine Mengenstrategie typisch. Die relativen Löhne werden nicht den neuen Knappheitsverhältnissen angepaßt und die durch den arbeitssparenden technischen Fortschritt freigesetzten Arbeitskräfte werden arbeitslos. Das amerikanische System verfolgt eher eine Preisstrategie. Die faktorpreisbedingte Substitution von Arbeit durch Kapital wird durch Lohnzurückhaltung und qualifikatorische und sektorale Lohndifferenzierung beeinflußt. Die Substitution von Arbeit durch Kapital wird mit der entsprechenden Anpassung der Faktorpreisverhältnisse weniger dringlich.

Empirische Untersuchungen zeigen, daß es einen „markanten Zusammenhang zwischen dem Grad der Lohnzurückhaltung und der Veränderung der Beschäftigung“ (Lapp/Lehment, 1997, 67) gibt. Eine mehrjährige Lohnzurückhaltung in den achtziger Jahren hat in Deutschland zu einem Zuwachs von 3,2 Millionen Arbeitsplätzen im Zeitraum von 1983 bis 1992 beigetragen. Eine IAB-Simulation für Westdeutschland für den Zeitraum 1997 bis 2005 (Klauder et al., 1996, 17 ff.) zeigt, daß eine anhaltende Lohnzurückhaltung längerfristig zu beachtlichen Beschäftigungseffekten führen kann. Meyer/Ewerhart (1997) bestätigen ebenfalls das Ergebnis der obigen Analyse. Sie zeigen anhand einer INFORGE-Simulation für Westdeutschland für den Zeitraum 1997–2005, daß ein um 1 Prozent pro Jahr verringerter Lohnanstieg (im

Vergleich zur Status quo-Prognose) den Produktivitätszuwachs um 0,5 Prozent verringert und damit die Zahl der Arbeitslosen im Jahr 2005 um 800 000 verringert.

Einfache oder qualifizierte Arbeit?

Noch deutlicher als die Veränderung des Einsatzverhältnisses von Arbeit zu Kapital scheint in allen Industrieländern der Trend zum „upskilling" zu sein. Fortgesetzt wird einfachqualifizierte durch hochqualifizierte Arbeit ersetzt. Prinzipiell gilt bei der Erklärung dieser Dimension des Strukturwandels das gleiche Argumentationsmuster das oben am Beispiel der steigenden Kapitalintensität diskutiert wurde. Es geht jetzt hier allerdings nicht um das Arbeits-Kapital-Einsatzverhältnis, sondern um die Erhöhung der Humankapitalintensität – also das Verhältnis von S-Arbeit zu U-Arbeit. Nicht das Lohn-Zins-Verhältnis, sondern das Lohndifferential zwischen qualifizierter Arbeit und Einfacharbeit rückt in den Blickpunkt. Um Wiederholungen zu vermeiden, soll deshalb der Schwerpunkt etwas anders gelegt und der Frage nachgegangen werden, wie der technische Fortschritt auf den Faktoreinsatz und die Faktorentlohnung wirkt, wenn es mehrere Sektoren gibt, die sich in ihrer Humankapitalintensität unterscheiden. Außerdem soll gleichzeitig der Einfluß von Güterpreisänderungen berücksichtigt werden. Die wichtigste Frage, die sich in diesem Zusammenhang stellt: Kann technischer Fortschritt die steigende Humankapitalintensität und die zunehmende Differenzierung der Löhne zugunsten qualifizierter Arbeit vor allem in den USA und die zunehmende Arbeitslosigkeit von Einfacharbeit vor allem in Europa erklären?

Vorab muß allerdings geklärt werden, ob das empirisch beobachtete upskilling wirklich ein Phänomen ist, das auf veränderte Produktionsprozesse zurückgeht oder einfach nur Folge eines gestiegenen Angebotes an gut qualifizierten Arbeitskräften. Die Erfahrungen in Deutschland und in anderen Ländern zeigen, daß immer mehr Absolventen die Schulen und Universitäten mit hohen Bildungsabschlüssen verlassen. Dieses gestiegene Angebot an Höherqualifizierten wird letztlich auch verstärkt im Produktionsprozeß eingesetzt.

Wenn dieser Punkt eine überzeugende Erklärung bieten soll, müßten die Löhne für Höherqualifizierte gefallen sein, denn nur dann kann das vergrößerte Angebot unter sonst gleichen Bedingungen eine Beschäftigung finden. Katz und Murphy (1992) lieferten einen wichtigen Baustein in dieser Debatte. Sie fanden für den Zeitraum 1963 bis 1987 in den USA keinen negativen, sondern im Gegenteil einen positiven Zusammenhang zwischen dem Angebot an Höherqualifizierten und ihren relativen Löhnen. Die qualifikatorische Lohnspreizung nahm zugunsten von qualifizierter Arbeit zu, obwohl der Beschäftigungsanteil von Höherqualifizierten wuchs (vgl. hierzu auch Kapitel 3.6). Katz/Murphy schließen daraus zurecht, daß Angebotseffekte zur Erklärung ausgeschlossen werden können; die Wahrheit muß auf der Nachfrageseite am Arbeitsmarkt liegen.[136]

Hier kommt der zweite der beiden oben genannten Gründe ins Spiel, denn die Richtung der Arbeitsnachfrage stimmt eher mit der These eines (einfach)arbeitssparenden technischen Fortschrittes überein.

Lawrence/Slaugter (1993) stützen diesen Befund.[137] In den achtziger Jahren sei der Anteil der Höherqualifizierten im Verarbeitenden Gewerbe der USA höher gewesen als in den siebziger Jahren, obwohl die Löhne für diese Gruppe deutlich gestiegen seien. Bestätigt wird dies, wenn auch mit etwas differenzierteren Ergebnissen, von Baldwin/Cain (1997). Sie führten die vor allem im Zeitraum 1968 bis 1973 in den USA zu beobachtende relativ schlechtere Lohnentwicklung der Arbeitskräfte mit einer langen Schulausbildungszeit auf den Anstieg des Angebotes an höherqualifizierten Arbeitskräften zurück.

Für die achtziger und den Anfang der neunziger Jahre – also dem Zeitalter der Globalisierung – gilt dies nicht mehr. Das Angebot an Höherqualifizierten – gemessen an der Schulausbildungszeit – nahm ständig zu. Aber gerade die Einkommen dieser Gruppe sind viel stärker gewachsen als die der Einfachqualifizierten. Also kann es kein Angebotsphänomen in dem Sinne sein, daß die Zunahme der Lohnspreizung Ausdruck der Verknappung des Faktors Humankapital ist.

Als Bestätigung für diese These gilt auch die Arbeit von Berman/Bound/Griliches (1994), die eine technologieinduzierte Nachfragesteigerung nach qualifizierten Beschäftigten für die Lohnspreizung in den USA verantwortlich machen.[138] Besonders heben sie hervor, daß der größte Teil der erhöhten Nachfrage nach qualifizierter Arbeit innerhalb der einzelnen Branchen und nicht durch einen sektoralen

Strukturwandel hin zu den Industrien zu erklären sei, die einen höheren Anteil Höherqualifizierter beschäftigen. Die Autoren vermuten, daß ein einfacharbeitssparender technischer Fortschritt für diese Entwicklung die Ursache ist.[139] Auch die OECD (1996a) hat für einige Länder ähnliche Berechnungen angestellt und kommt zu den gleichen Ergebnissen. Die Tabelle 3-11 in Kapitel 3-5 zeigte, daß mit Ausnahme des privaten Dienstleistungssektors in Italien der Anteil der Hochqualifizierten an der Gesamtbeschäftigung fast ausschließlich durch upskilling innerhalb der Branchen gewachsen ist.

Dieser Befund bestätigt die Vermutung, die Gründe für die steigende Humankapitalintensität seien eher im technischen Fortschritt zu suchen. Um die nachfolgende Analyse nicht unnötig zu überfrachten, wird unterstellt, daß es nur zwei Produktionsfaktoren (S-Arbeit und U-Arbeit) und zwei Branchen (High-Tech-Sektor H und einen Low-Tech-Sektor L) geben soll, die sich nur durch das Einsatzverhältnis von S- zu U-Arbeit unterscheiden. Der Sektor H soll relativ intensiver hochqualifizierte Arbeit einsetzen.

Die Wirkungen des technischen Fortschritts auf den Strukturwandel, das Faktoreinsatzverhältnis und die Lohnrelationen hängen entscheidend davon ab, welche Art von technischem Fortschritt vorliegt. Selbst im Rahmen eines einfachen Zwei-Sektoren-Zwei-Faktoren-Modells können neun verschiedene Fälle unterschieden werden, je nachdem, ob der technische Fortschritt faktorverzerrend (also S- oder U-Arbeit einspart) und/oder sektorverzerrend (also den H- oder L-Sektor stärker begünstigt) und/oder neutral ist. Zusätzlich erweitert wird diese Vielfalt der Möglichkeiten, wenn man danach unterscheidet, ob der technische Fortschritt global oder isoliert nur in einer Region auftritt. Wie schon bei der Analyse des sektoralen Strukturwandels in Kapitel 5.4 müssen auch hier verschiedene Preis- und Mengeneffekte unterschieden werden (Landmann/Pflüger, 1998). Exemplarisch soll dies am Beispiel von zwei Konstellationen gezeigt werden, für die es eine gewisse empirische Relevanz gibt:

- ☐ einfacharbeitssparender und sektorneutraler technischer Fortschritt (Fall 1)

- ☐ faktorneutraler technischer Fortschritt im High-Tech-Sektor (Fall 2).

Es ist hilfreich, die Anpassungsprozesse in mehrere Teilschritte zu zerlegen. Zu unterscheiden sind Anstoß- (oder Mengen)effekte, die die Wirkungen des technischen Fortschrittes bei gegebenen Güterpreisrelationen untersuchen, und Gleichgewichtseffekte, die auf die entsprechenden Preisreaktionen abstellen. Die Diskussion wird zunächst unter der Annahme kompetitiver, flexibler Arbeitsmärkte geführt – amerikanisches Modell (Landmann/Pflüger, 1998).

Anstoßeffekte bei sektorneutralem und einfacharbeitssparendem technischen Fortschritt (Fall 1): Diese Art von technischem Fortschritt erlaubt es, in jedem Sektor jede Einheit Output mit weniger Einfacharbeit zu erstellen. Bei gegebenen Güter- und Faktorpreisen wird die Humankapitalintensität – also das Verhältnis S/U – steigen. Auf der Güterseite begünstigt dieser technische Fortschritt relativ stärker die einfacharbeitsintensive Industrie L und bewirkt einen Strukturwandel in diese Richtung (Mengeneffekt), weil dieser Sektor Einfacharbeit relativ intensiver nutzt.[140] Unter sonst gleichen Bedingungen wird die Produktivität von Einfacharbeit steigen. Dies reduziert relativ betrachtet die Produktionskosten im Low-Tech-Sektor. Es entstehen ökonomische Renten, die dem Unternehmen entweder als Innovationsgewinne verbleiben oder in einem kompetitiven Markt an den Faktor ausgezahlt werden müssen, der sie verursacht hat. Diese Renten begünstigen in dem hier diskutierten Fall die Einfacharbeit und reduzieren die Lohnspreizung, das heißt die Löhne für Einfacharbeit (w_U) steigen relativ zu den Löhnen für höherqualifizierte Arbeit (w_S).[141] Diese gestiegenen relativen Löhne für Einfacharbeit (w_S/ w_U) machen es für Unternehmen lohnend, weniger einfacharbeitsintensive Produktionsverfahren zu suchen, das heißt, in dem technisch möglichen Rahmen Einfacharbeit durch qualifizierte Arbeit zu substituieren. Das erhöht tendenziell nochmals die Humankapitalintensität.

Wir können als Ergebnis festhalten, daß im ersten Schritt einfacharbeitssparender technischer Fortschritt die Löhne für Einfacharbeit erhöht und die Anreize stärkt, relativ mehr qualifizierte Arbeit einzusetzen – also upskilling begünstigt.

Preiseffekte: In einer Welt mit Wettbewerb ist damit zu rechnen, daß der technische Fortschritt Einfluß auf die Güterpreise hat. Zwei Transmissionskanäle führen dazu, daß sich die Güterpreisrelationen zugunsten des High-Tech-Gutes H verändern können. Erstens, die Low-

Tech-Industrie wird die zusätzlichen Mengen ihrer Güter nur bei fallenden Preisen absetzen können. Zweitens, der Wettbewerb sorgt dafür, daß die Innovationsrenten des technischen Fortschritts wegkonkurriert werden, das heißt, durch fallende Preise an die Kunden weitergegeben werden müssen. Der Preiseffekt wirkt dem Mengeneffekt entgegen und löst eine Anpassungsbewegung in Richtung eines höheren Lohndifferentials (w_S/w_U) und einer geringeren Humankapitalintensität S/U aus.

Faktorneutraler technischer Fortschritt im High-Tech-Sektor (Fall 2): Im Unterschied zum Fall 1 begünstigt hier der technische Fortschritt direkt die High-Tech-Industrie und führt dazu, daß dort die Produktion stärker ausgedehnt werden kann als im Low-Tech-Bereich (Anstoßeffekt). Oder andersherum: Der technische Fortschritt „schafft" für die Volkswirtschaft insgesamt mehr qualifizierte Arbeit als Einfacharbeit. Damit ist der Faktor qualifizierte Arbeit für alle Sektoren reichlicher vorhanden und damit kann die Humankapitalintensität in allen Sektoren steigen (indirekter Effekt). Bei gegebenen Preisen kommt es durch den Strukturwandel hin zum H-Sektor zu einer erhöhten Nachfrage nach qualifizierter Arbeit mit der Folge relativ steigender Löhne zugunsten dieses Faktors. Die Lohneffekte üben einen Druck in Richtung Substitution von qualifizierter Arbeit durch Einfacharbeit mit einer Tendenz zu fallenden Humankapitalintensitäten aus. Welcher dieser beiden Effekte überwiegt, bleibt offen. Plausibilitätsüberlegungen sprechen aber dafür, daß die Humankapitalintensität insgesamt steigt, das heißt die Primärwirkung des technischen Fortschritts – die Begünstigung des H-Sektors – die durch die Lohnänderung induzierte Anpassung des Faktoreinsatzverhältnisses dominiert. Aber auch hier muß der Anpassungsprozeß nach diesen Anstoßeffekten noch nicht zu Ende sein, wenn die Produktivitätsgewinne des technischen Fortschritts in sinkenden Preisen für das qualifikationsintensive High-Tech-Gut weitergegeben werden müssen. Dieser Preisdruck verringert das Lohndifferential (w_S/w_U) mit einem entsprechenden Anreiz zur Erhöhung der Humankapitalintensität (S/U) in jeder Branche.

Relativ einfach lassen sich mit Hilfe der oben entwickelten Logik die Wirkungen von technischem Fortschritt in nicht-flexiblen Arbeitsmärkten beschreiben, die oben als europäisches Modell bezeichnet wurden. Diejenigen Effekte, die bei flexiblen Faktorpreisen zu einer Erhöhung des Lohndifferentials zuungunsten von Einfacharbeit geführt haben, führen bei Lohnrigidität zur Arbeitslosigkeit dieses Faktors (Landmann/Pflüger, 1998, 20). Arbeitssparender technischer Fortschritt macht dann arbeitslos.

Die einzelnen Effekte dieser beiden Arten des technischen Fortschrittes auf das Faktoreinsatzverhältnis und die Lohnstruktur faßt die Tabelle 5-7 für den Fall flexibler Arbeitsmärkte (amerikanisches Szenario) zusammen.

Ein Pluszeichen deutet eine steigende; ein Minuszeichen eine fallende Relation an. Das Pluszeichen in Klammern soll andeuten, daß die Humankapitalintensität in Folge eines faktorneutralen technischen Fortschritts im High-Tech-Bereich per Saldo ansteigen soll. Diese Übersicht soll lediglich verdeutlichen, wie stark die Gesamtwirkung des technischen Fortschrittes von der Art (Faktor- und/oder Sektor-Verzerrung) und der Stärke der einzelnen Effekte abhängt.

Tabelle: 5-7

Wirkung von technischem Fortschritt auf Faktoreinsatz und Lohnstruktur

amerikanisches Modell

	Einfacharbeitssparender und sektorneutraler TF **Fall 1**		Faktorneutraler TF im High-Tech-Sektor **Fall 2**	
Effekte des technischen Fortschritts	S/U	w_s/w_u	S/U	w_s/w_u
– Anstoßeffekt – Preiseffekt	+ –	– +	(+) +	+ –
Gesamteffekt	?	?	+	?
Empirie	+	+	+	+

S: Qualifizierte Arbeit
U: Einfacharbeit
w_S: Lohnsatz für qualifizierte Arbeit
w_u: Lohnsatz für Einfacharbeit
TF: Technischer Fortschritt
Quelle: Eigene Darstellung in Anlehnung an Landmann/Pflüger (1998)

Die wechselnden Vorzeichen verdeutlichen, wie wichtig die Unterscheidung zwischen Anstoß- und Preiseffekten ist. Ob Preiseffekte berücksichtigt werden müssen, hängt entscheidend davon, ob der technische Fortschritt lokaler oder globaler Natur ist und wie schnell er gegebenenfalls in andere Sektoren oder Regionen diffundiert. Breitet sich beispielsweise ein einfacharbeitssparender/sektorneutraler technischer Fortschritt (Fall 1) unendlich schnell aus und nimmt damit den Charakter eines öffentlichen Gutes an, wird die Einfacharbeit keine zusätzliche Rente erhalten können. Im Gegenteil – der Wettbewerb zwingt alle, den gesamten Produktivitätzuwachs in den Preisen weiterzugeben. Der Anstoßeffekt auf die Lohnrelation wird dann vollkommen in den Hintergrund gedrängt, weil der Wettbewerb keinen Raum für die Verteilung von Produktivitätsgewinnen mehr läßt. Die fallenden Preise von Low-Tech-Gütern begünstigen eine Lohnspreizung zugunsten von qualifizierter Arbeit und damit auch eine fallende Humankapitalintensität (Gegeneffekt zu der Anstoßwirkung) oder Arbeitslosigkeit von Einfacharbeit bei starren Lohnstrukturen.[142] Ist dieser Preiseffekt dominant, kann sektorneutraler und einfacharbeitssparender technischer Fortschritt die empirische Beobachtung einer steigenden Lohndifferenzierung bei gleichzeitig steigender Humankapitalintensität nicht zweifelsfrei erklären. Es kommt entscheidend auf die Stärke der einzelnen Teileffekte an.

Bleibt der technische Fortschritt im Beispiel des Falles 1 auf die Industrie und das Land beschränkt, diffundiert nicht und läßt die Weltmarktpreise unverändert, kann die Analyse auf die Anstoßeffekte beschränkt bleiben. Diese Art von technischem Fortschritt begünstigt dann die Löhne von Unqualifizierten. Dies ist mit den empirischen Fakten aber nicht vereinbar. Alleine kann der technische Fortschritt wiederum den empirischen Befund nicht erklären, denn der Anstoßeffekt erhöht die Humankapitalintensität und verringert das Lohndifferential.

Mit ähnlichen Argumenten lassen sich die Wirkungen des Falles 2 herleiten. Die Anstoß- und die Preiseffekte allein könnten hier die Empirie nicht erklären. Die Preiseffekte wirken in Richtung steigender relativer Löhne für Einfacharbeit, eine Hypothese, die zumindest auf flexiblen Arbeitsmärkten, wie in den USA, empirisch nicht bestätigt werden kann. Übertragen auf das europäische Modell inflexibler Arbeitsmärkte mit starren qualifikatorischen Lohnstrukturen würde dieser Preiseffekt sogar in Richtung Arbeitslosigkeit für qualifizierte Arbeit wirken. Das ist ebenfalls eine Vorstellung, die mit der Wirklichkeit nicht übereinstimmt. Entweder ist diese Form des technischen Fortschrittes empirisch nicht relevant oder die Effekte ergänzen sich gerade so, daß sie im Ergebnis mit der empirischen Beobachtung übereinstimmen. Die andere Möglichkeit ist, daß es neben dem technischen Fortschritt – unabhängig von der Art und der Stärke der Effekte – noch andere Einflußfaktoren gibt, die den empirischen Befund erklären können. Einer dieser Faktoren könnte die Globalisierung sein, mit deren Wirkungen sich das Kapitel 6 beschäftigt.

Trotz dieses etwas unbefriedigenden Ergebnisses, daß die Wirkungen des technischen Fortschritts sehr stark von den spezifischen Konstellationen abhängen und generelle Aussagen deshalb kaum möglich sind, kann doch eine Schlußfolgerung gezogen werden. Es scheint einen trade-off zwischen dem Ausmaß der Humankapitalintensivierung und der Anpassungen auf der Lohnseite zu geben. Wenn in Folge eines einfacharbeitssparenden technischen Fortschritts Einfacharbeit unter Substitutionsdruck gerät, kann dieser auf flexiblen Arbeitsmärkten durch eine entsprechend größere Lohnspreizung zugunsten von qualifizierter Arbeit gemildert werden. Eine relative Absenkung der Löhne für Einfacharbeit stabilisiert ihre Beschäftigungschancen. Durch eine solche Spreizung könnte sogar im Extremfall das ursprüngliche Faktoreinsatzverhältnis erhalten bleiben. Die Anreize zur Schaffung eines einfacharbeitssparenden technischen Fortschritts werden zumindest gemildert.

Anders sieht es auf starren Arbeitsmärkten aus, die eine solche Lohnspreizung nicht zulassen. Deutschland scheint hierfür ein Beispiel zu sein (IW Köln 1996; OECD 1996b; Abraham/Houseman 1993). Hier wird die Mengenstrategie verfolgt. Das Faktoreinsatzverhältnis wird der inflexiblen Lohnstruktur angepaßt. Im Zuge des technischen Fortschritts ändert sich nur die Relation zwischen qualifizierten und weniger qualifizierten Arbeitskräften. Dies ist mit erhöhter Arbeitslosigkeit für Einfacharbeit verbunden. Es ist sogar zu vermuten, daß die Lohnpolitik der überdurchschnittlichen Anhebung der Löhne für Einfacharbeit durch technischen Fortschritt die Substitution von Einfacharbeit durch qualifizierte Arbeit und/oder Kapital forciert hat.

Als Fazit kann festgehalten werden, daß in allen Sektoren ein „upskilling" stattfindet. Technischer Fortschritt begünstigt höher qualifizierte Arbeit. Dies muß aber nicht zu Arbeitslosigkeit bei den weniger qualifizierten Arbeitskräften führen. Allerdings ist in diesem Fall eine Veränderung der relativen Entlohnung unabdingbar. Der Preis für Arbeitsplätze für Geringqualifizierte ist ein niedrigerer Lohn. Diese relativ niedrigere Entlohnung von Einfacharbeit muß aber nicht zwangsläufig mit einer Verarmung der weniger qualifizierten Arbeitskräfte einhergehen. Mit den getroffenen Aussagen ist noch nichts über die absolute Entlohnung von Einfacharbeit gesagt. Um die Auswirkungen einer Lohndifferenzierung zu verringern, stehen in einer mittel- und langfristigen Perspektive Gegenmaßnahmen zur Verfügung: Vor allem Maßnahmen zur Humankapitalbildung gehören dazu, aber auch neue Wege der Kombination von Lohn und Transfers (Klös, 1998).

5.6 Fazit und Schlußfolgerungen

Zusammenfassend läßt sich also festhalten: Weltweit scheint der Strukturwandel ähnlich zu verlaufen. Die Tertiarisierung, die Substitution von Arbeit durch Kapital und die Humankapital-Intensivierung schreiten fort. Auf der realen Ebene scheint ein gewisser Stillstand eingetreten zu sein. In der Gruppe der Industrieländer insgesamt hat sich der Industrieanteil an der realen Wertschöpfung seit den achtziger Jahren stabilisiert, wenn auch hier ein Blick auf einzelne Länder durchaus Unterschiede zeigt. Auch bei der Produktivitätsentwicklung sind innerhalb der OECD einheitliche Trends zu beobachten. Die Wachstumsraten sind seit den sechziger Jahren auf Talfahrt, was angesichts der Fortschritte in der Mikroelektronik mit dem dahinterstehenden Rationalisierungs- und Markterweiterungspotential verwundert. Auch das sektorale Muster ist einheitlich: Immer noch wächst die Produktivität in der Industrie schneller als bei den Dienstleistern. Dies macht sich unmittelbar in einem geringeren Preiserhöhungsspielraum im sekundären Sektor bemerkbar.

Ein Blick auf Deutschland zeigt erhebliche Unterschiede zu diesen Trends: Immer noch verliert hier die Industrie auch real an Wertschöpfungsanteilen. Auf dieser Ebene ist die De-Industrialisierung noch nicht zum Stillstand gekommen. Allerdings bleibt das Verarbeitende Gewerbe eine wichtige Drehscheibe der Wirtschaft, weil es als Absatzmarkt für Vorleistungen der Dienstleister bedeutender geworden ist.

Auch die sektorale Produktivitätsentwicklung in Deutschland ist anders: Deutschland ist nahezu das einzige OECD-Land, in dem die Arbeits- und auch die totale Faktorproduktivität im Dienstleistungssektor in den letzten 15 Jahren schneller gewachsen ist als im Verarbeitenden Gewerbe. Wie dargestellt, kann diese deutsche Besonderheit positiv, aber auch negativ interpretiert werden.

Der deutsche Sonderweg kann durch das institutionelle Rahmenwerk in den Ländern begründet werden. Durch die Arbeitsmarkt- und Tarifpolitik sowie das gesamte soziale Netz werden in Deutschland implizit Mindestlohnstandards definiert, die eine Zunahme des dringend benötigten Marktsegments im Bereich der Einfacharbeit verhindern.

Die Entwicklung in allen Ländern – also auch der deutsche Sonderweg – kann durch den Wandel auf der Angebotsseite erklärt werden. Sowohl die Veränderungen auf der Güterebene – die sektoralen Bruttowertschöpfungsanteile und die sektoralen Erwerbstätigenanteile – als auch der Strukturwandel auf der Faktoreinsatzebene – Kapital versus Arbeit und qualifizierte versus weniger qualifizierte Arbeit – können im wesentlichen durch technischen Fortschritt erklärt werden. Im folgenden bleibt zu überprüfen, ob nicht auch die verstärkte internationale Arbeitsteilung eine wesentliche Determinante des Strukturwandels ist.

Kernaussagen auf einen Blick

Kapitel 5.4 bis 5.6
Strukturwandel als Phänomen der Angebotsseite II

Fallende nominale und konstante reale Sektoranteile in den Industrieländern	– In den Industrieländern sanken die Industrieanteile an der nominalen Wertschöpfung und der Erwerbstätigkeit; dagegen blieben die Anteile an der realen Wertschöpfung konstant. – Dies kann durch nicht hinreichend aufnahmefähige Märkte und durch relativ sinkende Preise für Industriewaren erklärt werden. – Diese Preisentwicklung wiederum spiegelt ein höheres Produktivitätswachstum im Industriesektor wider.
Ausnahme Deutschland	In Deutschland dagegen sinkt sowohl der nominale als auch der reale Anteil der Industrie an der Wertschöpfung. Dies kann durch einen Nachholbedarf bei der Tertiarisierung und einem höheren (marktschaffenden) Produktivitätsfortschritt im Dienstleistungssektor erklärt werden.
Empirie bestätigt deutschen Sonderweg	Deutschland ist fast das einzige OECD-Land, in dem die Produktivität im Dienstleistungssektor schneller gewachsen ist als in der Industrie. In den USA dagegen ist der Dienstleistungssektor durch nahezu konstante reale Arbeitskosten, ein niedriges Produktivitätswachstum und eine geringere Substitution von Arbeit durch Kapital gekennzeichnet. Die auf gesamtwirtschaftlicher Ebene festgestellten Unterschiede zwischen den beiden Ländern sind fast ausschließlich Ergebnis unterschiedlicher Entwicklungen im Dienstleistungssektor.
Zwei Seiten einer Medaille . . .	Das spezifisch deutsche Wachstums- und Produktivitätsprofil hat eine positive und eine negative Ursache: – Den deutschen Dienstleistern gelang es, verstärkt lukrative Märkte zu erschließen und die Lücke zu den USA etwas zu verringern. (×) – Das Produktivitätswachstum ist nur deshalb so hoch, weil keine Beschäftigungsfelder mit niedriger Produktivität erschlossen wurden. Die Dienstleistungslücke bei der Einfacharbeit ist das statistische Spiegelbild der hohen Produktivitätsfortschritte. (–) – Wichtige Erklärung dafür sind das starre institutionelle Rahmenwerk und falsche Anreize des Transfersystems. (–)

6. Strukturwandel und Aussenhandel

In diesem Kapitel wird der Zusammenhang zwischen Globalisierung und Strukturwandel untersucht, wobei neben der sektoralen Dimension dieses Wandels auch die Veränderungen beim Faktoreinsatz und den Faktorpreisen (hauptsächlich den Lohnstrukturen) in die Analyse einbezogen werden. Dazu erscheint es hilfreich, sich zunächst die wesentlichen Trends des Strukturwandels in Erinnerung zu rufen, für die aufgrund der zeitlichen Koinzidenz auch ein kausaler Zusammenhang vermutet wird.

Auf der außenwirtschaftlichen Ebene sind als wesentliche Entwicklungen hervorzuheben:

- ☐ Die weltweit höhere Dynamik der außenwirtschaftlichen Indikatoren Handel, Direkt- und Portfolioinvestitionen im Vergleich zum Weltsozialprodukt als Meßlatte für binnenwirtschaftliches Wachstum – also mit einem Wort die Globalisierung.

- ☐ Das Aufkommen neuer Konkurrenten vor allem in Südostasien, die mehr und mehr ihre Außenhandelsstruktur in Richtung hochwertige Industriewaren verändern und weltweit Marktanteile – zumindest bis zum Ausbruch der Asien-Krise im Sommer 1997 (Kapitel 6.3) – gewinnen konnten.

- ☐ Die zunehmende Importpenetration in allen OECD-Ländern bei gleichzeitig wachsender Bedeutung des intra-industriellen Handels.

- ☐ Die Zugewinne der Hochtechnologiebereiche im Außenhandel der OECD-Länder.

- ☐ Die Verschiebung der Direktinvestitionsströme in Richtung aufstrebender Märkte.

- ☐ Der sektorale Strukturwandel in den OECD-Ländern ist geprägt durch Tertiarisierung mit der spiegelbildlichen De-Industrialisierung bei gleichzeitiger Hinwendung zu technologie-intensiveren Sektoren in der Industrie.

Die wesentlichen Veränderungen beim Faktoreinsatz sind die wachsende Kapitalintensität und – noch wichtiger – die Humankapitalintensivierung der Wirtschaft. Gemeint ist damit, daß immer mehr gut qualifizierte Arbeit im Verhältnis zur Einfacharbeit eingesetzt wird. In den USA ging dies Hand in Hand mit einer wachsenden Einkommensungleichheit und in den meisten Ländern Europas mit höherer Arbeitslosigkeit bei stärkerer qualifikationsspezifischer Streuung (Kapitel 2 und 3).

Für welche dieser Änderungen ist die Globalisierung verantwortlich? Diese Frage ist nicht leicht zu beantworten, denn die Globalisierung wirkt gleich mehrfach auf den Strukturwandel ein. Erschwert wird die Analyse dadurch, daß gegenläufige Effekte auftreten, die sich überdecken. Deshalb ist es notwendig, diese verschiedenen Aspekte getrennt zu analysieren und jeweils den entsprechend passenden Analyserahmen zu wählen. Die Globalisierung kann als

- ☐ weltweite Zunahme von Einfacharbeit (Kapitel 6.1)

- ☐ Antriebskraft für eine weltweite Konvergenz der Produktivitäten (Kapitel 6.2)

- ☐ Marktintensivierung und -erweiterung auf inter- und intra-sektoraler Ebene (Kapitel 6.3) interpretiert werden.

Die Globalisierung bietet Chancen für die Schaffung zusätzlicher Märkte, Wachstum und Beschäftigung, wird aber gleichzeitig als Bedrohung empfunden, weil damit immer Strukturwandel verbunden ist. Diese Ambivalenz zieht sich wie ein roter Faden durch die Diskussion.

6. 1 Globalisierung als weltweite Zunahme an Einfacharbeit

In den letzten Jahren hat sich die Wahrnehmung außenwirtschaftlicher Veränderungen gewandelt. Seit vielen Jahren war es unbestritten, daß der Übergang von separierten zu integrierten Güter- und Faktormärkten, der Abbau von Handelshemmnissen, die Erweiterung des Kreises der Handelspartner und die Erleichterung grenzüberschreitender Austauschbeziehungen positive Wohlfahrtseffekte auslösen. Die Politikempfehlung war eindeutig: Nur unter den Bedingungen des Freihandels kann eine wohlfahrtsoptimale Lösung erreicht werden. Die Globalisierung der Weltwirtschaft kann als eine Entwicklung genau in diese Richtung interpretiert werden. Das zeitliche Zusammentreffen von zwei empirischen Beobachtungen hat dazu geführt, daß die Globalisierung heutzutage aber auch als Bedrohung empfunden wird:

Die De-Industrialisierung in den OECD-Ländern ging Hand in Hand mit einer Zunahme der Importe von Industriegütern aus Schwellen- und Entwicklungsländern (Import-Substitutions-Hypothese).

Mit zunehmender Handelsintensität im Verarbeitenden Gewerbe ging zumindest in den OECD-Ländern Europas eine höhere Arbeitslosigkeit und in Nordamerika eine höhere Einkommensungleichheit einher.

Vor allem unter angelsächsischen Ökonomen ist eine Kontroverse darüber entbrannt, ob die zunehmende Ungleichheit der Einkommen in den USA zwischen qualifizierten und weniger qualifizierten Beschäftigten oder die wachsenden Beschäftigungsprobleme für Einfacharbeit in den OECD-Ländern Europas durch die verstärkte Integration von Entwicklungs- und Schwellenländern in die internationale Arbeitsteilung zu erklären sei.[143] Eine beunruhigende These lautet, die Globalisierung ändere die Einkommensverteilung zugunsten von Kapitaleinkommen und/oder Arbeitseinkommen von Beschäftigten mit höherer Qualifikation. Die Globalisierung führe also zu einer wachsenden sozialen Schieflage und berühre damit eine der Kernfragen der heutigen Zeit: Wie kann Wohlstand für alle in einer globalisierten Welt gesichert werden?

Diesem als Bedrohung empfundenen Szenario liegt eine entscheidende Annahme zugrunde. Aus der Sicht der Industrieländer führt die Globalisierung in Form der Integration der Schwellen- und Entwicklungsländer in die Weltwirtschaft zu einer relativen Zunahme des weltweiten Angebots an Einfacharbeit. Aus der Sicht der Schwellen- und Entwicklungsländer gilt umgekehrt, daß die Integration der beiden Ländergruppen den Zugang zu relativ mehr qualifizierter Arbeit erlaubt.

6.1.1 Theoretischer Hintergrund

Damit liegt es nahe, die ökonomischen Wirkungen der Globalisierung im Rahmen der Heckscher-Ohlin-Samuelson-(HOS)-Modelle des Außenhandels zu diskutieren, die als entscheidende Bestimmungsgröße zur Erklärung weltwirtschaftlicher Verflechtungen und Arbeitsteilung die relative Faktorausstattung anführen. Nach der Heckscher-Ohlin-Theorie unterscheiden sich die Länder nur in ihrer Faktorausstattung, nicht aber in der Technologie. Alle in die Weltwirtschaft integrierten Länder weisen deshalb die gleiche Produktivität[144] auf. Das ist eine Annahme, die sicher nicht zutrifft, die es aber erlaubt, die Analyse allein auf die Wirkung der geänderten Faktorausstattung zu konzentrieren. Sie bedeutet allerdings nicht, daß alle Produktionsfaktoren – etwa unterschiedliche Arten von Arbeit – die gleiche Produktivität aufweisen. Es wird nur unterstellt, daß die Produktivität für Einfacharbeit oder qualifizierte Arbeit in allen Ländern gleich sein soll. Diese Annahme wird in Kapitel 6.2 aufgehoben. Zu der Faktorausstattung zählen neben der Arbeit in verschiedenen Qualifikationsstufen auch die Produktionsfaktoren Land, Rohstoffe, Sachkapital oder öffentliche Infrastruktur. Die Länder spezialisieren sich auf die Güter, die zu ihrer Faktorausstattung passen und haben dadurch genau dort komparative Vorteile. Ein Land exportiert das Gut, bei dessen Produktion der relativ reichlich vorhandene Faktor intensiv genutzt wird (Siebert/Rauscher, 1995, 252). Obwohl die Heckscher-Ohlin-Theorie schon früh empirisch verworfen wurde (Leontief, 1953), findet sie gerade im Zuge der fortschreitenden Globalisierung starke Beachtung. Einige der Hypothesen der Theorie zum Strukturwandel, der Entwicklung der Faktorkostenrelationen und der Einkommensverteilung scheinen gut mit den empirischen Fakten übereinzustimmen.

Zur Vereinfachung der Darlegung der wichtigsten Argumente soll von einer Welt mit nur zwei Ländergruppen ausgegangen werden: der reichlich mit Einfacharbeit ausgestattete Süden (Entwicklungsländer) und der besser mit qualifizierter Arbeit ausgestattete Norden (Industrieländer). Es soll nur zwei Sektoren L und H geben,[145] die jeweils ein Gut (ein Low-Tech-Gut L und ein High-Tech-Gut H) unter Einsatz von zwei Produktionsfaktoren (einfache Arbeit U und qualifizierte Arbeit S)[146] produzieren. Die Frage lautet: Was bedeutet die Zunahme von Einfacharbeit durch die Integration des Südens in die Weltwirtschaft für den Strukturwandel (Verhältnis von L zu H), den Einsatz der

Produktionsfaktoren (U und S), die Lohnstruktur (w_U/w_S) und damit die Einkommensverteilung (Uw_U/Sw_S)?

Die Globalisierung – verstanden als weltweite Zunahme von Einfacharbeit – hat vielfältige Wirkungen auf die Güter- und Faktormärkte:

Mengeneffekt auf den Gütermärkten: Der Faktor Einfacharbeit steht durch die Integration von Entwicklungs- und Schwellenländern zu einem globalen Markt weltweit in größerer Menge zur Verfügung. Folglich ist auch eine überproportionale Outputsteigerung in den Industrieländern möglich, die den Faktor Einfacharbeit relativ intensiv nutzen. Die Hypothese lautet deshalb: dieser Mengeneffekt begünstigt einen Strukturwandel in Richtung Low-Tech-Sektor.

Preiseffekte auf den Gütermärkten: Diese zusätzlichen Mengen können – nach den üblichen Gesetzen des Marktes – nur bei relativ fallenden Preisen abgesetzt werden. Die einfacharbeitsintensiven Güter – also die Produkte der Low-Tech-Industrie – werden billiger. Das wiederum macht relativ betrachtet den Markt für qualifikationsintensive Güter interessanter. Das begünstigt einen Strukturwandel hin zur High-Tech-Industrie. Welcher der beiden Effekte – der Mengeneffekt oder der Preiseffekt – überwiegt bleibt offen und kann letztlich nur empirisch beantwortet werden.

Preiseffekte auf den Faktormärkten: Damit sind die Anpassungen aber nicht beendet, denn es müssen noch die Änderungen auf den Faktormärkten berücksichtigt werden. Da geht es vor allem darum, wie sich die Löhne von qualifizierter Arbeit und Einfacharbeit entwickeln. Zumindest in der Theorie werden über den Marktmechanismus diese Lohn- und Güterpreisanpassungen simultan bestimmt. Diese Brücke zwischen Güter- und Faktormärkten schlägt das Stolper-Samuelson-Theorem. Die Kernaussage lautet: Eine Erhöhung des Güterpreises erhöht die Produktion dieses Gutes und bewirkt eine Erhöhung der Preise der Faktoren, die bei der Herstellung dieses Gutes intensiv genutzt werden. Dabei sind nicht die absoluten, sondern nur die Änderungen der relativen Preise entscheidend.

Den Stolper-Samuelson-Mechanismus kann man sich wie folgt klarmachen: Der steigende relative Preis für Güter des High-Tech-Sektors in den Industrieländern macht diesen Sektor für Unternehmen attraktiver. Es wird zu einer Erhöhung des Outputs der humankapitalintensiv produzierten Güter kommen. Diese Produktionsausdehnung wiederum schafft eine steigende Nachfrage nach qualifizierter Arbeit, also dem Produktionsfaktor, der relativ intensiv gebraucht wird. Dieser Faktor wandert von den (inländischen) einfacharbeitsintensiven Bereichen in die humankapitalintensiveren Sektoren ab, was einen Strukturwandel von der L- zur H-Industrie bedeutet. In Folge der erhöhten Nachfrage nach qualifizierter Arbeit erhöht sich auch das Lohndifferential w_S/w_U. Qualifizierte Arbeit wird relativ zur Einfacharbeit teuerer. In den Entwicklungsländern wirkt der Preiseffekt genau in die umgekehrte Richtung, das heißt es kommt zu einer Verminderung des qualifikatorischen Lohndifferentials. Nach dem Stolper-Samuelson-Theorem führt also eine relative Preisänderung auf den Gütermärkten zu gleichgerichteten Änderungen auf den Faktormärkten.[147]

Die Globalisierung integriert also die Güter- und Faktormärkte und sorgt durch Wettbewerb tendenziell für weltweit identische Preis- und Lohnstrukturen. Dabei wird überlicherweise unterstellt, daß vor Aufnahme von Außenhandel – also vor der Globalisierung – der Relativpreis pH/pL im Norden niedrigerer als im Süden ist, weil durch die Knappheit von qualifizierter Arbeit das humankapitalintensive Gut H im Süden entsprechend knapp und damit im Vergleich zum Norden relativ teuer war. Entsprechend ist auch der Lohn für eine Einheit qualifizierte Arbeit relativ zu einer Einheit Einfacharbeit (wS/wU) im Norden niedriger als im Süden. Die Globalisierung sorgt dann für eine Konvergenz: die Preis- und Lohnrelationen steigen im Norden und fallen im Süden bis ein gemeinsames Gleichgewicht erreicht ist. Vor einer Fehlinterpretation sei gewarnt: diese Angleichung der Faktorpreisrelationen muß keine Niveauangleichung bedeuten. Das heißt nicht, daß die Löhne in den Industrieländern für einfache Arbeit – wie häufig unzutreffenderweise behauptet – auf das Niveau in den Entwicklungsländern sinken müßten (siehe Kapitel 6.2).

Mengeneffekte auf den Faktormärkten: Diese Lohnstruktureffekte wiederum haben Einfluß auf die Faktoreinsatzrelationen. In den Industrieländern wird es zu einem Rückgang und in den Entwicklungsländern zu einer Zunahme der Humankapitalintensität (S/U) kommen. Dieser Punkt ist nicht unmittelbar einleuchtend, er wird aber weiter unten vertiefend aufgegriffen.

Wir können als Zwischenfazit festhalten, daß die Integration der Entwicklungsländer in die (jetzt größere) Weltwirtschaft die Struktur der Produktion, der Güterpreise, der Faktorpreise und der Faktoreinsatzmengen verändert. Marktliche Anpassungen sorgen dafür, daß sich diese Größen alle simultan ändern und sich ein neues Gleichgewicht einstellt. Noch nicht klar ist, in welche Richtung die Anpassungen in den Industrieländern gehen und ob das mit Wohlfahrtsgewinnen oder -verlusten verbunden ist.

Zu welchen Anpassungen es in den Industrieländern tatsächlich kommt, hängt entscheidend von den institutionellen Rahmenbedingungen ab. Nach Krugman (1995a) lassen sich idealtypisch zwei Modelle unterscheiden, die bereits in Kapitel 5.5 kurz angesprochen wurden:

- der amerikanische Weg einer Preisanpassungsstrategie

- der europäische Weg einer Mengenanpassungsstrategie.

Der wesentliche Unterschied zwischen den beiden Systemen besteht darin, daß es in den USA einen kompetitiven Arbeitsmarkt gibt, der auf Veränderungen durch Anpassung der Löhne reagiert – also etwa eine höhere Ungleichheit zwischen Löhnen für qualifizierte und nicht-qualifizierte Arbeit zuläßt. Im europäischen System hingegen sind solche Lohnanpassungen nicht möglich. Die Anpassungen laufen über eine Mengenstrategie – also vor allem in Form erhöhter Arbeitslosigkeit von weniger Qualifizierten.

Amerikanischer Weg:

Als Ausgangsbedingung soll gelten, daß der Norden relativ besser mit qualifizierter Arbeit ausgestattet ist und sich deshalb auf die Produktion des humankapitalintensiven Gutes H spezialisiert. Die Erleichterung oder Eröffnung von Tauschmöglichkeiten mit Entwicklungsländern durch die Globalisierung verstärkt diese Spezialisierung. Die Wirkungen des weltweiten Zuwachses von Einfacharbeit auf den Strukturwandel eines Industrielandes im amerikanischen Szenario können zu folgenden empirisch überprüfbaren Hypothesen verdichtet werden:

Güterpreise: Die Preisrelationen auf den Weltmärkten ändern sich zugunsten der humankapitalintensiven Güter des Nordens. Der relative Preis p_H/p_L steigt.

Strukturwandel: Dieser Preiseffekt macht die Produktion der humankapitalintensiven Güter attraktiver. Der Sektor H gewinnt Anteile am Sozialprodukt und Beschäftigung zu Lasten der Sektoren, die Einfacharbeit intensiver nutzen.

Handel: Ein Teil der Nachfrage nach den einfacharbeitsintensiven Gütern wird im Industrieland durch billigere Importe gedeckt; gleichzeitig wird ein Teil der Produktion der humankapitalintensiveren Güter exportiert. Die Spezialisierungsvorteile erlauben es, daß infolge der Globalisierung das Industrieland von beiden Gütern mehr konsumieren kann, also eindeutig einen Wohlfahrtsgewinn hat.

Lohnstruktur: Dieser Strukturwandel ist bei Sicherung von Vollbeschäftigung für qualifizierte und unqualifizierte Arbeit nur möglich, wenn eine stärkere Lohnstreuung zwischen qualifizierter und weniger qualifizierter Arbeit zugelassen wird. Nach dem Stolper-Samuelson-Theorem kommt es im Industrieland in Folge der Globalisierung zu einer zunehmenden Einkommensungleichheit – genauer zu einer steigenden w_S/w_U-Relation.

Faktorintensitäten: In beiden Sektoren nimmt die Humankapitalintensität ab; sowohl die H- als auch die L-Industrie setzen – bei insgesamt gegebenem Faktorbestand von Arbeit des Typs U und S in der Volkswirtschaft – bei ihrer Produktion beide relativ mehr Einfacharbeit ein.

Die beiden letzten Hypothesen mögen etwas überraschen. Es soll deshalb noch mal kurz mit Hilfe eines Zahlenbeispiels veranschaulicht werden, daß der Strukturwandel zwingend mit steigenden Einkommensunterschieden und einer fallenden Humankapitalintensität in beiden Sektoren erkauft werden muß. Dazu nehmen wir an, daß der Low-Tech-Sektor zur Produktion einer Einheit Output 6 Einfacharbeitskräfte und 3 qualifizierte Arbeitskräfte benötigt. Der High-Tech-Sektor hingegen braucht für eine Einheit Output 9 qualifizierte Arbeitskräfte und 3 Einfachjobs.[148] Wird nun eine Einheit Low-Tech-Gut durch Importe ersetzt, können 6 Einheiten Arbeit des U-Typs und 3 Einheiten Arbeit des S-Typs in dieser Branche nicht mehr beschäftigt werden. Bei gegebener Humankapitalintensität kann der High-Tech-Sektor diese Arbeitskräfte nicht aufnehmen, selbst wenn dort die Produktion ausgedehnt werden könnte. Bei gegebener Technologie – also bei gleichem Faktoreinsatzverhältnis – kann der High-Tech-Sektor zwar die freigesetzten 3 Einheiten qualifizierte Arbeit beschäftigten, aber nur eine Einheit Einfacharbeit. Bei unveränderter Lohnstruktur würden 5 Einfacharbeitskräfte beschäftigungslos bleiben. Unter der Voraussetzung einer technologischen Substitutionsmöglichkeit läßt sich dies durch eine Erhöhung des sektoralen Lohndifferentials ändern. Eine Erhöhung der Löhne für qualifizierte Arbeit schafft für den High-Tech-Sektor Anreize, eine weniger humankapitalintensive Produktionsweise zu verfolgen. Jede Verringerung des derzeitigen Faktoreinsatzverhältnisses von 3 zu 1 erhöht die Möglichkeit für weniger Qualifizierte, einen Job in der High-Tech-Industrie zu finden. Im neuen Gleichgewicht arbeiten auf kompetitiven Märkten beide Sektoren mit einer geringeren Humankapitalintensität; der Low-Tech-Sektor schon alleine deshalb, weil er zuerst die höherqualifizierten Beschäftigten verliert, denn sie haben den größten Anreiz und die besten Chancen für einen Wechsel.

Als *Fazit* ist festzuhalten, daß bis auf die Implikationen im Hinblick auf die Einkommensverteilung die Integration von Schwellen- und Entwicklungsländern für Industrieländer nur Vorteile hat, wenn der Arbeitsmarkt entsprechend flexibel ist.

Leicht läßt sich dieses Modell um einen Dienstleistungssektor erweitern um zu analysieren, ob die Globalisierung auch zur Tertiarisierung in den Industrieländern beigetragen hat (Saeger, 1996; Leamer, 1996c). Dazu ist es notwendig, den Dienstleistungssektor als binnenwirtschaftsorientierten Wirtschaftsbereich einzuführen, der hauptsächlich nicht-handelbare Güter produziert. Die Hypothese lautet dann sehr einfach, daß die durch die Globalisierung vor allem im L-Sektor freigesetzten Einfacharbeitskräfte nicht nur im High-Tech-Sektor (H), sondern vor allem in dem relativ dazu weniger humankapitalintensiven Dienstleistungssektor Beschäftigung finden können. Eine Erhöhung der relativen Preise für qualifikationsintensive Güter führt zur Lohnspreizung in der oben beschriebenen Richtung und zu einem Rückgang der Humankapitalintensität in allen drei Sektoren. In dieser Drei-Sektoren-Betrachtung wird es einen Strukturwandel weg von der einfacharbeitsintensiven Industrie hin zu der humankapitalintensiven Industrie und zu den Bereichen des Dienstleistungssektors geben, die nicht direkt im internationalen Wettbewerb stehen.[149] Es kann also in Folge der Globalisierung – selbst bei ausgeglichenen Handelsbilanzen – zu einer Verschiebung der Anteile von der Industrie zu den

Dienstleistungen bei gleichzeitigem Wandel hin zu humankapitalintensiven Sektoren innerhalb der Industrie kommen. Wie stark die Wirkung des Strukturwandels ist, hängt von der Aufnahmefähigkeit des humankapitalintensiven Sektors der Industrie und der Struktur des Dienstleistungssektors ab.

Europäisches Modell: Im amerikanischen Modell war die flexible Lohnstruktur das entscheidende Instrument, das in einer globalisierten Welt einen Strukturwandel mit Vollbeschäftigung ermöglichte. Im europäischen Modell soll es diese Lohnflexibilität nicht geben. Die Faktor- und Güterpreise ändern sich nach Eintritt der Entwicklungsländer in die Weltwirtschaft nicht. Allerdings sind die Märkte der Industrieländer in dem Sinne offen, daß so viele Güter importiert und exportiert werden können, wie es bei den gegebenen Preisen für beide Ländergruppen effizient ist. Die notwendigen Anpassungen laufen jetzt über eine Mengenstrategie. Der Importdruck von einfacharbeitsintensiven Gütern führt in diesem Szenario zu Arbeitslosigkeit von Einfacharbeit.

Es ist das Verdienst von Krugman (1995a), auf diesen Punkt als erster hingewiesen zu haben. Die entscheidende Annahme ist, daß im europäischen Modell die Lohnstruktur w_S/w_U und damit auch die Faktoreinsatzverhältnisse S/U in jeder Industrie fixiert sein sollen. Eine Lohnstruktur kann unter sonst gleichen Bedingungen aber nur zementiert werden, wenn auch die Güterpreise fixiert bleiben. Das folgt zwingend aus dem Stolper-Samuelson-Theorem. Die Industrieländer können Güterpreisrelationen nur beeinflussen, wenn sie Marktmacht haben. Genau das unterstellt Krugman. Er hält diese Preissetzungsmacht für realistisch, weil kein kleines Land, sondern ein großer Block einflußreicher Länder agiert. Zugespitzt formuliert: Sie können die Preise für (einfach)arbeitsintensive Güter über dem Gleichgewichtsniveau fixieren und somit auch ihre Lohnstrukturen konservieren.[150] Dadurch liegen die Preise für einfacharbeitsintensive Waren über dem Niveau des amerikanischen Modells, was zu höheren Importen und damit zu höherem Anpassungsdruck auf den Arbeitsmärkten führen muß. Warum das mit Arbeitslosigkeit für Einfacharbeit einhergehen muß, kann noch mal durch einen Verweis auf das obige Zahlenbeispiel verdeutlicht werden. Das Beispiel zeigte, daß es bei Aufnahme von Außenhandel bei konstanten Preisen keine Vollbeschäftigung geben kann. Der humankapitalintensive Exportsektor kann bei gegebenen Löhnen nicht alle durch Importdruck freigesetzten Beschäftigten des Qualifikationstyps U aufnehmen, was nichts anderes als den Verzicht auf Output, Beschäftigung und Wohlfahrt bedeutet. Dieser Wohlfahrtsverlust kommt aus zwei Quellen. Zum einen verzichtet das Land auf Terms-of-Trade-Gewinne, denn aufgrund der Faktorpreisfixierung erhöht sich der Preis des Exportgutes relativ zum Importgut nicht. Zum anderen bedeutet die Nichtauslastung des Faktors Arbeit eine geringere Produktion (Siebert, 1996, 11).

Auch im europäischen Szenario kommt es zu einer De-Industrialisierung, wenn das Modell um einen Dienstleistungssektor erweitert wird, der nicht-handelbare Güter produziert. Der Importdruck wird diese Tertiarisierung um so eher begünstigen, je weniger expansionsfähig der humankapitalintensive Industriesektor ist und je mehr Beschäftigte der Dienstleistungssektor bei der gegebenen Lohnstruktur aufnehmen kann. Beschleunigt wird die De-Industrialisierung, wenn im Zuge des Strukturwandels humankapitalintensive Dienstleistungen mit entsprechend hohen Produktivitäten entstehen (Kapitel 6.3). Das Beschäftigungsproblem für Einfacharbeit kann der Dienstleistungssektor aber dann nicht lösen, wenn dort die gleichen starren Lohnstrukturen herrschen wie in der Industrie oder das Lohnniveau gemessen an den dortigen Produktivitäten zu hoch ist. Die Lohnstruktur muß dabei nicht durch Tariflöhne bestimmt werden, sondern kann auch die Folge implizit festgelegter Mindestlöhne durch das Sozial- und Transfersystem sein.

Diese Schlußfolgerung ist wichtig für das Verständnis der Arbeitsmarktsituation in vielen europäischen Ländern. Obwohl der Dienstleistungssektor nicht direkt von der Globalisierung betroffen ist, weil keine handelbaren Güter produziert werden sollen (siehe für eine differenziertere Analyse Kapitel 6.3), ist er doch für die Fähigkeit zur Absorbierung des Globalisierungsschocks entscheidend. Sehr vereinfacht ausgedrückt: Die Globalisierung setzt Einfacharbeit frei, die bei gegebenen Qualifikationen und Produktivitäten nur bei Hinnahme einer höheren Einkommensungleichheit Beschäftigung findet. Der Dienstleistungssektor kann dann kein Auffangbecken für diese Beschäftigten sein, wenn die Lohnpolitik oder die Sozialpolitik eine solche Lohnspreizung nicht zuläßt. Da gerade in Deutschland untere Lohngruppen nur noch schwach besetzt sind[151] und die Ausgestaltung des Einkommen-Transfer-Systems die Schaffung von Einfacharbeitsplätzen erschwert, könnte gerade dies ein Teil der Dienstleistungslük-ke im Bereich der Einfacharbeit (Klös, 1997a) erklären.

Im europäischen Szenario ergeben sich als testbare Hypothesen der Globalisierung deshalb:

- ☐ Unveränderte Preisrelationen, starre Lohnstrukturen und konstante Faktoreinsatzverhältnisse

- ☐ Strukturwandel von der L- zur H-Industrie und eine Tertiarisierung vor allem im Bereich qualifikationsintensiver Dienstleistungen

- ☐ Unterbeschäftigung der Einfacharbeit.

Das amerikanische und das europäische Szenario zeichnen aus vielen Gründen ein unvollständiges Bild der Realität und können nur als Denkmodell zur Beschreibung der grundlegenden Wirkungszusammenhänge dienen. Trotzdem lassen sich daraus in sinnvoller Weise die obigen empirischen Hypothesen ableiten, die überprüft werden und Aufschluß darüber geben können, ob die Globalisierung wirklich die beschriebenen Verteilungseffekte verursacht hat. Dieser empirischen Überprüfung widmet sich der nächste Abschnitt.

6.1.2 Empirische Überprüfung

Bevor die oben abgeleiteten Hypothesen sinnvoll überprüft werden können, muß sichergestellt sein, daß die wesentlichen Grundannahmen stimmen. In den vorhergehenden Kapiteln wurde gezeigt, daß in allen OECD-Ländern der Strukturwandel tatsächlich in Richtung der humankapital- und technologie-intensiven Sektoren läuft. Auch die Entwicklung der Einkommensverteilung in den USA und die Arbeitsmarktentwicklung in Europa stimmt mit der theoretisch vorhergesagten Richtung überein (Kapitel 3). Dazu gibt es gesicherte empirische Hinweise (Wood, 1994, 1995; Barro/Lee, 1993), daß der Norden (das sind im Kern die OECD-Länder) reichlicher mit qualifizierter und der Süden (Nicht-OECD-Länder) mit wenig qualifizierter Arbeit ausgestattet ist. Die Grundannahmen der oben diskutierten Modelle scheinen damit realistisch zu sein. Die Vermutung eines kausalen Zusammenhangs zwischen der Globalisierung und den beschriebenen Effekten auf den Arbeitsmärkten wird nicht nur durch ihre zeitliche Koinzidenz genährt, sondern auch durch deren Erklärung im Rahmen eines theoretisch konsistenten Modells. Kann es vor diesem Hintergrund überhaupt noch Zweifel an der Hypothese geben, daß die Erfolge der Schwellen- und Entwicklungsländer auf den Weltmärkten Ursache für die Verwerfungen in den Arbeitsmärkten der Industrieländer sind? Im folgenden wird durch einen Überblick über die vorhandene empirische Literatur gezeigt, daß die Hypothese trotz der hohen a priori Vermutung (eher) nicht bestätigt werden kann.

Die vorliegenden empirischen Überprüfungen können in zwei große Gruppen unterteilt werden – die Faktorgehaltsanalysen und die Implikationstests.

Bei *Faktorgehaltsanalysen* werden die Faktorbündel gemessen, die in den Güterexporten und -importen enthalten sind und damit indirekt gehandelt werden. Ermittelt werden dabei vor allem die in den Exporten und Importen eines Landes steckenden Mengen an Arbeitsstunden verschiedener Qualifikationen. Danach wird daraus die hypothetische – handelsbedingte – Veränderung der Faktornachfrage berechnet. Wirkungen des Güterhandels auf den Arbeitsmarkt werden dann vermutet, wenn die „Handelsbilanzen der Faktorbündel" nicht ausgeglichen sind. Ein Überschuß der Importe von Low-Tech-Gütern bedeutet gleichzeitig einen Import von Einfacharbeit, die zur vorhandenen Einfacharbeit in Konkurrenz tritt (Importsubstitutions-Hypothese). Mit Hilfe von Arbeitsnachfrageelastizitäten können schließlich die Effekte auf die Lohnstruktur bestimmt werden. Wird in einem Land ein bestimmter Prozentsatz der Einfacharbeitsplätze durch Handel ersetzt und ist bekannt, wie stark der Lohn für Einfacharbeit fällt, wenn die Nachfrage zurückgeht, kann daraus die handelsbedingte Reallohnsenkung errechnet werden. Umgekehrt wird die Reallohnsteigerung für qualifizierte Arbeit berechnet, die in dem Export von Gütern steckt, deren Produktion überdurchschnittlich viel qualifizierte Arbeit erfordert. Aus diesen Informationen läßt sich dann eine hypothetische handelsbedingte Lohnspreizung berechnen. Diese Vorgehensweise wird hauptsächlich von Arbeitsökonomen bevorzugt. Die Analysen sind meistens partialanalytisch, betrachten nur Mengenänderungen und lassen Preiseffekte weitgehend unbeachtet.

Implikationstests: hingegen überprüfen, ob die in den Modellen abgeleiteten Implikationen auch in der Realität zu beobachten sind. Im

Vordergrund stehen hier die Analyse von Preisentwicklungen und Faktorintensitäten. Diese Art der Überprüfung wird von Außenwirtschaftsökonomen bevorzugt, die eher im Rahmen allgemeiner Gleichgewichtsmodelle diskutieren. Hier kommt es vor allem auf die Preiseffekte an, wie sie durch das Stolper-Samuelson-Theorem beschrieben wurden.

Ergebnisse der Faktorgehalts-Studien

Die Ergebnisse sind nicht einheitlich, können aber zu folgenden Kernaussagen zusammengefaßt werden:

☐ Faktorgehalts-Studien zeigen mehrheitlich (Murphy/Welsh, 1991, 1993; Borjas/Freeman/Katz, 1992; Sachs/Shatz, 1994), daß die USA über Güterhandel einfache Arbeit importiert und hochqualifizierte Arbeit exportiert haben. Die Effekte sind aber relativ klein. Heute besteht weitgehend Konsens darüber, daß der internationale Handel in den Industrieländern zwar die Nachfrage nach einfacher Arbeit verringert hat, aber eher einen geringen Beitrag zur Erklärung der zunehmenden Einkommensungleichheit oder der wachsenden Arbeitslosigkeit leisten kann. Lawrence (1996, 52) schätzt, daß damit nur 10 Prozent des gesamten Effektes erklärt werden können; Freeman (1995, 25) gibt ein Intervall zwischen 10 bis 20 Prozent an.

☐ Eine wichtige Ausnahme von diesem Befund stellt die Arbeit von Wood (1994) dar. Er berechnet, daß zwischen 1960 und 1990 im Verarbeitenden Gewerbe der Industrieländer über 12 Prozent der Beschäftigung durch den Nord-Süd-Handel verloren gegangen sind. Die von Wood berechneten Effekte sind etwa achtmal höher als in den anderen (klassischen) Faktorgehaltsstudien. Der entscheidende Grund ist, daß Wood bei der Umrechnung der Handelsbilanzsalden in Beschäftigungssalden nicht die Faktorintensitäten der Industrieländer, sondern die der liefernden Entwicklungsländern benutzt. Er kommt dann zu höheren Verdrängungseffekten, weil die Entwicklungsländer arbeitsintensiver produzieren als die Industrieländer. Wood unterstellt damit, daß erst das Aufkommen neuer Konkurrenten die Industrieländer gezwungen habe, eine andere Faktorintensität zu wählen. Nach Auffassung Woods hat der Nord-Süd-Handel bereits die heimische Produktion besonders einfacharbeitsintensiver Güter vollständig ersetzt. Die Güter der Industrie- und Entwicklungsländer wären keine

Substitute mehr. Aber genau an diesem Punkt setzt die massive Kritik (Burtless, 1995, Bhagwati, 1995) an Wood an. Wenn die Güter keine Substitute mehr sind, stehen sie auch nicht im Wettbewerb zueinander und folglich kann es auch keine Lohnstruktureffekte über den Stolper-Samuelson-Mechanismus geben.

□ Bei einer Erweiterung des Modells um einen binnenorientierten Dienstleistungssektor zeigen Regressionsanalysen von Saeger (1996), daß etwa 25 bis 30 Prozent der De-Industrialisierung in den OECD-Ländern durch Nord-Süd-Handel erklärt werden können.

□ Für Deutschland gibt es nur wenige Untersuchungen zum Faktorgehalt der Importe und Exporte. Die wichtigste stammt von Fitzenberger (1996). Er stellt für Westdeutschland für die Zeit zwischen 1970 und 1990 fest, daß ein komparativer Vorteil bei humankapitalintensiver Produktion besteht. Dabei unterscheidet er drei Arten von Arbeit: Arbeitskräfte ohne Berufsausbildung (Typ A oder low-skilled), mit Berufsabschluß (Typ B oder skilled) und mit Universitäts- oder Fachhochschulabschluß (Typ C oder high-skilled).[152] Der Handelsbilanzüberschuß in Relation zum Produktionswert ist in den einzelnen Branchen um so höher, je höher das durchschnittliche Qualifikationsniveau der Beschäftigten war. Werden allerdings die Export- und Importquoten (wiederum als Anteil am Produktionswert) alleine betrachtet, zeigt sich ein U-förmiger Verlauf. Sie sind in Branchen höher, die überdurchschnittlich geringqualifizierte oder hochqualifizierte Mitarbeiter einsetzen. Im Umkehrschluß heißt das: Die Import- und Exportquoten sind in den Branchen am niedrigsten, die überdurchschnittlich viel Arbeitskräfte mit dem Qualifikationstyp B einsetzen. Interessant ist ein Blick auf die Unterschiede zwischen den Typ-A- und den Typ-C-Branchen. Die Exporte enthalten mehr High-skilled- als Low-skilled-Beschäftigte, während es bei den Importen genau umgekehrt ist. Der deutsche Außenhandel hat also in der Tendenz die gleiche Struktur wie der der USA: Import von Einfacharbeit und Export hochqualifizierter Arbeit.

Kritik an Faktorgehaltsanalysen

Zwei grundlegende Einwände gegen die Faktorgehaltsanalysen haben zu einer völlig anderen Art der empirischen Überprüfung der Globalisierungswirkungen geführt. Das erste Einwand ist ein quantitativer und der zweite ein qualitativer.

Der quantitative Einwand: Factor-Content-Modelle werden kritisiert, weil die Importe von Industriewaren aus Entwicklungs- und Schwellenländern zwar gestiegen sind, aber heute erst rund 2 Prozent des Sozialprodukts der Industrieländer ausmachen würden. Solche kleinen Mengen könnten nicht eine so starke Verschiebung der Einkommensverteilung in den USA oder die Erhöhung der Arbeitslosigkeit in Europa erklären. Außerdem sei der Anteil des direkt im internationalen Wettbewerb stehenden Verarbeitenden Gewerbes in manchen OECD-Ländern schon kleiner als 20 Prozent. Deshalb könne der im Zuge der Globalisierung gestiegene Nord-Süd-Handel die Effekte nicht erklären, die in der Gesamtwirtschaft der Industrieländer zu beobachten seien (Krugman, 1995a).

Der empirische Befund der Tabelle 6-1 stützt dieses Argument grundsätzlich. Der Anteil der Entwicklungsländer[153] an der Inlandsnachfrage im Verarbeitenden Gewerbe ist zwar in der EU, in Nordamerika und in Japan deutlich angestiegen. Die Importpenetration ist aber mit Werten zwischen 2,7 Prozent in Japan und 6,4 Prozent in den USA verhältnismäßig gering.

Ein Blick auf die Sektoren zeigt, daß die Vorhersagen der Theorie zumindest in der Richtung stimmen. Die Marktanteile der Entwicklungsländer erreichen in klassischen arbeitsintensiven Industrien (Bekleidung und Schuhe) und bei standardisierten Produkten (Teile der Elektrotechnik, wie standardisierte Motoren oder Bauelemente) sehr hohe Werte.[154] So stammen in den USA schon über 40 Prozent der inländischen Nachfrage nach Bekleidung und Schuhen aus den Fabriken der Entwicklungsländer – 1980 waren es erst 14 Prozent. Die Tabelle verdeutlicht aber auch, daß die größte Dynamik in der Importpenetration nicht aus Entwicklungsländern, sondern aus dem intra-regionalen Handel zwischen Industrieländern stammt. Dieser Punkt wird später in Kapitel 6.3 aufgegriffen.

Tabelle: 6-1

Anteile der Importe und Exporte an der Inlandsfrage[1] nach Regionen

in Prozent

	EU		USA/Kanada		Japan	
	1980	1994	1980	1994	1980	1994
	Verarbeitendes Gewerbe					
Importe	8,9	13,1	7,0	13,8	5,3	6,4
darunter: EL[2]	2,6	4,6	2,5	6,4	2,0	2,7
Exporte	12,1	15,6	7,6	9,3	14,5	13,5
	Nahrungsmittel					
Importe	5,3	4,9	3,5	2,9	6,4	6,5
darunter: EL	2,8	3,0	1,9	1,5	2,2	3,0
Exporte	4,9	5,2	4,4	4,3	1,3	0,4
	Textilprodukte					
Importe	9,9	14,6	5,1	8,8	5,6	8,0
darunter: EL	4,9	8,9	2,5	5,3	3,1	5,4
Exporte	9,4	16,5	5,8	4,6	14,1	9,0
	Bekleidung und Schuhe					
Importe	16,6	39,1	17,7	45,6	12,9	33,0
darunter: EL	12,4	31,5	14,3	41,2	9,3	26,8
Exporte	9,2	15,0	2,5	5,0	3,9	1,3
	Holz, Papier, Druck					
Importe	6,5	6,5	1,3	2,1	3,6	4,4
darunter: EL	1,6	1,9	0,6	1,0	0,7	1,6
Exporte	5,7	6,5	5,3	5,2	1,4	1,0
	Chemie, Gummi und Plastik					
Importe	8,9	9,7	5,9	10,0	7,7	6,9
darunter: EL	2,9	2,8	3,7	4,6	4,7	3,1
Exporte	10,3	13,0	5,8	9,5	6,0	9,1

noch Tabelle 6-1

	EU		USA/Kanada		Japan	
	1980	1994	1980	1994	1980	1994
	Eisen/Stahl, Metallprodukte					
Importe	3,8	6,0	5,7	10,1	1,4	2,2
darunter: EL	0,8	1,9	1,1	4,3	0,5	1,4
Exporte	12,1	5,8	3,6	3,2	18,0	7,1
	Maschinenbau					
Importe	12,2	22,7	8,3	25,9	4,9	6,1
darunter: EL	0,6	5,2	0,9	9,4	0,3	1,9
Exporte	28,7	32,2	18,9	18,9	25,5	31,0
	Elektrotechnik					
Importe	9,1	18,1	10,6	29,2	2,7	4,9
darunter: EL	1,9	6,6	5,3	17,2	0,9	2,6
Exporte	11,9	16,3	8,9	15,9	26,3	21,4
	Transportgüter					
Importe	9,1	12,0	11,1	14,1	3,3	4,0
darunter: EL	1,1	1,8	0,4	2,6	0,3	0,2
Exporte	19,2	21,2	10,3	10,3	44,9	28,1

[1] Produktion minus Export plus Importe (ohne intra-regionalen Handel)
[2] Entwicklungsländer in Abgrenzung der UN
Quelle: UNCTAD (1997, 330 ff.), eigene Berechnungen

Der qualitative Einwand: Die Kritiker der Factor-Content-Modelle (Lawrence/Slaughter, 1993; Deardorff/Hakura 1994; Richardson, 1995; Bhagwati/Deheija 1994 und vor allem Leamer 1994, 1996a, 1996b) stellen alle auf den im Stolper-Samuelson-Theorem behaupteten Zusammenhang zwischen Güterpreisen und Faktorpreisen ab. Sie betonen, daß nicht Mengenänderungen, sondern Grenzpreisänderungen auf den Gütermärkten entscheidend für Faktornachfrage und Lohnstrukturen seien. Dieser Zusammenhang zwischen Güter- und Faktorpreisen ist dann plausibel, wenn niemand die Möglichkeit hat, den Weltmarktpreis zu beeinflussen. Änderungen der relativen Güterpreise zugunsten humankapitalintensiver Güter sind deshalb aufgrund des flexibleren Arbeitsmarktes eher im amerikanischen Szenario zu erwarten.

Über Güterimporte oder -exporte gehandelte Faktorbündel – also Mengen – sind bei dieser Sichtweise irrelevant. Eine marginale Veränderung der Preise allein würde ausreichen, um unter Wettbewerbsbedingungen die entsprechenden Faktorpreiseffekte zu beobachten.[155] Diese Effekte wären dann nicht auf die unmittelbar im internationalen Wettbewerb stehenden Branchen beschränkt, sondern würden sich bei kompetitiven Arbeitsmärkten in Industrieländern entweder durch Strukturwandel hin zu Sektoren mit geringer Qualifikationsintensität bemerkbar machen oder gesamtwirtschaftlich zu der beschriebenen stärkeren Lohndifferenzierung führen. Das Argument, daß die Importe der Entwicklungs- und Schwellenländer gemessen am Sozialprodukt der Industrieländer kaum Gewicht haben, wäre dann bedeutungslos.[156]

Ergebnisse von Implikationstests

Die Implikationstests prüfen deshalb unmittelbar die Konsistenz der vorne im Rahmen allgemeiner Gleichgewichtsmodelle abgeleiteten theoretischen Hypothesen mit der Empirie. Im Mittelpunkt steht die Überprüfung der These,[157] daß die Globalisierung

- ☐ zumindest im amerikanischen Modell zu relativ fallenden Preisen bei (einfach)arbeitsintensiven Gütern und
- ☐ in allen Branchen zu einer Abnahme der Humankapitalintensität

führen muß. Die wichtigsten empirischen Ergebnisse (für Details siehe Kasten Seite 333 ff.) sind:

Relative Güterpreise: Die empirischen Überprüfungen der Güterpreisänderungen führen zu keinen einheitlichen Ergebnissen. Sie weisen aber in der Mehrheit nicht oder zumindest nicht durchgängig darauf hin, daß die Preise für (einfach)arbeitsintensive Güter relativ gefallen sind. Wenn in einigen Untersuchungen die Preisentwicklung in die vermutete Richtung gegangen ist, dann waren die Effekte jedoch so schwach, daß sie die Lohnstrukturänderung und die Änderung auf den Arbeitsmärkten nicht erklären konnten (Lawrence, 1996). In den USA sind eher als in Europa Preisänderungen zu beobachten, wie sie dem Stolper-Samuelson-Theorem entsprechen. Insgesamt werden diese Ergebnisse überwiegend als Hinweis gewertet, daß die Globalisierung nicht die Ursache für die zunehmende Lohnstreuung oder die zunehmende Arbeitslosigkeit für Einfacharbeit sein kann.

Humankapitalintensität: Während zumindest Zweifel bestehen, ob die empirisch beobachteten Veränderungen der relativen Güterpreise mit den theoretischen Vorhersagen des Globalisierungs-Szenarios übereinstimmen, ist dies im Hinblick auf die Veränderung der Humankapitalintensität völlig anders. Die empirischen Beobachtungen entsprechen eindeutig nicht den theoretischen Hypothesen. Sowohl im amerikanischen als auch im europäischen Szenario hätte die Globalisierung in Form der Integration von Schwellen- und Entwicklungsländern in die Weltwirtschaft in allen Branchen zu einer Abnahme der Humankapitalintensität – also des Einsatzverhältnisses zwischen hochqualifizierter und weniger qualifizierter Arbeit – führen müssen. Das Gegenteil ist eingetreten. In Kapitel 3 wurde dargelegt, daß in allen Branchen und allen Ländern, die bisher untersucht wurden, ein „upskilling-Prozeß" feststellbar ist. Gerade dieser Befund hat in der Literatur große Skepsis verbreitet, ob die Globalisierungsthese, verstanden als weltweite Zunahme von Einfacharbeit, empirisch wirklich trägt.

Empirische Implikationstests

Terms-of-Trade: Als ersten Beleg für die Gültigkeit des Stolper-Samuelson-Theorems und damit als Indiz der Wirkung der Globalisierung auf die Arbeitsmärkte in der OECD könnten die steigenden Terms of Trade der Industrieländer im Vergleich zu denen der Entwicklungsländer gewertet werden. Sowohl die Daten des IMF (1997a, 128) als auch der UNO (UNCTAD, 1997, 42) zeigen, daß sich in den letzten fünfzehn Jahren die Ausfuhrpreise der Güter der Industrieländer besser entwickelt haben als die der Entwicklungsländer. Das gilt auch für einzelne Länder, wie etwa für Deutschland oder die USA.

Gewichtete Preise: Vergleiche von Güterpreisen ohne direkten Bezug zu den in diesen Gütern steckenden Faktorbündeln können aber nicht zur empirischen Untermauerung der Stolper-Samuelson-Hypothese verwendet werden. Deshalb arbeiten alle empirischen Untersuchungen mit gewichteten Preisen. Sie unterscheiden die Güter nach ihrer Humankapitalintensität und analysieren die Entwicklung dieser Preise über die Zeit. Das größte Problem besteht darin, die Qualifikationsintensität zu messen, die der Produktion der Güter zugrundeliegt. In den meisten Untersuchungen werden die Qualifikationsunterschiede durch den Anteil der Arbeiter an der Gesamtbeschäftigung (Arbeiter und Angestellte) der betreffenden Industrie gemessen. Je höher der Arbeiteranteil ist – so die Hypothese –, desto geringer ist die Humankapitalintensität des Sektors. Einige Untersuchungen gewichten die Beschäftigtenstruktur mit den formalen Bildungsabschlüssen der Mitarbeiter. Auch das kann die tatsächliche Qualifikationsstruktur nur sehr unvollkommen abbilden. Alle empirischen Untersuchungen stehen deshalb unter einem methodologischen Vorbehalt. Die wichtigsten Arbeiten sind nachfolgend dargestellt.

Lawrence/Slaughter (1993, 196 ff.) zeigen, daß die Preise der Güter, bei deren Produktion relativ intensiv „production workers" eingesetzt wurden, stärker gestiegen sind als die Preise der Güter, bei denen intensiver „non-production workers" eingesetzt wurden. *Lawrence (1996, 62)* bestätigt diesen Befund für das Verarbeitende Gewerbe der USA, Japans und Deutschlands. Er findet einen negativen – und nicht wie theoretisch vermutet einen positiven – Zusammenhang zwischen dem Wachstum der Großhandels-, der Import- und Exportpreise und der Humankapitalintensität der Branchen. Dabei wurde letztere in den USA durch die Relation der Beschäftigten mit mindestens einem College-Abschluß zu solchen mit höchstens einem High-School-Abschluß gemessen. Für Deutschland benutzt Lawrence (1996) als Schätzgröße für die Humankapitalintensität verschiedener Branchen die jeweiligen Arbeiter- und Angestelltenanteile an der Gesamtbeschäftigung. Er findet keinen Hinweis auf relativ fallende Preise in den arbeiterintensiven Sektoren.

Leamer (1996a, 1996c) kommt zu dem Ergebnis, daß es eine das Stolper-Samuelson-Theorem stützende Preisentwicklung in den USA nur bis Anfang der achtziger Jahre gab. Für den Zeitraum danach kann kein Rückgang der Preise arbeitsintensiver Güter mehr festgestellt werden, was vor dem Hintergrund verwundert, daß die Globalisierung gerade in dieser Zeit stattfand. Auch *Neven/Wyplosz (1996, 7)* erkennen bei einer Untersuchung von 80 Branchen für Frankreich, Deutschland, Italien und Großbritannien in der Zeit zwischen 1976 und 1990 keinen strengen Zusammenhang zwischen relativen Preisen und der Humankapitalintensität der Branchen (wiederum gemessen als Verhältnis der Beschäftigung von Arbeitern und Angestellten). *Baldwin/Cain (1997)* haben die Humankapitalintensität der Branchen in den USA an der Dauer der Schulausbildung (höchstens 11 Jahre, 12 Jahre, mindestens 13 Jahre) ihrer Beschäftigten gemessen. Sie stellen fest, daß es nur einen schwachen Zusammenhang zwischen Preisentwicklung und Humankapitalintensität gibt. Bei einer Beschränkung der Analyse auf das Verarbeitende Gewerbe zeigte sich für den Zeitraum 1979 bis 1991 jedoch, daß sich die Preise der Branchen mit einem überdurchschnittlichen Anteil an Beschäftigten mit einer Schulbildung von mindestens 13 Jahren nur unterdurchschnittlich entwickelt hatten.

Eher zu einer Bestätigung der Stolper-Samueslon-Hypothese für die USA kommen *Gundlach (1996)* und vor allem *Sachs/Shatz (1994, 1996)*. Letztere finden eine etwas bessere Preisentwicklung für „non-production-workers"-intensive Güter, erhalten diesen Effekt aber nur, wenn die Preisentwicklung bei Computern unberücksichtigt bleibt.[158] *Sachs/Shatz (1996)* bestätigen ihr Ergebnis für die Jahre 1979 bis 1990 für die USA. Sie teilen die 131 Sektoren des Verarbeitenden Gewerbes und des Dienstleistungssektors nach dem Grad der Humankapitalintensität in je zwei Gruppen (low-skill und lower-skill) ein.[159] Die Wertschöpfungspreise der high-skill-Industrien des Verarbeitenden Gewerbes wuchsen um 58 Prozent, die der low-skill-Bereiche nur um knapp ein Drittel. Eine ähnliche Relation wurde für die Dienstleister ermittelt. Kritisch bleibt auch in dieser Untersuchung die Nichtberücksichtigung der Preise der Computer-Industrie.

Sehr differenzierte Ergebnisse für den Zeitraum 1973 bis 1992 legt *Saeger (1996)* vor. Er stellt zunächst fest, daß es keinen Zusammenhang zwischen Preisen und Humankapitalintensität (gemessen an dem Arbeiter-Angestellten-Verhältnis) gibt, wenn in einer Regressionsanalyse alle OECD-Länder zusammen betrachtet werden. Interessanterweise gibt es aber den erwarteten Preiseffekt in der Periode 1979 bis 1992, wenn man die USA und Kanada alleine betrachtet. Für den Zeitraum 1973 bis 1979 – also die Zeit vor der Globalisierung – war dieser Zusammenhang genau umgekehrt. Das widerspricht dem Zeitprofil, das *Leamer (1996a)* herausgefunden haben will. In der anderen Gruppe – also OECD ohne Nordamerika – kann keine Preisentwicklung beobachtet werden, die die Globalisierungsthese stützen würde. Dieses Ergebnis ist zumindest auf den ersten Blick konsistent mit den Voraussagen der Anpassungsreaktionen im europäischen Szenario inflexibler Arbeitsmärkte. Dort sind solche Preiseffekte gerade nicht zu erwarten. Nicht vereinbar mit dieser Hypothese ist aber ein weiterer Befund von Saeger (1996, 142). Für Deutschland findet er einen positiven Zusammenhang zwischen Güterpreisen und Humankapitalintensität. Dies überrascht, denn gerade der Arbeitsmarkt in Deutschland ist hoch reguliert und entspricht am ehesten den Eigenschaften, wie sie dem europäischen Szenario zugrunde liegen. Daraus folgen zunächst zwei Ableitungen. Erstens, um wirklich belastbare Ergebnisse zu erhalten, müssen empirische Analysen im Hinblick auf die Messung der Humankapitalintensität trennschärfer werden. Zweitens muß überprüft werden, ob nicht andere Effekte die Wirkung der Globalisierung überdecken. Immer wieder genannt wird damit der technische Fortschritt, wie die Analyse in Kapitel 5.5 zeigte. Im nächsten Abschnitt wird diskutiert, welche der beiden Einflußgrößen – Globalisierung oder technischer Fortschritt – relativ bedeutender ist.

Eine im Hinblick auf die Messung der Humankapitalintensität weiterführende Arbeit für Westdeutschland ist die schon erwähnte Studie von *Fitzenberger* (1996). Er stellt für die Zeit von 1970 beziehungsweise 1975 bis 1990 fest, daß die Preise der Branchen, deren Güter überdurchschnittlich international gehandelt werden, relativ zum Durchschnitt gefallen sind. Dieser Effekt war stärker bei kapitalintensiven als bei arbeitsintensiven Gütern. Die Güter der Branchen, die überdurchschnittlich Arbeitskräfte vom Qualifikationstyp C beschäftigen, haben die ungünstigste Preisentwicklung, danach folgen die A-intensiven Industrien. Die relativ beste Preisperformance weisen die Branchen auf, die intensiv Beschäftigte vom Qualifikationstyp B haben. Nimmt man diese Preisentwicklung als Maß für die Intensität des Wettbewerbs, ist festzustellen, daß das deutsche Verarbeitende Gewerbe sowohl bei Einfacharbeitsplätzen als auch im Bereich der hochqualifizierten Arbeitsplätze unter Anpassungsdruck geraten ist. Der überdurchschnittliche Preisrückgang für die A-Industrien ist mit der Stolper-Samuelson-Hypothese vereinbar, nicht aber der noch stärkere Preisdruck der Güter der C-Industrien.

Dieser Befund wird auch durch die Entwicklung der Wertschöpfungs-, Export- und Importpreise für den Zeitraum 1980 bis 1995 für Westdeutschland bestätigt, wenn die Branchen nach ihrer Humankapitalintensität klassifiziert werden, wie sie auch der Analyse des Kapitels 2.7 zugrundelag und die Gewichte des Ausgangsjahres benutzt werden. Es zeigt sich auch hier deutlich der parabelförmige Verlauf: am schlechtesten haben sich die Preise der Branchen mit niedriger Humankapitalintensität entwickelt.[160] Die beste Preisperformance hatten die Branchen mit einer mittleren Qualifikationsstruktur. Dazwischen lagen die Industrien mit besonders hoher Humankapitalintensität.[161] Dieser Befund und die Ergebnisse von Fitzenberger bestätigen nicht in vollem Umfang die Arbeit von *Saeger* (1996), der einen durchgehend positiven Zusammenhang zwischen Preisen und Humankapitalintensität in Deutschland herausgefunden hatte. Offensichtlich ist der Markt gespalten und sieht sich unterschiedlichen Wettbewerbsbedingungen und Wettbewerbern gegenüber. Dieser Punkt wird weiter unten nochmals aufgegriffen.

Schlußfolgerungen und offene Fragen

Die empirischen Untersuchungen zu den Implikationstests lassen einige Fragen offen und zwingen zu einer sehr vorsichtigen Interpretation der Ergebnisse. Es gibt zwei Arten von Einwänden – empirisch-methodologische und theoretisch-fundamentale:

Empirisches Meßproblem: Sehr schwierig ist die Definition von einfacharbeitsintensiven und qualifikationsintensiven Gütern und damit auch die Konstruktion der entsprechenden Preisindices. Dieses Problem der Definition von Qualifikation ist in allen vorliegenden Arbeiten unbefriedigend gelöst. Sehr umstritten ist beispielsweise die von Lawrence/Slaughter (1993) benutzte Unterscheidung zwischen Arbeitern und Angestellten als Unterscheidungsmerkmal für Humankapitalintensität. Selbst die von Fitzenberger (1996) benutzte Klassifizierung nach der formalen Ausbildung läßt offen, ob damit die wirkliche „qualification on the job“ abgebildet werden kann.

Theoretische Inkonsistenz: Schwierigkeiten bringt auch die übliche Annahme, daß einzelne Länder keinen Einfluß auf den Weltmarktpreis haben. Krugman (1995a) weist mit Recht darauf hin, daß diese Annahme für ein kleines Land vielleicht gelten mag, aber fragwürdig ist, wenn man Ländergruppen wie die OECD- und die Nicht-OECD-Länder betrachtet. Die klassischen Industrieländer haben Marktmacht, und damit Einfluß auf die Weltmarktpreise und können diese fixieren (europäisches Szenario). In diesem Fall dürfte die Globalisierung keine systematischen Preiseffekte induziert haben. Die zitierten Arbeiten zeigen, daß sich auch in den europäischen Ländern die Preise verändert haben, wenn auch vielfach mit einem Vorzeichen, das nicht mit dem Stolper-Samuelson-Theorem übereinstimmt. Daraus muß gefolgert werden, daß entweder im Modell Krugmans die Rückwirkungen der starren Löhne auf die Güterpreise im europäischen Szenario nicht überinterpretiert werden dürfen oder daß andere Einflußfaktoren für diese Preisentwicklung (zum Beispiel Technologie) verantwortlich sind.[162]

Den Finger in diese Wunde legt vor allem Davis (1996), der in einem integrierten Modell die Wirkungen der Globalisierung in den USA und Europa analysiert und dabei unterstellt, Europa könnte wirklich das Lohndifferential w_S/w_U und damit auch die Weltmarktpreisrelation p_H/p_L einfrieren. Wenn die Güterpreisrelationen weltweit aber eingefroren bleiben, müssen die USA auf den Eintritt der Entwicklungsländer in die Weltwirtschaft auch nicht mit der Änderung ihrer Lohnstruktur reagieren. Oder anders ausgedrückt: Die USA würden auf jede marginale Änderung der Güterpreise sofort mit einer entsprechenden Korrektur ihrer Lohnstruktur reagieren und damit den Markteintritt der Entwicklungsländer erschweren. Anders in Europa. Diese Volkswirtschaften halten an den alten Lohnstrukturen fest und determinieren damit gleichzeitig die relativen Güterpreise. Es fließen dann soviel Importe von einfacharbeitsintensiven Gütern ins Land, wie es bei gegebenen Güter- und Faktorpreisen für beide Seiten rational ist. In Europa entlädt sich aufgrund der vorne beschriebenen Mengenstrategie der gesamte Importdruck. In der Logik des Modells kann Europa die Lohnrelationen nur konstant halten, wenn Einfacharbeitskräfte freigesetzt und so das Produktionsniveau der einfacharbeitsintensiven Industrie künstlich niedrig gehalten wird. Genau das schafft die Freiräume für zusätzliche Importe. Da Europa über die Faktorpreise auch die Weltmarktpreise implizit festlegt, denn in einer integrierten Welt kann es keine unterschiedlichen Güterpreise in Europa und in den USA geben, gibt es auch in den USA keine globalisierungsbedingten Güterpreisänderungen und besteht auch dort keine Notwendigkeit, die

Faktorpreisrelationen anzupassen. Im Ergebnis schützen die Arbeitsmarktregulierungen in Europa die unqualifizierten Arbeitskräfte in den USA vor dem Wettbewerb der dritten Welt und wälzen den gesamten Anpassungsdruck auf Europa ab. Die gestiegenen Marktanteile von Entwicklungsländern gerade in den arbeitsintensiven Bereichen in den USA (Tabelle 6-1) zeigen deutlich, daß die Empirie mit dieser Hypothese nicht in Einklang steht. Die richtige Schlußfolgerung aus der analytisch sauberen Ableitung von Davis ist, daß die beobachtbaren Effekte auf den Arbeitsmärkten von anderen Einflußgrößen überlagert werden oder das Phänomen der Globalisierung nicht hinreichend mit dem bisherigen Modell erklärt werden kann – also mehr ist als die Zunahme von Einfacharbeit in der Welt.

Fazit: Unbesehen aller Interpretationsschwierigkeiten im Detail können die Ergebnisse sowohl der Faktorgehaltsanalysen und der Implikationstests zu der Aussage verdichtet werden, daß die Globalisierung allein den Strukturwandel auf den Arbeitsmärkten in Richtung mehr Einkommensungleichheit (Amerika) oder höhere Arbeitslosigkeit von Einfacharbeit (Europa) nicht erklären kann. Das wiederum darf nicht zu dem Trugschluß verleiten, die Globalisierung in der Interpretation als weltweite Zunahme von Einfacharbeit hätte keine Wirkung. Die Schlußfolgerung muß eine andere sein: Es muß andere Faktoren geben, deren Effekte stärker sind als die der Globalisierung. Dazu könnte vor allem der technische Fortschritt gehören.

6.1.3 Technischer Fortschritt oder Globalisierung?

Aus der obigen Analyse läßt sich der Schluß ziehen, daß wesentliche empirische Beobachtungen nicht mit der Globalisierungsthese in Einklang stehen. In der Literatur hat sich als überwiegende Meinung herausgestellt, daß die Globalisierung im Vergleich zu anderen Faktoren nur eine untergeordnete Rolle bei der Erklärung des Strukturwandels spielt (Baldwin/Cain, 1997; Landmann/Pflüger, 1996, 1998). Slaughter/Swagel (1997) schätzen den Erklärungsbeitrag der Globalisierung zur wachsenden Einkommensungleichheit zwischen Einfacharbeit und qualifizierter Arbeit auf etwa 10 bis 20 Prozent. Vor allem Lawrence (1996) und Krugman (1996b) leiten daraus etwas voreilig die Schlußfolgerung ab: Wenn es die Globalisierung nicht gewesen ist, kann nur der technische Fortschritt die empirischen Phänomene einer steigenden Humankapitalintensität und zunehmenden Einkommensungleichheit in den USA oder Arbeitslosigkeit für Einfacharbeit in Europa erklären. Leamer (1994, 1996a, 1996b) und Landmann/Pflüger (1998) weisen mit Recht darauf hin, daß die Effekte des technischen Fortschritts so verschieden und gegenläufig sein können, daß generelle Aussagen nicht möglich sind.

Die Analyse in Abschnitt 5.5 zeigte, wie stark die Wirkungen des technischen Fortschritts auf den Strukturwandel, das Faktoreinsatzverhältnis und die Lohnrelationen davon abhängen, welche Art von technischem Fortschritt und welche Marktkonstellation vorliegt. Wir können deshalb auf diese Analyse zurückgreifen und die in Tabelle 5-7 zusammengefaßten Wirkungen eines einfacharbeitssparenden sektorneutralen technischen Fortschritts (Fall 1) und eines faktorneutralen technischen Fortschritts im High-Tech-Sektor (Fall 2) denen der Globalisierung gegenüberstellen. Die Tabelle 6-2 zeigt die Ergebnisse und weist nochmals die empirischen Befunde im Hinblick auf den Faktoreinsatz und die Lohnrelation aus. Es ist klar und schon mehrfach betont worden, daß sich auf inflexiblen Arbeitsmärkten bei einer starren Lohnstruktur alle Effekte, die auf flexiblen Arbeitsmärkten zu einer großen Lohndispersion führen, in Arbeitslosigkeit für Einfacharbeit ausdrücken und umgekehrt.

Tabelle: 6-2

Wirkung von technischem Fortschritt und Globalisierung auf Faktoreinsatz und Lohnstruktur

amerikanisches Modell

	Einfacharbeitssparender und sektorneutraler TF **Fall 1**		Faktorneutraler TF im High-Tech-Sektor **Fall 2**	
	S/U	w_S/w_U	S/U	w_S/w_U
*TF: Anstoßeffekt *TF: Preiseffekt	+ –	– +	(+) +	+ –
TF: Gesamteffekt	?	?	+	?
Globalisierung	–	+	–	+
Empirie	+	+	+	+

S: Qualifizierte Arbeit
U: Einfacharbeit
TF: Technischer Fortschritt

w_S: Lohnsatz für qualifizierte Arbeit
w_U: Lohnsatz für Einfacharbeit
Quelle: Eigene Darstellung in Anlehnung an Landmann/Pflüger (1998)

Die wechselnden Vorzeichen machen deutlich, daß auf Grundlage theoretischer Überlegungen die Ableitung eindeutiger Ergebnisse nicht möglich ist. Technischer Fortschritt und Globalisierung verstärken sich in einigen Fällen, arbeiten bei anderen Konstellationen gegeneinander.

Es bleiben überall Zweifel, wie sich beispielsweise bei der Diskussion des Falles 1 zeigt. Stellen wir nur auf den Preiseffekt ab und unterstellen damit, daß der einfacharbeitssparende technische Fortschritt weltweit diffundiert, Einfluß auf die weltweiten Güterpreise hat oder selbst als eine Reaktion auf weltweit veränderte Güterpreise aufzufassen ist, verstärken sich die Effekte der Globalisierung und des technischen Fortschritts im Hinblick auf die Lohnreaktion. Beide führen zu einer großen Ungleichheit zwischen Löhnen für qualifizierte relativ zu denen für unqualifizierte Arbeit. Der Preiseffekt des technischen Fortschritts und die Globalisierung müßten aber in der Tendenz zu einer fallenden Humankapitalintensität führen. Genau das zeigt die Empirie aber nicht. Folgt man der Argumentation Leamers (1996a) und stellt nur auf die Anstoßeffekte ab, wirken technischer Fortschritt und Globalisierung genau entgegengerichtet auf das Faktoreinsatzverhältnis und die Lohnstruktur. Das beobachtete Ergebnis kann nur mit dem empirischen Befund (steigendes Faktoreinsatzverhältnis S/U und steigendes Lohnverhältnis [wS/wU] in Einklang gebracht werden, wenn beim technischem Fortschritt der Anstoßeffekt bezüglich des Faktoreinsatzes die beiden Preiseffekte überkompensiert.

Anders sieht dies im Fall 2 aus. Der technische Fortschritt könnte hier die empirisch beobachtete steigende Humankapitalintensität erklären. Wenn man den Fall einer kleinen offenen Volkswirtschaft annimmt, deren technischer Fortschritt keinen Einfluß auf die Weltmarktpreise hat, also nur die Anstoßeffekte betrachtet, wirkt der technische Fortschritt genau in die Richtung, die wir empirisch beobachten. Bei Berücksichtigung von Preiseffekten, zeigt die theoretische Analyse, daß Globalisierung und technischer Fortschritt gegeneinander wirken.

Empirischer Befund

Die obigen Ausführungen zeigen, wie schwierig die Beurteilung der Effekte des technischen Fortschritts selbst in einem einfachen theoretischen Modell sind. Noch viel schwieriger ist die empirische Überprüfung, vor allem im Hinblick auf die Interpretation der Ergebnisse.

Einen (globalen) *einfacharbeitssparenden und sektorneutralen technischen Fortschritt* glauben vor allem Berman/Machin/Bound (1996) als Erklärung des Strukturwandels anführen zu können. Ihre empirische Beobachtung ist, daß in allen zehn untersuchten OECD-Ländern und in den Schwellen- und Entwicklungsländern zwischen 1970 und 1990 die Humankapitalintensität nahezu sektorneutral in allen Faktoren gestiegen ist und gleichzeitig die Lohnstreuung zugunsten von qualifizierter Arbeit zunahm. Unter Nutzung der Erkenntnis, daß dieser Lohneffekt nicht durch eine Angebotsknappheit des Faktors qualifizierte Arbeit erklärt werden kann (Kapitel 5), ziehen sie daraus zwei Schlußfolgerungen:

Erstens kann diese Entwicklung nicht durch die Globalisierung erklärt werden, denn das würde steigende Humankapitalintensitäten ausschließen. Zweitens deutet die Tatsache, daß dieses upskilling weltweit in allen Sektoren auftritt darauf hin, daß der zugrunde liegende technische Fortschritt globaler Natur ist – also Preiseffekte auslöst. Diese Preiseffekte erklären – in Verstärkung zur Globalisierung – die zunehmende Lohnspreizung. Der technische Fortschritt muß so deutlich Einfacharbeit eingespart haben, daß der Mengeneffekt dominiert und das upskilling plausibel macht. An dieser entscheidenden Stelle wird das Argument tautologisch. Ferner sind die Aussagen von Berman/Machin/Bound (1996) nur dann konsistent, wenn auch die Preise für einfacharbeitsintensive Güter relativ gefallen wären. Die Ausführungen zu den Implikationstests lassen hier Zweifel zu.

Eine andere Hypothese über die Art des technischen Fortschritts wird vor allem von Saeger (1996) favorisiert. Er soll faktorneutral sein und einen Sektor-Bias zugunsten der humankapitalintensiven High-Tech-Industrie haben (Fall 2).[163] Er könnte vor allem zur Lösung des Preis-Puzzles beitragen und erklären, warum sich die Preise für humankapitalintensive Güter nicht durchgängig in die Richtung entwickelt haben, wie es die Globalisierungsthese voraussagt.

Saeger (1996) stützt seine Behauptung eines faktorneutralen technischen Fortschritts in der humankapitalintensiven Industrie durch die Ergebnisse einer Regressionsanalyse, die für die Gruppe von 13 untersuchten OECD-Ländern einen statistisch signifikanten positiven Zusammenhang zwischen dem Wachstum der totalen Faktorproduktivität der Branchen des Verarbeitenden Gewerbes und ihrer Humankapitalintensität für die Jahre 1979 bis 1992 zeigt.[164] Dieser positive Zusammenhang galt nicht für die Zeit 1973 bis 1979 und war nur in den 11 europäischen OECD-Ländern zu beobachten. Dort lag das Produktivitätswachstum der einfacharbeitsintensiven Branchen zwischen 1979 und 1992 um fast 39 Prozentpunkte unter dem der qualifikationsintensiven Branchen (Tabelle 6-3). Für die USA und Kanada gilt dieser Befund nicht. Hier war das Produktivitätswachstum annähernd gleich hoch.

Tabelle: 6-3

Differenzen zwischen Preisen und Produktivitäten von einfacharbeits-[1] und qualifikationsintensiven Gütern[2] des Verarbeitenden Gewerbes[3]

Veränderungen 1979 bis 1992

	Nordamerika	übrige OECD[4]
	Prozentpunkte	
Wertschöpfungspreise	–50,7[5]	+12,7
Totale Faktorproduktivität[6]	+0,8	–38,6
Effektive Preise	–49,9	–25,9

[1] Einfacharbeitsintensive Güter: Branchen mit einem Anteil Non-Production-Worker kleiner als 15 Prozent

[2] Qualifikationsintensive Güter: Branchen mit einem Anteil Non-Production-Worker größer als 50 Prozent

[3] Ergebnisse einer Kleinstquadrate Regression einschließlich Länder-Dummies, der Berücksichtigung der Kapitalintensität und eines Branchendummies für die Mineralölverarbeitung

[4] Australien, Belgien, Dänemark, Finnland, Frankreich, Deutschland, Italien, Niederlande, Norwegen, Schweden, Großbritannien

[5] Errechnet aus logarithmischen Veränderungen; die Preise einfacharbeitsintensiver Güter sind um 16,6 Prozent, die der qualifikationsintensiven um 67,4 Prozent gewachsen. Aus dieser Differenz ergeben sich die 50,7 Prozentpunkte Unterschied

[6] Solow-Residuum ermittelt nach der Nettomethode

[7] Änderung der Wertschöpfungspreise plus TFP-Änderungen in Prozentpunkten

Quelle: Ursprungsdaten Saeger (1996, 215)

Diese unterschiedliche Art des technischen Fortschritts könnte erklären, warum in der Tendenz eine Preisänderung nach der Stolper-Samuelson-Logik eher in den USA als in Europa beobachtet werden konnte. Die Hypothese lautet vereinfacht ausgedrückt, daß in Europa die Preiseffekte des technischen Fortschritts die der Globalisierung überkompensiert haben. Ein Blick auf die Entwicklung der Wertschöpfungspreise dieser beiden Ländergruppen spricht für die These. In Nordamerika haben sich die Preise der einfacharbeitsintensiven Branchen um 50 Prozentpunkte schlechter entwickelt als die der qualifikationsintensiven – in Europa hingegen ist eine positive Differenz von fast 13 Prozentpunkten festzustellen (Tabelle 6-3).

Dieser Befund ist nur eine notwendige, aber keine hinreichende Bedingung, um die Hypothese zu stützen. Um diese Aussagen zu erhärten, müßte die Preisentwicklung in Komponenten zerlegt werden, die auf die Globalisierung und auf den technischen Fortschritt zurückzuführen sind. Diese Differenzierung ist empirisch schwierig, weil durch sogenannte „Pass-Through-Annahmen", gemessen werden muß, welcher Anteil der Produktivitätsgewinne in den Preisen weitergegeben wird. Ein Teil der Literatur (Lawrence/Slaughter, 1993; Sachs/Shatz, 1994) und auch Saeger (1996) unterstellen eine vollständige Weitergabe, was der Annahme perfekt kompetitiver Arbeitsmärkte entspricht. Leamer (1996a) und Fitzenberger (1997) unterstellen, daß nur eine konstante, aber für alle Industrien einheitliche Rate weitergegeben wird. Saeger (1996, 215) fand unter dieser Annahme heraus, daß sich in den USA und in Europa die um Produktivitätsgewinne korrigierten Preise für einfacharbeitsintensive Industrien deutlich schlechter entwickelt haben, allerdings wiederum in den USA stärker als in Europa (Tabelle 6-3). Schreibt man die um die Produktivitätsgewinne korrigierten Preiseffekte der Globalisierung zu, spricht das in beiden Regionen für einen Stolper-Samuelson-Effekt in die theoretisch vermutete Richtung. Im Unterschied zu den USA wird dieser Globalisierungseffekt in Europa aber vom Technologieeffekt überlagert.

Natürlich stehen die Ergebnisse unter dem Vorbehalt wirklichkeitsfremder „Pass-Through-Annahmen". Eine vollständige Weitergabe würde nämlich bedeuten, daß die Löhne der Arbeitnehmer nicht an Produktivitätsgewinnen partizipieren würden, eine Annahme, die von der Wirklichkeit widerlegt wird. Sie könnten nur indirekt über geringere Preise vom technischen Fortschritt profitieren. Wird allerdings die Annahme einer vollständigen Weitergabe aufgegeben, gibt es keinen strengen Zusammenhang zwischen Preisen und Lohnentwicklung mehr.

Etwas anders sind die Ergebnisse von Baldwin/Cain (1997), die eher eine Evidenz für einen einfacharbeitssparenden technischen Fortschritt im humankapitalintensiven Sektor[165] in den USA finden. Die zunehmende Lohnstreuung in den achtziger Jahren sei auf technischen Fortschritt und nicht auf die Globalisierung oder ein geändertes Arbeitsangebot zurückzuführen. Untersucht wurden unter anderem Preis- und Outputveränderungen in verschiedenen humankapitalintensiven Industrien. Die Humankapitalintensität wurde durch die gewichtete Beschäftigtenstruktur ermittelt. Als Gewichtungsfaktor diente – wie erwähnt – die Dauer der Schulausbildung. Regressionsanalysen zeigten, daß die Produktions- und die Importpreise für humankapitalintensive Güter des Verarbeitenden Gewerbes (Industrien mit einem überdurchschnittlichen Anteil von Mitarbeitern mit einer Schulzeit von mindestens 13 Jahren) sich schlechter entwickelt haben als der Durchschnitt, was für einen Sektor-Bias des technischen Fortschrittes in den H-Industrien spricht. Dafür spricht auch, daß die humankapitalintensive Industrie bei weitem das stärkste Outputwachstum (Mengeneffekt) hatte. Interessant ist, daß die Preis- und Mengeneffekte zwar im Verhältnis der Industrien mit besonders hochqualifizierten und niedrigqualifizierten Beschäftigten zu beobachten war, nicht aber in Relation zu der mittleren Qualifikationsgruppe. Das läßt sich so interpretieren, daß offensichtlich die Preisentwicklung in der einfacharbeitsintensiven Industrie eher durch die Globalisierung und in der besonders humankapitalintensiven Industrie durch technischen Fortschritt zu erklären ist. Für die Mittelgruppe sind beide Effekte weniger relevant. Fitzenberger (1997, 10) findet für Deutschland ein ähnliches Bild. Der technische Fortschritt begünstigt die Arbeitsnachfrage und damit die Löhne niedrig- und hochqualifizierter Arbeit relativ zu denen der mittleren Qualifikation, während der Stolper-Samuelson-Effekt des Außenhandels gerade umgekehrt wirkt (Kapitel 6.1.2).

Schlußfolgerungen

Die Debatte „Technologie versus Handel“ hat die Diskussion weitergebracht, verdeutlicht klarer die Zusammenhänge und ist schon deshalb nützlich. Es bleibt festzuhalten:

☐ Die Bestimmung der Stärke des Einflusses des technischen Fortschritts und der Globalisierung ist theoretisch unklar. Darunter leidet die Interpretation der empirischen Ergebnisse.

☐ Es gibt in allen Ländern Anzeichen für einen einfacharbeitssparenden technischen Fortschritt, wobei offen bleibt, ob er sektorneutral oder stärker im High-Tech-Sektor konzentriert ist.

☐ Insgesamt deutet das empirische Bild – trotz seiner Vielfalt und Widersprüchlichkeit – darauf hin, daß in den USA eher die Effekte dominieren, die der Globalisierungsthese zugrundeliegen. In Europa scheint der technische Fortschritt die dominante Rolle zu spielen. Dabei bleibt natürlich offen, ob die Entwicklung in Europa nicht durch die Globalisierung getrieben oder zumindest beeinflußt wurde. Das muß kein Nachteil für Europa sein, denn Kapitel 5 zeigte, daß technischer Fortschritt zusätzlichen Spielraum für Einkommens-, Output- und Beschäftigungswachstum schafft.

☐ Ungelöst bleibt die Frage nach der wechselseitigen Abhängigkeit zwischen technischem Fortschritt und Globalisierung. Der technische Fortschritt hat sicher eine autonome Komponente und verläuft unabhängig von der Globalisierung. Zu einem erheblichen Teil wird der technische Fortschritt aber auch die Antwort der Industrieländer auf die Globalisierung sein. Diese Frage konnte bisher weder die theoretische noch die empirische Forschung überzeugend beantworten.

6.1.4 Was bleibt als Fazit?

Die Hypothesen des Heckscher-Ohlin-Samuelson-Modells der Globalisierung scheinen, was den Strukturwandel, die Zunahme der Einkommensungleichheit und das Wachstum des Welthandels betrifft, mit der Empirie auf den ersten Blick übereinzustimmen. Es ist aber offensichtlich nur eine zufällige zeitliche Koinzidenz und kein kausaler Zusammenhang. Differenziertere empirische Untersuchungen zeigen nämlich eher ein anderes Bild. Die der Globalisierung zurechenbaren Effekte sind – wenn überhaupt vorhanden – so schwach, daß sie den empirischen Befund nicht erklären können. Gewichtiger ist der technische Fortschritt, der die Richtung des Strukturwandels auf den Faktor- und Gütermärkten zu dominieren scheint. Globalisierung wird dadurch allerdings nicht bedeutungslos. Wie mit einer Lupe legt die Globalisierung Schwächen unterschiedlicher Systeme offen. Flexible Arbeitsmärkte, wie in den USA, die bewußt auch eine höhere Einkommensungleichheit zulassen, erhöhen die Beschäftigungschancen auch für Einfacharbeit. Sie wirken wie ein Puffer und mildern die Globalisierungseffekte. Anders im europäischen Szenario unflexibler Arbeitsmärkte. Globalisierung und der (einfacharbeitssparende) technische Fortschritt verstärken sich in einem entscheidenden Punkt. Beide vermindern die Beschäftigungschancen von weniger qualifizierter Arbeit. Arbeitslosigkeit scheint der Preis für mehr Gleichheit zu sein. Die Ursache dafür sollte nicht in der Globalisierung gesucht werden – die Probleme sind hausgemacht.

6.2 Globalisierung als Antrieb für weltweite Konvergenz

Zwei wichtige Aspekte wurden bisher ausgeblendet:

- ☐ Globalisierung erleichtert es den weniger entwickelten Regionen, Anschluß an die reicheren Volkswirtschaften zu finden und trägt damit zur weltweiten Konvergenz bei. Dies schafft neue wertschöpfungsintensive Märkte.

- ☐ Globalisierung bedeutet nicht, daß sich die Wohlstandsniveaus völlig angleichen. Verarmung der Industrieländer oder Lohndumping durch Globalisierung ist nicht zu erwarten – im Gegenteil: die Chancen für Wohlstandsgewinne wachsen.

Die Argumente dieses Szenarios können mit Hilfe der klassischen Handelstheorie Ricardos und der Wachstumstheorie sowie mit mittlerweile zahlreich vorliegenden empirischen Studien zu Einflußfaktoren von Wachstum aufbereitet werden.

Determinanten des Wachstums

Eine der Kernfragen der Ökonomie ist die Erklärung von Wachstum. Warum wachsen einige Regionen der Weltwirtschaft schneller und warum gibt es ein derart großes Wohlstandsgefälle? Dieser Abschnitt kann sich dieser Kardinalfrage nicht ausführlich widmen,[166] sondern lediglich den Zusammenhang zwischen Globalisierung und Wachstum skizzieren. Dazu ist es hilfreich, sich die Grundideen der ökonomischen Wachstumstheorie und die Ergebnisse der empirische Überprüfung der Hypothesen kurz ins Gedächtnis zu rufen. Dabei kann grob zwischen der neoklassischen und der neuen Wachstumstheorie unterschieden werden.

Die neoklassische Wachstumstheorie (Solow, 1956) geht davon aus, daß der Pro-Kopf-Output einer Volkswirtschaft oder einer Region nur wachsen kann, wenn mehr Inputgüter (Arbeit und Kapital) eingesetzt werden oder es zu technischem Fortschritt kommt. Entscheidend ist die Annahme abnehmender Grenzproduktivitäten. Sie bedeutet, daß der Ertrag aus einer zusätzlichen Einheit Input fällt, je mehr davon eingesetzt wird. Die Höhe des Wachstums des Pro-Kopf-Sozialprodukts einer Region hängt damit von ihrer Faktorausstattung ab. Je höher diese Ausstattung ist, desto geringer sind aber die zusätzlichen Erträge eines verstärkten Faktoreinsatzes. Regionen mit einer geringeren Faktorausstattung haben zwar im Ausgangsjahr eine geringere Wirtschaftskraft, wachsen aber schneller als solche mit einem höheren Ausgangsniveau. Die logische Folge ist ein Aufholen der ärmeren Regionen und damit Konvergenz. In einem Marktsystem müßte dieser Prozeß automatisch ablaufen. Der Markt lenkt die Produktionsfaktoren solange an den Ort ihrer höchsten Grenzproduktivität, bis alle die gleiche Wachstumsrate aufweisen und gleiche Pro-Kopf-Einkommen erzielt werden. Daraus wurde als empirisch testbare Konvergenz-Hypothese abgeleitet: Die im Ausgangszeitpunkt ärmeren Regionen wachsen schneller als reichere (Sala-i-Martin, 1996).

Natürlich folgt das weltwirtschaftliche Wachstumsprofil nicht dieser einfachen Regel. Die Erfolge hängen von vielen Faktoren ab. Die Regionen unterscheiden sich in der zur Verfügung stehenden Technologie, dem Ausbildungsstand, den Präferenzen, der Bevölkerungsentwicklung, den Spar- und Investitionsraten, der Sektoralstruktur, den soziodemographischen Daten, dem ökonomischen Ordnungsrahmen oder in der Stabilität und Effizienz ihres politischen Systems. All diese Faktoren können andere langfristige Wachstumsgleichgewichte determinieren und müssen deshalb berücksichtigt werden. Dies geschieht üblicherweise durch multivariable Regressionsanalysen, mit deren Hilfe die Einflüsse unterschiedlicher Strukturen rechnerisch herausgefiltert werden können. Die testbare Hypothese lautet dann, daß ärmere Regionen schneller wachsen als reichere, wenn die Wachstumsraten um die Einflüsse dieser unterschiedlichen Strukturen korrigiert werden – also so getan wird, als ob sich alle Regionen auf dem gleichen Wachstumspfad befinden.[167] Das führte dazu, daß die Konvergenzhypothese modifiziert und nur noch eine ,,konditionale oder bedingte Konvergenz" postuliert wurde. Das meint im Kern, daß es über Faktorwanderungen und Wettbewerb nur zwischen Regionen zur Konvergenz kommt, die in ihrer Faktorausstattung, Technologie und Institutionen hinreichend ähnlich sind und deshalb zu ,,Konvergenzclubs" zusammengefaßt werden können.

Einen grundsätzlich anderen Weg beschreitet die neue Wachstumstheorie, die versucht, die wichtigen Determinanten des Wachstums – vor allem technischer Fortschritt und Humankapitalbildung – modellendogen zu erklären. Modelltheoretisch ist die Aufgabe der Annahme der abnehmenden Grenzproduktivität die entscheidende Änderung gegenüber der Neoklassik. Da die Grenzerträge nicht kleiner werden, können Produktionsfaktoren jetzt unbegrenzt akkumuliert werden und einen Prozeß des endogenen Wachstums begründen. Die Triebfedern dafür sind Humankapital und technischer Fortschritt in Verbindung mit Externalitäten oder Marktunvollkommenheiten. Die einfachste Erklärung ist, daß die Bildung von Humankapital nicht nur dem einzelnen nützt, sondern daß Know-how begrenzt diffundiert und auf diese Weise die Leistungsfähigkeit der anderen Produktionsfaktoren positiv beeinflußt. Diese Überschwappeffekte sind natürlich dort am größten, wo schon große Potentiale vorhanden sind. Die gut mit Humankapital ausgestatteten Regionen können dann einen ,,auf ewig zementierten" Vorteil haben, der sie dauerhaft schneller wachsen läßt als Regionen mit einer geringeren Anfangsausstattung. Es kann – muß aber nicht – zu inselartigem Wachstum mit zunehmender Divergenz kommen. Im Grunde wird bei der neuen Wachstumstheorie auch der Schumpetersche Prozeß der schöpferischen Zerstörung in den Blickpunkt gerückt. Ein Innovator hat einen temporären Vorsprung, der es ihm in dieser Zeit erlaubt, Monopolgewinne zu erzielen. Diesen Vorsprung verliert er wieder, weil Wissen zu anderen diffundiert und diese deshalb auf- oder sogar überholen können. Dabei hat technischer Fortschritt nicht wie in der klassischen Wachstumstheorie die Eigenschaften eines vollkommen öffentlichen Gutes. Nicht alle können von den Innovationen des Pioniers profitieren. Diese müssen erst eine gewisse Adaptionsfähigkeit haben. Damit ist klar, daß nur die Unternehmen oder Regionen von solchen Überschwappeffekten profitieren können, die selbst ein

Mindestmaß an eigener Leistungsfähigkeit und/oder Ressourcenausstattung (Schwellenwerte) haben.

Die zentrale Hypothese lautet, daß die Globalisierung die Bildung solcher Konvergenzclubs erleichtert hat. Heute ist der Kreis der Länder größer, die im Wohlstandsniveau – gemessen im Bruttoinlandsprodukt je Einwohner – aufeinanderzustreben. Die theoretischen Argumente sind klar. Es ist heute durch den technischen Fortschritt vor allem im Bereich der Informations- und Kommunikationstechniken und die verbesserten wirtschaftlichen Rahmenbedingungen in vielen Ländern (Kapitel 1) leichter möglich, daß Kapital (und andere Produktionsfaktoren) wirklich zum Ort der höheren Grenzproduktivität wandern kann. Genauso wichtig ist aber auch, daß Know-how und Innovationen über Handelsverflechtungen, Kooperation oder Personalaustausch heute schneller diffundieren können. Voraussetzung ist, daß die Zielländer adaptionsfähig sind. Das beschleunigt den Abbau von Produktivitätsunterschieden und vergrößert dadurch die oben erwähnten Konvergenzclubs. Sind diese Effekte auch wirklich empirisch feststellbar?

Empirische Hinweise

Der erste empirische Hinweis, der die Erweiterung des Kreises, der in intensivem Austausch steht, belegt, ist die veränderte Regionalstruktur der weltweiten Direktinvestitionen nach Zielländern. Bei insgesamt sehr stark steigendem Gesamtniveau (Kapitel 1), ist der Anteil der Industrieländer von 80 Prozent im Durchschnitt der Jahre 1984 bis 1989 auf 70 Prozent in den neunziger Jahren gefallen (Abbildung 6-1). Gewinner ist Asien, das 30 Prozent der zwischen 1990 und 1995 weltweit getätigten Direktinvestitionen auf sich gezogen hat. Der Anteil der anderen Entwicklungsländer liegt relativ konstant bei rund 10 Prozent. Das enger gewordene weltwirtschaftliche Beziehungsgeflecht beruht – neben der stärkeren Integration der Industrieländer untereinander – also vor allem auf der stärkeren Berücksichtigung Asiens als interessante Zielregion für Direktinvestitionen und Handelspartner.

Eine Bestätigung für die obigen Vermutungen läßt sich direkt aus den Messungen des Konvergenztempos auf Basis der traditionellen Wachstumstheorie ableiten. In vielen Untersuchungen hat sich gezeigt,

Abbildung: 6-1

Anteile an den weltweiten Direktinvestitionen nach Regionen

Ursprungsdaten in US-Dollar, in Prozent

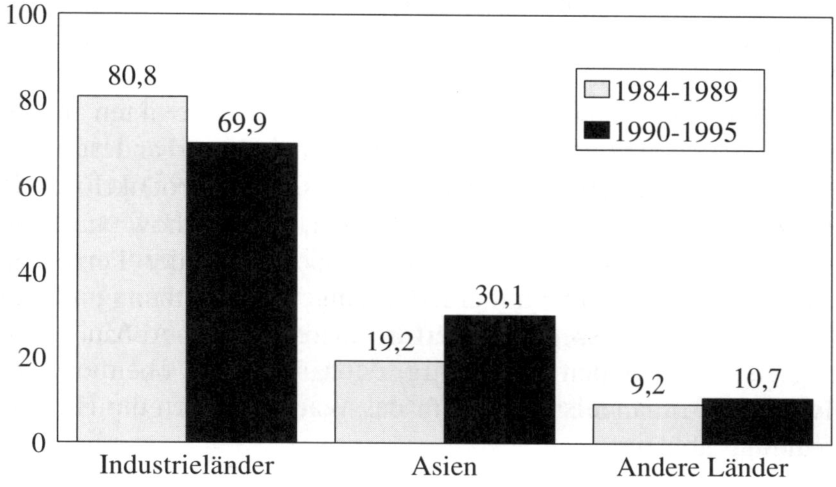

Quelle: UN (1996)

daß Konvergenz feststellbar ist, diese aber nur langsam voranschreitet. Die Konvergenzrate beträgt im Durchschnitt etwa 2 Prozent. Es dauert also 35 Jahre, bis die Regionen ihren Abstand in der Wirtschaftskraft je Einwohner halbiert haben. In dieser Größenordnung liegt auch die Schätzung von Sachs/Warner (1995, 1997), die für insgesamt 83 Länder eine Konvergenzrate zwischen 1965 und 1990 von 1,5 Prozent errechnet haben. Entscheidend ist aber, daß die Konvergenzrate der Länder mit offenen Märkten – also solche, die sich auch der Globalisierung gestellt haben – deutlich höher ist. Die Zeit für die Halbierung der Unterschiede in der Wirtschaft reduziert sich von 37 Jahren für die Gesamtgruppe aller Länder auf 17 Jahre, wenn man den Offenheitsgrad[168] berücksichtigt. Bestätigt wird dieses zentrale Ergebnis von Sala-i-Martin (1997),[169] der eine Vielzahl von wachstumsbegünstigenden Faktoren identifizieren kann und den Offenheitsgrad als eine wichtige signifikante Größe bezeichnet. In beiden Untersuchungen wird herausgestellt, daß als Grundvoraussetzung für Wachstum auch bestimmte wirtschaftliche und politische Rahmenbedingungen (politische Stabilität, Korruption, marktwirtschaftlicher Ordnungsrahmen) stimmen müssen. Slaughter (1997, 198) stellt zutreffend fest, daß sich die Einkommen je Beschäftigten in den außenwirtschaftlich offenen Volkswirtschaften durch Handel stärker angeglichen haben – sie bilden also einen „Konvergenzclub". Gestützt wird dieser Befund auch von Ben-David (1993), der die Entwicklung der Einkommensunterschiede zwischen Regionen (Konvergenz) und der Handelsliberalisierung in der EU, in den USA und in einer Gruppe von 107 Ländern zum Teil über sehr lange Zeitspannen untersuchte. Sein zentrales Ergebnis lautet: Wenn es zu einer Konvergenz der Einkommen kam, war dies immer sehr eng verbunden mit der Liberalisierung des Handels. Zu einem ähnlichen Ergebnis kommen Gould/Ruffin (1995) auf der Basis eines Modells der neuen Wachstumstheorie. Sie stellen fest, daß offene Volkswirtschaften zwischen 0,65 und 1,75 Prozentpunkte schneller gewachsen sind als solche mit einem geringeren Offenheitsgrad. Allerdings war die Voraussetzung hierfür ein relativ hoher Alphabetisierungsgrad. Diese Arbeit ist wichtig, denn sie zeigt, daß die positive Rolle des Außenhandelsregimes für das Wachstum von der Humankapitalbildung abhängt.

Ein entscheidendes Medium zur Übertragung des technischen Fortschritts und damit für die Ermöglichung von Konvergenzprozessen ist der Handel mit technologie-intensiven Gütern. Entwicklungsländer importieren mit Gütern auch Know-how und schaffen damit die Basis für eine Imitationsstrategie, die ihre Produktivitäten erhöht und damit ihren komparativen Kostennachteil verringern könnte. Solche Entwicklungen haben stattgefunden. Der Aufholprozeß der Schwellenländer Südostasiens in den achtziger Jahren und auch der Japans in den sechziger Jahren war zunächst durch Imitation der Technologien der führenden Industrieländer gekennzeichnet. Die technologische Lücke konnte dadurch verringert werden. Irgendwann waren die aufholenden Länder so stark, daß sie selbst zu Innovatoren wurden und den etablierten Ländern auf den angestammten Märkten Konkurrenz machten.

Für diese handelsinduzierten technologischen Spillover-Effekte gibt es empirische Belege. Coe/Helpman (1994) untersuchen auf Basis eines Modells der neuen Wachstumstheorie für 21 OECD-Länder und Israel für die Zeit von 1970 bis 1990 den Einfluß ausländischer F&E-Aktivitäten auf die inländische Produktivitätsentwicklung. Sie unterstellen, daß die Höhe des F&E-Kapitalstocks eines Landes nicht nur die totale

Faktorproduktivität in diesem Land erhöht, sondern auch die seiner Handelspartner. Dabei wird zunächst mit Hilfe von Input-Output-Tabellen der in einzelnen Gütern steckende Technologiegehalt ermittelt. Über die Importstrukturen kann dann die über Güterimporte eingeführte Technologie bestimmt werden. Mit Hilfe von Regressionsanalysen zeigen Coe/Helpman, daß das Wachstum der totalen Faktorproduktivität in einem Land signifikant vom Ausmaß der importierten Technologie und der Importquote insgesamt abhängt. In kleineren Ländern ist die Bedeutung des über Güter importierten ausländischen F&E-Kapitalstocks für die Erklärung des Produktivitätswachstums mindestens so bedeutend wie der inländische F&E-Kapitalstock. Für die großen G7-Länder ist die eigene F&E-Tätigkeit allerdings bedeutender. Die positiven Effekte sind um so größer, je offener ein Land ist. Die Globalisierung erleichtert also diese Spillover-Effekte. Die Forschungsanstrengungen der großen Länder erhöhen auch das Niveau der Wachstumsrate der totalen Produktivität. Ein Anstieg des F&E-Kapitalstocks in den USA um 1 Prozent erhöht im Durchschnitt die Produktivität in den untersuchten 22 Ländern um 0,12 Prozent. Für Deutschland liegt der entsprechende Wert bei 0,027 Prozent, was vor allem durch die unterschiedliche Größe des F&E-Kapitalstocks zu erklären ist. Über Elastizitäten berechnen Coe/Helpman (1995, 874) auch den Return on Investment der F&E-Tätigkeit. Eine Einheit Investition in Forschung und Entwicklung der G7-Länder hat eine Rendite von 23 Prozent, in allen 22 Ländern aber von 55 Prozent. Die Differenz wird durch die Spillovers erklärt.

Coe/Helpman/Hoffmaister (1997) erweitern diesen Ansatz durch die Einbeziehung von 77 Entwicklungsländern. Auch sie finden einen positiven Einfluß des F&E-Kapitalstocks der 22 Industrieländer auf das Wachstum der totalen Faktorproduktivität der betrachteten Entwicklungsländer. Wiederum wird der Technologietransfer durch den Technologiegehalt der Importgüter dieser Länder gemessen. Diese Studie bezieht nicht alle Importe ein, sondern nur die Warengruppe „Machinery and Equipment“ in der Abgrenzung der UNCTAD. Auch wird zur Approximation der Humankapitalintensität der einzelnen Länder der Anteil der Bevölkerung mit Schulausbildung (Secondary School Enrollment) berücksichtigt. Das wichtigste Ergebnis ist, daß ein Anstieg des F&E-Kapitalstocks in den Industrieländern um 1 Prozent den Output der Entwicklungsländer um 0,06 Prozent gesteigert hat. Wiederum hat die USA den größten Anteil an diesem Effekt. Ein

Anstieg des F&E-Kapitalstocks um 1 Prozent erhöht die totale Faktorproduktivität um 0,03 Prozent. Hervorzuheben ist, daß die Ergebnisse nur gelten, wenn die Unterschiede in den einzelnen Ländern bei den Importen, der Schulbildungsquote, beim Kapitalstock, Arbeitsinput und den Produktionselastizitäten berücksichtigt werden. Etwas vereinfacht gesagt, können nur die Länder von diesen Spillovers profitieren, die adaptionsfähig sind.

Zu ähnlichen Ergebnissen kommen Eaton/Kortum (1996), die 50 Prozent des Produktivitätswachstums in 19 untersuchten OECD-Ländern durch die F&E- und Patenttätigkeiten der USA, Deutschlands und Japans erklären. Selbst wenn diese Untersuchungen aufgrund der theoretischen Probleme und der nicht immer befriedigenden Datenlage vorsichtig interpretiert werden müssen, beweisen sie doch die Bedeutung des Technologietransfers durch Handel. Diese Diffusion von Wissen und letztlich von Produktivitätsvorsprüngen ist um so leichter möglich, je offener die Grenzen für den Austausch von Gütern und Ideen sind. Ben-David (1993) zeigte für einige Regionen – vor allem für die EU –, daß ein streng positiver Zusammenhang zwischen der Konvergenz der Einkommen der Regionen und dem Abbau von Handelsbeschränkungen besteht. Je offener die Märkte sind, um so eher können Länder Rückstände im Wissen, in der Produktivität und im Einkommen aufholen. Dies hat auch unmittelbar Rückwirkungen auf die Löhne.

Es sollte eigentlich nicht verwundern, daß auch in der Beurteilung der Bedeutung der Technologiediffusion für das Wachstum von Regionen keine Übereinstimmung herrscht. Mehrere Studien (Young 1994, 1995; zuletzt bestätigt von Collins/Bosworth 1996) weisen daraufhin, daß das überdurchschnittliche Wachstum in Asien in viel schwächeren Ausmaß als in anderen Regionen durch technologische Faktoren erklärt werden kann, daß es vielmehr das Ergebnis von erhöhten Inputs (Investitionen, Humankapital) ist. Das Wachstum in Asien sei stärker durch Akkumulation und weniger durch Assimilation zu erklären. Das Erfolgsgeheimnis Asiens sei vor allem in der hohen Investitionsquote und verbesserten Bildungsstandards, aber weniger in erhöhtem Produktivitätswachstum zu suchen.[170] Krugman (1994) schloß vor allem auf Basis der Untersuchung von Young (1994), daß in Asien in Zukunft mit abnehmenden Wachstumsraten gerechnet werden müsse. Der Grund folgt aus der zentralen Annahme der klassischen Wachstumstheorie, denn bei abnehmenden Grenzproduktivitäten wird der Einsatz zusätzlicher Inputfaktoren immer weniger lohnend, was irgendwann die Anreize für weitere Faktorakkumulationen zum Erliegen bringt. Wachstum ist dann nur noch durch technischen Fortschritt – also Innovationen – möglich. Diese Einwände sind ernst zu nehmen, sie widerlegen aber im Kern nicht die vorne vorgestellten Ergebnisse, daß die Globalisierung den weltweiten „Transfer von Produktivitäten" erleichtert hat. Asien hat davon profitiert, auch wenn der Technologieaspekt eine geringere Rolle zu spielen scheint als angesichts der Erfolge asiatischer Unternehmen in einzelnen High-Tech-Märkten (zum Beispiel Halbleiter) vermutet wurde. Die Globalisierung hat in Asien den Zufluß von Kapital und damit die Akkumulationsstrategie erleichtert, wenn auch heute die Ursachen für die Asien-Krise wenigstens zum Teil in dem zu starken Zustrom von Portfoliokapital in ineffizient organisierte Kapitalmärkte zu suchen ist (IMF, 1998).

Fazit: Damit dürfte klar sein, daß internationale Verflechtungen über Handel und Direktinvestitionen zur Diffusion von Wissen und damit auch von Produktivitäten beitragen. In einer globalisierten Welt verringern sich die Unterschiede in der Wirtschaftskraft zwischen den Ländern schneller. Natürlich müssen die Länder adaptionsfähig sein, das heißt über eine Mindestausstattung an Sach- und Humankapital sowie über leistungsfähige wirtschaftliche und politische Institutionen verfügen. Als eine der zentralen Bedingungen für Erfolg hat sich dabei der außenwirtschaftliche Offenheitsgrad herausgestellt. Hier ist die Brücke zur Globalisierung und die Begründung, warum Globalisierung den Prozeß zur Konvergenz der Regionen begünstigt.

Konvergenz bedeutet nicht weltweite Angleichung der Faktoreinkommen

Was folgt aus der Konvergenz für die Industrieländer? Ist sie gut oder schlecht? Werden durch diesen „Export" von Wissen, Know-how und letztlich der Produktivitäten die Vorteile der traditionellen Volkswirtschaften zerstört? Führt Globalisierung letztlich zu einer weltweiten Angleichung der Faktoreinkommen auf niedrigem Niveau? Die Antwort lautet nein! Die Begründung kann aus der traditionellen Außenhandelstheorie Ricardos abgeleitet werden.

Die in den Heckscher-Ohlin-Samuelson-Modellen enthaltene Implikation der Angleichung der Faktoreinkommen hat die entscheidende Schwäche, daß unterschiedliche Produktivitätsniveaus nicht berücksichtigt werden. Die Globalisierung führt nicht zur weltweiten Angleichung aller Faktoreinkommen, sondern nur zur Konvergenz der Einkommen vergleichbarer Produktionsfaktoren, was nichts anderes bedeutet als eine Tendenz zur Angleichung der Lohn-Produktivitäts-Relationen. Solange die Industrieländer höhere Produktivitätsniveaus erwirtschaften, sind auch ihre Einkommen höher.

Die Rolle unterschiedlicher Produktivitäten zur Erklärung von Außenhandel betonte schon Ricardo im 19. Jahrhundert. Die Länder unterscheiden sich bei Ricardo nur in den zur Verfügung stehenden Produktionstechniken, nicht aber in ihrer Faktorausstattung. Da das Modell als einzigen Produktionsfaktor Arbeit kennt, war das Wachstum der Realeinkommen nur von der Arbeitsproduktivität und damit vom technischen Fortschritt abhängig.

Offensichtlich sind die Produktivitätsunterschiede zwischen einzelnen Volkswirtschaften enorm. Dies spiegelt sich in den Stundenlöhnen der Industrie- und Entwicklungsländer wider. Wood (1991, 726) schätzte, daß Mitte der achtziger Jahre die Löhne für qualifizierte Arbeit im Norden (entwickelte Länder) fast siebenmal höher waren als im Süden. Noch viel dramatischer sind die Unterschiede zwischen den Arbeitskosten der Industrieländer Mittel- und Osteuropas und Westdeutschlands. Die Spannbreite lag 1993 zwischen 0,92 DM in Rußland, 4,54 DM in Ungarn und 42,67 DM in Westdeutschland. In China kostet eine Stunde 0,65 DM. Auch die Tigerstaaten in Südostasien haben im Durchschnitt viel niedrigere Löhne: Die Spanne reicht von knapp 10 DM in Singapur bis etwa 1 DM in Indonesien (Schröder, 1996a). Diese Unterschiede spiegeln zumindest in der Tendenz Produktivitätsunterschiede wider.

Tabelle 6-4 zeigt diese Unterschiede im Produktivitätsniveau ausgewählter asiatischer Länder im Vergleich zu den USA, die als gute Approximation der Strukturunterschiede zwischen den klassischen Industrieländern und den aufstrebenden Schwellenländern betrachtet werden können. Trotz erheblicher Aufholprozesse sind die Arbeitsproduktivitäten insgesamt betrachtet in allen asiatischen Tiger-Staaten immer noch erheblich kleiner als in den USA. Dies begründet die immer noch bestehenden Lohn- und Wohlstandsunterschiede.

Tabelle: 6-4

Stand und Entwicklung der Arbeitsproduktivität[1] in Südostasien

USA = 100

	1970	**1994**	**Zunahme 1970–1994** in Prozent
China	3,2	8,9	225
Indonesien	6,8	12,7	122
Korea	13,2	44,6	300
Malaysia	18,9	39,5	148
Philippinen	10,9	11,3	23
Singapur	30,0	65,2	158
Thailand	8,4	22,5	218
Taiwan	18,5	57,1	266
USA	**100,0**	**100,0**	**19**

[1] Pro Kopf-Output ausgedrückt in US-Dollar in Kaufkraftparitäten
Quelle: Collins/Bosworth (1996, 189)

Diese Produktivitätsunterschiede geben auch die Richtung des Außenhandels an. Die entwickelten Nordländer konzentrieren sich dabei – nach dem Erklärungsansatz von Ricardo – auf die Bereiche, in denen ihr Produktivitätsvorsprung besonders groß ist. Das sind die technologie- und (human)kapitalintensiven Sektoren. Der Süden hingegen konzentriert sich auf den arbeitsintensiven „Low-Tech-Sektor“, in dem sein Produktivitätsrückstand weniger stark ausgeprägt ist. Dieses Muster der Arbeitsteilung prägt sowohl die Struktur des Außenhandels, als auch der sektoralen Wertschöpfung und der Qualifikationen. Trotz seiner Einfachheit kann das Ricardo-Modell die Struktur der internationalen Arbeitsteilung und deren Änderung wenigstens zum Teil erklären (Krugman/Obstfeld, 1991, 28). Die in den Kapiteln 2 und 3 dargelegten Trends scheinen diesen Befund zu bestätigen.

Wer im Strukturwandel relativ stärker gewinnt oder gar verliert, hängt entscheidend von den relativen Produktivitätsfortschritten und damit in starkem Maße auch von den technologischen Fähigkeiten ab. Zuwächse allein reichen nicht aus. Will man weltweit Marktanteile gewinnen, müssen diese höher sein als die der Konkurrenzländer. Genau in diesem Punkt sind in den letzten Jahren umwälzende Änderungen eingetreten. Vor allem im Vergleich mit den Ländern Südostasiens haben die Volkswirtschaften der OECD einen Teil ihres komparativen Vorsprungs verloren, wie schon die Tabelle 6-4 mit den Produktivitätsvergleichen zwischen diesen Ländern und den USA zeigt. Die Wohlstandsdifferenzen sind deshalb gesunken. Das reale Pro-Kopf-Einkommen Ostasiens (einschließlich Chinas) ist von 1974 bis 1995 mehr als dreimal so schnell gestiegen wie das der Industrieländer.

Bewertung

Relative Produktivitätsfortschritte sind wohl auch wesentlich für die Gewinne der Schwellen- und Entwicklungsländer im Globalisierungsprozeß verantwortlich. Die entsprechend gesunkenen Anteile der etablierten Industrieländer auf bestimmten Märkten scheinen das angesprochene Bedrohungs-Szenario zu bestätigen. Die Globalisierung hat das Heranwachsen neuer Konkurrenten begünstigt.

Es ist aber zu beachten, daß sich – wie zu Beginn dieses Kapitels bereits angeführt – der Prozeß der Globalisierung auch durch die Entstehung neuer Märkte und durch einen verstärkten internationalen Austausch von einander ähnlichen Gütern (intra-industrieller Handel) charakterisieren läßt. Insofern sind die Folgen der Globalisierung für die Industrieländer nicht nur weniger dramatisch als die bisherigen Ausführungen nahelegen. Die Globalisierung bietet im Gegenteil auch den Industrieländern echte Wachstumschancen. Dies zu zeigen ist Gegenstand des nächsten Abschnittes.

Kernaussagen auf einen Blick

Kapitel 6.1 und 6.2
Strukturwandel und Globalisierung – das Bedrohungsszenario

Globalisierung – Ursache für zunehmende Ungleichheit und Arbeitslosigkeit?	– Globalisierung bedeutet eine weltweite Integration von Faktor- und Gütermärkten. Aus Sicht der Industrieländer wirkt sich dies als ,,weltweite Zunahme von Einfacharbeit“ aus, die die Entwicklungsländer jetzt zusätzlich auf den Markt bringen. Dies wird als Bedrohung empfunden, weil: – Importe einfacharbeitsintensiver Güter aus Entwicklungsländern Arbeitsplätze und Einkommen in den Industrieländern gefährden – durch den erleichterten Transfer von Wissen die Industrieländer relativ an Standortattraktivität verlieren.
Der amerikanische Weg . . .	Bei funktionierenden Märkten sorgt Globalisierung für Strukturwandel in den Industrieländern in Richtung: – wissensintensive High-Tech-Branchen – relativ steigender Preise der Güter der Industrieländer – zunehmender Lohnstreuung bei qualifizierter Arbeit – relativen Bedeutungszuwachses von Einfacharbeit. Dieser Wandel führt zu Wohlfahrtsgewinnen und Vollbeschäftigung, wenn die Arbeitsmärkte – wie in den USA – eine zunehmende Lohnspreizung zulassen.
Der europäische Weg . . .	Wird eine erhöhte Lohnungleichheit durch Tarif- oder Sozialpolitik verhindert, führt Globalisierung auch durch Importsubstitution zu erhöhter Arbeitslosigkeit von Einfacharbeit. Diesen Weg der Mengenanpassung ist Europa gegangen. Erhöhte Arbeitslosigkeit ist der Preis für mehr Gleichheit.
Empirie zeigt differenziertes Bild, aber . . .	Erwartete Effekte der Globalisierung lassen sich in der Empirie nicht durchgängig feststellen. Sie kann nur 10 bis 20 Prozent der Änderung der Lohnstruktur erklären. Globalisierung ist dennoch nicht bedeutungslos. Die Effekte sind nur deshalb nicht so eindeutig, weil sie vom technischen Fortschritt dominiert werden.
. . . dennoch ein Fazit	Globalisierung führt nicht zur weltweiten Angleichung der Einkommen nach unten, ist vorrangig keine Bedrohung, sondern eröffnet Chancen für einen wohlstandssteigernden Strukturwandel (siehe Kapitel 6.3).

6.3 Marktintensivierung und Markterweiterung

In den bisherigen beiden Abschnitten wurden bewußt die Gefahren der Globalisierung besonders im Hinblick auf den Arbeitsmarkt und die Einkommensverteilung hervorgehoben. Die theoretischen Ergebnisse der dort zur Analyse herangezogenen traditionellen Modelle der Außenwirtschaft (Heckscher/Ohlin/Samuelson und Ricardo) zeigten aber bereits, daß die verstärkte Einbeziehung von Entwicklungsländern in die Weltwirtschaft für die Industrieländer Vorteile bringt. Gemeint sind Wohlfahrtsgewinne, die sich durch Spezialisierungsvorteile und Marktwachstum erklären lassen. Die Chancen der Globalisierung erschöpfen sich aber nicht in diesem Aspekt der regionalen Markterweiterung. Zum Chancenszenario gehören auch Markterweiterungen durch verstärkten intra-sektoralen Handel und die neuen Möglichkeiten der Internationalisierung der Dienstleistungen. Das Aufholen einiger Schwellenländer ist dabei für die etablierten Industrieländer keine Bedrohung, sondern erschließt neue wertschöpfungsintensivere Märkte.

6.3.1 Globalisierung – Chance für Wachstum und Arbeitsplätze

Globalisierung wird mehr und mehr dämonisiert und als eine Ursache wirtschaftlicher Probleme gesehen. Im Blick auf die desolate Arbeitsmarktsituation in vielen Industrieländern ist es inzwischen gängige Meinung, daß im Zuge der Globalisierung den Industriegesellschaften die Arbeit ausgehe. 20 Prozent der erwerbsfähigen Bevölkerung reichten aus, um den Rest der Bevölkerung zu versorgen (Martin/Schumann, 1996). Doch bei einer Konfrontation mit der Empirie zeigt sich ein differenzierteres Bild, das zahlreiche Vorurteile widerlegt.[171] Das Zeitalter der Globalisierung ist durch weltweites Wachstum des Sozialprodukts, des Handels und der Arbeitsplätze geprägt:

☐ Zwischen 1980 und 1994 ist in den Industrieländern das reale Bruttoinlandsprodukt je Einwohner um über 40 Prozent gestiegen. In den Entwicklungs- und Schwellenländern betrug der Zuwachs sogar weit über 50 Prozent (UNO, 1997, 286).

☐ Die Weltmärkte sind kräftig expandiert. Das Weltsozialprodukt war nominal gerechnet 1995 um etwa 15 000 Milliarden Dollar höher als noch 1980. Einen wichtigen Anstoß dazu gab der Handel. Das Welthandelsvolumen ist von rund 2000 Milliarden Dollar (1980) auf 4800 Milliarden Dollar angewachsen. Das heißt nichts anderes, als daß neue Märkte im Export im Werte von 2800 Milliarden Dollar entstanden sind.

□ Die Expansion ging an den Arbeitsmärkten der Industrieländer nicht vorbei. In der OECD sind zwischen 1980 und 1996 fast 73 Millionen neue Arbeitsplätze entstanden. Das ist ein Zuwachs von knapp 20 Prozent. Natürlich zeigt ein Blick auf die regionale Verteilung große Unterschiede. In den OECD-Ländern Amerikas wuchs die Zahl der Jobs fast um ein Drittel und in den OECD-Ländern Asiens immerhin noch um ein Viertel. Europa allerdings fällt ab und liegt mit einem Plus von nur 7,4 Prozent klar auf dem letzten Platz dieser Rangfolge (Abbildung 6-2).

Abbildung: 6-2

Wachstum der Erwerbstätigen in der OECD nach Regionen

1980 bis 1996, in Prozent

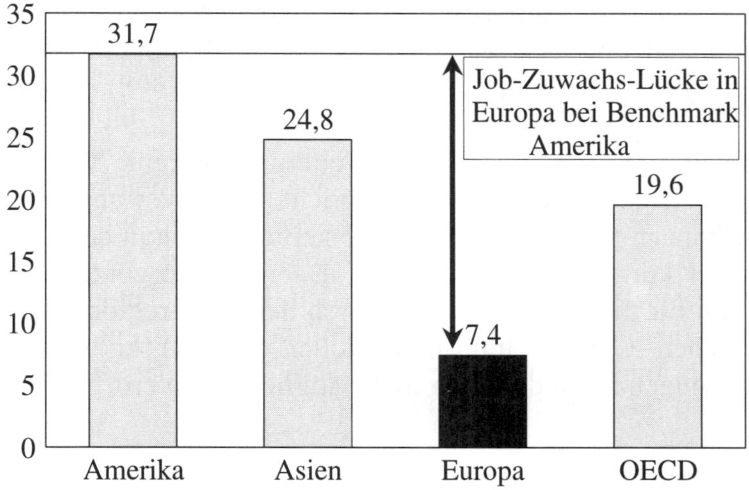

Quelle: OECD (1997d)

Dieses Bild bleibt im Kern erhalten, wenn man die Erwerbstätigenquoten (Anteil der Erwerbstätigen an der Wohnbevölkerung im Alter von 15 bis 64 Jahren) international vergleicht. Diese Quote ist in Nordamerika zwischen 1980 und 1995 um 5,9 Prozentpunkte und in Asien um 4,6 Prozentpunkte gestiegen. In den europäischen OECD-Ländern ist sie hingegen um fast 4 Prozentpunkte gefallen. Die Daten zeigen, daß in den OECD-Ländern außerhalb Europas nicht nur die Zahl der Erwerbstätigen, sondern die Versorgung der erwerbsfähigen Bevölkerung mit Arbeitsplätzen stark gestiegen ist. Die häufig vorgebrachte These vom Ende der Arbeit ist empirisch nicht haltbar. Die regionalen Unterschiede haben offensichtlich etwas mit den Antworten zu tun, mit denen die einzelnen Regionen auf die Herausforderungen der Globalisierung, besonders in der Arbeitsmarkt-, Lohn- und Sozialpolitik, reagiert haben.

□ Die verstärkten internationalen Austauschbeziehungen haben gerade in Deutschland zur Wohlstandserhöhung beigetragen. Belegen läßt sich dies durch den Terms-of-Trade-Effekt, der als Unterschiedsbetrag zwischem dem Realwert des Bruttosozialprodukts[172] und dem realen Bruttoinlandsprodukt definiert ist (Lützel, 1987). Positive Werte zeigen an, daß eine Volkswirtschaft durch Außenhandel reale Einkommensansprüche erworben hat. Der Terms-of-Trade-Effekt ist um so größer, je höher der Handelsbilanzüberschuß ist und/oder je besser sich die Ausfuhr- im Verhältnis zu den Einfuhrpreisen entwickelt haben. Seit 1985 waren die Trems-of-Trade-Effekte in fast jedem Jahr positiv, das heißt der Außenhandel hat den realen Verteilungsspielraum erhöht und war deshalb wohlfahrtssteigernd (Sachverständigenrat, 1998).[173]

Die Globalisierung hat eine Markterweiterung und eine Marktintensivierung in vielen Dimensionen ermöglicht. Diese verschiedenen Felder des Chancen-Szenarios der Globalisierung sollen in den folgenden Abschnitten kurz dargestellt werden. Dabei ist hervorzuheben, daß sich gerade für die Industrieländer durch den intra-regionalen Handel mit ähnlichen Gütern (intra-industrieller Handel) und/oder neuen Dienstleistungen besonders lukrative Möglichkeiten eröffnet haben.

6.3.2 Die regionale Dimension

Die Globalisierung hat eine regionale Marktausweitung begünstigt. Neue Märkte in den Industrieländern sind in den aufstrebenden Regionen in Mittel- und Osteuopa, in Süd- und Mittelamerika und in Südostasien gerade für die deutsche Wirtschaft entstanden. Besonders stark ausgebaut wurden die Beziehungen mit den mittel- und osteuropäischen Reformländern. Im Warenhandel stiegen die Ausfuhren in diese Region von 43,4 Milliarden DM (1992) auf fast 92 Milliarden DM (1997)[174] an. Auch die Einfuhren expandierten von 40 Milliarden DM auf 73 Milliarden DM kräftig. In jedem Jahr dieser Periode konnte ein Exportüberschuß erzielt werden, der mit Ausnahme von 1995 ständig gewachsen ist. Die deutschen Ausfuhren nach Mittel- und Osteuropa sind kräftiger gewachsen als die nach Asien oder die Exporte in die anderen Industrieländer.[175]

Gerade auf den Zukunftsmärkten in Mittel- und Osteuropa scheint die deutsche Wirtschaft besonders gut positioniert zu sein. Von allen Einfuhren dieser Länder aus OECD-Staaten entfielen 1994 rund ein Drittel auf Deutschland; 1989 war es erst ein Viertel. Relativ an Bedeutung verloren hat Deutschland dafür in Südostasien, was allerdings heute

Abbildung: 6-3

Deutschland nutzt Exportpotential nicht

Entwicklung der Exportperformance für alle Güter, 1985 = 100

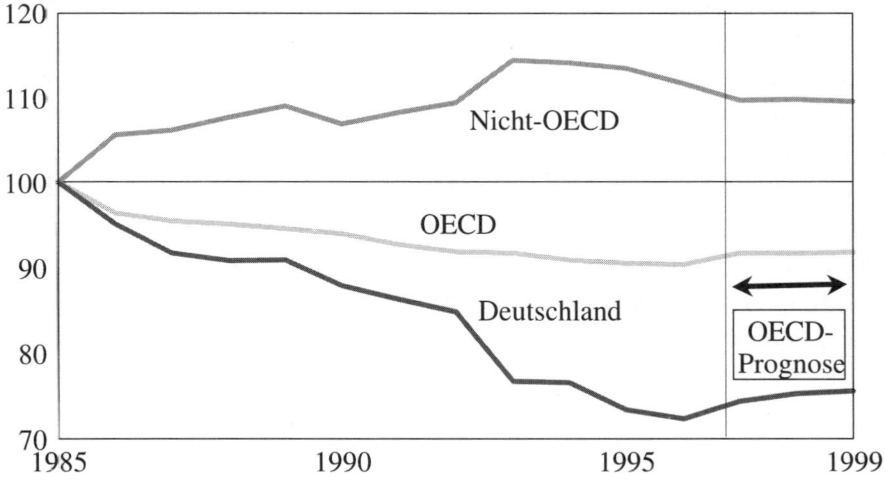

Quelle: OECD (1997h), eigene Berechnungen

den Vorteil hat, daß die Rückwirkungen der Asien-Krise in Deutschland heute geringer sind als etwa in Japan (Lichtblau, 1996).

Diese Erfolge gerade in Mittel- und Osteuropa dürfen nicht darüber hinweg täuschen, daß die deutsche Wirtschaft die sich bietenden Chancen der Globalisierung offenbar nicht vollständig genutzt hat. Dies zeigt die Entwicklung des von der OECD entwickelten Exportperformance-Indikators an, der die Veränderung des Verhältnisses der tatsächlichen Exportentwicklung zum Exportpotential im Zeitablauf ausdrückt.[176]

Die Abbildung 6-3 verdeutlicht, daß sich die Export-Performance Deutschlands seit 1985 deutlich schlechter entwickelt hat als die der OECD-Länder im Durchschnitt und vor allem die der Nicht-OECD-Länder. Vereinfacht ausgedrückt konnte das deutsche Exportwachstum mit dem Wachstum der Zielländer nicht mithalten, was für eine unterdurchschnittliche Nutzung der Potentiale spricht, welche die globalisierten Märkte gerade seit Mitte der achtziger Jahre geboten haben.

Intra-regionale Dimension entscheidend

Dieser kleine Exkurs über die deutsche Exportperformance soll aber nicht von der hauptsächlich interessierenden Fragestellung nach den Chancen der Globalisierung im dem regionalen Markterweiterungs-Szenario ablenken. Bisher wurde der Blick auf die neuen Märkte in den aufstrebenden Regionen gerichtet. Trotz der Aufholerfolge dieser Länder findet das Marktwachstum volumenmäßig immer noch zum weit überwiegenden Teil in den OECD-Ländern und damit aus Sicht Deutschlands intra-regional statt. Zum Vergleich: Das Bruttoinlandsprodukt der OECD wuchs zwischen 1980 bis 1994 um mehr als 12 000 Milliarden Dollar – die Region Südostasien legte um knapp 1000 Milliarden Dollar zu. Allein dieser Unterschied verdeutlicht, daß die beobachtete Globalisierung der Weltwirtschaft immer noch vorrangig auf dem wirtschaftlichen Potential der klassischen Industrieländer gründet.

Bestätigt wird dieser Befund durch einen Blick auf die Verteilung des Zuwachses der weltweiten Exporte zwischen 1980 und 1995 (Abbildung 6-4). Von dem gesamten Exportwachstum von 2816 Milliarden Dollar entfallen 2053 Milliarden Dollar oder 73 Prozent auf die Industrieländer, 760 Milliarden Dollar auf die Länder Süd- und Südostasien (einschließlich China) und nur 3 Milliarden Dollar auf die anderen Länder. Per Saldo haben die Industrieländer an den Zuwächsen des Welthandels stark partizipiert, wenn auch die Exportzuwächse in die aufstrebenden Regionen Asiens um 35 Milliarden Dollar kleiner waren als deren Lieferungen in die Industrieländer (siehe Abbildung 6-4).

Wichtiger für die nachfolgende Argumentation ist aber, daß mit über 1500 Milliarden Dollar fast drei Viertel des Exportwachstums der Industrieländer auf den intra-regionalen Handel entfällt.[177]

Abbildung: 6-4

Verteilung des Zuwachses der Exporte zwischen 1980 und 1995 nach Regionen

in Milliarden Dollar

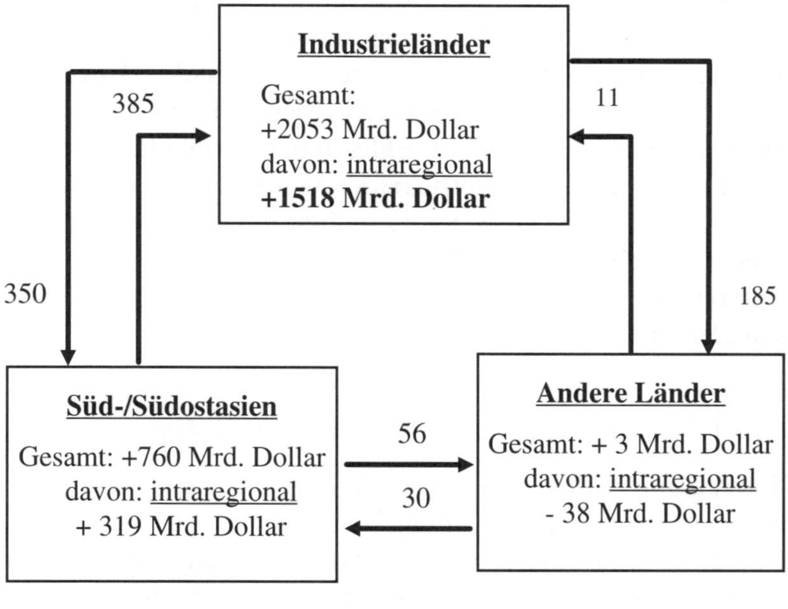

Quelle: UNCTAD (1997), eigene Berechnungen

Diese Daten belegen, daß die Globalisierung nicht nur ein Phänomen eines intensiveren Güteraustausches zwischen Industrie- und Entwicklungsländern, sondern zum überwiegenden Teil Ergebnis eines zunehmenden intra-regionalen Austausches zwischen Industrieländern ist. Globalisierung kann also nicht nur als die „Zunahme von Einfacharbeit in der Welt" – also durch das Entstehen neuer Märkte vor allem in Asien und Mittel- und Osteuropa – verstanden werden.

Der erhöhte intra-regionale Austausch findet seinen Ausdruck auch in einer zunehmenden internationalen gegenseitigen Marktdurchdringung, die durch die Importpenetration im Verarbeitenden Gewerbe – also den Marktanteil ausländischer Anbieter auf den Binnenmärkten – gemessen werden kann. Die Tabelle 1-2 in Kapitel 1 zeigte in allen OECD-Ländern eine deutlich steigende Importpenetration zwischen 1980 und 1994. Vom Niveau und Zuwachs her gesehen fällt nur Japan aus dem Rahmen. Dort erreichen ausländische Anbieter nach wie vor nur einen Marktanteil von knapp 7 Prozent.

Die steigende Importpenetration ist nicht allein das Ergebnis eines zunehmenden Importdrucks aus den Schwellen- und Entwicklungsländern. Die Tabelle 6-1 zeigte, daß in der EU der Marktanteil von Anbietern aus Nicht-EU-Ländern im Verarbeitenden Gewerbe von 8,9 (1980) auf 13,1 (1994) Prozent angestiegen ist. Von diesem Zuwachs entfallen 2 Prozentpunkte auf Entwicklungs- und 2,2 Prozentpunkte auf zusätzliche Importe aus Industrieländern. Die Effekte wären noch deutlicher, wenn man einzelne EU-Länder betrachten und die intraregionale Verflechtung innerhalb der Gemeinschaft berücksichtigen würde. Dieser empirische Hinweis genügt, um klar zu machen, daß die wachsende gegenseitige Marktdurchdringung in erheblichem Ausmaß auf verstärktem intra-regionalen Austausch der Industrieländer zurückzuführen ist.

Importpenetration von Hochtechnologie angetrieben

Als interessante Frage schließt sich jetzt an, ob diese zunehmende gegenseitige Marktdurchdringung der Industrieländer lediglich die oben beschriebene intra-regionale Dimension hat oder daneben noch andere Spezialisierungsmuster erkennbar sind. In der klassischen Außenhandelstheorie wird als zentrale Hypothese abgeleitet, daß die Industrieländer technologie-intensive Produkte in Schwellen- und Entwicklungsländer liefern und im Gegenzug vor allem Rohstoffe, Nahrungsmittel und ähnliche Güter, die mit niedriger Technologie-Intensität hergestellt werden, importieren. Nach der vorne abgeleiteten Hypothese des Heckscher-Ohlin-Samuelson-Szenarios wäre zu erwarten, daß sich in den Industrieländern der durch die Globalisierung ausgelöste Importdruck vor allem in den Sektoren mit einer niedrigen Technologie-Intensität niederschlägt. Das ist aber nicht so. Die Wahrheit ist komplizierter und vielschichtiger.

Es lassen sich durchaus Hinweise für eine Bestätigung der Hypothesen der klassischen Außenhandelstheorie finden, sie können nur nicht alle empirischen Fakten erklären. Als Bestätigung des klassischen Musters der Arbeitsteilung zwischen Industrie- und Entwicklungsländern kann der Strukturwandel der Wertschöpfungsanteile des Verarbeitenden Gewerbes und die Exportspezialisierung in Richtung High-Tech-Industrie gewertet werden. Tabelle 6-5 verdeutlicht das für die drei großen OECD-Länder USA, Japan und Deutschland und für Südkorea, das als Beispiel für ein aufholendes Schwellenland gewählt wurde.

Daneben gibt es eine Reihe empirischer Fakten, die nicht mit der obigen Hypothese übereinstimmen. Dazu gehört auch der beobachtete Importzuwachs bei High-Tech-Gütern bei gleichzeitigem starkem Rückgang der Low-Tech-Importe in Deutschland, den USA und Korea. Wiederum fällt hier Japan aus dem Rahmen. Hier ist der Anteil der Low-Tech-Importe ansteigend, was dafür spricht, daß Japans Einbindung in die Weltwirtschaft noch viel stärker dem klassischen Muster entspricht, als es im Heckscher-Ohlin-Samuelson-Szenario beschrieben wurde.[178]

Eine weitere Inkonsistenz ist die in den High-Tech-Sektoren überdurchschnittlich hohe Importpenetration (Tabelle 6-6). Wiederum mit Ausnahme Japans nimmt in allen anderen G7-Ländern der Marktanteil ausländischer Unternehmen mit der Technologie-Intensität zu. Gerade im Bereich der Hochtechnologie – also dem ureigenen Marktsegment der Industrieländer – ist die gegenseitige Marktdurchdringung am höchsten. Entscheidender ist aber die Entwicklung im Zeitablauf. Die Importpenetration ist seit 1980 im Hochtechnologiebereich stärker gestiegen als im Verarbeitenden Gewerbe insgesamt und hat sich vor allem im Vergleich zu den Niedrig-Technologiebereichen deutlich stärker erhöht.

Tabelle: 6-5

Verschiebung der Wertschöpfungs-, Import- und Exportanteile innerhalb des Verarbeitenden Gewerbes[1]

1970 bis 1994; in Prozentpunkten

Branchen	Deutschland	USA	Japan	Südkorea
	Wertschöpfung			
High-Tech	5,0	5,4	6,6	13,5
Medium-Tech	4,5	1,3	0,4	13,7
Low-Tech	–9,5	–6,7	–7,0	–25,6
Arbeitsintensiv	–4,8	–4,1	–1,5	–13,1
	Export			
High-Tech	6,2	10,8	17,6	26,1
Medium-Tech	–0,6	–6,9	14,8	7,3
Low-Tech	–5,6	–3,9	–32,3	–33,4
Arbeitsintensiv	–2,5	1,0	–13,5	–29,3
	Import			
High-Tech	12,7	18,6	5,7	11,4
Medium-Tech	0,8	1,7	–9,6	2,9
Low-Tech	–13,5	–20,3	3,9	–14,3
Arbeitsintensiv	–0,1	2,0	8,4	–4,7

[1] Die Einteilung der Branchen nach der Technologieintensität oder nach dem Grad der Arbeitsintensität stammt von der OECD (1996b).

Quelle: OECD (1997c), eigene Berechnungen

Was folgt daraus? Die empirischen Fakten erhärten den obigen Befund, daß die intra-regionale Dimension der Markterweiterung die wichtigere ist. Dafür spricht, daß die wachsende Importpenetration gerade von der Gütergruppe angetrieben wird, bei der komparative Vorteile der Industrieländer vermutet werden können. Die Industrieländer tauschen untereinander verstärkt typische Waren von Industrieländern.

Dies zwingt zur Schlußfolgerung, daß sich die Globalisierung nur richtig erfassen läßt, wenn man sie zumindest als ein „zweidimensionales Phänomen" begreift. Es gibt gleichzeitig die Dimension einer verstärkten weltwirtschaftlichen Verflechtung, die die geänderte Faktorausstattung reflektiert und eine, die sich in einem Wettlauf vornehmlich zwischen Industrieländern in der Schaffung ähnlicher wertschöpfungs- und technologie-intensiver Güter bemerkbar macht. Für die Zweidimensionalität sprechen auch die Ergebnisse von Fitzenberger (1996). Es wurde deutlich, daß sowohl die hochqualifikations-intensiven als auch die besonders einfachqualifikations-intensiven Branchen des Verarbeitenden Gewerbes einem überdurchschnittlichen Preis- und damit Wettbewerbsdruck ausgesetzt sind. Die Globalisierung hat den Wettbewerb am unteren und oberen Ende einer Skala verschärft, die durch den Grad der Technologie- oder Humankapitalintensität definiert sein soll. Eine wesentliche Eigenschaft dieser zweiten Dimension ist, daß sie sehr stark durch einen zunehmenden intra-industriellen Handel geprägt wird.

Tabelle: 6-6

Industrieländer importieren zunehmend hochtechnologische Produkte

Anteil der Importe an der Inlandsnachfrage[1] in Prozent

		Verarbeitendes Gewerbe insgesamt	Hoch-technologie	Mittel-technologie	Niedrig-technologie
Deutschland	1980	19,6	24,9	21,3	17,2
	1993	25,4	37,3	27,2	19,8
Frankreich	1980	21,3	25,4	30,5	15,8
	1993	30,3	41,1	39,8	21,0
Großbritannien	1980	22,9	34,0	32,0	15,9
	1993	33,7	55,7	43,2	20,5
Italien	1980	19,9	23,3	31,1	14,0
	1993	24,9	35,2	37,1	16,2
Japan	1980	5,3	5,9	4,5	5,4
	1993	5,7	6,7	4,5	6,2
Kanada	1980	30,7	57,1	50,1	13,4
	1993	46,2	73,4	62,5	23,6
USA	1980	8,9	10,4	13,3	6,3
	1993	15,9	24,7	20,1	9,6

[1] Die gesamte inländische Nachfrage wird hier berechnet aus: Produktionswert plus Importe minus Exporte.

Quelle: OECD (1996b, 106)

6.3.3 Dominanz des intra-industriellen Handels

Die intensivere Durchdringung der Märkte durch ausländische Konkurrenten wird angetrieben vom intra-industriellen Handel. Immer stärker ist zu beobachten, daß nahezu alle Länder gleichzeitig die Waren eines Industriezweigs importieren und exportieren.

Für die meisten Staaten ist der intra-sektorale Handel inzwischen quantitativ bedeutsamer als der Austausch von Gütern unterschiedlicher Industriezweige. Messen läßt sich dies mit dem Grubel-Lloyd-Index (siehe Tabelle 1-3 in Kapitel 1), der den Grad des Ausgleichs sektoraler Handelsbilanzen angibt. Er ist normiert auf Werte zwischen 0 und 100. Null bedeutet eine vollkommene sektorale Spezialisierung eines Landes. Es werden nicht gleichzeitig Güter derselben Branche exportiert und importiert. Bei einem Wert von 100 besteht perfekter Intrahandel. In jedem Sektor wird genau soviel exportiert wie importiert. Die empirischen Fakten lassen sich zu folgendem Befund zusammenfassen:

☐ Intra-industrieller Handel ist offensichtlich ein Kennzeichen der Verflechtungen zwischen Industrieländern. Sowohl in Deutschland, den USA als auch in Japan ist der intra-industrielle Anteil im Handel mit OECD-Ländern deutlich höher als beim Handel mit den Nicht-OECD-Ländern (Tabelle 1-3). Dies kann zur Aussage verdichtet werden, daß die Beziehungen zwischen Industrie- und Entwicklungsländern eher auf inter-sektoralem und die Beziehungen zwischen Industrieländern untereinander eher auf intra-sektoralem Handel basieren.

☐ Mit Ausnahme von Japan und Island erreichten 1994 im Verarbeitenden Gewerbe alle OECD-Länder einen Grubel-Lloyd-Index, der größer als 40 war. In allen G7-Ländern – wiederum mit Ausnahme von Japan – ist dieser Wert sogar größer als 70. In allen Ländern nimmt aber gerade in den letzten Jahren die Bedeutung des intra-industriellen Handels zu (OECD, 1996b, 108).

☐ Der hohe Stellenwert des intra-industriellen Handels läßt sich auch in einer güterbezogenen Betrachtung verdeutlichen (Tabelle 6-7). Als besonders intensiv erweist sich der intra-industrielle Handel der G7-Länder im Bereich der Chemischen Industrie (Beyfuß et al., 1998). Aber auch im Maschinen- und Fahrzeugbau sowie bei den nach ihrem

Ausgangsmaterial klassifizierten Gütern (Eisen und Stahl-, Nichteisenmetall-, Holz- und ähnliche Produkte) werden international vornehmlich Güter der gleichen Produktkategorie getauscht. Trotz der auch bei den Nahrungsmitteln und Rohstoffen im Laufe der Zeit deutlich gestiegenen Werten des Indikators zeigt sich somit insgesamt – und erwartungsgemäß –, daß der Schwerpunkt des intra-industriellen Handels auf Gütern liegt, die einen relativ hohen Technologieinput erwarten lassen.

Tabelle: 6-7

Intra-industrieller Handel mit technologieintensiven Gütern besonders ausgeprägt

Werte des Grubel-Lloyd-Indizes für den intra-industriellen Handel in den G7-Ländern nach Produktgruppen

		Nahrungsmittel	Rohstoffe	Mineralölprodukte	Chemische Produkte	Materialbezogene Produkte	Maschinen und Fahrzeuge
Deutschland[1]	1970	32,0	28,7	27,6	58,4	69,6	49,5
	1980	47,1	34,7	22,6	67,7	76,4	54,9
	1993	57,0	45,3	29,6	72,5	79,4	67,5
Frankreich	1970	46,0	46,9	20,9	81,6	72,5	75,9
	1980	49,1	53,0	22,8	74,0	80,0	76,3
	1993	62,6	57,6	27,2	81,4	84,6	82,8
Großbritannien	1970	19,0	26,2	31,7	67,8	62,1	56,4
	1980	40,3	36,6	94,2	71,0	79,4	72,8
	1993	51,8	32,4	76,8	77,2	71,9	82,3
Italien	1970	22,5	20,4	6,3	76,8	53,7	70,9
	1980	23,4	21,1	27,1	79,8	58,5	70,3
	1993	41,2	27,0	39,2	80,0	61,3	63,8
Japan	1970	15,1	2,8	2,5	55,9	19,4	30,2
	1980	11,1	4,3	0,9	64,7	24,1	16,8
	1993	8,5	9,2	7,6	65,2	42,4	25,1
Kanada	1970	29,2	25,4	57,8	41,0	35,4	63,3
	1980	27,9	34,7	45,2	36,8	40,3	67,0
	1993	49,3	34,4	51,2	58,1	54,9	62,9
USA	1970	22,9	42,1	18,8	47,6	60,2	46,9
	1980	25,2	39,1	6,4	56,2	62,1	56,8
	1993	55,0	53,7	18,3	75,4	64,2	71,2

[1] Die Werte für 1970 und 1980 beziehen sich auf die alten Bundesländer, die Werte für 1993 auf Gesamtdeutschland.

Quelle: OECD (1996b, 182)

□ Auch bei den privaten Dienstleistungen hat die Bedeutung des intra-sektoralen Handels im Laufe der Zeit zugenommen. Hieran dürften nicht zuletzt die technologie-orientierten und in hohem Maße handelbaren Dienstleistungen (Forschungs-, EDV- und ähnliche Dienste) ihren Anteil gehabt haben. Dafür spricht zumindest die Erfahrung in Deutschland, wo der Wert des Indexes des intra-sektoralen Handels im Dienstleistungsbereich im wesentlichen der Entwicklung im Güterbereich gefolgt ist.

Erweiterung des Kreises der Industrieländer

Eine weitere wichtige empirische Beobachtung ist, daß sich der Kreis der Länder, deren Handelsstruktur stark von intra-industriellem Handel und dem Austausch von Industriewaren geprägt ist, vergrößert hat. Hinzugekommen sind vor allem die Schwellenländer Südostasiens, aber auch zunehmend Länder Mittel- und Osteuropas sowie Südamerikas. Verdeutlicht hat das schon die Tabelle 1-3, die zeigt, daß der Grubel-Lloyd-Index des deutschen, japanischen und amerikanischen Außenhandels mit Südostasien stark angewachsen ist. Die gesamte Exportstruktur der Länder Süd- und Südostasiens ist heute viel stärker als früher durch den Handel mit Industriewaren charakterisiert. Diese Länder sind in vielen Bereichen zu direkten Konkurrenten der klassischen OECD-Länder geworden und haben wesentlich zum Strukturwandel des Exports weg von Rohstoffen und Mineralien hin zu Maschinen und Transportgütern beigetragen.

Theorie des intra-industriellen Handels –
Markterweiterung durch Produktdifferenzierung

Was folgt aus diesem Befund? Zunächst eigentlich nur die nüchterne Erkenntnis, daß die klassische Außenhandelstheorie intra-industriellen und intra-regionalen Handel – und damit den überwiegenden Teil des Welthandels – offensichtlich nicht erklären kann und deshalb nach anderen Ansätzen gesucht werden muß. Die Begründung dafür ist einfach: Würde die Richtung und Struktur des Außenhandels wirklich durch Unterschiede in der Faktorausstattung oder in den Produktivitäten bestimmt, dürfte ein Land nicht gleichzeitig gleiche oder zumindest ähnliche Güter importieren und exportieren. Die klassische Außenhandelstheorie sagt eine Spezialisierung nach komparativen Vorteilen voraus – die Empirie zeigt aber eine immer stärkere Konzentration auf ähnlichen Feldern.

Für die Analyse der Wirkung und die Ableitung von Schlußfolgerungen ist es deshalb wichtig zu wissen, was intra-industriellen Handel vom klassischen inter-industriellen Handel unterscheidet. Die marktschaffenden Effekte des intra-industriellen Handels gründen vor allem auf eine sich ständig ausdehnende Produktdifferenzierung. Es ist möglich, ein Produkt schon durch kleine Veränderungen in seinen Eigenschaften, im Design, durch Implementation neuer Funktionen oder selbst durch die neue Präsentation des Produkts (Werbung) von anderen abzuheben. Produkte sind nicht homogen, sondern im Detail höchst verschiedene „Problemlösungspakete". Entscheidend dabei können die in das Produkt integrierten Dienstleistungen sein. Beispiele dafür sind Kundendienst, Finanzierungskonzepte oder Schulungen. Durch die ständige Produktdifferenzierung und -weiterentwicklung entstehen neue Märkte, die allerdings über hohe Substitutionselastizitäten mehr oder weniger eng zusammenhängen und auf denen austauschbare Produkte angeboten werden.

Steigender intra-industrieller Handel bedeutet zunächst nicht mehr als die Fähigkeit der Wirtschaft, viel differenzierter unterschiedliche Präferenzen der Nachfrager bedienen zu können. Die Globalisierung dürfte diesen Prozeß erleichtert haben. Genau an diesem Punkt setzt die Theorie des intra-sektoralen Handels ein, die ein wesentlicher Teil der sogenannten neuen Außenhandelstheorie ist. Sie erklärt die Richtung und das Ausmaß des Außenhandels nicht durch unterschiedliche Faktorausstattungen oder Technologien, sondern hebt die Bedeutung unterschiedlicher Präferenzen hervor. Als erster stellte Linder (1961) die Nachfrageseite in den Mittelpunkt bei der Erklärung des internationalen Handels. Ein ähnlicher Entwicklungsstand zweier Länder würde tendenziell zu relativ ähnlichen Präferenzstrukturen der Nachfrager führen. Dies würde einen intensiveren Güteraustausch nach sich ziehen als es bei Ländern auf unterschiedlichem Entwicklungsniveau der Fall wäre. Die Schlußfolgerung ist wichtig, denn sie besagt, daß der Handel und damit auch die Chance zur Schaffung neuer Märkte um so stärker ist, je entwickelter die Partnerländer sind. Deshalb ist das Aufholen einiger Schwellenländer keine Bedrohung für die Industrieländer, sondern eröffnet die Chance, auch dort neue wertschöpfungsintensive Märkte zu erschließen.

Aus den Überlegungen Linders sind im weiteren Verlauf die Handelsmodelle hervorgegangen, die den intra-industriellen Handel erklären können (Aschinger, 1988, 331). Grundlegende Merkmale und Annahmen dieser Modelle sind:

- ähnliche Faktorausstattungen und Technologien, die den einzelnen Volkswirtschaften die Produktion ähnlicher, aber nicht gleichartiger Güter ermöglichen

- differenzierte Präferenzen, das heißt eine Vorliebe der Nachfrager für Vielfalt und

- steigende Skalenerträge bei der Produktion solcher differenzierter Güter, das heißt es gibt Kostendegressionseffekte bei steigender Menge.

Der internationale Austausch mit solchen heterogenen Gütern läßt sich nicht mehr in einer Welt mit vollkommener Konkurrenz abbilden, wie sie der klassischen Außenhandelstheorie zugrunde liegt. Deshalb werden Erklärungsbeiträge zum intra-industriellen Handel im Rahmen der neuen Außenhandelstheorie immer unter der Annahme der unvollständigen Konkurrenz diskutiert. Damit ist dieser Ansatz wirklichkeitsnäher. Auf den internationalen Gütermärkten herrscht unvollständige Konkurrenz. Bestimmte Güter werden nur von relativ wenigen Anbietern produziert, die zum Teil und auf bestimmte Zeit Präferenzen für die von ihnen angebotenen Produktvarianten schaffen und sich somit sogar als Monopolisten verhalten können. Der Preis für ein Gut ist kein Datum, sondern von den Unternehmen beeinflußbar. Ursache dieser Preissetzungsmöglichkeit ist die von den Nachfragern als nutzensteigernd angesehene Differenzierung der Güter. Außerdem liegen in der Produktion vieler Güter steigende Skalenerträge vor; die Verdopplung der Produktionsmenge erfordert nur eine unterproportionale Erhöhung der eingesetzten Produktionsfaktoren. Damit sinken mit steigender Produktionsmenge die Stückkosten für das Gut, was dem Produzenten, der zuerst am Markt ist und seine Stellung ausbauen kann, einen Vorteil gegenüber Konkurrenten verschafft. Die Verbindung zwischen verstärktem intra-industriellem Handel und der Globalisierung ist damit klar: In integrierten, großen Märkten ist die Vielfalt der Präferenzen höher und die „economies of scale“ erlauben es gleichzeitig, diese größere und gleichzeitig differenziertere Nachfrage kostengünstig zu bedienen.

Die theoretische Fundierung der hier relevanten Form der unvollständigen Konkurrenz – der monopolistischen Konkurrenz – wurde im wesentlichen bereits in den dreißiger Jahren von Chamberlin (1965) vorangetrieben. Kennzeichnend für diese Marktform ist das Vorhandensein einer Vielzahl von Anbietern auf dem Markt, die jeweils eine bestimmte Variante eines Gutes anbieten. Für diese Variante ist der einzelne Anbieter Monopolist. Er kann also versuchen, seinen Gewinn durch eine eigene Preispolitik zu maximieren, ohne unmittelbar mit Reaktionen der Konkurrenz rechnen zu müssen. Da im Modell von Chamberlin vereinfachend unterstellt wird, daß sich alle Anbieter derselben Kosten- und Nachfragestruktur gegenübersehen, wird der verlangte Preis bei allen Anbietern gleich sein. Sollte dieser, auf der Basis der Gewinnmaximierung der einzelnen Anbieter ermittelte Preis noch Gewinne erlauben, also über den Durchschnittskosten liegen, so wird der Markteintritt für Anbieter (jeweils mit einer eigenen Produktvariante) lohnend. Damit verteilt sich der Gesamtmarkt auf eine größere Anzahl von Anbietern. Langfristig ist der Markt im Gleichgewicht, wenn alle Anbieter gerade noch einen die Durchschnittskosten (einschließlich Unternehmerlohn, Eigenkapitalverzinsung und Risikoaufschlag) deckenden Preis erzielen können (Feuerstein, 1993; 286 ff.).

Wie bereits deutlich wurde, ist die Differenzierung eines Gutes, die den Anbietern Preissetzungsspielräume ermöglicht, ein zentraler Aspekt des Modells der monopolistischen Konkurrenz. Die Anbieter reagieren damit darauf, daß Nachfrager dafür zahlen wollen, aus einer Vielzahl von Produkten wählen zu können, sie also die Produktvielfalt als solche schätzen. Das ist die Triebfeder für die Aufnahme von Außenhandel. Denn durch die Einbeziehung mehrerer Länder in den Gesamtmarkt für das betrachtete differenzierte Gut wird es möglich, die Zahl der Produktvarianten weiter zu erhöhen. Die Unternehmen, die nun für einen größeren Markt produzieren, haben dabei den Vorteil, aufgrund von steigenden Skalenerträgen mit niedrigeren Durchschnittskosten produzieren zu können.[179]

Es gibt aber eine entscheidende Änderung zu den Modellen der klassischen Außenhandelstheorie. So ist nicht gesichert, daß alle von der Aufnahme oder Vertiefung des Außenhandels profitieren. Nicht alle

Anbieter können auf dem vergrößerten Markt bestehen. Dies erklärt sich daraus, daß mit der größeren Anzahl ähnlicher Produktvarianten die Preiselastizität der Nachfrage zunimmt. Erhöht ein Anbieter isoliert seinen Preis, so muß er damit rechnen, eine größere Zahl von Kunden an die Konkurrenz zu verlieren als vorher. Im Gegenzug darf er aber damit rechnen, bei einer Preissenkung unter den neuen Gleichgewichtspreis mehr neue Kunden an sich zu binden. Da die Voraussetzungen aber für alle Anbieter gleich sind, werden alle Anbieter den Preis senken. Kurzfristig entsteht damit die Situation, daß der verlangte Preis geringer als der den Durchschnittskosten entsprechende Gleichgewichtspreis bei Außenhandel ist. Einige Anbieter (welche das sind, ist nicht vorherbestimmt) werden aufgrund der sich ergebenden Verluste also aus dem Markt ausscheiden. Die sich im langfristigen Gleichgewicht ergebende Anbieterzahl wird also kleiner sein als die Summe der Anbieter in den beiden Ländern vor Aufnahme des Außenhandels. Dabei bleibt unbestimmt, welche Produktvarianten in welchem Land hergestellt werden. Für den aus den Handelsbeziehungen für die Konsumenten resultierenden Vorteil ist dies allerdings unerheblich. Die grundsätzlichen Ergebnisse des Modells hängen auch nicht von der Voraussetzung ab, daß die Anzahl der Anbieter im Ausgangszustand in jedem Land gleich ist.

Ein weiterer, in den obigen Ausführungen nur implizit enthaltener Unterschied zwischen klassischer und neuerer Außenhandelstheorie sei hier noch verdeutlicht: Im Gegensatz zu der rein statischen Betrachtungsweise der älteren Außenhandelsmodelle, wird die Dynamik des Wettbewerbs in den Modellen des intra-industriellen Handels besser erfaßt. Erfindet ein Unternehmer eine neue Produktvariante und tritt damit in den Markt des differenzierten Gutes ein, so werden die Gleichgewichtsbedingungen verändert. Dies gilt unbeschadet der Annahme, daß die anderen Unternehmer nicht direkt auf den Markteintritt des neuen Anbieters reagieren.[180] Ein Verdrängungswettbewerb setzt dennoch ein, denn schließlich kann der Markt nur eine bestimmte Anzahl von Unternehmen tragen. Auch wenn in den grundlegenden Intra-Handelsmodellen keine konkrete Aussage darüber enthalten ist, welche Unternehmer – und damit welche Produktvarianten – im Wettbewerb überleben, so kann aus der expliziten Berücksichtigung der Nachfrage doch geschlossen werden, daß sich nur diejenigen Unternehmen im Markt behaupten können, deren Produkte den Konsumentenwünschen am meisten entsprechen. Damit weist die Theorie des intra-industriellen Handels wesentlich stärker auf die eigenständige Rolle des Unternehmers im internationalen Wettbewerb hin (Schumpeter-Wettbewerb).

Schwierige empirische Meßprobleme

Die steigende Bedeutung von Produktdifferenzierungen und (zeitlich begrenzten) monopolistischen Vorteilen kann mit der herkömmlichen Statistik nicht mehr abgebildet werden, weil die Branchen oder Güter relativ grob zu Gruppen zusammengefaßt werden. Die Statistik mißt einen steigenden intra-sektoralen Handel beispielsweise auf der Basis dreistelliger Branchencodes, kann aber nicht differenzieren, was innerhalb dieser black box passiert ist.

Die OECD hat versucht, etwas mehr Klarheit zu schaffen. Sie hat in einem ersten Schritt die Branchen des Verarbeitenden Gewerbes nach der Marktstruktur und der Technologie-Intensität klassifiziert (OECD, 1996b, 119). Im Hinblick auf die Marktstruktur wird zwischen Branchen unterschieden, deren Güter leicht substituierbar sind und damit keinen hohen Gewinnaufschlag auf die Preise gestatten. Sie werden als fragmentierte Branchen bezeichnet. Die zweite Gruppe – segmentierte Branchen – stellen Produkte her, die weniger leicht austauschbar sind und damit einen größeren Preissetzungsspielraum gewähren. Die fragmentierten Branchen stellen also eher homogene und die segmentierten Branchen eher heterogene Güter her, wie sie für den intra-industriellen Handel eher typisch sind. Führt man die Kriterien zusammen, ergeben sich folgende Branchengruppen:

☐ 1. Niedrigtechnologische, fragmentierte Branchen
(zum Beispiel Nahrungsindustrie, Textilindustrie, Holz- und Papierindustrie)

☐ 2. Niedrigtechnologische, segmentierte Branchen
(zum Beispiel Metallindustrie, Schiffbau)

☐ 3. Hochtechnologische, segmentierte Branchen
(zum Beispiel Fahrzeugbau, Elektrischer Maschinenbau, Pharmazeutische Industrie, Computerindustrie)

☐ 4. Hochtechnologische, fragmentierte Branchen
(zum Beispiel Chemische Industrie, Nicht-elektrischer Maschinenbau, Instrumentenbau)

Ein Blick auf die Veränderung der Wertschöpfungsanteile[181] der Branchen des Verarbeitenden Gewerbes in dieser Marktstruktur-Technologie-Klassifizierung in Deutschland, den USA, Japan und Südkorea für den Zeitraum 1970 bis 1994 zeigt (Abbildung 6-5) einen klaren Strukturwandel von der Gruppe 1 (Low-Tech/fragmentiert) zur Gruppe 3 (High-Tech/segmentiert).[182] Besonders ausgeprägt war dies in Südkorea, was typisch für ein aufholendes Schwellenland ist. Als generelle Schlußfolgerung läßt sich daraus ableiten, daß der Faktor Technologie

Abbildung: 6-5

Veränderung der Wertschöpfungsanteile nach Technologie und Marktstruktur

1970 bis 1994, in Prozent

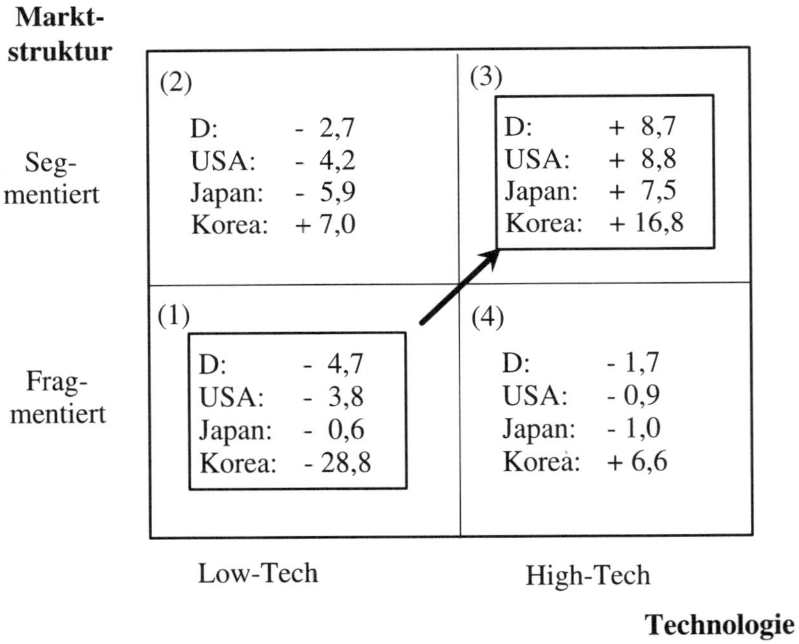

Quelle: OECD (1996b, 119; 1997c), eigene Berechnungen

die Fähigkeit zur Produktdifferenzierung und zur Schaffung monopolistischer Vorsprünge offensichtlich stark fördert. Genau auf diesem Feld haben die großen Industrieländer USA, Japan und Deutschland ihre komparativen Vorteile.

6.3.4 Globalisierung erweitert Spielraum für Dienstleistungen

Es dürfte mehr als eine zufällige zeitliche Koinzidenz sein, daß die Tertiarisierung der Weltwirtschaft und die Globalisierung beide in den achtziger Jahren einen enormen Auftrieb genommen haben. Der Anteil der Dienstleistungen am Weltsozialprodukt ist von rund 55 Prozent (1980) auf 65 Prozent (1994) angestiegen (Kapitel 1). Genau in dieser Epoche hat auch die Globalisierung der Weltwirtschaft stattgefunden. Beide Megatrends des Strukturwandels bedingen sich gegenseitig. Fünf Gründe sprechen dafür:

☐ Die Globalisierung hat die Nachfrage nach Dienstleistungen erhöht, denn die Internationalisierung der Industrie – etwa in Form des Aufbaus von Betriebsstätten oder Niederlassungen im Ausland – ist nicht ohne begleitende Dienstleistungen denkbar. Beispiele dafür sind erhöhte Informations- und Kommunikationsanforderungen, Finanzierung, Marktforschung, grenzüberschreitende Rechtsberatung, Beschaffung von regionsspezifischem Know-how (Humankapital), Verkauf oder Transfer von Patenten und Lizenzen, Reisetätigkeiten, Versicherungen, Montageleistungen, Dolmetscher oder Standort- und Unternehmensberatung.

☐ Ein Nachfragesog kommt noch von einer anderen Seite. Die Globalisierung begünstigt den weltweiten Konvergenzprozeß (Abschnitt 6.2) und weltweit wachsende Pro-Kopf-Einkommen. Da Dienstleistungen mit steigenden Einkommen überproportional nachgefragt werden (Kapitel 4), begünstigt die Globalisierung zumindest indirekt die Entstehung neuer Dienstleistungsmärkte.

☐ Auf der Angebotsseite hat der technische Fortschritt – vor allem im Bereich der Telekommunikation – die Standortgebundenheit vieler Dienstleistungen reduziert.[183] Die neuen technischen Möglichkeiten, aber auch die drastische Verbilligung von Informationsübermittlung, haben vielen Dienstleistungen die einschränkende Eigenschaft genommen, daß ihre Erbringung nur möglich ist, wenn sich Anbieter und

Nachfrager zur selben Zeit am gleichen Ort befinden. Diese sogenannten ungebundenen Dienstleistungen (Nachrichtenübermittlung, Bank- und Versicherungsdienste, übrige Dienstleistungen) haben in allen OECD-Ländern (mit Ausnahme von Dänemark und Schweden) an Bedeutung gewonnen (Klodt/Maurer/Schimmelpfennig, 1996, 34). Gerade diese Dienstleistungen können heute neben den traditionellen grenzüberschreitenden Sparten (Tourismus, Gütertransport) leichter international gehandelt werden.

□ Der Prozeß der Internationalisierung der Dienstleistungen wurde zudem durch weitgehende Deregulierungen gerade im Europäischen Binnenmarkt vor allem in den Bereichen Banken und Versicherungen erleichtert. Nicht zuletzt hat auch die Aufnahme der Dienstleistungen in die im Rahmen des GATS (General Agreement on Trade in Services) und anschließend der WTO geführten Verhandlungen zu einschneidenden Liberalisierungsmaßnahmen geführt, was dem Dienstleistungshandel ebenfalls förderlich ist (Barth, 1994, 455 ff).

□ Auch sollte man sich durch die im Vergleich zur Industrie relativ niedrigen Exportquoten nicht zu dem Trugschluß verleiten lassen, Dienstleistungen wären ein lokales Gut, das nicht im internationalen Wettbewerb stünde. Die in Kapitel 2 gezeigte enge Verflechtung zwischen Industrie und Dienstleistungen beweist, daß Dienstleistungen international gehandelt werden. In den Industriewaren stecken heute mehr Dienstleistungsanteile als früher. Diese bestimmen damit auch entscheidend die Wettbewerbsfähigkeit der Industrie.

Dienstleistungshandel expansiver als Warenhandel

Angesichts dieser Entwicklung verwundert es nicht, daß der internationale Handel mit Dienstleistungen in den vergangenen Jahren deutlich zugenommen hat und zwar noch stärker als der Güterhandel. Die in der Zahlungsbilanzstatistik ausgewiesenen Güterexporte (gemessen in US-Dollar) der Industrieländer sind zwischen 1985 und 1995 um 173,5 Prozent gestiegen, was einer jährlichen Wachstumsrate von 10,6 Prozent entspricht. Die Dienstleistungen legten mit einem Plus von über 190 Prozent – oder 11,3 Prozent pro Jahr – noch rasanter zu.

Stärker als in den Industrieländern war die Dynamik allerdings in den Schwellen- und Entwicklungsländern Asiens. Bereits die Steigerung der Einnahmen aus den Güterexporten dieser Region zwischen 1985 und 1995 erweist sich mit insgesamt über 360 Prozent (16,5 Prozent pro Jahr) als äußerst eindrucksvoll. Bei den Dienstleistungen sind die Exporte jedoch noch stärker gewachsen: Zwischen 1985 und 1995 konnten die Einnahmen um über 400 Prozent (17,6 Prozent pro Jahr) gesteigert werden. Auch im Dienstleistungshandel ist also ein Aufholprozeß der asiatischen Region gegenüber den traditionellen Industrienationen zu erkennen.

Ein Blick auf die Länderstruktur zeigt, daß die USA sowohl im Volumen als auch in den Anteilen der Dienstleistungen an den Gesamtimporten an der Spitze der Industrieländer stehen (Grömling/Lichtblau/Weber, 1996). Die USA exportierten 1995 Dienstleistungen im Wert von fast 300 Milliarden DM. Das entspricht einem Anteil von 21 Prozent aller amerikanischen Exporte. Deutschland hingegen exportierte nur Dienste im Wert von 123 Milliarden US-Dollar. Der wesentlich geringere Anteil von nur 12 Prozent an den Gesamtexporten zeigt die Industrielastigkeit der deutschen Exportstruktur.

Länderstrukturen im Vergleich

Bei der Betrachtung der Entwicklung in den wichtigsten Industriestaaten interessieren vor allem zwei Fragen:

- Welche Länder sind erfolgreich im Dienstleistungshandel?

- Welche Dienstleistungsbereiche haben von der Expansion des Dienstleistungshandels besonders profitiert und somit wiederum zum in Kapitel 3 dargestellten Strukturwandel innerhalb des tertiären Sektors beigetragen?

Bei der Suche nach Antworten stellt sich allerdings erneut das Problem der international meist nicht vergleichbaren Abgrenzung der Dienstleistungsbereiche, so daß hier nur einige grobe Tendenzaussagen gemacht werden können.

Die Statistik der internationalen Dienstleistungstransaktionen der OECD zeigt, daß unter den G7-Ländern die USA, Frankreich, Italien und Großbritannien 1994 einen Exportüberschuß bei den Dienstleistungen erzielt haben. Die Einnahmen aus Dienstleistungskäufen ausländischer Kunden überstiegen die Ausgaben, die die Inländer im Ausland für Dienstleistungen aufwendeten. Eine defizitäre Dienstleistungsbilanz weisen unter den großen Industrieländern Deutschland, Japan und Kanada auf.

Ein Blick auf die sektorale Aufteilung zeigt, daß nur die USA in allen vier in der Tabelle 6-8 aufgeführten Gruppen eine positive Dienstleistungsbilanz aufweist. Besonders interessant scheint ein Blick auf die Spalte „Andere private Dienstleistungen". Zu dieser Kategorie gehören im wesentlichen die Unternehmensdienste, Bank-, Versicherungs- und Informationsdienstleistungen, Bau- und andere technische Dienstleistungen, Bildungsdienste sowie Dienstleistungen der Unterhaltungsindustrie.[184] Hier erreichen wiederum die USA, aber auch Großbritannien und Frankreich einen Exportüberschuß. Deutschland hat dagegen 1994 für 9 Milliarden Dollar mehr „private Dienste" im Ausland gekauft als Ausländer bei deutschen Anbietern nachfragten.

Tabelle: 6-8

Einnahmenüberschuß[1] aus Dienstleistungshandel 1994

in Millionen US-Dollar

	Gesamt	Tourismus	Verkehr	Staatl. Dienste	Andere private Dienste
USA	44 391	16 904	2 485	5 606	19 396
Japan	–47 190	–27 238	–11 857	2 380	–10 475
Deutschland	–37 684	–30 654	–5 009	7 121	–9 142
Frankreich	20 590	10 904	–1 830	–661	12 177
Italien	2 080	11 671	–5 910	343	–4 024
Großbritannien	4 505	–6 696	–1 346	–1 935	14 482
Kanada	–7 353	–3 967	–1 056	–287	–2 043

[1] Positive Werte zeigen einen Exportüberschuß, negative Werte einen Importüberschuß.

Quelle: OECD (1996g), eigene Berechnungen

Mit Hilfe der OECD-Dienstleistungsstatistik läßt sich auch die zweite Frage beantworten. Als maßgeblicher Trend ist ein Strukturwandel bei der Außenhandelsspezialisierung weg von dem Bereich Transport und Verkehr hin zu den privaten Dienstleistungen zu erkennen (Tabelle 6-9).

Tabelle: 6-9

Unternehmensbezogene Dienste auch international immer gefragter

Anteil der verschiedenen Dienstleistungskategorien an den gesamten Einnahmen oder Ausgaben im internationalen Dienstleistungshandel, in Prozent

	Tourismus		Verkehr		Staatliche Dienstleistungen		Andere private Dienstleistungen	
	1970	1994	1970	1994	1970	1994	1970	1994
Einnahmen[2]								
Deutschland[1]	19,3	17,5	31,8	27,1	24,0	13,0	24,9	42,5
Frankreich	25,9	27,3	33,8	21,4	7,4	0,9	32,9	50,4
Großbritannien	13,3	27,3	51,6	27,3	4,7	3,4	30,3	42,0
Italien	33,8	43,3	28,5	23,0	2,5	0,9	35,2	32,8
Japan	7,2	6,2	50,4	38,6	21,3	5,4	21,1	49,4
Kanada	33,7	29,0	37,8	31,0	6,2	2,4	22,2	37,5
USA	18,2	34,3	28,6	24,7	39,3	10,5	14,0	30,5
OECD gesamt	27,0	29,8	33,9	26,3	3,6	5,4	35,6	38,4
Ausgaben[3]								
Deutschland[1]	34,2	41,4	33,5	21,9	3,6	1,0	28,7	35,6
Frankreich	24,2	19,7	40,0	30,4	13,3	2,1	22,4	47,8
Großbritannien	14,0	42,5	62,6	32,2	13,2	7,4	10,2	17,8
Italien	18,8	22,9	41,8	35,1	2,9	0,3	36,4	41,7
Japan	7,1	29,7	62,7	32,4	1,8	0,9	28,4	37,0
Kanada	29,8	33,5	34,0	28,0	5,6	2,7	30,6	35,8
USA	28,4	33,0	29,0	31,2	38,8	9,8	3,8	26,0
OECD gesamt	25,1	32,0	40,5	29,6	14,0	3,5	20,4	34,9

[1] Die Angaben für 1994 beziehen sich auf Gesamtdeutschland

[2] Einnahmen sind Dienstleistungsexporte, das heißt Inländer verkaufen Dienste ins Ausland.

[3] Ausgaben sind Dienstleistungsimporte, das heißt Inländer fragen ausländische Dienste nach.

Quelle: OECD (1996g), eigene Berechnungen

Im Durchschnitt aller OECD-Länder sind deutlich stärkere Veränderungen auf der Dienstleistungsimport- als auf der Exportseite festzustellen.[185] Bei den Importen – sie entsprechen den Ausgaben in Tabelle 6-9 – haben die privaten Dienstleistungen ihr Gewicht von einem Fünftel (1970) auf mehr als ein Drittel (1994) gesteigert. Etwa im gleichen Ausmaß haben die grenzüberschreitenden Tourismusausgaben zugelegt. Im Gegenzug verlor der vormals dominierende Transportsektor sowohl auf der Export- als auch auf der Importseite. Anteilsmäßig sehr viel weniger geben die OECD-Länder für staatliche grenzüberschreitende Dienste[186] aus.

Auch für die G7-Länder zeigt sich ein relativ eindeutiger Befund. In jedem Land haben sich auf der Einnahmen- und Ausgabenseite die Gewichte deutlich vom Transport und Verkehr zu den privaten Dienstleistungen verschoben. Es muß dabei nochmals betont werden, daß es hier nur um relative Gewinne geht: Absolut betrachtet sind – von wenigen Ausnahmen abgesehen – in jeder Branche aller hier betrachteten Länder die Einnahmen oder Ausgaben aus dem Außenhandel zwischen 1970 und 1994 gestiegen.

Gerade bei den besonders interessanten Anderen privaten Dienstleistungen sind die Unterschiede zwischen den einzelnen Ländern schwierig zu interpretieren, weil es sich hierbei – wie oben dargelegt – um eine Sammelkategorie handelt, deren Zusammensetzung von Land zu Land variiert. Dies erschwert einen tiefergehenden internationalen Vergleich. Es ist aber – auch unter Rückgriff auf andere Datenquellen als die der OECD-Statistik – möglich, einige Vergleiche zwischen einzelnen Ländern zu ziehen.

Ein deutsch-amerikanischer Vergleich

Im folgenden sollen die wichtigsten Unterschiede zwischen dem deutschen und dem amerikanischen Dienstleistungshandel betrachtet werden. Mit diesem Vergleich läßt sich zeigen, daß sich die Vorreiterrolle der USA auf dem Weg zu einer Dienstleistungsgesellschaft, wie sie vor allem in Kapitel 3 bereits herausgearbeitet wurde, auch positiv in ihrer Dienstleistungsbilanz niedergeschlagen hat.

Bei einem deutsch-amerikanischen Vergleich sind zwei Unterschiede hervorzuheben:

☐ Deutschland hat traditionell eine negative Dienstleistungsbilanz. Seit 1970 konnte in keinem Jahr ein Überschuß erzielt werden. Mehr als drei Viertel dieses Dienste-Defizites sind durch den Tourismus verursacht. Die USA hingegen erzielen seit 1975 – mit Ausnahme der Jahre 1984 bis 1987 – Überschüsse im Dienstleistungshandel. Seit 1988 sind diese sogar stark steigend.

□ Die USA erwirtschaften auch bei meist „ungebundenen", wissensintensiven Dienstleistungen (Tabelle 6-10) Exportüberschüsse, während Deutschland auch hier mehr importiert als exportiert. Dies ist als ein Indiz dafür zu werten, daß die USA im Gegensatz zu Deutschland das zukunftsträchtige Feld der modernen Dienstleistungen besser besetzt.

Tabelle: 6-10

Bilanz der privaten Dienstleistungen

Einnahmen und Ausgaben im internationalen Handel mit Dienstleistungen 1996 in Millionen US-Dollar

	USA			Deutschland		
	Einnahmen	Ausgaben	Saldo	Einnahmen	Ausgaben	Saldo
Gesamt[1] darunter:	**221 224**	**143 086**	**78 138**	**80 575**	**119 019**	**–38 445**
Patente und Lizenzen	29 974	7 322	22 652	3 334	5 870	–2 536
Bildung	7 807	1 041	6 766	k A	k A	
Finanzdienste	8 034	3 184	4 850	2 717	878	1 839
Film- und Videoverleih	4 834	198	4 636	126	2 546	–2 420
EDV[2]	4 771	508	4 263	1 595	1 833	–238
Forschungs-orientierte Dienste[3]	4 580	999	3 581	5 599	6 443	–845
Unternehmens-beratung[4]	3 383	1 059	2 324	k A	k A	
Telekommunikation	3 405	8 385	–4 980	2 026	2 694	–668
Reise und Tourismus	90 465	64 515	25 950	17 852	50 859	–33 277
Transport[5]	27 216	28 453	–1 237	28 691	19 832	8 859
Versicherungen	2 121	4 387	–2 266	3 225	2 184	1 041

[1] Deutschland: Dienstleistungen insgesamt minus Regierungsleistungen

[2] USA: Computer and data processing services plus Data base and other information services

[3] USA: Construction, engineering, architectural, and mining services plus Industrial engineering plus Research, development and testing services; Deutschland: Forschung und Entwicklung plus Ingenieur- und sonstige technische Dienstleistungen

[4] USA: Management, consulting, and public relation services plus Legal services

[5] Deutschland: Transport plus Transithandelserträge

Quelle: U.S. Department of Commerce; Deutsche Bundesbank 1998

Die enormen Unterschiede zwischen den USA und der Bundesrepublik können nicht mehr auf Basis der OECD-Statistiken untersucht werden.

Dazu ist ein Rückgriff auf nationale Statistiken nötig. Mit Hilfe der Daten des U.S. Department of Commerce (1997b) sowie der Deutschen Bundesbank (1998) ist eine zeitnähere Analyse möglich. Allerdings hat die Vorgehensweise zwei Nachteile. Erstens ist in beiden Quellen der Dienstleistungsbegriff umfassender gewählt als bei der OECD, so daß die einzelnen Daten mit der bisher verwendeten Statistik nicht völlig kompatibel sind. Zweitens sind die Kategorien in der deutschen und amerikanischen Statistik nicht deckungsgleich. Trotzdem werden die deutschen und amerikanischen Außenhandelsdaten einander in tiefer Abgrenzung gegenübergestellt, um zu zeigen, daß die Bundesrepublik im Dienstleistungshandel genau dort Schwächen zeigt, wo die derzeitigen und wohl auch die zukünftigen Wachstumsmärkte liegen: bei den meist ungebundenen, wissensorientierten Dienstleistungen. In fast allen Bereichen stehen die USA besser da als Deutschland.

Insgesamt erzielten die USA aus den Dienstleistungsbranchen im Jahre 1996 einen Handelsüberschuß von gut 78 Milliarden US-Dollar, während Deutschland einen Negativsaldo von 38 Milliarden US-Dollar aufwies (Tabelle 6-10). Betrachtet man lediglich die wissensintensiven Bereiche – Patente und Lizenzen, Bildung, Finanzdienstleistungen, Filmindustrie, EDV, forschungsintensive Dienste, Unternehmensberatung, Telekommunikationsdienste – erwirtschafteten die USA 1996 einen Überschuß von 44 Milliarden Dollar, während Deutschland 5 Milliarden Dollar Verlust aufwies.

Von den einzelnen hier erfaßten Branchen ist in diesem Zusammenhang besonders der Handel mit Patenten und Lizenzen zu erwähnen.

Patente und Lizenzen: Den größten Verkaufserfolg erzielten die Amerikaner bei Patenten und Lizenzen. Mit 22,6 Milliarden Dollar entfällt die Hälfte der Überschüsse aus wissensintensiven Diensten auf den Verkauf amerikanischer „Blaupausen“. In Deutschland waren die Ausgaben für diesen Wissenserwerb um fast 2,5 Milliarden US-Dollar höher als die Einnahmen. Mit Abstand die wichtigsten Kunden der Amerikaner waren Japan, Deutschland und Großbritannien.

Bildung: Einnahmen von fast 8 Milliarden Dollar bei einem Überschuß von 6,8 Milliarden Dollar erwirtschafteten die Amerikaner aus Studiengebühren und Unterhaltskosten ausländischer Studenten an den renommierten US-Universitäten. Allein zwei Drittel steuerten die Asiaten bei. An vielen Stellen in den vorangegangenen Kapiteln wurde immer wieder die Bedeutung des Humankapitals für eine erfolgreiche Bewältigung des Strukturwandels betont. Ein wichtiger Baustein dafür ist die internationale Wettbewerbsfähigkeit der Hochschulen. Die Überschüsse der USA sind ein Indiz dafür, daß sie sich in diesem Zukunftsmarkt sehr gut plaziert haben.

Finanzdienste: Das Geschäft von Brokern und Fonds-Managern spülte den Vereinigten Staaten per Saldo 4,8 Milliarden Dollar in die Kasse. Allerdings sind auch die deutschen Banken erfolgreich. Sie erwirtschafteten mit diesen Dienstleistungen einen Exportüberschuß von fast 2 Milliarden Dollar.

Unternehmensberatung: Auch weltweites Consulting gehörte zu den Stärken der USA. Immerhin schafften die USA einen positiven Handelssaldo von 2,3 Milliarden DM.

Film und Video: Fast schon erwartungsgemäß bringt die Filmindustrie den Amerikanern hohe Überschüsse. Sie verkauften in diesem Bereich Dienstleistungen in Höhe von 4,8 Milliarden Dollar und kauften nur für 200 Millionen Dollar ein. Fast spiegelbildlich ist die Situation in Deutschland.

EDV und FuE-intensive Dienste: Die Überschüsse von 8 Milliarden Dollar in diesem Bereich sind ein Indiz dafür, daß sich die USA gerade bei humankapitalintensiven Diensten im Bereich der Software und Forschung zukunftsfähige Märkte erschlossen haben. Auch in diesem Feld hat Deutschland ein Defizit.

Telekommunikation: Etwas überraschend ist das Defizit der USA in diesem Bereich. Der Grund dafür ist, daß die kommunikationsintensive amerikanische Wirtschaft und die amerikanischen Verbraucher in sehr hohem Umfang Telefonleitungen und Fernsehkanäle mieten, die auf den zum Teil noch regulierten ausländischen Märkten teuer sind.

Das Volumen der Dienstleistungsexporte und -importe in diesen wissenintensiven Bereichen ist insgesamt relativ klein. Die deutschen Defizite im Vergleich zu den amerikanischen Überschüssen auf diesen Wachstumsmärkten geben aber Anlaß zur Sorge, daß die deutsche

Wirtschaft hier den Anschluß verlieren könnte. Verstärkt wird dies bei einem Blick auf die sich öffnende Schere zwischen den USA und Deutschland. Die Abbildung 6-6 zeigt eindrucksvoll, daß die USA sich beim Export moderner Dienstleistungen einen immer größer werdenden Vorsprung erarbeiten konnten.

Abbildung: 6-6

Moderne Dienstleistungen – Exportschlager der USA

Saldo aus Einnahmen und Ausgaben im Handel mit wissensintensiven Dienstleistungen, in Milliarden Dollar

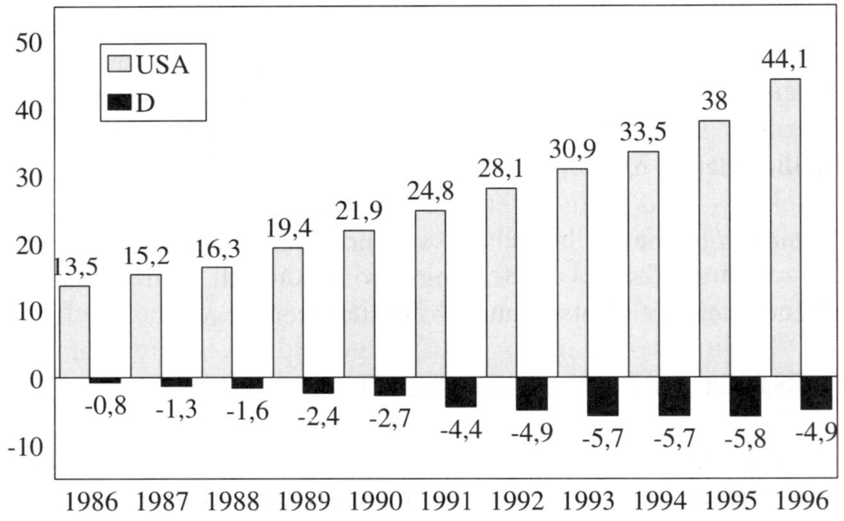

Quellen: US Department of Commerce (1997b), Deutsche Bundesbank (1998), eigene Berechnungen

Diese Beispiele könnten ein Hinweis darauf sein, daß es der Bundesrepublik im Vergleich zu den USA bislang noch nicht gelungen ist, einen Dienstleistungssektor aufzubauen, der seine Produkte auch auf den internationalen Märkten erfolgreich anbietet. Dies gilt zumindest für die oben aufgeführten Dienstleistungsbereiche, die mit einem relativ hohen Input an Humankapital erbracht werden müssen. Bei den Patenten und Lizenzen ist diese Interpretation allerdings mit Vorsicht zu genießen. Hier stößt man bei internationalen Vergleichen nämlich auf das Phänomen, daß Länder, deren Dienstleistungsbilanz in diesem

Punkt einen Negativsaldo aufweisen, meist einen Überschuß im – güterbezogenen – Außenhandel haben und umgekehrt. Dies trifft vor allem für Deutschland und Japan zu, der umgekehrte Fall dagegen besonders für die USA, aber auch für Großbritannien. Die Annahme erscheint plausibel, daß Länder wie Japan und Deutschland ihren Nettobedarf an Patenten und Lizenzen nutzen, um ihre Produktion technologisch zu verbessern und damit wettbewerbsfähiger zu machen. Dies fördert wiederum den Güterexport und verbessert damit die Außenhandelsbilanz (Deutsche Bundesbank, 1996b). Insofern ist es zumindest fragwürdig, die zahlenmäßig negative Patentbilanz der Bundesrepublik auch negativ zu bewerten. Zum Teil sind diese Überlegungen auch auf andere Dienstleistungskategorien übertragbar. Dennoch bleibt die Tatsache bestehen, daß Deutschland bei exportfähigen und im Zuge der Globalisierung sicherlich noch weiter expandierenden Dienstleistungen offensichtlich noch einen Nachholbedarf aufweist. Nicht zuletzt kommt hier abermals der Arbeitsmarktaspekt ins Spiel. Schließlich haben die USA, wie in Kapitel 3 dargestellt, im Dienstleistungssektor – und nicht zuletzt in den auch auf den Exportmärkten erfolgreichen Branchen, die relativ viel hochqualifizierte Arbeitsplätze bieten – ihre großen Beschäftigungserfolge erzielt. Hier dürften entsprechend auch für Deutschland große Chancen liegen.

Schließlich ist der Dienstleistungssektor im Zuge der Globalisierung noch wichtiger geworden, um für ein ausreichendes Angebot von Einfacharbeitsplätzen in einer Volkswirtschaft zu sorgen. Die Globalisierung – verstanden als die Integration von Einfacharbeit in die Weltwirtschaft – löst zweifellos in den Industrieländern eine Tendenz zum Abbau von Einfacharbeitsplätzen aus, die meistens durch die Art des technischen Fortschritts noch verschärft wird. Zwar wurde in Kapitel 6.1 klar herausgestellt, daß eine entsprechend hohe Differenzierung der Löhne nach der Qualifikation die Tendenz abschwächen, aber den Trend letztlich nicht umkehren kann. Arbeitskräfte, die durch die geänderten Wettbewerbsbedingungen in der Industrie keinen Arbeitsplatz mehr finden, sind auf einen aufnahmefähigen Dienstleistungssektor in den Segmenten angewiesen, die nicht so stark direkt dem internationalen Wettbewerb unterworfen sind (soziale und häusliche Dienste, Gastronomie). Kann ein solcher Sektor nicht wachsen, weil etwa der Übergang von Transfer- zu Markteinkommen im Niedriglohnbereich nicht anreizkompatibel ausgestaltet ist, wird wachsende Arbeitslosigkeit die Folge sein. Die unterschiedliche Arbeitsmarktperformance der USA und Deutschlands deutet darauf hin, daß es in den USA gelungen ist, neben einem hochproduktiven Dienstleistungssektor auch einen wachsenden Bereich für Einfachjobs zu schaffen. In Deutschland ver- und behindern vor allem tarif- und sozialrechtliche Rahmenbedingungen die Schaffung eines solchen Bereiches (Klös, 1998). Der binnenorientierte Dienstleistungssektor in Deutschland kann für den Arbeitsmarkt bislang viel weniger als in den USA eine Flankenschutzfunktion für den immer stärker unter Wettbewerbsdruck stehenden Industrie- und den außenhandelsintensiven Dienstleistungssektor übernehmen.

6.3.5 Implikationen und Schlußfolgerungen

Welchen Einfluß hat die Globalisierung auf Wachstum und Strukturwandel in den Industrieländern? Aus der Vogelperspektive mit dem Blick auf den Gesamtblock der OECD-Länder ist die Antwort eindeutig. Die Globalisierung

□ erleichtert die Erschließung neuer regionaler Märkte, die Intensivierung des intra-sektoralen Austauschs und den Ausbau des Dienstleistungshandels

□ fördert einen Strukturwandel in Richtung technologie-, humankapital- und wertschöpfungsintensiver Bereiche bei einer immer größer werdenden Differenziertheit der Strukturen sowie einer zunehmenden Tertiarisierung der Wirtschaft

□ eröffnet Chancen zur Schaffung neuer Arbeitsplätze.

Bewußt sind hier die Verben erleichtern, fördern und eröffnen gewählt. Die Analyse in den vorangegangenen Abschnitten spricht dafür, daß mehr als nur eine zufällige zeitliche Koinzidenz vorliegt. Es gibt starke Indizien für eine Kausalität.

Löst man sich aber von dieser Gesamtsicht und richtet den Blick stärker auf Einzelaspekte, fällt die Antwort differenzierter aus. Gewinnen können nur die Volkswirtschaften, die dem erhöhten Wettbewerbsdruck standhalten, die die Fähigkeit zur Innovation bei Bewahrung ihrer preislichen Wettbewerbsfähigkeit haben und die ihre Institutionen den Erfordernissen eines globalen Wettbewerbs anpassen.

Die Globalisierung ist kein neues Phänomen und hat auch keinen originär neuen Trend im Strukturwandel geschaffen, sondern lediglich bestehende Entwicklungslinien beschleunigt, ineffiziente Strukturen und Regelungen wie unter einem Vergrößerungsglas sichtbar werden lassen und Fehler in der Unternehmens- oder Wirtschaftspolitik vielfach sogar sanktioniert.

Diese grundsätzliche Bewertung der Globalisierung soll im folgenden anhand der Gegenüberstellung des Paradigmas der traditionellen und neuen Außenhandels- und Wachstumstheorie begründet werden. Diese Sichtweise erlaubt es auch, die Gründe für die seit Sommer 1997 schwelende Asienkrise etwas deutlicher herauszuarbeiten.

Von komparativen zu dynamischen Vorteilen

Globalisierung bietet zweifellos Chancen. Aber dieses Chancen-Szenario ist vor einem völlig anderen Hintergrund mit anderen Erfolgsdeterminanten als das vor allem in Abschnitt 6.1 diskutierte Bedrohungs-Szenario der Globalisierung zu betrachten. Die Unterschiede lassen sich sehr gut im Kontext der traditionellen und der neuen Handelstheorie veranschaulichen. Die wesentliche Änderung läßt sich zu der These verdichten: Im Chancen-Szenario der Globalisierung ist für Industrieländer die Fähigkeit dynamische Wettbewerbsvorteile zu erlangen entscheidend – (statische) komparative Vorteile hingegen treten zumindest relativ betrachtet in den Hintergrund. Die Abbildung 6-7 stellt die Unterschiede im Überblick dar.

Die traditionelle Handelstheorie basiert auf der Grundidee der komparativen Vorteile. Jedes Land konzentriert sich auf die Produktion der Güter, die es relativ billiger herstellen kann als andere Länder. Es kommt zur Spezialisierung gemäß der Faktor-Ausstattung der Länder. In Kapitel 6.1 wurde gezeigt, daß innerhalb dieses Modellrahmens die Austauschbeziehungen zwischen Industrie- und Entwicklungsländern und der damit verbundene Strukturwandel gut erklärt werden können. Die Wirkungen können im Rahmen vollkommener Konkurrenz diskutiert werden. Sind alle Märkte – vor allem der Arbeitsmarkt – wettbewerblich organisiert (amerikanisches Modell), sorgt der Preismechanismus für die entsprechenden Anpassungen auf den Güter- und Faktormärkten. Die Wohlfahrtseffekte sind eindeutig positiv. Eine höhere Ungleichheit der Einkommen zwischen niedriger und besser Qualifi-

Abbildung: 6–7

Traditionelle und neue Handelstheorie im Überblick

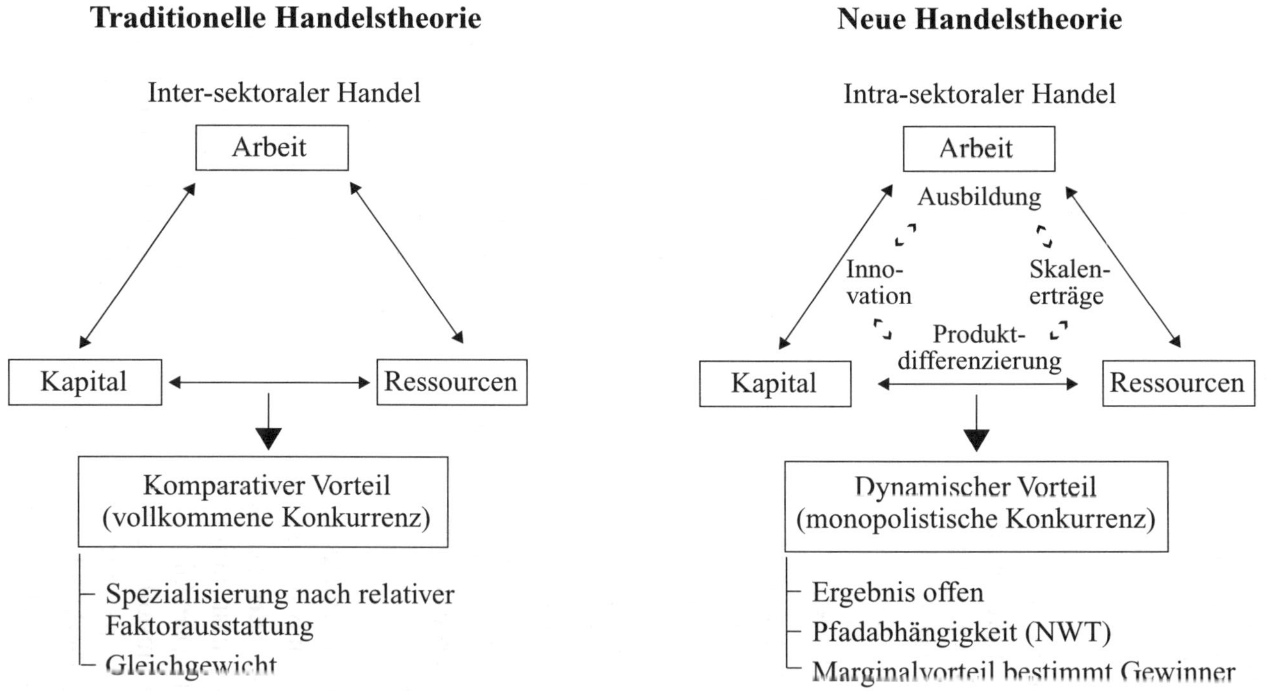

zierten kann die Folge sein. Sind die (Arbeits)märkte nicht wettbewerblich organisiert, läuft ein Teil der Reallokation über Mengenanpassungen mit der möglichen Konsequenz einer erhöhten Arbeitslosigkeit für Einfacharbeit. Insgesamt streben die Lösungen in dieser Modellwelt zu einem stabilen Gleichgewicht. Es ist deshalb auch relativ leicht, die Richtung des Strukturwandels vorauszusagen und die Stärke der Effekte zu messen.

Anders sind die Implikationen der neuen Handelstheorie, die den für Industrieländer typischen intra-industriellen Handel erklären kann. Das ist der relevante Modellrahmen für die Diskussion des Chancen-Szenarios der Globalisierung. Hier können nur die Länder erfolgreich sein, die sich zumindest zeitweise einen dynamischen Vorsprung vor der Konkurrenz erarbeiten können. Die Quellen dieser Vorteile können vielfältig sein: Ausbildung, Innovation, Skalenerträge und die Fähigkeit zur Produktdifferenzierung. Dies ist durch den inneren Kreis im rechten Teil der Abbildung 6-7 gekennzeichnet. Der entscheidende Unterschied zur traditionellen Handelstheorie ist, daß die Ergebnisse offen und die Marktstrukturen instabil sind. Es bleibt a priori offen, in welche Richtung die Spezialisierung geht, wer gewinnt und wer verliert. Zumindest in der Theorie bleibt sogar offen, ob es zu dauerhaften Vorteilen einiger Unternehmen, Regionen oder Branchen (endogenes Wachstum) oder zu ständig wechselnden Positionsverschiebungen der Wettbewerber kommt.

Dieser innere Kreis in Abbildung 6-7 ist in den Rahmen des Ausstattungsdreiecks (Arbeit, Kapitel, Ressourcen) eingebettet, um anzudeuten, daß diese Faktoren nach wie vor relevant sind und nicht durch andere ersetzt, sondern lediglich ergänzt werden.[187] Die Wettbewerbsintensität beim Austausch der Produktionsfaktoren hat sich dabei durch die Globalisierung verschärft, denn vor allem Arbeit und Kapital sind mobiler geworden. Infolge der Liberalisierung und Technisierung durch moderne Informations- und Kommunikationsmedien haben besonders die Kapitalmärkte durch ihre schnellen Anpassungsreaktionen und höhere Mobilität heute stärker als früher die Eigenschaften, die in den traditionellen Modellen der vollkommenen Konkurrenz unterstellt werden. Die Globalisierung hat die enge Beziehung zwischen Investitionen und der Sparquote eines Landes gelockert,[188] rentable Investitionen in Sach- oder Finanzanlagen oder Kredite für privaten Konsum können heute weltweit leichter finanziert werden. Das heißt, daß es ein Nebeneinander zwischen einem verschärften Wettbewerb auf (vollkommenen) Kapitalmärkten und einer zunehmenden monopolistischen Konkurrenz auf den Gütermärkten gibt. Die Globalisierung hat also sowohl den Heckscher-Ohlin-Wettbewerb als auch den Schumpeter-Wettbewerb verschärft.

Gerade die Arbeiten der neuen Wachstumstheorie, die in der Modellstruktur sehr viel Ähnlichkeit mit der neuen Handelstheorie haben, heben hervor, daß es zu inselartigem Wachstum und pfadabhängigen Entwicklungen kommen kann. Bleiben die Vorteile von Innovationen oder Forschungs- und Entwicklungstätigkeiten oder das Know-how zur Generierung von Produktivitätsfortschritten und Produktvarianten auf den Erstinnovator beschränkt oder diffundieren die positiven Wirkungen nur sehr begrenzt, kann es zu dauerhaften Monopolstellungen kommen. Das Ergebnis bleibt aber grundsätzlich offen.

Bedeutung marginaler Vorsprünge

Das ist die Schlüsselstelle zum Verständnis der Implikationen der neuen Handels- und Wachstumstheorie. Es muß nicht – und wird nach der bisher vorliegenden empirischen Erfahrung auch nicht – zu dauerhaften Monopolstellungen und pfadabhängigen Entwicklungen kommen. Im Gegenteil, es können schon marginale Vorsprünge ausreichen, um sich von der Konkurrenz abzusetzen und sich zumindest zeitweise einen Vorteil zu verschaffen. Das können Kostenvorteile, bessere Marketingkonzepte, frühzeitiges Erkennen von Konsumentenpräferenzen, Innovationen, Schnelligkeit oder eine höhere Service-Intensität sein. Die Marktstrukturen sind sehr instabil, denn genauso schnell, wie ein Vorteil zu erringen ist, kann er auch wieder verlorengehen. Die im intra-sektoralen Austausch gehandelten Güter sind zwar heterogene Güter, die aber durch eine hohe Substitutionselastizität miteinander verbunden sind.

Die Möglichkeit, daß schon marginale Vorteile Gewinner und Verlierer bestimmen, erhöht aber auch die Anforderungen an die Unternehmen und die Volkswirtschaften in bezug auf Flexibilität, Reagibilität und Differenzierung. Nur wer schnell und flexibel reagieren und dabei noch kostengünstig anbieten kann, hat in dem globalisierten Wettbewerb zwischen ähnlich starken Partnern einen Wettbewerbsvorteil.

Auf den internationalen Prüfstand kommen Unternehmensstrategien genauso wie die Standortqualität ganzer Volkswirtschaften.

Determinanten der Wettbewerbsfähigkeit: Kosten und Technik

Die Neue Außenhandelstheorie betont gerade den Technologieaspekt für die Schaffung dynamischer Wettbewerbsvorteile. Daher hat die OECD (1996b) in einer empirischen Studie die Determinanten der Wettbewerbsfähigkeit für die bereits eingeführte Klassifikation der Branchen des Verarbeitenden Gewerbes nach der Technologie-Intensität (hoch-niedrig) und der Marktstruktur (segmentiert-fragmentiert) durchgeführt. Gesucht wurden die wesentlichen Einflußfaktoren für die internationale Wettbewerbsfähigkeit von zehn Industrieländern (G7-Länder, Australien, Dänemark und Niederlande) für den Zeitraum von 1977 bis 1990, wobei die Wettbewerbsfähigkeit hilfsweise durch die Anteile dieser Länder oder Branchen an den Weltexporten gemessen wurde. Das wichtigste Ergebnis ist, daß in den segmentierten Branchen eher die technologischen Faktoren (gemessen am FuE-Kapitalstock) und in den fragmentierten Branchen eher die Kosten (Löhne und Wechselkurse) die Wettbewerbsfähigkeit bestimmen. Aus einer länderspezifischen Betrachtung ergibt sich für die Bundesrepublik ebenfalls, daß die Forschungs- und Entwicklungsausgaben eine deutlich positive Rolle gespielt haben. Negativ beeinflußt wurde die bundesdeutsche Exportposition dagegen vor allem von der Lohnentwicklung und der Entwicklung der Arbeitsproduktivität.

Damit zeigt sich, daß neben den Kosten- und Preisfaktoren auch die Technologieorientierung bei der Wettbewerbsfähigkeit eine wichtige Rolle spielt. In einer durch intra-industriellen Handel geprägten globalisierten Welt muß jede Volkswirtschaft ständig ein fragiles Gleichgewicht zwischen Innovations- und Kostenfaktoren[189] aufrechterhalten. Die beiden Faktoren sind nur begrenzt substituierbar.

Asien-Krise

Das Bild, wonach im Wettbewerb zwischen ähnlich mit Produktionsfaktoren und Technologie ausgestatteten Industrieländern ein marginaler Vorteil Gewinner oder Verlierer bestimmt, gilt nicht nur im Hinblick auf die Leistungskraft der Unternehmen, sondern auch für alle Standortfaktoren. Die Globalisierung intensiviert nicht nur den Wettbewerb zwischen Unternehmen, sondern auch den Standortwettbewerb und den Wettbewerb um die leistungsfähigsten Institutionen.

Sehr gut illustrieren läßt sich dieser Gedanke am Beispiel der Asienkrise, die seit Sommer 1997 die Weltwirtschaft beunruhigt. Süd- und Südostasien sind die einzigen Regionen der Welt, denen es seit Ende der siebziger Jahre wirklich gelungen ist, die Lücke zu den Industrieländern zu verringern und zu ernsthaften Konkurrenten auch in lukrativen High-Tech-Märkten zu werden. Gerade der Aufholprozeß dieser Länder ist eng mit der Globalisierung der Weltwirtschaft verbunden. Um so schlimmer war der Schock, der durch die dortige Krise ausgelöst wurde.

Auf den ersten Blick ist die Krise eine Währungskrise, die mit einem dramatischen Verfall der Wechselkurse verbunden ist (IMF, 1998, 27). Es ist aber mehr als das. Um die Krise in Asien zu verstehen, müssen die Unterschiede zu anderen (Währungs)krisen (vor allem der Mexiko-Peso-Krise) hervorgehoben werden (IMF, 1998; Krugman, 1998):

☐ In den meisten südostasiatischen Ländern gab es vor der Krise keine direkten Hinweise auf den bevorstehenden Kollaps. Die fundamentalen Daten (Wachstum, Staatsdefizit, Leistungsbilanz) stimmten weitgehend.

☐ Es gab keine Versuche, zur kurzfristigen makroökonomischen Stabilisierung einen bestimmten Wechselkurs zu verteidigen, was Spekulationen hätte begünstigen können.

☐ Die Länder hatten nach wie vor hohe Kapitalimporte, die im Gegensatz zu Mexiko nicht für Konsum, sondern für Investitionen verwendet wurden. In Südostasien blieben die volkswirtschaftlichen Investitionsquoten hoch.

Es gab aber auch Anzeichen, die als Vorboten einer Krise hätten gedeutet werden können:

☐ Die Zuwachsraten im Export und vor allem die Exportpreise sind gefallen. Die Länder Südostasiens haben zumindest relativ an internationaler Wettbewerbsfähigkeit verloren (IMF, 1998, 15). Die Reallöhne sind von 1990 bis 1995 in Korea, Taiwan und China um 40 Prozent und in Malaysia, Thailand und Indonesien um rund 20 Prozent angewachsen (JETRO, 1997, 17). Gleichzeitig sind die Preise für elektronische Erzeugnisse stark eingebrochen. Gerade in Malaysia, Korea und Singapur entfallen 10 Prozent der Exporte auf Halbleiter (BIZ, 1997, 46). Dieser Preisverfall ist zum einen Ausdruck für die hohe Wettbewerbsintensität in diesem Markt. Produktivitätsgewinne müssen sehr schnell in den Preisen weitergegeben werden. Offensichtlich haben hier gerade europäische Anbieter aufgeholt. Zum anderen ist dieser Markt durch Überkapazitäten geprägt, die aber auch durch die hohen Investitionen gerade in Asien geschaffen wurden.

□ Vor einer nachlassenden Wachstumsdynamik hat schon frühzeitig Krugman (1994) gewarnt. Seine Argumentation stützte sich vor allem auf die empirische Beobachtung, daß das Wachstum in Asien sehr stark inputgetrieben war und weniger als in anderen Regionen durch technischen Fortschritt und Produktivitätswachstum erklärt werden konnte (Kapitel 6.2). Wenn Wachstum aber – im Kontext der neoklassischen Wachstumstheorie – auf der Akkumulation von Produktionsfaktoren beruht und – zumindest im Kontext der neoklassischen Wachstumstheorie – mit abnehmenden Grenzerträgen zu rechnen ist, werden in Zukunft die Wachstumsraten fallen.

□ Eine immer größer werdende Bedeutung bekamen Importe von kurzfristigem Portfolio-Kapital. Vor allem in Thailand summierten sich diese kurzfristigen Kapitalimporte in den Jahren 1994 bis 1996 auf 7 bis 10 Prozent des Sozialprodukts; die Direktinvestitionen hingegen beliefen sich nur auf 1 Prozent des Sozialprodukts. Diese Kapitalzuflüsse wurden auch dazu genutzt, um in einem unterentwickelten Banken- und Finanzsektor ein steigendes Kreditvolumen mit einem erheblichen Anteil „fauler Kredite" und spekulative Investitionen im Immobilienmarkt zu finanzieren.

Diese letzten beiden Punkte haben einen direkten Bezug zum Chancen-Szenario der Globalisierung. Die nachlassende Wettbewerbsfähigkeit kann schon als Marginalimpuls ausreichen, um gegenüber der internationalen Konkurrenz zu verlieren. Noch wichtiger scheint ein zweiter Punkt zu sein. In Südostasien entsprechen einige institutionelle Regeln nicht „internationalen Standards".

Der Banken- und Finanzsektor gilt als unterentwickelt und dem internationalen Wettbewerb nicht hinreichend geöffnet. Das betrifft die Aufsicht des Finanzsektors sowie das Fehlen einer leistungsfähigen Corporate Governance Struktur im Unternehmenssektor. Zwar haben Indonesien und Malaysia schon in den achtziger Jahren internationale Standards in der Bankenaufsicht eingeführt, aber in der Praxis nie wirklich effizient umgesetzt.

Krugman (1998) verstärkt dieses Argument der nicht-leistungsfähigen Finanzintermediäre, indem er betont, die Banken hätten systematisch zu riskant gehandelt, weil sie bei ihren Kreditvergaben implizit von staatlichen Garantien ausgegangen wären. Zwar gäbe es de jure solche Garantien natürlich nicht, aber aufgrund der engen Verflechtung zwischen Politik und Wirtschaft einerseits und den großen Finanzinstituten untereinander andererseits sei der Eindruck entstanden, daß einzelne Banken im Notfall auf Hilfen hoffen konnten und so von Risiken befreit waren. Verhielten sich alle nach diesem Muster, gäbe es eine Asymmetrie der Bewertung von Chancen und Risiken (moral hazard). Wenn Verluste ersetzt würden, verhielten sich alle systematisch zu riskant. Die Vergabe von zweifelhaften (faulen) Krediten und spekulationsgetriebene Preis- und Kurssteigerungen können die Folge sein. Aber auch Investitionen in Überkapazitäten können sich daraus ergeben. Genau das sei in Asien passiert (IMF, 1998, 23).

Zu dieser strukturellen Schwäche des Finanzsektors kommen andere Politikfehler hinzu. Gerade in dieser Region greift der Staat durch aktive Industriepolitik stark in die Wirtschaft ein. Das Spektrum geht von Handelsbeschränkungen, Importmonopolen, Regulierung, Subventionen bis zur Investitionslenkung. Die starke Stellung der einzelnen Oligarchien und Familien behindern den Wettbewerb.

Diese Schwächen waren lange vor dem Ausbruch der Krise vorhanden, wurden aber durch die starke Dynamik des Wachstums unterdrückt oder zum Teil auch aus Unkenntnis der Risiken nicht beachtet. Eine relativ kleine Änderung wie die Aufwertung des Dollars gegenüber den Währungen in dieser Region hat in dem Umfeld einer nachlassenden Wettbewerbsfähigkeit und latenter struktureller Probleme zum Ausbruch der Krise geführt und eine Eigendynamik erzeugt.

Die wichtigste Lehre daraus ist aber, daß in einer globalisierten Welt alle Standortbedingungen und Institutionen auf dem Prüfstand stehen und sich einzelne Länder nicht dauerhaft von internationalen Standards abkoppeln können. Ein Nebeneinander einer international orientierten, leistungsfähigen Industrie und einem regulierten und ineffizienten Dienstleistungssektor wird es in Zukunft immer weniger geben können. Die globalen Märkte disziplinieren die nationalen Wirtschaftspolitiken und zwingen zu institutionellen Reformen. Die Freiheitsgrade für nationale Politik werden kleiner und Fehler oder Versäumnisse schärfer bestraft. Es ist heute noch völlig offen, welche Auswirkungen die südostasiatische Währungs- und Finanzkrise langfristig auf die Wohlfahrtsposition und die Wachstumschancen dieser Region und ihrer Handelspartner haben wird. Aber es scheint klar zu sein, daß diese Region von der Globalisierung nur dann profitieren kann, wenn es gelingt, neben den klassischen Standortfaktoren (Kosten, Ressourcen, Technologie) auch die institutionellen Rahmenbedingungen zu verbessern. Daraus darf nicht geschlossen werden, daß die Kapitalmärkte in der Asien-Krise fehlerfrei und rational gehandelt hätten. Spekulative Blasen und Herdeneffekte haben sicher zum Ausbruch und zur Verschärfung der Krise beigetragen. Es soll nur verdeutlicht werden, daß solche Reaktionen der Kapitalmärkte um so eher möglich sind, je mehr institutionelle Fehler es gibt.

Auch Deutschland müßte aus diesen Erfahrungen – allerdings vordringlich auf anderen Feldern – Konsequenzen ziehen. Noch bedeutender werden die allgemeinen Standortbedingungen, angefangen von Arbeitskosten, Steuern, Regulierungen bis hin zur Güte der Infrastruktur. Die deutsche Wirtschaft hat zwei Probleme:

☐ Sie muß im Wettbewerb um wertschöpfungs- und technologie-intensive Märkte mithalten können – also technologisch und preislich wettbewerbsfähig bleiben, um die Chancen der Globalisierung nutzen zu können.

☐ Sie muß aber gleichzeitig die Möglichkeiten zur Beschäftigung besonders von Einfacharbeit verbessern, denn die Beschäftigungschancen dieser Gruppe haben sich im deutschen System durch die Globalisierung eher verschlechtert als verbessert.

Beschäftigungspolitischen Erfolg haben die Länder, die einen aufnahmefähigen Dienstleistungssektor am oberen und unteren Ende der Produktivitätsskala schaffen konnten. Die USA ist das beste Beispiel dafür. In Deutschland geht die Globalisierung Hand in Hand mit einer steigenden Zahl von Arbeitslosen einher, weil Regulierungen, ein inflexibler Arbeitsmarkt und Fehlanreize im sozialen Transfersystem die Beschäftigungschancen gerade für Einfacharbeit beschneiden. Hat die Globalisierung in Asien das ineffiziente Finanzwesen auf den Prüfstand gestellt, spricht viel dafür, daß in Deutschland vor allem das derzeitige Sozialsystem unter Druck geraten wird (Berthold, 1997). Bisher ist von einem Abbau des sozialen Standards noch nichts zu spüren. Die immer noch steigende Sozialleistungsquote spricht eher für das Gegenteil (Beyfuß et al., 1997, 29 ff.). Die Globalisierung legt aber Reform-Versäumnisse schonungslos offen. Dabei geht es nicht um Sozialabbau, sondern in erster Linie um die Verbesserung der Anreize zur Schaffung von Arbeitsplätzen vor allem im Bereich der Einfacharbeit.

In den technologie- und qualifikationsintensiven Märkten kann Deutschland nur wettbewerbsfähig bleiben, wenn die staatlichen Rahmenbedingungen für Investitionen und Innovationen verbessert werden. Die Globalisierung wird den Druck hochhalten, diese Schwachstellen zu verbessern und die angekündigte Steuerreform oder die Absenkung der Lohnnebenkosten endlich auf den Weg zu bringen.

Kernaussagen auf einen Blick

Kapitel 6.3
Strukturwandel und Globalisierung – das Chancenszenario

Globalisierung schafft neue Märkte und Beschäftigungschancen	Die Exporte der Industrieländer sind heute um über 2000 Milliarden US-Dollar höher als 1980. OECD-weit ging damit ein Beschäftigungswachstum von über 20 Prozent einher. Die These vom Ende der Arbeit in einer globalisierten Welt ist falsch. Aber: Europa erreichte nur einen Job-Zuwachs von 7 Prozent – nicht die Globalisierung ist dafür verantwortlich, sondern hausgemachte strukturelle Verkrustungen.
Marginale Vorteile entscheiden	Kennzeichen des globalen Wettbewerbs ist eine wachsende gegenseitige Marktdurchdringung. Neue Märkte sind vor allem in den Industrieländern – also intra-regional – und durch Differenzierung ähnlicher Produkte – also intrasektoral – entstanden. Über Erfolg und Mißerfolg in diesen Märkten entscheiden marginale Vorteile. Ständig muß ein fragiles Gleichgewicht zwischen innovativer und preislicher Wettbewerbsfähigkeit aufrechterhalten werden.
Dienstleistungen mit zunehmender Bedeutung, weil . . .	– . . . sie zunehmend entweder indirekt über Vorleistungen oder direkt als eigenständiges Gut international gehandelt werden und so attraktive Zukunftsmärkte erschließen – . . . ein aufnahmefähiger Dienstleistungssektor im eher binnenorientierten Bereich die Schaffung von Einfacharbeitsplätzen erlaubt, die dem Globalisierungsdruck am stärksten ausgesetzt sind.
Deutsche Defizite auf beiden Seiten	– Deutschland ist auf den vorrangig unternehmensnahen Dienstleistungsmärkten unterrepräsentiert. Die USA weisen hier steigende Handelsbilanzüberschüsse auf – Deutschland steigende Defizite. – Im Unterschied leistet in Deutschland der Dienste-Sektor einen kleineren Beitrag zur Absorption des Globalisierungs-Schocks bei Einfacharbeit.
Globalisierung deckt Schwächen auf	Globalisierung hat keine wirklich neuen Trends ausgelöst, sondern nur wie unter einer Lupe Fehler in der Standort- und Unternehmenspolitik offengelegt und in allen Bereichen den Reformdruck erhöht.

7. Warum wir in Zukunft noch Industrie brauchen

„Industrie und Dienstleistungen im Zeitalter der Globalisierung“ – der Titel dieses Buch ist bewußt so gewählt. Es heißt nicht „Industrie oder Dienstleistungen“, wenn auch die Tertiarisierung – also das Vordringen der Dienstleister – der alles überlagernde Megatrend des Strukturwandels ist. Eine moderne Volkswirtschaft wird auch in Zukunft nicht ohne Industrie – oder genauer, nicht ohne ein leistungsfähiges Industrie-Dienstleistungs-Mix – auskommen können. Deshalb sollen auf der Basis der in diesem Buch diskutierten Aspekte die Argumente zusammengetragen werden, die den Kern einer Industriegesellschaft berühren: Warum wir auch in Zukunft noch Industrie brauchen!

Dazu ist es hilfreich, sich vorab die wichtigsten Fakten in Erinnerung zu rufen und die wesentlichen Schlußfolgerungen daraus zu ziehen. Dies soll nur holzschnittartig geschehen, ohne auf die vielen Details, Verästelungen, Facetten und Warnungen vor voreiligen Verallgemeinerungen einzugehen. Hervorzuheben in diesem Zusammenhang sind vor allem Unterschiede zwischen Deutschland und den USA.

Megatrends des Strukturwandels

Auf der Ebene der Sektoren bleibt in allen Industrieländern die fortschreitende Tertiarisierung der beherrschende Megatrend: Die Anteile des sekundären Sektors an der gesamtwirtschaftlichen (nominalen) Wertschöpfung sowie an der Beschäftigung fallen und die der Dienstleistungsbranchen steigen. Diese Entwicklung verläuft in allen Industrieländern mit einer ähnlichen Intensität. Noch ausgeprägter findet Strukturwandel auf der Ebene der Faktoren statt. Ein Blick auf den empirischen Befund verdeutlicht, daß hier verschiedene Dimensionen zu beachten sind:

☐ *Tertiarisierung der Tätigkeiten:* Über 80 Prozent der Erwerbstätigen üben in Westdeutschland bereits Dienstleistungstätigkeiten aus.

☐ *Sektorale Vorleistungsverflechtung:* Industrie und Dienstleistungen sind noch stärker als früher über Vorleistungen verflochten.

□ *Veränderter Faktoreinsatz:* Weltweit findet ein stetiger Substitutionsprozeß von Arbeit durch Kapital statt. Dieser Trend ist in Deutschland stärker ausgeprägt als in den USA. Es wird aber nicht nur Arbeit durch Kapital und Vorleistungen substituiert, sondern auch beim Arbeitseinsatz selbst ist ein deutlicher Wandel in der Qualifikationsstruktur zu erkennen: Immer stärker wird einfachqualifizierte durch hochqualifizierte Arbeit ersetzt. In allen Industrieländern ist dieses upskilling über alle Branchen hinweg zu beobachten.

Erklärungen für den Strukturwandel

Bei der Suche nach den Erklärungen für den Strukturwandel müssen drei Dimensionen beachtet werden: die Nachfrage- und die Angebotsseite sowie Veränderungen der Rahmenbedingungen und der Institutionen. Dahinter verbirgt sich eine Vielzahl möglicher Ursachen des Wandels. Als besonders wichtig werden auf der Nachfrageseite das Einkommen, auf der Angebotsseite vor allem der technische Fortschritt und bei den Rahmenbedingungen die Globalisierung sowie die Struktur der Arbeitsmärkte angesehen.

Nachfrageseite: Die Nachfragehypothese, wonach mit steigendem Einkommen die Nachfrage nach Dienstleistungen überproportional zunimmt und sich deshalb die Sektoralstruktur in diese Richtung hin verschiebt, läßt sich zwar empirisch bestätigen, reicht aber als Erklärungsgrund für den beobachteten Strukturwandel nicht aus.

Angebotsseite: Die wesentlichen Impulse für den Strukturwandel kommen von der Angebotsseite. Augenfällig wird dies daran, daß die Anteilsgewinne der Dienstleistungsbranchen bei der Wertschöpfung viel deutlicher ausgeprägt sind als die bei der Endnachfrage – also den Lieferungen von Konsum- und Investitionsgütern an die privaten Haushalte, den Staat und in den Export. Der Anteil des tertiären Sektors an der Wertschöpfung stieg in Westdeutschland zwischen 1978 und 1996 um mehr als 12 Prozentpunkte – der an der Endnachfrage nur um knapp 3 Prozentpunkte. Dies kann als ein Beleg für die These der Tertiarisierung der Produktion gewertet werden. Verstärkt wird dies durch die intensiver werdende Vorleistungsverflechtung zwischen Industrie und Dienstleistungen. Gerade in Deutschland kann ein Großteil des beobachteten sektoralen Strukturwandels auf eine Verschiebung von Wertschöpfungsanteilen vom Verarbeitenden Gewerbe hin zum Bereich der Übrigen Dienstleistungen zurückgeführt werden. Dieser Sektor „Übrige Dienste" ist zum klassischen Vorleister gerade für die Industrie geworden.

Maßgeblich bestimmt das sektorale Wachstumsmuster des technischen Fortschritts den Strukturwandel in den Industrieländern mit. In fast allen OECD-Ländern ist die Produktivität, mit der üblicherweise das Wachstum des technischen Fortschritts gemessen wird, in der Industrie schneller gewachsen als in den Dienstleistungssektoren. Dieses stärkere Produktivitätswachstum begünstigt für sich genommen die Industrie und wirkt der durch den Einkommenseffekt ausgelösten Tertiarisierung entgegen. Technischer Fortschritt erlaubt es nämlich, mit derselben Einsatzmenge an Produktionsfaktoren einen höheren Output zu erwirtschaften und damit die Absatzmenge – zumindest potentiell – auszuweiten. Darüber hinaus ist dieser höhere Produktivitätsfortschritt neben der größeren Wettbewerbsintensität aber auch der Grund dafür, daß sich die Preise der Industriewaren in allen OECD-Ländern aus Sicht der Unternehmen schlechter entwickelt haben als die der Dienstleistungen. Diese relativ höheren Preise für Dienstleister machen diesen Sektor von der Angebotsseite her interessanter und verstärken den Einkommenseffekt. Beide Effekte wirken in Richtung Tertiarisierung. Im Durchschnitt der Industrieländer haben sich diese drei Effekte – der Einkommens- und Preiseffekt auf der einen und der Mengeneffekt des technischen Fortschritts auf der anderen Seite – offensichtlich genau ausgeglichen, denn real betrachtet ist der Anteil des Verarbeitenden Gewerbes an der gesamtwirtschaftlichen Wertschöpfung über die Zeitspanne der letzten 25 Jahre konstant geblieben.

Eine Sonderrolle nimmt Deutschland ein. Die Industrie verlor hier auch real gerechnet an Bedeutung. Das kann zum einen als eine Anpassung an international übliche Strukturen interpretiert werden, denn in keinem Land ist der Anteil des Verarbeitenden Gewerbes an der realen Bruttowertschöpfung so hoch wie in Westdeutschland. Zum anderen ist dies aber auch Ausfluß eines anderen Profils des Produktivitätswachstums. Deutschland ist eine der wenigen Volkswirtschaften innerhalb der OECD, wo die Dienstleister ein höheres Produktivitätswachstum erzielt haben als die Industrie. Hier wirkt also auch der Mengeneffekt des technischen Fortschritts gegen die Industrie. Die Ursachen für das vergleichsweise hohe Produktivitätswachstum der deutschen Dienstleister ist aber nicht nur in einer erfolgreichen Tertiarisierung zu sehen. Es ist gleichzeitig auch Ausdruck der deutschen Dienstleistungslücke im Bereich der einfacharbeitsintensiven Sektoren, die durch ein niedrigeres Produktivitätsniveau gekennzeichnet sind. Da in Deutschland im Gegensatz zu anderen Ländern diese Beschäftigungsfelder mit niedriger Produktivität nicht erschlossen wurden, oft sogar weggefallen oder zumindest weniger dynamisch gewachsen sind, ist das Produktivitätswachstum rechnerisch höher. Dies drückt aber nichts Positives aus, sondern steht für ungenutzte Beschäftigungspotentiale.

Der technische Fortschritt wird aber auch für Änderungen beim Faktoreinsatz verantwortlich gemacht und als eine der Ursachen für die gesunkenen Beschäftigungschancen für Einfacharbeit angesehen. Allerdings kann die Substitution von Arbeit durch Kapital nicht nur dem technischen Fortschritt zugeschrieben werden. Gerade in Deutschland dürfte die im Zeitablauf gestiegene Lohn-Zins-Relation dafür verantwortlich sein. Mehr noch: ein einfacharbeitssparender technischer Fortschritt war die Antwort auf übertriebene Lohnerhöhungen.

Rahmenbedingungen: Bei den Erklärungen für Strukturwandel darf allerdings der Einfluß der Globalisierung nicht vernachlässigt werden. Dieser wirkt sich aus der Sicht der Industrieländer als weltweite Zunahme von Einfacharbeit aus. Bedrohlich erscheint dies, weil zunächst durch den Import von einfacharbeitsintensiven Gütern Arbeitsplätze und Einkommen in den Industrieländern gefährdet werden. Bei funktionierenden Märkten müßte die Globalisierung zu einem Strukturwandel hin zu wissensintensiven High-Tech-Branchen, zu einer zunehmenden Lohnstreuung zugunsten qualifizierter Arbeit und – überraschenderweise auch in den Industrieländern – zu einem relativen Bedeutungszuwachs von Einfacharbeit führen. Wird hingegen durch Arbeitsmarktregulierungen eine zunehmende qualifikatorische Lohnstreuung verhindert, dann steigt die Arbeitslosigkeit für Einfacharbeit. Letzteres konnte in der theoretischen Analyse für eine Reihe von europäischen Volkswirtschaften festgestellt werden, während die flexible Lohnstruktur eher für den amerikanischen Arbeitsmarkt typisch ist.

Die erwarteten Effekte der Globalisierung lassen sich in der Empirie nicht durchgängig ausmachen. Vorsichtig betrachtet, ergibt sich aus den empirischen Untersuchungen, daß der Globalisierung – wenn überhaupt – nur 10 bis 20 Prozent der Effekte der in den USA beobachteten Lohnstreuung (oder der Unterbeschäftigung von Einfacharbeit in Europa) und des allgemeinen upskilling – also der zunehmenden Bedeutung qualifizierter Arbeit – zugeschrieben werden können. Im Erklärungsgehalt höher eingeschätzt wird hingegen der technische Fortschritt. Die theoretische Analyse und die Auswertung der empirischen Forschung zeigen aber, daß auch diese Einschätzung nicht frei von Zweifeln ist. Es gibt zu viele unterschiedliche Arten und Konstellationen von technischem Fortschritt, als daß eine allgemeingültige Antwort möglich wäre. Der wichtigste Grund, warum die empirischen Beobachtungen nicht immer mit den theoretisch erwarteten Effekten der Globalisierung übereinstimmen, dürfte darin liegen, daß die Globalisierung viel mehr ist als nur die weltweite Zunahme von Einfacharbeit. Diese Sichtweise übersieht die Chancen, die die Globalisierung bietet, denn sie schafft durch Anreize zur Spezialisierung und Produktdifferenzierung neue Märkte gerade für Industrieländer.

Viele Vorurteile nicht bestätigt

Vielfach wird Strukturwandel mit seinen unterschiedlichen Facetten einseitig als Bedrohung empfunden. In den Köpfen der Menschen haben sich viele Vorurteile festgesetzt, die einer empirischen Überprüfung nicht standhalten. Die größten Diskrepanzen zwischen öffentlicher Wahrnehmung und Wirklichkeit sind vor allem auf drei Feldern festzustellen:

Die Mär von der De-Industrialisierung: Die Industrie hat an Bedeutung verloren – diese These ist weitverbreitet, und ihr wird kaum widersprochen. Richtet man aber den Blick auf die realen Wertschöpfung, ist im Durchschnitt der Industrieländer – nicht jedoch in Deutschland – keine De-Industrialisierung feststellbar. Trotzdem hat in Deutschland das Verarbeitende Gewerbe seine volkswirtschaftliche Drehscheibenfunktion behalten. Der Anteil an der gesamtwirtschaftlichen Wertschöpfung, den dieser Sektor allein und zusammen mit anderen Sektoren im Vorleistungsverbund erwirtschaftet, ist in den letzten 20 Jahren nahezu konstant geblieben.

Die Mär vom Ende der Arbeit: Die hohe Arbeitslosigkeit in Europa wird gerne der Globalisierung und dem arbeitssparenden technischen Fortschritt zugeschrieben. Aus dem Befund, daß gerade die Industrie immer mehr Güter mit immer weniger Arbeitskräften erstellt, wird – sehr voreilig – die These vom Ende der Arbeit abgeleitet. Die Empirie spricht eine andere Sprache. Seit 1980 sind OECD-weit mehr als 75 Millionen neue Arbeitsplätze entstanden. Das ist ein Zuwachs von über 20 Prozent. In Europa waren es allerdings nur magere 7 Prozent. Dafür kann jedoch nicht der Strukturwandel verantwortlich gemacht werden, denn die großen Entwicklungslinien verliefen in allen Ländern sehr ähnlich. Die Gründe müssen in unterschiedlichen Arbeitsmarktverfassungen, Lohn- und Sozialpolitiken, also – allgemeiner – in einer unterschiedlichen Güte der nationalen Standortfaktoren gesucht werden.

Die Mär von der Globalisierungsfalle: Die Weltwirtschaft hat sich nicht in eine Sackgasse manövriert, in der die Politik weitgehend entmachtet ist und allein die Märkte die Kontrolle übernommen haben. Die Globalisierung hat nicht nur – wie erwähnt – neue Märkte erschlossen und Beschäftigungschancen geschaffen, sondern auch Schwächen der sklerotisierten Industrieländer schonungslos aufgedeckt. Die Globalisierung hat keine wirklich neuen Trends ausgelöst. Sie hat nur – wie unter einem Brennglas – die fehlende Anpassungsfähigkeit der Unternehmensstandorte offengelegt und damit den Reformdruck erhöht. In diesem Licht muß auch die Asien-Krise gesehen werden.

Benchmarking durch deutsch-amerikanischen Vergleich

Trotz aller Gemeinsamkeiten bleibt eine Reihe nationaler Besonderheiten im Strukturwandel. Gerade Deutschland nimmt dabei in vieler Hinsicht eine Sonderrolle ein. Sehr deutlich wird dies, wenn der Blick auf die Strukturunterschiede und deren Entwicklung im Vergleich zu den USA gerichtet wird. Die Erfahrung zeigt, daß die Entwicklungen jenseits des Atlantiks mit zeitlicher Verzögerung auch den Strukturwandel in Deutschland prägen. Das gilt vor allem für die Beurteilung der Frage, wie weit Deutschland auf dem Weg in die globale Dienstleistungsgesellschaft vorangekommen ist. Die USA sind auch deshalb Richtschnur für die Beurteilung der Leistungsfähigkeit einer Volkswirtschaft, weil sich die beiden wichtigsten Wohlstandsmaße – die Arbeitsmarktsituation und das Wachstum der in Kaufkraftparitäten gemessenen Pro-Kopf-Einkommen – dort in den letzten Jahren besser entwickelt haben als in Deutschland. Im Hinblick auf den Strukturwandel können als wesentliche Unterschiede zwischen den USA und Deutschland festgehalten werden:

Sektoralstruktur: Der Tertiarisierungsgrad in den USA ist nach wie vor höher als in Deutschland. Fast drei Viertel der Wertschöpfung wird in den USA im Dienstleistungssektor erwirtschaftet – hier sind es dagegen immer noch rund 10 Prozentpunkte weniger. Allerdings hat Deutschland aufgeholt, denn die Dienstleistungen sind seit 1970 deutlich schneller gewachsen als in den USA. Die logische Folge ist, daß die sich Unterschiede im Tertiarisierungsgrad verringert haben.

Dienstleistungsdichte: Völlig anders sieht dies bei einem Blick auf die Beschäftigungsdichte im Dienstleistungssektor aus. In den USA bestehen 350 Arbeitsplätze im Dienstleistungssektor je 1000 Einwohner, in Westdeutschland gerade einmal 264. Das ist Ausdruck eines ungenutzten Potentials vor allem im Bereich von Einfacharbeitsplätzen. Deutschland könnte seine Arbeitsmarktprobleme entscheidend mildern, wenn diese Beschäftigungsfelder erschlossen würden.

Faktoreinsatz: Die USA haben viel weniger als Deutschland auf die Substitution von Arbeit durch Kapital gesetzt; das Arbeitsvolumen konnte dort im Gegensatz zu Deutschland wachsen. Die Unterschiede in der Kapitalintensität sind weniger auf divergierende Entwicklungen in der Industrie zurückzuführen, als vielmehr in völlig unterschiedlichen Trends bei den Dienstleistern zu suchen. Die großen Beschäftigungserfolge der USA waren nur möglich, weil anders als in Deutschland auch besonders arbeitsintensive Felder erschlossen wurden. Hier sind die Gründe zu suchen und nicht etwa in einer unterschiedlichen Arbeitsteilung zwischen Industrie und Dienstleistungen. Die amerikanischen Industrieunternehmen beziehen genauso viel Vorleistungen aus dem Dienstleistungssektor wie die deutschen.

Faktorentlohnung: Die amerikanische Wirtschaft hat ihre Produktivitätsgewinne zur Ausdehnung der Beschäftigung genutzt, während Deutschland die Früchte des technischen Fortschritts in Form höherer Einkommen verteilte. In den USA ist es dabei zu einer viel stärkeren qualifikatorischen und sektoralen Lohnspreizung gekommen als in Deutschland. Das bremste die Anreize zur Substitution von Arbeit durch Kapital und von Einfacharbeit durch qualifizierte Arbeit. Diese flexiblere Arbeitsmarktverfassung half bei der Erschließung der einfacharbeitsintensiven Beschäftigungsfelder im Dienstleistungssektor und erleichterte gleichzeitig die Absorption des Globalisierungs-Schocks.

Moderne Dienstleistungsmärkte: Die USA haben bei modernen Dienstleistungen die Chancen der Globalisierung besser genutzt als Deutschland. In den Bereichen Patente, Lizenzen, Bildung, Datenverarbeitung, Finanzen, Filme und Unternehmensberatung erwirtschaften die Dienstleistungsunternehmen der USA zunehmende Außenhandelsüberschüsse, während Deutschland auf diesen modernen Zukunftsmärkten steigende Defizite aufweist. Ein Grund dafür ist, daß die USA durch eine frühzeitige und durchgreifende Deregulierung bessere Voraussetzungen schafften, diese Wachstums- und Beschäftigungspotentiale zu nutzen. Die Nachteile aus dem verspäteten Start in die offenen Verkehrs-, Kommunikations-, Finanz- und Energiemärkte muß Deutschland erst noch aufholen.

Politik vor Herausforderungen

Strukturwandel, technischer Fortschritt und Globalisierung stellen die Politiker in den Industrieländern vor neue Aufgaben. Vor allem die stärkere internationale Konkurrenz zeigt wie ein Brennglas die nationalen Schwächen bei den unternehmerischen Rahmenbedingungen auf. Um im Wettbewerb um Arbeitsplätze und Einkommen mithalten zu können, müssen die allgemeinen Standortfaktoren einer Volkswirtschaft zunächst einmal stimmen. Dazu muß beispielsweise in Deutschland überdacht werden, ob das Niveau und die Struktur der Staatsaufgaben und ihre Finanzierung überhaupt noch zeitgemäß sind und nicht zu einer untragbaren Belastung werden. Nicht neu sind beispielsweise die dringenden Forderungen, in den Bereichen Steuern, Lohnnebenkosten oder Regulierungen nachhaltige Verbesserungen zu erreichen. Dabei muß immer klar gesehen werden, daß Protektionismus, Abschottung oder jede Art von Industriepolitik eine Flucht vor den wirklichen Problemen darstellen. Offene Märkte und ein wettbewerbsorientierter Ordnungsrahmen bleiben unverzichtbare Pfeiler der Politik. Dafür muß der Staat auch in Zukunft eintreten und in der Gesellschaft dafür werben, auch wenn dies angesichts von enormen Anpassungslasten für einzelne Gruppen, Branchen oder Regionen nicht immer bei allen auf Zustimmung stößt.

Die Analyse zeigte, daß die Politik in Deutschland nicht nur dieses allgemeine Standortproblem zu lösen hat, sondern gleichzeitig vor einem dualen Problem steht: Sicherung der Wettbewerbsfähigkeit in den High-Tech- und qualifikationsintensiven Feldern und bessere Anreize zur Schaffung von mehr Beschäftigung im Bereich der Einfacharbeit. Darauf muß mit zwei ganz unterschiedlichen Strategien reagiert werden:

☐ Der Vergleich mit den USA zeigte deutlich auf, daß es gelungen ist, durch innovative Produkte hochproduktive, einkommensstarke und wettbewerbsfähige Arbeitsfelder zu erschließen. Dafür sind bestimmte Voraussetzungen unabdingbar. Moderne Industriewaren und Dienstleistungen erfordern schlaue Köpfe. Diese bekommt man durch Investitionen in das Humankapital einer Volkswirtschaft. Sowohl Bildung als auch die eher produktnahe Forschung legen hierfür den Grundstock. Private als auch staatliche Investitionen in die Bildungs- und Forschungsinfrastruktur sind ein gangbarer und erfolgversprechender Weg hin zu zukunftsfähigen Arbeitsplätzen und nachhaltig hohen Einkommen. Dazu gehört auch die Beseitigung der Hemmnisse beim Einsatz moderner Technologien. Die Politik muß der Zukunftsangst und der Technologiefeindlichkeit entgegentreten und im High-Tech-Standort Deutschland auch für Mut beim Einsatz neuer Technologien werben.

☐ Die USA zeigen aber auch, wie es am anderen Ende der Arbeitswelt weitergehen kann. Auch für Geringqualifizierte gibt es eine Zukunft mit Arbeit. Eine Reform unserer Sozialordnung ist nicht Bedrohung, sondern vielmehr Chance. Gelingt es, das Tariflohn- und das Sozialsystem so miteinander zu verbinden, daß auch die finanziellen Anreize zum Wechsel von der Arbeitslosigkeit in den Arbeitsmarkt verbessert werden, dann schafft dies auch die Voraussetzungen für mehr Jobs im Bereich der Einfacharbeit.

Plädoyer gegen eine einseitige Sektoralbetrachtung

Zweifellos wird die deutsche Wirtschaft den zukünftigen Strukturwandel um so eher bewältigen können, je besser die Politik die beschriebenen Aufgaben löst und die Standortbedingungen verbessert. Wie aber wird dieser Wandel aussehen? Für einen Zukunftsforscher scheint es schwierigere Aufgabe zu geben, als eine Antwort auf diese Frage zu finden. Danach gefragt, wer zu den Gewinnern oder den Verlierern des Strukturwandels gehört, wird er antworten: die Dienstleistungen werden an Bedeutung gewinnen und die Industrie wird weiter verlieren. Kaum jemand wird dieser Einschätzung ernsthaft widersprechen. Die Güte dieser Prognose leidet aber an der falschen Fragestellung. ,,Industrie oder Dienstleistungen" – das ist schon lange überholt. Beide sind zu einem engen Beziehungsgeflecht verwoben. Die richtigen Fragen lauten deshalb: Stimmt das Mix von Industrie und Diensten noch? Wer leistet was in diesem Verbund? So gewendet müßte der Zukunftsforscher seine Antwort viel differenzierter geben und in einem Fazit feststellen können: Die Bedeutung der Industrie wird unterschätzt und wir werden auch in Zukunft Industrie brauchen!

In der Abbildung 7-1 sind die wichtigsten Argumente, die zur Begründung dieser These angeführt werden können, im Überblick zusammengefaßt. Die Industrie erbringt wesentliche Vorleistungen, die direkt oder indirekt auch anderen Sektoren zugute kommen:

Forschung: Ein wichtiger Pluspunkt der Industrie für die Wettbewerbsfähigkeit der deutschen Wirtschaft ist ihr Beitrag zu Forschung und Entwicklung. Neue Produkte und Verfahren entstehen vor allem in den Labors und Entwicklungszentren der Industrie. Forschung im Unternehmenssektor ist nahezu gleichzusetzen mit Industrieforschung. Rund 95 Prozent aller unternehmerischen Aufwendungen für Forschung und Entwicklung werden vom Verarbeitenden Gewerbe aufgebracht. Dies gilt nicht nur für Deutschland, sondern mehr oder minder stark ausgeprägt für alle Industrieländer. Von diesen Forschungsanstrengungen profitieren nicht nur die Industrieunternehmen selbst, sondern in starkem Maß über den Erwerb von Patenten und Lizenzen oder den Kauf neu entwickelter Maschinen und Anlagen auch die Dienstleister. In den großen Industrieländern werden mittlerweile rund 50 Prozent der neu entwickelten Technologiegüter im Dienstleistungssektor eingesetzt. Der Technologieverbund ist eines von mehreren Beziehungsgeflechten zwischen Industrie und Dienstleistungen, die zeigen, daß beide voneinander profitieren.

Basisinnovationen: Die Industrie liefert immer noch die Hardware für die Software-Gesellschaft. Alle wichtigen Basisinnovationen in der Vergangenheit (Dampfmaschine, Eisenbahn, Elektrotechnik, Chemie, Automobil und Informationstechnik) stammten aus dem industriellen

Abbildung: 7-1

Warum wir auch in Zukunft Industrie brauchen

Argumente für eine Industrie- und Dienstleistungsgesellschaft

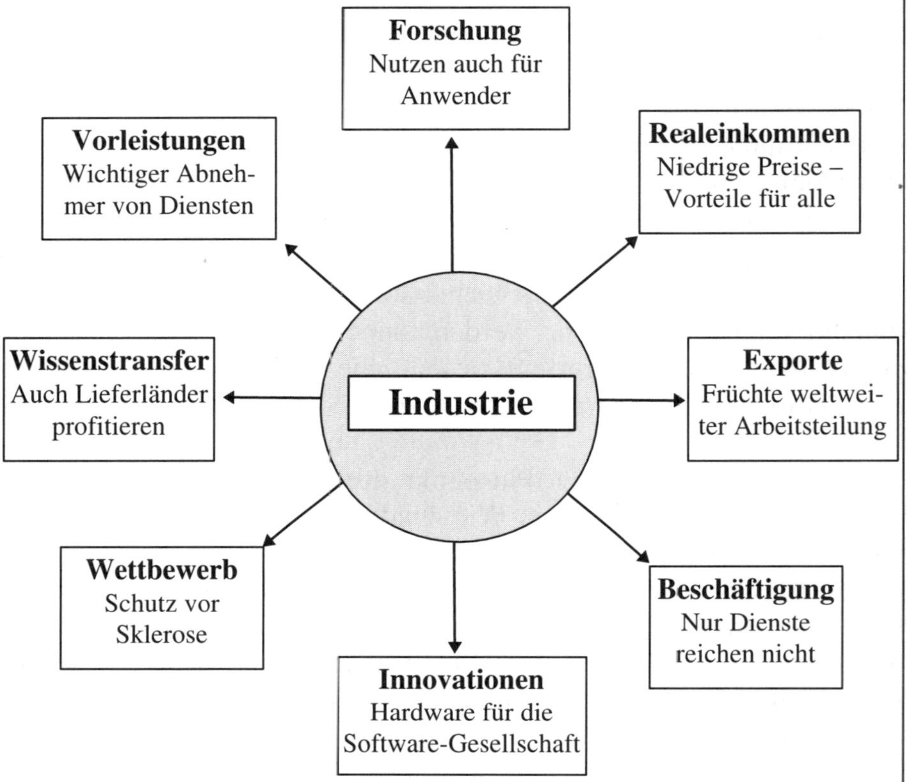

Sektor. Das wird sich in Zukunft nicht wesentlich ändern. Hier ist zum einen der Umweltschutz zu nennen. So spielen beim Klima-, Gewässer- und Bodenschutz der Maschinen- und Anlagenbau sowie die Meß-, Steuer- und Regelungstechnik eine zentrale Rolle. Ein anderer zukunftsträchtiger Bereich ist der der optischen Technologien, die in der Medizin, im Energiesektor oder in der Informationsübertragung genutzt werden. Und auch die Entwicklung neuer Materialien und Grundstoffe in der Biotechnologie sowie neuer Geräte und Verfahren in der Medizintechnik basieren auf industriellen Forschungs- und Produktionsprozessen. Auch deshalb ist nicht damit zu rechnen, daß sich ein Trend entscheidend ändert: Die High-Tech-Industrien sind von 1980 bis 1995 in den USA, in Japan und in Deutschland schneller gewachsen als die Gesamtwirtschaft.

Exporte und Direktinvestitionen: Die stärkere wechselseitige Durchdringung und Verflechtung der Märkte wird durch Exporte und Direktinvestitionen vorangetrieben. Dadurch entstehen ständig neue Märkte und damit Chancen für Beschäftigung und zusätzliche Einkommensquellen. Gerade die Exporte sind in allen Industrieländern eine Domäne des Verarbeitenden Gewerbes. In Deutschland liegt dessen Exportanteil trotz De-Industrialisierung seit 1970 konstant bei etwa 90 Prozent. Selbst beim Tertiarisierungsspitzenreiter USA liegt der Anteil noch bei über 70 Prozent. Eine von Exporten maßgeblich abhängige Volkswirtschaft – wie Deutschland – kann auf absehbare Zeit nicht auf Industrie verzichten.

Wissenstransfer: Längst haben wir uns an Schuhe oder Bekleidung „made in India“ gewöhnt. Aber auch Halbleiter und Computer stehen heute auf den Lieferlisten vieler Schwellenländer und werden in alle Welt verschickt. Sie haben längst auf den Märkten der Triade Fuß gefaßt. An dieser Erfolgsstory hat die Industrie der großen Volkswirtschaften – gewollt oder ungewollt – erheblichen Anteil. Die Industrie ist eine entscheidende Quelle dafür, daß zwischen den Industrie- und vielen Schwellenländern ein Konvergenzprozeß in Gang gesetzt wurde. In den Exporten von Industriewaren steckt Know-how, das mit den Gütern mitgeliefert wird. Über den Handel, aber auch durch Direktinvestitionen exportieren die Industrieländer Wissen und schaffen damit in vielen Entwicklungs- und Schwellenländern eine wichtige Voraussetzung für den technologischen Aufbau. Empirische Untersuchungen kommen zu dem Ergebnis, daß 1 Prozent Anstieg der Forschungs- und Entwicklungsanstrengungen in den Industrieländern das Sozialprodukt in den Entwicklungsländern um 0,06 Prozent erhöht. Forschung, Direktinvestitionen und Handel – alles Domänen der Industrie – begünstigen den Aufholprozeß der Entwicklungsländer und sorgen dafür, daß die Abstände im Wohlstand weltweit geringer werden können. Viele sehen in dem Aufkommen der Entwicklungsländer eine Bedrohung. Pessimistische Globalisierungs-Szenarien werfen das Schrekkensbild von Industriegesellschaften ohne Arbeit an die Wand. Abgesehen davon, daß empirische Fakten diese Horror-Visionen gründlich widerlegen, werden die positiven Seiten übersehen. Den reichen Ländern dieser Erde kann nichts besseres passieren, als daß möglichst viele Entwicklungs- und Schwellenländer wirtschaftlichen Anschluß finden. Mit entwickelten Ländern lassen sich viel bessere Geschäfte machen. Von der Ausweitung des Welthandelsvolumens von fast 3000 Milliarden Dollar zwischen 1980 und 1995 entfallen mehr als drei Viertel auf den verstärkten intra-regionalen Handel zwischen den Industrieländern.

Realeinkommen: Die Analyse der Angebotsseite des Strukturwandels hat gezeigt: Die Preise für Industriewaren sind weniger stark gestiegen als die für Dienstleistungen. Das macht sich auch in den Realeinkommen bemerkbar. Wären in Deutschland alle Preise zwischen 1991 und 1997 nur so angestiegen wie die der Industrie, dann hätten die deutschen Verbraucher pro Jahr rund 20 Milliarden DM Realeinkommen mehr gehabt. Diese positive Rolle der Industrie, die letztlich ihre Ursache in der hohen Wettbewerbsintensität in diesem Sektor hat, wird in der öffentlichen Debatte oft übersehen.

Wettbewerb: Das leitet über zu einem generellen Punkt. Die Industrie ist für alle Volkswirtschaften das Tor zur Welt und damit zum internationalen Wettbewerb. Die Einbindung der Industrie in die weltwirtschaftliche Arbeitsteilung sorgt dafür, daß die positiven Aspekte des Wettbewerbs auch in den Binnenmärkten wirken. Aufgrund der enger werdenden Verflechtungen sind davon auch immer intensiver die Dienstleistungsbereiche betroffen.

Beschäftigung: Obwohl die Industrie in allen OECD-Ländern Beschäftigungsanteile verliert, ist die Fähigkeit wenigstens zur Sicherung der vorhandenen Arbeitsplätze entscheidend dafür, ob eine Volkswirtschaft insgesamt eine gute oder schlechte Beschäftigungs-Performance aufweist. Ein Blick auf die 18 größten Industrieländer zeigt, daß zwischen dem Wachstum der Beschäftigung im Industrie- und im Dienstleistungssektor ein deutlich positiver Zusammenhang besteht. Länder mit einem vergleichsweisen starken Rückgang der Industriebeschäftigung – wie etwa Frankreich, Großbritannien, Belgien und Schweden –, konnten nur bescheidene Erfolge beim Zuwachs an Dienstleistungsjobs verbuchen. Dazu gehört im Zeitraum von 1980 bis 1996 auch Westdeutschland. Dagegen steht eine andere Gruppe von Ländern, die bei stabiler oder nur leicht rückläufiger Industriebeschäftigung gleichzeitig einen überdurchschnittlichen Jobzuwachs bei den Dienstleistungen aufweisen. Hierzu gehören vor allem die USA, Kanada, Australien und Neuseeland. Mit den Niederlanden und Portugal konnten auch zwei europäische Länder eine gute Job-Bilanz erzielen. Dabei muß klar gesehen werden, daß der Verlust an Industriebeschäftigung keinem Naturgesetz folgt, sondern – zumindest in Grenzen – gestaltbar ist. Ein Blick auf die Empirie bestätigt dies: In den Volkswirtschaften, in denen die industriellen Arbeitskosten im Ländervergleich überdurchschnittlich anstiegen (Japan, Deutschland, Frankreich oder Norwegen), ging das Arbeitsvolumen in der Industrie zurück. Dagegen nahm die Industriearbeit – mit Ausnahme der Niederlande – in Ländern mit unterdurchschnittlich ansteigenden Arbeitskosten (USA, Kanada, Schweden) zu.

Vorleistungen: Das wichtigste Argument dafür, daß wir auch in Zukunft eine industrielle Basis brauchen, ist der empirische Befund, daß Industrie und Dienstleistungen über Vorleistungsverflechtungen immer stärker zu einem „kombinierten Sektor“ zusammenwachsen. Sowohl in Deutschland als auch in den USA und Japan kauft das Verarbeitende Gewerbe mehr Vorleistungen in anderen Sektoren – hauptsächlich bei den Dienstleistern – ein, als es selbst dorthin liefert. Die Industrie ist und bleibt ein wichtiger Absatzmarkt für andere Sektoren. In Deutschland ist das Verarbeitende Gewerbe auf diese Weise bei der Erstellung jeder dritten DM Wertschöpfung beteiligt – in Westdeutschland ist dieser Anteil sogar noch drei Prozentpunkte höher. Die Prognosen deuten nicht darauf hin, daß dieser Anteil sinkt. Die Industrie wird auch in Zukunft eine wichtige Drehscheibenfunktion für die gesamte Wirtschaft behalten. Allerdings werden sich innerhalb dieses Vorleistungsverbundes die Gewichte weiterhin in Richtung auf eine stärkere Tertiarisierung verschieben.

Die Frage, wieviel Industrie ein Land braucht, kann wissenschaftlich nicht beantwortet werden. Fest steht aber: Auch die Dienstleister können nur mit einer international wettbewerbsfähigen Industrie überleben. Industrie und Dienstleistungen sichern gemeinsam den zukünftigen Wohlstand der Volkswirtschaften.

Anmerkungen

[1] Zu den jüngsten Entwicklungen in Südostasien siehe Abschnitte 1.2 und 6.4.

[2] Für eine detaillierte Darstellung siehe Lichtblau (1995) oder die laufende Anpassungsberichterstattung der Forschungsinstitute (zuletzt DIW/ifo/IWH, 1997).

[3] Diese Daten sind aus Angaben der Weltbank (World Bank, 1996) errechnet. Aufgrund unvollständiger volkswirtschaftlicher Gesamtrechnungen mußten einige Daten durch Plausibilitätsannahmen, Strukturannahmen und Angaben aus der Erwerbstätigenstatistik der ILO (1995) geschätzt werden. Es wurden nur Länder einbezogen, für die für alle drei betrachteten Jahre 1970, 1980 und 1994 Daten vorliegen. Deshalb konnten die meisten osteuropäischen Länder nicht berücksichtigt werden. Insgesamt repräsentieren die einbezogenen Länder etwa 92 Prozent des von der Weltbank errechneten Weltsozialprodukts. Sensitivitätsanalysen haben gezeigt, daß die abgeleiteten Trends aber so stabil und deutlich sind, daß sie auch unter Beachtung der hinter der Rechnung steckenden Unsicherheiten und Datenfehler ihre Gültigkeit behalten.

[4] Vgl. zum Beziehungsgeflecht zwischen Strukturwandel und Globalisierung auch Grömling/Lichtblau/Weber (1996), besonders Seite 42 ff.

[5] Zur Position Deutschlands in diesem Prozeß vgl. Beyfuß (1992) und Beyfuß/Kitterer (1990).

[6] Der Grubel-Llyod-Index (GLI) mißt den Grad der Ausgeglichenheit der sektoralen Handelsbilanzen zwischen zwei Ländern oder Ländergruppen. Er nimmt den Wert 100 an, wenn alle sektoralen Handelsbilanzen ausgeglichen sind. Beide Länder exportieren und importieren dann Güter der gleichen Branche im selben Umfang. Der Index ist null, wenn die beiden Ländern die Güter eines Sektors entweder importieren oder exportieren. Der Grubel-Llyod-Index ist definiert als:
$100*[(X^k + M^k) - X^k + M^k]/[X^k + M^k]$; mit X^k = Export und M^k = Import einer Warengruppe k. Das Zeichen steht für Betrag. Grubel/Llyod (1975).

[7] Augenscheinlich wurde dies durch die jüngste Asienkrise. Als wichtige Ursache werden ein nicht hinreichend wettbewerblich organisierter Finanzsektor und eine zu starke Verflechtung zwischen Politik und Wirtschaft angeführt.

[8] Der Welthandelsanteil der Schwellen- und Entwicklungsländer in Abgrenzung der Abbildung 1-4 lag ohne Einbeziehung der OPEC-Staaten bis 1980 unter dem Wert von 1965. Erst dann trat eine leichte Erholung ein. Eine stärkere Zunahme ist erst in den neunziger Jahren festzustellen.

[9] Vertiefend wird dieser Punkt in Kapitel 5 diskutiert.

[10] Dieser Punkt wird im nächsten Kapitel unter dem Stichwort „intra-sektorale Tertiarisierung“ aufgegriffen werden.

[11] Bei Strukturanalysen empfiehlt es sich, auf die nominale und nicht auf die reale Wertschöpfung abzustellen, um auch unterschiedliche Preisentwicklungen in den einzelnen Sektoren berücksichtigen zu können. Diese Preisänderungen sind oft Ausdruck realer Veränderungen und immanenter Teil des Strukturwandels. Sie zeigen geänderte Knappheitsverhältnisse der Güter und Produktionsfaktoren an,

die die Richtung des Wandels entscheidend mitbestimmen. Besonders drastische Preisänderungen, die Rückwirkungen auf die Faktorallokation und den Strukturwandel hatten, waren die Ölpreiserhöhungen in den siebziger und achtziger Jahren und in den letzten Jahren der Preisverfall für mikroelektronische Bauteile.

[12] Diese sektoralen Unterschiede in der Preisentwicklung waren im Unternehmenssektor stärker ausgeprägt als in der Gesamtwirtschaft. Die Preisdifferenzen zwischen den privaten Dienstleistungsunternehmen und dem Verarbeitenden Gewerbe waren im hier interessierenden Zeitintervall zwischen 1960 und 1970 höher als die zwischen den beiden Obergruppen, also dem tertiären und sekundären Sektor.

[13] Aus Gründen der Vereinfachung wird der Sektor ,,Staat, Private Haushalte und Organisationen ohne Erwerbszweck" als Nicht-Unternehmenssektor bezeichnet.

[14] Für diese Analyse wurde die nominale Bruttowertschöpfung verwendet, weil hier im Gegensatz zu der realen Rechnung alle Zuwächse positiv sind und eine Berechnung der Wachstumsbeiträge möglich ist. Bei Zugrundelegung der realen Wertschöpfung müßte über die Nullstelle hinweggerechnet werden, was mathematisch nicht erlaubt ist.

[15] Der Spitzenwert mit 29,45 Millionen wurde in Westdeutschland 1992 erreicht. In den fünf Jahren danach gingen fast 1,6 Millionen Arbeitsplätze verloren.

[16] Berechnungen der Arbeitsproduktivitäten sind nur im Unternehmensbereich sinnvoll. Im staatlichen Sektor wird die reale Bruttowertschöpfung als die Summe der realen Bruttoeinkommen plus einem kleineren Betrag für die Abschreibung auf den Kapitalstock gemessen. Der Output dieses Sektors wird also nicht wie üblich als Produktionswert minus Vorleistungen, sondern fast ausschließlich über den Input gemessen.

[17] Zu einer ausführlichen Analyse der sektoralen Produktivitätsentwicklung siehe Kapitel 5.2.

[18] Zur Analyse des langfristigen Strukturwandels ist es sinnvoll, zumindest die beiden Zeiträume vor und nach der Ölkrise von 1973 zu unterscheiden, denn diese war eine Zäsur, die weltweit einen erheblichen Strukturwandel in Richtung De-Industrialisierung ausgelöst hat. Eine weitere interessante Beobachtungseinheit ist die Zeit ab 1980, weil zu Anfang der achtziger Jahre die Globalisierung ihren Ausgangspunkt hatte.

[19] Die Statistik der sozialversicherungspflichtig Beschäftigten hat allerdings den Nachteil, daß nur rund 80 Prozent der Erwerbstätigen erfaßt werden, weil vor allem Selbständige und Beamte nicht berücksichtigt werden können; vgl. Klös/Rhein (1995, 55). Ein Vergleich zwischen der Erwerbstätigenstatistik des Statistischen Bundesamtes und der Statistik der sozialversicherungspflichtig Beschäftigten zeigt jedoch, daß zwar die sektoralen Erwerbstätigen- von den Beschäftigtenanteilen in gewissem Maße abweichen, die Wachstumsraten in den einzelnen Sektoren jedoch in beiden Statistiken hinreichend ähnlich sind und deshalb mit Hilfe der Beschäftigtenstatistik der Strukturwandel der Erwerbstätigkeit nachgezeichnet werden kann, auch wenn das Fehlen der Beamten und Selbständigen den Trend zur Tertiarisierung in der Beschäftigtenstatistik unterzeichnet.

[20] Bei der Zuordnung der sozialversicherungspflichtig Beschäftigten zum VGR-Aggregat Übrige Dienstleistungen ergeben sich Abgrenzungsprobleme. Vor allem lassen sich einige mit dem Kredit- und Versicherungsgewerbe verbundenen Tätigkeiten (zum Beispiel im Bereich des Finanzierungs-Leasing, der Leihhäuser und der Effektenbörsen), die in der VGR den Übrigen Dienstleistungen zugewiesen werden, in der Statistik der sozialversicherungspflichtig Beschäftigten nicht aus den Bereichen Kredit- und Finanzierungsinstitute sowie Versicherungsgewerbe ausgrenzen. Aus diesem Grund kann bei der weiteren Definition des Sektors Übrige Dienstleistungen diese Teilgruppe des Banken- und Versicherungswesens nicht berücksichtigt werden, auch wenn dies zu einer tendenziellen Unterschätzung der Größe der Übrigen Dienstleistungen führt. Andererseits werden in der hier verwendeten Abgrenzung „Übrige Dienstleistungen" Teilbereiche erfaßt, die laut VGR-Abgrenzung nicht zu diesen zu zählen sind. Diese lassen sich jedoch aus der Statistik der sozialversicherungspflichtig Beschäftigten nicht isolieren. Als Beispiel seien hier die Gewerkschaften als Teil der Wirtschaftsklasse Gewerkschaften und Arbeitgeberverbände genannt. Nur letztere werden in der VGR-Definition berücksichtigt. Des weiteren gilt zu beachten, daß auch einige Bereiche erfaßt werden, die in der VGR nicht allein dem Unternehmenssektor zugeordnet werden.

[21] Überraschend hoch mit einem Zuwachs von 71 Prozent (1976 bis 1996) ist der Zuwachs an Arbeitsplätzen auch im Sektor Gastgewerbe/Heime. Die Dynamik ist hier stärker als in der Erwerbstätigenstatistik ausgewiesen. Offensichtlich hat hier eine Verschiebung von selbständiger zu unselbständiger Beschäftigung stattgefunden.

[22] Es darf hier allerdings nicht der Eindruck entstehen, daß es in der Industrie keine Bereiche gäbe, in denen Beschäftigungserfolge erreicht werden konnten. Immerhin sind aus der Gruppe der 50 Branchen, die zwischen 1976 und 1996 den stärksten Arbeitsplatzaufbau hatten, 10 aus dem Industriebereich. Allerdings sind dies oft dienstleistungsnahe Tätigkeiten, vor allem aus dem Handwerk.

[23] Die letzte Erhebung bezieht sich auf das Jahr 1995. Leider wurde hier die Brancheneinteilung verändert, so daß die Ergebnisse mit den älteren Daten nur noch eingeschränkt vergleichbar sind.

[24] Für die Jahre 1991 und 1993 liegen die ersten gesamtdeutschen Input-Output-Tabellen vor. Die für das Jahr 1991 vorliegende Input-Output-Tabelle bezieht bereits die neuen Länder mit ein. Die Ergebnisse sind deshalb mit den Input-Output-Daten Westdeutschlands aus den früheren Jahren nicht vergleichbar.

[25] INFORGE (Interindustry Forecasting Germany) ist ein nach Wirtschaftsbereichen und Produktgruppen tief disaggregiertes ökonometrisches Prognosemodell für die Bundesrepublik Deutschland. Seine Kennzeichen sind das Bottom up-Prinzip und die vollständige Integration. Bottom up heißt, daß die einzelnen Sektoren der Volkswirtschaft sehr detailliert modelliert und die gesamtwirtschaftlichen Variablen durch Aggregation im Modellzusammenhang gebildet werden. Vollständige Integration meint eine Modellstruktur mit der Abbildung der inter-industriellen Verflechtungen und der Erklärung der Einkommensverwendung und Einkommensentstehung. Das Modell weist einen hohen Grad an Endogenisierung auf.

Modellendogen erklärt werden unter anderem die Koeffizienten in der Input-Output-Matrix. Meyer/Ewerhart (1995).

26 Der Sektor „Übrige Dienstleistungen" entspricht in den Input-Output-Tabellen der Warengruppe 55, die dort als „Sonstige marktbestimmte Dienstleistungen" bezeichnet wird. Die in den nachfolgenden Tabellen unter der Gruppe „Andere Dienste" zusammengefaßten Bereiche umfassen die Warengruppen 51 bis 54 der Input-Output-Tabelle. Dazu gehören „Marktbestimmte Dienstleistungen der Wohnungs- und Gebäudevermietung", „Marktbestimmte Dienstleistungen des Gastgewerbes und der Heime", „Dienstleistungen der Wissenschaft, Kultur und Verlage" sowie „Marktbestimmte Dienstleistungen des Gesundheits- und Veterinärwesens". Die Abgrenzung der anderen Branchen entspricht der der Volkswirtschaftlichen Gesamtrechnung.

27 Die Daten für 1996 sind Prognosedaten des INFORGE-Modells. In der Struktur weichen die Ergebnisse allerdings nicht von denen aus 1990 ab, das heißt für das letzte Jahr, für das offizielle Input-Output-Daten vom Statistischen Bundesamt vorliegen.

28 So haben beispielsweise auch die Bauwirtschaft und der Nicht-Unternehmenssektor einen positiven Vorleistungssaldo, um den herum ein Netzwerk von Branchen definiert werden kann, die wechselseitig voneinander abhängen. Der Unterschied zum Verarbeitenden Gewerbe besteht nur darin, daß in diesen beiden Sektoren der Anteil der Vorleistungen am gesamten Umsatz relativ klein ist.

29 Unter „benchmarking" versteht man den ständigen Vergleich des eigenen Unternehmens mit den Branchenbesten oder mit vergleichbaren Abteilungen branchenfremder Spitzenunternehmen anhand betriebswirtschaftlicher Kennzahlen. Ziel ist letztlich dabei, das eigene Unternehmen an die Weltspitze zu führen.

30 Fallende relative Preise für Vorleistungen bedeuten, daß der Preisindex für den Produktionswert einer Branche stärker steigt oder schwächer fällt als der entsprechende Preisindex für die Vorleistungen dieser Branche.

31 Üblicherweise wird die Kapitalintensität durch das Verhältnis zwischen Bruttoanlagevermögen und Arbeitsinput ausgedrückt. Der Unterschied zwischen Netto- und Bruttoanlagevermögen besteht darin, daß in der Bruttogröße die Abschreibungen der im Produktionsprozeß befindlichen Anlagegüter noch enthalten sind. Dieses Konzept geht von der Vorstellung aus, daß diese Güter noch zum Produktionspotential gehören und erst dann keine Leistung mehr abgeben können, wenn sie physisch ausgesondert und damit statistisch als Abgang erfaßt werden. Beim Nettoanlagevermögen sind die Abschreibungen nicht enthalten. Dieses Konzept bildet das eingesetzte Kapital dann besser ab, wenn unterstellt werden kann, daß die Abschreibungen dem echten Werteverzehr entsprechen und die Anlagegüter genau in dieser Höhe ein geringeres Leistungspotential haben. Die Güte des Nettoanlagevermögens als Indikator für den Kapitaleinsatz hängt entscheidend von der Qualität der Schätzungen der Abschreibungen ab. In der Praxis kann dieses Bewertungsproblem nur annäherungsweise befriedigend gelöst werden.

[32] Die ifo-Kapitalstockrechnung weist nur Daten bis 1994 aus; die sektoralen Wachstumsraten des Bruttoanlagevermögens für 1995 wurden auf Basis des Eigentümerkonzeptes errechnet.

[33] Ähnliche Ergebnisse stellen sich ein, wenn man die Veränderung der Humankapitalintensität auf Basis der Daten aus dem Mikrozensus (Statistisches Bundesamt, 1996) analysiert und die Beschäftigtenstruktur nach ihrer Stellung im Betrieb untersucht. Hier ist der Anteil der angelernten Arbeitskräfte von 37 Prozent (1976) auf 30 Prozent (1995) zugunsten der Fachkräfte und der Beschäftigten mit Hochschulabschluß gefallen.

[34] Problematisch ist, daß sozialversicherungsfreie Beschäftigungsverhältnisse (die sogenannten 620 DM Jobs) nicht erfaßt sind. Es ist zu vermuten, daß gerade hier Beschäftigte ohne abgeschlossene Berufsausbildung verstärkt eine Arbeit gefunden haben. Auch ist der Anteil der sozialversicherungspflichtig Beschäftigten, für den keine Angabe über die Qualifikationsstruktur bekannt ist, mit fast 8 Prozent (1996) sehr hoch. Besonders groß ist dieser Anteil in der Bauwirtschaft und bei den Sonstigen Dienstleistern. Auch das könnte die Ergebnisse in Richtung einer Untererfassung von Beschäftigungsverhältnissen mit niedriger Qualifikation verzerren. Der Gesamtbefund des „upskilling" ist aber so eindeutig, daß diese statistischen Datenmängel ihn nicht in Frage stellen können.

[35] Dies läßt sich errechnen durch die Division des Logarithmus des Wachstumsfaktors der Gesamtveränderung (LN(0,66)) durch den Logarithmus des Wachstumsfaktors des reinen Qualifikationseffektes (LN(0,64)).

[36] Zur Bestimmung der Humankapitalintensität wurde zunächst die den Grunddaten zugrundeliegende Branchenklassifizierung des IAB in die Systematik der Volkswirtschaftlichen Gesamtrechnung überführt. Dabei mußten aufgrund von Zuordnungsproblemen die 58 VGR-Sektoren zu 46 zusammengefaßt werden. Dann wurde für jede Branche die Qualifikationsstruktur bestimmt, das heißt für jede der drei Qualifikationsstufen (ohne Berufsabschluß, mit Berufsabschluß, mit Hochschulabschluß) wurde für jede Branche der Beschäftigungsanteil berechnet. Für jede Qualifikationsstufe wurde dann als Referenzwert das 67 Prozent-Quantil errechnet. Jeweils oberhalb dieses Quantils liegt das Drittel der Branchen mit den höchsten Beschäftigungsanteilen der jeweils betrachteten Qualifikation. Übersteigt in einer Branche der Beschäftigungsanteil in der Gruppe „ohne Berufsabschluß" den Quantilswert, wird sie als „Industrie mit niedriger Humankapitalintensität" klassifiziert. Genauso wurde mit den beiden anderen Qualifikationsmerkmal verfahren. Eine Branche ist eine „Industrie mit hoher Humankapitalintensität", wenn sie einen Akademikeranteil hat, der im oberen Drittel der Verteilung liegt. Sie ist eine „Industrie mit mittlerer Humankapitalintensität", wenn sie einen Anteil an Beschäftigten mit Berufsabschluß hat, der über dem entsprechenden Quantil dieser Qualifikationsgruppe liegt. Lag ein Beschäftigungsanteil einer Branche in zwei nebeneinander liegenden Qualifikationsstufen über dem Quantilswert, wurde die Branche der jeweiligen Extremgruppe zugeordnet. Lag in einer Branche der Beschäftigungsanteil in jeder Qualifikationsgruppe über dem Quantilswert oder erreichte sie keinen der Quantilswerte oder erfüllte sie die Referenz-

werte in zwei nicht nebeneinander liegenden Gruppen, wurde die Branche als „Industrie mit mittlerer Humankapitalintensität" klassifiziert.

37 Als Schwellenländer werden hier die Länder mit mittlerem Pro-Kopf-Sozialprodukt in der Abgrenzung der Weltbank bezeichnet; vgl. World Bank (1996).

38 Zur Berechnung der Anteile wurden zumeist die Daten der Volkswirtschaftlichen Gesamtrechnungen der OECD zum Bruttoinlandsprodukt herangezogen. Für Südkorea mußte teilweise noch auf Daten der Weltbank zurückgegriffen werden, während für Taiwan nur nationale Statistiken zur Verfügung standen. Die Abgrenzung der einzelnen groben Sektoren weist aber zwischen den verschiedenen Quellen keine allzu großen Unterschiede auf, so daß die Daten vergleichbar sind.

39 Eine genauere Angabe ist nicht möglich, weil in den Input-Output-Tabellen der USA auch Vorleistungsimporte stecken, die für eine solche Wertschöpfungsanalyse herausgerechnet werden müßten. Der Vorleistungsbezugsüberschuß des Verarbeitenden Gewerbes betrug 1992 in den USA 2,8 Prozent der gesamtwirtschaftlichen Bruttowertschöpfung.

40 Die OECD weist für Japan die Dienstleistungsunternehmen einschließlich des Gastgewerbes aus. Aufgrund der nur groben Untergliederung der japanischen Daten in den vorliegenden Statistiken war es nicht möglich, das Gastgewerbe – wie in der OECD-Systematik eigentlich vorgesehen – dem Handel zuzuordnen. Infolgedessen wird für den hier vorgenommenen Drei-Länder-Vergleich das Gastgewerbe auch für Westdeutschland und die USA den Dienstleistungsunternehmen zugeordnet, wobei allerdings in den USA die Restaurants ein nicht zu trennender Bestandteil des Einzelhandels sind. Ein völlig unproblematischer Vergleich ist also auch hier trotz der vorgenommenen Korrektur nicht möglich. Dies weist noch einmal eindrücklich auf die zuvor bereits angesprochenen, bei einem internationalen Datenvergleich fast immer auftretenden Schwierigkeiten hin.

41 Dieser Befund für den gesamten Beobachtungszeitraum verdeckt allerdings die Entwicklung in diesem Bereich zwischen 1973 und 1981, als der Bruttowertschöpfungsanteil von 3,8 auf 7,5 Prozent zulegte. Vgl. auch Gundlach/Schmidt (1985, 9). Dies zeigt, wie die hier im Vordergrund stehenden strukturellen Entwicklungen über einen längerfristigen Zeitraum des öfteren von gegenläufigen kurzfristigeren Trends überlagert werden.

42 Wesentlich dürfte hierfür die in Kapitel 2, Abschnitt 6, für Westdeutschland dargestellte zunehmende Bedeutung von Dienstleistungen als Vorleistungen für Industrieunternehmen sein. Diese Vorleistungsrolle läßt sich, wie oben für die USA gezeigt, auch für andere Länder belegen. Für Japan bedeuten zudem spezifische Faktoren wie ein ausgeprägter Wertewandel hin zu westlichen Konsumvorstellungen sowie eine besonders starke Alterung der Bevölkerung einen zusätzlichen Stimulus für das Dienstleistungswachstum; vgl. Ernst/Laumer (1989, 127).

43 Zumindest in den siebziger Jahren ist auch in anderen europäischen Ländern der Wertschöpfungsanteil der Dienstleistungsunternehmen stärker gewachsen als in den USA und Japan; vgl. Green, (1985, 80 ff.).

[44] In diesem Kapitel wird weitgehend auf die Zeit bis 1994 abgestellt, weil bis zu diesem Jahr sektoral tiefergegliederte internationale Daten vorliegen. Von 1970 bis 1994 stieg die Zahl der Erwerbstätigen in den USA um 54 Prozent, in Japan um 27 Prozent und in Westdeutschland nur um gut 6 Prozent.

[45] Es sei noch einmal darauf hingewiesen, daß in den USA auch die Restaurants dem Handelsbereich zugeordnet werden. Insofern ist der folgende Vergleich nur eingeschränkt aussagekräftig.

[46] Dieser Befund zeigt sich schon für die Jahre 1992 bis 1997. Die Abbildung 2-6 verdeutlichte, daß in dieser Periode im Nicht-Unternehmenssektor die Beschäftigung stagnierte. Dahinter steckt eine abnehmende Erwerbstätigenzahl beim Staat und eine Zunahme bei den Organisationen ohne Erwerbszweck.

[47] Die aktuellere Analyse kann allerdings nicht mehr auf Basis der OECD National Accounts II (OECD, 1997a), sondern nur anhand der OECD Labour Force Statisties (OECD, 1997d) vorgenommen werden. Deren Sektorklassifikation ist allerdings gröber, und die Daten weichen geringfügig von denen der National Accounts ab. Der Vergleich zur bisherigen Analyse der Arbeitsplatzdichte wird dadurch etwas eingeschränkt.

[48] Für eine detaillierte Analyse siehe Klös (1997a).

[49] Es könnte eingewendet werden, daß es kein Beschäftigungspotential des Dienstleistungssektors gibt, weil der Anteil der Dienstleistungstätigkeiten in der Gesamtwirtschaft mit jeweils etwa 75 Prozent in Deutschland und den USA in etwa gleich hoch ist (IW Köln, 1998, 7). In Deutschland würde dann in einer sektoralen Betrachtung nur deshalb ein höherer Dienstleistungsanteil ausgewiesen werden, weil die Industrie mehr Dienstleistungen selbst herstellt. Aber auch bei dieser Betrachtung ergibt sich eine erhebliche Dienstleistungslücke in Westdeutschland. In USA lag 1996 der Versorgungsgrad mit Dienstleistungstätigkeiten bei 358 je 1000 Einwohner; in Westdeutschland nur bei 318. Daraus errechnet sich eine Potentiallücke von 2,6 Millionen Dienste-Jobs.

[50] Wie in Kapitel 1.2 bereits angemerkt, beleuchtet die in diesem Buch vorgenommene Analyse die mittel- und längerfristigen Trends im Strukturwandel. Diese dürften von der derzeitigen Krise in Südostasien nicht grundsätzlich verzerrt werden, so daß die hier abgeleiteten Ergebnisse trotz der aktuellen Ereignisse ihre Gültigkeit behalten.

[51] Dabei ist allerdings zu berücksichtigen, daß aufgrund der Größe der USA unterschiedliche Entwicklungen der Branchen des Verarbeitenden Gewerbes in den einzelnen Regionen zu verzeichnen waren. Für eine Analyse der regionalen Industriestrukturen vgl. Holtfrerich (1991, 7 ff.).

[52] Auf die Bedeutung unterschiedlicher sektoraler Preisentwicklungen für den Strukturwandel wird ausführlich in Kapitel 5 eingegangen.

[53] Die Gruppen ,,Metallindustrie", ,,Maschinenbau" und ,,Fahrzeugbau" sind jedoch bereits Untergruppen des Bereiches ,,Metallverarbeitung". Diese Unterteilung erscheint wegen der Heterogenität und des großen gesamtwirtschaftlichen Gewichts selbst für einen ersten groben Überblick als unabdingbar.

[54] Die Klassifizierung basiert auf dem ISIC Rev. 2 Branchencode. Zu den High-Tech-Industrien zählen Luft- und Raumfahrt, Computer, Telekommunikationsgeräte und mikroelektronische Bauteile, die pharmazeutische Industrie und Teile der Medizin-, Meß- und Regeltechnik. Als Low-Tech-Industrien werden die Textil, Leder-, Bekleidungs-, Ernährungs- Getränke-, Tabak-, Holz-, Papier-, Druck-, Stahlindustrie , der Schiffbau sowie die Bereiche Steine und Erden und Teile der metallverarbeitenden Industrie klassifiziert. Der Rest zählt zum Medium-Tech-Bereich, der die wichtigen Branchen Chemie, Maschinenbau und Automobil umfaßt (OECD, 1996b). Diese Klassifizierung kann nur als ein grober Indikator zur Beschreibung der unterschiedlichen Technologie-Intensität der Branchen verwendet werden. Diese Einschränkung gilt im Hinblick auf die Tiefe der Brancheneinteilungen und vor allem auch mit Blick auf nationale Unterschiede in der Technologieintensität und -qualität.

[55] Für Südkorea liegen nur Werte bis 1994 vor. Ebenso beziehen sich die Angaben für die Bereiche Metallindustrie, Maschinen- und Fahrzeugbau der Länder Westdeutschland, USA und Japan nur auf den Zeitraum bis 1994.

[56] Die Entwicklung in jüngster Zeit dürfte diesen langfristigen Trend unterstützen.

[57] Dieser Befund gilt jedoch für alle OECD-Länder.

[58] Vgl. hierzu auch Härtel (1989, 144 ff.). Der dortige Vergleich der Beschäftigungsanteile innerhalb des Verarbeitenden Gewerbes für den Zeitraum 1973–1986 bezieht noch 7 weitere europäische Länder ein und zeigt, daß die technologie-intensiven Branchen gerade in Westdeutschland nicht nur gegenüber Frankreich sondern auch im gesamteuropäischen Kontext eine besonders dynamische Entwicklung aufwiesen.

[59] Aufgrund der hier verwendeten Datenquellen wird in den Abbildungen 3-14 bis 3-16 die Wertschöpfung der einzelnen Wirtschaftsbereiche auf das nominale Bruttoinlandsprodukt und nicht – wie in vorherigen Abschnitten – auf die gesamtwirtschaftliche Wertschöpfung bezogen. Die Differenz zwischen beiden Größen ist allerdings im allgemeinen gering, so daß die folgenden Ausführungen grundsätzlich mit der bisherigen Analyse kompatibel sind.

[60] Die in der Abbildung 3-14 verwendete Aufgliederung des Dienstleistungssektors ist feiner, allerdings auch etwas anders strukturiert als die in Kapitel 3-2 verwendete Gliederung. Der hier um ein Jahr verkürzte Betrachtungszeitraum hat den Vorteil einer zeitlichen Konsistenz mit den nachfolgenden Erläuterungen dieses Abschnitts.

[61] Der hier und im folgenden angeführte Anteil des Staates am Bruttoinlandsprodukt (BIP) ist von dessen Entstehungsseite her definiert und zeigt auf, wieviel der Staat zum BIP beiträgt. Er ist damit nicht zu verwechseln mit der Staatsquote. Diese ist als Anteil des Staatsverbrauchs am BIP und damit von dessen Verwendungsseite her definiert. Sie besagt also, welchen Anteil des BIP der Staat für sich – zum Beispiel zu Umverteilungszwecken – in Anspruch nimmt. Ihr Wert ist im allgemeinen wesentlich höher als der in dieser Arbeit ausgewiesene Beitrag des Staates zum BIP. In der Bundesrepublik erreichte die Quote in den letzten Jahren fast 50 Prozent, in den USA dagegen nur etwas über 30 Prozent.

[62] Dies gilt auch, wenn die unterschiedliche Länge der Zeiträume 1970 bis 1980 und 1980 bis 1993 berücksichtigt wird, da eine konstante Entwicklung für den letztgenannten Zeitraum einen Anteilszuwachs (in Prozentpunkten) in Höhe des 1,3

fachen Zuwachses des ersten Zeitraumes bedeuten würde. Die tatsächlichen Anteilsgewinne seit 1980 übersteigen die der siebziger Jahre jedoch zum Teil um mehr als das Doppelte.

[63] Eine andere, einen Teil der statistischen Probleme vermeidende Möglichkeit, den Dienste-Bereich des deutschen und des amerikanischen Arbeitsmarktes zu vergleichen, soll weiter unten diskutiert werden.

[64] Vgl. zu dieser potentialorientierten Betrachtung wiederum auch Klös (1997a).

[65] Die in Tabelle 3-6 ausgewiesene Kennziffer von 383 Arbeitsplätzen pro 1000 Einwohner im amerikanischen Dienstleistungssektor ist nicht vollständig mit der in Tabelle 3-3 vergleichbar. Bei Zugrundelegung der dort verwendeten Erwerbstätigendaten der OECD Labour Force Statistics beträgt die Arbeitsplatzdichte im Jahr 1995 rund 353 pro 1000 Einwohner. Die Differenz von 30 erklärt sich durch eine andere Erfassungsmethode der Erwerbstätigkeit des U.S. Departments of Commerce. Alle angeführten Besatzkennziffern dürfen deshalb nur als ungefähre Richtwerte aufgefaßt werden.

[66] Auf Einzelheiten soll hier nicht eingegangen werden. Ein Beispiel möge die Problematik verdeutlichen: Während die US-Statistik nur eine große Gruppe „Mitgliedsorganisationen" ausweist, sind die entsprechenden Organisationen in der deutschen Statistik im einzelnen aufgeführt. Zum Teil müßten sie den Organisationen ohne Erwerbszweck, zum Teil aber auch den Übrigen Dienstleistungen zugeordnet werden. Für die USA ist dies demnach nicht möglich, was den Datenvergleich entsprechend beeinträchtigt.

[67] Die Ausführungen des Abschnitt 3.2 über die im internationalen Vergleich unbefriedigende Arbeitsmarktperformance Westdeutschlands werden hier also nochmals untermauert.

[68] Die Ausführungen stützen sich im wesentlichen auf OECD (1996b, 29 ff und 75 ff.).

[69] Vgl. hierzu zum Beispiel Starbatty/Vetterlein (1994).

[70] Vgl. die Anhänge 2 und 3 in OECD (1997e).

[71] Zur genauen Berechnung dieser Technologieintensität vgl. OECD (1996b, 24 ff.).

[72] Vgl. zu diesen auch als „spillover" bezeichneten Strömen auch Pfähler/Bönte (1996, 72 ff.).

[73] Für eine nähere Analyse der Probleme Deutschlands im Technologietransfer vgl. Reinhard/Schmalholz (1995, 16 ff. sowie 1996, 25 ff.).

[74] Siehe dazu die Ausführungen in Kapitel 3.3.

[75] Auf mikroökonomischer Ebene ist der Zusammenhang zwischen technologischem Fortschritt und Beschäftigung bereits eingehend untersucht worden. Zum Beispiel wird in einer jüngeren Untersuchung von Rottmann/Ruschinski (1996, 1997) aufgrund von Unternehmensdaten für die Bundesrepublik der positive Einfluß von Produkt- und Prozeßinnovationen auf die Beschäftigung herausgearbeitet. Negativ auf die Beschäftigung , aber statistisch nicht signifikant wirken sich hingegen Prozeßinnovationen aus. Für eine sehr breit angelegte Literaturstudie zu dem Zusammenhang zwischen Beschäftigung und Innovation siehe Lehner u.a. (1998).

[76] Dabei ist zu beachten, daß der angegebene Wert für die Bundesrepublik als unterschätzt gelten muß, da hier verschiedene Berufe, zum Beispiel im Managementbereich oder bestimmte Berufe mit Lehrtätigkeiten, nicht der – eigentlich relevanten – Gruppe hoch qualifizierter Angestelltenberufe zugeordnet werden konnten.

[77] Die Hochqualifizierten sind genauso abgegrenzt wie in Tabelle 3-10.

[78] Für Deutschland gilt auch hier, daß der tatsächliche Zuwachs der hoch qualifizierten Angestellten-Arbeitsplätze höher ist als der hier ausgewiesene; vgl. vorherige Anmerkung.

[79] Der Einfluß des Außenhandels auf den Strukturwandel im allgemeinen wird in Kapitel 4 eingehend untersucht.

[80] Vgl. zu diesem Politikfeld OECD (1996e, 116 ff.).

[81] Diese Arbeitskosten je Stunde in westdeutschen Verarbeitenden Gewerbe in DM zu laufenden Wechselkursen lagen 1996 bei 47,28 DM. Damit war die Arbeitsstunde um 17,30 DM teuerer als im Durchschnitt der wichtigsten 18 Konkurrenzländer. Die Arbeitskosten der USA betrugen nur 56 Prozent und die der japanischen Industrie knapp 70 Prozent des westdeutschen Niveaus. Auch mit der Zunahme von fast 40 Prozent von 1989 bis 1996 liegt Westdeutschland mit Ausnahme von Portugal und Österreich vor allen anderen Ländern (vgl. IW Köln, 1997, Schröder, 1996 a).

[82] Vgl. aber auch Burkhauser/Holtz-Eakin (1994). Diese kommen – allerdings anhand von Befragungsdaten – zu dem Ergebnis, daß zwischen 1982 und 1989 in den USA eine geringfügige Konvergenz, in der Bundesrepublik dagegen eine leicht erhöhte Streuung der Löhne zu beobachten war. Auch war laut vorstehenden Autoren die Streuung zwischen den unteren und mittleren Einkommen in den USA am Ende der achtziger Jahre sogar geringer als in Westdeutschland. Vgl. auch Abraham/Houseman, 1993.

[83] Die USA machen aber auch deutlich, daß die Art der ausgewählten Daten das Ergebnis zum Teil nicht unerheblich beeinflußt. In der Tabelle 3-13 werden im wesentlichen Monats- oder Wochenlöhne miteinander verglichen. Stellt man für die USA auf Stundenverdienste ab, so scheint die Lohnstreuung zumindest nach 1987 konstant geblieben zu sein wie Lerman, 1997, darlegt. Aber auch in dieser Studie bleibt das Problem der Verläßlichkeit der auf persönlicher Befragung basierenden Daten bestehen.

[84] Für die Bundesrepublik Deutschland weist die OECD keine entsprechenden Daten aus. Eine Arbeit, die sich mit der qualifikationsbezogenen Lohnstreuung in Westdeutschland beschäftigt hat, wird aber weiter unten erläutert.

[85] Daß sich dieser Trend fortgesetzt hat, läßt sich aus einer neueren Studie der OECD schließen. Diese zeigt, daß das ausbildungsbezogene Lohndifferential in Großbritannien und besonders in den USA auch in den neunziger Jahren weiter zugenommen hat, während es in anderen OECD-Ländern – darunter auch Westdeutschland – konstant geblieben ist oder weiter abgenommen hat. Die Datengrundlage weicht allerdings von der zuvor zitierten Quelle ab, so daß eine Fortschreibung der Tabelle 3-14 nicht möglich ist. Vgl. OECD (1997 f., 97 ff.). Zur Entwicklung in den USA vgl. auch Gottschalk (1997).

[86] Vgl. Steiner/Wagner (1996, 18 ff.) und auch Fitzenberger (1997, 5 ff.). Fitzenberger zeigt, daß die Reallöhne von Arbeitnehmern ohne abgeschlossene Berufsausbildung und ohne akademischen Schulabschluß zwischen 1975 und 1990 kaum anders als die Reallöhne von akademisch ausgebildeten Arbeitnehmern gewachsen sind, was ebenfalls auf das Nicht-Vorhandensein einer steigenden Lohnprämie für höher qualifizierte Arbeitskräfte hindeutet.

[87] Vgl. hierzu und im folgenden Mishel/Bernstein (1996, 42 ff.).

[88] Vgl. auch Bound/Johnson (1992, 373), die tendenziell zum gleichen Ergebnis kommen.

[89] Vgl. hierzu auch Mishel /Bernstein (1996, 53 ff.).

[90] Vgl. Möller/Bellmann (1996, 254 ff.) sowie Council of Economic Advisers (1997, 165 ff.).

[91] Vgl. Murphy/Welch (1993, 105 f.), sowie Levy/Murnane (1992, 1333 ff.). Vgl. auch die Daten der Tabelle 3-14.

[92] Vgl. Mishel/Bernstein (1996, 43) sowie Council of Economic Advisers (1997, 167 ff.).

[93] Vgl. hierzu und im folgenden OECD (1996f, 76 ff.).

[94] Vgl. zu früheren Studien auf diesem Gebiet und einer näheren Erläuterung des hier verwendeten Korrelationskoeffizienten OECD (1996f, 77 ff.).

[95] So sinkt zum Beispiel in der hier herangezogenen OECD-Untersuchung für Westdeutschland der Anteil der im ursprünglichen Einkommensquintil verbleibenden männlichen Arbeitnehmer durch die Ausweitung des Beobachtungszeitraumes von einem Jahr (1986/87) auf fünf Jahre (1986/91) von rund 69 auf 52 Prozent. Bei den Frauen sinkt der Anteil sogar von 70 auf weniger als 46 Prozent; vgl. OECD (1996 f., 88).

[96] Vgl. OECD (1996 f., 76).

[97] Vgl. hierzu auch Siebert (1997a, 19).

[98] Betrachtet man alternativ die Einkommensentwicklung der Niedriglohnempfänger des Jahres 1986 anhand von Einkommensquintilen, dann ist der Anteil der Personen, die nach 1986 auch im Jahre 1991 noch im untersten Einkommensquintil verblieben, in den USA relativ niedrig (rund 30 Prozent gegenüber zum Beispiel 44 Prozent in Italien). Allerdings ergibt diese Betrachtungsweise für die USA einen besonders hohen Anteil an Niedriglohnempfängern des Jahres 1986, die 1991 keine volle Stelle mehr hatten. Gleichzeitig war der Anteil derjenigen, die innerhalb der betrachteten 5 Jahre aus dem untersten Einkommensquintil in die drei obersten Quintile aufsteigen konnten, relativ gering; vgl. OECD (1996f, 89 f.). Die Differenzen, die sich aus der unterschiedlichen Betrachtungsweise ergeben, weisen allerdings darauf hin, daß eine Bewertung der internationalen Vergleichsdaten stets das jeweilige Analysekonzept berücksichtigen muß. Außerdem sei hier noch einmal darauf hingewiesen, daß die Daten über die Einkommensmobilität auf Haushaltsbefragungen beruhen und damit fehleranfällig sind.

[99] Vgl. im folgenden OECD (1997f, 34 ff.).

[100] Der Unterschied rührt wiederum aus der unterschiedlich hohen Lohnstreuung in den einzelnen Ländern her. Vgl. dazu die Ausführungen zu Beginn dieses Abschnitts.

[101] Bei Zugrundelegung des Mediankonzeptes liegen die Werte zwischen 1,8 Jahren (Dänemark) und 4,1 Jahren (USA). Wiederum macht sich hier die stärkere absolute Lohnstreuung in den Vereinigten Staaten bemerkbar, die ein Verharren in der untersten Einkommensklasse wahrscheinlicher macht.

[102] Fourastié stellte nicht auf die Nachfrageseite ab, sondern betonte die Rolle des technischen Fortschritts. Der Dienstleistungssektor würde deshalb ständig an Bedeutung – genauer Anteile an der nominalen Wertschöpfung – gewinnen, weil dort der Produktivitätsfortschritt kleiner sei als in der Industrie und die Dienstleistungen deshalb immer teurer werden müßten.

[103] Vgl. Klodt (1995, 297) sowie Fels/Schmidt (1981, 192).

[104] Die Einordnung der Investitionen zur Endnachfrage ist insofern plausibel, als diese nicht – wie die Vorleistungen – direkt in den Produktionsprozeß eingehen und somit keinen integrativen Bestandteil der produzierten Güter interpretieren lassen. Vorleistungen gehen dagegen entweder direkt in ein bestimmtes Gut ein (zum Beispiel Material) oder lassen sich diesem als produktbegleitende Dienstleistung zuordnen (zum Beispiel Werbung, Kundendienst). Siehe zu diesem Vorleistungsverbund auch Kapitel 2.6.

[105] Ein Problem bleibt bei dieser Analyse allerdings bestehen: Auch wenn die Vorleistungen statistisch nicht berücksichtigt werden, so können diese doch – wie zum Beispiel Kundenservice, Beratungs- oder Finanzierungsdienste – so eng mit dem eigentlichen Produkt verbunden sein, daß sie die Kaufentscheidung maßgeblich mitbestimmen. Wenn Dienstleistungen heute stärker als früher in dieser Weise in Industriewaren integriert sind, kommt es auch ohne sichtbare Erhöhung des Dienstleistungsanteils an der Endnachfrage zu einer Tertiarisierung der Wirtschaft, die indirekt durch die Nachfrage beeinflußt wird.

[106] Dazu wurde der Zeitraum 1978 bis 1996 in Zwei-Jahres-Abschnitte unterteilt (Ausnahme: 1990 bis 1996, da für die Zwischenjahre keine Daten vorlagen). Für jeden Wirtschaftsbereich wurden die zweijährlichen Anteilsveränderungen berechnet und diese anschließend quadriert, um den Kompensationseffekt (ein Anteilsgewinn in einem Sektor bedeutet stets einen Anteilsverlust in anderen Sektoren) auszuschalten. Für jeden Zwei-Jahres-Zeitraum wurde dann die Summe dieser quadrierten Anteilsveränderungen ermittelt und schließlich die Wurzel aus dieser Zahl gezogen, um einen sinnvoll zu interpretierenden Wert zu erhalten. Dasselbe Verfahren wurde auch auf die Anteilsveränderungen über den Gesamtzeitraum angewandt.

[107] Vgl. Bhagwati (1984, 137). Bhagwati spricht im Zusammenhang mit der durch den Wandel der industriellen Produktionsprozesse entstehenden Dienstleistungen von „splintering", dem Absplittern der Dienstleistungen von Gütern.

[108] Der Wert der Ausgabenelastizität in bezug auf das Einkommen gibt an, um wieviel Prozent die Ausgaben für ein bestimmtes Gut zunehmen, wenn sich das Einkommen um 1 Prozent erhöht.

[109] Hinzugefügt werden muß an dieser Stelle, daß für beide Haushaltstypen das Pro-Kopf-Einkommen zwischen 1981 und 1995 nicht durchgehend gestiegen ist. Die Datenpunkte in Abbildung 4-3 lassen sich also – im Gegensatz zu Abbildung 4-2 – nicht bestimmten Zeitpunkten zuordnen.

[110] Für den privaten Verbrauch in seiner Gesamtheit ermittelt die Deutsche Bundesbank – allerdings in einer etwas anderen Abgrenzung des Dienstleistungssektors – dagegen auch bei realer Betrachtung einen seit Ende der siebziger Jahre deutlich gestiegenen Dienstleistungsanteil und schließt aus ihren Ergebnissen auf eine Einkommenselastizität der reale Dienstleistungsausgaben von rund 1,5. Dies zeigt, wie sensibel diese Größe auf Veränderungen der in die Analyse einbezogenen Daten reagiert; insofern sind auch die hier abgeleiteten Ergebnisse vorsichtig zu interpretieren. Vgl. Deutsche Bundesbank (1996, 22).

[111] Vgl. Falvey/Gemmell (1996, 260 ff.) Diese Autoren bauen auf der Arbeit von Summers (1985) auf, verwenden aber eine breitere Datenbasis. Damit werden die Unterschiede bezüglich der Einkommenselastizität zwischen den einzelnen Dienstleistungsarten wesentlich deutlicher herausgearbeitet.

[112] Dieses Ergebnis stimmt mit den Erkenntnissen Gundlachs überein; vgl. Gundlach (1993, 157).

[113] Das Kürzel S steht für „skilled", und U steht für „unskilled".

[114] In der Realität ist diese Bedingung nicht erfüllt, denn es entsteht laufend ökonomischer Gewinn in Form von intramarginalen Renten oder (temporären) Monopolrenten. Die Gleichung müßte deshalb erweitert werden auf: $X/Z=(h+e)/p$, wobei e diese ökonomischen Renten angibt.

[115] Vgl. hierzu Unger (1986, 11 ff.); McGuckin/Stiroh/van Ark (1997, 12).

[116] Für eine ausführliche Beschreibung der Messung der Totalen Faktorproduktivität siehe Grömling/Lichtblau (1997, 56 f.).

[117] An dieser Stelle muß aber noch ein Sonderproblem angesprochen werden, das bei der Produktivitätsmessung von Bedeutung sein kann. Die Arbeitsproduktivität wird in Deutschland zu hoch ausgewiesen, weil viele der in Deutschland bestehenden Einfachjobs (sozialversicherungsfreie Beschäftigungsverhältnisse unterhalb der 620-DM-Grenze) nicht in die Erwerbstätigenstatistik und damit in die Produktivitätsberechnung eingehen. Die Erhebungen und Hochrechnungen zum Umfang der ausschließlich geringfügig Beschäftigten für 1996 reichen von knapp 1,8 Millionen Personen nach dem Mikrozensus bis zu 4 Millionen geringfügig Beschäftigten nach dem Sozio-Ökonomischen Panel. Berücksichtigt man zudem auch noch die geringfügigen Nebentätigkeiten, dann kann von rund 5,4 Millionen geringfügig Beschäftigten ausgegangen werden. Eine neuere Untersuchung des Instituts für Sozialforschung und Gesellschaftspolitik (ISG, zitiert nach Deutscher Bundestag, 1997) kommt für 1997 sogar auf 5,6 Millionen Personen. Diese Erfassungslücke könnte insbesondere im Dienstleistungssektor zu einem Ausweis

von zu hohen Arbeitsproduktivitäten führen, wenn man unterstellt, daß diese Jobs überwiegend im Dienste-Sektor zu finden sind.

118 Für die Methodik zur Berechnung der Totalen Faktorproduktivität siehe Grömling/Lichtblau (1997, 56 f.).

119 Die Arbeitsnachfragekurve wird aus der Produktionsfunktion abgeleitet. Dabei wird unterstellt, daß der Faktor Arbeit gemäß seiner Grenzproduktivität entlohnt wird: Reallohn = Grenzproduktivität der Arbeit. Auf einer gegebenen Produktionsfunktion sinkt die Grenzproduktivität der Arbeit mit steigendem Arbeitseinsatz. Die Grenzproduktivität der Arbeit – die Steigung der Produktionsfunktion – wird an der Ordinate in der unteren Abbildung abgetragen. Die Arbeitsnachfrage – die Nachfrage der Unternehmen nach Arbeitskräften – sinkt also mit steigendem Reallohn.

120 Diese Konstellation ist aber eine Extremlösung, die den Fall eines völlig preisunelastischen gesamtwirtschaftlichen Arbeitsangebotes zeigt. Diese Arbeitsangebotsfunktion kann als eine durch den Punkt A' parallel zur Abszisse verlaufende Gerade im unteren Teil der Abbildung 5-3 eingezeichnet werden. Ist das Arbeitsangebot nicht völlig preisunelastisch, liegt die maximale Beschäftigungsausdehnung zwischen LA und LC. Die grundlegende Aussage, daß in diesem Fall die Beschäftigung durch den technischen Fortschritt zunimmt, bleibt damit erhalten.

121 Ausgangspunkt dieser Komponentenzerlegung ist die Definitionsgleichung der Veränderung der totalen Faktorproduktivität, die in der einfachsten logarithmierten Form geschrieben werden kann als:
$\ln \Delta$ TFP = $\ln \Delta$ Output – $\ln \Delta$ Input oder $\ln \Delta$ Output = $\ln \Delta$ TFP + $\ln \Delta$ Input. Diese Terme zeigen an, zu welchem Anteil das Outputwachstum durch Inputwachstum und zu welchem Anteil durch das Wachstum der totalen Faktorproduktivität zu erklären ist. Der Effekt der totalen Faktorproduktivität kann als Relation der Logarithmen des TFP- zu den Outputwachstumsfaktoren ermittelt werden: 100*ln(TFP-Wachstumsfaktor)/ln(Output-Wachstumsfaktor). Der Inputanteil ergibt sich dann als Differenz zu 100.

122 Es wird also hier das für die Gruppe der Industrieländer geltende sektorale Muster der Produktivitätsentwicklung als Ausgangspunkt gewählt.

123 Natürlich verschieben auch allgemeine Wachstumsprozesse, zum Beispiel verursacht durch Inputwachstum, die Transformationskurve nach außen. Dieser Punkt interessiert aber im vorliegenden Fall nicht.

124 Natürlich treten solche Einkommenseffekte auch gleichzeitig bei allgemeinen Wachstumsprozessen auf, die auf Inputwachstum und nicht auf die Zunahme von Produktivitäten zurückzuführen sind.

125 Rowthorn/Ramaswamy (1997) zeigen, daß der Anteil des Verarbeitenden Gewerbes an der realen Wertschöpfung sich in der Gruppe aller Industrieländer seit Anfang der siebziger Jahre nicht wesentlich verändert hat. Natürlich stecken hinter dieser Durchschnittsbetrachtung unterschiedliche nationale Entwicklungen. So sind zwischen 1982 und 1994 die Anteile des Verarbeitenden Gewerbes an der realen Wertschöpfung in Italien, Schweden und Kanada gestiegen. Kon-

stant blieben sie in den USA und Japan. Sinkende Anteile waren in Deutschland, Frankreich und den Niederlanden zu beobachten.

[126] Für Details siehe Grömling/Lichtblau (1997, 58 ff.).

[127] Es ist klar, daß der Dreh- und Angelpunkt dieser Argumentation darin liegt, daß der Industriesektor einer Absatzrestriktion unterliegt. Die reale Wertschöpfung – das heißt die Absatzmenge – wächst mit der gleichen Rate wie die des tertiären Sektors. Bei normal verlaufenden Nachfragefunktionen gilt natürlich, daß das reale Wachstum um so höher ist, je mehr der Produktivitätsfortschritt in sinkenden Preisen weitergegeben und nicht für Lohnerhöhungen verwendet wird. Hebt man die Absatzbeschränkung auf, dann würde der Mengeneffekt des technischen Fortschritts auch ein überdurchschnittliches reales Wachstum dieses Sektors erlauben.

[128] Siehe dazu Klodt/Maurer/Schimmelpfennig (1997, 198) oder Fels/Gundlach (1990).

[129] Zur Veranschaulichung siehe Grömling/Lichtblau (1997, 58–62).

[130] Vgl. hierzu auch die Ergebnisse von Gordon (1996).

[131] Im Gegensatz zu Deutschland konnte in den USA aber die Beschäftigung in der Industrie und sogar im Verarbeitenden Gewerbe stabilisiert werden. Zum Teil geschah dies durch Erhöhung der Arbeitszeit. Zwischen 1980 und 1996 nahm die Zahl der im Verarbeitenden Gewerbe Beschäftigten um 8,6 Prozent ab, das Arbeitsvolumen allerdings nur um 3,8 Prozent. In Westdeutschland ist es im gleichen Zeitraum drastisch um 27 Prozent gefallen. Seit 1992 steigt die Beschäftigung in den USA wieder. Die Zahl der Beschäftigten wuchs seither um 2 Prozent und das Arbeitsvolumen um 3,5 Prozent (BLS, 1997). In Deutschland hingegen sind Beschäftigung (–15,4 Prozent) und Arbeitsvolumen (–19,7 Prozent) auf Talfahrt. Die insgesamt gute Beschäftigungs-Performance ist also nicht nur auf Erfolge im Dienstleistungssektor, sondern ab 1982 auch auf eine stabile Beschäftigung in der Industrie zurückzuführen. Siehe dazu auch Klodt/Maurer/Schimmelpfennig (1997, 12 ff.).

[132] Untersuchungen zum Zusammenhang von Computer-Revolution und Produktivitätsentwicklung weisen auf die unterschiedliche Produktivitätsperformance von Technologieproduzenten und Technologieanwendern hin (vgl. hierzu McGukkin/Stiroh/Ark van, 1997, S. 3 ff.).

[133] Für ähnliche Aussagen siehe McGuckin/Stiroh/van Ark (1997, 20).

[134] Siehe auch McGuckin/Stiroh/van Ark (1997, 24).

[135] Ausführlicher wird darauf in Kapitel 6 im Rahmen der Debatte um den Einfluß der Globalisierung auf den Strukturwandel eingegangen.

[136] Diese Ergebnisse wurden von Katz et al. (1992) und Nickell (1997) für verschiedene Länder bestätigt.

[137] Siehe für einen Literaturüberblick Slaughter/Swagel (1997) oder Lawrence (1996). Vertiefend wird dieser Aspekt in Kapitel 6 unter dem Stichwort „Technischer Fortschritt oder Globalisierung?“ diskutiert.

[138] Für eine Übersicht zu dieser Diskussion siehe auch Grömling (1996, 66 ff.).

[139] Berman/Machin/Bound (1996) kommen für zwölf entwickelte Volkswirtschaften, einschließlich Deutschland, zu ähnlichen Ergebnissen. Die verstärkte Nachfrage nach qualifizierter Arbeit ist Folge des technischen Fortschrittes.

[140] Dies folgt aus dem Rybczynski-Theorem, das besagt, daß bei Zunahme eines Produktionsfaktors die Produktion der Industrie begünstigt wird, die diesen Faktor intensiv nutzt. Einfacharbeitssparender technischer Fortschritt wirkt wie eine physische Vermehrung dieses Produktionsfaktors. Als Konsequenz daraus kann der Potential-Output der Low-Tech-Industrie stärker steigen als der der High-Tech-Industrie.

[141] Dieses etwas überraschende Ergebnis, daß ein einfacharbeitssparender technischer Fortschritt c.p. die Lohnposition für Einfacharbeit verbessern kann, darf nicht fehlinterpretiert werden. Es stellt nur auf den Mengeneffekt des Rybczynski-Theorems ab. Es ist noch nichts darüber ausgesagt, ob der Absatz dieser produktionstechnisch zusätzlich möglichen Mengen zu den gegebenen Preisen auch am Markt durchsetzbar ist. Auch gilt selbst bei gegebenen Güterpreisen dieser positive Zusammenhang zwischen einfacharbeitssparendem technischen Fortschritt und Lohn für Einfacharbeit nicht mehr, wenn der technische Fortschritt die Reaktion der Unternehmen auf Lohnsteigerungen für Einfacharbeit ist, die über das Produktivitätswachstum hinausgehen. Auch in dem hier zugrundeliegenden Modell führen über das Produktivitätswachstum hinausgehende Lohnerhöhungen für Einfacharbeit zur Unterbeschäftigung dieses Faktors, die nur durch eine entsprechende Erhöhung des Lohndifferentials wieder korrigiert werden kann.

[142] Hintergrund dafür ist das Stolper-Samuelson-Theorem, das einen positiven Zusammenhang zwischen Güterpreisen und den Faktorpreisen postuliert, die bei Erstellung dieses Gutes intensiv genutzt werden. Der steigende relative Preis für Güter des High-Tech-Sektors macht diesen Sektor für Unternehmen attraktiver. Es wird zu einer Erhöhung des Outputs der humankapitalintensiv produzierten Güter kommen. Diese Produktionsausdehnung wiederum schafft eine steigende Nachfrage nach qualifizierter Arbeit, also dem Produktionsfaktor, der relativ intensiv gebraucht wird. Dieser Faktor wandert von den einfacharbeitsintensiven Bereichen in die humankapitalintensiveren Sektoren ab. In Folge der erhöhten Nachfrage nach qualifizierter Arbeit erhöht sich auch das Lohndifferential. Qualifizierte Arbeit wird relativ zur Einfacharbeit teuerer. Dieser Punkt wird vertiefend in Kapitel 6 aufgegriffen.

[143] Überblick bei Burtless (1995), Lawrence (1996), OECD (1995), Richardson (1995), Freeman (1995), Sauernheim (1996), Landmann/Pflüger (1996), Slaughter/Swagel (1996), Berthold/Fehn (1997).

[144] Die klassische Außenhandelstheorie Ricardos geht genau andersherum vor. Dort sind die Länder durch identische Faktorausstattungen, aber unterschiedliche Technologien und damit Produktivitätsniveaus gekennzeichnet. Im nächsten Abschnitt wird gezeigt, daß diese beiden Ansätze zusammengefügt werden müssen, wenn die Realität damit einigermaßen korrekt beschrieben werden soll.

[145] Die Analyse wird später durch die Einführung eines Sektors Dienstleistungen erweitert.

[146] Verwundern mag, daß die Unterschiede in der Ausstattung mit Sachkapital unbeachtet bleiben sollen. Die nachfolgende Argumentation läßt sich aber ohne weiteres auf die klassischen Produktionsfaktoren Kapital und Arbeit übertragen, wobei der Süden (also im wesentlichen die Nicht-OECD-Länder) arbeitsintensiver und der Norden kapitalintensiver produzieren. Direktinvestitionen können dann in das Modell integriert werden (Sauernheimer, 1996; Siebert, 1996). Handel kann als perfektes Substitut für Faktorwanderungen aufgefaßt werden.

[147] Dieser positive Zusammenhang zwischen Güter- und Faktorpreisen gilt aber z.B. dann nicht, wenn vollständige Spezialisierung vorliegt. Für eine generelle Diskussion des Stolper-Samuelson-Theorems siehe Fehn/Thode (1997).

[148] Das Gut des High-Tech-Sektors ist also absolut teurer, weil für eine Einheit sowohl mehr Einfach- als auch qualifizierte Arbeit eingesetzt wird. Für das Argument ist aber nur entscheidend, daß das Faktoreinsatzverhältnis S/U in der H-Industrie höher ist als in der L-Industrie.

[149] Das gilt natürlich nicht für Dienstleistungen, die direkt oder indirekt als Vorleister für die Industrie im internationalen Wettbewerb stehen. Sie sind in diesem Modell wie ein Industriesektor zu behandeln.

[150] Es ist nicht notwendig, daß die europäischen Industrieländer wettbewerbsbeschränkende Preisabsprachen auf den Gütermärkten treffen. Es genügt schon, wenn Lohnfindungsmechanismen existieren, die die Löhne für Einfacharbeit über dem Gleichgewichtsniveau fixieren. In einem totalen Gleichgewichtsmodell eines integrierten Marktes ist mit der Fixierung der Lohnrelation auch die Preisrelation bestimmt und umgekehrt.

[151] Siehe für eine empirischen Untermauerung dieser Behauptung Klös (1997b), der die überproportionale Begünstigung der unteren Lohngruppen in der M+E-Industrie in Nordrhein-Westfalen zwischen 1970 und 1995 aufzeigt. Klös hält fest, daß durch „Lohnsockelei" der Abstand zwischen der untersten Lohngruppe und dem Facharbeiter-Ecklohn von 25 Prozent (1976) auf nur noch 15 Prozent (1992) geschrumpft ist.

[152] Das ist die gleiche Kriterium, das bereits in Kapitel 2.7 zur Klassifizierung der Branchen nach der Humankapitalintensität verwendet wurde.

[153] Entwicklungsländer sind hier nach Abgrenzung der UNO als Nicht-OECD-Länder, allerdings ohne Südafrika und die Staaten Mittel- und Osteuropas definiert.

[154] Dieser Befund wird bestätigt von Gundlach/Nunnenkamp (1997, 19).

[155] Aufgrund des Magnification-Effektes können schon sehr kleine Güterpreisänderungen große Lohnstruktureffekte hervorrufen. Die relativen Preisänderungen sind immer ein gewichteter Durchschnitt der Faktorpreisänderungen. Eine kleine Öffnung der Preisschere kann deshalb eine große Öffnung der Lohnschere zur Folge haben (Sauernheimer, 1996, 66).

[156] Landmann/Pflüger (1998, 11 f.) weisen zu Recht daraufhin, daß sowohl Preis-, als auch Mengeneffekte wichtig sind, denn die Heftigkeit der Preisreaktion hängt auch von den Mengen ab, die durch den Globalisierungsschock auf den Märkten der Industrieländer wirksam werden. Daneben sind natürlich noch Preiselastizitä-

ten auf der Angebots- und Nachfrageseite relevant, die die Intensität der Preisreaktion bei einer gegebenen Mengenveränderung angeben.

157 Die anderen abgeleiteten Implikationen (Strukturwandel, Lohnstruktureffekt, Beschäftigungseffekt) interessieren hier weniger, weil sie eher zu erklärende als erklärende Variablen sind.

158 Diese Annahme wird zu Recht von Lawrence (1996) stark kritisiert.

159 Dabei benutzen sie eine aus verschiedenen Kriterien zusammengesetzten Index der Humankapitalintensität, der es erlaubt, zehn verschiedene Klassen zu bilden. Die ersten sechs fassen sie als „high-skill" und die untersten vier Klassen als „low-skill-Industrien" zusammen.

160 Die Wertschöpfungspreise der Branchen mit niedriger Humankapitalintensität haben sich von 1980 bis 1995 um 12 Prozent, die Preise der qualifikationsintensiven Industrien um 46 Prozent erhöht. Am stärksten stiegen die Preise der Branchen mit mittlerer Humankapitalintensität (53 Prozent). Die Exportpreise entwickelten sich wie folgt: plus 21 Prozent in Industrien mit niedriger, plus 30 Prozent bei solchen mit mittlerer und plus 23 Prozent in Branchen mit hoher Qualifikationsintensität. Bei der Importpreisentwicklung ergibt sich ebenfalls dieser parabelförmige Verlauf. In diese Berechnung wurden die gleichen Branchen wie bei Fitzenberger (1996) aufgenommen.

161 Allerdings sind die Ergebnisse weniger eindeutig, wenn anstatt der Gewichte des Jahres 1980 die des Jahres 1996 genutzt werden, um die Branchen nach ihrer Humankapitalintensität zu klassifizieren.

162 In der Literatur werden vor allem noch zwei andere Erklärungsansätze verfolgt. Dies sind Outsourcing (Feenstra/Hanson, 1996) und Migration. Für einen Überblick siehe Lawrence/Swagel (1996).

163 Für diese Hypothese würde auch die Beobachtung der OECD sprechen, wonach die Produktivität in den Branchen mit einer hohen Technologieintensität zwischen 1970 und 1993 schneller gewachsen ist als in den Bereichen einer mittleren oder niedrigen Technologieintensität (OECD, 1996d, 67).

164 Die totale Faktorproduktivität wurde als Solow-Residuum nach der Nettomethode ermittelt und die Humankapitalintensität durch den Beschäftigungsanteil der Non-Production-Workers geschätzt.

165 Diese Art von technischem Fortschritt wirkt bezüglich der Richtung der Änderungen des Faktoreinsatzverhältnisses und der Lohnstruktur wie der oben diskutierte Fall 2. Für ähnliche Ergebnisse für Deutschland und Großbritannien siehe Lücke (1997).

166 Für einen guten Überblick über die Theorie und die empirischen Ergebnisse siehe Barro/Sala-i-Martin (1995)

167 Die neoklassische Wachstumstheorie behauptet nur, daß ärmere Regionen schneller wachsen als reichere, wenn beide zum gleichen steady state streben. Unterscheiden sich die Länder aber im Hinblick auf dieses langfristige Wachstumsgleichgewicht, ist eine klare Rangfolge der Wachstumsraten in Abhängigkeit des Pro-Kopf-Outputs im Ausgangszeitpunkt nicht mehr zu erwarten (Barro/Sala-i-Martin, 1995, 26 ff.) In einer solchen Welt ist keine absolute, sondern nur noch

bedingte Konvergenz der Art zu erwarten, daß Regionen um so schneller wachsen, je weiter sie von ihrem eigenen steady-state entfernt sind.

[168] Der Offenheitsgrad wurde von Sachs/Warner (1995) unter Rückgriff auf die Arbeiten von Lee (1993) oder auch der Weltbank (1991) anhand verschiedener Kriterien operationalisiert: Zölle, Importquoten, Preiskontrollen für Ein- und Ausfuhren, effektive Protektionismusraten, Einfuhr- oder Ausfuhrmonopole, Konvertibilität der Währungen, Differenzen zwischen offiziellen Kursen und Schwarzmarktkursen.

[169] Für ähnliche Ergebnisse siehe Gundlach (1997).

[170] Der Kapitalstock ist in Ostasien (Indonesien, Korea, Philippinen, Singapur, Thailand und Taiwan) zwischen 1960 und 1994 mehr als doppelt so schnell gewachsen wie in den Industrieländern (Collins/Bosworth, 1996, 147). Der Anteil des Wachstum der totalen Faktorproduktivität an der gesamten Arbeitsproduktivität (Zuwachs des Outputs je Beschäftigten) betrug nur etwa ein Viertel; in den USA 27 Prozent und in den anderen Industrieländern aber 38 Prozent (58 f.). Im Zeitraum 1984 bis 1994 stieg die TFP-Komponente auf 36 Prozent an, in den USA allerdings auf 78 Prozent und in den anderen Industrieländern auf 42 Prozent. Allerdings nahm die TFP-Wachstumsrate in Ostasien zu (1973–1994: 0,5 Prozent; 1984–1994:1,6 Prozent), während sie in den Industrieländern fiel.

[171] Für eine Darstellung und Bewertung der empirischen Fakten zur Globalisierung siehe (Beyfuß et al., 1997).

[172] Ermittelt wird dieser Realwert, in dem das Bruttosozialprodukt – also die Gesamtsumme der in einem Jahr entstandenen Einkommen – mit dem Preisindex der letzten inländischen Verwendung deflationiert wird.

[173] Die Terms-of-Trade-Effekte waren Anfang der siebziger und der achtziger Jahre vor allem aufgrund des Ölpreisschocks negativ.

[174] Eine Betrachtung ab 1992 ist hier sinnvoll gewählt, weil 1992 das erste Jahr nach dem Transformationsschock war, der zu einer völligen Neuordnung der außenwirtschaftlichen Beziehungen führte.

[175] Diese Zuwachsraten dürfen aber nicht über die absoluten Dimensionen hinwegtäuschen. 1996 sind die Exporte in die Reformländer Mittel- und Osteuropas um 17 Prozent gewachsen. Das entsprach einer absoluten Exportzunahme von 10 Milliarden DM. Die Exporte in die anderen EU-Länder waren nur um 2,7 Prozent gestiegen, was aber einem zusätzlichen Volumen von 12 Milliarden DM entsprach (DIW, 1998, 142).

[176] Die tatsächliche Exportentwicklung eines Landes wird durch die Exportmengen gemessen. Das Exportpotential eines Landes (hier: Deutschland) wird in zwei Schritten ermittelt: Für jedes Exportgut wird der Exportmarkt ermittelt, indem ein gewichteter Durchschnitt der Importmengen dieses Gutes für die Länder gebildet wird, an die die Bundesrepublik dieses Gut geliefert hat. Als Gewichte dienen dabei die Anteile, die die Bundesrepublik in einem Basisjahr (zur Zeit 1991) an den Importen des betreffenden Gutes in den einzelnen Ländern hatte. Der gesamte Exportmarkt, das Exportpotential der Bundesrepublik wird dann aus einem

gewichteten Durchschnitt aller Exportmärkte berechnet, wobei die Gewichte der Exportstruktur des vorangegangenen Jahres entsprechen.

177 Ein ähnliches Bild läßt sich für die Struktur der Direktinvestitionen zeichnen. Obwohl es eine deutliche Verlagerung zugunsten Südostasiens gegeben hat, fließen über zwei Drittel der weltweiten Direktinvestitionen immer noch in die Industrieländer (Beyfuß et al., 1997, 8).

178 Es spricht allerdings auch viel dafür, daß der Sonderfall Japan durch spezifische Strukturen und Gegebenheiten im Land erklärt werden kann. Japan ist, was den Internationalisierungsgrad der Wirtschaft angeht, immer noch ein aufholendes Land. Viele der in Japan beobachtbaren Strukturen (stabile Netzwerke, unterentwickelte externe Arbeits- und Finanzmärkte, große Produktivitätsunterschiede zwischen großen, internationalisierten und kleinen Unternehmen, Spaltung in eine produktive Industrie und unproduktive Dienstleistungen) sind immer noch geprägt von der schnellen Entwicklung Japans von einem Entwicklungs- zu einem der führenden Industrieländer. Siehe dazu stellvertretend Waldenberger (1996) oder Lichtblau/Breuer (1996).

179 Das hier nur verbal erläuterte Modell des intra-industriellen Handels geht im wesentlichen zurück auf Krugman (1979, 1980). Lancaster (1980) entwickelt ein Modell, in dem die einzelnen Nachfrager jeweils eine bestimmte Produktvariante präferieren. Gewinne aus dem Außenhandel ergeben sich dann zum einen wiederum durch das Ausnutzen von Skalenerträgen, zum anderen aber auch dadurch, daß mehr Konsumenten ihr „ideales" Produkt erhalten als in der Autarkiesituation.

180 Hier liegt ein wesentlicher Unterschied zu anderen Richtungen der neueren Außenhandelstheorie vor, in denen von der Marktform des Oligopols – also einer geringen Zahl von Anbietern – ausgegangen wird. Im Oligopol beeinflussen sich die Handlungen der Anbieter unmittelbar gegenseitig, was zum Beispiel in den Modellen der strategischen Handelspolitik von entscheidender Bedeutung ist. Vgl. hierzu zum Beispiel Bletschacher/Klodt (1992).

181 Die Veränderung der Export-, Import- und Produktionsanteile zeigt in der Struktur eine ähnliche Entwicklung.

182 Eine Analyse für mehrere Zeitperioden zeigt, daß der überwiegende Teil des Strukturwandels in den siebziger Jahren stattgefunden hat. Es ist also schwierig, diesen Wandel direkt mit der Globalisierung in Verbindung zu bringen.

183 Bhagwati spricht hier vom „disembodiment effect": Vgl. Bhagwati, 1984, 139 ff.

184 Insofern besteht ein großer Übereinstimmungsgrad mit der Kategorie „Sonstige Dienstleistungen" in der deutschen Klassifikation der Wirtschaftszweige, wie sie in den vorherigen Kapiteln vielfach verwendet wurde.

185 Die Dienstleistungen werden hier im engen Sinne interpretiert, das heißt Einkommen aus Faktordiensten (Arbeit, Investitionen, etc.) sind in den Daten nicht inbegriffen. Vgl. OECD (1996g).

186 Hier werden vor allem Einnahmen von ausländischen militärischen und diplomatischen Einrichtungen in einem Land sowie die Zahlungen für entsprechende Vertretungen im Ausland erfaßt.

[187] Helpman/Krugman (1985) zeigen, daß die traditionelle und die neue Außenhandelstheorie integriert werden können. Angenommen werden zwei Arten von Gütern und zwei Länder. Es gibt eine Gruppe heterogener Güter, die kapitalintensiv unter den Bedingungen der monopolistischen Konkurrenz und bei Ausnutzung von Skalenerträgen produziert werden, und ein homogenes Gut, das arbeitsintensiv mit konstanten Skalenerträgen produziert wird. Das kapitalreiche Land wird sich stärker auf das heterogene Gut und das reichlich mit Arbeit ausgestattete Land auf das homogene Gut spezialisieren (Heckscher-Ohlin). Die Möglichkeit zur Produktdifferenzierung erlaubt es aber auch dem kapitalarmen Land, eine bestimmte Anzahl von Varianten der heterogenen Güter herzustellen. Es wird also zum intra-industriellen Handel kommen. Die Nettohandelspositionen werden aber von den Ausstattungsunterschieden bestimmt. Wiederum ist dabei nicht von vorneherein festgelegt, welche Varianten des differenzierten Gutes in welchem der beiden Länder produziert werden. Entscheidend ist, daß – entsprechend den Annahmen über die Nachfrage – die Konsumenten in beiden Ländern mit der größtmöglichen Zahl von Produktvarianten versorgt werden.

[188] Dies ist in der Literatur als Feldstein-Horioka-Paradoxon bezeichnet. In einem vollkommenen Kapitalmarkt dürfte es eigentlich keinen Zusammenhang zwischen den nationalen Spar- und Investitionsquoten geben, denn die weltweiten Ersparnisse suchen sich weltweit die beste Anlage. Feldstein/Horioka (1980) zeigten aber für den Zeitraum von 1960 bis 1974, daß eine sehr enge Korrelation zwischen den nationalen Spar- und Investitionsquoten besteht. Dieser Zusammenhang hat sich gelockert (Siebert, 1997b), was auf einen höheren Grad der Integration der internationalen Kapitalmärkte schließen läßt.

[189] Auf diesen Faktor weist insbesondere Beyfuß (1997) hin, der einen negativen Zusammenhang zwischen der Höhe der in einheitlicher Währung gemessen Lohnstückkosten und der Exportperformance für die wichtigsten Industrieländer zwischen 1989 und 1995 feststellt.

Literatur

Abraham, Kathrin G./**Houseman**, Susan N., 1993: Earnings Inequality in Germany, NBER Working Paper No. 4541, Cambridge MA

Aschinger, Gerhard, 1988: Neure Entwicklungen in der Theorie des internationalen Handels, in: WiSt – Wirtschaftswissenschaftliches Studium – WiST, Heft 7, S. 329–334

Audretsch, David B., 1996: International Diffusion of Technological Knowledge, in: Koopmann, Georg/Scharrer, Hans-Eckart (Hrsg.), The Economics of High-Technology Competition and Cooperation in Global Markets, Baden-Baden (Veröffentlichungen des HWWA-Instituts für Wirtschaftsforschung, Band 26), S. 107–136

Baldwin, Robert E./**Cain**, Glen G., 1997: Shifts in US Relative Wages: The Role of Trade, Technology and Factor Endowments, CEPR Discussion Paper No. 1596, London

Barro, Robert J./**Sala-i-Martin,** Xavier, 1995; Economic Growth, New York

Barro, Robert J./**Lee,** J.W., 1993: International Comparisons of Educational Attainment, NBER Working Paper No. 4349, Cambridge MA

Barth, Dietrich, 1994: Das Allgemeine Übereinkommen über den internationalen Dienstleistungshandel (GATS), in: EuZW, Heft 15, S. 455–460

Baumol, Wiliam G., 1967: Macroeconomics of Unbalanced Growth – The Anatomy of Urban Crisis, in: The American Economic Review, Vol. 57, p. 415–426

Ben-David, Dan, 1993: Equalizing Exchange: Trade Liberalization and Income Convergence, in: Quarterly Journal of Economics, Vol. 108, p. 653–679

Berman, Eli/**Bound**, John/**Griliches**, Zvi, 1994: Changes in the Demand for Skilled Labor Within U.S. Manufacturing: Evidence from the Annual Survey of Manufactures, in: Quarterly Journal of Economics, Vol. 109, p. 367–397

Berman, Eli/**Machin**, Stephen/**Bound**, John, 1996: Implications of Skill-Biased Technological Change. International Evidence, Working Paper, Boston

Berthold, Norbert/**Fehn**, Rainer, 1997: Das Beschäftigungspotential einer flexiblen qualifikatorischen Lohnstruktur, in: Sadowski, Dieter/Schneider, Martin (Hrsg.), Vorschläge zu einer neuen Lohnpolitik, Optionen für mehr Beschäftigung I, Frankfurt, S. 71–99

Berthold, Norbert, 1997: Der Sozialstaat im Zeitalter der Globalisierung, Tübingen

Beyfuß, Jörg/**Fuest**, Winfried/**Grömling**, Michael/**Klös**, Hans-Peter/**Kroker**, Rolf/**Lichtblau**, Karl/**Weber**, Alexander, 1997: Globalisierung im Spiegel von Theorie und Empirie, Beiträge zur Wirtschafts- und Sozialpolitik, Institut der deutschen Wirtschaft Köln, Nr. 235

Beyfuß, Jörg/**Grömling**, Michael/**Ludwig**, Martina/**Neitzel**, Dörte, 1998: Der Globalisierungsprozeß in der Chemischen Industrie Deutschlands, Eine Bestandsaufnahme, in: iw-trends, Quartalshefte zur Empirischen Wirtschaftsforschung, 25. Jg. Heft 1, S. 38–64

Beyfuß, Jörg/**Kitterer**, Bernd H.-J., 1990: Deutsche Direktinvestitionen im Ausland, Bestandsaufnahme und Ergebnisse einer Unternehmensbefragung, Beiträge zur Wirtschafts- und Sozialpolitik, Institut der deutschen Wirtschaft Köln, Nr. 137

Beyfuß, Jörg, 1992: Ausländische Direktinvestitionen in Deutschland, Bestandsaufnahme und Ergebnisse einer Unternehmensbefragung, Beiträge zur Wirtschafts- und Sozialpolitik, Institut der deutschen Wirtschaft Köln, Nr. 205

Beyfuß, Jörg, 1997: Ausfuhren und Weltmarktposition Deutschlands 1996, in: iw-trends, Quartalshefte zur empirischen Wirtschaftsforschung, 24. Jg. Heft 1, S. 5–13

Bhagwati, Jagdish N./**Dehejia**, Vivek H., 1994: Freer Trade and Wages of the Unskilled – Is Marx Striking Again?, in: Bhagwati, Jagdisch/Kosters, Marvin (eds.), Trade & Wages, Washington, p. 36–75

Bhagwati, Jagdish N., 1984: Splintering and Disembodiment of Services and Developing Nations, in: The World Economy, Vol. 7, p. 133–143

Bhagwati, Jagdish N., 1995: Trade and Wages: A Malign Relationship?, Columbia University, Discussion Paper No. 761, New York

BIZ (Bank für Internationalen Zahlungsausgleich), 1997, 67. Jahresbericht, Basel

Bletschacher, G./**Klodt**, Henning, 1992: Strategische Handels- und Industriepolitik: Theoretische Grundlagen, Branchenanalysen und wettbewerbspolitische Implikationen, Kieler Studien, Nr. 244, Tübingen

BLS (Bureau of Labor Statistics), 1997: International Comparison of Manufacturing Productivity and Unit Labor Cost Trends 1996, Washington

BMWI (Bundesministerium für Wirtschaft, Hrsg.), 1989: Volkswirtschaften im Wandel, Studienreihe Nr. 65, Bonn

Borjas, George J./**Freeman**, Richard B./**Katz**, Lawrence F., 1996: Searching for the Effect of Immigration on the Labor Market, in: The American Economic Review, Vol. 86, No. 2, p. 246–251

Bound, John/**Johnson**, George, 1992: Changes in the Structure of Wages in the 1980's: An Evaluation of Alternative Explanations, in: The American Economic Review, Vol. 82, No. 3, p. 371–392

Burkhauser, Richard V./**Holtz-Eakin**, Douglas., 1994: Changes in the Distribution of Wage Earnings in the United States and Germany During the 1980's, in: Vierteljahreshefte zur Wirtschaftsforschung, Heft 1/2, S. 27–35

Burtless, Gary, 1995: International Trade and the Rise in Earnings Inequality, in: Journal of Economic Literature, Vol. 33, p. 800–815

Chamberlin, Edward H., 1965: The Theory of Monopolistic Competition, a Re-orientation of the Theory of Value, 8th enl. ed., Cambridge/Mass.

Clark, C., 1951: The Conditions of Economic Progress, London

Coe, David T./**Helpman**, Elhanan/**Hoffmaister,** Alexander W., 1997: North-South R & D Spillovers, in: The Economic Journal, Vol. 107, p. 134–149

Coe, David T./**Helpman**, Elhanan, 1994: International R & D Spillovers, in: European Economic Review, Vol. 39, p. 559–887

Collins, Susan M./**Bosworth**, Barry P., 1996: Economic Growth in East Asia: Accumulation versus Assimilation, Brookings Papers on Economic Activity, No. 2/96, p. 135–191

Cornelsen, Carsten, 1993: Beruf und Tätigkeitsmerkmale der Erwerbstätigen, in: Wirtschaft und Statistik, Heft 4, S. 233–240

Council of Economic Advisers, 1997: Economic Report of the President, Washington

Davis, Donald R., 1996: Does European Unemployment Prop Up American Wages?, in: NBER Working Paper Series, Nr. 5620

Deardorff, Alan V./**Hakura**, Dalia S., 1994: Trade Wages – What Are the Questions?, in: Bhagwati, Jadish/Kosters, Marvin (eds.) Trade & Wages, Washington, p. 76–107

Deutsche Bundesbank, 1996a: Die längerfristige Entwicklung des Privaten Verbrauchs in Deutschland und seine Bestimmungsgründe, Monatsbericht Juli 1996, Frankfurt

Deutsche Bundesbank, 1996b: Monatsberichte, verschiedene Ausgaben, Frankfurt

Deutsche Bundesbank, 1998: Statistische Beihefte, Reihe 3, Zahlungsbilanzstatistik, verschiedene Ausgaben, Frankfurt

Deutscher Bundestag, 1997: Schriftliche Stellungnahme zur Öffentlichen Anhörung am 10. Dezember 1997 (Folge 3), Bonn

Dietz, Frido, 1988: Strukturwandel auf dem Arbeitsmarkt – Entwicklung bei den sozialversicherungspflichtig beschäftigten Arbeitnehmern nach Wirtschaftszweigen, Berufen und Qualifikation zwischen 1974 und 1986, in: Mitteilungen aus der Arbeitsmarkt- und Berufsforschung, 21. Jg., Nr. 1/88, S. 115–152

DIW (Deutsches Institut für Wirtschaftsforschung), 1998: Starke Ausweitung des Handels mit den Reformländern Mittel- und Osteuropas von 1992 bis 1997, in: DIW-Wochenbericht, 65. Jg., Nr. 7/98, S. 142–147

DIW/IfW/IWH, Deutsches Institut für Wirtschaftsforschung/Institut für Weltwirtschaft/Institut für Wirtschaftsforschung Halle, 1997: Gesamtwirtschaftliche und unternehmerische Anpassungsfortschritte in Ostdeutschland, 16. Bericht, in: DIW-Wochenbericht, 64. Jg., Nr. 32/97, S. 549–577

Dostal, Werner, 1984: Datenverarbeitung und Beschäftigung – Teil 3: Der Informationsbereich, in: Mitteilungen aus der Arbeitsmarkt- und Berufsforschung, 17. Jg, Nr. 4/84, S. 490–505

Dostal, Werner, 1995: Die Informatisierung der Arbeitswelt – Multimedia, offene Arbeitsformen und Telearbeit, in: Mitteilungen aus der Arbeitsmarkt- und Berufsforschung, 28. Jg, Nr. 4/95, S. 527–543.

Eaton, Jonathan/**Kortum**, Samuel, 1996: Trade in Ideas Patenting and productivity in the OECD, in: Journal of International Economics, Vol. 40, p. 251–278

Elfring, Tom, 1988: Service Sector Employment in Advanced Economies: A Comparative Analysis of its Implications for Economic Growth, Aldershot

Ernst, Angelika/**Laumer,** Helmut, 1989: Japan an der Schwelle zur globalen Wirtschaftsmacht, in: ifo Studien zur Japanforschung, Nr. 3, S. 109–145

Eurostat, 1995: Education and Job Prospects: What Can We Expect Today?, in: Statistics in Focus – Population and Social Conditions, 12/1995, Luxemburg

Falvey, Rodney E./**Gemmel**, Norman, 1996: Are Services Income-Elastic? Some New Evidence, in: Review of Income and Wealth, Vol. 42, No. 3, p. 257–269

Feenstra, Robert C./**Hanson**, Gordon H., 1996: Globalization, Qutsourcing, and Wage Inequality, in: The American Economic Review, Vol. 86, No. 2, p. 240–245

Fehn, Rainer/**Thode**, Eric, 1997: Globalisierung der Märkte – Verarmen die gering qualifizierten Arbeitnehmer?, in: WiSt – Wirtschaftswissenschaftliches Studium (WiSt), Heft 8, S. 397–404

Feldstein, M./**Horioka**, C., 1980: Domestic Saving and International Capital Flows, in: The Economic Journal, Vol. 90, p. 314–329

Fels, Gerhard/**Schmidt**, Klaus-Dieter, 1981: Die deutsche Wirtschaft im Strukturwandel, Kieler Studien, Nr. 166, Tübingen

Fels, Joachim/**Gundlach**, Erich, 1990: Interindustrielle Lohnunterschiede und Effizienzlohntheorie: Befunde, Hypothesen und wirtschaftspolitische Relevanz, in: Die Weltwirtschaft, Heft 2, S. 43–57

Feuerstein, Switgard, 1993: Monopolistische Konkurrenz und intrasektoraler Außenhandel, in: WiSt – Wirtschaftswissenschaftliches Studium, Heft 6, S. 286–290

Fitzenberger, Bernd, 1996: Wages, Prices, and International Trade – Trends across Industries for an „Export Champion“; University of Konstanz, Discussion Paper, Serie II, Nr. 323, Konstanz

Fitzenberger, Bernd, 1997: Außenhandel, technischer Fortschritt und Arbeitsmarkt in Westdeutschland von 1975 bis 1990, in: Mitteilungen aus der Arbeitsmarkt- und Berufsforschung, 30. Jg., Nr. 3, S. 642–651

Fourastié, Jean, 1949: Le grand espoir du XXe siècle, Paris

Freeman, Richard B., 1995: Are Your Wages Set in Beijing? in: Journal of Economic Perspectives, Vol. 9, No. 3, p. 15–32

Gerstenberger, Wolfgang et al., 1989: Sektorale Kapitalbildung in der deutschen Wirtschaft nach dem Eigentümer- und Benutzerkonzept, ifo Studien zur Strukturforschung, Nr. 12, München

Gordon, Robert, 1996: Problems in the Measurement and Performance of Service-Sector Productivity in the United States, NBER Working Paper No. 5519, Cambridge MA

Gottschalk, Peter, 1997: Inequality, Income Growth and Mobility: The Basic Facts, in: Journal of Economic Perspectives, Vol. 11, No. 2, p. 21–40

Gould, David M./**Ruffin**, Roy J., 1995: Human Capital, Trade, and Economic Growth, in: Weltwirtschaftliches Archiv, Band 131, Heft 3, p. 425–445

Green, Michael J., 1985: Entwicklung der marktbestimmten Dienstleistungen in der Europäischen Gemeinschaft, den Vereinigten Staaten und Japan, in: Europäische Wirtschaft, No. 25, S. 75–105

Grömling, Michael/**Lichtblau**, Karl/**Weber**, Alexander, 1996: Weltwirtschaftlicher Strukturwandel: Deindustrialisierung und Globalisierung, in: iw-trends, Quartalshefte zur Empirischen Wirtschaftsforschung, 23. Jg., Heft 3, S. 32–46

Grömling, Michael/**Lichtblau**, Karl, 1997: Technologie, Produktivität und Strukturwandel, Beiträge zur Wirtschafts- und Sozialpolitik, Institut der deutschen Wirtschaft Köln, Nr. 238

Grömling, Michael, 1996: Ein humankapitaltheoretischer Ansatz zur Vermeidung von Einkommensarmut in entwickelten Volkswirtschaften, Frankfurt/Main u.a.

Grubel, Herbert G./**Lloyd,** Peter J., 1975: The Empirical Measurement of Intraindustrial Trade, London

Gundlach, Erich/**Nunnenkamp**, Peter, 1997: Labor Markets in the Global Economy: How to Prevent Rising Wage Gaps and Unemployment, Kieler Diskussionsbeiträge, Nr. 305, Kiel

Gundlach, Erich/**Schmidt**, Klaus-Dieter, 1985: Das amerikanische Beschäftigungswunder: Was sich daraus lernen läßt, Kieler Diskussionsbeiträge, Nr. 109, Kiel

Gundlach, Erich, 1993: Die Dienstleistungsnachfrage als Determinante des wirtschaftlichen Strukturwandels, Kieler Studien, Nr. 252, Tübingen

Gundlach, Erich, 1996: Zunehmende Einkommensungleichheit durch Globalisierung oder Technologiedruck? Thesenpapier für das Expertengespräch zur Vorbereitung der Cottbuser Gespräche, Köln

Gundlach, Erich, 1997: Openness and Economic Growth in Developing Countries, in: Weltwirtschaftliches Archiv, Bd. 133, Heft 3, S. 479–496

Härtel, Hans-Hagen/**Jungnickel**, Rolf, et al., 1996: Grenzüberschreitende Produktion und Strukturwandel – Globalisierung der deutschen Wirtschaft, Baden-Baden

Härtel, Hans-Hagen, et al., 1989: Entwicklungslinien im internationalen Strukturwandel, Hamburg

Haß, Hans-Joachim, 1995: Industrienahe Dienstleistungen – Ökonomische Bedeutung und politische Herausforderung (Hrsg.), Beiträge zur Wirtschafts- und Sozialpolitik, Institut der deutschen Wirtschaft Köln, Nr. 223

Hayek Friedrich August von, 1968: Der Wettbewerb als Entdeckungsverfahren, Kieler Vorträge, N.F., Nr. 56, Kiel

Heinze, Johannes, 1987: Dienstleistungen: Auf dem Weg zu einer neuen Arbeitsteilung, in: ifo Schnelldienst, 40. Jg., Heft 14/15, S. 3–10

Helpman, Elhanan/**Krugman**, Paul R., 1985: Market Structure and Foreign Trade, Cambridge MA

Hermann, Christian, 1987: Zum Datenangebot über Dienstleistungen in der Bundesstatistik, Heft 3/87 der Schriftenreihe Ausgewählte Arbeitsunterlagen zur Bundesstatistik, Wiesbaden

Holtfrerich, Carl-Ludwig, (Hrsg.), 1991: Wirtschaft USA, München

IAB (Institut für Arbeitsmarkt- und Berufsforschung), 1996: Arbeitsvolumen nach Sektoren in Westdeutschland, Auszug aus der IAB-Datenbank, verschiedene Jahrgänge, Nürnberg

IAB (Institut für Arbeitsmarkt- und Berufsforschung), 1997: Statistik der sozialversicherungspflichtig Beschäftigten, Auszug aus der IAB-Datenbank, verschiedene Jahrgänge, Nürnberg

ifo (ifo Institut für Wirtschaftsforschung), 1996: Sektorale Kapitalstockrechnungen nach dem Benutzerkonzept, Auszug aus der ifo-Datenbank, verschiedene Jahrgänge, München

ILO (International Labour Office), 1995: Yearbook of Labour Statistics, verschiedene Jahrgänge, Genf

IMF (International Monetary Fund), 1997a: International Financial Statistics Yearbook, verschiedene Jahrgänge, Washington

IMF (International Monetary Fund), 1997b: World Economic Outlook, Washington

IMF (International Monetary Fund), 1998: World Economic Outlook, Washington

INFORGE (Interindustry Forecasting Germany), 1996: Ergebnisse verschiedener Simulationsläufe, Osnabrück

IW Köln (Institut der deutschen Wirtschaft Köln), 1996: Bedeutung der Erwerbsarbeit als Einkommensquelle, unveröffentlichtes Manuskript, Köln

IW Köln (Institut der deutschen Wirtschaft Köln) (Hrsg.), 1997: Industriestandort Deutschland. Ein graphisches Porträt, Köln

IW Köln (Institut der deutschen Wirtschaft Köln), 1998: Dienstleistungslücke – Die Tücken der Statistik, in: iwd, 24. Jg., Nr. 6/98, S. 7

JETRO (Japan External Trade Organization), 1997: Jetro White Paper on Foreign Direct Investment 1997, Tokyo

Kaldor, Nicholas, 1966: Causes of the Slow Rate of Economic Growth in the United Kingdom, Cambridge

Katz, Lawrence F.,/**Murphy**, Kevin M., 1992: Changes in Relative Wages, 1963–1987: Supply and Demand Factors, in: Quarterly Journal of Economics, Vol. 107, p. 35–78

Klauder, Wolfgang/**Schnur**, Peter/**Zika**, Gerd, 1996: Wege zu mehr Beschäftigung. Simulationsrechnungen bis zum Jahr 2005 am Beispiel Westdeutschland, IAB Werkstattbericht, Nr. 5, Nürnberg

Klodt, Henning/**Maurer**, Rainer/**Schimmelpfennig**, Axel, 1997: Tertiarisierung in der deutschen Wirtschaft, Kiel

Klodt, Henning, 1995: Auf dem Weg in die Dienstleistungsgesellschaft. Geht die industrielle Basis verloren?, in: WiSt – Wirtschaftswissenschaftliches Studium, Heft 6, S. 297–301

Klös, Hans-Peter/**Kroker**, Rolf, 1996: Arbeitsmarktperformance und Arbeitsmarktverfassung, ein deutsch-amerikanischer Vergleich, in: iw-trends, Quartalshefte zur empirischen Wirtschaftsforschung, 23. Jg., Heft 2, S. 20–43

Klös, Hans-Peter/**Rhein**, Axel, 1995: Sektorale Beschäftigungsentwicklung in der westdeutschen Wirtschaft 1976/94, in: iw-trends, Quartalshefte zur empirischen Wirtschaftsforschung, 22. Jg., Heft 3, S. 53–67

Klös, Hans-Peter, 1997a: Dienstleistungslücke und Niedriglohnsektor in Deutschland, in: iw-trends, Quartalshefte zur empirischen Wirtschaftsforschung, 24. Jg., Heft 3, S. 33–59

Klös, Hans-Peter, 1997b: Der Beitrag von Einfacharbeitsplätzen zur Verringerung der Sockelarbeitslosigkeit, in: Leo Montada, Hrsg., Beschäftigungspolitik zwischen Effizienz und Gerechtigkeit, Frankfurt, S. 127–152

Klös, Hans-Peter, 1998: Arbeit plus Transfers – Zur Reform der kommunalen Beschäftigungspolitik, Beiträge zur Wirtschafts- und Sozialpolitik, Institut der deutschen Wirtschaft Köln, Nr. 243

Köhler, Sabine/**Kopsch**, Günter, 1997: Die Bedeutung der internationalen Vergleichbarkeit von Statistiken über die Informationsgesellschaft, in: Wirtschaft und Statistik, Heft 11/1997, S. 751–757

Krugman, Paul/**Obstfeld**, Maurice, 1991: International Economics – Theory and Policy, 2. Auflage, New York

Krugman, Paul, 1979: Increasing Returns, Monopolistic Competition, and International Trade, in: Journal of International Economics, Vol. 9, p. 469–479

Krugman, Paul, 1994: The Myth of Asia's Miracle, in: Foreign Affairs, 73(6), p. 62–78

Krugman, Paul, 1995a: Growing World Trade: Causes and Consequences, in: Brookings Papers on Economic Activity, No. 1/95, p. 327–377

Krugman, Paul, 1995b: Technology, Trade and Factor Prices, NBER Working Paper Series No. 5355, Cambridge MA

Krugman, Paul, 1998; What Happened to Asia?, Manuscript, in: Internet, http/web./mit.edu/krugman

Lancaster, Kelvin, 1980: Intra-Industry Trade under Perfect Monopolistic Competition, in: Journal of International Economics, Vol. 10, p. 151–175

Landmann, Oliver/**Pflüger**, Michael, 1996: Arbeitsmärkte im Spannungsfeld von Globalisierung und technologischem Wandel, in: Külp, Bernhard, (Hrsg.), Arbeitsmarkt und Arbeitslosigkeit, Freiburg, S. 173–230

Landmann, Oliver/**Pflüger**, Michael, 1998: Verteilung und Außenwirtschaft – Verteilungswirkung der Globalisierung, erscheint in: Gahlen, Bernhard/Hesse, Helmut und Ramser, Hans Jürgen (Hrsg.), Zunehmende Ungleichheit? – Erklärungen und

Konsequenzen, Tagungsband zum 27. Wirtschaftswissenschaftlichen Seminar Ottobeuern

Lapp, Susanne/**Lehment**, Harmen, 1997: Lohnzurückhaltung und Beschäftigung in Deutschland und in den Vereinigten Staaten, in: Die Weltwirtschaft, Heft 1, S. 67–83

Lawrence, Robert Z./**Slaughter**, Matthew J., 1993: International Trade and American Wages in the 1980's: Giant Sucking Sound or Small Hiccup?, in: Martin Neil/Clifford Winston (Hrsg.), Brookings Papers on Economic Activity: Microeconomics 2, p. 161–211

Lawrence, Robert Z., 1996: Single World, Divided Nations? International Trade and OECD Labor Markets, Paris

Lawson, Ann M., 1997: Benchmark Input-Output Accounts for the U.S. Economy, 1992, in: Survey of Current Business, Vol. 77, No. 11, p. 36–83

Leamer, Edward E., 1994: Trade, Wages and Revolving Door Ideas, NBER Working Paper No. 4716, Cambridge MA

Leamer, Edward E., 1996a: In Search of Stolper-Samuelson effects on U.S. Wages, NBER Working Paper No. 5427, Cambridge MA

Leamer, Edward E., 1996b: What's the Use of Factor Contents? NBER Working Paper No. 5448, Cambridge MA

Leamer, Edward E., 1996c: Wage Inequality from International Competition and Technological Change: Theory and Country Experience, in: The American Economic Review, Papers and Proceedings, Vol. 86, No. 2, p. 309–314

Lee, Jong-Wha, 1993: International Trade, Distortions, and Long-Run Economic Growth, in: IMF Staff Papers, Vol. 40, No. 2, p. 299–328

Lehner, Franz/**Baethge**, Martin/**Kühl**, Jürgen/**Stille**, Frank (Hrsg.), 1998: Beschäftigung und Innovation – eine Literaturstudie, München

Leontief, Wassiliy, 1953: Domestic Production and Foreign Trade: The American Capital Position Re-examined, Proceedings of the American Philosophical Society, 163, wiederabgedruckt in: Economia Internationale, Bd. 7, 1954, p. 9–45

Lerman, Robert I., 1997: Is Earnings Inequality Really Increasing?, in: Economic Restructuring and the Job Market, No. 1, p. 1–4

Levy, Frank/**Murnane**, Richard J., 1992: U.S. Earrnings Levels and Earnings Inequality: A Review of Recent Trends and Proposed Explanations, in: Jourrnal of Economic Literature, Vol. 30, p. 1333–1381

Lichtblau, Karl/**Breuer**, Wilhelm, 1996: Netzwerkökonomie in Japan: Effizienz oder Markteintrittsbarriere?, Beiträge zur Wirtschafts- und Sozialpolitik, Institut der deutschen Wirtschaft Köln, Nr. 233

Lichtblau, Karl/**Meyer**, Bernd/**Ewerhart**, Georg, 1996: Komplementäres Beziehungsgeflecht zwischen Industrie und Dienstleistungen, in: iw-trends, Quartalshefte zur empirischen Wirtschaftsforschung, 23. Jg., Heft 4, S. 36–59

Lichtblau, Karl, 1995: Rahmenbedingungen wirtschaftlicher Entwicklung, in: Lichtblau, Karl/Waldenberger, Franz (Hrsg.), Planung, Wettbewerb und wirtschaftlicher Wandel – Ein japanisch-deutscher Vergleich, Köln, S. 59–83

Lichtblau, Karl, 1995: Von der Transfer- in die Marktwirtschaft, Strukturpolitische Leitlinien für die neuen Länder, Köln

Linder, S.B., 1961: An Essay on Trade and Transformation, Stockholm

Lücke, M., 1997: European Trade with Lower-Income Countries and the Relative Wages of the Unskilled – An Exploratory Analysis for West Germany and the UK., Kiel Working Papers No. 819, Kiel

Lützel, Heinrich, 1987: Realeinkommen in den Volkswirtschaftlichen Gesamtrechnungen, in: Wirtschaft und Statistik, Heft 2, 1987, S. 115–122

Martin, Hans-Peter/**Schumann**, Harald, 1996: Die Globalisierungsfalle, Hamburg

McGuckin, Robert/**Stiroh**, Kevin/**van Ark**, Bart, 1997: Technology, Productivity, and Growth: U.S. and German Issues, in: The Conference Board, Report Nr. 1206-97-RR, New York

Meyer, Bernd/**Ewerhart**, Georg, 1995: INFORGE – Ein disaggregiertes Simulations- und Prognosemodell für die Bundesrepublik Deutschland, Osnabrück

Meyer, Bernd/**Ewerhart**, Georg, 1997: Lohnsatz, Produktivität und Beschäftigung – Ergebnisse einer Simulationsstudie mit dem disaggregierten ökonometrischen Modell INFORGE, Beiträge des Instituts für Empirische Wirtschaftsforschung der Universität Osnabrück, Nr. 57

Mishel, Lawrence/**Bernstein**, Jared, 1996: Trouble in Paradise: Eroding Wages and Growing Income Inequality, Papers Commissioned by the Competitiveness Policy Council, Washington

Möller, Joachim/**Bellmann**, Lutz, 1996: Qualifikations- und industriespezifische Lohnunterschiede in der Bundesrepublik Deutschland, in: ifo Studien, 42 Jg., Nr. 2/1996

Murphy, Kevin M./**Welch**, Finis, 1991: The Role of International Trade in Wage Differentials, in: Kosters, Marvin H. (eds.), Workers and their Wages: Changing Patterns in the U.S., Washington, p. 39–69

Murphy, Kevin M./**Welch**, Finis, 1993: Lessons from Empirical Labor Economics: 1972–1992 – Inequality and Relative Wages, in: The American Economic Review, Papers and Proceedings, Vol. 83, No. 2, p. 104–109

Neven, Damien/**Wyplosz**, Charles, 1996: Relative Prices, Trade and Restructuring in European Industry, CEPR Discussion Paper No. 1451, London

Nickell, Stephen/**Bell**, Brian, 1996: Changes in the Distribution of Wages and Unemployment in OECD Countries, in: The American Economic Review, Vol. 86, No. 2, p. 302–308

Nickell, Stephen, 1997: Sectoral Structural Change and the State of the Labour Market in Great Britain, in: Horst Siebert (Hrsg.), Sectoral Structural Change and Labour Market Flexibility: Experience in Selected OECD Economies, Tübingen, p. 3–28

Noll, Ulrich, 1990: Die Entwicklung der Beschäftigung im Dienstleistungsbereich in der Bundesrepublik Deutschland und den Vereinigten Staaten von Amerika – Theoretische und empirische Analyse sowie mögliche Erklärungsvariable, Diss., Augsburg

OECD, 1993: Employment Outlook, July 1993, Paris

OECD, 1994a: The OECD Jobs Study: Evidence and Explanations, Part 2: The Adjustment Potential of the Labour Market, Paris

OECD, 1996a, International Capital Markets Statistics, 1950 bis 1995, Paris

OECD, 1996b: Technology and Industrial Performance, Paris

OECD, 1996c: Services: Statistics on Value Added and Employment, verschiedene Jahrgänge, Paris

OECD, 1996d: Technology, Productivity and Job Creation, Vol. 2: Analytical Report, Paris

OECD, 1996e: Science, Technology and Industry Outlook, Paris

OECD, 1996f: Employment Outlook, July 1996, Paris

OECD, 1996g: Services: Statistics on International Transactions, verschiedene Jahrgänge, Paris

OECD, 1997a: National Accounts, Vol. II, verschiedene Jahrgänge, Paris

OECD, 1997b: International Direct Investment Statistics Yearbook, verschiedene Jahrgänge, Paris

OECD, 1997c: DSTI (Stan Industrial Database), verschiedene Jahrgänge, Paris

OECD, 1997d, Labour Force Statistics, verschiedene Jahrgänge, Paris

OECD, 1997e: Main Science and Technology Indicators, verschiedene Jahrgänge, Paris

OECD, 1997f: Employment Outlook, July 1997, Paris

OECD, 1997g: Flows and Stocks of Fixed Capital, verschiedene Jahrgänge, Paris

OECD, 1997h: Wirtschaftsausblick, verschiedene Ausgaben, Paris

OECD, 1998: National Accounts, Vol. I, verschiedene Jahrgänge, Paris

Pfähler, Wilhelm/**Bönte**, Werner, 1996: F&E-Spillover und staatliche F&E-Politik – Zur theoretischen und empirischen Förderung der F&E-Politik in Deutschland, in: Kruse, Jörn/Mayer, Otto G. (Hrsg.), Aktuelle Probleme der Wettbewerbs- und Wirtschaftspolitik, Hamburg, S. 59–82

Porat, M. U., 1977: The Information Economy: Definition and Measurement, Washington

Reim, Uwe, 1988: Zum Ausbau statistischer Informationen über Dienstleistungen, in: Wirtschaft und Statistik, Heft 12/1988, S. 842–848

Reinhard, Michael/**Schmalholz**, Heinz/**Schneider**, Leander, 1996: Technologietransfer in Deutschland – Stand und Reformbedarf, Schriftenreihe des ifo Instituts für Wirtschaftsforschung Nr. 140, München

Reinhard, Michael/**Schmalholz**, Heinz, 1995: Technologietransfer in Deutschland – Stand und Reformbedarf, in: ifo Schnelldienst 48. Jg., Heft 33, S. 16–24

Richardson, David J., 1995: Income Inequality and Trade: How to Think, What to Conclude, in: Journal of Economic Perspectives, Vol. 9, No. 3, p. 33–55

Rottmann, Horst/**Ruschinski**, Monika, 1996: Beschäftigungswirkungen des technischen Fortschritts, ifo Diskussionsbeiträge Nr. 30, München

Rottmann, Horst/**Ruschinski**, Monika, 1997: Beschäftigungswirkungen des technischen Fortschritts. Eine Paneldaten-Analyse für Unternehmen des Verarbeitenden Gewerbes in Deutschland, in: ifo Studien, 43. Jg., Nr. 1/97, S. 55–70

Rowthorn, Robert/**Ramaswamy**, Ramana, 1997: Deindustrialization: Causes and Implications, IMF Working Paper, Nr. 42, Washington D.C.

Sachs, Jeffrey D./**Shatz**, Howard J., 1994: Trade and Jobs in U.S. Manufacturing, in: Brookings Papers on Economic Activity, 1/94, p. 1–84

Sachs, Jeffrey D./**Shatz**, Howard J., 1996: Globalization and the U.S. Labor Market, in: The American Economic Review, Papers and Proceedings, Vol. 86, No. 2, p. 234–239

Sachs, Jeffrey D./**Warner**, Andrew M., 1995: Economic Convergence and Economic Policies, in: NBER Working Paper, No. 5039

Sachs, Jeffrey D./**Warner**, Andrew M., 1997: Fundamental Sources of Long-Run Growth, in: The American Economic Review, Vol. 87, No. 2, p. 184–188

Saeger, Steven Schaal, 1996: Globalization and Economic Structure in the OECD, Dissertation, Cambridge MA

Sala-i-Martin, Xavier X, 1997: I Just Ran Two Million Regressions, in: The American Economic Review, Vol. 87, No. 2, p. 178–183

Sala-i-Martin, Xavier X, 1996: The Classical Approach to Convergence Analysis, in: Economic Journal, Vol. 196, p. 1019–1036

Sauernheimer, Karlhans, 1996: Außenhandel, Reallöhne und Beschäftigung; in: ORDO Jahrbuch für die Ordnung von Wirtschaft und Gesellschaft, Bd. 47, S. 51–71

Schröder, Christoph, 1996: Industrielle Arbeitskosten im Internationalen Vergleich 1970–1995, in: iw-trends, Quartalshefte zur empirischen Wirtschaftsforschung, 23. Jg., Heft 2, S. 44–56

Siebert, Horst/**Heise**, Michael, 1995: Lohn-Zins-Relation und Kapitalintensität, in: WiSt – Wirtschaftswissenschaftliches Studium, Heft 7, S. 361–364

Siebert, Horst/**Rauscher**, Michael, 1991: Neuere Entwicklungen der Außenhandelstheorie, in: WiSt – Wirtschaftswissenschaftliches Studium, Heft 10, S. 503–509

Siebert, Horst, 1996: Die Weltwirtschaft im Umbruch: Müssen die Realeinkommen der Arbeitnehmer sinken?, Kieler Arbeitspapiere Nr. 744, Kiel

Siebert, Horst, 1997a: Die Einschränkungen des Lohnbildungsspielraums durch die Kosten der Sozialversicherung, in: Die Weltwirtschaft, Heft 1, S. 1–8

Siebert, Horst, 1997b: Disziplinierung der nationalen Wirtschaftspolitik durch die internationale Kapitalmobilität, Kieler Arbeitspapiere Nr. 832, Kiel

Slaughter, Matthew J./**Swagel**, Phillip, 1997: The Effects of Globalization on Wages in the Advance Economies, IMF Working Paper, Nr. 43 Washington D.C.

Slaughter, Matthew J., 1997: Per Capita Income Convergence and the Role of International Trade, in: The American Economic Review, Vol. 87, No. 2, p. 194–199

Solow, Robert, 1956: A Contribution to the Theory of Economic Growth, Quarterly Journal of Economics, Vol. 70, p. 65–94

Starbatty, Joachim/**Vetterlein**, Uwe, 1994: Forschungs- und Technologiepolitik der Europäischen Union, Diskussionsbeitrag Nr. 39 der Wirtschaftswissenschaftlichen Fakultät der Eberhard-Karls-Universität Tübingen

Statistisches Bundesamt, 1996: Bevölkerung und Erwerbstätigkeit, Fachserie 1, Reihe 4.1.2, verschiedene Jahrgänge, Wiesbaden

Statistisches Bundesamt, 1997a: Volkswirtschaftliche Gesamtrechnungen, Fachserie 18, Reihe 1.3, verschiedene Jahrgänge, Stuttgart

Statistisches Bundesamt, 1997b: Volkswirtschaftliche Gesamtrechnungen, Fachserie 18, Reihe 2, Input-Output-Tabellen, verschiedene Jahrgänge, Stuttgart

Statistisches Bundesamt, 1997c: Löhne und Gehälter, Fachserie 16, Reihe 2.1 und 2.2, verschiedene Jahrgänge, Stuttgart

Statistisches Bundesamt, 1997d: Preise, Fachserie 17, Reihe 7, verschiedene Jahrgänge, Stuttgart

Statistisches Bundesamt, 1997e: Wirtschaftsrechnungen, Fachserie 15, Reihe 1, verschiedene Jahrgänge, Stuttgart

Statistisches Bundesamt, 1998: Vierteljahresergebnisse der Inlandsproduktberechnung, Fachserie 18, Reihe 3, verschiedene Jahrgänge, Wiesbaden

Steiner, Viktor/**Wagner**, Kersten, 1996: Has Earnings Inequality in Germany Changed in the 1980's?, ZEW Discussion Papers No. 32, Mannheim

Summers, Robert, 1985: Services in the international Economy, in: Inman, Robert P. (ed.), Managing the Service Economy, University of Pennsylvania, p. 27–48

SVR (Sachverständigenrat zur Begutachtung der gesamtwirtschaftlichen Entwicklung), 1994: Den Aufschwung sichern – Arbeitsplätze schaffen, Jahresgutachten 1994/95, Stuttgart

SVR (Sachverständigenrat zur Begutachtung der gesamtwirtschaftlichen Entwicklung), 1997: Wachstum, Beschäftigung, Währungsunion – Orientierung für die Zukunft, Jahresgutachten 1997/98, Stuttgart

U.S. Department of Commerce, 1992: National Income and Product Accounts 1959–1988, Washington

U.S. Department of Commerce, 1996: Statistical Abstract of the United States, verschiedene Jahrgänge, Washington

U.S. Department of Commerce, 1997a: Survey of Current Business, verschiedene Berichte, Washington

U.S. Department of Commerce, 1997b: U.S. Sales and Purchases of Private Services, in: Survey of Current Business, Vol. 77, No. 10, p. 95–138

UN (United Nations), 1996: World Investment Report 1996, New York

UNCTAD (United Nations Conference on Trade and Development), 1997: Handbook of International Trade and Development Statistics 1995, New York

Unger, Ralph, 1986: Messung und Analyse der Totalen Faktorproduktivität für 28 Sektoren der Bundesrepublik Deutschland, 1960 bis 1981, Frankfurt am Main u.a.

Waldenberger, Franz, 1996: Organisation und Evolution arbeitsteiliger Produktionssysteme, Tokyo

Weißhuhn, G., 1998: Auszug aus der IAB-Beschäftigungsstatistik, aufbereitet an der Technischen Universität Berlin, Berlin

Wennekers, A.R.M., 1992: Personal and Collective Services: Trends, Growth Factors and Role, A Synthesis, in: Personal and Collective Services: An International Perspective, Discussion Papers of the UN Economic Commission for Europe, Vol. 2 (1992), No. 1, p. 1–12

Wieczorek, Jaroslaw, 1995: Sectoral Trends in World Employment and the Shift Toward Services, in: International Labour Review, Vol. 134, No. 2, p. 205–226

Wood, Adrian, 1991: The Factor Content of North-South Trade in Manufactures Reconsidered, in: Weltwirtschaftliches Archiv, Bd. 127, S. 719–743

Wood, Adrian, 1994: North-South Trade, Employment and Inequality, Oxford

Wood, Adrian, 1995: How Trade Hurt Unskilled Workers, in: Journal of Economic Perspectives, Vol. 9, No. 3, p. 57–80

World Bank, 1991: World Development Report 1991, New York

World Bank, 1996: World Development Report 1996, New York

Young, Alwin, 1994: Lessons from the East Asian NICs: A Contrarian View, in: European Economic Review, Vol. 38, No. 3–4, p. 964–973

Young, Alwin, 1995: The Tyranny of Numbers: Confronting the Statistical Realities of the East Asian Growth Experience, in: Quarterly Journal of Economics, Vol. 110, p. 641–680

Verzeichnis der Tabellen

Verzeichnis der Abbildungen

Michael Grömling, Dr. rer. pol., geboren 1965 in Würzburg; Studium der Volkswirtschaftslehre in Würzburg; von 1991 bis 1995 Mitarbeiter am Lehrstuhl für Volkswirtschaftslehre, Wirtschaftsordnung und Sozialpolitik an der Universität Würzburg; seit 1996 im Institut der deutschen Wirtschaft Köln, Arbeitsbereich Volkswirtschaftliche Gesamtrechnung, Konjunkturanalyse.

Karl Lichtblau, Dr. rer. pol., geboren 1957 in Darmstadt, Studium der Wirtschaftswissenschaften in Gießen; Promotion in Würzburg. Von August 1988 bis Ende 1992 im Bundesverband der Deutschen Industrie, Köln; Arbeitsbereich Strukturpolitik. Seit Januar 1993 im Institut der deutschen Wirtschaft Köln; Arbeitsbereich Wettbewerbs- und Strukturpolitik.

Alexander Weber, Dipl.-Volkswirt, geboren 1966 in Oberhausen; Studium der Volkswirtschaftslehre an der Westfälischen Wilhelms-Universität, Münster; 1994 bis 1995 Aufbaustudium im Fach Wirtschaft am Europa-Kolleg in Brügge, Belgien; seit 1996 im Institut der deutschen Wirtschaft Köln, Arbeitsbereich Internationale Wirtschaftspolitik.